ÍSIS SEM VÉU

VOLUME I – CIÊNCIA

ÍSIS SEM VÉU

UMA CHAVE-MESTRA
PARA OS
MISTÉRIOS DA CIÊNCIA E DA TEOLOGIA
ANTIGAS E MODERNAS

de
H. P. BLAVATSKY
FUNDADORA DA SOCIEDADE TEOSÓFICA

"Cecy est un livre de bonne Foy." – Montaigne

VOLUME I – CIÊNCIA

Tradução
MÁRIO MUNIZ FERREIRA
CARLOS ALBERTO FELTRE

Revisão Técnica
JOAQUIM GERVÁSIO DE FIGUEIREDO

Editora
Pensamento
SÃO PAULO

Título original: *Isis Unveiled.*

Originalmente publicada pela The Theosophical Publishing House, Adyar, Madras, Índia.

Copyright da edição brasileira © 1991 Editora Pensamento-Cultrix Ltda.

1ª edição 1991.

16ª reimpressão 2024.

Plano desta Edição:

Vol. I – Ciência
Vol. II – Ciência
Vol. III – Teologia
Vol. IV – Teologia

Todos os direitos reservados. Nenhuma parte deste livro pode ser reproduzida ou usada de qualquer forma ou por qualquer meio, eletrônico ou mecânico, inclusive fotocópias, gravações ou sistema de armazenamento em banco de dados, sem permissão por escrito, exceto nos casos de trechos curtos citados em resenhas críticas ou artigos de revistas.

A Editora Pensamento não se responsabiliza por eventuais mudanças ocorridas nos endereços convencionais ou eletrônicos citados neste livro.

Obs.: As Notas do Organizador aparecem ao longo do texto, marcadas com asteriscos entre colchetes, para se diferenciarem das notas de rodapé alocadas no fim de cada capítulo.

Direitos reservados
EDITORA PENSAMENTO-CULTRIX LTDA.
Rua Dr. Mário Vicente, 368 – 04270-000 – São Paulo, SP – Fone: (11) 2066-9000
E-mail: atendimento@editorapensamento.com.br
http://www.editorapensamento.com.br
Foi feito o depósito legal.

A AUTORA
DEDICA ESTA OBRA
À
SOCIEDADE TEOSÓFICA,
QUE FOI FUNDADA EM NOVA YORK, NO ANO DE 1875,
A FIM DE ESTUDAR OS ASSUNTOS NELA ABORDADOS.

SUMÁRIO

Introdução: Como foi escrita "Ísis sem Véu"   13

PREFÁCIO   67

ANTE O VÉU   71
Pretensões dogmáticas da ciência e da teologia modernas
A filosofia platônica fornece o único terreno médio
Retrospecto dos antigos sistemas filosóficos
Um manuscrito siríaco sobre Simão, o Mago
Glossário dos termos utilizados neste livro

A· "INFALIBILIDADE" DA CIÊNCIA MODERNA

CAPÍTULO I. COISAS VELHAS COM NOMES NOVOS   101
A Cabala Oriental
Tradições antigas confirmadas por pesquisas modernas
O progresso da humanidade caracterizado por ciclos
Ciência secreta antiga
O valor inestimável dos *Vedas*
Mutilações dos livros sagrados judaicos traduzidos
A Magia vista sempre como uma ciência divina
As conquistas de seus adeptos e as hipóteses de seus detratores modernos
O anseio do homem pela imortalidade

CAPÍTULO II. FENÔMENOS E FORÇAS 133

O servilismo da sociedade
Preconceito e fanatismo dos homens de ciência
Eles são perseguidos pelos fenômenos psíquicos
As artes perdidas
O desejo humano, a força mestra das forças
Generalizações superficiais dos *savants* franceses
Fenômenos mediúnicos, a que atribuí-los
Sua relação com o crime

CAPÍTULO III. CONDUTORES CEGOS DOS CEGOS 160

A descendência do *Orohippus* segundo Huxley
Comte, seu sistema e seus discípulos
Os materialistas de Londres
Os mantos emprestados
Emanação do universo objetivo a partir do subjetivo

CAPÍTULO IV. TEORIAS A RESPEITO DOS FENÔMENOS PSÍQUICOS 181

Teoria de Gasparin
Teoria de Thury
Teoria de des Mousseaux, de Mirville
Teoria de Babinet
Teoria de Houdin
Teoria dos srs. Royer e Jobert de Lamballe
Os gêmeos – "cerebração inconsciente" e "ventriloquismo inconsciente"
Teoria de Crookes
Teoria de Faraday
Teoria de Crevreuil
A comissão Mendeleyeff de 1876
A cegueira da alma

CAPÍTULO V. O ÉTER OU "LUZ ASTRAL" 202

Uma força primordial mas muitas correlações
Tyndall escapa por pouco duma grande descoberta
A impossibilidade do milagre
Natureza da substância primordial
Interpretação de certos mitos antigos
Experiências dos faquires
A evolução na alegoria hindu

CAPÍTULO VI. FENÔMENOS PSICOFÍSICOS 233

A dívida que temos para com Paracelso
Mesmerismo – origem, acolhimento e potencialidade
"Psicometria"
Tempo, espaço, eternidade
Transferência de energia do universo visível para o invisível
As experiências de Crookes e a teoria de Cox

CAPÍTULO VII. OS ELEMENTOS, OS ELEMENTAIS E OS ELEMENTARES 267

Atração e repulsão universal em todos os reinos da natureza
Os fenômenos psíquicos dependem do meio físico
Observações em Sião
A música nas disfunções nervosas
A "alma do mundo" e suas potencialidades
A cura pelo toque e os curandeiros
"Diakka" e os maus demônios de Porfírio
A lâmpada inextinguível
A ignorância moderna da força vital
Antigüidade da teoria da correlação de forças
Universalidade da crença na magia

CAPÍTULO VIII. ALGUNS MISTÉRIOS DA NATUREZA 308

Os planetas afetam o destino humano?
Passagens muito curiosas de Hermes
A inquietação da matéria
A profecia cumprida de Nostradamus
Simpatias entre os planetas e as plantas
O conhecimento hindu da propriedade das cores
"Coincidências", a panacéia da ciência moderna
A lua e as marés
Disfunções epidêmicas mentais e morais
Os deuses dos Panteões, apenas forças naturais
Provas dos poderes mágicos de Pitágoras
As raças sem visão do espaço etéreo
As "quatro verdades" do Budismo

AGRADECIMENTOS

O Organizador deseja expressar a sua gratidão a todos aqueles que o auxiliaram na preparação desta edição de *Ísis sem véu*, especialmente os seguintes amigos e colegas:

Irene R. Ponsonby, que analisou e melhorou o material editorial e leu cuidadosamente as provas e cujo conhecimento cabal de estilo e de métodos literários foi de auxílio inestimável.

Margaret Chamberlain Rathbun e Lina Psaltis, que leram as provas em várias fases de produção.

W. Emmett Small, cujos muitos anos de experiência editorial e literária foram de grande benefício na leitura das provas finais e no fazer sugestões valiosas.

Mary L. Stanley, de Londres, Inglaterra, que, durante um período de muitos anos até a sua morte, conferiu inúmeras citações e referências nos acervos do Museu Britânico, prestando enorme contribuição em termos de paciência aplicada e habilidade literária.

Marianne Winder, cujo conhecimento amplo de Literatura, Línguas antigas e Filosofia oriental tornou possível continuar e levar a uma conclusão satisfatória o trabalho de pesquisa no Museu Britânico.

Dara R. Eklund, cujo conhecimento de Biblioteconomia e de técnicas de citação bibliográfica auxiliou consideravelmente na localização de muitas passagens e referências obscuras ao longo de toda a obra.

Clarence Q. Wesner, falecido, cuja familiaridade completa com os escritos dos evangelistas e com a história primitiva do Cristianismo auxiliou a localizar e a conferir um grande número de citações e a esclarecer vários pontos de incerteza.

Radha Burnier e Seetha Neelakantan, bibliotecárias competentes e eruditas da Biblioteca e Centro de Pesquisas de Aydar, cujo conhecimento multiforme de Literatura e de Línguas orientais foi essencial à conferência e à correção de um grande número de termos técnicos e de nomes próprios que são abundantes em *Ísis sem véu*.

Geoffrey A. Barborka, que conferiu um grande número de termos sânscritos e tibetanos e ofereceu sugestões valiosas com relação ao material editorial.

Frances Ziegenmeyer, que auxiliou competentemente na preparação da Seção Bibliográfica.

Charles R. Clark e Dara Eklund, por redesenharem e melhorarem os diagramas e gravuras contidos nesses volumes.

Em relação a vários outros aspectos do trabalho editorial, um débito de gratidão é devido a: Dr. Herbert B. Hoffleit, Departamento de Línguas Clássicas, Universidade da Califórnia, Los Angeles, pela pronta assistência em conferir termos e expressões em grego; Dr. Abraham Berger, Chefe da Divisão Judaica, na Biblioteca Pública de Nova York, por fazer sugestões valiosas com relação a termos hebraicos; Sra. Bulbul Abdel Meguid, do Departamento Egípcio de Antiguidades, pelas explanações e alterações sugeridas em relação a termos e nomes egípcios antigos; Sra. Esther Euler, antiga Chefe da Seção de Empréstimos Interbibliotecas do Departamento de Consulta, Universidade da Califórnia, Los Angeles, pela cooperação inesgotável em assegurar o empréstimo de um grande número de obras raras.

Um agradecimento reconhecido à Fundação Kern pelas generosas doações feitas à Sociedade Teosófica da América, que possibilitaram a publicação da presente edição.

O Organizador também deseja expressar a sua gratidão às Srtas. Joy Mills, Presidente Nacional da Sociedade Teosófica da América, e Helen V. Zahara, Coordenadora de Programas da Fundação Kern, pelo seu interesse vital pelo trabalho de produção, e pelo seu apoio continuado a ele, pela sua ajuda financeira e por vários detalhes da publicação.

Outros amigos de vez em quando contribuíram de várias maneiras para o sucesso desta obra literária. A sua assistência foi altamente considerada e é no presente agradecida.

INTRODUÇÃO

COMO FOI ESCRITA "ÍSIS SEM VÉU"

Τὰ ὄντα καὶ τὰ ἐσομενα καὶ τα γεγονότα ἐγώ εἰμι. Τὸν ἐμὸν χιτῶνα οὐδεὶς ἀπεκάλυψεν· Ὃν ἐγὼ καρπὸν ἔτεκον ἥλιος ἐγένετο.

Sou tudo o que foi, tudo o que é, tudo o que será.
Nenhum mortal jamais me alçou o véu. O fruto que gerei converteu-se no Sol[1].

A 29 de setembro de 1877, um sábado, a primeira obra monumental de H. P. Blavatsky, *Ísis sem véu*, foi publicada em Nova York por J. W. Bouton. Seu frontispício declarava ser ela "Uma chave para os mistérios da Ciência e da Teologia antigas e modernas", e os mil exemplares da primeira impressão foram vendidos em 10 dias. Alguns dos assinantes tiveram de esperar pela segunda impressão[2].

Participando da nascente onda de interesse pelo oculto, que naquela época atraía as mentes de um número cada vez maior de pessoas, e vindo, como ocorreu, na esteira das controvérsias muito difundidas criadas pelos artigos e ensaios provocantes de H. P. Blavatsky, publicados intermitentemente num período de três anos em alguns dos diários de Nova York e nos jornais do movimento espiritualista, *Ísis sem véu* causou um poderoso impacto a partir do dia mesmo do seu aparecimento.

A reação da imprensa foi, de um modo geral, favorável. O Dr. Shelton Mackenzie, um dos críticos literários mais capazes da época, escreveu no *Philadelphia Press,* de 7 de outubro de 1877, que "esta é uma das obras mais notáveis, pela originalidade de pensamento, minúcia de pesquisa, profundidade de exposição filosófica e variedade e extensão de erudição, que apareceram em muitos anos". O *Herald* de Nova York, de 30 de setembro de 1877, disse que as mentes independentes "acolherão com prazer a nova publicação como uma contribuição valiosíssima para a literatura filosófica" e que ela "suplementará o *Anacalypsis* de Godfrey Higgins". Encontrando uma grande semelhança entre ambas, declarou que a obra em exame, "com suas peculiaridades notáveis, sua audácia, sua versatilidade e a prodigiosa variedade de assuntos que ela menciona e de que trata (...), é uma das mais extraordinárias produções do século". O Dr. G. Bloede, um ilustre erudito alemão, disse que, "em todos os sentidos, ela se alinhará entre as contribuições mais importantes para a literatura da moderna ciência do espírito e será digna da atenção de todo estudioso desse campo". O *World* de Nova York considerou-a "um ensaio exaustivo e extremamente agradável de se ler sobre a importância suprema do restabelecimento da Filosofia Hermética num mundo que acredita cegamente que a superou". O *American Bookseller* de outubro de 1877 confirmou que "a vendagem (...) não tem precedentes para uma obra dessa espécie, pois a edição completa foi esgotada em dez dias após a data da publicação". Ele também a comparou ao *Anacalypsis* de Higgins, e afirmou que a sua procura estava "muito acima das expectativas dos seus editores".

Algumas das notas foram suficientemente irreverentes e parciais, deixando claro que os críticos não haviam lido a obra; e o editor do *Times* de Nova York escreveu a Bouton dizendo que sentiam muito não poderem tocar *Ísis sem véu*, pois "tinham um verdadeiro horror por Mme. Blavatsky e por seus escritos".

Um dos endossos mais delicados veio de Bernard Quaritch, famoso livreiro e editor, que escreveu a Bouton, de Londres, a 27 de dezembro de 1877: "O livro evidentemente fará carreira na Inglaterra e se tornará um clássico. Estou muito satisfeito de ser o seu agente inglês". Escrevendo sobre o fato nas suas *Old Diary Leaves* (vol. I, p. 296, rodapé), o Cel. Olcott acrescenta: "(...) estamos mais satisfeitos do que ele poderia estar, pois conhecemos a reputação de sua energia indômita e de seus altos princípios"[3].

De acordo com o Cel. Olcott, "o primeiro dinheiro recebido por um exemplar de *Ísis sem véu* foi-me enviado por uma senhora de Styria, juntamente com o seu pedido; nós o guardamos 'para dar sorte', e ele agora está dependurado, emoldurado, nas paredes do escritório do *The Theosophist* em Aydar. A coisa mais verdadeira que se disse sobre *Ísis* partiu de um autor americano, que afirmou ser ele 'um livro que contém uma revolução dentro de si'".

Parece que J.W. Bouton ficou tão surpreso e satisfeito com a situação que, num domingo, a 10 de fevereiro de 1878, na presença do Cel. Olcott, "ofereceu [a H. P. B.] 5.000 dólares como direitos autorais pela edição de um livro em um volume que desvelasse *Ísis* um pouco mais; se ela pudesse escrevê-lo, ele pretendia imprimir apenas cem exemplares e vendê-los ao preço de cem dólares cada um. Embora precisasse muito de dinheiro, ela recusou a oferta sob o pretexto de que não tinha permissão naquela época para divulgar mais segredos arcanos do que fizera em *Ísis* (...)"[4].

Para entender a natureza desse impacto, e para compreender suas repercussões em vários setores do pensamento humano, é necessário recordar a natureza da época em que *Ísis sem véu* foi publicada. No que diz respeito ao Ocidente, a paisagem era a de um materialismo excessivo e obtuso que permeava a maioria das avenidas do esforço humano. Um clima em que a negação científica de toda espiritualidade, a presunção farisaica da religião organizada, a respeitabilidade artificial dos costumes sociais e a esterilidade da especulação intelectual, que eram as influências predominantes na época, apresentavam dificuldades que os homens de hoje não poderiam compreender facilmente. A existência mesma do conhecimento oculto, de homens aperfeiçoados e iniciados, dos poderes latentes no ser humano e de um caminho secreto que leva à consecução daquele conhecimento, era praticamente desconhecida, exceto entre alguns raros indivíduos que conservavam para si o que conheciam e se mantinham no anonimato.

Apenas um movimento – conhecido como Espiritualismo na América e como Espiritismo na Europa – exibiu um certo grau de liberalidade para com fatos da Natureza pouco conhecidos, embora o interesse dos seus devotos estivesse preso a meros fenômenos, sem uma filosofia que os sustentasse.

Pessoas em número cada vez maior, algumas das quais muito conhecidas e influentes em vários círculos, foram atraídas para esse aspecto do fenomenalismo mediúnico, que, a despeito de seus antecedentes confusos e muito incertos, forneceu um solo fértil para a nova especulação, para a expressão de novas idéias e para o exercício de uma intuição até então insuspeitada nas mentes dos homens.

Contra este pano de fundo de negação materialista e de curiosidade pelo oculto, o aparecimento de *Ísis sem véu* foi algo semelhante à explosão de uma bomba, cujas repercussões sacudiram muitas opiniões firmadas, dogmas entrincheirados e crenças materializadas em toda a extensão do pensamento em voga.

Considerando-se o seu conteúdo extenso e variado e as circunstâncias do seu aparecimento, é muito natural perguntar *como* esta obra foi escrita.

Um registro abrangente da redação de *Ísis sem véu* está nas *Old Diary Leaves* do Cel. Henry S. Olcott, vol. I, caps. XIII-XVII, embora algumas imprecisões se tenham insinuado em seu relato, principalmente porque foi escrito de memória e não a partir dos seus *Diaries* de então. O manuscrito dos *Diaries* para os anos 1874-1877 havia desaparecido misteriosamente e o autor não pôde ter acesso a ele. Olcott escreveu:

"(...) Um dia, no verão de 1875, H. P. B. mostrou-me algumas folhas de um manuscrito que ela escrevera e disse: 'Escrevi isto a noite passada 'a mando', mas não sei para que diacho deve ser. Talvez para um artigo de jornal, talvez para um livro, talvez para nada: todavia, fiz o que foi ordenado'. E ela o guardou numa gaveta e durante algum tempo não se falou mais nisso. Mas no mês de setembro – se minha memória não falha – ela foi a Siracusa (N. Y.)[5], para uma visita a seus novos amigos, o Prof. Corson e Sra., da Universidade de Cornell, e o trabalho foi retomado. Ela escreveu-me que seria um livro sobre a história e a filosofia das escolas orientais e as suas relações com as da nossa época. Disse que estava escrevendo sobre coisas que nunca havia estudado e fazendo citações de livros que nunca havia lido em toda a sua vida; que, para testar a sua exatidão, o Prof. Corson comparara as suas citações com obras clássicas da Biblioteca da Universidade e achava que ela estava certa (...)"[6].

Na época em que H. P. B. visitou o Prof. Hiram Corson e Sra., eles moravam em Ithaca, N. Y., ocupando temporariamente o chamado "Richardson Cottage", na Heuslis Street, onde H. P. B. se demorou aproximadamente três semanas. Parece que ela deixou Nova York a 15 de setembro de 1875, tomando o barco vespertino para Albany, N. Y. Chegou a Ithaca, ou no dia seguinte ou no dia 17. Mas na segunda semana de outubro já regressava a Nova York.

O Dr. Eugene Rollin Corson, filho do Prof. Hiram Corson, fala da permanência de H. P. B. em Ithaca, N. Y., e diz que:

"Ela passava o seu tempo à escrivaninha, escrevendo, escrevendo, escrevendo a maior parte do dia e avançava pela noite, mantendo ainda uma enorme correspondência. Aqui ela começou *Ísis sem véu*, preenchendo totalmente cerca de 25 páginas de papel almaço por dia. Não tinha livros para consultar; a biblioteca muito ampla de meu pai era quase toda sobre literatura inglesa, inglês antigo, anglo-saxão, poesia inglesa e literatura clássica, e ela raramente a consultava sobre alguma coisa"[7].

Em apoio às próprias palavras do Cel. Olcott sobre o início de *Ísis sem véu*, temos a seguinte afirmação da própria H. P. B.:

"Quando comecei a escrever aquilo que mais tarde evoluiu para *Ísis sem veu*, eu sabia menos do que um selenita sobre o que sairia dali. Eu não tinha nenhum plano; não sabia se aquilo seria um ensaio, um panfleto, um livro ou um artigo. Sabia que *tinha de escrevê-lo*, nada mais. Comecei a obra antes de conhecer bem o Cel. Olcott, e alguns meses antes da formação da Sociedade Teosófica"[8].

A afirmação sobre o fato de não conhecer "bem" o Cel. Olcott está, todavia, sujeita a dúvidas, pois H. P. B e o Cel. conheceram-se a 14 de outubro de 1874, em Chittenden, Vermont, e esse período de cerca de um ano foi marcado por uma constante colaboração entre eles em vários campos de atividade.

Na época em que H. P. B. começou a escrever *Ísis sem véu*, isto é, aproximadamente no verão de 1875, ela estava se tornando rapidamente conhecida como uma vigorosa escritora, principalmente por suas contribuições ao *The Spiritual Scientist* de Boston e ao *The Daily Graphic* de Nova York. Durante o seu labor no manuscrito da sua próxima obra, publicou alguns dos seus artigos mais desafiadores, tais como "A Ciência da Magia", "Uma história da Mística", "Metafísica indiana", "Uma crise para o Espiritualismo" e outros, que apareceram em jornais espiritualistas e periódicos de Nova York[9].

O início de *Ísis* é, portanto, completamente claro em seu pano de fundo histórico, embora muitos detalhes sejam incompletos e os dados genuínos, um pouco indistintos. É, então, com grande surpresa que o estudioso lê, nas *The Mahatma Letters to A. P. Sinnett*, p. 289, a inequívoca afirmação do Mestre K. H. no sentido de que "(. . .) foi então que lhe foi ordenado escrever *Ísis* – apenas um ano depois de a Sociedade ter sido fundada"[10]. Essa afirmação permanecerá, por enquanto, como um dos mais curiosos quebra-cabeças com que se pode topar na literatura teosófica dos primórdios.

É impossível dizer exatamente quanto de *Ísis* foi escrito em Ithaca, mas é interessante notar que H. P. B., escrevendo dali para N. A. Aksakov, a 20 de setembro de 1875, menciona o primeiro título pretendido para a obra. Ela afirma:

"Estou escrevendo agora um grande livro, que chamo, a conselho de John [John King], 'Chave para portões misteriosos'. Eu os desmascarei, 'seus' homens de Ciência europeus e americanos, papistas, jesuítas, e essa raça de semi-eruditos, *les châtrés de la science*, que destroem tudo sem criar nada, e são incapazes de criar"[11].

Depois de H. P. B. ter retornado de Ithaca a Nova York, ela e o Cel. Olcott tomaram dois apartamentos no número 403 da West 34th Street, ela no primeiro e ele no segundo andar, e desde então a redação de *Ísis* prosseguiu sem demora ou interrupção até o seu término[12]. A maior parte da obra, todavia, foi feita em outro endereço, dado que os Fundadores muito cedo se transferiram para o número 302 da West 47th Street, a "Lamaseria", como o local se tornou conhecido mais tarde. O desenho do edifício, aqui incluído, e a sua descrição, ambos feitos por William Quan Judge, ajudarão a re-criar o ambiente:

Casa da Rua 47, 302, Nova York
Desenho de William Quan Judge.

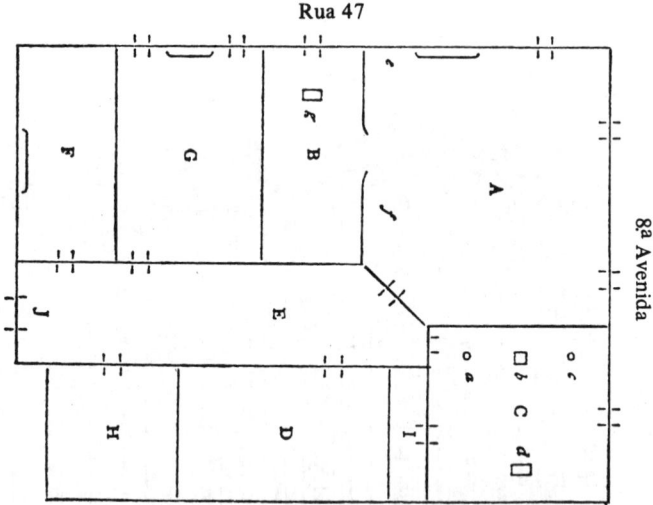

Planta do apartamento na Rua 47, 302, em Nova York. Desenho do Cel. H. S. Olcott.

"(...) Um apartamento foi tomado posteriormente na esquina da 47th Street com a Eighth Avenue, na casa mostrada na gravura.

"A ilustração mostra a estreita fachada da casa que dá para a Eighth Avenue, uma rua de negócios que vai da baixa Nova York até a 155th Street. O edifício tinha apartamentos muito espaçosos, com uma loja no térreo. A entrada para os apartamentos é feita pela 47th Street sob os cômodos dos fundos. H. P. B. tinha o apartamento que começa no meio do edifício e vai até a Eighth Avenue, imediatamente acima da loja. O edifício está hoje [1983] nas mesmas condições e com a mesma arrumação de quando H. P. B. ali viveu[13].

"Seu escritório era a sala da frente, ocupando a janela da esquina e as duas outras sobre a loja. A terceira janela da frente é de um pequeno quarto que foi usado com vários propósitos, às vezes para o desjejum, outras para dormir. Nesse lado, internamente, o corredor levava à porta de entrada do apartamento com cômodos na seguinte ordem: junto ao escritório e à sala de estar ficava o seu quarto de dormir, que tinha uma porta que dava para o corredor, e era isolado do refeitório, numa sala contígua, por uma sólida parede. Depois da sala de estar fica a cozinha, que dá para a 47th Street. No outro lado do corredor está primeiramente o banheiro, de frente para a cozinha, e, depois, voltando-se para trás, está um pequeno quarto escuro em que o Cel. Olcott dormia. No andar de cima morou por algum tempo a Sra. I. C. Mitchell, irmã do Cel. Olcott. O escritório e o pequeno quarto referidos acima interceptam o corredor"[14].

Escrevendo sobre o mesmo assunto, o Cel. Olcott apresenta a seguinte planta da "Lamaseria" e dela faz uma descrição que difere em um ou dois pontos da do Sr. Judge. Ele diz (veja-se a planta aqui incluída):

"(...) *A*, nossa única sala de trabalho e de recepção; *B*, quarto de dormir de H. P. B.; *C*, meu quarto de dormir; *D*, um quarto de dormir pequeno, escuro; *E*, corredor; *F*, cozinha; *G*, sala de jantar; *H*, banheiro; *I*, armário embutido; *J*, porta exterior do apartamento, que se abre para o saguão das escadas, sempre fechada com um trinco de molas e aferrolhada à noite. No meu quarto, *a* é a cadeira onde me sentava para ler; *b*, a mesa; *c*, a cadeira em que meu visitante [Mestre M.] tomava assento durante o colóquio; *d*, minha cama de campanha. Em nossa sala de trabalho, *e*, é onde estava pendurado o relógio cuco, e *f*, o lugar das prateleiras suspensas nas quais me machuquei. Em *B*, *g* representa o lugar da cama de H. P. B. (...)"[15].

"Não havia nada fora do comum na mobília e na decoração de nosso apartamento, a não ser na sala de jantar e na sala de trabalho – que era ao mesmo tempo nossa sala de visitas e biblioteca – e elas eram certamente bastante singulares. A parede morta da sala de jantar, que a separava do quarto de dormir de H. P. B., estava totalmente coberta com um quadro *feito de folhas secas* que representava uma cena de jângal tropical. Vindo do fundo, um tigre lançava-se sobre um elefante imóvel, que ruminava ao lado de um poço de água, e uma serpente gigantesca estava enrolada ao redor do tronco de uma palmeira... Nunca ouvi falar de outro quadro de parede desse tipo, e ele parecia impressionar todos os nossos convidados, que o consideravam inteiramente adequado a um lar como a

"Lamaseria". Toda a paisagem de floresta provinha da cobertura de folhas de outono, e da figura de um elefante recortado em papel marrom. Fiz outra invenção similar na sala de trabalho. A porta de entrada situava-se num ângulo feito pela interceptação de um canto, e acima dela a parede formava um quadrilátero de talvez 1,30 m x 1,70 m. Certo dia encontrei numa loja de antiguidades uma cabeça de leão esplendidamente montada; os olhos fulgurantes, as mandíbulas muito abertas, a língua retraída, os dentes brancos e ameaçadores. Levando-a para casa e procurando um lugar para alojá-la, este quadrilátero de parede impressionou meu olhar e ali dependurei o meu troféu. Graças a um arranjo de grama alta e seca, eu o fiz parecer uma leoa zangada que estivesse se arrastando pelo jângal e pronta para se lançar sobre os visitantes que tivessem a oportunidade de olhar para ela. Era uma das nossas brincadeiras ter recém-chegados sentados em uma cadeira confortável que estava de frente para a porta e apreciar-lhes o sobressalto quando os seus olhos se desviavam de H. P. B. para dar uma olhadela ao redor da sala. Se por acaso o visitante fosse uma velhinha histérica que gritasse ao ver o troféu, H. P. B. riria entusiasticamente. Em dois cantos da sala instalei folhas de palmeira que tocavam o teto e inclinei as suas pontas em curvas graciosas; pequenos macacos empalhados assomavam das cornijas das cortinas; uma delgada serpente empalhada repousava no topo do espelho do consolo da lareira, pendendo sua cabeça sobre uma das quinas; um grande babuíno empalhado, enfeitado com um colarinho, uma gravata branca e um par de meus óculos, carregando sob um braço o manuscrito de uma conferência sobre 'A evolução das espécies', e apelidado 'Professor Fiske', permanecia ereto num canto; uma grande coruja delicada estava empoleirada sobre uma estante de livros; um ou dois filhotes de lagarto rastejavam pela parede; um relógio cuco suíço pendia à esquerda da lareira; pequenos escrínios japoneses, imagens do Senhor Buddha em madeira lavrada e um talapão siamês, curiosidades de vários tipos, ocupavam a tampa do piano de armário, as prateleiras das paredes, as *étagères* dos cantos e outros espaços adequados; uma grande escrivaninha ocupava o centro da sala; algumas estantes de livros com nossa minguada biblioteca subiam pelas paredes, entre as duas janelas da Eighth Avenue; e cadeiras e um ou dois divãs tanto enchiam o espaço do recinto que era preciso abrir caminho para se chegar ao outro lado do cômodo. Um lustre a gás de quatro bicos e com uma lâmpada pendurada sobre a mesa dava-nos a iluminação física necessária; a outra, H. P. B. fornecia. Um par de portas de vidro de correr (freqüentemente fechadas) separava a sala de trabalho do seu pequeno quarto de dormir, e sobre a parede acima das portas construímos um enorme triângulo duplo de leves lâminas de aço. No conjunto, a sala era muito artística e agradável para os seus ocupantes e convidados, tema de mais de uma descrição em periódicos e de conversas entre nossos amigos. Nenhuma moldura teria sido mais apropriada para realçar a personalidade bizarra de sua misteriosa ocupante, H. P. B. (...)"[16].

Retomando a descrição do Sr. Judge:

"Foi nesse apartamento, na sala maior da frente, que *Ísis sem véu* foi escrita e terminada. Ali ocorreram tantos fenômenos extraordinários que muitos volumes seriam necessários para descrevê-los. Aqui 'a música astral e os sinos' eram freqüentemente ouvidos, e pretensos críticos sábios afirmavam que eles eram produzidos por uma donzela que subia e descia pelo corredor com um instrumento: um despropósito para aqueles que, como eu, estiveram aqui e ouviram todas estas coisas. Aqui, no canto da sala sobre a Eighth Avenue, a coruja empalhada estava pousada e às vezes piscava. Ela pertence agora a uma senhora que vive perto da Loja de Nova York. E aqui, quando *Ísis* foi terminada, H. P. B. sentou-se entre os seus poucos pertences e viu o leiloeiro vendê-los ao arrematador; daqui ela, finalmente, em dezembro de 1878, dirigiu-se ao vapor que a levou a Londres, de onde zarpou para a Índia para nunca mais voltar à terra em que foi sempre motivo de perplexidade e de entretenimento para a gente da metrópole. É um modesto lugar numa pequena e tumultuada parte de uma grande cidade; contudo, quanto foi feito ali e que poderosas forças se moveram entre aquelas quatro paredes enquanto a imensa personalidade conhecida como Helena P. Blavatsky aí residiu!"[17]

Escrevendo sobre esses primeiros dias em Nova York, a Sra. Laura Langford Holloway fala de James C. Robinson como sendo:

"(. . .) outro brilhante jovem advogado irlandês, que tinha tanto interesse em estudar o ocultismo quanto o Sr. Judge, e que estudou e serviu com entusiasmo e zelo infatigável. O primeiro exemplar de *Ísis sem véu*, que saiu do prelo, o jovem Robinson o obteve e o levou ao escritório de um periódico onde tinha um amigo e pediu-lhe uma nota prévia. Esta foi concedida com a condição de que ele a redigisse, o que fez, e ele teve a satisfação de levar a Mme. Blavatsky o primeiro reconhecimento de seu livro impresso num diário. Tivesse sido a sua vida prolongada, a Teosofia teria tido nele um hábil expoente, pois, de todo o grupo de advogados de Nova York daquela época, James Robinson era o mais culto. A sua família tinha riqueza e influência – das quais ele havia tirado o maior proveito – e ele era um nobre espécime de um advogado irlandês-americano. A sua morte súbita ocorreu no final do primeiro ano da sua convivência com Mme. Blavatsky e representou uma marcada perda para a obra e para os obreiros"[18].

Outro fato interessante sobre esse período é mencionado por Geoffrey A. Barborka, que escreve:

"Em todos os relatos, que falam da redação de *Ísis sem véu*, nenhum deu crédito a um rapaz que auxiliou H. P. B. de maneira extremamente capaz. Assim, o autor considera um privilégio honrar a memória de John, o jovem irmão de William Q. Judge, pelo serviço prestado no tocante à preparação do manuscrito de Mme. Blavatsky para a impressão, copiando uma boa parte da obra. Essa tarefa não foi suave, pois não existiam datilógrafos naquela época e era necessário preparar os originais para publicação mediante cópias manuscritas.

"O jovem John H. Judge conheceu H. P. B. quando ele estava com apenas 17 anos de idade, como relatou aos estudantes que se reuniram para recebê-lo por ocasião de sua visita ao 'Râja-Yoga College and School' da Loja Teosófica de Point Loma, na Califórnia. Ele prosseguiu dizendo que tinha grande admiração por H. P. B. e considerava um grande privilégio tê-la auxiliado na preparação de *Ísis sem véu* para o editor. O Sr. John H. Judge visitou Point Loma a 25 de agosto de 1914 e o autor estava presente quando ele contou à platéia que auxiliara H. P. Blavatsky. O relato da recepção oferecida ao irmão de um dos Fundadores da Sociedade Teosófica foi registrado no *Râja-Yoga Messenger* (outubro, 1914, vol. X, n? 10, p. 16-17), revista publicada pelos alunos do College"[19].

Do ponto de vista do senso comum, *Ísis sem véu* foi obviamente escrita por H. P. Blavatsky, e a esse respeito, exotericamente, nada mais precisa ser dito. Do ponto de vista do fato e da doutrina ocultos, todavia, a autoria desta obra notável não é tão facilmente determinada e requer consideração cuidadosa de ensinamentos pouco conhecidos e mais precisamente abstrusos da Filosofia Esotérica.

De fato, *Ísis sem véu* foi uma produção em colaboração entre a própria H. P. Blavatsky e muitos iniciados ou adeptos da Irmandade Oculta, dos quais um ou dois são conhecidos em alguma medida, sendo os outros praticamente desconhecidos.

Trechos desta obra foram escritos pela mente consciente comum de sua Autora reconhecida. Outras foram ditadas a ela por um ou outro iniciado, para quem ela serviu como um amanuense, com linhas de comunicação *clariaudiente*. Outras partes, ainda, dos seus manuscritos, foram escritas quando um ou outro desses iniciados dominavam temporariamente a sua forma exterior e a usavam. E há outras, também, que se precipitaram para ela, *em sua própria caligrafia*, quando estava adormecida.

Em nenhum momento, contudo, houve qualquer mediunidade comum envolvida no processo, e nem era este de maneira alguma semelhante à escrita automática. É de importância fundamental compreender este fato. Caso contrário, haverá confusão e equívoco intermináveis.

Para compreender a situação, o estudioso deve ter em mente a doutrina do *Tulku*, um termo técnico tibetano que é um dos mais abrangentes e misticamente significativos em todo o rol das palavras mais importantes usadas pelo Budismo tibetano. O termo, numa das suas aplicações, designa a condição em que um iniciado fiel ou ocultista superior envia uma parte da sua consciência para corporificar, por um período de tempo curto ou longo, num mensageiro-neófito que aquele iniciado envia ao mundo exterior para cumprir uma tarefa ou para ensinar. O mensageiro age como um transmissor dos poderes espirituais e divinos do iniciado. H. P. Blavatsky atuou freqüentemente durante toda a sua carreira pública como o *tulku* temporário de um ou outro iniciado. Essa transferência de consciência de um ocultista para a constituição de um outro é também conhecida no esoterismo tibetano pelo termo *hpho-wa* e é um fato muito mais comum no Oriente.

A doutrina do *Tulku* está intimamente ligada à doutrina dos *avatâras*, de que existem muitos tipos distintos[20].

A mediunidade comum, tão proeminente nos círculos espiritistas modernos, e conhecida por outros nomes durante toda a história da raça humana, está no pólo oposto da condição do *tulku*. A mediunidade está intimamente ligada a várias condições de transe, ou cessação ou perda temporária de consciência pessoal. O *tulku* é desempenhado sem perda da consciência pessoal e com conhecimento definido e completo do que está ocorrendo. Os fenômenos executados pelos médiuns comuns são completados também durante a condição de transe e sem lembrança posterior do que tenha ocorrido, ou fora de transe, mas sem controle ou sem conhecimento específico do que ocorreu.

Na condição de *tulku*, todavia, o ocultista mantém sempre a sua percepção autoconsciente e simplesmente empresta o seu organismo astrofísico para o uso temporário de uma outra consciência superior, por consentimento mútuo. O médium comum geralmente age sob a influência de vários tipos de entidades exumadas e elementais dos subplanos inferiores do mundo astral, enquanto o ocultista transmite o poder, o conhecimento e a influência de *homens vivos* que aprenderam por meio de árduo treinamento oculto como se retirar temporariamente de suas próprias constituições exteriores e penetrar em outras para o desempenho de uma tarefa específica.

Um médium comum nunca pode esperar tornar-se um ocultista a menos que consiga um controle completo e definitivo sobre as suas tendências mediúnicas, que são psíquico-patológicas e desordenadas, e mantenha toda a sua constituição astrofísica sob o domínio da sua vontade espiritual.

Como tantos outros ocultistas muito conhecidos, H. P. Blavatsky possuía fortes tendências mediúnicas nos primeiros anos da sua vida, mas elas foram transmutadas e controladas, por meio de severo treinamento oculto sob orientação de seu Mestre. Ela escreveu:

> "Eu *conhecia* e *conversava* com muitos 'John King' em minha vida – um nome genérico para mais de um espectro – , mas graças ao céu nunca fui ' controlada' por um! Minha mediunidade foi aniquilada em mim há um quarto de século ou mais; e eu desafio em voz alta todos os 'espíritos' do *Kâmaloka* a se aproximarem – não queiram me controlar *agora* (...)"[21].

O período a que ela se refere coincide com a sua permanência no Cáucaso, de 1859 a 1863, tempo em que teve uma doença quase fatal de espécie misteriosa e em que lhe sobreveio uma completa mudança de consciência. Esse deve ter sido um dos pontos mais cruciais do seu desenvolvimento oculto.

O que deve ser cuidadosamente considerado em relação a todo esse assunto é a diferença entre um médium comum – especialmente um médium de *transe* – e o que pode ser chamado, à falta de palavra melhor, de *mediador,* se limitarmos o último termo a um ocultista capaz de desempenhar o *tulku.*

A opinião daqueles críticos que atribuíram a H. P. Blavatsky a condição de médium comum, e que interpretaram os seus fenômenos ocultos como mediunidade de transe, baseia-se na ignorância dos fatos envolvidos e num julgamento superficial de meras aparências. É verdade que determinados fenômenos representados por H. P. Blavatsky foram semelhantes àqueles desempenhados por médiuns genuínos, mas a sua similaridade de aparência pode ser comparada à que existe entre duas pessoas, uma das quais caminha por uma rua com vontade e intenção próprias, enquanto a outra é um sonâmbulo sem o mínimo conhecimento do que acontece. Ambas estão, não obstante, caminhando!

Há, portanto, uma distinção nítida feita no ocultismo entre um simples médium – freqüentemente um instrumento infeliz e impotente de forças astrais caprichosas e errantes – e um mediador, que é totalmente voluntário e inteiramente aquiescente, afeito e autoconsciente, intermediário entre a Irmandade de adeptos e a Humanidade em geral. Um mediador é, então, um ser humano altamente evoluído e treinado, que possui uma individualidade espiritual e intelectual forte e vigorosamente ativa, geralmente trabalhando por meio de uma personalidade acentuada e positiva, o que era certamente o caso de H. P. Blavatsky. Tal mediador pode ser chamado de *transmissor* – poder-se-ia dizer *transformador*, no sentido usado na ciência elétrica – e coloca-se no pólo oposto de um médium comum, que é um ser humano dotado de um aparelho psicológico mais ou menos deslocado, presa ou vítima inconsciente, ou, no melhor dos casos, semiconsciente, de toda corrente ou energia astral que por acaso flua por ele ou por ela. Médium, na verdade, é aquele cujos princípios de constituição não estão sob o controle da vontade ou da mente espirituais superiores, ou estão apenas parcialmente. Isso torna as partes inferiores da sua constituição mais ou menos variáveis, facilmente dominadas pelos pensamentos e pelos sentimentos dos outros.

O mediador, por outro lado, é um agente tão livre quanto o permita a sua vontade, e alguém em quem a corrente espiritual do deus interior está mais ou menos constantemente em ação. Assim, e com base na definição, um mediador é um indivíduo de treinamento oculto superior, que não é servil nem está sujeito à vontade de um outro, e não sofre nem psicologização ou autopsicologização, o que o incapacitaria de ser um mediador. Faça o que fizer um mediador, ele o faz como resultado de autodeterminação e livre escolha, e a sua ação como mediador é em si mesma a parte maior e mais sublime desse serviço dedicado a uma causa altamente espiritual.

Além de, às vezes, servir como *tulku* para um ou outro adepto, momentos havia em que, por causa do treinamento para esse fim específico, H. P. B. podia, por um supremo esforço de vontade, aliar a sua própria natureza psicológica, psicomental ou intermediária ao raio interior que brotava da sua própria divindade ou Mônada espiritual, sendo o efeito similar, mas não idêntico, aos outros casos de "inspiração" referidos acima. A diferença entre a sua personalidade e a fonte de inspiração interior tem sido freqüentemente – mas infelizmente não com muita consistência – indicada por uma referência a H. P. Blavatsky, por um lado, e a "H. P. B.", por outro[22].

Com a explicação acima desse complexo assunto, o estudioso compreenderá melhor os seguintes excertos das *Old Diary Leaves*, do Cel. H. S. Olcott, que oferecem uma vívida e testemunhal descrição da redação de *Ísis sem véu:*

"(. . .) Em toda a sua vida ela não havia executado um décimo de tal labor literário, nem eu nunca conhecido um jornalista que trabalhasse diariamente que se pudesse comparar a ela em resistência obstinada ou em incansável capacidade de trabalho. De manhã à noite, ela podia ser vista à escrivaninha, e era raro que um de nós fosse para a cama antes das duas horas da madrugada. Durante o dia eu tinha de cumprir meus deveres profissionais, mas sempre, depois de termos jantado mais cedo, nós nos sentávamos juntos à nossa enorme mesa de trabalho e trabalhávamos, como que para salvar nossas próprias vidas, até que a fadiga corporal nos compelisse a parar. Que experiência! A educação de uma vida comum de leitura e pensamento foi, para mim, completada e condensada nesse período de menos de dois anos. Eu não a auxiliava simplesmente como um amanuense ou revisor: ela fez de mim um colaborador; levou-me a utilizar – sempre me pareceu – tudo o que eu já tinha lido ou pensado, e estimulou o meu cérebro a resolver novos problemas que ela me propunha em relação ao ocultismo e à metafísica, para os quais a minha educação não preparara nenhum caminho, e que eu só entendia à medida que minha intuição se desenvolvia sob este processo poderoso. Ela trabalhava sem plano definido, mas as idéias brotavam da sua mente como uma fonte perene que está sempre a transbordar. Agora ela podia estar escrevendo sobre Brahmâ, daqui a pouco sobre o 'gato meteor' elétrico de Babinet;

num instante ela estaria citando reverentemente Porfírio, e, no outro, um jornal diário ou algum panfleto moderno que eu acabara de trazer para casa; ela poderia estar idolatrando as perfeições do adepto ideal, mas desviava-se por um momento para esbordoar o Prof. Tyndall ou alguma outra das suas aversões prediletas com o seu porrete crítico. Tão desordenadamente como vinha, num fio de água contínuo – cada parágrafo completo em si mesmo e capaz de ser amputado sem causar prejuízo ao seu predecessor ou sucessor. Mesmo como está agora, depois de todas as suas numerosas refundições, um exame do assombroso livro mostrará que assim foi.

"Se ela não tinha plano, a despeito de todo o seu conhecimento, deve isso provar que a obra não foi de sua própria concepção, que ela era apenas o canal pelo qual essa essência fresca e vital estava sendo derramada no lago estagnado do pensamento espiritual moderno? Como parte do meu treinamento educacional, ela podia me pedir para escrever algo sobre algum assunto especial, às vezes sugerindo os pontos importantes que poderiam ser realçados, outras, me deixando fazer o melhor que eu pudesse com minhas próprias intuições. Quando eu terminava, se aquilo não a satisfazia, ela geralmente recorria a uma linguagem forte e me chamava com algum dos seus nomes favoritos que são capazes de provocar o impulso homicida; mas, se eu me preparava para rasgar minha composição infeliz, ela a arrebatava de mim e a deixava em algum lugar para uso posterior, depois de algumas repreensões, e eu tentava novamente[23]. O seu próprio manuscrito era freqüentemente uma coisa digna de se ver; cortado e remendado, re-cortado e re-colado, até que, se alguém segurasse uma página contra a luz, ela parecia consistir de, talvez, seis ou oito ou dez pedaços cortados de outras páginas, colados juntos, e o texto articulado por palavras ou frases entrelinhadas. Ela se tornou tão hábil nesse trabalho, que costumava amiúde gabar-se humoradamente dessa habilidade aos amigos que estivessem presentes. Nossos livros de referência às vezes sofriam no processo, pois sua colagem era freqüentemente feita sobre as suas páginas abertas, e não há volumes completos nas Lojas de Adyar e nas bibliotecas de Londres que não tragam essas marcas até hoje.

"A partir da data da sua primeira aparição no *Daily Graphic,* em 1874 [30 de outubro], e durante toda a sua carreira americana, ela foi assediada por visitantes, e se entre eles por acaso se encontrasse alguém que tivesse um conhecimento especial sobre qualquer coisa particular aparentada ao seu campo de trabalho, ela invariavelmente o puxava pela língua e, se possível, pedia-lhe para escrever as suas opiniões ou reminiscências para inserção no seu livro. Entre os exemplos desse tipo estão o relato de uma sessão de magia, do Sr. O'Sullivan, em Paris; o interessante esboço do Sr. Rawson sobre as iniciações secretas dos drusos do Líbano; as inúmeras notas e parágrafos do Dr. Alexander Wilder na Introdução ['Ante o véu'] e ao longo dos volumes, e outros que acrescentam muito ao valor e interesse da obra (. . .).

"Alguém poderia supor, ao ver as inúmeras citações de *Ísis sem véu*, que ela escreveu na recâmara do Museu Britânico ou da Biblioteca Astor em Nova York. O fato é, todavia, que todo o nosso trabalho em bibliotecas mal abrangeu uma centena de livros de referência. De vez em quando um ou outro volume lhe era trazido pelo Sr. Sotheran, pelo Sr. Marble ou por outros amigos, e, recentemente, emprestou alguns do Sr. Bouton. De alguns livros fez grande uso – por exemplo, *Gnostics* de King; *Rosicrucians* de Jenning; *Sod* e *Spirit History of Man* de Dunlap; *Hindoo Pantheon* de Moor; os ataques furiosos de *Des Mousseaux* contra a Magia, o Mesmerismo, o Espiritualismo, etc., os quais ele condenava como sendo o diabo[24]; várias obras de Éliphas Lévi; 27 volumes de Jacolliott; obras de Max Müller, Huxley, Tyndall, Herbert Spencer e de muitos outros autores de maior ou menor reputação; mas não excedeu uma centena, eu diria. Então, que livros *devia* ela consultar, e a que biblioteca tinha acesso? O Sr. W. H. Burr perguntou ao Dr. Wilder numa carta aberta ao *Truthseeker* se era verdadeiro o rumor de que *ele* havia escrito *Ísis* para H. P. B.; ao que nosso velho e querido amigo replicou sinceramente que se tratava de um boato falso, e que ele não fizera por H. P. B. mais do que já afirmei acima: dera-lhe muitos conselhos excelentes e, por consideração, preparara o extremamente copioso Índice de cerca de cinqüenta páginas a partir de provas que lhe foram enviadas antecipadamente para tal. Isso é tudo. E igualmente sem fundamento é a história amiúde repetida de que eu escrevi o livro e ela o retocou: a verdade é exatamente o contrário. Muitas vezes, eu corrigi cada página do seu manuscrito, assim como cada página das provas; escrevi muitos parágrafos para ela, freqüentemente apenas incorporando as idéias que ela, então, não podia (cerca de quinze anos antes da sua morte e anteriores a quase toda a sua carreira como escritora de literatura inglesa) adequar para o seu gosto em inglês; ajudei-a a descobrir citações e fiz outros trabalhos puramente auxiliares: o livro é só dela, tanto quanto personalidades deste plano de manifestação podem fazê-lo, e ela deve receber todo o louvor e toda a censura que ele lhe reserva. Ela marcou época com o seu livro e, fazendo-o, tornou-me – seu discípulo e auxiliar – tão competente quanto eu me pudesse considerar para fazer obra teosófica durante estes últimos vinte anos. Então, de onde H. P. B. extraiu o material que compõe *Ísis* e que não pode ser encontrado em fontes literárias acessíveis de citação? *Da luz astral,* e, pelos sentidos da sua alma, de seus instrutores – "irmãos", "adeptos", "sábios", "mestres", como eles têm sido diversamente chamados. Como posso eu saber? Trabalhando dois anos com ela em *Ísis* e muitos anos mais em outra obra literária.

"Vê-la trabalhando era uma experiência rara e inesquecível. Sentávamo-nos geralmente em lados opostos de uma grande mesa, e eu podia ver cada movimento seu. A sua pena voava sobre a página; quando ela parava de repente, olhava para o espaço com o olho vazio do profeta clarividente, diminuía a sua visão como que para olhar para algo suspenso invisivelmente no ar à sua frente, e começava a copiar, em seu papel, o que via. A citação terminava, os seus olhos retomavam a expressão natural e ela continuava a escrever até parar novamente por uma interrupção similar[25]. Lembro-me bem de dois momentos em que eu, também, fui capaz de ver e até de segurar livros de cujas duplicatas astrais ela copiara citações em seu manuscrito, e que ela condescendeu em 'materializar' para mim, para que eu os consultasse quando lia as provas, porque me recusava a passar as páginas pelo 'imprima-se' a menos que as minhas dúvidas quanto à precisão de sua cópia fossem satisfatórias [satisfeitas?]. Uma delas era uma obra francesa sobre Fisiologia e Psicologia; a outra, também de um autor francês, sobre algum ramo da Neurologia. A primeira era em dois volumes, encadernados em couro de bezerro, a outra em formato de folheto. Foi quando morávamos no nº 302 da West 47th Street – a famosa 'Lamaseria' e Loja executiva da Sociedade

Teosófica. Eu disse: 'Não posso deixar passar esta citação, pois estou certo de que não se lê como você a escreveu'. Ela disse: 'Oh, não se aborreça; está certo; deixe passar'. Eu me recusei; então, finalmente, ela disse: "Bem, espere mais um minuto e eu tentarei obtê-la'. Um olhar longínquo se instalou nos seus olhos e logo em seguida ela apontou para um canto distante da sala, para uma *étagère* onde estavam guardadas algumas curiosidades, e numa voz abafada disse 'Lá!' e então voltou a si. 'Lá, lá; vá procurar naquele lugar!' Eu fui e encontrei os dois volumes desejados, que, ao que eu sabia, nunca haviam estado naquela casa até aquele momento. Comparei o texto com a citação de H. P. B., mostrei-lhe que eu estava certo em minhas suspeitas em relação ao erro, fiz a correção da prova e depois, a seu pedido, recoloquei os dois volumes no lugar da *étagère* de onde eu os tinha retirado. Retomei o meu lugar e o meu trabalho, e quando, depois de um momento, olhei novamente naquela direção, os livros haviam desaparecido! Depois de eu narrar essa história (absolutamente verídica), os céticos ignorantes estão livres para duvidar da minha sanidade; espero que isso lhes possa fazer bem. A mesma coisa aconteceu no caso do *apport* do outro livro, mas este ficou e está em nosso poder até hoje[26].

"O 'exemplar' liberado por H. P. B. apresentava as mesmas marcadas diferenças em épocas distintas. A caligrafia mantinha um caráter particular durante todo o tempo, de maneira que alguém familiarizado com sua escrita sempre poderia perceber se uma página qualquer tinha sido escrita por H. P. B.; quando examinada, porém, cuidadosamente, podia-se descobrir pelo menos três ou quatro variações de estilo, e cada uma delas persistia por muitas páginas, quando dava lugar a alguma outra das variantes caligráficas. Isto é, não havia freqüentemente – nunca, como agora me lembro – mais do que dois estilos na mesma página, e mesmo só dois quando o estilo que era corrente através da obra de, talvez, toda uma tarde ou meia tarde, de repente dava lugar a um dos outros estilos, que, por sua vez, seriam correntes durante o resto da tarde, ou toda a tarde seguinte, ou no 'exemplar' da manhã. Uma dessas caligrafias de H. P. B. era muito pequena, mas clara; uma, grossa e livre; outra, clara, de tamanho médio, e muito legível; e uma apressada e difícil de ler, com os seus *aa, xx* e *ee* singulares e exóticos[27]. Havia também a maior diferença possível no inglês desses vários estilos. Às vezes eu tinha de fazer várias correções em cada linha, enquanto em outras eu podia passar muitas páginas com quase nenhum erro de língua ou grafia para corrigir. Os mais perfeitos de todos eram os manuscritos que ela redigia enquanto estava dormindo. O começo do capítulo sobre a civilização do Antigo Egito (vol. II, cap. XIV) é um exemplo. Havíamos, como de costume, parado de trabalhar na noite anterior às duas da madrugada, mas, ambos cansados demais para fumar e conversar, como sempre, antes de nos recolhermos; ela quase caiu morta de sono em sua cadeira enquanto eu lhe desejava uma boa noite, e então me dirigi sem demora para o meu quarto. Na manhã seguinte, quando desci após o meu desjejum, ela mostrou-me uma pilha de pelo menos trinta ou quarenta páginas de um manuscrito de H. P. B. magnificamente escrito, que, ela disse, ela havia escrito para ela por – bem, um Mestre, cujo nome nunca foi degradado como o de outros. O manuscrito era perfeito em todos os aspectos, e foi para os impressores sem revisão.

"É curioso que cada mudança no manuscrito de H. P. B. era precedida, ou por sua saída da sala por um ou dois momentos, ou por sua entrada num transe ou estado de abstração, quando os seus olhos amortecidos se dirigiam para um espaço além de mim, por assim dizer, e retornavam ao estado normal de vigília quase imediatamente. E havia também uma distinta mudança de personalidade, ou, antes, de peculiaridades pessoais, no modo de andar, expressão vocal, vivacidade de hábitos, e, acima de tudo, no temperamento (. . .).

"(. . .) não outra [pessoa] em relação à mudança visível do corpo físico, mas outra em relação às habilidades de movimento, fala e maneiras; com agudeza mental diferente, opiniões desiguais sobre coisas, domínio diferente da ortografia, de expressões e da gramática inglesas, e um domínio – muito, *muito* diferente sobre o seu temperamento; que, nos momentos mais joviais, era quase angelical, e, nos piores, o oposto (. . .)"[28].

"[quando] *Ísis sem véu* saiu da gráfica de Trow[29], após Bouton ter gasto mais de seiscentos dólares devido às correções e alterações que ela fizera na galé, na composição e nas chapas galvanizadas, não tinha, como não tem até hoje, um plano literário definido. O vol. I parece estar limitado a questões de Ciência, o vol. II, àquelas relativas à Religião, mas há muitas partes em cada volume que pertencem ao outro; e a Srta. Kinslingbury, que delineou o Índice do vol. II na tarde em que eu esboçava o do vol. I, pode testemunhar a dificuldade que tivemos em traçar os lineamentos de um plano para cada um dos nossos respectivos volumes.

"Então, quando o editor recusou peremptoriamente destinar mais capital à aventura, havíamos preparado material quase suficiente de um manuscrito adicional para fazer um terceiro volume, e este foi cruelmente destruído antes de deixarmos a América; H. P. B. não imaginava que poderia utilizá-lo na Índia, e *The Theosophist* e *The Secret Doctrine*, e suas outras produções literárias posteriores, ainda não tinham sido pensadas por ela. Quão freqüentemente ela e eu juntamos nossos lamentos pelo fato de que todo aquele material valioso tivesse sido tão impensadamente desperdiçado!"[30]

"Trabalhamos no livro durante muitos meses e já havíamos liberado 870 e poucas páginas do manuscrito quando, uma tarde, ela me perguntou se, para obsequiar ———— (nosso 'Pâramaguru'), eu concordaria em começar tudo de novo! Lembro-me muito bem do choque que me causou pensar que todas aquelas semanas de trabalho pesado, de tormentas psíquicas e de enigmas arqueológicos de arrebentar a cabeça, não valessem – como eu, em minha ignorância insolente e cega, imaginei – nada. Todavia, como o meu amor e a minha reverência e gratidão a este Mestre, e a todos os Mestres, por me concederem o privilégio de participar de sua obra não tinha limites, eu concordei, e entramos novamente em atividade (. . .)."[31]

Neste ponto, o próprio testemunho de H. P. B. pode ser introduzido com proveito, como se pode inferir de suas próprias palavras sobre o que ela pensava e sentia a respeito das circunstâncias da sua maneira de escrever. Numa carta à sua irmã, Vera P. de Zhelihovsky, ela escreveu:

"Bem, Vera, acredite ou não, algum encantamento me domina. Você mal pode imaginar em que mundo fascinante de quadros e visões eu vivo. Estou escrevendo *Ísis;* não escrevendo, antes, transcrevendo e redigindo o que *Ela pessoalmente* me mostra. Na verdade, às vezes me parece que a antiga deusa da Beleza em pessoa me conduz por todas as terras dos séculos passados que tenho de descrever. Estou sentada de olhos abertos e, ao que tudo indica, vejo e ouço tudo o que acontece ao meu redor, e ao mesmo tempo vejo e ouço *o que escrevo*. Falta-me o fôlego; tenho medo de fazer o menor movimento com receio de que o encanto possa ser rompido (. . .). Lentamente, século após século, imagem após imagem, destacam-se à distância e passam à minha frente como num panorama mágico; e, enquanto os reúno em minha mente, enquadrando-os em épocas e datas, sei *absolutamente* que *não há nenhum erro*. Raças e nações, países e cidades, há muito tempo desaparecidos na escuridão do passado pré-histórico, emergem e desaparecem, dando lugar a outros; e então sou informada sobre datas posteriores. A Antiguidade encanecida abre caminho para períodos históricos; mitos me são explicados por eventos e pessoas que existiram realmente e todo evento é, em suma, extraordinário, toda página recém-virada desse multicolorido livro da vida imprime-se em meu cérebro com nitidez fotográfica. Minhas próprias estimativas e cálculos parecem-me depois peças coloridas isoladas de diferentes formas do jogo que se chama *casse-tête* [quebra-cabeça]. Eu os reúno e tento arrumá-los um após outro, e no final sempre surge um todo geométrico (. . .). Seguramente não sou eu que faço tudo, mas o meu *Ego*, o princípio mais elaborado que vive em mim. E, mesmo este, com a ajuda do meu *Guru* e instrutor que me ajuda em tudo. Se me acontece esquecer algo, tenho apenas que me dirigir a ele, ou a outro como ele, em meu pensamento, e o que eu esquecera novamente surge diante de meus olhos – às vezes quadros inteiros de números passam diante de mim, longos inventários de eventos. *Eles* lembram-se de tudo. *Eles sabem de tudo* (. . .). Sem eles, de onde eu colheria o meu conhecimento?[32]"

Aproximadamente na mesma época, ou possivelmente um pouco mais cedo, a irmã de H. P. B. ouviu dizer que ela havia começado a escrever de uma maneira que lhe teria sido impossível poucos anos antes. Parece que circularam rumores na Rússia de que haveria "bruxaria" na raiz desse fato, e, cheia de pressentimentos e de terror, Madame de Zhelihovsky escreveu a H. P. B., implorando-lhe explicasse as circunstâncias. O excerto seguinte foi extraído da resposta de H. P. B.:

"Não tenha medo, que não estou fora de mim. Tudo o que posso dizer é que alguém realmente *me inspira* – (. . .) mais que isso: alguém entra em mim. Não sou eu quem fala e escreve: é algo dentro de mim, meu Eu superior e luminoso, que pensa e escreve por mim. Não me pergunte, minha amiga, o que sinto, porque não posso explicá-lo claramente. Eu não me conheço! A única coisa que sei é que agora, quando estou perto de chegar à velhice, tornei-me uma espécie de armazém do conhecimento de outro (. . .). *Alguém* vem e me cerca como uma nuvem indistinta e de repente me empurra para fora de mim e então não sou mais 'eu' – Helena Petrovna Blavatsky – mas outro alguém. Alguém forte e poderoso, nascido numa região do mundo totalmente diferente; e, quanto a mim, é quase como se eu estivesse adormecida, ou deitada e não inteiramente consciente – não em meu próprio corpo, mas perto, presa apenas por um fio que me amarra a ele. Todavia, às vezes vejo e ouço tudo de modo bastante claro: estou perfeitamente consciente do que meu corpo está dizendo e fazendo – ou pelo menos o seu novo possuidor. Eu até entendo e me lembro tão bem que depois posso repetir e mesmo escrever as *suas* palavras (...). Nessas ocasiões vejo admiração e temor nas faces de Olcott e dos outros, e sigo com interesse a maneira pela qual *Ele* meio compassivamente os observa com meus próprios olhos e os ensina com minha língua física. Não com a minha mente, mas com a sua própria, que envolve o meu cérebro como uma nuvem (...). Ah, mas na verdade eu não posso explicar tudo"[33].

Em outra carta da mesma época, escrita à sua família, respigamos o seguinte:

"Palavra de honra, eu mal entendo por que você e as pessoas em geral fazem tanto barulho a respeito dos meus escritos – sejam russos ou ingleses! Juro, durante os longos anos de minha ausência de casa, eu estudei constantemente e aprendi certas coisas. Mas quando eu escrevi *Ísis*, eu a escrevi tão facilmente, que não foi de fato nenhum trabalho, mas um real prazer. Por que deveria eu ser elogiada por isto? Quando me *dizem* que escreva, sento-me e obedeço, e então posso escrever facilmente sobre quase tudo: Metafísica, Psicologia, Filosofia, religiões antigas, Zoologia, ciências naturais – e não sei que mais. Eu nunca me perguntei: 'eu posso escrever sobre esse assunto? (...)' ou 'estou à altura da tarefa?', mas eu simplesmente me sento e *escrevo*. Por quê? Porque *o que sabe tudo me dita* (...). Meu MESTRE, e ocasionalmente outros que conheci anos atrás em minhas viagens (...). Por favor, não imagine que perdi os sentidos. Eu já fiz uma insinuação a você sobre Eles antes (...) e eu lhe digo francamente que quando escrevo sobre um assunto de que conheço pouco ou nada, eu me dirijo a Eles, e um d'Eles me *inspira*, isto é, ele me permite simplesmente copiar o que escrevo dos manuscritos, e até de material impresso que passa diante dos meus olhos, no ar (...). Foi o conhecimento de Sua proteção e a fé em Seu poder que me capacitaram a me tornar tão forte mental e espiritualmente (...) e mesmo Ele (o Mestre) nem sempre é solicitado; pois, durante sua ausência em qualquer outra ocupação, ele desperta em mim o seu substituto em conhecimento (...). Nestas ocasiões, não sou mais *eu* quem escreve, mas o meu *ego interior,* meu 'Ego luminoso', que pensa e escreve por mim. Veja só. É possível que em poucos anos eu possa ter-me tornado tão culta a ponto de escrever sem hesitação página após página de *Ísis,* com todas as suas citações *verbatim* de livros, e inúmeras referências a eles, que jamais vi, nem sequer poderia ter visto? Então toda essa correria atrás de mim de repórteres e jornalistas, e de editores russos atrás dos meus artigos (...). Qual é a causa disso? (...) De onde vem todo esse conhecimento? (...)"[34].

Retomando agora a interessante narrativa do Cel. Olcott, encontramo-lo dizendo:

"(...) Por mais que eu tente determinar o exato grau em que se pode dizer que a complexa personalidade, H. P. B., escreveu *Ísis sem véu*, acredito estar claro e fora de dúvida o fato de que ela digeriu e assimilou todo o material, elaborando-o à sua maneira e ajustando-o em seu livro como lascas de pedra num mosaico (...).

"(...) Não familiarizada com o inglês gramatical e com os métodos literários, e com a sua mente com toda a certeza destreinada para um trabalho de gabinete de tal envergadura, embora dotada de uma coragem sem limites e de um poder de concentração mental contínua que provavelmente não foi igualado, ela se debateu durante semanas e meses em direção ao seu objetivo – o cumprimento das ordens do seu Mestre. A sua façanha literária sobrepuja todos os seu fenômenos.

"Os contrastes evidentes entre as porções confusas e as quase perfeitas do seu manuscrito provam claramente que a mesma inteligência não estava em ação durante toda a obra: e as variações na caligrafia, no método mental, na destreza literária e nas idiossincrasias pessoais corroboram essa idéia. Depois de tanto tempo e com o manuscrito destruído, é-me impossível dizer qual das suas personalidades mutáveis é a principal responsável por seu alegado uso não confirmado de citações[35]. O que veio às minhas mãos e que parecia tomado de outro autor, eu, naturalmente, coloquei entre aspas e é possível que a mistura delas com algumas das suas idéias originais possa ser atribuída a mim; as passagens em questão sabem a idéias de outros. Quando ela escrevia palavras de outras pessoas em sua argumentação do momento sem quebra de continuidade, então, muito naturalmente – a menos que as passagens pertencessem a livros que eu lera, e que me eram familiares – , eu as corrigia como se fossem a própria 'cópia' de H. P. B. Eu disse acima que recebi minha educação oculta na compilação de *Ísis* e nos ensinamentos e nas experiências de H. P. B.; devo acrescentar agora que a minha vida literária anterior me levara para outros e muito mais práticos campos de estudo diversos da literatura que está sintetizada em *Ísis*, a saber, a Química agrícola e a Agricultura científica em geral. De modo que ela me podia ter dado 'cópia' inteiramente composta de passagens emprestadas de orientalistas, filólogos e sábios orientais, sem que eu fosse capaz de detectar o fato. Pessoalmente, nunca me foi apontado em *Ísis* um plágio qualquer, seja verbalmente ou de outra maneira, nem sei se eles existem. Mas, se existirem, duas coisas são possíveis: a) que o empréstimo foi feito pela destreinada e inexperiente iniciante literária H. P. B., que ignorava o pecado literário que cometia, ou b) que as passagens foram tão bem trabalhadas na cópia, que não chamaram a minha atenção editorial para a sua incongruência com o que as precedia ou sucedia. Ou – uma terceira alternativa – poderia ser que, enquanto escrevia, ela estivesse sempre metade neste plano de consciência, metade em outro; e que ela lesse as suas citações clarividentes em *Da luz astral* e as usasse à medida que viessem *à propos*, sem saber realmente quem fossem os autores ou quais fossem os títulos de seus livros? Certamente as suas relações orientais estão preparadas para considerar plausível essa teoria, pois se alguém viveu habitualmente em dois mundos, esse alguém foi ela. Freqüentemente – como afirmei acima – eu a via no próprio ato de copiar extratos de livros fantasmas, invisíveis aos meus sentidos, mas inegavelmente visíveis a ela"[36].

Interrompendo neste ponto a narrativa do Cel. Olcott, lembremo-nos de alguns fatos anteriores da vida de H. P. B. Na década de 60 do século passado, H. P. B. esteve no Cáucaso, de onde retornou apenas recentemente, depois de uma perambulação de dez anos por terras estranhas. Durante parte desse período ela viajou por Imeretiya, Guriya e Mingreliya, e ali residiu, nas florestas virgens de Abhasiya e ao longo da costa do Mar Negro. Parece que ela estudou com os nativos *kudeyani*[37], ou mágicos, e conheceu amplamente os seu poderes benéficos. Os seus poderes ocultos tornaram-se muito mais fortes naquela época, e parece que ela finalmente submeteu à sua vontade toda espécie de manifestação. Toda a região falava sobre ela, e os membros supersticiosos de várias famílias nobres nativas, como os Príncipes Gouriel, Dadiani e Abashidze, cedo começaram a tomá-la como a uma mágica, e as pessoas vinham de lugares distantes para consultá-la sobre os seus interesses. H. P. B., há muito tempo, fornecera mensagens por meio de vaticínios, e preferia responder a pessoas verbalmente ou por meio de escrita direta. Abordando o assunto em sua obra a respeito da vida de H. P. B., A. P. Sinnett acrescenta uma nota de rodapé em que afirma:

'Isso era sempre feito em estado de consciência total, e apenas, como ela [H. P. B.] explicou, observando os pensamentos das pessoas à medida que eram emitidos de suas cabeças em espirais luminosas de fumaça, às vezes em jatos daquilo que pode ser tomado como algum material radiante, e figuravam em quadros e imagens distintos ao redor delas. Freqüentemente tais pensamentos e respostas a eles encontravam-se impressos no próprio cérebro dela, dispostos em palavras e frases da mesma maneira que fazem os pensamentos originais. Mas, até onde podemos entender, as primeiras visões são sempre mais confiáveis, pois que são independentes e distintas das impressões do vidente; pertencem à clarividência pura, não são 'transferência de pensamento', que é um processo sempre possível de ser confundido com as próprias impressões mentais vívidas de alguém"[38].

Comentando esta afirmação, o Cel. Olcott afirma, na continuação do seu relato:

"(...) Isso parece lançar luzes sobre o presente problema e sugerir que é concebível que H. P. B., quando completamente normal no que diz respeito à consciência desperta, via clarividentemente, ou por absorção de pensamento – uma palavra melhor do que transferência de pensamento nesta associação – , a sabedoria acumulada do ramo de literatura que ela pesquisava, e assim a metia em seu próprio cérebro como que para eliminar a idéia que não era original nela. Os psicólogos orientais práticos não considerarão esta hipótese tão irracional quanto outros. Na verdade, afinal, é apenas uma hipótese, e os seus inimigos a chamarão uma plagiária. Para o ignorante, o insulto é a última linha de resistência.

"Os defensores dessa teoria lembrarão, contudo, que o desejo mais ardente e apaixonado de H. P. B. era coligir tantas corroborações quantas fosse possível, de fontes antigas e modernas, dos ensinamentos teosóficos que ela divulgava; e todo o seu interesse repousava na citação de autoridades respeitáveis, não no plágio de suas obras para a sua maior glória"[39].

"Afirmou-se acima que o manuscrito de H. P. B. diferia às vezes, e que havia muitas variantes do único documento existente; também, que cada mudança na escrita era acompanhada por uma distinta alteração no estilo, nos movimentos, na expressão e na capacidade literária de H. P. B. Não era difícil saber quando executava algo por si mesma, pois então a aprendiz destreinada de literatura se manifestava e os cortes e as colagens começavam; e então a cópia que me era enviada para revisão estava terrivelmente cheia de erros, e depois de eu a ter convertido num grande borrão de entrelinhas, rasuras, correções ortográficas e substituições, terminava por ser ditada por mim para que ela a reescrevesse (. . .). Freqüentemente, após algum tempo, algumas coisas, que eram mais do que palpites, me diziam que outras inteligências, que não a de H. P. B. às vezes usavam o corpo dela como uma máquina de escrever: nunca era expressamente dito, por exemplo, 'Eu sou Fulano' ou 'Agora este é A ou B'. Isso não era necessário, depois de nós 'gêmeos' termos estado trabalhando juntos durante tempo suficiente para eu me tornar familiarizado com toda a sua enorme peculiaridade de fala, humores e impulsos. A mudança era tão clara como o dia, e, logo depois que ela tivesse saído da sala e retornado, um breve estudo das suas características e ações me capacitavam a me dizer 'Este é ————, ou ————, ou ————' e então minha suspeita seria confirmada pelo que aconteceria. Um desses seus *Alter Egos,* que eu conhecera pessoalmente, usa uma barba cheia e longos bigodes torcidos, à maneira Râjput, até às suas costeletas. Ele tem o hábito de cofiar seus bigodes depois de meditar profundamente: ele o faz mecânica e inconscientemente. Bem, havia momentos em que a personalidade de H. P. B. se dissipava e ela era *'outro Alguém'* quando eu me sentava e via a sua mão movimentar-se como a cofiar e torcer um bigode que certamente não estava crescendo visivelmente no lábio superior de H. P. B., e um olhar perdido estava nos olhos dirigindo a sua atenção para coisas passageiras, o Alguém de bigodes olhava para cima, surpreendia-me observando-o, apressadamente removia a mão da face e continuava a escrever. Havia ainda outro Alguém, que desgostava tanto de inglês que falava comigo em francês: ele possuía um delicado talento artístico e uma inclinação apaixonada pela invenção maquinal. Outro podia de vez em quando sentar-se ali, rabiscando algo com uma caneta e desfiando dúzias de estâncias poéticas que corporificavam idéias ora sublimes, ora humorísticas. Cada um dos muitos Alguéns tinha as suas peculiaridades claramente marcadas, tão reconhecíveis quanto as de qualquer uma de nossas relações ou amigos comuns. Um era jovial, amigo de boas histórias e enormemente espirituoso; outro, todo dignidade, reserva e erudição. Um era calmo, paciente e benevolamente prestimoso; o outro, impaciente e às vezes irritante. Um Alguém estava sempre disposto a dar relevo à sua explanação filosófica ou científica dos assuntos sobre os quais eu devia escrever, fornecendo fenômenos para a minha instrução, enquanto que para um outro Alguém eu nem devia ousar mencioná-los. Numa tarde recebi uma censura colossal. Momentos antes eu trouxera para casa dois lápis bonitos, macios, ideais para o nosso trabalho de gabinete, dera um deles a H. P. B. e conservara o outro para mim. Ela possuía o péssimo hábito de tomar emprestado apontadores, lápis, borracha e outros artigos de papelaria e esquecer-se de os devolver: uma vez na sua gaveta ou escrivaninha, eles ali ficavam, não importa o quanto você protestasse contra o fato. Nessa tarde, em especial, o Alguém artístico estava esboçando o rosto de um operário numa folha de papel comum e tagarelando comigo sobre uma coisa qualquer, quando ele me pediu para lhe emprestar outro lápis. Um pensamento relampagueou em minha mente: 'Se eu emprestar este belo lápis, ele irá para a gaveta dela e nunca mais poderei usá-lo'. Eu não disse isso, apenas pensei, mas o Alguém dirigiu-me um olhar suavemente sarcástico, encaminhou-se para o estojo que estava entre nós, colocou nele o seu lápis, tocou-o com os dedos por um momento, e veja! uma dúzia de lápis de modelo e qualidade idênticos! Ele não disse palavra, nem mesmo olhou para mim, mas o sangue subiu-me às têmporas e eu nunca me senti tão pequeno em toda a minha vida. Apesar de tudo, eu mal acreditei que tenha merecido a repreensão, considerando-se a colecionadora de artigos de escritório que era H. P. B.!

"No momento em que um desses Alguéns estava 'em guarda', como eu costumava dizer, o manuscrito de H. P. B. apresentava peculiaridades idênticas àquelas que possuía na última ocasião em que ele trabalhara na obra literária. Ele escrevia, de preferência, sobre assuntos que eram de seu gosto, e, em vez de H. P. B. fazer a parte de um amanuense, ela então se tornava naquele momento a outra pessoa (...). Se vós me tivésseis dado naqueles dias qualquer página do manuscrito de *Ísis*, eu certamente ter-vos-ia dito por qual Alguém ela havia sido escrita. Onde, então, estava o eu de H. P. B. naqueles momentos de substituição? Ah, eis a questão; e este é um dos mistérios que não se apresentam ao primeiro que chega. Como eu esclareci, ela própria ofereceu o seu corpo como uma máquina de escrever, e foi adiante na transação oculta que ela negociava em seu corpo astral; um determinado grupo de adeptos ocupava e manobrava o corpo em turnos. Quando eles souberam que eu podia distingui-los – e tanto que inventei um nome para cada um, com o qual H. P. B. e eu os designávamos em nossas conversas em sua ausência – , com freqüência me saudavam gravemente ou se despediam de mim com um nuto quando estavam para deixar a sala e dar lugar ao próximo substituto. E eles às vezes me falavam dos outros como os amigos fazem sobre terceiros ausentes, e, dessa maneira, vim a saber pedaços de suas muitas histórias pessoais; e também falavam sobre a H. P. B. ausente, distinguindo-a do corpo físico que haviam emprestado dela. Um Mahâtma, escrevendo-me sobre transações ocultas, fala dele – do corpo de H. P. B. – como 'o velho semblante'; em 1876, novamente, ele escreve sobre 'ele e o irmão que há dentro dele'; um outro Mestre me pergunta – *à propos* de um extraordinário acesso de cólera que eu (involuntariamente) provocara em H. P. B. – : 'Você quer matar o corpo?'; e o mesmo Mestre, numa nota de 1875, fala sobre 'aqueles que nos representam na *concha*' – o grifo da palavra é dele (...).

"(...) Falei, então, novamente, sobre a parte da redação de *Ísis* que foi feita por H. P. B. *in propria persona*, que era inferior àquela feita para ela pelos Alguéns. Isso é perfeitamente compreensível, pois como podia H. P. B., que não tivera conhecimento prévio a esse respeito, escrever corretamente sobre os multifários assuntos tratados no seu livro? No seu estado (aparentemente) normal, ela podia ler um livro, marcar as partes que a impressionavam, escrever sobre elas, cometer erros, corrigi-los, discuti-los comigo, pôr-me a escrever, auxiliar as minhas intuições, pedir a amigos que fornecessem material e continuar nisso o melhor que pudesse, sem que nenhum dos instrutores apelasse para seus dotes psíquicos. E eles, de qualquer maneira, não estavam conosco sempre. Ela preparou uma grande quantidade de escritos esplêndidos, pois era dotada de uma capacidade literária natural maravilhosa; nunca estava desanimada ou desinteressada, e, como já referi em outro lugar, era igualmente brilhante em três línguas quando estava de posse de seus plenos poderes. Ela escreveu à sua tia que, quando o seu Mestre estava ocupado em algum lugar, ele deixava com ela o seu substituto, e então era o 'Eu Luminoso' dela, o seu Augoeides, que pensava e escrevia por ela (...). Não posso arriscar uma opinião a esse respeito, pois eu nunca a observei nesse estado: eu só a conheci em três capacidades, a saber, o seu próprio eu H. P. B.;

Dr. Alexander Wilder
1823-1908

com o seu corpo possuído ou dominado pelo Mestres; e como um amanuense anotando um ditado. Pode ser que o seu Augoeides, apossando-se de seu cérebro físico, tenha-me dado a impressão de que era um dos Mestres que estava em ação: não posso dizer. Mas o que ela não conta à sua tia é que havia muitas, muitas vezes, em que não estava possuída, controlada nem comandada por nenhuma inteligência superior, mas era simples e palpavelmente H. P. B., nossa amiga familiar e amada, posteriormente nossa mestra, que estava tentando, tão bem quanto podia, desenvolver o objeto de sua missão literária. Todavia, a despeito das funções mistas em ação na produção de *Ísis*, há uma expressão de individualidade que percorre esta e todas as suas outras obras – algo peculiar a ela própria"[40].

"(. . .) Então, como devemos considerar a autoria de *Ísis sem véu* e H. P. B.? Quanto à primeira, ela é inquestionavelmente uma obra escrita em colaboração, produção de muitos escritores distintos e não de H. P. B. sozinha. Minhas observações pessoais sobre esse ponto são totalmente apoiadas por aquilo que ela própria admite em suas cartas explicativas enviadas à sua família, como foi citado pelo Sr. Sinnett, pois ela diz que todas as partes que tratam de assuntos que anteriormente não lhe eram familiares foram ou ditadas a ela por algum Mestre ou escritas por seu eu superior através do cérebro e da mão do seu corpo físico. A questão é altamente complexa, e a verdade exata nunca será conhecida no tocante à parte que cada um dos participantes teve nela. A personalidade de H. P. B. era a forma em que toda a matéria era lançada, e que, por isso, controlava a sua forma, o seu colorido e a sua expressão, por assim dizer, por suas idiossincrasias tanto mentais quanto físicas. Pois, assim como os ocupantes sucessivos do corpo de H. P. B. apenas modificavam a sua escrita habitual e não escreviam por si mesmos, mas apenas usavam o cérebro de H. P. B., era-lhes permitido ocupá-lo para colorir os seus pensamentos e arranjar as suas palavras segundo uma maneira pessoal peculiar a ele. Assim como a luz do dia que passa pelas janelas das catedrais torna-se colorida devido à tinta do vidro estanhado, assim também os pensamentos transmitidos por eles por meio do cérebro peculiar de H. P. B. tinham de ser modificados no estilo literário e nos hábitos de expressão para os quais ele tinha sido desenvolvido por ela. E mesmo o senso comum nos ensina que quanto mais próxima a identidade natural entre a inteligência possuidora e a personalidade intelectual e moral controlada, tanto mais fácil será o controle, mais fluente a composição, menos complicado o estilo. Em verdade, o que eu percebi foi isso: nas vezes em que a H. P. B. física estava em estado de suprema irritabilidade, o corpo raramente era ocupado a não ser pelo Mestre, cujo único discípulo e tutelado espiritual era ela e cuja vontade férrea era ainda mais forte do que a dela; à parte, os filósofos mais tolerantes. Naturalmente, perguntei por que um controle permanente não era exercido sobre o seu temperamento belicoso, e por que ela nem sempre se modificava para o sábio calmo e centrado em si mesmo, em que ela se transformava sob certas obsessões. A resposta foi que tal direção inevitavelmente a levaria à sua morte por apoplexia: o corpo era vitalizado por um espírito irritável e imperioso, que não sofrera nenhum controle na infância, e, se uma abertura não fosse permitida para a excessiva energia corpórea, o resultado seria fatal"[41].

Embora o Cel. Olcott fosse muito cuidadoso em salientar o fato de que os colaboradores principais da produção de *Ísis sem véu* eram *homens vivos* de conhecimento avançado, completamente não relacionados a quaisquer "guias" quase-espiritistas ou coisa semelhante, parece que, numa outra instância específica, outro tipo de individualidade tomou parte na produção dos manuscritos. Nas palavras do Cel. Olcott:

"E ainda, apesar do que foi referido acima, fui levado a acreditar que trabalhamos em colaboração com pelo menos uma entidade desencarnada – a alma pura de um dos mais sábios filósofos dos tempos modernos, que era um ornamento para a nossa raça, uma glória para este país. Ele era um grande platônico e fui informado de que, tão absorvido estava no seu estudo da vida, que ele se tornara um terrestre, isto é, não podia quebrar os laços que o prendiam à Terra, mas permanecia numa biblioteca astral de sua própria criação mental, mergulhado em suas reflexões filosóficas, esquecido do passar do tempo e ansioso por promover o direcionamento das mentes dos homens para a sólida base filosófica da verdadeira religião. O seu desejo não o levou a renascer entre nós, mas o fez procurar aqueles que, como os nossos Mestres e os seus agentes, desejavam trabalhar pela expansão da fé e pela destruição da superstição. Fui informado de que ele era tão puro e desinteressado, que todos os Mestres tinham por ele um profundo respeito, e de que, sendo proibido interferir no seu carma, eles só podiam deixá-lo achar a saída de suas ilusões (kâmalógicas) e prosseguir na meta do ser impessoal e de absoluta espiritualidade segundo a ordem natural da evolução. A sua mente havia sido empregada tão intensamente na especulação puramente intelectual, que a sua espiritualidade tinha sido temporariamente reprimida. Entretanto, lá estava ele, desejoso e impaciente para trabalhar com H. P. B. neste livro que marcou época, no tocante à porção filosófica para a qual muito contribuiu. Ele não se materializava nem se sentava conosco, nem obsedava as maneiras mediúnicas de H. P. B.; simplesmente falava com ela psiquicamente, horas seguidas, ditando material, dizendo-lhe que referências procurar, respondendo às minhas perguntas sobre minúcias, instruindo-me quanto a princípios e, de fato, representando o papel da terceira pessoa em nosso simpósio literário. Uma vez ele me deu o seu retrato – um esboço grosseiro em creiom colorido sobre papel fino – e às vezes emitia uma breve nota sobre assunto pessoal, mas da primeira à última vez a sua relação conosco era a de um instrutor meigo, gentil, extremamente culto e um amigo mais velho. Ele nunca disse uma palavra que indicasse ser ele um homem vivo e, de fato, fui informado de que ele não se deu conta de que deixara o corpo. Com o passar do tempo, parecia ter tão pequena percepção, que, eu me lembro, H. P. B. e eu rimos, às 2:30 de uma madrugada, quando, após um trabalho noturno inusitadamente pesado, enquanto fumávamos um último cigarro, ele calmamente perguntou a H. P. B.: 'Você está pronta para começar?', dando-nos a impressão de que estávamos no começo, e não no final da tarde. E também me lembro de que ele disse: 'Pelo amor de Deus, não riam tão fundo em seu pensamento, pois o 'velho cavalheiro' pode ouvir e molestar-se!'". Isto me deu uma idéia: rir superficialmente é riso comum, mas rir profundamente é transferir o seu regozijo para o plano da percepção psíquica! As emoções podem, como a beleza, ser, *às vezes*, apenas superficiais. Os pecados também: pensai nisso! (. . .)

"Rejeitando a idéia de que H. P. B. escreveu *Ísis* como um médium espírita comum 'sob controle', vimos, todavia, que algumas de suas partes foram mesmo escritas como o ditado de um espírito: uma entidade extraordinária e excepcional, um homem fora do corpo físico. O método de trabalho com ele, como foi descrito acima, concorda estreitamente com o que ela escreveu numa carta familiar, quando explicava como escreveu o seu livro sem nenhum treinamento anterior para tal obra.

'Quando me *mandam* que escreva, eu me sento e obedeço, e então posso escrever facilmente sobre quase tudo: Metafísica, Psicologia, Filosofia, religiões antigas, Zoologia, ciências naturais – e não sei que mais. Eu nunca me perguntei: 'eu *posso* escrever sobre esse assunto? (. . .)' ou 'estou à altura da tarefa?', mas simplesmente me sento e *escrevo*. Por quê? Porque *o que sabe* tudo me dita (. . .). Meu Mestre, e ocasionalmente outros que eu conheci anos atrás em minhas viagens (. . .)' [42].

"Foi exatamente isto o que aconteceu entre ela e o velho platônico, mas ele não era seu 'Mestre', nem poderia ela tê-lo encontrado em suas viagens neste plano físico, dado que ele morrera antes de ela nascer – desta vez. Surge, então, a questão de saber se o platônico era realmente um espírito desencarnado, ou um adepto que vivera no corpo daquele filósofo e que parece ter morrido, mas realmente não era assim, a 1º de setembro de 1687[43]. Este é certamente um problema difícil de ser resolvido. Considerando que os concomitantes comuns da posse espiritual e do intercurso espiritual eram deficientes, e que H. P. B. serviu ao platônico da maneira mais prosaica como um amanuense, a relação entre eles em nada diferindo daquela entre um secretário particular e o seu empregador, exceto que o último era invisível para mim mas visível para ela, parece razoável que se trate mais de uma pessoa viva do que de uma pessoa desencarnada. Ele não parecia exatamente um 'irmão' – como costumávamos chamar então os adeptos –, porém, mais isso do que outra coisa; e tanto quanto diz respeito ao trabalho literário em si mesmo, ele evoluiu exatamente como as outras partes evoluíam quando a pessoa que ditava, ou o escritor, como parece ser o caso, era confessadamente um Mestre (. . .)"[44].

A participação dos adeptos-irmãos na redação de *Ísis sem véu* está claramente manifestada no excerto abaixo – de uma carta escrita por H. P. B. ao Cel. Olcott, de Würzburg, a 6 de janeiro de 1886 – , cujo original está nos Arquivos de Adyar:

"Quando cheguei à América, mal podia falar inglês nem escrever [em inglês] de maneira alguma – *este é um fato*, você sabe. *Ísis* foi a primeira obra, com exceção de alguns artigos corrigidos por você e outros, que eu escrevi em inglês em toda a minha vida e foi *na maior parte ditada* por K. H. (Kashmiri) *como você sabe*. Aprendi a escrever inglês com ele, por assim dizer. Absorvi todas as suas peculiaridades, até a escrever *sceptic* ["cético"] com *k* – hábito que eu abandonara na Índia e que ele preservava. Que maravilha, então, que se possa encontrar similaridade entre o estilo de *Ísis* e das Cartas para Sinnett e etc. (. . .), 40, 50 p. de *Ísis* eram dos manuscritos, escritas de uma vez, sem erro (. . .)".

Ela também escreveu uma longa carta a Sinnett no mesmo dia, quando teve oportunidade de chamar sua atenção para mais ou menos as mesmas idéias que expôs a Olcott. Expressou-se longa e particularmente sobre o fato de ter aprendido muito do seu inglês com o Mahâtma K. H. e, assim, ter usado de um modo natural muitas das suas expressões e construções de sentenças[45].

Também há provas de que partes de *Ísis sem véu* foram ditadas por um iniciado indiano meridional conhecido como Nârâyana, ao que tudo indica um fundiário que viveu em Tiruvallum e que os Fundadores e T. Subba Row conheceram pessoalmente.

Ísis sem véu, ou pelo menos parte do seu manuscrito, foi enviada ao editor, J. W. Bouton, em algum dia da primeira metade de 1877. À medida que as provas de galés e as provas de páginas eram enviadas à Autora, H. P. B. fazia inumeráveis correções e emendas, para desalento do editor[46]. A 17 de maio de 1877, Bouton, considerando a questão apenas do ponto de vista comercial, estava arrancando os cabelos com o inesperado custo adicional da produção do livro[47]. A conta final pelas alterações nas provas subiram a mais de 600 dólares[48]. Isso, todavia, é inteiramente compreensível no caso de alguém como H. P. B. que, em suas próprias palavras,

"(. . .) não tinha a menor idéia sobre regras literárias. A arte de escrever livros, ou prepará-los para impressão e publicação, ler e corrigir provas, eram outros tantos segredos herméticos para mim"[49].

Em tais circunstâncias, e a despeito da boa vontade e do trabalho do Cel. Olcott, não admira que *Ísis sem véu* apresentasse muitos erros editoriais, equívocos tipográficos, etc. É surpreendente que não os contivesse mais! Sobre este assunto, ninguém é mais franco do que a própria H. P. B. Algumas críticas vindas de outros – críticas benevolentes e construtivas de estudiosos sérios, não a mania dos inimigos de descobrir defeitos – não fazem mais do que apoiar e endossar a sua própria apreciação franca.

No seu último artigo publicado em vida no *Lucifer,* intitulado "My Books"[50], H. P. B. escreveu:

"Algum tempo atrás, um teósofo, o Sr. R. . ., estava viajando de trem com um cavalheiro americano que lhe contou quão surpreso ficara em suas visitas às Lojas de Londres. Disse que havia perguntado a Mme. Blavatsky quais eram as melhores obras teosóficas que podia ler e expressara a sua intenção de obter *Ísis sem véu* quando, para seu espanto, ela replicara 'Não o leiais, é apenas lixo'.

"Eu não disse 'lixo', até onde eu me lembre; mas o que eu disse em essência era: 'Deixai-o; *Ísis* não vos satisfará. De todos os livros em que coloquei o meu nome, esse, em particular, é, em termos de organização literária, o pior e o mais confuso'. E eu poderia ter acrescentado com veracidade que, cuidadosamente analisado de um ponto de vista estritamente literário e crítico, *Ísis* estava cheio de erros de impressão e de citações erradas; que ele continha repetições inúteis, muitas digressões irritantes e, para o leitor casual não-familiarizado com os vários aspectos das idéias e dos símbolos metafísicos, muitas contradições evidentes; que muitos dos seus assuntos não deviam estar ali de maneira alguma e que ele possuía erros crassos devidos às muitas alterações nas provas em geral, e nas correções de palavras em particular. Finalmente, que a obra, por razões que agora serão explicadas, não possuía nenhum sistema; e que ela parece, de fato, como observou um amigo, uma massa de parágrafos independentes sem conexão entre si, misturados numa cesta de lixo e depois dali retirados a esmo e – publicados.

"Ainda é essa a minha opinião sincera. A plena consciência dessa triste realidade despontou em mim quando, pela primeira vez depois da sua publicação em 1877, eu li a obra da primeira à última página, na Índia, em 1881. E, daquela data até hoje, eu nunca parei de dizer o que eu pensava dela e de dar a minha opinião honesta de *Ísis* sempre que tinha uma oportunidade de fazê-lo. Isso era feito para grande desgosto de alguns, que me preveniram de que eu estava estragando a sua vendagem; mas como o meu objetivo principal ao escrever não foi a fama pessoal nem o ganho, mas algo muito mais superior, não dei a mínima atenção a tais avisos. Por mais de dez anos esta 'obra-prima' desafortunada, esta 'obra monumental', como algumas resenhas a denominaram, com as suas metamorfoses horríveis de uma palavra a outra, que transformam totalmente o sentido[51], com os seus erros de impressão e referências erradas, trouxe-me mais ansiedade e perturbação do que qualquer outra coisa durante um longo período da vida que tinha sido mais cheio de espinhos do que de rosas.

"Mas a despeito desses reconhecimentos talvez exagerados, afirmo que *Ísis sem véu* contém uma grande massa original de informações sobre assuntos ocultos, nunca até agora divulgada. Prova-o o fato de que a obra foi totalmente apreciada por todos aqueles que têm sido suficientemente inteligentes para distinguir o seu âmago, prestando pouca atenção à casca e dando preferência à idéia e não à forma, independentemente de seus defeitos menores. Estando eu preparada para chamar sobre mim mesma – *vicariamente,* como vou mostrar – os pecados de todos os defeitos externos, puramente literários da obra, eu defendo as idéias e os ensinamentos nela contidos, sem medo de ser acusada de vaidade, dado que *nem as idéias nem os ensinamentos são meus,* como sempre declarei; e eu afirmo que ambos são de grande valor para os místicos e para os estudiosos de Teosofia. É tão verdade, que, quando *Ísis* foi publicada pela primeira vez, alguns dos melhores jornais americanos foram generosos em seus elogios – exagerados, até, como evidenciam as citações abaixo[52].

"Os primeiros inimigos que a minha obra trouxe para o *front* foram os espíritas, cujas teorias fundamentais relativas aos espíritos dos mortos que comunicam *in propria persona* eu derrubei. Nos últimos quinze anos – desde a sua primeira publicação – uma chuva de acusações ofensivas desabou sobre mim. Toda acusação difamadora, de imoralidade e da teoria da 'espiã russa' até a minha atuação sob máscaras falsas, de ser uma fraude crônica e *uma mentira viva,* bêbeda habitual, emissária do Papa, paga para destruir o Espiritismo e Satã encarnado. Toda calúnia que puder ser imaginada abateu-se sobre minha vida pública e privada. O fato de que *nem uma só linha dessas acusações jamais tenha sido consubstanciada;* de que do primeiro dia de janeiro até o último dia de dezembro, ano após ano, vivi cercada de amigos e inimigos como numa estufa – nada deteria essas línguas perversas, venenosas e sempre inescrupulosas. Já foi dito por várias vezes pelos meus oponentes continuamente ativos que (1) *Ísis sem véu* era apenas algo velho de Éliphas Lévi e de alguns velhos alquimistas, apresentado sob nova forma; (2) foi escrita por mim sob o comando dos poderes do diabo e dos *espíritos finados* dos jesuítas (*sic*); e, finalmente, (3) os meus dois volumes foram compilados de manuscritos (de que nunca se ouviu falar), que o Barão de Palm – de fama de cremação e enterro duplo – deixara atrás de si e que eu encontrara num baú![53] Por outro lado, amigos, tão imprudentes quanto gentis, difundiram o que era realmente a verdade, um pouco entusiasticamente demais, sobre as relações do meu Mestre oriental e dos outros ocultistas com a obra; e isto foi apossado pelo inimigo e exagerado além dos limites da Verdade. Foi dito que *Ísis* foi ditada a mim *de capa a capa* e *verbatim* por esses adeptos invisíveis. E, como as imperfeições de minha obra eram muito brilhantes, a conseqüência de toda esta conversa fiada e maliciosa foi que os meus inimigos e críticos inferiram – da maneira como puderam – que, ou esses inspiradores invisíveis não existiam, e eram parte da minha 'fraude', ou que lhes faltava a habilidade de um bom escritor médio.

"Agora, ninguém tem o direito de me fazer responsável pelo que alguém possa dizer, mas apenas pelo que eu mesma afirmo oralmente, ou publico em letra de forma acima da minha assinatura. E o que eu digo e defendo é isto: exceto as citações diretas e os muitos equívocos de impressão, erros e citações incompletas especificados e mencionados anteriormente e o ajuste geral de *Ísis sem véu*, pelo que não sou de maneira alguma responsável, (*a*) toda palavra de informação encontrada nesta obra ou em meus escritos posteriores vem dos ensinamentos de nossos Mestres orientais; e (*b*) que mais de uma passagem nessas obras foi escrita por mim *sob Sua prescrição*. Ao dizer isto, não reivindico nada de *sobrenatural*, pois tal prescrição não representa nenhum *milagre*. Qualquer pessoa moderadamente inteligente, a esta altura convencida das muitas possibilidades de hipnotismo (agora aceito pela ciência e sob ampla investigação científica) e dos fenômenos de *transferência de pensamento*, reconheceria facilmente que se mesmo um sujeito hipnotizado, um mero médium irresponsável, *ouve o pensamento inexpresso* do seu hipnotizador, que pode assim transferir o seu pensamento a ele – *mesmo repetindo as palavras lidas pelo hipnotizador mentalmente de um livro –* , então minha reivindicação nada tem de impossível. O espaço e a distância não existem para o pensamento; e se duas pessoas estão em um perfeito *rapport* psicomagnético mútuo, e, desses dois, um é um grande adepto em ciências ocultas, então a transferência de pensamento e a prescrição de páginas inteiras tornam-se tão fáceis e tão compreensíveis à distância de dez mil milhas quanto a transferência de duas palavras através de uma sala.

"Até agora me abstive – exceto em ocasiões muito raras – de responder a qualquer crítica sobre as minhas obras, e deixei sem refutação calúnias diretas e mentiras, porque no caso de *Ísis* achei justificáveis quase todas as espécies de crítica, e, a respeito de 'calúnias e mentiras', minha desconsideração pelos caluniadores era grande demais para me permitir comentá-las. Era, em especial, o caso da matéria injuriosa que proveio da América; emanou totalmente de uma única fonte, bem-conhecida de todos os teósofos, a *pessoa* mais infatigável em atacar-me pessoalmente nos últimos doze anos[54], embora eu nunca tenha visto essa criatura ou me encontrado com ela. Nem quero responder-lhe agora. Mas, como *Ísis* está sendo atacada agora pela, no mínimo, décima vez, é chegado o dia em que meus perplexos amigos e aquela fatia do público que é simpática à Teosofia estão autorizadas a saber toda a verdade – *e nada mais do que a verdade*. Não que eu queira me desculpar de algo diante deles ou 'explicar as coisas'. Não é nada disso. O que estou determinada a fazer é oferecer *fatos*, inegáveis e incontestáveis, simplesmente para afirmar as circunstâncias peculiares, bastante conhecidas de muitos mas agora quase esquecidas, sob as quais escrevi minha primeira obra inglesa. Eu as ofereço *seriatim*.

"(1) Quando vim para a América em 1873, eu não falava inglês – que aprendera coloquialmente em minha infância – há mais de trinta anos. Podia compreendê-lo quando lia, mas era muito difícil falar a língua.

"(2) Nunca freqüentei nenhuma faculdade e o que conheci aprendi por mim mesma; nunca pretendi qualquer erudição no sentido da pesquisa moderna; li, assim, com muita dificuldade, algumas obras científicas européias, aprendi pouco de filosofia e de ciências ocidentais. O pouco que estudei e aprendi com estas últimas desgostou-me pelo seu materialismo, pelas suas limitações, pelo estreito e predeterminado espírito de dogmatismo e pelo seu ar de superioridade sobre as filosofias e ciências da Antiguidade.

"(3) Até 1874 eu não havia escrito nenhuma palavra em inglês, nem havia publicado nenhuma obra em qualquer língua. Portanto –

"(4) Não tinha a menor idéia sobre regras literárias. A arte de escrever livros, de prepará-los para impressão e publicação, de ler e corrigir provas eram tantos outros segredos herméticos para mim.

"(5) Quando comecei a escrever aquilo que mais tarde evoluiu para *Ísis sem véu,* eu sabia menos do que um selenita sobre o que sairia dali. Eu não tinha nenhum plano; não sabia se aquilo seria um ensaio, um panfleto, um livro ou um artigo. Sabia que *tinha de escrevê-lo,* nada mais. Comecei a obra antes de conhecer bem o Cel. Olcott, e alguns meses antes da formação da Sociedade Teosófica.

"Assim, as condições de me tornar a Autora de uma obra teosófica e científica inglesa eram bastante promissoras, como qualquer um pode ver. Não obstante, escrevi o suficiente para preencher quatro volumes como os de *Ísis* antes de submeter minha obra ao Cel. Olcott. Naturalmente ele disse que tudo – exceto as páginas ditadas – tinha de ser reescrito. Então começamos nossos labores literários e trabalhamos juntos todas as tardes. Algumas páginas, cujo inglês ele corrigira, eu as copiei; outras, que não exigiam nenhuma correção extremada, ele as costumava ler em voz alta, inglesando-as verbalmente à medida que as lia, ditando-as a partir de meus manuscritos indecifráveis. É a ele que devo o inglês de *Ísis*[55]. Foi ele, também, que sugeriu que a obra fosse dividida em capítulos, e o primeiro volume fosse dedicado à CIÊNCIA e o segundo à TEOLOGIA. Para fazê-lo, a matéria teve de ser rearranjada e a conexão literária dos assuntos teve de ser atendida. Quando a obra estava pronta, nós a submetemos ao Prof. Alexander Wilder, conhecido erudito e platônico de Nova York, que, depois de ler o material, recomendou-o ao Sr. Bouton para publicação. Depois do Cel. Olcott, foi o Prof. Wilder quem mais fez por mim. Foi ele quem preparou o excelente *Índice,* corrigiu as palavras gregas, latinas e hebraicas, sugeriu citações e escreveu a maior parte da Introdução 'Ante o véu'. Se esse trabalho não foi agradecido na obra, a falta não é minha, mas porque foi desejo expresso do Dr. Wilder que seu nome não aparecesse exceto em notas de rodapé. Nunca fiz segredo disso, e cada um dos meus conhecidos de Nova York o sabe. Quando pronta, a obra foi para a gráfica[56].

"A partir desse momento iniciou-se a real dificuldade. Eu não tinha a menor idéia de como corrigir provas de galé; o Cel. Olcott tinha pouco tempo livre para fazê-lo; e o resultado foi que eu fiz uma trapalhada desde o começo. Antes de terminarmos os três primeiros capítulos, havia uma conta de seiscentos dólares por correções e alterações, e eu tive de desistir da leitura de provas[57]. Pressionada pelo editor, fazendo o Cel. Olcott tudo o que lhe era possível fazer, mas sem tempo exceto às tardes, e o Dr. Wilder muito longe em Jersey City, o resultado foi que as provas e páginas de *Ísis* passaram por um grande número de mãos dispostas mas não cuidadosas, e finalmente foram deixadas às solícitas graças do revisor do editor. Alguém pode imaginar, depois disso, que 'Vaivaswata' (Manu) transformou-se, nos volumes publicados, em 'Viswamitra'[59]; que 36 p. do Índice foram irrecuperavelmente perdidas, que as marcas de citação foram colocadas onde não eram necessárias (tal como em algumas de minhas próprias orações!), e omitidas inteiramente em mais de uma passagem citada por vários autores? Se me perguntarem por que esses erros fatais não foram corrigidos numa edição posterior, minha resposta é simples: as chapas eram estereotipadas; e, apesar de toda a minha vontade de fazê-lo, não pude colocá-lo em prática, pois as mesmas eram propriedade do editor; eu não tinha dinheiro para pagar as despesas, e finalmente a firma estava satisfeita em deixar as coisas como estavam, desde que, não obstante todos os seus defeitos óbvios, a obra – que agora chegou à sétima ou oitava edição – ainda está sendo solicitada[59].

"E agora – e talvez em conseqüência de tudo isso – surge uma nova acusação: sou acusada de *plágio por atacado* no capítulo introdutório 'Ante o véu'!

"Bem, tivesse eu cometido plágio, não hesitaria um segundo em admitir o 'empréstimo'. Mas todas as 'passagens paralelas' ao contrário, como eu não as fiz, não vejo por que eu deva confessá-lo; mesmo que a 'transferência de pensamento', como a *Pall Mall Gazette* espirituosamente a chama, esteja em moda, e pela hora da morte neste momento (. . .)[60]. Na verdade, nesse estágio de nossa civilização e *fin de siècle,* alguém poderia sentir-se extremamente honrado em tão boa e numerosa companhia, mesmo sendo um plagiador. Mas não posso reclamar tal privilégio e, simplesmente pela razão já mencionada a respeito de todo o capítulo introdutório 'Ante o véu', posso reivindicar como minhas determinadas passagens do Glossário anexado a ele; a sua porção platônica, agora denunciada como 'um plágio descarado', foi escrita pelo Prof. A. Wilder.

"Esse cavalheiro ainda mora em Nova York ou perto dela, e pode ser indagado se esta minha afirmação é verdadeira ou não. Ele é muito íntegro, um verdadeiro erudito, para negar ou temer qualquer coisa. Insistiu ele que uma espécie de *Glossário,* explicando os nomes e as palavras gregas e sânscritas que são abundantes na obra, fosse anexado a uma Introdução e forneceu ele próprio algumas delas. Pedi-lhe me desse um pequeno sumário dos filósofos platônicos, que ele gentilmente preparou. Assim, da p. XI até a p. XXII, o texto é dele, exceto poucas passagens intercaladas que quebram as narrativas platônicas para mostrar a identidade de idéias nas escrituras hindus. Agora, aqueles que conhecem o Dr. A. Wilder pessoalmente, ou por nome, que estão conscientes da grande erudição desse eminente platônico, editor de muitas obras eruditas, quem seria suficientemente insano para acusar *a ele* de 'plagiar' a obra de qualquer autor! (. . .) A acusação seria simplesmente ridícula!

"O fato é que o Dr. Wilder deve ter-se esquecido de colocar aspas antes e depois das passagens de vários autores, copiadas por ele em seu Índice; ou, então, devido à sua caligrafia muito difícil, tivesse falhado em marcá-las com clareza suficiente. É impossível, depois do lapso de quase quinze anos, lembrar ou verificar os fatos. Até hoje acreditei que essa dissertação sobre os platônicos fosse sua, e nunca me preocupei com isso. Mas agora os inimigos puseram às claras passagens não citadas e proclamam mais com sensacionalismo do que nunca que 'a Autora de *Ísis sem véu*' é uma plagiadora e uma fraudulenta. Muito provavelmente mais coisas podem ser encontradas, como a de que a obra é uma mina inesgotável de citações equivocadas, erros e asneiras, pelos quais me é impossível declarar-me 'culpada' no sentido comum. Que os caluniadores continuem, apenas para descobrir em outros quinze anos, como o fizeram no período precedente, que, seja lá o que façam, *eles não podem arruinar a Teosofia, nem mesmo ferir-me*. Não tenho vaidade de autora; e anos de perseguição injusta e de abuso tornaram-me inteiramente calejada contra o que o público possa pensar de mim – pessoalmente.

"Mas, em vista dos fatos considerados acima; e atendendo que –

(*a*) A língua em *Ísis* não é minha; mas (com exceção daquela porção da obra que, como eu afirmo, foi *ditada*) pode ser designada apenas como uma espécie de tradução de meus fatos e idéias para o inglês;

(*b*) Não foi escrita para o público – este sempre teve uma consideração secundária para comigo – , mas para uso dos teósofos e membros da Sociedade Teosófica, a quem *Ísis* é dedicada;

(*c*) Embora eu tenha aprendido inglês o suficiente para ser capaz de editar duas revistas – *The Theosophist* e *Lucifer* – , ainda agora nunca escrevo um artigo, um editorial ou mesmo um simples parágrafo sem submeter o seu inglês a um escrutínio e a uma correção severos.

"Considerando tudo isto e muito mais, pergunto agora a todo homem e a toda mulher imparciais e honestos se é justo ou mesmo limpo criticar as minhas obras – *Ísis,* sobretudo – como se criticaria os escritos de um autor americano ou inglês de nascimento. O que reivindico nelas como meu é apenas o fruto de minha aprendizagem e de meus estudos numa área até agora não investigada pela Ciência e quase desconhecida do mundo europeu. Estou perfeitamente disposta a deixar a honra da gramática inglesa, a glória das citações de obras científicas trazidas ocasionalmente a mim para ser usadas como passagens para comparação com a velha Ciência ou para refutação por parte dela, e, finalmente, o arranjo geral dos volumes, a cada um daqueles que me auxiliaram. Mesmo para *The Doctrine Society* há cerca de meia dúzia de teósofos que se ocuparam em editá-la, que me ajudaram a arranjar o material, corrigiram o inglês imperfeito e prepararam-na para impressão. Mas o que nenhum deles reivindicará do começo ao fim é a doutrina fundamental, as conclusões e os ensinamentos filosóficos. Nada disso eu inventei, mas apenas divulguei como aprendi; ou, como Montaigne afirmou e citei em *The Secret Doctrine* (vol. I, p. 46): 'Fiz aqui apenas um ramalhete de flores [orientais] colhidas, e não trouxe nada de meu a não ser o cordão que as ata'.

"Algum dos meus auxiliares está disposto a dizer que não paguei o preço total do cordão?
27 de abril de 1891.

H. P. Blavatsky".

A menção à parte introdutória, 'Ante o véu', levanta uma pergunta muito natural: diante de que véu? Naturalmente, *O véu de Ísis* – e este deveria ser o título original da obra. Mas, no dia 8 de maio de 1877, J. W. Bouton, o editor, endereçou a seguinte carta a H. P. Blavatsky:

"Cara Senhora Blavatsky,

    Nosso amigo comum Sotheran chamou-me ontem por telefone e durante a nossa conversa sugeriu algo que, partindo da sua fonte, é digno de ser considerado. Parece que há um outro livro, e muito bom, publicado em inglês, com o título de 'O véu de Ísis'[61]. Agora, como a Senhora está ciente, seria um negócio muito inoportuno publicar o *nosso* livro com o mesmo título de um outro lançado anteriormente, e, quando o anunciarmos, o público poderá muito bem supor que se trata do mesmo livro e não prestar atenção a ele. Outra coisa: o outro livro está, sem dúvida, registrado em inglês, sob o título acima mencionado, e, conseqüentemente, paralisará totalmente a venda de nosso livro na Inglaterra como se ele fosse uma violação de direitos autorais. Tão estranha quanto possa parecer, uma idéia atingiu Sotheran[62] e a mim, simultaneamente: seria melhor mudar um pouco nosso título, e nós dois descobrimos exatamente o mesmo – 'Ísis sem véu' –, que me parece, em muitos aspectos, muito melhor que o outro título, pois tem em si um significado nítido que o outro não tem...

                            Seu amigo sincero,

                                      J. W. Bouton".

Esta carta mostra um descuido bastante repreensível por parte do editor. Acontece que os cabeços das páginas esquerdas, por todo o volume I da obra, continuou sendo "O véu de Ísis", como se custasse demasiado alterá-lo; e a parte "Ante o véu" também conservou o seu título original.

A natureza relativamente incompleta e fragmentária de *Ísis sem véu* e dos seus ensinamentos também foi francamente reconhecida por H. P. B. Ela se expressou a esse respeito repetidas vezes, e escreveu:

"(...) Quando *Ísis* foi escrita, aqueles que impulsionaram a sua preparação compreenderam que não era chegada a hora de uma declaração explícita das muitas e grandes verdades que eles querem divulgar em língua comum. Assim, aos leitores daquele livro foram fornecidos mais sugestões, esboços e prenúncios da filosofia com que ele se relaciona do que exposições metódicas (...)"[63].

Escrevendo de Madras ao Com. D. A. Courmes a 17 de janeiro de 1882, H. P. B. afirma novamente que "o livro [*Ísis*] foi escrito com tanta reserva e cautela, que quase sempre as suas idéias podem ser mal-interpretadas e às vezes totalmente incompreendidas"[64].

No decorrer de uma explanação de determinados fatos da "História Esotérica" da Humanidade, ela afirmou:

"(...) *Ísis sem véu* pode parecer um livro muito enigmático e contraditório para aqueles que nada sabem de ciências ocultas. Para o ocultista ele é correto e, embora, talvez, deixado propositalmente claudicante (pois era a primeira tentativa de lançar no Ocidente uma tênue camada da luz esotérica oriental), ele revela mais fatos do que os que haviam surgido anteriormente (...)"[65].

Idéias similares estão expressas na seguinte passagem:

"(...) Estou consciente do fato de que *Ísis* está longe de ser uma obra completa como, com o mesmo material, poderia ser se escrita por um erudito; e que lhe falta uma simetria, como produção literária, e, aqui e ali, talvez exatidão. Mas tenho uma desculpa para tudo isso. Foi meu primeiro livro; foi escrito numa língua desconhecida para mim – em que não estava acostumada a escrever; a língua também era estranha para determinados filósofos asiáticos que prestaram auxílio; e, finalmente, o Cel. Olcott, que reviu o manuscrito e trabalhou comigo durante todo o tempo, ignorava quase totalmente – nos anos de 1875 e 1876 – a Filosofia Ariana, sendo, por isso, tão incapaz de detectar e corrigir tais erros quanto eu os cometia quando punha os meus pensamentos em inglês (...)"[66].

Em relação ao objetivo geral que tinha em mente quando escrevia esta obra, H. P. B. escreveu:

"(...) quando *Ísis sem véu* estava sendo escrita, o ponto mais importante que a obra pretendia atingir era a demonstração do seguinte: (*a*) a realidade do *oculto* na Natureza; (*b*) o conhecimento meticuloso de todos os domínios ocultos, e a familiaridade com eles, entre 'determinados homens', e a sua mestria neles; (*c*) dificilmente há uma arte ou ciência conhecida em nossa época, que os *Vedas* não mencionaram; e (*d*) que centenas de coisas, especialmente mistérios da Natureza – *in abscondito,* como os alquimistas os chamaram – , eram conhecidos dos arianos do período pré-*Mahâbhârata* e são desconhecidos de nós, os sábios modernos do século XIX"[67].

Numa carta escrita ao Dr. Alexander Wilder em agosto de 1876, H. P. B. afirmou:

"Há muitas partes, em meu livro, de que não gosto mas o problema é que não sei me desfazer delas sem tocar em fatos que são importantes como argumentos. Você diz que quando eu provo algo, provo-o demais. Nisso você está certo de novo, mas numa obra como essa (e a primeira de alguma importância que escrevi, tendo-me limitado anteriormente a artigos), quando os fatos se amontoavam e se acotovelavam no meu cérebro, realmente não se sabe às vezes onde parar. Sua cabeça está fresca, pode lê-la pela primeira vez. Por isso você vê todos os defeitos e deficiências, enquanto o meu cérebro e minha memória, sobrecarregados de trabalho, estão numa atrapalhação total, tendo lido e relido os manuscritos. Estou realmente muito, *muito* grata por suas sugestões. Gostaria que fizesse outras (...)".

Como se pode perceber na mesma carta, H. P. B. estava, então, prestes a enviar ao Dr. Wilder "os últimos capítulos da Segunda Parte", para sua leitura cuidadosa.

Comentando a afirmação de Wm. Stainton Moses sobre o fato de que o material de sua obra "precisava ser drasticamente ordenado" e de que "muitas das afirmações requeriam elucidação", H. P. B. escreveu:

"Não é a primeira vez que a reprovação *justa é injustamente* deixada em *minha* porta. É verdade que 'o material precisava ser drasticamente ordenado', mas nunca foi de *minha* competência fazê-lo, pois eu produzi cada capítulo isoladamente, um após o outro, e ignorava, como o Sr. Sinnett afirma corretamente em *O mundo oculto*, se eu iniciara uma série de artigos, um livro ou dois livros. Nem me preocupava com isso. Minha tarefa era fazer algumas sugestões, apontar aspectos perigosos do Espiritismo moderno e trazer à luz, nesse sentido, todas as asserções e todos os testemunhos do mundo antigo e dos seus sábios que eu pudesse encontrar – como evidência para corroborar minhas conclusões. Fiz o melhor que pude e que soube. Se a crítica de *Ísis sem véu* apenas considera que (1) a sua autora nunca estudou a língua inglesa, e depois de tê-la aprendido *coloquialmente* na infância não a falou antes de vir à América mais do que meia dúzia de vezes durante um período de muitos anos; (2) a maior parte das doutrinas (ou devemos dizer hipóteses?) teve de ser traduzida de uma língua asiática; e (3) a maior parte, se não a totalidade, provém de citações de outras obras, e de referências a elas – algumas das quais esgotadas e muitas delas acessíveis apenas a poucas pessoas, e que a Autora pessoalmente nunca havia lido ou visto, embora as passagens citadas fossem comprovadamente corretas – então meus amigos talvez se sentissem menos criticamente dispostos. (. . .)"[68].

No seu ensaio bastante conhecido e importante intitulado "Theories about Reincarnation and Spirits"[69], H. P. B. discute com amplidão considerável as muitas passagens de *Ísis sem véu* que tratam da transmigração e da reencarnação que foram mal-interpretadas pelos leitores. Os estudiosos de *Ísis sem véu* deveriam estudar cuidadosamente esse ensaio, pois ele clareia um grande número de pontos que foram meramente sugeridos quando H. P. B. escreveu o seu primeiro grande livro.

Complementando esse ensaio, H. P. B. elucida muitos pontos importantes do ensinamento meramente esboçado em *Ísis* nos seguintes artigos:

a) "Seeming Discrepancies"[70], principalmente sobre a natureza das manifestações mediúnicas e das entidades desencarnadas, como foi mencionado em *Ísis sem véu*, vol. I, p. 67, 69 e 325.

b) "*Isis Unveiled* and The Theosophist on Reincarnation"[71], que trata ampla e detalhadamente do mesmo assunto.

c) "C. C. M. and *Isis Unveiled*"[72], uma defesa da sua obra e dos Mestres.

d) "A Levy of Arms against Theosophy"[73], sobre as interpretações incorretas feitas na França.

e) "*Isis Unveiled* and the Viśishtâdvaita"[74], um artigo que deve ter sido escrito pelo Cel. Olcott, a julgar pelas palavras da própria H. P. B., porém que lembra enormemente a sua própria fraseologia.

f) Uma longa nota apenas ao artigo "The Dirge of the Dead", de J. H. Mitalmier[75]. Nesta nota de rodapé, H. P. B. discute especialmente a seguinte passagem de *Ísis sem véu*, da p. 60 do Vol. I - Tomo II:

"A reencarnação, isto é, o aparecimento do mesmo indivíduo, ou melhor, de sua mônada astral, duas vezes no mesmo planeta, não é uma regra da Natureza; é uma exceção, como o fenômeno teratológico da criança de duas cabeças. É precedida por uma violação das leis da harmonia da Natureza e só ocorre quando esta, procurando restaurar o seu equilíbrio, atira violentamente de volta à vida terrena a mônada astral que foi expulsa do círculo de necessidade por crime ou acidente. Assim, no caso de abortos, de crianças que morrem antes de determinada idade e de idiotismo congênito e incurável, o projeto original da Natureza de produzir um ser humano perfeito foi interrompido. Então, embora a matéria espessa de cada uma destas muitas entidades sofra uma dispersão na morte, através do vasto reino do ser, o espírito imortal e a Mônada astral do indivíduo – colocados esta à parte para vivificar um arcabouço e, aquele, para irradiar sua divina luz sobre a organização corpórea – devem tentar, uma segunda vez, cumprir o propósito da inteligência criadora.

"Se a razão tem sido tão desenvolvida para se tornar ativa e discriminadora, não há reencarnação nessa Terra, pois as três partes do homem trino foram reunidas e ele é capaz de disputar a corrida. (...)".

Na explanação do erro que existe nessa passagem, H. P. B. escreve o seguinte:

"Desde 1882, quando o erro foi localizado pela primeira vez em *Ísis sem véu,* foi repetidamente afirmado em *The Theosophist,* e em *The Path* no último ano, que a palavra 'planeta' era um erro e significava 'ciclo', isto é, o 'ciclo de repouso devachânico'. Este erro, devido a um dos editores literários – a escritora conhecia inglês muito imperfeitamente há doze anos, e os editores eram ainda mais ignorantes em Budismo e Hinduísmo – , levou a uma grande confusão e a incontáveis acusações de contradições entre as afirmações de *Ísis* e o ensinamento teosófico posterior. O parágrafo citado pretendia perturbar a teoria dos reencarnacionistas franceses que afirmam que a mesma *personalidade* é reencarnada, amiúde alguns dias depois da morte, de maneira que um avô pode renascer como sua própria neta[76]. A idéia foi, então, combatida e foi dito que nem o Buddha nem qualquer um dos filósofos hindus jamais ensinou a reencarnação *no mesmo ciclo* ou *da mesma personalidade,* mas do 'homem trino' (*vide* a nota seguinte) que, quando corretamente unido, foi 'capaz de disputar a corrida' em direção à perfeição. O mesmo erro, e um pior do que ele, ocorre nas p. 57 e 58 do Vol. I - Tomo II. Na primeira, afirma-se que os hindus temem a *reencarnação* 'apenas em outros planetas inferiores', em vez de que os hindus temem a reencarnação *em outros corpos inferiores,* de selvagens e de animais, ou a *transmigração,* ao passo que na p. 58 do Vol. I - Tomo II o erro de se colocar 'planeta' em vez de 'ciclo' e 'personalidade' mostra a autora (uma budista confessa) falando como se o Buddha nunca tivesse ensinado a doutrina da reencarnação!! A oração deve ser lida como '*a vida anterior* em que os budistas acreditavam não é uma vida no mesmo ciclo e na mesma personalidade', pois ninguém mais do que eles aprecia 'a grande doutrina de ciclos'. Todavia, como ela pode ser lida agora – 'esta *vida anterior* em que os budistas acreditavam não é uma *vida neste planeta*' – , e esta frase da p. 57 do Vol. I - Tomo II precedida justamente pela outra p. 57 do Vol. I - Tomo II – 'Assim, como as revoluções de uma roda, há uma *sucessão regular de morte e nascimento*', etc. – , o todo parece o delírio de um lunático e uma miscelânea de afirmações contraditórias. Se se perguntasse por que se permitiu que o erro figurasse em dez edições, a resposta poderia ser que (*a*) a atenção da Autora só se dirigiu a ele em 1882; e (*b*) a abaixo-assinada não estava em condições de alterá-lo nas chapas estereotipadas que pertenciam ao editor americano e não a ela. A obra foi escrita em circunstâncias excepcionais e sem dúvida mais de um erro pode ser descoberto em *Ísis sem véu*".

A nota de rodapé de H. P. B. sobre "as três partes do homem trino" diz:

"'As três partes', Âtman, Buddhi-Manas, que esta condição de união perfeita habilita a ter um repouso no Devachan, que não pode estar a menos de 1.000 anos em duração, às vezes 2.000, embora o 'ciclo de repouso' seja proporcional aos méritos e deméritos do *Devachanî*".

Ela também salienta, como o fez em outra parte, que a palavra "imediata" poderia ser inserida depois de reencarnação, fazendo a frase da p. 60 do Vol. I - Tomo II de *Ísis* ficar assim: "(. . .) não há reencarnação imediata nessa Terra (. . .)".

As várias contribuições da pena de H. P. B. mencionadas acima, juntamente com o ensaio "My Books", de que excertos copiosos já foram extraídos, proporcionam toda a informação necessária relativa a determinados aspectos da doutrina simplesmente sugerida na primeira grande obra de H. P. B.

Os superiores imediatos de H. P. B., os irmãos-adeptos M. e K. H., estavam profundamente conscientes das imperfeições e particularmente do inacabamento de *Ísis sem véu* e o diziam francamente. Escrevendo a A. P. Sinnett, K. H. informou-o de que:

"(. . .) não deve confiar literalmente em *Ísis*. O livro é apenas uma tentativa para desviar a atenção dos espiritistas de suas idéias preconcebidas para o verdadeiro estado das coisas. A Autora pretendeu sugerir e apontar a direção verdadeira, dizer o que coisas *não são*, não o que elas são. Com a ajuda do revisor, alguns erros reais assomam, como na p. 101, capítulo I, vol. I, em que a Essência divina é feita emanar de Adão, em vez do contrário"[77].

E novamente:

"(. . .) 'Ísis' *não* foi desvelada, mas rasgões suficientemente largos foram feitos para proporcionar vislumbres fugazes a ser completados pela própria intuição dos estudiosos. Neste cadinho de citações de várias verdades filosóficas e esotéricas propositalmente veladas reside nossa doutrina, que está sendo agora parcialmente ensinada aos europeus pela primeira vez"[78].

No decorrer de uma explanação a respeito de determinadas passagens de *Ísis*, o mesmo autor afirma:

"(. . .) ninguém, a não ser nós, os seus inspiradores, é responsável pelo seu *inacabamento* (. . .)"[79].

No decorrer de muitas explanações escritas a A. P. Sinnett, em relação a várias críticas de C. C. Massey sobre passagens de *Ísis sem véu*, ligadas principalmente ao tema da reencarnação e da divisão da constituição humana, o Mestre K. H. escreveu:

"(. . .) Não vê que tudo que você encontra em *Ísis* está delineado, apenas esboçado – nada completado ou totalmente revelado (. . .)"[80].

"(. . .) Muitos são os assuntos tratados em *Ísis* com que mesmo H. P. B. não estava autorizada a se familiarizar completamente; contudo não são contraditórios se – 'enganosos'. . . a doutrina 'setenária' não tinha ainda sido divulgada no mundo na época em que *Ísis* foi escrita (. . .)"[81].

"(. . .) Na realidade, não há contradição entre aquela passagem de *Ísis* e o nosso ensinamento posterior; para qualquer um, que nunca ouviu falar dos *sete princípios* – constantemente referidos em *Ísis* como uma trindade, sem qualquer outra explicação – , ali certamente parecia equivaler a uma contradição. 'Você escreverá mais ou menos isso, por enquanto, e não mais – era o que constantemente lhe dizíamos quando ela escrevia o seu livro (. . .). E só porque ela obedeceu às nossas ordens, e escreveu *velando* propositalmente alguns dos seus fatos deve ela agora – quando acreditamos que chegou a hora de oferecer mais, se não *toda* a verdade – ser deixada em apuros? (. . .)"[82].

As páginas de onde foram selecionadas as passagens acima mereceriam um exame mais atento por parte do estudioso, pois elas contêm explanações pertinentes relativas a muitos pontos do ensinamento e referências a passagens e à fraseologia de *Ísis sem véu* que às vezes foram questionadas.

O tema total das "contradições" nos ensinamentos, conforme se apresenta em *Ísis* e expandido e desdobrado em escritos posteriores, preocupou consideravelmente H. P. B.; ela afirmou, vigorosa e inequivocamente:

"(. . .) Podemos ser acusados de usar um modo de expressão demasiado livre e descuidado, de mau uso da língua estrangeira em que escrevemos, por deixar muita coisa por dizer e por depender injustificadamente da intuição imperfeitamente desenvolvida do leitor. Mas nunca houve, nem pode haver, qualquer discrepância radical entre os ensinamentos de *Ísis* e aqueles do período posterior a ela, pois ambos procedem de uma mesma fonte – os IRMÃOS ADEPTOS"[83].

Finalmente, após algumas observações explanatórias sobre passagens encontradas em *Ísis sem véu*, o Mestre K. H. curiosamente expressou a sua opinião de que:

"(. . .) Ela deve ser mesmo *reescrita*, pela honra da família"[84].

A presente edição da primeira obra monumental de H. P. B. é uma tentativa de redimir, imperfeitamente todavia, a "honra da família". Ela se faz, porém, sem qualquer alteração importante da linguagem, das expressões, do estilo ou da pontuação de H. P. B.

Com toda a imparcialidade, deve-se dizer que a revisão de *Ísis sem véu*, no que se refere aos erros tipográficos comuns, foi muito boa, e as "gralhas" – para usar a gíria dos editores – são muito poucas em número. A maioria dos erros da edição original ocorre em relação aos títulos de obras citadas ou referidas, a marcas de citação omitidas, aos nomes de autores e às referências ao volume, ao parágrafo ou à página de edições diferentes. As palavras gregas e hebraicas também sofreram muito, particularmente quando dadas em sua escrita original. A grafia das palavras sânscritas em transliteração inglesa é visivelmente ruim, e parece ter sido adotada principalmente de antigas fontes francesas, tanto que em muitos lugares o termo ou nome é irreconhecível. Não existe nenhuma consistência na maneira pela qual as referências de rodapé foram acrescentadas e o uso freqüente de citações duplas para títulos de livros faz com que eles apareçam como títulos de artigos de um jornal, ou cabeços de capítulos de um livro; resultando, assim, numa ambigüidade de fonte. Em muitos lugares, os erros são inquestionavelmente devidos à caligrafia ilegível; em outros casos, ao fato de que certas letras francesas, como o "l" para "livre" (livro ou volume), que foi interpretado pelo compositor como sendo 1 (um ou primeiro). Ocasionalmente as marcas de citação estão ausentes do material citado e aparecem de repente no próprio texto de H. P. B. Mas, para repetir, erros comuns de grafia são muito poucos em todo o livro.

Do artigo "How *Isis Unveiled* was Written", do Dr. Alexander Wilder[85], aprendemos muitos fatos interessantes, embora ele contenha alguns dados inexatos. O Dr. Wilder foi empregado por algum tempo por J. W. Bouton, o editor, como "leitor" dos manuscritos originais submetidos à publicação. Certo dia, o Cel. Olcott chamou o Dr. Wilder e lhe passou o manuscrito de *Ísis sem véu*, ou pelo menos uma parte dele. Bouton fora recentemente à Inglaterra e sugerira que o Cel. Olcott visse o Dr. Wilder e lhe pedisse para ler o manuscrito. Esta parece ter sido a ocasião do seu primeiro encontro. O Dr. Wilder diz:

"Considerando-me moralmente obrigado a agir em benefício do Sr. Bouton, não concedi nada além do que acreditava ser justo para o pedido. Considerei-o uma tarefa árdua. No relatório que lhe enviei, afirmei que o manuscrito era o produto de grande pesquisa e que, comparando-o com o pensamento corrente, havia nele uma revolução, mas acrescentei que o considerava longo demais para uma publicação remunerativa.

"O Sr. Bouton, todavia, concordou em publicar a obra. Eu nunca tomei conhecimento dos termos, mas as ocorrências posteriores levaram-me a supor que eles não foram cuidadosamente considerados. Ele obteve os direitos autorais em seu próprio nome, o que lhe possibilitou controlar o preço, e recusou toda proposta posterior de se transferir o título de propriedade à Autora, ou de baratear o custo. Recolocou o manuscrito em minhas mãos, com instruções de encurtá-lo tanto quanto possível. Este poder arbitrário estava longe de ser satisfatório. É difícil imaginar que uma pessoa agindo sozinha em nome do editor pudesse ter tal autoridade sobre a obra de um autor. Não obstante, assumi a tarefa. Enquanto abreviava a obra, empenhei-me a cada instante em preservar o pensamento da Autora em linguagem clara, removendo apenas termos e assuntos que pudessem ser vistos como supérfluos e desnecessários ao objetivo principal. Dessa maneira, foi extraído o suficiente para preencher um volume de dimensões respeitáveis. Ao fazer tudo isso, consultei apenas o que eu supunha fosse o lucro do Sr. Bouton, e acreditava que ele o apreciava, pois eu recebera apenas as suas instruções. Mas isto demonstrou tratar-se apenas de um 'trabalho de amor' ".

Parece que H. P. Blavatsky estava imensamente satisfeita com o trabalho que o Dr. Wilder realizou com o seu manuscrito, e suas relações mútuas se fortaleceram a partir daí. Continuando a sua narrativa, o Dr. Wilder diz:

"Não pretendia procurar defeitos, ou descobri-los, mas apenas me certificar de que o manuscrito podia ser 'enxugado' sem que o propósito geral fosse afetado. (. . .) Esforcei-me apenas em encurtá-lo sem desfigurar a obra. Deve-se dizer, todavia, como um fato ocorrido na publicação desta obra, que Madame

Blavatsky continuou a acrescentar material depois de o Sr. Bouton ter iniciado o trabalho, e acredito que muito do segundo volume já estava então escrito. Não me lembro de muita coisa dele, exceto de lâminas de prova num período posterior. (...)".

"Eu hesitaria, igualmente, em ser considerado em qualquer sentido digno de nota como um organizador da obra. É verdade que depois de o Sr. Bouton ter concordado em ser o editor, foi-me solicitado que lesse as lâminas de prova e que me certificasse de que as palavras hebraicas e os termos pertencentes a outras línguas estivessem corretamente compostos pelo impressor, mas eu nada acrescentei e não me lembro de ter-me arriscado a controlar qualquer coisa que tivesse contribuído para a obra. Sem o conhecimento e a aprovação dela, isso teria sido repreensível".

À luz da afirmação acima, é difícil dizer exatamente como muitos termos gregos e hebraicos foram grafados erradamente na produção final, especialmente no caso de o Dr. Wilder ser um especialista em grego muito conhecido. É de se estranhar também o fato de o Dr. Wilder não mencionar nenhuma vez que foi ele quem preparou o capítulo introdutório de *Ísis sem véu* intitulado "Ante o véu", como se vê nas próprias observações de H. P. B. citadas acima.

Concluindo a sua narrativa, o Dr. Wilder diz:

"Quando o impressor já compusera toda a obra, fui empregado para preparar o Índice. Outros poderão julgar se ele foi feito com fidelidade. Como a Autora pagasse por isto, e o editor se abstivesse de adiantar um centavo por tudo que eu fizesse com o material, embora fosse cuidadoso em acompanhar todas as operações posteriores às vendas, é mais do que justo apresentar o agradecimento onde ele é devido".

Isto consubstancia a posterior avaliação de H. P. B. dos métodos de negócio de Bouton e o tratamento incorreto que ela recebeu dele.

Uma crítica muito aguçada e um pouco virulenta foi feita muitos anos atrás por Wm. Emmette Coleman sobre a maneira pela qual H. P. Blavatsky utilizou o material citado em *Ísis sem véu*. Ele apontou um considerável número de exemplos em que as citações de vários escritores, clássicos ou não, e as referências a eles, não eram tomadas de suas obras originais, mas de obras de outros escritores que citaram tais passagens ou se referiram a elas. Mas nunca se mostrou em que terreno isso deve ser considerado errado, antiético ou enganoso.

Nenhum estudioso atento, todavia, dispensará a alegação de Coleman, pelo menos em seu aspecto geral. É perfeitamente certo que H. P. Blavatsky trouxe para as páginas de sua obra muitas passagens de escritores antigos e contemporâneos, e referências a eles, que ela encontrou ao ler outras obras. E se aceitarmos o relato direto do Cel. Olcott sobre a maneira pela qual determinadas passagens de *Ísis* foram escritas, teremos de aceitar também o fato de que os superiores de H. P. Blavatsky, que lhe estavam ditando, ou escrevendo por seu intermédio, como parece ser o caso, fizeram exatamente isso em muitos momentos. É um pouco difícil entender o que está errado em citar São Jerônimo ou Flávio Josefo, por exemplo, e fazer referências corretas aos seus escritos extraindo essas passagens e essas referências das obras de, por assim dizer, de

Mirville, sem afirmar necessariamente a cada vez onde elas foram encontradas. Como as mesmas passagens ou referências ocorrem em dúzias de outros escritores, poder-se-ia exigir de um autor que ele fizesse referência a todos eles? Ao contrário, o assunto é ofensivo e a acusação não parece ter nenhum outro objetivo senão descreditar H. P. Blavatsky.

Além das citações diretas de várias obras, de primeira ou de segunda mão, *Ísis sem véu* contém um grande número de parágrafos que sumariam as idéias de determinados autores, oferecem a tendência geral de seus argumentos sobre isso e aquilo, mas sem indicar especificamente onde esses argumentos foram encontrados. Isso deve ser reconhecido como um fato, e, por isso, a crítica pode ser justificável, embora se deva ter em mente, é claro, que não se deve ver nele nenhuma tentativa de enganar. É provável que um cuidado e um apego maiores a uma prática editorial aceita e aceitável suplementasse as referências exigidas em notas de rodapé pertinentes. O fato de isso não ter sido feito não pode justificar a acusação de plágio por atacado, especialmente quando a sinceridade do propósito e o nobre objetivo da obra como um todo são reconhecidos.

Há indícios muito seguros de que, quando H. P. B. prometeu sua segunda grande obra, pretendia-se que ela fosse uma nova redação de *Ísis sem véu*. Anotações sobre um "novo livro sobre Teosofia" e um "esboço reduzido", e até a menção de um Prefácio, ocorrem nos *Diaries* do Cel. Olcott já a 23, 24 e 25 de maio e a 4 de junho de 1879, somente três meses depois de os Fundadores terem chegado à Índia[86]. Nenhuma obra parece ter sido escrita nesse sentido por muitos anos, até que em janeiro de 1884 H. P. B., escrevendo a Sinnett, de Adyar, lhe disse:

"(. . .) E agora a conseqüência disso é que eu, esgotada e quase morta, devo sentar-me noites a fio novamente e reescrever toda *Ísis sem véu*, chamando-a *The Secret Doctrine*, e fazer três, se não quatro, volumes além dos dois originais, com Subba Row me auxiliando e escrevendo a maioria dos comentários e das explanações (. . .)"[87].

O primeiro anúncio da obra pretendida aparece no *Journal of The Theosophical Society* (Suplemento de *The Theosophist*), vol. I, nº 1, janeiro, 1884, e fala dela como "Uma nova versão de *Ísis sem véu*".

Quando William Q. Judge se deteve em Paris para ver H. P. B. em 1884, por ocasião de sua viagem à Índia, envolveu-se nesta nova aventura[88]. Ele escreve:

"Em Enghien, especialmente, H. P. B. pediu-me repassasse cuidadosamente as páginas de seu exemplar de *Ísis sem véu* com o objetivo de anotar nas margens que assuntos foram ali tratados, e para esse trabalho ela me forneceu o que chamava de um lápis especial azul e vermelho. Repassei os dois volumes e fiz as notas solicitadas, e ela me escreveu que elas lhe foram da maior utilidade (. . .)"[89].

E mais:

"É um esforço enorme selecionar e colecionar idéias de *Ísis* de maneira que tudo possa ser preservado, e que tudo o que for inútil seja expurgado (. . .)"[90].

Durante algum tempo, então, H. P. B. estava aparentemente reescrevendo *Ísis*. Ela o fazia por ordem do seu Instrutor. Foi-lhe fornecido um método simples para chegar a esse resultado. A matéria contida em *Ísis* devia ser mantida "em toda a sua abrangência" e as explanações deviam ser acrescentadas a fim de que as últimas prestações de ensinamentos não parecessem contradizer aqueles apresentados em *Ísis*. H. P. B. devia "oferecer em *The Secret Doctrine* tudo o que é importante em 'Ísis', agrupando materiais relativos a qualquer assunto em vez de deixá-los espalhados ao longo dos dois volumes como estão agora"[91]. Ao fazê-lo, ela se "limitava a dar *páginas inteiras* de 'Ísis', apenas ampliando alguma coisa e fornecendo informação adicional".

Isto é conclusivamente corroborado por seu longo ensaio intitulado "Elementals", que os editores de *Lucifer* publicaram depois de seu passamento[92], e que é claramente uma compilação feita por H. P. B. de várias porções de *Ísis sem véu*, apenas com alterações mínimas, mas com passagens de ligação e explanações adicionais escritas especificamente com esse objetivo. H. P. B. refere-se a esse ensaio e fala dele como um capítulo "sobre os Deuses e os Pitris, os Devas e os *Daïmonia*, Elementares e Elementais e outros fantasmas", que, diz ela, é agora terminado[93].

Já a 28 de outubro de 1885, H. P. B. escrevia ao Cel. Olcott:

"(. . .) Tomei de *Ísis* apenas fatos, omitindo tudo o que fosse dissertações, ataques ao Cristianismo e à Ciência – em suma, todas as coisas inúteis e tudo o que tivesse perdido o interesse. Apenas mitos, símbolos e dogmas explicados de um ponto de vista *esotérico*. É na verdade e *de facto* uma obra inteiramente nova. (. . .)"[94].

Escrevendo ao Dr. Franz Hartmann, em dezembro de 1885, ela falara de sua obra como "uma obra completamente nova", que conterá "apenas aqui e ali algumas linhas de fatos de *Ísis*"[95].

Em janeiro de 1886, escrevendo ao Cel. Olcott, H. P. B. dissera que *The Secret Doctrine* era "inteiramente nova" e que não teria nem mesmo vinte páginas citadas de *Ísis*. Ela sugeria que o Cel. reduzisse *Ísis* a um volume e o publicasse, principalmente para o comércio indiano, o que traria dinheiro para a Sociedade[96].

Depois disso, *Ísis sem véu* nunca mais foi comentada com ligação à nova obra, e o *magnum opus* de H. P. B., *The Secret Doctrine*, surgiu como um esforço literário inteiramente novo e distinto para a sua consumação no outono de 1888.

A edição original de *Ísis sem véu* – mais provavelmente apenas a sua primeira impressão – está encadernada em vermelho com o título e a figura de Ísis em ouro na lombada. Muitos exemplares foram preservados; nenhum deles apresenta um Índice de Assuntos. Mas sabemos pelo relato do Cel. Olcott que o Índice foi preparado antecipadamente por ele próprio e pela Sr.ta Kislingbury. Tal descuido é difícil de ser explicado tanto tempo depois; nem é possível determinar se se aplica à primeira impressão como um todo ou se ocorreu simplesmente em poucos exemplares no processo de encadernação.

Nos anos seguintes à sua publicação, *Ísis sem véu* passou por muitas novas impressões que, como é freqüente nesses casos, são incorretamente referidas como "edições". Todas essas impressões foram feitas com as mesmas lâminas e contêm os mesmos erros. Há bases sólidas para afirmar que Bouton publicou cerca de doze impressões dessa obra. Escrevendo a Peary Chand Mitra a 10 de abril de 1878, H. P. B. afirma que nem um único exemplar resta da "terceira edição" de Bouton. A quarta impressão de 1878 tem, como frontispício no vol. I, a reprodução a bico de pena, feita por E. Wimbridge, de H. P. B., assinada "E. Wimbridge sc 1878". O "quinto milheiro" – assim marcado na página de rosto – está datado de 1882, e tem, como frontispício do vol. I, uma fotografia de H. P. B. com um pente espanhol nos cabelos, olhando para a frente, descansando o seu queixo na sua mão esquerda e mostrando um anel de sinete na mão direita – um anel que, de acordo com prova disponível, foi depois perdido e não foi substituído até 1884, quando H. P. B. estava em Londres. Em sua Carta à Segunda Convenção Americana, realizada em 1888, H. P. B. fala de nove edições publicadas até aquela data. Sabe-se que uma outra foi impressa pela Caxton Press em 1901[97].

As lâminas originais, juntamente com os direitos autorais da obra, foram adquiridos de Bouton pela Theosophical Publishing Company, a 23 de setembro de 1902, pela soma de 2.000 dólares. Essa Companhia, originalmente organizada como uma corporação sob a égide das Leis do Estado de Nova York, foi finalmente transferida para Point Loma, na Califórnia, onde mais duas impressões ou "edições" foram publicadas com as mesmas lâminas. A primeira edição de Point Loma apareceu em 1906[98] com um retrato de H. P. B. e um Prefácio assinado pelo Dr. Henry Travers Edge, um dos discípulos pessoais de H. P. B. durante a sua permanência em Londres. Essa edição inclui, imediatamente após o Prefácio, dois ensaios de H. P. B. baseados em *Ísis sem véu* e em seus escritos em geral, a saber, "Theories about Reincarnation and Spirits" (originalmente publicado em *The Path*, vol. I, novembro, 1886) e "My Books" (originalmente publicado em *Lucifer*, vol. VIII, 15 de maio de 1891). A segunda edição de Point Loma apareceu em 1910 e é idêntica à primeira. Em todas essas edições ou impressões preparadas com as mesmas lâminas, a paginação é idêntica.

A primeira edição revista, com correções feitas pela Sr[ta.] Edith Ward, foi publicada em 1910 pela Theosophical Publishing Society de Londres e de Benares. O Preâmbulo dessa edição afirma que os "erros tipográficos e gramaticais óbvios" foram corrigidos e as "frases gregas e hebraicas" foram revistas. Foi usado um novo tipo, mas preservou-se a mesma mancha e a paginação. Essa edição foi reimpressa em Londres em 1923 e está esgotada há muitos anos.

A próxima, na seqüência, foi a terceira edição revista de Point Loma, inteiramente recomposta no monotipo e publicada em 1919, estando as velhas lâminas desgastadas. Impressa em quatro volumes, foi preservada a paginação original. Os artigos de H. P. B. mencionados acima foram novamente incluídos e o Índice Geral foi consideravelmente melhorado e ampliado para 80 p. Além disso, o último volume contém um amplo Índice Bibliográfico organizado alfabeticamente segundo os títulos, com o autor e o título-chave. O trabalho de revisão foi feito por Fred J. Dick, M. INST. C. E., Professor de Matemática e Astronomia na Escola de Antiguidade de Point Loma, Califórnia, e por William E. Gates, Professor de Arqueologia e uma notável autoridade em civilização maia.

O trabalho envolvido na preparação dessa edição foi muito grande e os estudiosos estão cobertos de razão ao se sentirem devedores aos dois eruditos acima mencionados por seus incansáveis esforços de verificação das citações e referências contidas em *Ísis sem véu*. Todavia, com um exame detido, parece que foi dada uma atenção especial à verificação de títulos, grafia de nomes próprios, referências corretas a volumes, seção ou página, e não ao *texto* do material citado, que contém grande número de erros na edição original. A grafia de termos sânscritos e hebraicos em transliteração inglesa foi corrigida de acordo com normas ocidentais aceitas, e palavras em letras gregas e hebraicas foram revistas em muitos lugares. Essa edição está esgotada há muitos anos.

A primeira edição fac-similar ou reprodução fotográfica da edição original foi publicada pela The Theosophy Company de Los Angeles, Califórnia, em 1931. Essa edição foi impressa em papel fino, de menor gramatura, e contém ambos os volumes da obra numa única encadernação. O Índice original é seguido por um "Índice Suplementar" de valor considerável. Uma segunda impressão dessa edição foi feita em 1945, e uma terceira, com lâminas novas, em 1968. A Theosophical University Press de Covina, Califórnia (outrora de Point Loma, Califórnia), comprou exemplares da edição de 1945 para revenda com a sua página de rosto. Sendo um fac-símile de impressões anteriores, a face do tipo parece um pouco danificada, o que obviamente não podia ser evitado. Isso também perpetuou todos os erros da edição original.

Uma outra edição fac-similar foi feita por Richer & Co., de Londres, que publicou, em 1936, uma reprodução fotográfica da edição original como parte das *Complete Works of H. P. Blavatsky*. Ela apresenta um curto Prefácio de A. Trevor Barker, os artigos de H. P. B. acima mencionados, o novo Índice de 80 pp. e está encadernada em um alentado volume. Todavia, ela não contém o Índice Bibliográfico do Prof. Dick. Mil exemplares dessa edição foram comprados pela Theosophical University Press de Point Loma e vendidos com a sua própria página de rosto.

Em janeiro de 1950, a Theosophical University Press de Covina, Califórnia, publicou uma nova edição de *Ísis sem véu* em dois volumes, a qual foi completamente recomposta num tipo maior e mais legível e conservou a paginação original e o estilo. Está encadernada em vermelho e inclui o Índice Bibliográfico do Prof. Dick com chave de autor e título; o seu Apêndice contém os artigos de H. P. B. mencionados anteriormente. Apresenta o novo Índice de 80 pp. e 32 retratos de personagens históricas referidas por H. P. B. no texto, embora a escolha desses retratos em alguns exemplos evidencie um julgamento pobre. Essa edição, aparentemente, é muito atraente e reflete o trabalho cuidadoso e artístico desenvolvido anos antes em Point Loma por peritos voluntários. Infelizmente, todavia, exceto alguns poucos erros tipográficos corrigidos aqui e ali ao longo dos dois volumes, ela despreza completamente todo o trabalho esmerado de Dick e Gates, ignorando as suas correções de grafia, títulos e referências, e perpetua centenas dos erros originais, alguns dos quais são bastante óbvios.

A presente edição, publicada às vésperas do centenário da Sociedade Teosófica, em 1975, e dentro do quadro, por assim dizer, do ano de 1977, que marca o centésimo aniversário da publicação original de *Ísis sem véu*, pode ser chamada apropriadamente de Edição do Centenário dessa obra. Com este objetivo em vista, foi considerado aconselhável esboçar todo o pano de fundo histórico contra o qual a primeira grande obra de H. P. B. deve ser projetada – um pano de fundo que o presente ensaio introdutório pretende fornecer.

O trabalho editorial da presente edição de *Ísis sem véu* consistiu nos seguintes pontos:

1) Não se realizou nenhuma correção no estilo literário ou na gramática de H. P. B.

2) Os erros tipográficos óbvios foram corrigidos em toda a obra, assim como a redação de algumas passagens, de acordo com as próprias correções e emendas de H. P. B., quando ela as citava no texto de *The Secret Doctrine*.

3) Adotou-se uma grafia sistemática correta para todos os termos técnicos e nomes próprios, de acordo com os modelos acadêmicos correntes.

4) Um esforço sistemático e abrangente foi feito no sentido de verificar o texto

das muitas citações introduzidas por H. P. B. de várias obras e as referências indicadas por ela. As fontes originais foram consultadas sempre que possível, e, se alguns desvios do texto original apareceram, sofreram correções. Em alguns casos, as passagens citadas por outros autores, que H. P. B. cita por sua vez, permaneceram inalteradas, particularmente nos casos em que tais obras fossem difíceis de ser encontradas.

5) Não se tentou conferir as citações de periódicos e jornais correntes, exceto no caso daqueles poucos em que a importância da matéria o exigisse.

6) Praticamente todas as palavras ou expressões encontradas entre colchetes no texto principal ou no texto das notas de rodapé são da própria H. P. B., que freqüentemente interpola as suas próprias observações em passagens de citação. Há pouquíssimas exceções a isso, quando uma palavra que parece ter sido suprimida foi reinserida entre colchetes pelo compilador.

7) Todas as referências *adicionais* aos autores e às suas obras que aparecem entre colchetes nas notas de rodapé são do compilador.

8) Quaisquer outras observações explanatórias, notas ou informação adicional do compilador aparecem num Apêndice ao final de cada volume. *Os números superiores apensos aqui e ali ao longo de todo o texto correspondem aos do Apêndice.*

9) O Índice Geral, assim como o Apêndice Bibliográfico, são totalmente novos.

A despeito das muitas imperfeições e deficiências, como um produto literário – que examinamos com base nos fatos e afirmações citadas pela própria autora – , *Ísis sem véu* continua sendo até hoje o mais estarrecedor compêndio de fatos e doutrinas ocultos do Movimento Teosófico. O seu conteúdo é da mais variada espécie, seu conjunto de provas nunca foi ultrapassado, seu caráter autorizado nunca foi questionado e o seu valor intrínseco não foi suplantado ou duplicado por *The Secret Doctrine*.

O apelo desta obra aos leitores e estudiosos mal diminuiu, e edição após edição tem sido esgotada não importa quem a publique. Àqueles que estão bastante familiarizados com os últimos escritos de H. P. B., mas não cuidaram de verificar as páginas de *Ísis sem véu*, esta obra contém revelações inestimáveis de fatos naturais e ilumina pensamentos e casualidades sobre os mistérios da Natureza nunca suspeitados anteriormente. Os fatos nela descritos podem ser ignorados e postos de lado pelos descrentes, mas eles não podem com êxito ser reptados e considerados falsos. Por isso, a obra permanece até hoje como um desafio a todos aqueles cujas mentes estão autoconfinadas aos muros da denegação e cuja visão espiritual está obstruída por vendas toscas.

Onde podemos encontrar passagens tão autorizadas em seu significado e tão eloqüentes em seu objetivo e linguagem como aquelas que, por exemplo, tratam da antiga civilização egípcia e das suas consecuções únicas, ou aquelas que esboçam as proposições fundamentais das filosofias orientais e da magia genuína? Onde mais podemos encontrar a visão arrebatadora do horizonte infinito que desvenda num amplo contorno, apoiado por fatos estarrecedores, o caráter universal da tradição oculta, a imensa antiguidade da verdadeira Magia, a sua nobre origem e o seu poder transcendente, e as fontes insondáveis e inexauríveis de que ela brota?

Em muitos exemplos, todavia, H. P. B., agindo conforme instruções dos seus Superiores, simplesmente sugeriu determinados ensinamentos ocultos nesta primeira obra de sua pena. A sua elaboração foi reservada para anos futuros.

Alguns declararam que *Ísis sem véu* não tem plano definido. Considere-se a evidência: *Ísis sem véu* proclama o fato de que existiram antigas escolas de mistério que estavam sob a proteção de homens que conheciam a Verdade e eram seus servos; que esses mistérios existiram em períodos da História que puderam fazê-los existir; que cerca de dois mil anos atrás foi levantado um muro para impedir o seu conhecimento pelos homens, embora alguns dos antigos conhecimentos tenham sido incorporados numa forma deturpada e distorcida a um sistema religioso-político que, afinal, se tornou conhecido como Igreja Cristã; que, assim que isso se fez, nenhum esforço foi despendido no sentido de arrancar e destruir os traços da ação; que, ao mesmo tempo, ao lado dos esforços para avançar tanto quanto possível contra a corrente, um movimento paralelo foi posto em marcha para preservar e proteger as crenças antigas, até que nos tempos posteriores eles se tornariam conhecidos para o benefício de todos os homens; e que eles *foram* preservados, parte em lugares inacessíveis a nós agora, e parte nos fragmentos da literatura antiga, que foram conservados e sobreviveram e que hoje estão sendo redescobertos gradualmente e reinterpretados por eruditos de todo o mundo.

Se isso não é um plano literário definido, o que é então? H. P. B. provou decisivamente que *o registro existia* e explicou o que era esse registro, pelo menos parcialmente. Pode alguém conceber um *plano* melhor para esse tipo de trabalho do que exatamente este, o de localizar a linha-mestra da herança esquecida do homem e atirar a luva para aqueles que se apropriaram dela para seu benefício e poder pessoais?

Considere-se também a mensagem espiritual que forma a tela de fundo de toda a obra. Para citar as palavras do Cel. Olcott:

" 'Nenhum de nós vive para si mesmo, nós todos vivemos para a Humanidade'. Este foi o espírito de todas as minhas instruções, esta é a idéia inculcada ao longo de *Ísis sem véu*. Que os defeitos literários desse livro sejam apenas isso; que sua autora seja acusada de plágio ou não: a essência de seu argumento é que o homem possui uma natureza complexa, animal num extremo, divina no outro; e que a única existência real e perfeita, a única livre de ilusões, dor e tristeza, porque nela a sua causa – a ignorância – não existe, é a do espírito, o Eu Superior. O livro incita à vida pura e elevada, à expansão da mente e à universalidade de compaixão e à solidariedade; mostra que há um caminho para cima, e que ele é acessível aos sábios que são audazes; remete todo o conhecimento e toda a especulação modernos às fontes arcaicas; e, confirmando a existência passada e presente dos adeptos e das ciências ocultas, propicia-nos um estímulo para trabalhar e um ideal a aperfeiçoar"[99].

Contra o conjunto de fatos e o vasto pano de fundo da tradição universal, nenhuma crítica hostil e nenhuma censura mesquinha por parte de mentes estreitas podem prevalecer ou lançar a menor mácula sobre uma obra cujas páginas respiram autoridade inquestionável e desafio inequívoco.

BORIS DE ZIRKOFF
Organizador

NOTAS

1. Inscrição na estátua de Ísis no ádito de um templo, de acordo com Proclo, *Commentaries on the Thimaeus of Plato*, parte II, p. 30, na edição de Platão, Basiléia, 1534.
2. A data de publicação acima mencionada aparece numa carta escrita por H.P.B. a N. A. Aksakov

a 2 de outubro de 1877. Vide V. S. Solovyov, *A Modern Priestess of Isis*, Londres, 1895, p. 276-77; ou o texto original russo dessa obra, 2ª ed., São Petersburgo, 1904, p. 287. H. P. B. escreve: "Bem, meu livro apareceu finalmente. Minha criança nasceu no último sábado, 29 de setembro, mas uma semana antes meu editor enviou alguns exemplares aos editores de todos os jornais. Estou anexando a resenha do *New York Herald* (. . .)".

Existe, todavia, nos Arquivos de Adyar, a saber, no próprio *Scrapbook* nº II, p. 44, de H. P. B., um telegrama original de Bouton, o editor, ao Cel. Olcott, datado de 8 de setembro de 1877, que diz: "Veja o *Commercial Advertiser* desta tarde". O recorte deste jornal de Nova York também está arquivado. Ele afirma que *Ísis sem véu* foi publicada "hoje", ou seja, 8 de setembro, e dá vários detalhes da obra. É provável que alguns dos jornais já tivessem recebido seus exemplares três semanas antes da data de 29 de setembro mencionada por H. P. B. Não temos explicações definitivas, todavia, para essa discrepância de datas.

Quanto à rápida vendagem da primeira impressão, o Cel. Olcott (*Old Diary Leaves*, I, p. 294) diz que "a primeira edição se esgotou em dez dias". Uma afirmação semelhante ocorre na carta de H. P. B. a Madame C. R. Corson, datada de Nova York, 28 de agosto de 1878, na qual ela diz (escrevendo em francês): "La première édition (1.000 copies) fut vendue dans *neuf* jours, et les deux autres sont épuisés depuis bien longtemps. Mon Éditeur – Bouton, en fait imprimer une quatrième édition pour octobre". ["A primeira edição (1.000 exemplares) foi vendida em *nove* dias, e duas outras se esgotaram há muito tempo. Meu Editor, Bouton, pretende imprimir uma quarta edição para outubro."]

Como ocorre em muitas outras ocasiões, a palavra "edição" é usada para denotar repetidas "tiragens" ou "impressões" a partir das mesmas chapas originais.

3. Bernard Quaritch foi um renomado livreiro, nascido em Worbis, uma aldeia da Saxônia Prussiana, a 23 de abril de 1819; era de Wendish, Alemanha Oriental. Depois de alguns anos de aprendizado no negócio de livros em seu país natal, foi para Londres e empregou-se por dois anos na loja de Henry George Bohn, famoso livreiro da York Street, em Covent Garden. Depois de uma breve permanência em Paris, retornou a Londres e iniciou o seu próprio negócio de venda de livros em 1847; naturalizou-se súdito britânico e estabeleceu-se no número 16 da Castle Street, em Leicester Square. Logo se tornou conhecido como um especialista em lingüística européia e oriental, e a partir daí adquiriu uma reputação sempre crescente no seu ramo de trabalho. Publicou o seu primeiro catálogo em 1858, e em 1860 mudou-se para o número 15 de Picadilly, onde permaneceu pelo resto da sua vida.

Durante a sua carreira bem-sucedida, adquiriu um grande número de bibliotecas, comprou saldos de livros caros e assessorou pessoalmente ou por procurador todo leilão importante de livros na Europa e na América. A última relação completa do seu estoque foi um *General Catalogue of Old Books and Manuscripts* (1887-1888, índice 1892, 7 vols., 8 vol. com retrato), aumentado por suplementos especiais entre 1894 e 1897 para doze volumes, um monumento do ramo da venda de livros de considerável valor bibliográfico. No decorrer da sua carreira, que se estendeu por mais de cinqüenta anos, desenvolveu o mais amplo comércio em livros antigos no mundo. Era um homem de caráter forte, sagaz, resoluto, enérgico e diligente. Morreu em Belsize Grove, em Hampstead, a 17 de dezembro de 1899, e o seu negócio passou para as mãos de seu filho, também chamado Bernard Quaritch.

4. *Old Diary Leaves*, I, p. 295, rodapé.

5. [Erro por Ithaca, N. Y.]

6. Olcott, *Old Diary Leaves*, I, p. 202-03.

7. E. R. Corson, *Some Unpublished Letters of Helena Petrovna Blavatsky*, Londres, Rider & Co. [1929], p. 27-8.

8. *Lucifer*, vol. VIII, art. "My Books", maio, 1891, p. 224.

9. Esses artigos podem ser encontrados no volume I dos *Collected Writings* de H. P. Blavatsky.

10. O original dessa carta foi conferido no Museu Britânico e a redação está correta.

11. Solovyov, *op. cit.,* p. 257; edição russa, p. 274-75.

12. H. S. Olcott, *Old Diary Leaves*, I, p. 203. O Cel., todavia, está enganado quando diz que H. P. B. escreveu intermitentemente durante a sua permanência em Filadélfia. Ela residiu nessa cidade de novembro de 1874 até aproximadamente junho de 1875 – época que é anterior à redação de seu livro.

13. Uma foto da mesma casa, tirada em 1966 por A. Merrell Powers, de Nova York, mostra que

pequenas mudanças ocorreram nos anos intermediários. Essa foto recente mostra também quão fiel ao original era o desenho do Sr. Judge.

14. William Quan Judge em "Habitations of H. P. B.", *The Path*, vol. VIII, novembro, 1893, p. 238-39.

15. *Old Diary Leaves*, I, p. 377-78. Como mostra a recente fotografia do edifício, ele agora é o Sherman Hotel. Fez-se uma tentativa de fotografar os cômodos anteriormente ocupados pelos Fundadores, mas verificou-se que eles foram completamente modificados e transformados em pequenos quartos de hotel; nessas circunstâncias, nada se ganharia em fotografá-los.

16. *Old Diary Leaves*, I, p. 420-22.

17. W. Q. Judge, *op. cit.*, p. 239.

18. *The Word*, Nova York, vol. XXII, dezembro, 1915.

19. H. P. Blavatsky, *Tibet and Tulku*, p. 205-06, rodapé.

20. Transliterado dos caracteres tibetanos, o termo *tulku* figura como *sprul-sku*. Sua forma no dicionário é *sprul-pa*. O final *pa* é um sufixo empregado freqüentemente. Quando usado junto a um nome, o propósito de *pa* é representar uma dada raiz como um nome. Quando usado em conexão com um verbo, indica a forma infinitiva do verbo, ou também uma forma participial. No caso de *sprul-pa*, indica um infinitivo e o termo significa "aparecer", "modificar", "transformar o eu de alguém". O segundo componente, *sku*, significa "corpo". O composto, assim, pode ser traduzido por "aparecer num corpo" ou "a aparição num corpo". Também "modificar um corpo" ou "uma modificação do corpo".

O equivalente sânscrito para *tulku* é *âveśa*. O prefixo *â-* em conexão com verbos de movimento significa "em"; *veśa* é derivado da raiz verbal *viś*, que significa "entrar", "possuir". O composto, então, pode ser traduzido por "a entrada em, a tomada de posse de – um veículo (um *upâdhi*)".

O Cel. Olcott define esse termo com alguma extensão em seu *Old Diary Leaves*, I, p. 296-97, e fornece muitos casos interessantes de fontes orientais.

21. *Light*, Londres, vol. IV, 9 de agosto de 1884, p. 323-24; cf. *Collected Writings*, vol. VI, p. 271.

22. A única obra sobre o tema do *tulku* em relação a H. P. Blavatsky é de Geoffrey A. Barborka, intitulada *H. P. Blavatsky, Tibet and Tulku*, publicada por The Theosophical Publishing House, Adyar, Madras, Índia, em 1966 (XXIV + 476 p. il. e copioso índice). Essa importante obra provém da pena de um dos mais finos eruditos do Movimento Teosófico que se desenvolveu e trabalhou por muitos anos nas Lojas da Sociedade Teosófica de Point Loma, sob a orientação de Katherine Tingley e do Dr. G. de Purucker. Ela inclui uma grande quantidade de valiosa informação sobre o Budismo tibetano e sobre a hierarquia lamaica e seria de grande proveito para um estudioso sério da Filosofia Esotérica.

23. [A inocente informação do Cel. Olcott é corroborada por uma nota de rodapé que o Mestre M. juntou à sua carta e A. P. Sinnett (Carta XIII, recebida em Allâhâbâd em janeiro de 1882. Ver *The Mahatma Letters to A. P. Sinnett*, p. 77, rodapé), em que diz:

"Por falar nisso, reescreverei para você as páginas 56 – 65 do Vol. I - Tomo II, de *Ísis* – muito embaralhadas e misturadas por Olcott, que pensou que as estava melhorando!"

Não existe, todavia, nenhum relato de que esse texto tenha sido reescrito. Curiosamente, é nas páginas acima mencionadas (p. 57 e 60 do Vol. I - Tomo II) que ocorrem os parágrafos, relativos à reencarnação da entidade humana, que contêm grande número de erros. H. P. B. não pôde corrigi-los antes que a obra fosse publicada. Como se sabe, ela teve problemas consideráveis para corrigi-los mais tarde. Recomenda-se ao estudioso que veja as últimas páginas desta Introdução.]

24. [Os títulos completos das obras que o Cel. Olcott tinha em mente são os seguinte: C. W. King, *The Gnostics and their Remains*, Londres, 1864 (2ª ed., 1887); Hargrave Jennings, *The Rosicrucians, their Rites and Mysteries*, Londres, 1870 (2ª ed., 1879; 3ª ed., 1887); S. F. Dunlap, *Sōd: The Son of the Man* e *Sōd: The Mysteries of Adoni*, Londres e Edimburgo, 1861; e *Vestiges of the Spirit History of Man*, Nova York, 1858; E. Moor, *The Hindoo Pantheon*, Londres, 1810; e principalmente duas obras de H.-R. Gougenot des Mousseaux, a saber, *Les hauts phénomènes de la magie, précedés du spiritisme antique*, Paris, 1864, e *Moeurs et pratiques des démons*, Paris, 1854 (2ª ed., 1865).

Além dessas, H. P. B. fez muitíssimas citações das seguintes obras: C. C. J. Bunsen, *Egypt's Place in Universal History*, Londres, 1848-1867; W. R. Cassels, *Supernatural Religion*, que foi publicada anonimamente em Londres em 1874 e mereceu seis ou sete edições até 1877; I. P. Cory, *Ancient Fragments*, Londres, 1832 (2ª ed.); J. W. Draper, *History of the Conflict between Religion and Science*, Nova York, 1874; J. Ennemoser, *The History of Magic*, Londres, 1854; F. Max Müller, *Chips from a German Workshop*, Nova York, 1867; E. Salverte, *The Philosophy of Magic*, Londres, 1846; e Cel. Henry Yule, *Book of Ser Marco Polo*, 2ª ed., Londres, 1875. Pela natureza e pelo número das citações das obras acima mencionadas, e das referências a elas, é quase certo que ela possuía algumas delas entre os seus próprios livros ou tinha fácil acesso a elas por meio de amigos.]

25. [A Condessa Constance Wachtmeister, no seu relato sobre a sua permanência e o seu trabalho com H. P. B. em Würzburg, cita palavras de H. P. B. relativas a esse mesmo tema da visão na Luz Astral. Parece que H. P. B. lhe disse em certa ocasião:

"Bem, veja, o que faço é o seguinte. Faço aquilo que posso apenas descrever como uma espécie de vácuo no ar diante de mim, e fixo minha visão e minha vontade sobre ele e logo após cena após cena passa à minha frente como as figuras sucessivas de um diorama, ou, se preciso de uma referência ou informação de algum livro, fixo minha mente atentamente e a contraparte astral do livro aparece e dela extraio o que necessito. Quanto mais perfeitamente minha mente se liberta das distrações e mortificações, tanto mais energia e eficácia ela possui, e tanto mais facilmente eu posso fazê-lo (...)". (*Reminiscences of H. P. Blavatsky and "The Secret Doctrine"*, p. 33.)

Embora o relato se refira à redação de seu *magnum opus*, é bastante provável que o mesmo processo tenha sido empregado por H. P. B. na época em que escreveu *Ísis sem véu*.]

26. [O fato indubitável de que H. P. B. utilizou algumas vezes os registros acumulados da luz astral para os seus propósitos literários não deve ser exagerado, todavia, como freqüentemente tem sido feito por estudiosos superzelosos. Deve-se ter em mente que ela também utilizou fontes comuns de informação, citou de muitos livros que lhe eram disponíveis e incluiu em seus escritos muitas referências a outros escritores, e citações deles que ocorriam nas obras que utilizava. Isso foi ridicularizado por determinados críticos cavilosos, principalmente W. Emmette Coleman, que salientou que H. P. B. citou de segunda mão, em muitos casos, de livros que ela própria nunca consultara. Isso é uma verdade inquestionável, mas será um crime? Isso foi feito repetidas vezes por numerosos escritores em todo o mundo. Exatamente a maneira *como* ela extraiu algumas das suas inumeráveis referências, se consultando a própria obra, ou copiando a referência encontrada na obra de outra pessoa, ou ambas as coisas por meio da visão espiritual – isso nunca será demonstrado; mas é seguro dizer que todos esses métodos foram empregados, além do fato de várias partes de seus manuscritos lhe terem sido ditadas diretamente, com todas as referências incluídas.]

27. [Um dos mais deslumbrantes exemplos dessa variação na caligrafia de H. P. B. foi preservado entre as cartas de A. P. Sinnett, cujos originais estão nos acervos do Museu Britânico. Se o estudioso consultar a obra intitulada *The Letters of H. P. Blavatsky to A. P. Sinnett*, encontrará, nas p. 230-33, a carta nº CVI, com o cabeçalho *Privado e Confidencial*, que contém algumas afirmações bastante surpreendentes e termina por uma nota de profecia. Não está assinada, nem datada, embora a data mais provável seja agosto de 1885, ou um pouco depois. Comparada com a caligrafia de H. P. B. em cartas imediatamente precedentes a esta, a Carta CVI mostra-se visivelmente bem escrita, com mão bastante regular, extremamente clara e legível, com linhas que se seguem com grande regularidade em sua posição horizontal na página. A natureza do tema tratado nessa carta indica a probabilidade de ter sido escrita sob uma impressão poderosa de um ou outro ocultista a quem H. P. B. servia às vezes como amanuense.]

28. H. S. Olcott, *Old Diary Leaves*, I, p. 203-12.

29. *Ísis sem véu* foi composta e impressa por Trow's Printing and Bookbinding Co., 205-13 East 12th Street, Nova York, N. Y.

30. [Numa carta escrita a Sinnett, a 6 de janeiro de 1886, H. P. B. confirma-o dizendo que "(...) esta *Ísis* é *apenas a terça parte* do que escrevi e destruí (...)" – *The Mahatma Letters to A. P. Sinnett*, Carta CXL.]

31. Olcott, *op. cit.*, p. 216-18.

32. [Excerto de uma carta de H. P. B. a sua irmã Vera P. de Zhelihovsky, escrita de Nova York, provavelmente por volta de 1876. O texto original russo foi publicado num valioso Esboço Biográfico que a irmã de H. P. B. escreveu para a *Russkoye Obozreniye* (Revista Russa), vol. VI, novembro, 1891, p. 274, de onde a presente tradução foi feita. Uma tradução feita por Vera V. Johnston, sobrinha de H. P. B., publicada por W. Q. Judge em *The Path*, vol. IX, janeiro, 1895, p. 300-01, difere do trecho acima apenas em alguns detalhes sem importância, obviamente devido a dificuldades de tradução literal.

É surpreendente, todavia, observar que quando a irmã de H. P. B. citou aquilo que parece ser a mesma carta, em seu artigo seriado "The Truth about H. P. Blavatsky" (publicado em *Rebus*, nºs 40-8), o texto russo apresentava um grande número de variações e alterações. Quando H. P. B. traduziu aquele relato para o inglês, para uso de A. P. Sinnett, ela fez algumas alterações; embora muitas destas fossem de pouca monta, a frase de abertura do excerto contém uma divergência notável e registra o seguinte: "Você pode não acreditar em mim, mas lhe afirmo que ao dizer isto estou falando a verdade; estou ocupada apenas, não com escrever 'Ísis', mas com a própria *Ísis* (. . .)". Esta é a forma pela qual o excerto foi publicado por Sinnett em seus *Incidents*, etc., p. 206-08.

A carta original não existe mais, e uma comparação com ela é impossível depois de tanto tempo.]

33. [*The Path*, vol. IX, dezembro, 1894, p. 266. Algumas dessas frases parecem similares ao excerto publicado nos *Incidents*, etc., de Sinnett, p. 205-06.]

34. [Este excerto foi copiado da tradução inglesa da carta russa que a própria H. P. B. fez para A. P. Sinnett quando traduziu o manuscrito da sua irmã de "The Truth about H. P. Blavatsky". Esse manuscrito está nos Arquivos de Adyar. Os *Incidents* de Sinnett, p. 205-06, citam este excerto com várias modificações que podem ou não ser alterações feitas por Sinnett. Os excertos publicados em *Rebus*, nº 47, 1883, p. 429-30 são menores ainda. O leitor notará várias coincidências com excertos citados anteriormente. É difícil explicá-las, especialmente por não termos acesso aos originais russos das cartas *completas* que foram provavelmente destruídas.]

35. [O fato de o editor ter permitido a destruição do manuscrito de *Ísis sem véu*, é um triste comentário sobre a ausência de sentido histórico naqueles primeiros dias do Movimento. Esse manuscrito teria sido um bem estimado pela Sociedade Teosófica, pela Biblioteca do Congresso ou pelo Museu Britânico – tivesse ele sido preservado. Seria uma fonte inestimável de informação a respeito de um dos mais recônditos problemas da ciência oculta, a saber, as variantes da caligrafia de H. P. B. sob a influência de várias forças ocultas estranhas. Esse manuscrito seria um fator importante para a sua defesa contra acusações de falsificações e assim por diante. O fato de esse manuscrito não ser agora disponível é uma grande perda para a causa da Teosofia, uma perda que deve ser um aviso para o futuro.]

36. Olcott, *op. cit.*, I, p. 220-26.

37. Esse termo é uma das muitas modificações e derivados do termo *kud*, que significa tanto "demônio" quanto a prática da magia em suas várias formas. O verbo *kudesnichat'* significa empenhar-se em atividades mágicas.

38. A. P. Sinnett, *Incidents*, etc., p. 146, rodapé.

39. Olcott, *op. cit.*, I, p. 230.

40. Olcott, *op. cit.*, I, p. 243-52.

41. Olcott, *op. cit.*, I, p. 255-58.

42. A. P. Sinnett, *Incidents in the Life of H. P. Blavatsky*, Londres e Nova York, 1886, 205-06, corrigido pela tradução de H. P. B.

43. [O indivíduo que o Cel. Olcott tem em mente é Henry More, filósofo inglês do século XVII, que nasceu em 1614 e morreu a 1º de setembro de 1687. Durante os seus estudos em Cambridge, libertou-se de uma atitude de ceticismo pela imersão na leitura dos escritores platônicos, e estava especialmente fascinado pelo neoplatonismo. Reuniu em torno de si muitos jovens de tirocínio aprimorado e refletido. Dentre os seus discípulos, o mais notável foi Lady Conway, em cuja mansão rural, em Ragley, Warwickshire, Henry More passou um tempo considerável com intervalos. No devido tempo, Ragley tornou-se um centro de escolaridade e devoção. Henry More foi um dos mais argutos pensadores entre os platônicos de Cambridge, uma escola de pensamento filosófico-religioso que floresceu na Universidade de Cambridge na segunda metade do século XVII e que congregou homens como Ralph Cudworth, Joseph Glanvill, John Morris e outros. Suas teorias tendiam para o misticismo e para a contemplação de coisas transcendentais e exerceram uma influência valiosa sobre a teologia inglesa e sobre o pensamento contemporâneo em geral. Henry More representou o aspecto mais místico e teosófico do Movimento de Cambridge e sua vida foi marcada pela humildade e pela caridade, não menos notáveis do que a sua piedade de pensamento. Henry More escreveu um grande número de obras, dentre as quais a mais valiosa é *Divine dialogues* (1688), que sumaria as suas opiniões gerais sobre filosofia e religião.]

44. Olcott, *op. cit.*, I, p. 237-43.

45. *The Mahatma Letters to A. P. Sinnett*, Carta nº CXL.

46. Uma ilustração desse fato *pode* ser o terceiro parágrafo do vol. I, p. 479, em que H. P. B. afirma que está escrevendo em abril de 1877, e o parágrafo do vol. II, p. 594-95, onde se menciona a data de 19 de julho de 1877.

47. Ele escreveu o seguinte ao Cel. Olcott em 17 de maio de 1877: "(. . .) as alterações já custaram US$280.80, e, nesse passo, quando o livro aparecer, ele será tão dificultado por essa despesa extraordinária, que cada exemplar do primeiro milheiro custará muito mais do que pagaríamos por ele, um estado de negócio bastante desencorajador para começar. O custo da composição do primeiro volume (com estereotipia) sobe a US$1,359.69, e isso apenas para o primeiro volume, veja você, *sem papel, trabalho de impressão* ou *encadernação*! (. . .)". (*Old Diary Leaves*, I, p. 216-17, rodapé.) O Cel. Olcott acrescenta:

"Ela [H. P. B.] não só fez infindáveis correções nas provas, mas também, depois de as lâminas estarem estereotipadas, ela as cortou para transpor o material velho e inserir coisas novas que lhe ocorreram ou que lhe chegavam pelas leituras que fazia".

48. *Old Diary Leaves*, I, p. 216.

49. *Lucifer*, vol. VIII, maio, 1891, p. 244.

50. *Id.*, p. 241-47.

51. "Testemunho que a palavra 'planeta' substitui um 'ciclo' que foi escrito originalmente e corrigido por uma mão desconhecida (Vol. I - Tomo II, p. 57 e 58), uma 'correção' que mostra o Buddha ensinando que *não há renascimento neste planeta* (! !), quando se afirma o contrário na p. 346, e se diz que o Senhor Buddha ensinava como 'evitar' a *reencarnação*; o uso da palavra 'planeta', por *plano*, de 'Monas' por *Manas* Vol. I - Tomo II, p. 58; e o sentido de todas as idéias sacrificado pela forma gramatical e modificado pela substituição de palavras erradas e pontuação errônea, etc., etc., etc." [H. P. B.]

52. [Excertos de resenhas de *Ísis sem véu* em vários jornais americanos foram anexados a esse artigo numa nota de rodapé.]

53. "Este fidalgo austríaco, que estava em completa penúria em Nova York, e a quem o Cel. Olcott dera abrigo e comida, cuidando dele durante as suas últimas semanas de vida, não deixou nenhum manuscrito, apenas contas. Os únicos bens do barão eram uma velha valise, em que os seus 'testamenteiros' encontraram um Cupido de bronze amassado, algumas poucas comendas (imitações em pechisbeque e massa de vidro, já que o ouro e os diamantes haviam sido vendidos); e umas poucas camisas do Cel. Olcott, que o ex-diplomata juntara sem permissão." [H. P. B.]

54. "Não direi o seu nome. Há nomes que carregam um fedor moral ao seu redor, impróprios para qualquer jornal ou publicação decente. As suas palavras e os seus atos emanam da *cloaca maxima* do Universo de matéria e devem retornar a ela sem me tocar." [H. P. B.]

55. [Uma luz interessante e importante sobre esta situação, e sobre a natureza e as características da obra de H. P. B., é o fato – que todo estudioso pode provar por si mesmo – de que, antes da publicação de *Ísis sem véu* no outono de 1877, H. P. B. publicara mais de treze artigos, narrativas e cartas a editores em periódicos americanos e jornais espiritistas, expressos em excelente inglês e escritos com o seu *gusto* usual. Muitos deles – tais como "Algumas perguntas a 'Hiraf' ", "A Ciência da Magia" e um outro, intitulado obviamente pelo próprio editor como "De Madame H. P. Blavatsky aos seus correspondentes", e com o subtítulo "Uma carta aberta como poucos podem escrever" – são de uma natureza desafiante e expressos com a facilidade e a energia que usualmente associamos à Blavatsky material dos últimos anos. Como podemos explicar satisfatoriamente esse fenômeno curioso?]

56. O Dr. Alexander Wilder foi um eminente físico, autor e erudito platônico. Nasceu em Verona, Oneida Co., N. Y., a 14 de maio de 1823, e morreu em Newark, N. J., a 8 de setembro de 1908. Um relato abrangente da sua vida e da sua obra pode ser encontrado no vol. I, p. 531-33, dos *Collected Writings* de H. P. B.

57. [De acordo com o Cel. Olcott, todavia, US$600 era o custo total das correções feitas enquanto *Ísis* estava sendo produzida. Cf. *Old Diary Leaves*, I, p. 216.]

58. [*Ísis sem véu*, Vol. II - Tomo I, p. 227 e 228.]

59. [O Cel. Olcott fez objeções a algumas das afirmações de H. P. B. nesse artigo. No cap. XIV das *Old Diary Leaves*, publicadas originalmente em *The Theosophist*, vol. XIV, maio, 1893, p. 449-58, ele escreve (essas observações *não* foram incluídas na edição em livro publicada em 1895):

"(. . .) Ela ainda não escrevera dez páginas do livro antes de me mostrar os manuscritos, e não fui eu, absolutamente, quem disse que o livro devia ser reescrito, nem era essa a sua idéia. Não foram 'algumas', mas muitas, muitas páginas corrigidas que ela copiou ou reescreveu enquanto eu ditava. Nem tudo deve ser creditado a mim, ou quase todo o inglês de 'Ísis', pois, como afirmei acima, ela às vezes me enviava blocos de dez, vinte ou mais páginas que apresentavam um inglês 'na ponta da língua' e seguiam intocadas para o impressor. Quanto à revisão, ela fez uma trapalhada, mesmo depois de eu lhe ter ensinado as regras e os sinais, para não sobrecarregar a mim e aos compositores quase sempre insubordinados, e eu de bom grado a arrastei à tipografia para lhe mostrar que tipos eram usados, como eles eram 'compostos', e que problemas e despesas as 'correções de provas' envolviam. Demorou um pouco, todavia, antes que ela entrasse no ritmo, mas finalmente as coisas ficaram tranqüilas, no que diz respeito à revisão (. . .).

"(. . .) Meu 'pequeno lazer' durou aproximadamente dois anos de trabalho noturno, das 8 da noite às 2 da madrugada, ou muitas das horas em que não recebíamos visitas. O Prof. Wilder vivia em Newark, não em Jersey City; os 'seiscentos dólares' pelas correções extraordinárias com que o editor onerou a autora foram pagos por todas aquelas correções feitas nos dois volumes (1.320 p., Royal 8 vol.), em galés, em composição e em provas estereotipadas. Uma revisão muito pequena foi feita por terceiros, e mesmo esta eu tive de rever três ou mais vezes; nunca vimos as últimas 36 p. do Índice, pois os manuscritos foram inadvertidamente destruídos pela empregada do Dr. Wilder; e dizer que a omissão de marcas de citação e de nomes de autores de passagens citadas foi devida à sua falta de controle sobre as lâminas é simplesmente absurdo, e mostra que a sua mente estava toda confusa com esses detalhes. Ela deve ser considerada inocente pelas incorreções da lembrança, seja o que possa ser atribuído à autora de 'Ísis' como pecado de omissão ou missão. Apesar de todas elas, esse é um livro esplêndido, um dos melhores dos nossos tempos, um repositório inestimável de fatos e argumentos para a mística e, especialmente, para o teósofo: nenhum dos seus caluniadores jamais escreveu ou pôde escrever algo que se lhe equipare. Eles são como aqueles que lançam vitríolo sobre vestes ou mutilam grandes quadros com as suas facas e lancetas; mas isso é tudo: o livro permanecerá para além da sua geração até o Julgamento Final de Yama, o Senhor da Morte".]

60. [H. P. B. menciona neste ponto um grande número de conhecidos plágios aparentes na literatura corrente. Para o texto completo deste artigo, ver vol. XIII dos seus *Collected Writings*.]

61. [*The Veil of Isis. The Misteries of the Druids*. Por W. Winwood Reade, Londres, Charles J. Skeet, 1861, 250 p. Uma obra rara hoje em dia.]

62. [Charles Sotheran (1847-1902), jornalista, autor e maçom bastante conhecido, um dos Fundadores originais da Sociedade Teosófica e grande amigo de H. P. B. e do Cel. Olcott. Ver *Collected Writings*, vol. I, p. 526-28, para um esboço biográfico.]

63. *The Theosophist*, vol. IV, novembro, 1882, p. 28. Cf. *Collected Writings*, vol. IV, "Death and Immortality", p. 250-56.

64. Charles Blech, *Histoire de la Société Théosophique en France*, Paris, Éditions Adyar, 1933, p. 11.

65. *The Theosophist*, vol. V, outubro, 1883, p. 9. Cf. *Collected Writings*, vol. V, p. 221.

66. *The Theosophist*, vol. VII, janeiro, 1886, p. 279. Cf. *Collected Writings*, vol. VII, p. 50.

67. *Id.*, abril, 1886, p. 426. Cf. *Collected Writings*, vol. VII, p. 62.

68. *The Theosophist*, vol. II, setembro, 1881, p. 258, rodapé. Cf. *Collected Writings*, vol. III, "The Claims of Occultism", p. 271-75. A última parte da frase que encerra a passagem citada acima é algo confusa, mas foi corretamente copiada da fonte original.

69. *The Path*, Nova York, vol. I, novembro, 1886, p. 232-45; pode ser encontrado em *Collected Writings*, vol. VII, p. 176-79.

70. *The Theosophist*, vol. III, junho, 1882, p. 225-26. Cf. *Collected Writings*, vol. IV, p. 119-22.

71. *Id.*, agosto, 1882, p. 288-89. Cf. *Collected Writings*, vol. IV, p. 182-86.

72. *Id.*, setembro, 1882, p. 324. Cf. *Collected Writings*, vol. IV, p. 226-28.

73. *Id.*, supl. de junho, 1883, Cf. *Collected Writings*, vol. IV, p. 546 e segs.

74. *Id.*, vol. VII, janeiro, 1886, p. 279-80. Cf. *Collected Writings*, vol. VIII, p. 50-2.

75. *Lucifer*, vol. III, fevereiro, 1889, p. 527-28. Cf. *Collected Writings*, vol. X, p. 212-17.

76. [A mesma explicação ocorre em *The Key to Theosophy*, p. 191.]

77. *The Mahatma Letters to A. P. Sinnett*, Carta nº IX, p. 45. Recebida em Bombaim a 8 de julho de 1881.

78. *Op. cit.*, Carta nº XVIII, p. 121. Recebida em Simla, em junho de 1882.

79. *Op. cit.*, Carta nº XXIII-B, p. 173. Recebida em Simla, em outubro de 1882.

80. *Op. cit.*, Carta nº XX-C, p. 131. Recebida em agosto de 1882.
81. *Op. cit.*, Carta nº XXIV-B, p. 182-83. Recebida no outono de 1882.
82. *Op. cit.*, Carta nº LII, pp. 289-90. Recebida em Simla no outono de 1882.
83. *The Theosophist*, vol. III, junho, 1882, p. 226. Cf. *Collected Writings*, vol. IV, "Seeming Discrepancies", p. 119-22.
84. *The Mahatma Letters to A. P. Sinnett*, Carta nº XX - C, p. 130. Recebida em agosto de 1882.
85. *The Word*, Nova York, vol. VII, nº 2, maio, 1908, p. 77-87.
86. *Old Diary Leaves*, vol. II, p. 89-90, e *Diaries* originais.
87. *Letters of H. P. Blavatsky to A. P. Sinnett*, nº XXVIII, p. 64.
88. Em meados de maio de 1884, ambos eram hóspedes do Conde e da Condessa d'Adhémar de Cronsac em seu Château Écossais em Enghien.
89. C. Wachtmeister, *Reminiscences*, etc., p. 102.
90. Excerto das Cartas de W. Q. Judge em *The Word*, vol. XV, abril, 1912, p. 19-21.
91. *Letters of H. P. Blavatsky to A. P. Sinnett*, nº XXXVI, p. 89. Datada de 25 de abril de 1884.
92. *Lucifer*, vol. XII, agosto de 1893, p. 537-48; vol. XIII, setembro e outubro, 1893, p. 30-9 e 111-21, respectivamente. Pode ser encontrado, com uma ampla nota explicativa do compilador, em *Collected Writings*, vol. VI, p. 184-201.
93. *The Letters of H. P. Blavatsky to A. P. Sinnett*, p. 88.
94. *Old Diary Leaves*, vol. III, p. 317.
95. *The Path*, vol. V, p. 299-300.
96. *The Theosophist*, vol. LII, agosto, 1931.
97. No *The Path* de Nova York, vol. VII, novembro, 1892, p. 265, afirma-se que H. P. B. legara o seu interesse nos direitos autorais de *Ísis sem véu* ao Cel. Henry S. Olcott, que então dava metade dessa renda a Adyar e a outra metade às Lojas da América, nada guardando para si mesmo.
98. Noticiado no *New Century Path*, 7 de janeiro de 1906, p. 18.
99. *Old Diary Leaves*, I, p. 294.

PREFÁCIO

A obra que agora submetemos ao julgamento público é fruto do íntimo convívio com os adeptos orientais e do estudo de sua ciência. Dedicamo-la àqueles que estão dispostos a aceitar a Verdade, onde quer que ela se encontre, e a defendê-la, sem receio de arrostar os preconceitos populares. Seu objetivo é auxiliar o estudante a descobrir os princípios vitais que inspiram os sistemas filosóficos da Antiguidade.

Este livro foi escrito com toda a sinceridade. Ele pretende fazer justiça e falar igualmente a Verdade sem más intenções ou preconceitos. É, contudo, inexorável ao erro entronizado, nem mostra a mínima consideração pela autoridade usurpada. Reclama para um passado espoliado o crédito que, durante muito tempo, se negou às suas descobertas. Exige a restituição das vestiduras tomadas e a defesa de reputações caluniadas mas gloriosas. É exclusivamente esse o espírito de suas críticas a todas as formas de culto, a toda fé religiosa e a toda hipótese científica. Homens e partidos, seitas e escolas não são mais do que manifestações efêmeras de um dia; somente a VERDADE, assentada sobre sua rocha de diamante, é eterna e soberana.

Não acreditamos numa Magia que transcenda o escopo e a capacidade da mente humana, nem no "milagre", divino ou diabólico, se isso implica uma transgressão das eternas leis instituídas da Natureza. Não obstante, concordamos com o talentoso autor de *Festus*[1], quando afirmou que o coração humano ainda não se revelou completamente a si mesmo e que não atingimos ou sequer compreendemos a amplitude de seus poderes. Será exagerado acreditar que o homem possa estar desenvolvendo novas sensibilidades e uma relação mais estreita com a Natureza? A lógica da evolução pode ensinar-nos bastante, se a levarmos às suas legítimas conclusões. Se, em alguma parte, na linha ascendente que vai do vegetal ou do molusco ao homem mais perfeito, uma alma evoluiu, dotada de qualidades intelectuais, não será insensato inferir e acreditar que também no homem está se desenvolvendo uma faculdade de percepção que lhe permite descobrir fatos e verdades para além dos limites de nosso conhecimento ordinário. Assim, não vacilamos em concordar com a asserção de Biffi, de que "o essencial é sempre o mesmo. Quer trabalhemos internamente o mármore que oculta, em seu bloco, a estátua, quer empilhemos externamente pedra sobre pedra até completar o templo, nosso NOVO resultado será apenas uma *velha idéia*. A última de todas as eternidades encontrará na primeira a sua alma gêmea designada".

Quando, anos atrás, percorríamos pela primeira vez o Oriente, explorando os recessos de seus santuários desertos, duas sombrias e incessantes questões oprimiam nossos pensamentos: *Onde está*, QUEM e o QUE é DEUS? *Quem alguma vez já viu o* ESPÍRITO IMORTAL *do homem, de modo a poder assegurar para si a imortalidade humana?*

Foi quando pretendíamos, com mais empenho, resolver tão intrincados problemas que travamos contato com certos homens, dotados de tão misteriosos poderes e de tão profundo conhecimento que podemos, verdadeiramente, designá-los como os sábios do Oriente. Extrema atenção prestamos a seus ensinamentos. Explicaram-nos que, combinando a Ciência com a Religião, a existência de Deus e a imortalidade do espírito do homem podem ser demonstradas como um problema de Euclides. Pela primeira vez tivemos a certeza de que a Filosofia oriental não tem lugar senão para uma fé absoluta e inquebrantável na onipotência do próprio Eu imortal do homem. Aprendemos que essa onipotência procede do parentesco do espírito do homem com a Alma Universal – Deus! Este, disseram eles, só pode ser demonstrado por aquele. O espírito do homem é prova do espírito de Deus, assim como uma gota de água é prova da fonte de que procede. A alguém que nunca tenha visto água, dizei que existe um oceano de água, e ele poderá aceitá-lo pela fé ou recusá-lo simplesmente. Mas deixai que uma gota de água caia em suas mãos, e ele então terá o fato do qual tudo o mais pode ser inferido. Aos poucos ele poderá compreender que existe um oceano de água ilimitado e insondável. A fé cega não lhe será por muito tempo necessária; ele a terá substituído pelo CONHECIMENTO. Quando vemos o homem mortal exibindo extraordinárias habilidades, controlando as forças da Natureza e voltando os olhos para o mundo do espírito, a mente reflexiva fica dominada pela convicção de que, se o *Ego* espiritual do homem pode fazer tanto, as habilidades do ESPÍRITO-PAI devem ser relativamente tão vastas como o oceano que ultrapassa uma gota de água em volume e potência. *Ex nihilo nihil fit;* provai a existência da alma humana por seus maravilhosos poderes – e provareis a existência de Deus!

Em nossos estudos, aprendemos que os mistérios não são mistérios. Nomes e lugares, que para a mente ocidental têm apenas uma significação derivada das fábulas orientais, tornaram-se realidades. Reverentemente, adentramos em espírito o templo de Ísis; para levantar o véu da "que é, foi e será" em Saïs; para olhar através da cortina rasgada do Sanctum Sanctorum em Jerusalém; e ainda para interrogar a misteriosa Bath-Kôl no interior das criptas que outrora existiram sob o edifício sagrado. A *Filia Vocis* – a filha da voz divina – respondeu-nos do propiciatório atrás do véu[2], e a Ciência e a Teologia e toda hipótese e concepção humanas nascidas do conhecimento imperfeito perderam para sempre aos nossos olhos o seu caráter autoritário. O Deus vivo falou por meio de seu oráculo – o homem –, e nós ficamos satisfeitos. Tal conhecimento é incomensurável; e só permaneceu oculto para aqueles que desdenharam, ridicularizaram ou negaram a sua existência.

De cada um destes recebemos críticas, censuras e talvez hostilidades, embora os obstáculos em nosso caminho não provenham quer da validade das provas ou dos fatos autênticos da História, quer da falta de senso comum do público ao qual nos dirigimos. O rumo do pensamento moderno volta-se evidentemente para o liberalismo, tanto na Religião como na Ciência. A cada dia, os reacionários são empurrados para mais perto do ponto em que deverão renunciar à autoridade despótica que, durante tanto tempo, desfrutaram e exerceram sobre a consciência pública. No momento em que o Papa chega ao extremo de fulminar anátemas contra todos os que defendem a liberdade de imprensa e de expressão ou insistem em que, no conflito entre as leis, civil e eclesiástica, a civil deve prevalecer, ou em que algum método de ensino exclusivamente secular deve ser aprovado[3]; e o senhor Tyndall, como porta-voz da Ciência do século XIX, diz: "(...) a invencível posição da Ciência pode ser definida em poucas palavras:

reivindicamos e arrancaremos da Teologia o domínio completo da teoria cosmológica"[4] – não é difícil prever o final.

Séculos de sujeição não congelaram nem cristalizaram o sangue-vivo do homem em torno do núcleo da fé cega; e o século XIX é testemunha dos esforços do gigante para romper as cordas liliputianas e andar por seus próprios pés. Mesmo a Igreja Protestante da Inglaterra e da América, ocupada atualmente em revisar o texto de seus *Oráculos,* será levada a mostrar a origem e os méritos desse texto. O dia da sujeição do homem por meio de dogmas chegou ao seu crepúsculo.

Nossa obra é, portanto, uma demanda em favor do reconhecimento da Filosofia Hermética, a outrora universal Religião da Sabedoria, como a única chave possível para o Absoluto em Ciência e Teologia. Para provar que não nos escapa a dificuldade de nosso trabalho, podemos dizer de antemão que não será estranho se as seguintes classes se lançarem contra nós:

Os Cristãos, que constatarão que pomos em dúvida as provas da autenticidade de sua fé.

Os Cientistas, que descobrirão as suas pretensões colocadas no mesmo nível que as da Igreja Católica Romana no que respeita à infalibilidade, e, em certos assuntos, os sábios e os filósofos do mundo antigo classificados mais alto do que eles.

Os Pseudocientistas deverão, naturalmente, denunciar-nos furiosamente.

Os Clérigos e os Livre-Pensadores verão que não aceitamos os seus atos e que desejamos o completo reconhecimento da Verdade.

Homens de letras e várias *autoridades,* que ocultam suas crenças íntimas por respeito aos preconceitos populares.

Os mercenários e os parasitas da Imprensa, que prostituem sua eficiência e poder e desonram tão nobre profissão, zombarão facilmente de coisas demasiadamente surpreendentes para a sua inteligência; para eles o preço de um parágrafo conta mais do que o valor da sinceridade. De muitos virão críticas honestas; de muitos – impropérios. Mas nós olhamos para o futuro.

A atual luta entre o partido da consciência pública e o partido da reação já logrou desenvolver um tom mais saudável de pensamento. Ela dificilmente deixará de determinar a destruição do erro e o triunfo da Verdade. Repetimos novamente – estamos trabalhando para o glorioso porvir.

Apesar disso, quando consideramos a ácida oposição que deveremos afrontar, quem melhor do que nós, ao entrar na arena, teria o direito de inscrever sobre seu escudo a saudação do gladiador romano a César: MORITURI TE SALUTANT![*]

Nova York, setembro de 1877.

---

* Esta exclamação latina encontra-se nas *Vidas dos Césares* de C. Suetônio Tranqüilo; Cláudio, livro V, seção XXI, onde ocorre da seguinte maneira, em sua forma mais completa: "Ave, Imperator, morituri te salutant" – "Salve, César! os que vão morrer te saúdam". (N. do Org.)

NOTAS

1. [Ph. J. Bailey.]
2. Lightfoot assegura-nos que esta voz, empregada nos tempos antigos como um testemunho do céu, "era de fato produzida com a ajuda de arte mágica". (*Horace Hebraice et Talmudicae*, vol. II, p. 82, Oxford, 1859.) O último termo é empregado num sentido desdenhoso precisamente porque ele foi e ainda é malcompreendido. O objetivo desta obra é corrigir as opiniões errôneas concernentes à "arte mágica".
3. Encíclica de 1864.
4. *Fragments of Science*, "Belfast Adress", 1874.

ANTE O VÉU

Joana – Hasteai nos muros as nossas tremulantes bandeiras!
SHAKESPEARE, *King Henry VI*, parte I, ato I, cena vi.

"Minha vida foi devotada ao estudo do homem, de seu destino e de sua felicidade."
J. R. BUCHANAN, *Outlines of Lectures on Anthropology*.

Há dezenove séculos, segundo nos dizem, a divina luz do Cristianismo dissipou as trevas da Idolatria e do Paganismo e há dois séculos e meio a refulgante lâmpada da Ciência Moderna começou a brilhar sobre a escuridão da ignorância dos tempos. Nos limites dessas duas respectivas épocas, somos instados a acreditar, ocorreu o verdadeiro progresso moral e intelectual da raça. Os antigos filósofos eram suficientemente sábios para as suas respectivas gerações, mas pouco menos que iletrados em comparação com os nossos modernos homens de Ciência. A ética do Paganismo bastou talvez às necessidades da gente inculta da Antiguidade, mas só até que a luminosa "Estrela de Belém" mostrasse o caminho da perfeição moral e aplainasse o da salvação. Na Antiguidade, a brutalidade era a regra; a virtude e a espiritualidade, a exceção. Agora, qualquer tolo pode conhecer a vontade de Deus em Sua palavra revelada; os homens são incentivados a ser bons, e estão regularmente se tornando melhores.

Essa é a teoria; qual é a prática? Por um lado, um clero materialista, dogmático e com demasiada freqüência corrompido; uma hoste de seitas e três grandes religiões em guerra; discórdia em lugar de união, dogmas sem provas, pregadores amantes de sensação, o fanatismo e a hipocrisia de paroquianos amantes de riquezas e de prazeres, gerados ambos pelas tirânicas exigências da respeitabilidade, a ordem do dia, a sinceridade, e a verdadeira piedade a exceção. Por outro lado, hipóteses científicas edificadas sobre a areia; nenhum acordo sobre a mais simples questão; querelas e invejas rancorosas; um impulso geral para o materialismo. Uma luta de morte entre a Ciência e a Teologia pela infalibilidade – "um conflito dos tempos".

Em Roma, autodenominada sede da cristandade, o putativo sucessor da cadeira de Pedro mina a ordem social com invisível mas onipotente rede de agentes fanáticos e incita-os a revolucionar a Europa em favor de sua supremacia tanto temporal como espiritual. Vemos aquele que a si próprio se chama "Vigário de Cristo" fraternizar com os muçulmanos anticristãos, contra uma outra nação cristã, invocando publicamente a bênção de Deus para as armas daqueles que por séculos resistiram, a ferro e fogo, às pretensões do seu Cristo à Divindade! Em Berlim – um dos maiores centros de cultura – eminentes professores das modernas ciências *exatas,* voltando as costas para os encomiados resultados da instrução do período pós-galileano, apagaram tranqüilamente a vela do grande florentino, procurando, em suma, provar que o sistema heliocêntrico, e até mesmo a rotação da Terra, não passam de sonhos de sábios desiludidos: que Newton era um visionário e que todos os astrônomos passados e presentes foram apenas hábeis calculadores de fenômenos inverificáveis[1].

Entre esses dois Titãs em luta – Ciência e Teologia – existe um público desorientado, que está perdendo rapidamente toda crença na imortalidade pessoal do homem e numa divindade de qualquer espécie, e descendo velozmente para o nível da mera existência animal. Tal é o retrato de hoje, iluminado pelo brilhante Sol do meio-dia desta era cristã e científica!

Seria justo condenar à lapidação crítica a mais humilde e modesta das autoras, *por recusar inteiramente a autoridade de ambos os combatentes?* Não deveríamos antes tomar como verdadeiro aforismo deste século a declaração de Horácio Greeley: *"Só com reservas aceito a opinião de um homem, vivo ou morto"*[2]? Aconteça o que acontecer, esta será a nossa divisa, e pretendemos que este princípio seja o nosso guia constante durante toda esta obra.

Entre os muitos frutos de nosso século, o estranho credo dos chamados espiritualistas surgiu das trôpegas ruínas das auto-intituladas religiões reveladas e das filosofias materialistas; entretanto, só ele oferece um último refúgio possível para a reconciliação de ambas. Não deve surpreender que este inesperado fantasma dos dias pré-cristãos encontre escassa acolhida de nosso soberbo e positivo século. Os tempos mudaram estranhamente; e não há muito um conhecido pregador de Brooklyn assinalou acertadamente num sermão que se Jesus novamente voltasse, e procedesse nas ruas de Nova York como o fazia nas de Jerusalém, ele próprio se veria confinado à prisão dos Sepulcros[3]. Que acolhida deveria então esperar o Espiritualismo? Na verdade, à primeira vista, o misterioso estranho não é nem atraente nem promissor. Informe e desajeitado, tal como uma criança criada por sete amas, ele deixa a infância estropiado e mutilado. Seus inimigos são legião; seus amigos e protetores, um punhado. Mas que importa! Quando alguma vez já se aceitou uma verdade *a priori?* O fato de os defensores do Espiritualismo terem exagerado fanaticamente as suas qualidades e terem permanecido cegos para as suas imperfeições não implica em absoluto que se deva duvidar de sua realidade. Uma falsificação é impossível quando não se tem o modelo a falsificar. O fanatismo dos espiritualistas é ele próprio uma prova da autenticidade e da possibilidade de seus fenômenos. Eles nos dão fatos que podemos investigar, não afirmações em que devemos crer sem provas. Milhões de homens e de mulheres coerentes não sucumbem tão facilmente a alucinações coletivas. E assim, enquanto o Clero – seguindo as suas próprias interpretações da *Bíblia*, e a Ciência – o seu *Codex* autônomo das possibilidades da Natureza, lhes recusam uma honesta audiência, a ciência *real* e a religião *verdadeira* estão em silêncio, e solenemente esperam por novos acontecimentos.

Toda a questão dos fenômenos reside na correta compreensão das filosofias antigas. A quem devemos então recorrer, em nossa perplexidade, senão aos antigos sábios, já que, pretextando superstição, os modernos nos negam um esclarecimento? Perguntemo-lhes o que sabem da Ciência e da Religião genuínas; não no que respeita a meros pormenores, mas sim aos amplos conceitos destas duas verdades gêmeas, tão fortes quando unidas, quanto débeis quando separadas. Além disso, muito aproveitaremos ao comparar esta louvada Ciência moderna com a ignorância antiga; e esta aperfeiçoada Teologia moderna com as "Doutrinas Secretas" da antiga religião universal. Talvez possamos assim encontrar um terreno neutro em que poderemos atingir a ambas e de ambas aproveitar.

Só a filosofia platônica, o mais elaborado compêndio dos abstrusos sistemas da Índia antiga, é capaz de fornecer-nos esse terreno neutro. Embora mais de vinte e dois séculos se tenham passado desde a morte de Platão, os grandes intelectuais do mundo ainda se ocupam com os seus escritos. Ele foi, na plena acepção da palavra, o intérprete do mundo. E o maior filósofo da era pré-cristã refletiu fielmente em suas obras o Espiritualismo e a Metafísica dos filósofos védicos que o precederam há milhares de anos. Vyâsa, Jaimini, Kapila, Vrihaspati, Sumati e tantos outros conseguiram transmitir sua marca indelével, através dos séculos, a Platão e à sua escola. Assim se justifica a inferência de que a mesma sabedoria foi igualmente revelada a Platão e aos antigos sábios hindus. A sua resistência às injúrias do tempo não prova que esta sabedoria só pode ser divina e eterna?

Platão ensinava que a justiça subsiste na alma de seu possuidor e que é o seu maior bem. "Os homens, na proporção de seu intelecto, admitiram as afirmações transcendentais de Platão." No entanto, seus comentadores, quase unanimemente, reduziram a nada as passagens que provam que sua metafísica se baseia em sólidos fundamentos e não em concepções ideais.

Mas Platão não podia aceitar uma filosofia destituída de aspirações espirituais; ambas as coisas nele se harmonizavam. Para o antigo sábio grego existe um único objeto de interesse: o CONHECIMENTO REAL. Ele só considerava como filósofos autênticos, ou estudantes da Verdade, aqueles que possuem o conhecimento do que existe realmente, em oposição às meras aparências; do que *existe sempre,* em oposição ao transitório; e do que existe *permanentemente,* em oposição a tudo que cresce, míngua e alternativamente se desenvolve e se destrói. "Muito além das existências finitas e das causas secundárias, das leis, das idéias e dos princípios, existe uma INTELIGÊNCIA ou MENTE [νοῦς, *nous,* o espírito], o primeiro princípio de todos os princípios, a Idéia Suprema em que se baseiam todas as demais idéias; o Monarca e Legislador do universo; a substância última de que todas as coisas derivam seu ser e essência, a Causa primeira e eficiente de toda ordem, harmonia e beleza e excelência e bondade que preenche o universo – a que chamamos, devido à sua preeminência e excelência, o Supremo Bem, o Deus (ὁ θεός), 'o Deus acima de tudo' (ὁ ἐπὶ πᾶσι θεός)"[4]. Ele não é a verdade nem a inteligência, mas "o pai de ambas". Embora esta essência eterna das coisas não seja perceptível aos nossos sentidos físicos, ela pode ser apreendida pela mente dos que não são completamente obtusos. "Porque a vós", disse Jesus a seus discípulos eleitos, "vos é dado conhecer os mistérios do reino dos céus, mas àqueles [os πολλοί] não lhes é isso concedido; (...) Por isso lhes falo por parábolas ou alegorias; porque, vendo, não vêem; e, ouvindo, não ouvem nem entendem."[5]

A filosofia de Platão, assegura-nos Porfírio, da Escola Neo-platônica, foi ensinada e comentada nos MISTÉRIOS. Muitos são os que disso duvidaram e que até mesmo o negaram; e Lobeck, em seu *Aglaophomus,* chegou ao extremo de conceber as orgias sagradas como meros espetáculos vazios para cativar a imaginação. Como se Atenas e a Grécia, durante mais de vinte séculos, e a cada cinco anos, tivessem acorrido a Elêusis para assistir a uma solene farsa religiosa! Santo Agostinho, o papa-bispo de Hipona, esclareceu tais questões. Ele declara que as doutrinas dos platônicos de Alexandria eram as doutrinas esotéricas originais dos primeiros seguidores de Platão, e descreve Plotino como um Platão ressuscitado. Ele também explica os motivos do grande filósofo para encobrir o sentido interior de seus ensinamentos[6].

Quanto aos *mitos,* Platão declara no *Górgias* e no *Fedon* que eles eram os veículos de grandes verdades muito dignas de buscar. Mas os comentadores estão tão pouco *en rapport*[7] com o grande filósofo que se vêem obrigados a admitir que não sabem onde "termina o doutrinário e começa o mítico". Platão pôs em fuga as superstições populares relativas à magia e aos demônios, e desenvolveu as noções exageradas da época em teorias racionais e concepções metafísicas. Talvez estas não resistam inteiramente ao método indutivo de raciocínio estabelecido por Aristóteles; mas satisfazem no mais alto grau àqueles que percebem a existência de uma faculdade superior de discernimento, ou intuição, capaz de fornecer um critério para apurar a Verdade.

Baseando todas as suas doutrinas na presença da Mente Suprema, Platão ensinou que o *nous*, espírito, ou alma racional do homem, sendo "engendrado pelo Divino Pai", possui uma natureza semelhante, ou quase homogênea, à da Divindade, e é capaz de perceber as realidades eternas. Essa faculdade de contemplar a realidade de maneira direta e imediata é própria apenas de Deus; a aspiração a esse conhecimento constitui o que realmente se entende por *filosofia* – o amor à sabedoria. O amor à Verdade é inerentemente o amor ao bem, de sorte que, sobrepujando os desejos da alma, purificando-a e assimilando-a ao divino, e assim governando todas as ações do indivíduo, ele leva o homem à participação e à comunhão com a Divindade, e o devolve à igualdade com Deus. "Este vôo", diz Platão no *Teeteto*[8], "consiste em tornar-se semelhante a Deus, e esta assimilação é o tornar-se justo e santo com sabedoria".

Sempre se afirmou que a base dessa assimilação é a preexistência do espírito ou *nous*. Na alegoria da carroça e dos cavalos alados, dada no *Fedro*[9], Platão concebe a natureza psíquica como compósita e dupla: o *thumos*, ou parte *epitumética*, formada das substâncias do mundo dos fenômenos; e o θυμοειδές, *thumoeides*, cuja essência se vincula ao mundo eterno. A atual vida terrena é queda e castigo. A alma repousa "na sepultura que chamamos *corpo*", e no seu estado incorporado, anterior à disciplina da educação, o elemento noético ou espiritual está "adormecido". A vida é, pois, um sonho, mais do que uma realidade. Como os cativos na caverna subterrânea, descritos n'*A República*[10], estamos com as costas voltadas para a luz, percebemos apenas as sombras dos objetos, e acreditamos que elas são as realidades verdadeiras. Não é esta a noção da *Mâyâ*, a ilusão dos sentidos na vida física, que é um dos traços característicos da Filosofia Budista? Mas estas sombras, se não nos entregamos completamente à natureza dos sentidos, despertam em nós a reminiscência desse mundo superior que habitamos outrora. "O espírito interior guarda uma pálida e vaga lembrança de seu estado pré-natal de beatitude, e um instintivo e proléptico desejo por seu retorno." É incumbência da disciplina da Filosofia arrancá-lo à escravidão do sentido, e elevá-lo ao império do pensamento puro, à visão da verdade, da bondade e da beleza eternas. "A alma", diz Platão no *Teeteto*, "não pode assumir a forma de um homem, se ela nunca viu a Verdade. Esta é uma lembrança dos pensamentos que nossa alma viu outrora quando passeava com a Divindade, desprezando as coisas que dizemos que *são*, e mirando aquilo que REALMENTE É. Eis por que só o *nous*, ou espírito, do filósofo (ou estudante da Verdade suprema) é dotado de asas; porque ele, tanto quanto lhe é possível, se lembra dessas coisas cuja contemplação torna a própria divindade divina. Fazendo correto uso dessas reminiscências da vida anterior, aperfeiçoando-se nos mistérios perfeitos, o homem se torna verdadeiramente perfeito – um iniciado na mais divina sabedoria."[11]

Assim podemos compreender por que as mais sublimes cenas dos Mistérios eram sempre noturnas. A vida do espírito interior é a morte da natureza externa; e a noite do mundo físico denota o dia do mundo espiritual. Dionísio, o sol noturno, foi, por isso, mais adorado do que Hélio, o astro diurno. Nos mistérios simbolizavam-se a condição preexistente do espírito e da alma, e a queda deste na vida terrena e no Hades, as misérias dessa vida, a purificação da alma e o seu retorno à divina beatitude ou reunião com o espírito. Téon, de Esmirna, compara acertadamente a disciplina filosófica com os ritos místicos. "Podemos definir a Filosofia", diz ele, "como a iniciação nos arcanos verdadeiros e como o aprendizado dos mistérios autênticos. Essa iniciação divide-se em cinco partes: I, a purificação prévia; II, a admissão à participação nos ritos arcanos; III, a revelação epóptica; IV, a investidura ou entronização; e V – a quinta; conseqüência de todas estas, é a amizade e a comunhão interior com Deus, e o prazer da felicidade que provém da íntima relação com os seres divinos. (...) Platão denomina ἐποπτεία ou visão pessoal, a perfeita contemplação de coisas que são percebidas intuitivamente, as verdades e idéias absolutas. Ele também considera o ato de cingir a cabeça e a coroação como análogos à autoridade que alguém recebe de seus instrutores para conduzir os outros à mesma contemplação. O quinto grau é a mais perfeita felicidade que daí decorre, e, segundo Platão, uma assimilação à divindade tanto quanto é ela possível ao gênero humano."[12]

Assim é o Platonismo. "De Platão", diz Ralph Waldo Emerson, "provém todas as coisas que já foram escritas e debatidas pelos homens esclarecidos." Ele absorveu a erudição de seu tempo – a da Grécia de Filolau a Sócrates; depois a de Pitágoras na Itália; depois o que ele pôde obter da do Egito e do Oriente. Ele era tão completo que enfeixava em sua doutrina todas as filosofias da Europa e da Ásia, e à cultura e à reflexão ele acrescentou a natureza e as qualidades de um poeta.

Os discípulos de Platão geralmente aceitaram de modo estrito as suas teorias psicológicas. Alguns, contudo, como Xenócrates, aventuraram especulações muito arrojadas. Euspesipo, sobrinho e sucessor do grande filósofo, foi o autor das *Análises numéricas*[13], um tratado sobre os números pitagóricos. Algumas de suas especulações não se acham nos *Diálogos* escritos; mas, visto que ele era um dos ouvintes das conferências não publicadas de Platão, o juízo de Enfield de que ele não discordou de seu mestre é sem dúvida correto. Embora não seja nomeado, é ele, evidentemente, o antagonista a quem Aristóteles criticou quando pretendia citar o argumento de Platão contra a doutrina de Pitágoras, segundo o qual as coisas são em si mesmas números, ou melhor, inseparáveis da idéia dos números. Ele procurou especialmente demonstrar que a doutrina platônica das idéias difere essencialmente da pitagórica pelo fato de pressupor que os números e as magnitudes existem independentemente das coisas. Ele afirmou também que Platão ensinava que nenhum conhecimento *real* poderia existir se o objeto desse conhecimento não fosse conduzido além ou acima do sensível.

Mas Aristóteles não foi uma testemunha fidedigna. Ele distorceu Platão e quase ridicularizou as doutrinas de Pitágoras. Existe uma regra de interpretação que poderia guiar-nos em nossas análises das opiniões filosóficas: "O pensamento humano, sob a necessária operação de suas próprias leis, se viu obrigado a conservar as mesmas idéias, e o coração humano a alimentar os mesmos sentimentos em todas as épocas". É inegável que Pitágoras despertou a mais profunda simpatia intelectual de seu tempo, e que suas doutrinas exerceram uma poderosa influência sobre o pensamento de Platão. Sua idéia fundamental era a de que existe um princípio permanente de unidade sob as formas, as mudanças e outros fenômenos do universo. Aristóteles afirmou que ele ensinava que "os números são os princípios primeiros de todas as entidades". Ritter expressou a opinião de que a fórmula de Pitágoras deveria ser tomada simbolicamente, o que é sem dúvida correto. Aristóteles chega a associar esses números às "formas" e "idéias" de Platão. Ele ainda declara que Platão disse: "formas são números", e que "idéias são existências substanciais – seres reais"[14]. Mas Platão não ensinava tal coisa. Ele declarou que a causa final é a Bondade suprema – τὸ ἀγαθόν. "Idéias são objetos de concepção pura para a razão humana, e são atributos da Razão Divina"[15]. Mas jamais disse que "formas são números". O que ele disse pode ser encontrado no *Timeu:* "Deus formou as coisas tais como apareceram no princípio de acordo com formas e números"[16].

Reconhece a ciência moderna que todas as leis superiores da Natureza tomam a forma de enunciado quantitativo. O que é talvez uma elaboração mais completa ou uma afirmação mais explícita da doutrina pitagórica. Consideravam-se os números como as melhores representações das leis da harmonia que se espalham pelo cosmo. Sabemos também que na Química a doutrina dos átomos e as leis de combinação são verdadeiramente e, por assim dizer, arbitrariamente definidas por números. Como disse W. Archer Butler: "O mundo é, pois, em todas as suas divisões, uma aritmética viva em desenvolvimento e uma geometria realizada em repouso".

A chave dos dogmas pitagóricos é a fórmula geral da unidade na multiplicidade, o um desenvolvendo o múltiplo e impregnando o múltiplo. É essa a antiga doutrina da emanação em poucas palavras. O próprio apóstolo Paulo aceitou-a como verdadeira. " Ἐξ αὐτοῦ, καὶ δι' αὐτοῦ, καὶ εἰς αὐτὸν τὰ πάντα " – "Dele, por meio dele e para ele são todas as coisas."[17] Esta idéia é claramente hindu e bramânica, como podemos constatar pela seguinte citação:

"Quando a dissolução – *Pralaya* – chegou ao seu fim, o grande Ser – *Paramâtman* ou *Para-Purusha* – , o Senhor que existe por si mesmo, do qual e pelo qual todas as coisas foram, são e serão (...) resolveu emanar as diversas criaturas de sua própria substância"[18].

A Década mística $1 + 2 + 3 + 4 = 10$ é um modo de expressar essa idéia. O um é Deus; o dois, a matéria; o três, combinando a Mônada e a Díada, e participando da natureza de ambas, é o mundo dos fenômenos; a Tétrada, ou forma da perfeição, expressa o vazio de tudo; e a Década, ou soma de tudo, envolve todo o cosmo. O universo é a combinação de milhares de elementos, e no entanto a expressão de um único espírito – um caos para os sentidos, um cosmo para a razão.

Toda essa combinação da progressão dos números com a idéia da criação é hindu. O Ser que existe para si mesmo, Svayambhû ou Svâyambhuva, como é chamado por alguns, é um[*]. Ele emana de si a *faculdade criativa,* Brahmâ ou Purusha (o macho divino), e o um torna-se *dois;* desta Díada, união do princípio puramente intelectual com o princípio da matéria, procede um terceiro, que é Virâj, o mundo fenomênico. É desta trindade invisível e incompreensível, a Trimûrti bramânica, que procede a segunda Tríada, que representa as três faculdades – a criativa, a conservadora e a transformadora. Estas são representadas por Brahmâ, Vishnu e Śiva, mas são novamente e sempre reunidas numa só. *Unidade,* Brahmâ, ou como os *Vedas* o chamam, Tridandi, é o deus triplamente manifestado, que deu origem ao *Aum* simbólico, a Trimûrti abreviada.

---

* Estes dois termos são freqüentemente confundidos entre si, embora não sejam de maneira alguma sinônimos. *Svayambhû* aplica-se a Brahman, considerado como o Ser auto-existente; o termo significa ao mesmo tempo auto-existência e auto-existente. *Svâyambhuva*, por outro lado, que significa "automanifestado", aplica-se ao primeiro Manu-Raiz do Globo A na Primeira Ronda.

É apenas sob a forma desta trindade, sempre ativa e tangível a todos os nossos sentidos, que a invisível e desconhecida Mônada pode tornar-se manifesta ao mundo dos mortais. Quando se torna *Sarîra,* ou aquele que assume uma forma visível, ela representa todos os princípios da matéria, todos os germens da vida, ela é Purusha, o deus das três faces, ou do triplo poder, a essência da Tríada védica. "Que os brâmanes conheçam a sílaba sagrada (Aum), as três palavras da Sâvitrî, e leiam os *Vedas* diariamente."[19]

"Depois de ter criado o universo, Aquele cujo poder é incompreensível desvaneceu-se novamente, absorvido na Alma Suprema. (. . .) Depois de se ter retirado para a escuridão primitiva, a grande Alma permanece no desconhecido, e carece de toda forma (. . .).

"Quando, depois de ter novamente reunido os princípios sutis elementares, ela se introduz numa semente vegetal ou animal, ela assume em cada um uma nova forma."

"É assim que, alternando repouso e movimento, o Ser Imutável faz reviverem e morrerem eternamente todas as criaturas existentes, ativas e inertes."[20]

Quem estudou Pitágoras e suas especulações sobre a Mônada, a qual, depois de emanar a Díada, se retira para o silêncio e para a escuridão, e assim cria a Tríada, pode compreender de onde provém a filosofia do grande sábio de Samos, e depois dele a de Sócrates e a de Platão.

Euspesipo parece ter ensinado que a alma psíquica ou tumética é tão imortal quanto o espírito ou alma racional, e mais adiante mostraremos as suas razões. Ele também – como Filolau e Aristóteles, em suas investigações sobre a alma – faz do éter um elemento, de sorte que havia cinco elementos principais para corresponder às cinco figuras regulares na Geometria. Isto também se tornou uma doutrina da escola alexandrina[21]. E, de fato, há muitas coisas nas doutrinas dos *filaleteus* que não constam nas obras dos antigos platônicos, porém que foram sem dúvida ensinadas em substância pelo próprio filósofo e que, devido à sua natural reserva, não foram postas por escrito, já que eram demasiadamente ocultas para ser publicadas de modo indistinto. Euspesipo e Xenócrates depois dele sustentam, como o seu grande mestre, que a *anima mundi,* a alma do mundo, não é uma divindade, mas uma manifestação. Esses filósofos jamais conceberam o um como uma *natureza animada.* O um primordial não *existe,* tal como compreendemos este termo[22]. Só depois que ele se uniu com o múltiplo – existência emanada (a Mônada e a Díada) – é que um ser foi produzido. O $\tau\acute{\iota}\mu\iota o\nu$, venerado – o algo manifestado – , reside no centro como numa circunferência, mas é apenas o reflexo da divindade – a alma do mundo[23]. Encontramos nesta doutrina o espírito do Budismo esotérico.

Uma idéia de Deus é, para o homem, a imagem de luz resplandecente que ele vê refletida no espelho côncavo de sua própria alma, mas esta imagem não é, na verdade, Deus, e sim apenas o Seu reflexo. Sua glória está ali, mas é a luz do seu próprio Espírito que o homem vê, e isso é tudo o que ele é capaz de contemplar. *Quanto mais limpo estiver o espelho, tanto mais brilhante será a imagem divina.* Mas o mundo exterior não pode ser nele reproduzido simultaneamente. No yoguin extático, no Profeta iluminado, o espírito brilhará como o Sol do meio-dia; na vítima degradada da atração terrena, o resplendor desaparece, pois o espelho está turvo devido às manchas da matéria. Tais homens renegam seu Deus, e prazerosamente privariam com um só golpe a Humanidade de sua alma.

NENHUM DEUS, NENHUMA ALMA? Horrível e aniquilador pensamento! Pesadelo alucinante de um lunático – ateu; diante do seu rosto febril, um horrendo e incessante cortejo de chispas de matéria cósmica criada por *ninguém;* aparecendo, existindo e desenvolvendo-se por si mesma; este Eu nenhum Eu, pois é *nada* e *ninguém,* provindo de *parte alguma,* não é propelido por nenhuma causa, pois não há nenhuma, e não vai a *lugar algum.* E isso num círculo de eternidade cega, inerte e – SEM CAUSA. Comparando-se-lhe, o que é a errônea concepção do Nirvâna búdico!? O Nirvâna é precedido por numerosas transformações espirituais e por metempsicoses, durante as quais a entidade não perde nem por um segundo o sentido de sua própria individualidade, que pode persistir por milhões de anos antes de chegar ao Nada Final.

Embora muitos considerem Euspesipo inferior a Aristóteles, o mundo lhe deve para sempre a definição e exposição de muitos pensamentos que Platão deixou obscuros em sua doutrina do Sensível e do Ideal. Sua máxima era: "O Imaterial é conhecido por meio do pensamento científico, o Material por meio da percepção científica"[24].

Xenócrates expôs muitas das teorias e dos ensinamentos não escritos de seu mestre. Também ele tinha na mais alta estima o sistema de números, a matemática e a doutrina de Pitágoras. Reconhecendo apenas três graus de conhecimento – *pensamento, percepção* e *envisagement*[25] (ou conhecimento por *intuição*) –, ele ensinava que o primeiro trata de tudo que está *além* do céu; a percepção, das coisas no céu; e a intuição, do próprio céu.

Encontramos novamente essas teorias, e quase nos mesmos termos, no *Mânava-Dharma-Sâstra,* a propósito da criação do homem: "Ele (o Supremo) extraiu de sua própria essência o alento imortal que *não perece no ser,* e para esta alma do ser ele deu o Ahamkâra (consciência do *ego*), guia soberano". "Ele deu em seguida àquela alma do ser (homem) o intelecto formado com *as três qualidades,* e os cinco órgãos da percepção exterior."

Essas três qualidades são a inteligência, a consciência e a vontade, que correspondem ao pensamento, à percepção e ao *envisagement* de Xenócrates. Este, mais do que Euspesipo, desenvolveu a relação entre os números e as idéias, e ultrapassou Platão por sua definição da doutrina das Magnitudes Invisíveis. Reduzindo-as aos seus elementos primários ideais, ele demonstrou que todas as figuras e formas se originaram da menor linha indivisível. Que Xenócrates sustentou as mesmas teorias que Platão concernentes à alma humana (supondo-a um número) é evidente, embora Aristóteles o conteste, como, aliás, a todos os outros ensinamentos desse filósofo[26]. Eis uma evidência conclusiva de que muitas das doutrinas platônicas foram expostas oralmente, ainda que se venha a provar que foi Xenócrates e não Platão o primeiro a ter assinalado a teoria das Magnitudes Invisíveis. Xenócrates deriva a Alma da primeira Díada, e chama-a um número com movimento próprio[27]. Teofrasto assinala que ele analisou e descartou essa teoria da Alma melhor do que qualquer outro platônico. Ele edificou nela a doutrina cosmológica, e provou a existência necessária em cada parte do espaço universal de sucessivas e progressivas séries de seres animados e pensantes embora espirituais[28]. A alma humana é para ele um conjunto das propriedades mais espirituais da Mônada e da Díada, possuindo os mais elevados princípios de ambas. Se, como Platão e Pródico, ele se refere aos elementos como poderes divinos, e os chama deuses, nem ele nem os outros lhes atribuíam qualquer idéia antropomórfica. Krische assinala que ele lhes deu o nome de deuses apenas para evitar confundir estes poderes elementares com os demônios do mundo inferior (os espíritos elementares)[29]. Visto que a Alma do Mundo permeia todo o cosmo, até mesmo os animais devem ter em si algo de divino[30]. Essa, também, é a doutrina dos budistas e dos hermetistas, e Manu atribui uma alma viva até mesmo às plantas e à mais tênue folha de capim[31].

Os demônios, de acordo com essa teoria, são seres intermediários entre a perfeição divina e a maldade humana[32], e Xenócrates os divide em classes, cada uma das quais se subdivide em muitas outras. Mas ele afirma expressamente que a alma individual ou pessoal é o demônio guardião condutor de todo homem, e que nenhum demônio tem mais poder sobre nós do que o nosso próprio. Assim, o *Daimonion* de Sócrates é o deus ou entidade divina que o inspirou durante toda a sua vida. Depende do homem abrir ou fechar as suas percepções à voz Divina. Como Euspesipo, ele atribuiu imortalidade à $\psi v\chi\acute{\eta}$, corpo psíquico ou alma irracional; entretanto, alguns filósofos herméticos ensinaram que a alma tem uma existência contínua e isolada apenas enquanto em sua passagem pelas esferas algumas partículas materiais ou terrenas ficam nela incorporadas; e que, após a sua absoluta purificação, estas últimas são *aniquiladas,* e apenas a quinta-essência da alma se funde com o seu espírito *divino* (o *Racional*), e os dois são deste, então, um.

Zeller afirma que Xenócrates proibia o consumo de carne animal, não porque ele visse nos animais alguma semelhança com o homem, já que lhes atribuía uma pálida consciência de Deus, mas "pela razão contrária, por temer que a irracionalidade das almas animais assim pudesse obter uma certa influência sobre nós"[33]. Mas acreditamos que foi antes porque, como Pitágoras, ele teve os sábios hindus por mestres e por modelos. Cícero mostra-nos Xenócrates desdenhando de tudo, salvo da virtude superior[34]; e descreve a pureza e a severa austeridade de seu caráter[35]. "Nosso problema é libertar-nos da sujeição da vida dos sentidos, e vencer os elementos titânicos de nossa natureza terrena por meio da natureza divina." Zeller fá-lo dizer: "Mesmo nos desejos secretos de nosso coração, a pureza é o maior dever, e apenas a filosofia e a iniciação nos mistérios nos permitem atingir tal objetivo"[36].

Crantor, outro filósofo associado aos primórdios da Academia de Platão, concebia a alma humana como derivada da substância primária de todas as coisas, a Mônada ou o *um*, e a Díada ou o *dois*. Plutarco fala extensamente desse filósofo, que, como seu mestre, acreditava que as almas eram depositadas em corpos terrestres como uma forma de exílio e punição.

Heráclito, embora alguns críticos não acreditem que ele tenha aderido de modo estrito à filosofia fundamental de Platão[37], ensinava a mesma ética. Zeller no-lo mostra transmitindo, como Hicetas e Ecfanto, a doutrina pitagórica da rotação diária da Terra e a imobilidade das estrelas fixas, mas acrescenta que ele ignorava a revolução anual da Terra ao redor do Sol, e o sistema heliocêntrico[38]. Mas temos boas razões para crer que este sistema foi ensinado nos mistérios, e que Sócrates morreu por *ateísmo,* isto é, por ter divulgado o conhecimento sagrado. Heráclito adotou inteiramente as concepções pitagóricas e platônicas relativas à alma humana, às suas faculdades e capacidades. Ele a descreve como uma essência luminosa e altamente etérea. Afirma que as almas habitam a via-láctea antes de descerem "à geração", à existência sublunar. Seus demônios ou espíritos são corpos aéreos e vaporosos.

A doutrina dos números pitagóricos a respeito das coisas criadas é claramente descrita no *Epinomis*. Como um verdadeiro platônico, seu autor afirma que só se pode alcançar a sabedoria mediante um aprofundado estudo da natureza oculta da criação; só a sabedoria pode assegurar-nos uma existência feliz após a morte. Esse tratado especula bastante sobre a imortalidade da alma; mas seu autor acrescenta que só podemos alcançar este conhecimento mediante uma completa compreensão dos números; porque o homem que não é capaz de distinguir uma linha reta de uma curva jamais terá os conhecimentos necessários para empreender uma demonstração matemática do *invisível*, ou seja, devemos nos assegurar da existência objetiva de nossa alma (corpo astral) antes de aprender que possuímos um espírito divino e imortal. Jâmblico ensinava a mesma coisa, acrescentando, ademais, que esse era um segredo pertinente à iniciação superior. O Poder Divino, diz ele, sempre se sentiu indignado com aqueles "que tornaram manifesta a natureza do *icostagonus*", quer dizer, com aqueles que propagaram o método de inscrever o dodecaedro[39] numa esfera.

A idéia de que os "números", por possuírem a mais elevada virtude, produzem sempre o que é bom e nunca o que é mau, refere-se à justiça, à equanimidade do temperamento e a tudo que é harmonioso. Quando o autor afirma que todo astro é uma alma individual, ele apenas quer dizer o que os iniciados hindus e os hermetistas ensinaram antes e depois dele, ou seja: que cada astro é um planeta independente, o qual, como nossa Terra, possui uma alma própria, visto que todo átomo de matéria está impregnado pelo influxo divino da alma do mundo. Ele respira e vive; sente e sofre tanto quanto goza a vida à sua maneira. Qual é o naturalista que está preparado com boas provas para negá-lo? Portanto, devemos considerar os corpos celestiais como imagens dos deuses; como participantes dos poderes divinos em sua substância; e, embora eles não sejam imortais em seu ser-alma, sua influência na economia do universo merece honras divinas, tais como as que tributamos aos deuses menores. A idéia é clara, e é preciso ser deveras malévolo para deturpá-la. Se o autor de *Epinomis*[40] coloca estes deuses ígneos acima dos animais, das plantas e até da Humanidade, a todos os quais, por serem criaturas terrenas, designa um lugar inferior, quem poderá provar que ele está completamente errado? Cumpre, em verdade, mergulhar na metafísica abstrata das filosofias antigas, para compreender que os vários aspectos de seus conceitos se baseiam, acima de tudo, na compreensão simultânea da natureza dos atributos e dos métodos da Causa primeira.

Além disso, quando o autor de *Epinomis* coloca entre estes deuses superiores e inferiores (as almas encarnadas) três classes de demônios, e povoa o universo com seres invisíveis, ele é mais racional do que os nossos modernos cientistas, que abrem entre os dois extremos um imenso vazio de seres, pátio de recreio das forças cegas. Destas três classes, as duas primeiras são invisíveis; seus corpos são éter puro e fogo (*espíritos planetários*); os demônios da terceira classe têm corpos vaporosos; são geralmente invisíveis, mas, tornando-se às vezes concretos, permanecem visíveis durante alguns poucos segundos. São os espíritos terrenos, ou nossas almas astrais[41].

São estas as doutrinas que, estudadas analogicamente, e pelo princípio da correspondência, conduziram os antigos, e podem agora conduzir os modernos filaleteus, passo a passo, à solução dos maiores mistérios. À beira do negro abismo que separa o mundo espiritual do mundo físico está a ciência moderna, com os olhos fechados e a cabeça desviada, afirmando que o abismo é impérvio e sem fundo, embora lhe baste apenas inclinar sobre as profundezas a tocha que segura nas mãos para se dar conta de seus erros. Mas o discípulo paciente da Filosofia Hermética construiu uma ponte sobre o abismo.

Em seus *Fragments of Science*[42], Tyndall confessa tristemente: "Se me perguntares se a Ciência resolveu, ou se é provável que ela possa hoje resolver o problema do universo, deverei balançar a cabeça em dúvida". Se, impelido por uma reflexão tardia, ele se corrige, e assegura a seus ouvintes que a prova experimental o ajudou a descobrir, na matéria coberta de opróbrio, a "promessa e a potência de todos os atributos da vida", ele apenas graceja. Seria tão difícil para o Prof. Tyndall fornecer a prova definitiva e irrefutável do que afirma como o foi para Jó fincar o arpão na cabeça do leviatã.

Para evitar confusões que podem resultar do emprego contínuo de certos termos num sentido diferente daquele que é familiar aos nossos leitores, algumas explicações se fazem necessárias. Desejamos não dar margem alguma para os mal-entendidos ou para as deturpações. A Magia pode ter uma significação para uma classe de leitores e outra para os de outra classe. Dar-lhe-emos, portanto, o sentido que ela tem nas mentes dos que a estudam e praticam no Oriente. Faremos o mesmo com as palavras *ciência hermética, ocultismo, hierofante, adepto, feiticeiro,* etc.; houve muito pouco acordo nos últimos tempos a respeito de seus sentidos. Embora as distinções entre as palavras sejam com freqüência insignificantes – puramente étnicas – , pode ser útil para o leitor em geral saber seus significados. Aqui estão algumas em ordem alfabética.

AEROBACIA é o nome grego que designa o caminhar ou o estar suspenso no ar; *levitação,* como a denominam os modernos espiritualistas. Pode ser consciente ou inconsciente; no primeiro caso, é magia; no segundo, uma doença ou um poder que requer algumas palavras de esclarecimento.

Uma explicação simbólica da aerobacia é dada num velho manuscrito siríaco que foi traduzido no século XV por um certo alquimista de nome Malco [*]. A propósito do caso de Simão, o Mago, uma passagem diz o seguinte:

"Simão, deitando a face sobre o solo, murmurou-lhe ao ouvido: 'Ó mãe Terra, dá-me, eu te peço, um pouco do teu alento; e eu te darei o meu; deixa-me livre, ó mãe, para que eu possa levar tuas palavras às estrelas, e eu retornarei fielmente a ti depois de algum tempo'. E a Terra, fortalecendo o seu estado, sem com isso nada sofrer, enviou um gênio para soprar seu *alento* em Simão, *enquanto este lhe soprava o seu;* e as estrelas regozijaram-se com a visita do Poderoso".

O ponto de partida aqui é o conhecido princípio eletroquímico segundo o qual os corpos eletrificados de modo similar se repelem um ao outro, ao passo que os eletrificados, de modo diverso, se atraem mutuamente. "O mais elementar conhecimento da Química", diz o Prof. Cooke, "mostra que, enquanto dois elementos de natureza oposta se combinam com avidez, dois metais ou dois metalóides aparentados mostram pouca afinidade entre si."[43]

A Terra é um corpo magnético; de fato, como muitos cientistas o constataram, ela é um enorme ímã, como Paracelso afirmou há cerca de trezentos anos. A Terra está carregada com uma espécie de eletricidade – chamemo-la positiva – que ela produz continuamente por uma ação espontânea em seu interior ou centro de movimento. Os corpos humanos, assim como todas as outras formas de matéria, estão carregados com a forma oposta de eletricidade – negativa. Ou seja, corpos orgânicos e inorgânicos, abandonados a si mesmos, produzirão a forma de eletricidade oposta àquela da própria Terra e carregar-se-ão constante e involuntariamente com ela. Ora, o que é o peso? Simplesmente a atração da Terra. "Sem as atrações da Terra, não teríeis peso", diz o Prof. Balfour Stewart, "e se tivésseis uma Terra duas vezes mais pesada do que esta,

---

* De acordo com o *Lexicon* (alemão), 1732-1754, de J. H. Zedler, Salomo Malchu, Malcu ou Malco foi um judeu-português nascido em 1483. Um dos seus livros, *Conciones,* diz respeito a várias passagens do *Pentateuco.* Um outro é de natureza cabalística; chama-se *Bestia Arundinis* e trata do *Salmos* LXVIII, 31. Foi impresso em Amsterdã e Praga, em data não sabida. É bastante provável que H. P. B. se refira a este livro. (N. do Org.)

teríeis o dobro de atração."⁴⁴ Como, então, podemos escapar a esta atração? Segundo a lei elétrica acima mencionada, existe uma atração entre o nosso planeta e os organismos sobre ele que os mantém na superfície do solo. Mas a lei da gravidade foi contrariada em muitas ocasiões por levitações de pessoas e de objetos inanimados; como explicar tal fato? O estado de nossos sistemas físicos, dizem os filósofos teúrgicos, depende consideravelmente de nossa força de vontade. Se bem regulada, ela pode produzir "milagres"; entre outros, uma modificação da polaridade elétrica de negativa para positiva; as relações do homem com a terra-ímã poderiam assim tornar-se repelentes, e a "gravidade" teria cessado de existir para ele. Ser-lhe-ia, pois, tão natural caminhar nos ares enquanto perdurasse a força repelente, como, antes, lhe foi permanecer na Terra. A altura dessa levitação poderia ser medida por sua habilidade, maior ou menor, de carregar o corpo com eletricidade positiva. Uma vez adquirido este controle sobre as forças físicas, alterar a sua leveza ou gravidade poderia ser tão fácil como respirar.

O estudo das doenças nervosas estabeleceu que mesmo no sonambulismo comum, assim como nos sonâmbulos mesmerizados, o peso do corpo parece diminuir. O Prof. Perty menciona um sonâmbulo, Koehler, que, estando na água, não podia afundar mas só flutuar. A vidente de Prevorst elevava-se à superfície da banheira e não podia manter-se nela sentada. Ele fala de Anna Fleisher, que, sendo sujeita a ataques epilépticos, foi com freqüência vista pelo Superintendente a elevar-se no ar; e uma vez, na presença de duas testemunhas fidedignas (dois deães), ela se elevou à altura de dois metros e trinta centímetros acima de seu leito, em posição horizontal⁴⁵. Upham, em sua *History of Salem Witchcraft*, cita um caso similar, o de Margaret Rule. "Em indivíduos extáticos", acrescenta o Prof. Perty, "a elevação no ar ocorre muito mais freqüentemente do que com os sonâmbulos. Estamos tão habituados a considerar a gravitação como algo absoluto e inalterável que a idéia oposta de uma ascensão completa ou parcial parece inadmissível; entretanto, há fenômenos em que, devido às forças materiais, a gravitação é dominada. Em muitas doenças – como, por exemplo, a febre nervosa – , o peso do corpo humano parece aumentar, mas diminuir em todas as condições extáticas. E podem existir, igualmente, outras forças, além das materiais, capazes de neutralizar tal poder."

Um jornal de Madri, *El Critério Espiritista*, de data recente, relata o caso de uma jovem camponesa das proximidades de Santiago que apresenta um caso todo especial a esse respeito. "Duas barras de ferro imantado mantidas horizontalmente sobre ela, a meio metro de distância, bastam para manter-lhe o corpo suspenso no ar."

Quando nossos médicos fizerem experimentos com tais indivíduos levitados, descobrirão que eles estão fortemente carregados com uma forma de eletricidade similar àquela do ponto em que se acham, a qual, de acordo com a lei da gravitação, deveria *atraí-los*, ou, pelo menos, impedir-lhes a levitação. E se alguma desordem nervosa física, assim como o êxtase espiritual, produz inconscientemente para o indivíduo os mesmos efeitos, isso prova que, se esta força da Natureza fosse convenientemente estudada, seria possível regulá-la à vontade[*].

ÂKÂSA. Literalmente, significa *céu* em sânscrito, mas em seu sentido místico significa o céu *invisível;* ou, como os brâmanes o chamam no sacrifício do Soma (*Jyoti-*

---

*   Informação interessante e valiosa sobre o tema da *aethrobasy,* ou levitação, que inclui uma lista bastante ampla dos "santos" católicos romanos que se supõe terem possuído esse poder, pode ser encontrada em *The Theosophist*, vol. I, janeiro de 1880, p. 84-6. (N. do Org.)

shtoma, Agnishtoma), o deus Âkâsá, ou deus Céu. A linguagem dos *Vedas* mostra que os hindus de há cinqüenta séculos atrás lhe atribuíam as mesmas propriedades que os lamas tibetanos do presente; que eles o consideravam a fonte da vida, o reservatório de toda energia e o impulsionador de todas as transformações da matéria. Em seu estado latente, corresponde com exatidão à nossa idéia do éter universal; em seu estado ativo, torna-se o Âkâsá, o deus onipotente que tudo dirige. Nos mistérios sacrificiais bramânicos ele exerce o papel de Sadasya, regente dos efeitos mágicos da cerimônia religiosa, e tem o seu próprio hotri (ou sacerdote) designado, que lhe toma o nome. Na Índia, como em outras nações dos tempos antigos, os sacerdotes são os representantes na Terra de diferentes deuses, cada um dos quais toma o nome da divindade em cujo nome age.

O Âkâsá é o agente indispensável de toda Krityâ (operação mágica), seja ela religiosa ou profana. A expressão bramânica "atiçar o Brahmâ" – *Brahmâ jinvati* – significa atiçar o poder que jaz oculto no fundo de toda essa operação mágica, pois os sacrifícios védicos não passam de magia cerimonial[46]. Esse poder é o Âkâsá ou a eletricidade *oculta;* o *alkahest* dos alquimistas em certo sentido, ou o solvente universal, a *anima mundi* enquanto luz astral. No momento do sacrifício, esta se impregna do espírito de Brahmâ, e se torna por um instante o próprio Brahmâ. Esta é a origem evidente do dogma cristão da transubstanciação. Quanto aos efeitos mais gerais do Âkâsá, o autor de uma das mais modernas obras sobre a filosofia oculta, intitulada *Art-Magic,* dá pela primeira vez ao mundo uma explanação muito inteligível e interessante do Âkâsá em conecção com os fenômenos atribuídos à sua influência sobre os faquires e os lamas[47].

ALMA. Ver ESPÍRITO.

ALQUIMISTAS. De *Al* e *Chemi, fogo,* ou o deus e patriarca *Kham,* nome também do Egito. Os Rosa-cruzes da Idade Média, como Roberto de Fluctibo (Robert Fludd), Paracelso, Thomas Vaughan (Eugênio Filatetes), Van Helmont e outros, foram todos alquimistas que procuraram o *espírito oculto* na matéria inorgânica. Algumas pessoas – ou melhor, a grande maioria delas – acusaram os alquimistas de charlatanismo e de má fé. No entanto, homens como Roger Bacon, Agripa, Henry Kunrath e o árabe Geber (o primeiro a introduzir na Europa alguns dos segredos da Química) dificilmente podem ser tratados como impostores – menos ainda como loucos. Os cientistas que estão reformando a ciência da Física com base na teoria atômica de Demócrito, tal como foi restabelecida por John Dalton, esqueceram convenientemente que Demócrito, de Abdera, era um alquimista, e que a mente que foi capaz de penetrar a tal ponto nas operações secretas da Natureza deve ter tido boas razões para estudar e tornar-se um filósofo hermético. Olaus Borrichius diz que se deve buscar o berço da Alquimia nas épocas mais remotas[*].

---

* Olaus Borrichius (Olaus Cl. von Borch) foi um químico e filólogo dinamarquês nascido a 26 de abril de 1626, em Borchen, Jutland, onde seu pai era pregador. Distinguiu-se como professor em Copenhague e empenhou-se no estudo da Medicina. Passou muitos anos em viagens muito amplas, enquanto estudava, visitando Hamburgo, várias partes da Holanda e Paris, cidades em que permaneceu durante algum tempo. Depois de se graduar como médico em Angers, na França, viajou pela Itália, permanecendo durante dois anos em Roma. Voltou ao seu país natal em 1666 e foi nomeado médico da corte. Durante as suas viagens, Borrichius tornou-se amigo de inúmeros eruditos que o tinham em alta estima. Permaneceu solteiro e morreu a 3 de outubro de 1690. Legou seu considerável patrimônio em benefício dos estudantes pobres para ajudá-los nos seus estudos. Suas muitas obras tratam de uma grande variedade de assuntos. (N. do Org.)

ANTROPOLOGIA. A ciência do homem; abrange entre outras coisas:

a *Fisiologia*, ou o ramo da ciência natural que desvenda os mistérios dos órgãos e as suas funções nos homens, nos animais e nas plantas; e também, e especialmente,

a *Psicologia*, ou a grande, e em nossos dias tão negligenciada, ciência da alma, da alma enquanto entidade distinta do espírito e em suas relações com o espírito e com o corpo. Na ciência moderna, a Psicologia ocupa-se apenas, ou principalmente, com as condições do sistema nervoso, e ignora quase absolutamente a essência e a natureza psíquicas. Os médicos denominam *Psicologia* a ciência que trata da alienação mental, e nomeiam a cadeira que, nas faculdades, é consagrada ao estudo da loucura, por esta designação.

CABALISTA, de קבלה, CABALA; tradição não-escrita ou oral. O cabalista é um estudioso da "ciência secreta", que interpreta o sentido oculto das Escrituras com a ajuda da *Cabala* simbólica, e que, por esse meio, explica o sentido real dos textos. Os Tanaïm foram os primeiros cabalistas entre os judeus; surgiram em Jerusalém por volta do começo do século III a.C. Os livros de Ezequiel, Daniel, Henoc, e o *Apocalipse* de São João são claramente cabalísticos. Essa doutrina secreta é idêntica à dos caldeus, e inclui ao mesmo tempo muito da sabedoria ou "magia" persa.

CALDEUS ou Kasdim. No princípio, uma tribo, depois uma casta de doutos cabalistas. Eram os sábios, os magos da Babilônia, astrólogos e adivinhos. O famoso Hillel, precursor de Jesus na filosofia e na moral, era caldeu. Franck, em sua *Kabbala*, assinala a estreita semelhança entre a "doutrina secreta" encontrada no *Avesta* e a metafísica religiosa dos caldeus[48].

DÁCTILOS (*daktulos*, "dedo"). Nome dado aos sacerdotes vinculados ao culto de (Cibele). Alguns arqueólogos derivam esse nome de δάκτυλος, "dedo", porque eles eram em número de dez, como os dedos das mãos. Mas não acreditamos que esta hipótese seja correta.

DEMIURGOS ou Demiurgo. Artífice; o Poder Superno que edificou o universo. Os maçons derivam dessa palavra a sua expressão "Arquiteto Supremo". Os magistrados principais de algumas cidades gregas levavam esse título.

DEMÔNIOS. Nome dado pelo povos antigos, e especialmente pelos filósofos da escola de Alexandria, a todas as espécies de espíritos, bons ou maus, humanos ou não. Tal designação é, com freqüência, sinônima dos deuses ou dos anjos. Mas alguns filósofos tentaram, muito justamente, fazer uma distinção exata entre as diversas classes.

DERVIXES ou "feiticeiros rodopiantes" como eram chamados. À parte as austeridades da vida, a oração e a contemplação, os devotos maometanos oferecem pouca similaridade com o faquir hindu. Este pode tornar-se um *sannyâsin*, um santo e sagrado mendicante; aqueles jamais abandonam a segunda classe das manifestações ocultas. O dervixe pode ser também um poderoso mesmerizador, mas ele jamais se submeterá às abomináveis e quase incríveis provas de autopunição que o faquir inventa para si com uma sempre crescente sofreguidão, até que a Natureza sucumba e ele morra em lentas e excruciantes torturas. As mais terríveis operações, como esfolar os membros vivos, amputar os dedos do pé, o pé e as pernas, arrancar os olhos e fazer-se enterrar vivo até o queixo na terra, passando meses nesta posição, lhes parecem brincadeiras de criança. Uma das torturas mais comuns é a do Tshiddy-Parvâdy[49]. Consiste em suspender o faquir num dos braços móveis de uma espécie de forca que se vê nas vizinhanças de muitos templos. Na extremidade de cada um desses braços fixa-se uma polia sobre a qual se passa uma corda em cuja extremidade há um gancho de ferro. Este gancho é inserido nas costas do faquir, que, inundando o solo de sangue, é suspenso no ar e então rodopiado em torno da forca. Desde o primeiro momento dessa cruel operação até aquele em que o faquir é desenganchado ou em que a carne de suas costas se solta devido ao peso do corpo, nenhum músculo de sua face se move. Ele permanece calmo e sério e bem-posto como se estivesse tomando um banho refrescante. O faquir diverte-se em zombar de todas as torturas imagináveis, persuadido de que quanto mais o seu corpo externo for mortificado, mais brilhante e santo se tornará o seu corpo *interno* espiritual. Mas o dervixe, na Índia ou em qualquer outra nação maometana, jamais se submeterá a tais operações.

DEUSES PAGÃOS. O termo *deuses* é erroneamente entendido pela maior parte dos leitores como sinônimo de ídolos. A idéia a eles relacionada *não* é a de algo objetivo ou antropomorfo. Com exceção das ocasiões em que a palavra *deuses* se aplica às entidades (anjos) planetárias divinas, ou aos espíritos desencarnados dos homens puros, o termo simplesmente traz à mente do místico – seja ele o hotri hindu, o mago masdeu, o hierofante egípcio ou o discípulo dos filósofos gregos – a idéia de uma manifestação visível ou reconhecível de uma potência invisível da Natureza. E tais potências ocultas são invocadas sob o nome de vários deuses, que, por um momento, personificam esses poderes. Assim, todas as inumeráveis divindades dos panteões hindu, grego ou egípcio são simplesmente Poderes do "Universo Invisível". Ao invocar Âditya – que, em seu caráter cósmico, é a deusa do Sol – , o brâmane oficiante simplesmente *comanda* aquela potência (personificada em algum deus), que, segundo declara, "reside no Mantra, assim como na sagrada *Vâch*". Esses dois poderes dos deuses são alegoricamente concebidos como os divinos *hotris* do Ser Supremo, ao passo que o sacerdote (brâmane) é o hotri humano que oficia na Terra, e que, por representar aquele Poder particular, investe-se, como um embaixador, da potência mesma que ele personifica.

DRUIDAS. Casta sacerdotal que floresceu na Bretanha e na Gália.

ESPÍRITO. A falta de um acordo mútuo entre os autores quanto ao uso dessa palavra deu origem a uma terrível confusão. É comum torná-la sinônimo de *alma;* e os lexicógrafos apóiam este uso. Eis a conseqüência natural de nossa ignorância do outro mundo, e de nosso repúdio da classificação adotada pelos antigos. Tentamos em outro lugar aclarar a distinção entre os termos "espírito" e "alma". Trata-se da passagem mais importante desta obra. Por enquanto, acrescentaremos apenas que "espírito" é o νοῦς de Platão, o princípio imortal, imaterial e puramente *divino* do homem – a coroa da *Tríade* humana; ao passo que

ALMA é a ψυχή, ou a *nephesh* da *Bíblia*; o princípio vital, ou o sopro de vida que todo animal, a partir dos infusórios, divide com o homem. Na *Bíblia*, traduzida, a palavra figura indiferentemente como *vida*, sangue e alma. *"Não matemos* seu nephesh" – diz o texto original. "Não *o* matemos", traduzem os cristãos (*Gênese*, XXXVII, 21), e assim por diante[*].

---

* A palavra grega ψυχή, *psychê*, deriva da raiz grega ψύχω, *psychô*, que significa esfriar ou congelar. Os estóicos da Grécia e de Roma aludiram a uma das primeiras doutrinas ensinadas nos mistérios gregos no sentido de que a alma humana, a *psychê*, era assim chamada porque, por erro, por tender a tornar-se servil a atrações de base, a parte inferior da "alma" humana submergia nas profundezas da matéria fria e, assim, perdia o seu fogo ou fervor intrínseco e espiritual. Tornava-se "congelada" e a sua perambulação pelos domínios frios da matéria levava-a para longe do fogo central e da centelha divina que é o âmago da essência espiritual do homem. Todavia, à medida que conseguimos alcançar e ultrapassar esse véu psicológico intermediário da consciência, tornamo-nos mais nobres e maiores, e ascendemos novamente ao "calor" da Chama interior, que é a nossa verdadeira lareira. (N. do Org.)

ESPÍRITOS ELEMENTAIS. Criaturas que se desenvolveram nos quatro reinos da terra, do ar, do fogo e da água, e que os cabalistas chamam de gnomos, silfos, salamandras e ondinas. Podemos considerá-los como forças da Natureza, porquanto eles atuam como agentes servis da lei geral e podem ser empregados pelos espíritos desencarnados – puros ou impuros – e pelos adeptos vivos da Magia e da feitiçaria, a fim de produzirem os desejados resultados fenomênicos. Tais seres jamais se tornam homens[50].

Sob a designação geral de fadas e de silfos, esses espíritos dos elementos figuram nos mitos, nas fábulas, nas tradições e nas poesias de todas as nações, antigas ou modernas. São inúmeros os seus nomes – *peris, devs,* djins, silvanas, sátiros, faunos, elfos, anões, *trolls, norns, nisses, kobolds, brownies, necks, strömkarls,* ondinas, nixes, salamandras, *goblins, ponkes, banshees, kelpies, pixies, moss people, good people, good neighbors, wild women, men of peace, white ladies* – e muitos outros. Eles foram vistos, temidos, abençoados, amaldiçoados e invocados em todos os quadrantes do globo e em todos os tempos. Deveremos, portanto, admitir que todos os que os encontraram estavam alucinados?

Esses elementais são os principais agentes dos espíritos desencarnados mas *jamais visíveis* nas sessões, e os produtores de todos os fenômenos, salvo os subjetivos.

ESPÍRITOS ELEMENTARES. A rigor, as *almas* desencarnadas dos depravados; estas almas, por terem uma vez antes da morte se separado de seus espíritos divinos, perderam o direito à imortalidade. Éliphas Lévi e outros cabalistas fazem pouca distinção entre os espíritos elementares que foram homens e os seres que povoam os elementos e que são as forças cegas da Natureza. Uma vez separadas de seus corpos, estas almas (também chamadas "corpos astrais") de pessoas exclusivamente materialistas são atraídas de modo irresistível para a Terra, onde vivem uma vida temporária e finita no meio dos elementos apropriados à sua natureza grosseira. Por não terem jamais cultivado a espiritualidade durante a vida natural, subordinando-a, ao contrário, ao material e ao grosseiro, elas são agora impróprias à majestosa trajetória dos seres puros desencarnados, para os quais a atmosfera da Terra é asfixiante e mefítica e cujas aspirações em nada lhe dizem respeito. Depois de um mais ou menos prolongado período de tempo, essas almas materiais começarão a desintegrar-se, e finalmente, como uma coluna de fumaça, dissolver-se-ão, átomo por átomo, nos elementos circunvizinhos.

ESSÊNIOS. De *asa,* "curandeiro"[*]. Seita de judeus que Plínio[51] diz ter vivido

---

*   A derivação do termo *essênios* não está de maneira alguma estabelecida. Josefo usa a forma *essênoi* ('Εσσηνοί); Plínio apresenta *esseni* ('Εσσηνι); e Filo, o Judeu, fala dos *essaioi* ('Εσσαῖοι). Embora a idéia de "curandeiro" possa ser inerente ao termo, ele foi derivado por outros eruditos de raízes que implicariam o significado de "os pios" ou "os silenciosos".

Uma luz muito considerável foi lançada sobre a natureza dessa comunidade mística e seus ensinamentos pelas descobertas efetuadas em Nag-Hammadi e em Kumran. A vasta literatura que apareceu nos últimos anos sobre os chamados "Manuscritos do Mar Morto" e sobre material afim alterou em grande medida a escassa quantidade de informação concernente aos essênios, disponível à época de H. P. B., ao lado das informações dos escritores clássicos que estiveram disponíveis através desses anos todos.

A similaridade entre os ensinamentos e os preceitos de vida essênios com os do Budismo é agora um fato estabelecido, embora não seja freqüentemente mencionado. A presença de missionários budistas tanto no Egito quanto na Ásia Menor, há cerca de dois mil anos, dificilmente pode ser negada. Eruditos da importância de Schilling, Schopenhauer, Lassen, Higgins, King e Milman, para enumerar apenas alguns, defenderam este ponto de vista. King, em seu *The Gnostics and their Remains* (p. 1, 6 e 23), considera que a maioria das seitas místicas da Ásia Menor proveio da Índia e teve o Budismo como pano de fundo. O mesmo argumento aplica-se aos *Therapeutae* do Egito. (N. do Org.)

perto do Mar Morto, *"per millia seculorum"* – por milhares de anos. Supuseram alguns que eles eram ultrafariseus; outros – o que pode ser uma teoria verdadeira – , que eram os descendentes dos *Benim nabim* da *Bíblia,* considerando-os "Kenitas" e *"Nazaritas".* Os essênios tinham muitas idéias e práticas budistas; e é digno de nota que os sacerdotes da *Grande Mãe* em Éfeso, Diana-Bhavani de muitos seios, eram designados da mesma maneira. Eusébio[52], e depois dele De Quincey, declarou que eles eram semelhantes aos primeiros cristãos, o que é mais do que provável. O título "irmão", utilizado na Igreja primitiva, era essênio; eles formavam uma fraternidade, ou um *koinobion,* uma comunidade, como os primeiros convertidos. Cabe mencionar que apenas os saduceus, ou zadokitas, a casta dos sacerdotes e seus partidários, perseguiram os cristãos; os fariseus eram geralmente escolásticos e dóceis, e tomavam com freqüência o partido destes. Tiago, o Justo, foi um fariseu até a morte; mas Paulo, ou *Aher,* era tido por cismático.

EVOLUÇÃO. Desenvolvimento das ordens superiores de animais a partir das inferiores. A ciência moderna e pretensamente *exata* só aceita uma evolução física unilateral, evitando e ignorando prudentemente a evolução superior, ou espiritual, que obrigaria nossos contemporâneos a confessar a superioridade dos antigos filósofos e psicólogos sobre eles. Os antigos sábios, remontando ao INCOGNOSCÍVEL, tomaram como ponto de partida a primeira manifestação do invisível, do inevitável, e, por um raciocínio de estrita lógica, o Ser criador absolutamente necessário, o Demiurgo do Universo. Para eles, a evolução começou com o espírito puro que, descendo mais e mais baixo, assumiu por fim uma forma visível e compreensível, e se tornou matéria. Chegando a este ponto, eles especularam segundo o método de Darwin, mas sobre uma base bem mais extensa e compreensível.

No *Rig-Veda-Samhitâ,* o livro mais antigo do mundo[53] (ao qual até mesmo os mais prudentes indólogos e eruditos sanscritistas atribuem um tempo de dois a três mil anos a.C.), no primeiro livro, "Hinos aos Maruts", diz-se:

"O *Não-ser* e o *Ser* estão no céu mais elevado, no nascedouro de Daksha, no seio de Aditi." (*Mandala* i, *Sûkta* 166.)

"Na primeira idade dos deuses, o Ser (a Divindade compreensível) nasceu do Não-ser (aquele que nenhum intelecto pode compreender); depois dele, nasceram as Regiões (o invisível), e delas nasceu Uttânapâda."

"De Uttânapâda nasceu a Terra, da Terra nasceram as Regiões (as que são visíveis). Daksha nasceu de Aditi, e Aditi de Daksha." (*Ibid.*)

Aditi é o infinito, e Daksha é *dâksha-pitarah,* que significa literalmente os *pais dos deuses,* mas que Max Müller e Roth entendem como os *pais da força,* "que preservam, possuem e concedem as faculdades". Portanto, é fácil constatar que "Daksha, nascido de Aditi e Aditi de Daksha" significa o que os modernos compreendem por "correlação de forças"; é o que podemos inferir da seguinte passagem (traduzida pelo Prof. Max Müller): "Eu invoco Agni, a fonte de todos os seres, o pai da força" (III, 27, 2), uma idéia clara e análoga que era igualmente corrente nas doutrinas dos Zoroastristas, dos magos e dos filósofos do fogo medievais. Agni é o deus do fogo, do éter espiritual, a substância mesma da essência divina do Deus Invisível presente em cada átomo de sua criação, a que os Rosa-cruzes chamam de "Fogo Celestial". Se compararmos cuidadosamente os versos dessa Mandala, um dos quais reza assim: "O Céu é teu pai, a Terra tua mãe, Soma teu irmão, Aditi tua irmã" (I, 191, 6)[54], com a inscrição que figura na *Tábua de Esmeralda* de Hermes, encontraremos o mesmo substrato da Filosofia Metafísica, as mesmas doutrinas!

"Como todas as coisas foram produzidas pela mediação de um ser, todas as coisas derivaram, por adaptação, dessa coisa única: 'Seu pai é o Sol; sua mãe é a Lua' (...) etc. Separai a terra do fogo, o *sutil do grosseiro*. (...) O que eu tinha a dizer sobre a operação do *Sol* foi concluído." (*Tábua de Esmeralda*.)[55]

O Prof. Max Müller vê nesta *Mandala* "por fim, algo como uma teogonia, embora repleta de contradições"[56]. Os alquimistas, os cabalistas e os estudantes da filosofia mística encontrarão um sistema perfeitamente definido da evolução na cosmogonia de um povo que viveu há milhares de anos antes da nossa era. Nela descobrirão, por outro lado, uma perfeita identidade de pensamento e mesmo de doutrina com a Filosofia Hermética, e também com Pitágoras e Platão.

Na evolução, tal como agora começamos a entendê-la, supõe-se que existe em toda matéria um impulso para assumir a forma superior – suposição claramente expressa por Manu e por outros filósofos hindus da mais alta Antiguidade. A árvore dos filósofos ilustra-o no caso da solução de zinco[*]. A controvérsia entre os seguidores dessa escola e os emanacionistas pode ser assim resumida em poucas palavras: O evolucionista interrompe todas as suas pesquisas nos limites do "incognoscível"; o emanacionista acredita que nada pode evoluir – ou, no sentido estrito da palavra, sair do útero ou nascer – se antes não involuiu, o que indica que a vida provém acima de tudo de uma potência espiritual.

FAQUIRES. Devotos religiosos da Índia oriental. Vinculam-se geralmente aos pagodes bramânicos e seguem as leis de Manu. Um faquir estritamente religioso andará absolutamente nu, com exceção de uma pequena peça de linho chamada *dhôti* em torno dos rins. Usam os cabelos longos, e deles se servem como de bolsos para neles guardar vários objetos – como um cachimbo, uma pequena flauta chamada *vagudâ*, cujos sons lançam as serpentes num torpor cataléptico, e às vezes seu bastão de bambu (de cerca de trinta centímetros de comprimento) com *os sete nós místicos*. Este bastão ou *vara mágica*, o faquir o recebe de seu guru no dia da sua iniciação, juntamente com os três *mantras*, que lhe são comunicados "ao pé do ouvido". Nenhum faquir jamais será visto sem esse poderoso auxiliar de seu ofício. Como todos eles afirmam, é essa vara divinatória a causa de todos os fenômenos ocultos que produzem[57]. O faquir bramânico difere inteiramente do mendicante muçulmano da Índia, também chamado de faquir em algumas partes do território britânico[**].

HERMETISTA. De Hermes, o deus da Sabedoria, conhecido no Egito, na Síria e na Fenícia como Thoth, Tat, Adad, Seth e Sat-an (*que não se deve tomar* no sentido aplicado a ele pelos muçulmanos e pelos cristãos), e na Grécia como Kadmus. Os cabalistas o identificam com Adão *Kadmon*, a primeira manifestação do Poder Divino, e com Henoc. Houve dois Hermes: o mais velho foi o Trismegisto, e o segundo uma emanação

---

* A expressão "árvore do filósofo" ou *arbor Dianae* (árvore de Diana ou de prata) tem sido usada, na Química e na alquimia, para designar o belo crescimento arborescente do amálgama de prata, que se forma quando se coloca mercúrio numa solução de nitrato de prata. (N. do Org.)
** A palavra *faquir* provém do árabe *faqîr*, que significa pobre. Um faquir pode ser um membro de qualquer seita ou fraternidade de muçulmanos que fizeram voto de pobreza, e também um membro de qualquer uma das ordens religiosas do Islã, daí um mendicante religioso muçulmano. Apenas os ascetas e os itinerantes fazedores de milagres muçulmanos poderiam receber este nome. H. P. B. aparentemente compreendeu quão errônea era a definição dada em *Ísis sem véu* e afirmou em *The Theosophical Glossary* que "esta maneira imprecisa de chamar as coisas pelos nomes genéricos foi adotada em *Ísis sem véu*, mas agora foi alterada". (N. do Org.)

ou "permutação" daquele, irmão e instrutor de Ísis e Osíris. Hermes como Mazeus são os deuses da sabedoria sacerdotal.

HIEROFANTE. Revelador do saber sagrado. O Velho, o Chefe dos Adeptos nas iniciações, que explicava o conhecimento arcano aos neófitos, levava esse título. Em hebraico e em caldeu o termo era *Peter,* ou "abridor", "revelador"; por isso, o Papa, como sucessor do hierofante dos mistérios antigos, senta-se na cadeira pagã de "São Pedro". O ódio da Igreja Católica contra os alquimistas e contra a ciência arcana e astronômica explica-se pelo fato de que tal conhecimento era antiga prerrogativa do hierofante, ou representante de Pedro, que guardava os mistérios da vida e da morte. Homens como Bruno, Galileu e Kepler, por isso, e também Cagliostro, violaram os domínios da Igreja e foram por conseguinte assassinados.

Toda nação teve os seus mistérios e seus hierofantes. Mesmo os judeus tiveram o seu Pedro – Tanaïm ou Rabbin, como Hillel, Akiba[58], e outros famosos cabalistas, os únicos que podiam ensinar os terríveis conhecimentos contidos na *Merkaba*. Na Índia houve outrora um, e hoje há inúmeros hierofantes espalhados pelo país, vinculados aos principais pagodes e conhecidos como Brahmâtmas. No Tibete, o chefe hierofante é o Dalai, ou Talei-Lama de Lhasa[59]. Entre as nações cristãs, só os católicos preservaram esse costume "pagão", na figura de seu Papa, embora tenham tristemente deformado a majestade e a dignidade dessa função sagrada.

INICIADOS. Na Antiguidade, os que foram iniciados no conhecimento arcano ensinado pelos hierofantes dos mistérios; e, nos tempos modernos, os que foram iniciados pelos adeptos da tradição mística no conhecimento dos mistérios, o qual, não obstante o lapso de séculos, tem ainda um pequeno número de verdadeiros fiéis sobre a Terra.

LAMAS. Monges budistas pertencentes à religião lamaica do Tibete, assim como, por exemplo, os frades são os monges pertencentes à religião Católica Romana. Todo lama está sujeito ao grande Talei-Lama, o papa budista do Tibete, que mantém sua residência em Lhasa, e é uma reencarnação de Buddha[*].

MÁGICO. Este termo, outrora um título de honra e distinção, teve o seu verdadeiro sentido totalmente pervertido. Outrora sinônimo de tudo que era honorável e reverendo, de um possuidor da sabedoria e do conhecimento, deturpou-se num epíteto para designar alguém que é um embusteiro e um ilusionista; um charlatão, ou, em suma, alguém que "vendeu sua alma ao diabo"; que malbarata seu conhecimento, e o emprega

---

* Quem quer que tenha escrito este parágrafo sobre os lamas, não deve ser H. P. B., pois se mostra enganoso e inadequado. Este fato deve ter sido reconhecido por ela mesma, pois a definição que se encontra em *The Theosophical Glossary* – que traz obviamente as marcas do estilo de H. P. B. – corrige esta definição precoce e a aumenta.

As classes da Ordem Budista Tibetana (*Gendun*) são, em primeiro lugar, um *trapa,* que indica um monge de qualquer classe. O noviço, equivalente ao Theravâda Sâmanera, é um *getsul*. O monge inteiramente ordenado é um *gelong*. Um *lama* é um monge mais velho, com anos de prestígio, e se coloca pelo menos na classe de um Thera. Um *geshe* é literalmente um mestre espiritual, mas de uma classe equivalente a um teólogo, um homem culto em lei e prática eclesiásticas. Finalmente, um *tulku* (equivalente mongólico: *hutukhtu* ou *qutugtu*, e *khubilhan* ou *qubilgan*) é alguém que às vezes incorpora a consciência espiritual de um iniciado superior, ou uma radiação dele, e age como seu mediador. Um *tulku* seria chamado de lama, mas também recebe o título de *Rinpoche,* "o Grande Precioso".

Segue-se, daí, que o termo *lama* é um título específico reservado a poucos monges cultos dentre o grande número de monges de um mosteiro. Portanto, é bastante impróprio referir-se a um mosteiro budista tibetano como uma *lamaseria*. Não é mais correto do que uma referência a um mosteiro católico como uma "cardealseria", apenas porque ali se possa abrigar um cardeal. (N. do Org.)

para fins baixos e perigosos, de acordo com as lições do clero e de uma massa de tolos supersticiosos que vêem o mágico como um feiticeiro e como um encantador. Mas os cristãos esquecem, aparentemente, que Moisés foi também um mágico, e Daniel, "Mestre dos mágicos, dos astrólogos, dos caldeus e dos profetas"[60].

A palavra *mágico,* portanto, falando cientificamente, deriva de *mogh* (persa), *magao* (zend) ou *mahâ* (sânscrito) – "grande", um homem bem-versado no conhecimento secreto ou esotérico; mais propriamente, um sacerdote.

MAGO. De *Mogh* ou *Mahâ.* A palavra é a raiz da palavra *mágico.* O Mahâ-âtman (a grande Alma ou Espírito) da Índia teve os seus sacerdotes nos tempos pré-védicos. Os magos eram sacerdotes do deus-fogo; encontramo-los entre os assírios e os babilônios, assim como entre os adoradores persas do fogo. Os três magos, também denominados reis, dos quais se diz que deram presentes de ouro, incenso e mirra ao menino Jesus, eram adoradores do fogo como os outros, e também astrólogos, pois que viram a estrela do recém-nascido. O grande sacerdote dos pârsîs, em Surat, chamava-se *Mobed,* outros derivaram a palavra de Megh, já que Meh-ab significa algo grande e nobre. Os discípulos de Zoroastro chamavam-se *meghestom,* de acordo com Kleuker.

MANTICISMO, ou delírio mântico. Durante esse estado desenvolveu-se o dom da profecia. As duas palavras são aproximadamente sinônimas. Uma era tão honrada quanto a outra. Pitágoras e Platão o tinham em alta estima, e Sócrates aconselhava seus discípulos a estudarem o Manticismo. Os Pais da Igreja, que condenaram tão severamente o *delírio mântico* dos sacerdotes pagãos e das pitonisas, não hesitavam em empregá-lo para as suas próprias necessidades. Os montanistas, que tiram seu nome de Montanus, um bispo da Frígia, a quem consideravam divinamente inspirado, rivalizavam com os μάντεις (manteis) ou profetas. "Tertuliano, Agostinho e os mártires de Cartago figuravam no número deles", diz o autor de *Prophecy, Ancient and Modern*[61]. E acrescenta: "Os montanistas, ao que parece, assemelhavam-se às *bacantes* no entusiasmo selvagem que lhes caracterizava as orgias". As opiniões divergem a respeito da origem da palavra *Manticismo.* Ao tempo de Melampo e de Preto, rei de Argos, havia a célebre Mantis, a Vidente; e havia Manto, filha do profeta de Tebas, ela própria uma profetisa. Cícero descreve a profecia e o delírio mântico dizendo que "nos mais internos meandros da mente se acha oculta e confinada a divina profecia, impulso divino que, quando se manifesta mais vivamente, se chama furor" (delírio, loucura).

Mas há também uma outra etimologia possível para a palavra *mantis,* para a qual duvidamos que a atenção dos filólogos tenha sido alguma vez dirigida. O delírio mântico pode, talvez, ter uma origem ainda mais antiga. As duas taças sacrificiais do mistério do Soma utilizadas durante os ritos religiosos, e, geralmente conhecidas como *grahas,* chamavam-se respectivamente *śukra* e *manthi*[62].

É nesta última taça *manti* ou *manthi* que, segundo se diz, Brahmâ era "excitado". Enquanto o iniciado bebe (por pouco que seja) deste suco de soma sagrado, o Brahmâ, ou melhor, o seu "espírito", personificado pelo deus Soma, entra no homem e toma *posse* dele. Daí resultam a visão extática, a clarividência e o dom da profecia. Ambas as espécies de adivinhação – a natural e a artificial – são provocadas pelo Soma. A taça *śukra* desperta o que foi dado ao homem pela Natureza. Ela une o espírito e a alma, e estes, por sua própria essência e natureza, que são divinas, têm uma preciência das coisas futuras, como os sonhos, as visões inesperadas e os pressentimentos bem o demonstram. O conteúdo da outra taça, a *manthi,* que "excita o Brahmâ", põe assim a alma em comunicação não apenas com os deuses menores – os espíritos bem-informados mas não oniscientes –, mas também com a própria essência divina superior. A alma recebe uma iluminação direta da presença de seu "deus"; mas, como não lhe é concedido lembrar-se de certas coisas, conhecidas apenas no céu, a pessoa iniciada é geralmente tomada de uma espécie de delírio sagrado, e, depois de retornar deste, lembra-se apenas do que lhe é permitido lembrar. Quanto às outras espécies de videntes e adivinhos – que assim ganham a vida –, diz-se que eles são possuídos por um *gandharva,* uma divindade que em nenhum lugar é tão honrada quanto na Índia.

MANTRA. Palavra sânscrita que enfeixa a mesma idéia do "Nome Inefável". Alguns mantras, quando pronunciados de acordo com a fórmula mágica ensinada no *Atharva-Veda,* produzem um efeito instantâneo e maravilhoso. Em seu sentido geral, porém, um mantra é simplesmente uma oração aos deuses e aos poderes do céu, tal como é ensinado pelos livros bramânicos, e especialmente por *Manu,* ou antes um encantamento mágico. Em seu sentido esotérico, a "palavra" do mantra, ou fala mágica, os brâmanes a chamam *Vâch.* Ela reside no mantra, que significa literalmente as partes dos livros sagrados consideradas como *śruti,* ou revelação divina direta.

MARABUT. Peregrino maometano que esteve em Meca; santo cujo corpo é colocado, depois da morte, no sepulcro aberto construído na superfície do solo, como as demais edificações, mas no meio das ruas e dos lugares públicos das cidades populosas. Colocado o santo no interior do pequeno e único recinto do túmulo (e muitos desses sarcófagos públicos de tijolo e cimento podem ser vistos ainda hoje nas ruas e nas praças do Cairo), a devoção dos transeuntes mantém sempre acesa uma lâmpada sobre a sua cabeça. Os túmulos de alguns desses *marabuts* são muito afamados devido aos milagres que lhes são atribuídos.

MATERIALIZAÇÃO. Palavra empregada pelos espiritistas para indicar o fenômeno do "espírito que se veste com uma forma material". A expressão bem menos objetável, *manifestação de forma,* foi recentemente sugerida pelo Sr. Stainton-Moses, de Londres. Quando a natureza real dessas aparições for mais bem-compreendida, um nome ainda mais apropriado será, sem dúvida, adotado. É inadmissível chamar tais aparições de espíritos materializados, pois elas não são espíritos mas estátuas de retrato animadas.

MASDEUS, de (Ahura) Masda[63]. Eram os antigos persas nobres que adoravam Ormasde, e que, por rejeitarem as imagens, inspiraram os judeus ao mesmo horror por toda representação concreta da Divindade. "Eles, ao que parece, foram substituídos nos tempos de Heródoto pelos magos religionários. Os pârsîs e os ghebers (גברים, *geberim,* homens poderosos, do *Gênese,* VI e X, 8) eram provavelmente magos religionários. (...) Por uma curiosa confusão de idéias, Zoro-Aster (*Zero,* um círculo, um filho ou um sacerdote; *Aster,* Ishtar ou Astartè – astro, no dialeto ariano), o título do chefe dos magos e dos adoradores do fogo, ou *surya-ishtara,* o adorador do Sol, é freqüentemente confundido nos tempos modernos com Zara-tustra, o célebre apóstolo Masdeu" (Zoroastro).

METEMPSICOSE. O progresso da alma de um estágio de existência a outro. Acredita-se vulgarmente que a metempsicose simboliza o renascimento em corpos animais. Termo malcompreendido por todas as classes da sociedade européia e americana, inclusive por muitos cientistas. O axioma cabalístico: "A pedra se converte em planta, a planta em animal, o animal em homem, o homem em espírito, e o espírito em deus", encontra uma explicação no *Mânava-Dharma-Śastra,* e em outros livros bramânicos.

MISTÉRIOS. Grego *teletai,* ou "fins", termo análogo a *teleuteia,* ou "morte". Eram cerimônias, geralmente ocultadas aos leigos e aos não-iniciados, nas quais se ensinavam, mediante representações dramáticas e outros métodos, a origem das coisas, a natureza do espírito humano, as relações deste com o corpo, e o método da sua purificação e restauração para uma vida superior. A ciência física, a Medicina, as leis da Música, a adivinhação eram igualmente ensinadas. O juramento hipocrático não passava de uma obrigação mística. Hipócrates era um sacerdote de Asclépio, alguns de cujos escritos tiveram a sorte de se tornarem públicos. Mas os asclepíades eram iniciados do culto da serpente esculápio, assim como as bacantes o eram do dionisíaco; e ambos os ritos foram por fim incorporados aos eleusinos. Trataremos extensamente dos mistérios nos capítulos subseqüentes.

MÍSTICOS. Os iniciados. Mas no período medieval e nos posteriores o termo foi aplicado a homens que, como Boehme, o Teósofo, Molinos, o Quietista, Nicolau da Basiléia e outros, acreditavam numa comunhão direta interior com Deus, análoga à inspiração dos profetas.

NABIA. Vidência, adivinhação. O mais antigo e o mais respeitado dos fenômenos místicos. Na *Bíblia* dá-se tal nome ao dom profético, que, com razão, está incluído entre os poderes espirituais, como a adivinhação, as visões clarividentes, os estados de transe e os oráculos. Mas ao passo que os encantadores, os adivinhos e mesmo os astrólogos são estritamente condenados nos livros mosaicos, a profecia, a vidência e a *nabia* figuram como dons especiais do céu. Nos tempos primitivos foram todos denominados *epoptai,* a palavra grega para os videntes e clarividentes; mais tarde foram designados como *nebim,* "o plural de Nebo, o deus babilônio da sabedoria". Os cabalistas fazem uma distinção entre o *vidente* e o *mágico;* um é passivo, o outro é ativo; *nebirah* é aquele que vê no futuro, é o clarividente; *nebi-poel,* aquele que possui *poderes mágicos.* Sabemos que Elias e Apolônio recorriam aos mesmos procedimentos para se isolarem das influências perturbadoras do mundo exterior, a saber: envolvendo inteiramente a cabeça num manto de lã, por ser este um mau condutor de eletricidade, segundo devemos supor.

OCULTISTA. Aquele que estuda os diversos ramos da ciência oculta. O termo é empregado pelos cabalistas franceses (ver as obras de Éliphas Lévi). O ocultismo abrange toda a série dos fenômenos psicológicos, fisiológicos, cósmicos, físicos e espirituais. Da palavra *oculto,* escondido ou secreto; aplica-se, por conseguinte, ao estudo da *Cabala,* da Astrologia, da Alquimia e de todas as ciências arcanas.

PITRIS. Acredita-se geralmente que o termo hindu *pitris* indica os espíritos de nossos ancestrais diretos; de pessoas desencarnadas. Daí provém o argumento de alguns espiritistas de que os faquires e outros milagreiros orientais são *médiuns;* e de que eles próprios confessam ser incapazes de produzir qualquer coisa sem a ajuda dos *pitris,* dos quais eles são os instrumentos obedientes. Isso é em mais de um sentido errado. Os *pitris* não são os ancestrais dos atuais homens vivos, mas os da espécie humana ou raça adâmica; os espíritos das raças *humanas* que, na vasta escala da evolução descendente, precederam as nossas raças de homens, e foram tanto física como espiritualmente muito superiores aos nossos modernos pigmeus. No *Mânava-Dharma-Sástra* dá-se-lhes o nome de ancestrais *lunares.*

PYTHIA, ou Pitonisa. Webster desembaraça-se rapidamente da palavra, dizendo que era esse o nome da pessoa que proferia os oráculos no Templo de Delfos, e "de toda mulher que se supunha dotada do espírito da adivinhação – uma *bruxa*", o que não é nem lisonjeiro, nem exato, nem justo. Uma *pỳthia*, de acordo com a autoridade de Plutarco, Jâmblico, Lamprias e outros, uma sensitiva nervosa, era escolhida entre as classes mais pobres, jovem e pura. Presa ao templo, em cujos recintos tinha um quarto isolado ao qual só tinha acesso o sacerdote ou vidente, não tinha comunicação alguma com o mundo exterior, e sua vida era mais estrita e ascética do que a de uma freira católica. Sentada num trípode de bronze colocado sobre uma fissura do solo, através da qual saíam vapores intoxicantes, estas exalações subterrâneas impregnavam todo o seu organismo, produzindo a loucura profética. Nesse estado anormal ela proferia os oráculos[64]. Chamaram-na às vezes de *ventriloqua vates*, a profetisa ventríloqua.

Os antigos situavam a alma astral do homem, $\psi\nu\chi\acute{\eta}$, ou sua autoconsciência, na boca do estômago. Os brâmanes repartiram essa crença com Platão e com outros filósofos. Assim, encontramos no quarto verso do segundo hino *Nâbhânedishtha* a passagem: "Ouvi, ó filhos dos deuses (espíritos), aquele que fala pelo umbigo (*nâbhâ*), pois ele vos chama em vossos domicílios!".

Muitos eruditos sanscritistas reconhecem que essa crença é uma das mais antigas entre os hindus. Os faquires modernos, assim como os ginosofistas antigos, unem-se com o seu Âtman e a Divindade permanecendo imóveis em contemplação e concentrando todos os seus pensamentos no umbigo. Como nos modernos fenômenos sonambulistas, o umbigo era visto como "o círculo do Sol", a sede da luz divina interna[65]. O fato de que numerosos sonâmbulos modernos são capazes de ler letras, ouvir, cheirar e ver através dessa parte do corpo, deve ser encarado como uma mera "coincidência", ou devemos admitir, enfim, que os velhos sábios conheciam um pouco mais acerca dos mistérios fisiológicos e psicológicos do que os nossos modernos acadêmicos? Na Pérsia moderna, quando um "mágico" (amiúde um simples mesmerizador) é consultado a propósito de roubos e outras ocorrências embaraçosas, ele faz as suas manipulações sobre a boca do estômago, e assim entra num estado de clarividência. Entre os modernos pârsîs, assinala o tradutor do *Rig-Veda*, existe até os nossos dias a crença de que os seus adeptos têm uma chama em seu umbigo, que lhes dissipa todas as trevas e lhes entreabre o mundo espiritual, tanto nas coisas invisíveis como à distância. Eles a chamam a lâmpada do *deshtur*, ou alto sacerdote, a luz do *dîkshita* (o iniciado), e outros a designam por muitos outros nomes.

SAMOTRÁCIOS. Designação dos deuses templários adorados na Samotrácia durante os mistérios. São considerados idênticos aos cabires, aos dióscuros e aos coribantes. Seus nomes eram místicos – denotando Platão, Ceres ou Proserpina, Baco, e Esculápio ou Hermes.

SOMA. Esta bebida sagrada dos hindus corresponde à ambrosia ou néctar dos gregos que os deuses do Olimpo bebiam. Na iniciação eleusina, os *mystes* bebiam também uma taça de *kykeon*. Aquele que a ingere atinge facilmente *Bradhna*, ou o lugar do esplendor (Céu). O *soma* conhecido pelos europeus não é a *verdadeira* bebida, mas seu substituto, pois somente os sacerdotes iniciados podem provar do *soma* real; mesmo os reis e os rajás, quando fazem o sacrifício, recebem o substituto. Haug mostra por seu próprio testemunho, no *Aitareya-Brâhmanam*[66], que não era *soma* o que provou e achou repugnante, mas o suco das raízes da Nyagrodha, uma planta ou arbusto que cresce nas colinas de Poona. Sabemos positivamente que a maior parte dos sacerdotes sacrificiais do Decão perdeu o segredo do verdadeiro *soma*. Não se pode encontrá-lo nem nos livros rituais, nem através da informação oral. Os verdadeiros seguidores da primitiva religião védica são pouquíssimos; são os supostos descendentes dos *rishis*, os *agnihotris* autênticos, os iniciados dos grandes mistérios. A bebida *soma* é também comemorada no Panteão hindu, visto que a chamam Rei Soma. Aquele que a bebe está apto a participar do reino celeste, pois que se enche de sua essência, assim como os apóstolos cristãos e seus discípulos se tornaram cheios do Espírito Santo e purificados de seus pecados. O *soma* faz um novo homem do iniciado; ele renasce e se transforma, e a sua natureza espiritual ultrapassa a física; o *soma* concede o poder divino da inspiração, e desenvolve a faculdade clarividente no mais alto grau. Segundo a explicação esotérica, o *soma* é uma planta, mas ao mesmo tempo é um anjo. Ele une vigorosamente o "espírito" mais elevado, *interior,* do homem, o qual espírito é um anjo como o *soma* místico, com a sua "alma irracional", ou corpo astral, e, unidos assim pelo poder da bebida mágica, eles se elevam juntos acima da natureza física, e participam durante a vida da beatitude e das glórias inefáveis do céu. Assim, o *soma* hindu é misticamente, e em todos os respeitos, o mesmo que a ceia eucarística o é para os cristãos. A idéia é similar. Mediante as orações sacrificais – os *mantras* – , supõe-se que este licor se transforme imediatamente no *soma* real – ou no anjo, ou mesmo no próprio Brahmã. Alguns missionários mostraram-se muito indignados com esta cerimônia, ainda mais porque, falando de modo geral, os brâmanes empregam *uma espécie de licor espirituoso* como substituto. Mas por acaso os cristãos acreditam menos fervorosamente na transubstanciação do vinho da Comunhão em sangue de Cristo porque este vinho é mais ou menos espirituoso? A idéia simbólica a ele vinculada não é a mesma? Mas os missionários dizem que o momento de beber o *soma* é o momento de ouro de Satã, que espreita no fundo da taça do sacrifício hindu[67].

TEÓSOFOS. Na Idade Média era o nome pelo qual foram conhecidos os discípulos de Paracelso do século XVI, os pretensos filósofos do fogo, ou *Philosophi per ignem*. Assim como os platônicos, eles concebiam a alma $\psi v \chi \acute{\eta}$ e o espírito divino, *nous* $vo\hat{v}\varsigma$, como uma partícula do grande *Archos* – um fogo tomado ao oceano eterno de luz.

A Sociedade Teosófica, à qual estes volumes foram dedicados pela Autora, em sinal de afetuosa simpatia, foi organizada em Nova York em 1875. O objetivo de seus fundadores era experimentar praticamente os poderes ocultos da Natureza, e recolher e disseminar entre os cristãos as informações sobre as filosofias religiosas do Oriente. Mais tarde, decidiu-se propagar entre os "pobres e ignorantes pagãos" algumas evidências dos resultados práticos da cristandade, de modo a dar pelo menos os dois lados da história às comunidades nas quais trabalham os missionários. Com este propósito, estabeleceram-se relações com associações e personalidades através do Oriente, aos quais se forneceram relatos autênticos dos crimes e dos delitos eclesiásticos, dos cismas e das heresias, das controvérsias e dos litígios, das diferenças doutrinárias e das críticas às revisões bíblicas, de que a Imprensa da Europa cristã e da América constantemente se ocupam. A cristandade foi durante muito tempo minuciosamente informada da degradação e da brutalidade na qual o Budismo, o Bramanismo e o Confucionismo mergulharam seus iludidos devotos, e muitos milhões foram esbanjados nas missões estrangeiras graças a esses falsos relatos. A Sociedade Teosófica, vendo diariamente exemplos desse estado de coisas como conseqüência do ensino e dos exemplos cristãos – especialmente os últimos – , julgou simplesmente de justiça tornar conhecidos os fatos na Palestina, na Índia, no Ceilão, na Caximira, na Tartária, no Tibete, na China e no Japão, em todos os países em que tem correspondentes de prestígio. Haverá sem dúvida bastante a dizer sobre a conduta dos missionários àqueles que contribuem para a sua manutenção.

TEURGISTA. De θεός, "deus", e ἔργον, "obra". A primeira escola de teurgia prática no período cristão foi fundada por Jâmblico entre os platônicos alexandrinos; mas os sacerdotes vinculados aos templos de Egito, Assíria e Babilônia, que tomavam uma parte ativa nas evocações dos deuses durante os mistérios sagrados, eram conhecidos por esse nome desde o mais remoto período arcaico. Seu objetivo era tornar os espíritos visíveis aos olhos dos mortais. Um teurgista era um homem versado no conhecimento esotérico dos Santuários de todas as grandes nações. Os neoplatônicos da escola de Jâmblico denominavam-se teurgistas porque praticavam a chamada "magia cerimonial" e evocavam os "espíritos" dos heróis mortos, "deuses" e Daimonia (δαιμόνια, entidades divinas e espirituais). Nos raros casos em que a presença de um espírito *tangível* e *visível* era requerida, o teurgista devia suprir a aparição sobrenatural com uma porção de sua própria carne e sangue – ele devia suprir a *theopœa* ou "criação dos deuses", por um misterioso processo bem conhecido pelos modernos faquires e brâmanes iniciados da Índia. Eis o que se diz no *Livro de Evocações* dos pagodes. Ele mostra a perfeita identidade dos ritos e do cerimonial na antiquíssima teurgia bramânica e na dos platônicos alexandrinos:

"O *Brâhmana-Grihasta* (o evocador) deve estar numa condição de completa pureza antes de arriscar-se a evocar os pitris."

Depois de ter preparado uma lâmpada, algum sândalo, incenso, etc., e de ter traçado os círculos mágicos ensinados a ele pelo guru superior, a fim de afastar os *maus* espíritos, ele "cessa de respirar, e evoca *o fogo* em sua ajuda para dispersar-lhe o corpo". Ele pronuncia um certo número de vezes a palavra sagrada, e "sua alma escapa-se-lhe do corpo, e o corpo desaparece, e a alma dos espíritos evocados desce no corpo *duplo* e o anima". Em seguida, "a Alma (do Grihasta) reentra no seu corpo, cujas partículas sutis se agregaram novamente, depois de ter formado de suas emanações um corpo aéreo para o espírito que ele evocou".

Então, depois de ter formado para os pitris um corpo com as partículas mais essenciais e puras de seu próprio corpo, ao grihasta é permitido, cumprido o sacrifício cerimonial, "conversar com as almas dos ancestrais e os pitris, e apresentar-lhes questões sobre os mistérios do *Ser* e as transformações do *imperecível*".

"Em seguida, após a sua lâmpada se ter extinto, ele a deve acender novamente, e pôr em liberdade os maus espíritos expulsos do lugar pelos círculos mágicos, e deixar o santuário dos Pitris[68]."

A escola de Jâmblico distinguia-se da de Plotino e Porfírio, que eram bastante hostis à magia cerimonial e à teurgia prática, uma vez que as consideravam perigosas, embora esses dois eminentes homens acreditassem firmemente em ambas. "A magia *teúrgica* ou *benévola*, a *goética*, ou necromancia negra ou má, tiveram a mesma reputação *durante o primeiro século* da era cristã[69]." Mas nenhum dos mais elevadamente morais e piedosos filósofos, cuja fama chegou até nós imaculada de qualquer má ação, jamais praticou qualquer outra espécie de magia além da teúrgica, ou *benévola*, como a designa Bulwer-Lytton. "Quem quer que esteja bem informado a respeito da natureza *das aparências divinamente luminosas* (φάσματα) sabe também que é necessário abster-se de qualquer espécie de ave (alimento animal), especialmente para aquele que tem pressa de se libertar das preocupações terrenas e de se estabelecer entre os deuses celestes", diz Porfírio[70].

Embora se recusasse a praticar a teurgia, Porfírio, na sua *Vida de Plotino*, menciona um sacerdote do Egito que, "a pedido de um certo amigo de Plotino (o qual amigo era talvez o próprio Porfírio, assinala T. Taylor), lhe mostrou, no templo de Ísis em Roma, o demônio familiar, ou, em linguagem moderna, o *anjo guardião* desse filósofo"[71].

A idéia popular que prevaleceu foi a de que os teurgistas, assim como os mágicos, operavam maravilhas, tais como evocar as almas ou as sombras dos heróis e dos deuses, e fazer outras operações taumatúrgicas graças aos poderes sobrenaturais.

XAMÃS ou samaneus. Ordem de budistas entre os tártaros, especialmente os da Sibéria. Eram provavelmente semelhantes aos filósofos antigamente conhecidos como *brachmanes,* confundidos às vezes com os brâmanes[72]. Eram *mágicos,* ou melhor, sensitivos ou médiuns artificialmente desenvolvidos. Na atualidade, aqueles que agem como sacerdotes entre os tártaros são geralmente muito ignorantes, e muito inferiores aos faquires no que respeita ao conhecimento e à educação. Homens e mulheres podem ser xamãs[*].

YAJÑA. "O Yajña", dizem os brâmanes, existe por toda a eternidade, pois procedeu do Ser Supremo, o *Brahmâ-Prajâpati,* no qual repousa adormecido desde o *"sem começo".* É a chave do TRAIVIDYÂ, a ciência três vezes sagrada, contida nos versos do Rg que ensinam os Yajus ou mistérios sacrificais. "O yajña" existe como uma coisa invisível para sempre; é como o poder latente da eletricidade numa máquina elétrica, que requer apenas a operação de uma aparelhagem adequada para manifestar-se. Supõe-se que ele se estenda do *âhavanîya* ou fogo sacrifical até os céus, formando uma ponte ou uma escada por meio da qual o sacrificador pode comunicar-se com o mundo dos deuses e dos espíritos, e mesmo ascender em vida às suas moradas[73].

Este Yajña é ainda uma das formas do Âkâsá, e a palavra mística que o chama à existência, pronunciada mentalmente pelo Sacerdote iniciado, é a *Palavra Perdida* que recebe o impulso do PODER DA VONTADE.

Para completar a lista, acrescentaremos agora que, no curso dos capítulos seguintes, todas as vezes que usamos o termo *arcaico,* queremos dizer os tempos anteriores a Pitágoras; o termo *antigo,* os tempos anteriores a Maomé; e o termo *medieval,* o período entre Maomé e Martinho Lutero. Será necessário infringir tal regra apenas quando, de tempos em tempos, tivermos que falar dos povos de uma antiguidade pré-pitagórica, casos em que adotaremos o uso comum de chamá-los "antigos".

Antes de fechar este capítulo inicial, cumpre-nos dizer umas poucas palavras de explicação quanto ao plano desta obra. Seu objetivo não é impor ao público as concepções pessoais ou as teorias de sua Autora; não tem ela também as pretensões de uma obra científica, que vise revolucionar algum departamento do saber. Trata-se, antes, de um breve sumário das religiões, das filosofias e das tradições universais do gênero humano, e das suas exegeses, no espírito das doutrinas secretas, das quais nenhuma – graças ao preconceito e ao fanatismo – chegou à cristandade isenta de mutilações de modo

---

* O termo *Xamanismo* aplica-se primariamente à religião primitiva dos povos uralo-altaicos da Ásia setentrional, em que o mundo invisível dos deuses, demônios e espíritos ancestrais é concebido como de responsabilidade apenas dos *xamãs* (tungúsico, *samãn;* turco-altaico, *kama;* russo *kamlat',* "adivinhar"). É possível que esse termo provenha do sânscrito *sramana* e do páli *samana* – um asceta, um mendicante, um monge ou eremita. Um dom sobrenatural é qualificação necessária para que alguém se torne um *xamã,* e em alguns casos o ofício é hereditário, se um descendente mostra disposição para o chamado. Embora algumas das crenças dos povos uralo-altaicos foram tingidas pelo Budismo, é errôneo considerar os *xamãs* como budistas. (N. do Org.)

a permitir um julgamento justo. Desde os dias dos infelizes filósofos medievais, os últimos a escreverem sobre as doutrinas secretas de que eram os depositários, poucos homens ousaram arrostar a perseguição e os preconceitos, colocando os seus conhecimentos por escrito. E estes poucos, como regra geral, jamais escreveram para o público, e sim apenas para aqueles de sua própria época e das posteriores que possuíam a chave de sua linguagem. A multidão, não entendendo nem a eles nem às suas doutrinas, acostumou-se a considerá-los *en masse*[74] como charlatões ou visionários. Provém daí o desprezo imerecido em que caiu gradualmente o estudo da mais nobre das ciências – a do homem espiritual.

Procurando investigar a pretensa infalibilidade da Ciência e da Teologia modernas, a Autora, mesmo com o risco de passar por prolixa, esforçou-se por fazer constantes comparações de idéias, descobertas e pretensões de seus representantes, com as dos antigos filósofos e instrutores religiosos. Coisas extremamente separadas no tempo foram dessarte postas em justaposição imediata, pois apenas assim a prioridade e o parentesco das descobertas e dos dogmas poderiam ser determinados. Ao discutir os méritos de nossos cientistas contemporâneos, as confissões que eles próprios fizeram a respeito do fracasso na pesquisa experimental, da existência de mistérios impenetráveis, da falta de continuidade nos elos das suas teorias, da incapacidade para compreender os fenômenos naturais, da ignorância das leis do mundo causal, forneceram a base para o presente estudo. Em especial (visto que a Psicologia foi tão negligenciada, e visto que o Oriente está tão distante que poucos de nossos investigadores irão até lá para estudar esta ciência, lá apenas onde é ela compreendida), passaremos revista às especulações e à política de famosas autoridades a propósito dos fenômenos psicológicos modernos, que começaram a se manifestar em Rochester e que estão agora espalhados pelo mundo. *Desejamos mostrar quão inevitáveis foram os seus inumeráveis fracassos, e como deverão continuar a sê-lo enquanto as pretensas autoridades do Ocidente não se achegarem aos brâmanes e lamaístas do longínquo Oriente, e respeitosamente lhes pedirem para ensinar o alfabeto da verdadeira ciência.* Não formulamos nenhuma acusação contra os cientistas, que não se justifique por suas próprias confissões publicadas, e se nossas citações de registros da Antiguidade privarem alguns deles daquilo que consideravam até agora como lauréis bem-conquistados, a culpa não é nossa, mas da Verdade. Nenhum homem digno do título de filósofo gostaria de exibir honrarias que por direito pertencem a outro.

Profundamente sensíveis à luta titânica que atualmente se trava entre as aspirações materialistas e espiritualistas da humanidade, esforçamo-nos continuamente para reunir em nossos vários capítulos, como armas em arsenais, todos os fatos e argumentos que podem ser usados para ajudar as últimas a se defenderem das primeiras. Criança enfermiça e deformada como agora o é, o materialismo de Hoje nasceu do brutal Ontem. A menos que o seu crescimento seja impedido, ele pode tornar-se nosso mestre. Ele é a prole bastarda da Revolução Francesa, a sua reação contra os séculos de fanatismo e de repressão religiosa. Para prevenirmos a quebra das aspirações espirituais, a destruição das esperanças e a morte da intuição que nos ensina sobre um Deus e sobre uma vida futura, devemos mostrar nossas falsas teologias em sua deformidade desnuda, e distinguir entre a religião divina e os dogmas humanos. Nossa voz eleva-se em favor da liberdade espiritual e nossa petição é feita em prol da emancipação de toda tirania, seja ela da CIÊNCIA ou da TEOLOGIA.

NOTAS

1. Ver o capítulo XV do Segundo Volume.
2. *Recollections of a Busy Life*, p. 147.
3. Henry Ward Beecher.
4. Cocker, *Christianity and Greek Philosophy*, XI, p. 377.
5. *Evangelho segundo São Mateus*, XIII, 11, 13.
6. As acusações de ateísmo, de introdução de divindades estrangeiras e de corrupção da juventude ateniense, feitas contra Sócrates, forneceram uma ampla justificativa a Platão para ocultar os ensinamentos secretos de suas doutrinas. O estilo peculiar ou "jargão" dos alquimistas foi, sem dúvida, empregado para um propósito semelhante. A masmorra, a tortura e a fogueira foram empregadas sem escrúpulo pelos cristãos de todos os matizes, os católicos romanos em especial, contra todos os que ensinavam até mesmo a ciência natural contrária às teorias acolhidas pela Igreja. O Papa Gregório, o Grande, condenou inclusive o uso gramatical do latim como uma heresia. O crime de Sócrates consistiu em revelar aos seus discípulos as doutrinas secretas concernentes aos deuses ensinadas nos mistérios, o que era um crime capital. Aristófanes o acusou também de introduzir na república o novo deus Dinos como demiurgo ou artífice e senhor do universo solar. O sistema heliocêntrico era também uma doutrina dos mistérios; conseqüentemente, quando Aristarco, o Pitagórico, o ensinou abertamente, Cleantes declarou que os gregos deviam exigir-lhe explicações e condená-lo por blasfêmia contra os deuses. Mas Sócrates jamais foi iniciado e, portanto, nada divulgou daquilo que jamais lhe foi ensinado.
7. Em francês, no original. (N. do T.)
8. [176, B.]
9. [246, e segs.]
10. [VII, 514, e segs.]
11. [249 c.]
12. Ver Thomas Taylor, *The Eleusinian and Bacchic Mysteries*, Nova York, J. W. Bouton, 1875, p. 47. [4ª ed., 1891, p. 82-6.]
13. [*Theologumena Arithmetica*.]
14. [*Metaphisics, I, VI.*]
15. V. Cousin, *Cours de l'histoire de la philosophie moderne*, 2ª série, Paris, 1847, p. 93-4.
16. [53, B.]
17. [*Romanos*, XI, 36.]
18. *Mânava-Dharma-Sâstra*, livro I, *slokas* 7-8
19. *Manu*, livro IV, *sloka* 125.
20. *Manu*, livro IV, *slokas* 51-7.
21. Thomas Taylor, *Theoretic Arithmetic*, Londres, 1816, "On Pythagorean Numbers", p. 62.
22. Platão, *Parmên.*, 141 E.
23. Cf. Stobaeus, *Eclogues*, I, 862.
24. Sextus Empiricus, *Adv. Math.*, VII, 145.
25. Em francês, no original. (N. do T.)
26. *Metaphisics*, XIII.
27. Thomas Taylor, Apêndice ao *Timeu*.
28. Stobaeus, *Eclogues*, I, 62.
29. Krische, *Forschungen*, p. 322 e segs.
30. Clem., *Alex. Stromateis*, V, XIII.

31. *Ord. of Manu*, I, 14, 15, 56.
32. Plutarco, *De Iside*, § 25.
33. Zeller, *Plato and the Older Academy*, p. 597.
34. *Tusc. Disput.*, V, § XVIII.
35. *Ibid.*, § XXXII.
36. Zeller, *op. cit.*, p. 601-02.
37. *Ibid.*, cap. XVI.
38. Zeller, *op. cit.*, p. 608.
39. Uma das cinco figuras sólidas da Geometria.
40. [938 D, E.]
41. [*Epinomis*, 985-86.]
42. [Conferência sobre "Matéria e Força".]
43. [*The New Chemistry*, p. 264.]
44. "The Sun and the Earth", Conferência de Manchester, 13-9-1872.
45. [*Mystischen Erscheinungen*, etc., 1861.]
46. [Cf. *Taittirîya-Brâhmana*, I, 1.]
47. [Emma Hardinge-Britten, *Art Magic*, Nova York, 1876, § XI.]
48. [Parte III, cap. V.]
49. Ou mais comumente *charak-pûjâ*.
50. As pessoas que acreditam no poder da clarividência, porém que propendem a duvidar da existência de outros espíritos da natureza além dos espíritos humanos desencarnados, interessar-se-ão por um relato das observações de uma certa clarividente publicadas no *Spiritualist* de Londres de 29-6-1877. Ao se aproximar uma tempestade com trovões, a vidente viu "um espírito luminoso emergindo de uma nuvem negra e cruzando o céu com a rapidez do relâmpago, e, poucos minutos depois, uma linha diagonal de espíritos negros nas nuvens". Eram os *Maruts* dos *Vedas* (ver o *Rig-Veda-Samhitâ* de Max Müller).
    A bem-conhecida e respeitada conferencista, autora e clarividente Sra. Emma Hardinge-Britten publicou relatos de suas freqüentes experiências com estes espíritos elementais.
51. [*Nat. Hist.*, V, xv.]
52. [Eccl. Hist., II, xvii; cf. Philo Judaeus, *De Vita Contempl.*]
53. Traduzido por Max Müller, professor de Filologia comparada na Universidade de Oxford, Inglaterra.
54. "*Dyaur hi vah pitâ, prithivî mâtâ somah bhrâtâ aditih svasâ.*"
55. Como nos capítulos seguintes trataremos extensamente da perfeita identidade entre as doutrinas religiosas e filosóficas da Antiguidade, limitamos por enquanto as nossas explanações.
56. *Rig-Veda-Samhitâ*, p. 234.
57. Filostrato assegura-nos que os brâmanes eram capazes, em seu tempo, de realizar as mais extraordinárias curas pronunciando simplesmente algumas palavras mágicas. "Os brâmanes indianos carregavam um báculo e um anel, por meio dos quais eram capazes de fazer quase tudo." [*Vita Apoll.*, III, xv.] Orígenes declara a mesma coisa (*Contra Celsum*, I, lxviii). Mas se um forte fluido mesmérico – por exemplo, projetado pelos olhos e sem qualquer outro contato – não é acrescentado, as palavras mágicas não terão eficácia alguma.
58. Akiba era amigo de Aher, e presume-se que tenha sido o Apóstolo Paulo da história cristã. De ambos se diz que visitaram o Paraíso. Aher colheu os ramos da Árvore do Conhecimento, e por isso se desligou da verdadeira religião (judaica). Akiba retornou em paz. Ver a 2ª *Epístola aos coríntios*, cap. XII. [Cf. o cap. II do Primeiro Volume desta obra.]
59. *Talei* significa "oceano" ou "mar".

60. *Daniel*, V, 11.

61. [Dr. Alexander Wilder.]

62. M. Haug, *The Aitareya-Brâhmanam*, etc., livro III, i, 1.

63. Ver F. Spiegel, *Yaçna*, I, 65; XIII, 21, 22.

64. Edward Baldwin, *The Pantheon*, etc., 3ª ed., 1810, p. 49-50.

65. O oráculo de Apolo estava em Delfos, a cidade do δελφύς, útero ou abdome; o recinto do templo chamava-se *omphalos* ou umbigo. Os símbolos são femininos e lunares; o que nos lembra que os arcádios chamavam-se *Proselênoi*, pré-helênicos ou anteriores ao período em que o culto jônico ou olímpico da Lua foi introduzido.

66. [Vol. II, p. 489.]

67. Por sua vez, os pagãos poderiam muito bem perguntar aos missionários que espécie de espírito se oculta no fundo da caneca de cerveja sacrifical. Certo jornal evangélico de Nova York, *The Independent*, diz: "Um recente viajante inglês encontrou uma singela igreja missionária batista, na distante Burma, que utilizava para o serviço da comunhão, e não duvidamos que com a bênção de Deus, cerveja preta no lugar do vinho". As circunstâncias modificam os costumes, ao que parece!

68. *Livro das Evocações Bramânicas*, parte III.

69. Bulwer-Lytton, *Last Days of Pompeii*, livro II, cap. VIII.

70. *De abstinentia*, IV, § 16 (em Thomas Taylor, *Select Works of Porphyry*. Londres, 1823, p. 157).

71. T. Taylor, *op. cit.*, p. 92, rodapé.

72. De acordo com os relatos de Estrabão e Megástenes, que visitaram Palibothras, seria lícito acreditar que as pessoas por ele designadas como sacerdotes samaneus ou brachmanes eram simplesmente budistas. [Estrabão, *Geographica*, XV, i, §§ 59-66.] "As réplicas singularmente sutis dos filósofos samaneus ou brâmanes, em seu colóquio com este conquistador, poderiam conter o espírito da doutrina budista", assinala Upham. (Ver *The History and Doctrine of Buddhism*, Introdução, p. 12; e W. Hales, *A New Analysis of Chronology*, vol. III, p. 238.)

73. M. Haug, *The Aitareya-Brâhmanam*, Introdução, p. 73-4.

74. Em francês, no original. (N. do T.)

CAPÍTULO I

"Ego sum qui sum."
Axioma da Filosofia Hermética

"Começamos a investigar no ponto em que as modernas conjecturas recolhem as suas asas incrédulas. E, para nós, aqueles eram os elementos comuns da Ciência que os sábios de hoje desdenham como quimeras desvairadas ou com que se desesperam como se fossem mistérios insondáveis."
BULWER-LYTTON, *Zanoni*.

Existe em algum lugar, neste vasto mundo, um livro antigo – tão antigo que os nossos modernos arqueólogos poderiam examinar-lhe as páginas durante um tempo infinito sem contudo chegarem a um acordo quanto à natureza do tecido sobre o qual ele foi escrito. É a única cópia original que existe atualmente. O mais antigo documento hebraico sobre a ciência secreta – a *Siphra Dzeniouta* – foi compilado a partir desse livro, e isso numa época em que já o consideravam uma relíquia literária. Uma de suas ilustrações representa a Essência Divina emanando de Adão[1] como um arco luminoso que tende a formar um círculo[2]; depois de atingir o ponto mais alto de sua circunferência, a glória inefável endireita-se novamente, e volta à Terra, trazendo no vórtice um tipo superior de Humanidade. Quanto mais se aproxima de nosso planeta, mais a Emanação se torna sombria, até que, ao tocar o solo, ela é tão negra como a noite.

Os filósofos herméticos de todos os tempos têm sustentado a convicção, baseada, como alegam, em setenta mil anos de experiência[3], de que a matéria, devido ao pecado, tornou-se, com o passar do tempo, mais grosseira e mais densa do que era quando da primitiva formação do homem; de que, no princípio, o corpo humano era de natureza semi-aérea; e de que, antes da queda, a humanidade comunicava-se livremente com os universos invisíveis. Mas, depois, a matéria tornou-se uma formidável barreira entre nós e o mundo dos espíritos. As mais antigas tradições esotéricas também ensinavam que, antes do Adão místico, muitas raças de seres humanos viveram e morreram, cada uma dando por sua vez lugar a outra. Teriam sido os tipos precedentes mais perfeitos? Teriam alguns deles pertencido à raça *alada* de homens mencionada por Platão no *Fedro*? Cabe à Ciência resolver um problema que é de sua especial alçada. As cavernas da França e as relíquias da idade da pedra fornecem um ponto de partida.

À medida que o ciclo prosseguia, os olhos dos homens foram mais e mais se abrindo, até o momento em que ele veio, tanto quanto os próprios Elohim, a conhecer "o bem e o mal". Depois de alcançar o seu apogeu, o ciclo começa a retroceder. Quando o arco atingiu um certo ponto que o colocou em paralelo com a linha fixa de nosso plano terrestre, a Natureza forneceu ao homem "vestes de *pele*", e o Senhor Deus "os vestiu".

Essa crença na preexistência de uma raça muito mais espiritual do que aquela a que pertencemos atualmente pode ser reconstituída desde as mais antigas tradições de quase todos os povos. No antigo manuscrito quíxua, publicado por Brasseur de Bourbourg – o *Popol Vuh*[4] –, os primeiros homens figuravam como uma raça dotada de razão e de fala, que possuía uma visão ilimitada e que conhecia de imediato todas as coisas. De acordo com Fílon, o Judeu[5], o ar está repleto de uma hoste de espíritos invisíveis, alguns dos quais são livres do mal e imortais, e outros são perniciosos e mortais. "Dos filhos de EL nós descendemos, e filhos de EL voltaremos a ser." E a declaração inequívoca do gnóstico anônimo que escreveu *O evangelho segundo São João*, de acordo com a qual "todos os que O receberam", isto é, todos os que seguiram praticamente a doutrina esotérica de Jesus, tornar-se-iam "filhos de Deus", aponta para a mesma crença. "Não sabeis que sois *deuses*?"[6], exclamou o Mestre. Platão descreve admiravelmente no *Fedro*[7] o estado anterior do homem, e aquele ao qual ele há de retornar: antes e depois da "perda das asas"; quando "ele vivia entre os deuses, e ele próprio era um deus no mundo aéreo". Desde a mais remota Antiguidade, as filosofias religiosas ensinaram que todo o universo estava repleto de seres divinos e espirituais de diversas raças. De uma delas, no correr do tempo, proveio ADÃO, o homem primitivo.

Os calmuques e algumas tribos da Sibéria também descrevem em suas lendas criações anteriores à nossa presente raça. Estes seres, dizem eles, eram dotados de conhecimentos quase ilimitados, e em sua audácia ameaçaram rebelar-se contra o Grande Espírito Chefe. Este, para punir-lhes a presunção e humilhá-los, aprisionou-os *em corpos*, e assim lhes obstruiu os sentidos. Eles podem escapar dos corpos, mas apenas através de longo arrependimento, autopurificação e progresso. Seus *xamãs*, como acreditam, gozam ocasionalmente dos poderes divinos que originalmente todos os seres humanos possuíam.

A Biblioteca Astor, de Nova Iorque, foi recentemente enriquecida com o facsímile de um Tratado Médico Egípcio, escrito no século XVI a.C. (ou, mais precisamente, em 1552 a.C.), quando, segundo a cronologia comumente adotada, Moisés tinha apenas vinte e um anos de idade. O original foi escrito sobre a casca interior do *Cyperus papyrus*, e o Prof. Schenk, de Leipzig, não apenas o declarou autêntico, como também o considerou o mais perfeito jamais visto. Consiste numa simples folha de papiro amarelo-escuro da mais fina qualidade, de trinta centímetros de largura e mais de vinte metros de comprimento, que forma um rolo dividido em 110 p., todas cuidadosamente numeradas. Foi adquirido no Egito, em 1872-1873, pelo arqueólogo Ebers, de "um próspero árabe de Luxor". O *Tribune* de Nova Iorque, comentando o fato, diz: O papiro "traz evidências internas de ser um dos seis *Livros herméticos sobre Medicina*, mencionados por Clemente de Alexandria".

O editor diz ainda "Ao tempo de Jâmblico, em 363 a.C., os sacerdotes do Egito exibiram 42 livros que atribuíam a Hermes (Thuti). Destes, segundo aquele autor, 36 continham a história de todo o conhecimento humano; os seis restantes tratavam da anatomia, da patologia, das afecções dos olhos, dos instrumentos cirúrgicos e dos medicamentos[8]. O *Papiro de Ebers* é incontestavelmente uma destas antigas obras herméticas".

Se um raio de luz tão claro foi projetado sobre a ciência egípcia antiga, pelo encontro acidental (?) do arqueólogo alemão com um "próspero árabe de Luxor", que luz solar não penetraria nas negras criptas da história mercê de um encontro igualmente fortuito entre um outro próspero egípcio e outro intrépido estudante da Antiguidade?!

As descobertas da ciência moderna não estão em desacordo com as mais antigas tradições que atribuem uma incrível antiguidade à nossa raça. Nos últimos anos, a Geologia, que até então não podia admitir traços de homens anteriores ao período terciário, descobriu provas incontestáveis de que a existência humana precede a última glaciação da Europa – mais de 250.000 anos! Eis aí um osso duro de roer para a Teologia patrística, mas um fato admitido pelos filósofos antigos [*].

Além disso, utensílios fósseis foram exumados ao lado de restos humanos, o que demonstra que o homem caçava em tempos tão remotos e sabia como fazer uma fogueira. Mas o último passo ainda não foi dado nessa busca da origem da raça; a ciência estacou repentinamente, e aguarda novas provas. Infelizmente, a Antropologia e a Psicologia não têm o seu Curvier; nem os geólogos e os arqueólogos são capazes de construir, a partir dos pedaços fragmentários descobertos até o presente, o esqueleto perfeito do homem triplo – físico, intelectual e espiritual. Visto que os utensílios fósseis do homem se tornam mais toscos e rudes à medida que a Geologia penetra mais fundo nas entranhas da Terra, parece uma prova da Ciência que quanto mais próximos ficamos da origem do homem, mais selvagem e bruto ele deve ser. Estranha lógica! Acaso a descoberta dos restos encontrados na caverna de Devon prova que não existiam então raças contemporâneas que fossem altamente civilizadas? Quando a atual população da Terra tiver desaparecido, e algum arqueólogo, ao procurar a "raça vindoura" do futuro distante, escavar utensílios domésticos de um de nossos índios ou das tribos da Ilha de Andaman, poderá ele legitimamente concluir que a humanidade do século XIX estava "emergindo da Idade da Pedra"?

Até há pouco era moda falar das "insustentáveis concepções de um passado inculto". *Como se fosse possível esconder atrás de um epigrama as pedreiras intelectuais graças às quais as reputações de muitos filósofos modernos foram esculpidas!* Assim como Tyndall está sempre pronto a desdenhar dos filósofos antigos – de cujas idéias mais de um cientista renomado retirou a honra e o crédito –, os geólogos parecem cada vez mais inclinados a ter por estabelecido que todas as raças arcaicas estavam contemporaneamente num estado de estúpida barbárie. Mas nem todas as nossas maiores autoridades concordam com essa opinião. Alguns dos mais eminentes sustentam exatamente o contrário. Max Müller, por exemplo, diz: "Muitas coisas ainda nos são incompreensíveis, e a linguagem hieroglífica da Antiguidade revela apenas metade das intenções inconscientes da mente. Entretanto, cada vez mais a imagem do homem, em qualquer clima em que o encontremos, se levanta até nós, nobre e pura desde o início; aprendemos a entender os seus erros, começamos a interpretar os seus sonhos. Por mais longe que possamos remontar às pegadas do homem, mesmo nos mais baixos estratos da História vemos o dom divino de um são e sóbrio intelecto que lhe pertence desde o início, e **a idéia de uma humanidade a emergir lentamente das profundezas da brutalidade animal não mais pode ser sustentada**"[9].

---

*   Esta frase é muito ambígua. A última glaciação da Europa aconteceu há 10.000 anos, de acordo com alguns cientistas. É mais provável que H. P. B. queira dizer que a existência humana antecede a última glaciação *por* 250.000 anos. Depois que ela o disse, no entanto, essa data tem sido consideravelmente retrocedida. (N. do Org.)

Como se pretende que não é filosófico pesquisar as causas primeiras, os cientistas se ocupam atualmente em considerar os seus efeitos físicos. O campo da investigação científica acha-se então confinado pela natureza física. Assim que os seus limites forem atingidos, a investigação deverá parar, e cumprirá recomeçar o trabalho. Com todo o respeito que devemos aos nossos homens eruditos, eles são como o esquilo em sua jaula giratória, pois estão condenados a dar voltas e mais voltas em torno da sua "matéria". A ciência é uma poderosa potência, e não cabe a nós, pigmeus, questioná-la. Mas os *"cientistas"* não são a própria ciência encarnada, assim como os homens de nosso planeta não são o próprio planeta. Não temos o direito de pedir ao "filósofo dos dias de hoje" que aceite, sem discussão, uma descrição geográfica do lado escuro da Lua, nem temos o poder para obrigá-lo a tal. Mas se, num cataclismo lunar, um dos seus habitantes fosse arrojado de lá para a atração de nossa atmosfera, e desembarcado, são e salvo, nas portas do Dr. Carpenter, este poderia ser justamente acusado de faltar ao seu dever profissional se deixasse escapar esta ocasião para resolver um problema físico.

Para um homem de Ciência, recusar a oportunidade de investigar um novo fenômeno, venha este na forma de um homem da Lua, ou na de um fantasma da quinta de Eddy, é igualmente repreensível.

Provenha este resultado do método de Aristóteles ou do método de Platão, não devemos nos demorar para investigá-lo; mas é um fato que as naturezas interna e externa do homem eram perfeitamente conhecidas pelos antigos andrólogos. Sem embargo das hipóteses superficiais dos geólogos, estamos começando a recolher quase diariamente as provas que corroboram as asserções desses filósofos.

Eles dividiam os intermináveis períodos da existência humana sobre este planeta em ciclos, durante cada um dos quais a Humanidade gradualmente atingiu o ponto culminante da mais alta civilização e gradualmente recaiu no mais abjeto barbarismo[*]. A altura à qual a raça, em sua fase progressiva, muitas vezes chegou, pode ser fracamente presumida pelos maravilhosos monumentos da Antiguidade, ainda visíveis, e pelas descrições dadas por Heródoto de outras maravilhas de que não restou nenhum traço[10]. Mesmo em sua época as gigantescas estruturas de muitas pirâmides e de templos mundialmente famosos eram apenas montes de ruínas. Dispersados pela infatigável mão do tempo, eles foram descritos pelo Pai da História como "as testemunhas veneráveis da glória antiquíssima de ancestrais mortos". Ele "evita falar das coisas divinas" e dá à posteridade apenas uma descrição imperfeita de oitiva de algumas extraordinárias câmaras subterrâneas do Labirinto, onde jaziam – e ainda jazem – ocultos os restos sagrados dos Reis Iniciados.

---

* O seguinte excerto de *The Mahatma Letters to A. P. Sinnet*, Carta XVIII, p. 120-21, tem grande importância na sua relação com o texto do primeiro parágrafo do Capítulo I e com estas linhas. Para citar as palavras do Mestre K. H.:
"Ver 'Ísis', Capítulo I – '(...) a divina Essência [Purusha] como um arco luminoso' começa a formar um círculo – a cadeia mahamanvantárica; e, tendo alcançado o ponto mais alto (ou o seu primeiro ponto de partida), dobra-se para trás novamente e volta à Terra (o primeiro globo) trazendo um tipo superior de Humanidade no seu vórtice – 'por sete vezes. Aproximando-se de nossa Terra, torna-se cada vez mais indistinto até que, tocando o solo, torna-se escuro como a noite –' isto é, só é matéria *externamente*, estando o Espírito ou Purusha ocultado pela blindagem dos cinco primeiros princípios. Veja agora estas três linhas sublinhadas; em vez de 'Humanidade', leia *raças humanas*, e, por 'civilização', leia *evolução espiritual daquela raça específica* e você terá a verdade que deve estar oculta naquele incipiente estágio tentativo da Sociedade Teosófica". (N. do Org.)

Podemos ainda fazer uma idéia da alta civilização atingida em alguns períodos da Antiguidade pelas descrições históricas da época dos ptolomeus, embora nesse tempo se considerasse que as artes e as ciências estavam em decadência, e que muitos dos seus segredos já estavam perdidos. Nas recentes escavações de Mariette-Bey, aos pés das pirâmides, estátuas de madeira e outras relíquias foram exumadas, mostrando que muito tempo antes das primeiras dinastias os egípcios tinham atingido uma perfeição e um refinamento artísticos capazes de excitar a admiração dos mais ardentes apreciadores da arte grega. Bayard Taylor descreve tais estátuas numa de suas conferências, e conta-nos que a beleza das cabeças, ornamentadas com olhos de pedras preciosas e sobrancelhas de cobre, é insuperável. Bem abaixo da camada de areia na qual repousavam os restos que figuram nas coleções de Lepsius, de Abbott e do Museu Britânico, encontram-se ocultas as provas tangíveis da doutrina hermética dos ciclos de que já falamos.

O Dr. Schliemann, helenista entusiasta, encontrou recentemente, em suas escavações em Troada, numerosas evidências dessa ascensão gradual que vai da barbárie à civilização e novamente da civilização à barbárie. Se os antediluvianos foram de tal modo mais versados do que nós em algumas ciências e se tiveram perfeito conhecimento de artes importantes que temos por *perdidas*, por que então deveríamos tanto relutar em admitir a possibilidade de que eles poderiam ter igualmente se sobressaído no conhecimento psicológico? Tal hipótese deve ser considerada tão razoável como qualquer outra até o momento em que uma evidência irrefutável for descoberta para destruí-la.

Todo verdadeiro *savant*[11] admite que em muitos aspectos o conhecimento humano ainda está em sua infância. Será porque nosso ciclo começou numa época relativamente recente? *Estes ciclos,* segundo a filosofia caldaica, *não abrangem toda a Humanidade num único e mesmo tempo.* O Prof. Draper confirma parcialmente esta teoria ao dizer que os períodos em que a Geologia "julgou conveniente dividir o progresso do homem na civilização não são épocas abruptas (intransponíveis) que se mantêm simultaneamente para toda a raça humana"; ele dá como exemplo os "índios nômades da América", que "só estão emergindo da idade da pedra"[12]. Assim, mais de uma vez os homens de Ciência confirmaram involuntariamente o testemunho dos antigos.

Qualquer cabalista que esteja a par do sistema pitagórico dos números e da Geometria pode demonstrar que as idéias metafísicas de Platão se basearam em princípios estritamente matemáticos. "As verdadeiras matemáticas", diz o *Magicon*[13][*], "são algo com que as ciências superiores têm estreita relação; as matemáticas ordinárias não passam de uma fantasmagoria ilusória, cuja tão louvada infalibilidade provém apenas

---

*　O título completo dessa obra bastante rara é: Μαγικον *oder das geheime System einer Gesellschaft unbekannter Philosophen unter einzelne Artikel geordnet,* etc. *Von einem unbekannten des Quadratscheins, der weder Zeichendeuter noch Epopt ist.* Frankfurt und Leipzig, 1784, 8vo. (Museu Britânico, 8610.aa.4.)

Esta obra foi publicada, como o título o indica, por "Um Desconhecido da Luz Quadrilátera". Contém idéias mais precisamente surpreendentes e extraordinárias que, todavia, são familiares aos estudiosos do ocultismo. Trata da Evolução Setenária da Natureza, da clarividência, da psicometria e do significado oculto dos números, além de ensinamentos ocultos. É bastante provável que esta obra tenha tido origem num grupo de martinistas. O Dr. Franz Hartmann (assinando-se como "Um budista americano") apresentou a essência desta obra numa série de excertos traduzidos e condensados nas páginas de *The Theosophist* (vol. V, abril, junho e julho, 1884). (N. do Org.)

disso – dos materiais, das condições e das referências em que elas se fundamentam." Cientistas que acreditam adotaram o método aristotélico apenas porque se esquivam, quando não fogem, dos particulares demonstrados nos universais, glorificam o método da filosofia indutiva, e rejeitam o de Platão, que consideram insubstancial. O Prof. Draper lamenta que alguns místicos especulativos como Amônio Saca e Plotino tenham tomado o lugar "de muitos geômetras do antigo museu"[14]. Ele esquece que a Geometria, a única dentre todas as ciências a proceder dos universais para os particulares, foi precisamente o método empregado por Platão em sua filosofia. Desde que a ciência exata confine as suas observações às condições físicas e proceda como Aristóteles, ela certamente não poderá errar. Mas, embora o mundo da matéria seja ilimitado para nós, ele ainda é finito; e assim o materialismo girará para sempre num círculo vicioso, incapaz de elevar-se acima do que a circunferência permitir. A teoria cosmológica dos números que Pitágoras aprendeu dos hierofantes egípcios é a única capaz de reconciliar as duas unidades, matéria e espírito, e de fazer com que uma demonstre matematicamente a outra.

Os números sagrados do universo em sua combinação esotérica resolvem os grandes problemas e explicam a teoria da radiação e o ciclo de emanações. As ordens inferiores, antes de se transformarem nas ordens superiores, devem emanar das ordens espirituais superiores, e, ao chegarem ao ponto de retorno, devem reabsorver-se novamente no infinito.

A Fisiologia, como tudo neste mundo de constante evolução, está sujeita à revolução cíclica. Como ela parece atualmente emergir com dificuldades das sombras do arco inferior, um dia poderá ser demonstrado que ela atingiu o ponto mais alto da circunferência muito tempo antes da época de Pitágoras.

Mochus, o Sidônio, fisiólogo e professor da ciência anatômica, floresceu muito antes do Sábio de Samos[15]; e este recebeu as instruções sagradas dos discípulos e descendentes daquele. Pitágoras, o filósofo puro, versado profundamente nos maiores fenômenos da Natureza, nobre herdeiro das tradições antigas, cuja grande contribuição foi libertar a alma dos grilhões dos sentidos e forçá-la a realizar os seus poderes, deverá viver eternamente na memória humana.

O véu impenetrável do segredo arcano cobria as ciências ensinadas nos santuários. Esta é a causa do desprezo moderno para com os filósofos antigos. Até mesmo Platão e Fílon, o Judeu, foram acusados por muitos comentadores de inconsistências absurdas, e no entanto o plano que sustenta o labirinto das contradições metafísicas tão desconcertantes para o leitor do *Timeu* é mais do que evidente. Mas foi alguma vez Platão lido compreensivamente por qualquer um dos que comentam os clássicos? Eis a questão que se impõe em decorrência das críticas encontradas em autores como Stalbaüm, Schleirmacher, Ficino (tradução do latim), Heindorf, Sydenham, Buttmann, Taylor e Burges, para não mencionar as autoridades menores. As alusões veladas do filósofo grego às coisas esotéricas embaraçaram visivelmente esses comentadores no mais alto grau. Eles não apenas sugerem com um desvergonhado sangue-frio que, em certas passagens difíceis, era uma outra fraseologia que se pretendia sem dúvida empregar, como também fazem as modificações! A linha órfica:

"Do canto, a ordem da *sexta raça* fecha" –

que só pode ser interpretada como uma referência à *sexta* raça desenvolvida na evolução sucessiva das esferas[16], diz Burges: "(...) foi, evidentemente, tirada de uma cosmogonia *na qual se acreditava que o homem foi o último a ser criado"*[17]. Quem edita uma obra não tem a obrigação de pelo menos entender o que diz o seu autor?

Na verdade, nossos críticos modernos, mesmo aqueles que são isentos de preconceitos, consideram os filósofos antigos desprovidos da profundidade e do perfeito conhecimento das ciências exatas de que o nosso século tem tanto orgulho. Coloca-se até mesmo em dúvida que eles tenham conhecido o princípio científico fundamental: *ex nihilo nihil fit*. Se afinal suspeitaram a indestrutibilidade da matéria – dizem tais comentadores –, foi menos em virtude de uma fórmula solidamente estabelecida do que por um raciocínio intuitivo e por analogia.

Sustentamos a opinião oposta. As especulações desses filósofos sobre a matéria estavam abertas à crítica pública: mas os seus ensinamentos a respeito das coisas espirituais eram profundamente esotéricos. Obrigados assim por juramento a guardar o segredo e silêncio religioso sobre os assuntos concernentes às relações entre o espírito e a matéria, eles rivalizaram uns com os outros nos engenhosos métodos para ocultar as suas verdadeiras opiniões.

A doutrina da *Metempsicose* foi amplamente ridicularizada pelos homens da Ciência e rejeitada pelos teólogos; entretanto, se ela fosse convenientemente compreendida em sua aplicação à indestrutibilidade da matéria e à imortalidade do espírito, ter-se-ia reconhecido que ela é uma concepção sublime. Não deveríamos estudar a questão colocando-nos no ponto de vista dos antigos, antes de nos aventurarmos a desacreditar os seus mestres? A solução do grande problema da *eternidade* não diz respeito nem à superstição religiosa nem ao materialismo grosseiro. A harmonia e a uniformidade matemática da dupla evolução – espiritual e física – foram elucidadas exclusivamente nos números universais de Pitágoras, que construiu seu sistema inteiramente com base na chamada "fala métrica" dos *Vedas* hindus. Foi só recentemente que um dos mais zelosos eruditos sanscritistas, Martin Haug, empreendeu a tradução do *Aitareya-Brâhmana* do *Rig-Veda*, que era até então completamente desconhecido; estas explicações estabelecem, incontestavelmente, a identidade entre os sistemas pitagórico e bramânico. Em ambos, a significação esotérica deriva do número: no primeiro, da relação mística de cada número com tudo que é inteligível para a mente do homem; no segundo, do número de sílabas com que cada verso dos *Mantras* é formado. Platão, ardente discípulo de Pitágoras, adotou tão completamente este sistema a ponto de sustentar que o dodecaedro foi a figura geométrica empregada pelo *Demiurgo* para edificar o universo[18]. Algumas dessas figuras tinham uma significação particularmente solene. Por exemplo, o número *quatro*, de que o dodecaedro é o triplo, era tido como sagrado pelos pitagóricos. É o quadrado perfeito e nenhuma das linhas que o limitam cruza outra em qualquer ponto. É o problema da justiça moral e da eqüidade divina geometricamente expressas. Todos os poderes e todas as grandes harmonias da natureza física e espiritual repousam no quadrado perfeito, e o nome inefável dAquele que, de outro modo, permaneceria indizível era substituído pelo número sagrado **4,** o mais inviolável e solene juramento entre os antigos místicos – a *Tetraktys*.

Se a metempsicose pitagórica pudesse ser completamente explicada e comparada com a moderna teoria da evolução, seria possível suprir todos os "elos perdidos" da corrente desta última. Mas qual de nossos cientistas consentiria em perder seu precioso tempo com as divagações dos antigos? Não obstante as provas em contrário, eles negam não apenas aos povos dos períodos arcaicos mas também aos filósofos antigos qualquer conhecimento do sistema heliocêntrico. Os "veneráveis bedes", os agostinhos e os lactantii parecem ter sufocado, com sua ignorância dogmática, toda fé nos teólogos mais antigos dos séculos pré-cristãos. Mas agora a Filologia e uma relação mais estreita com a literatura sânscrita nos permitiram defendê-los dessas imerecidas imputações.

Nos *Vedas,* por exemplo, encontramos prova positiva de que já em 2000 a.C. os sábios hindus e os eruditos devem ter tido conhecimento da rotundidade de nosso globo e do sistema heliocêntrico. Eis por que Pitágoras e Platão tão bem conheceram esta verdade astronômica; pois Pitágoras obteve seu conhecimento na Índia, ou de homens que lá estiveram, e Platão repetia fielmente os seus ensinamentos. Citaremos duas passagens do *Aitareya-Brâhmana.*

No *"Mantra da Serpente"*[19], o *Brâhmana* declara o seguinte: este é o Mantra que foi visto pela Rainha das Serpentes, *Sarpa-râjñî;* porque a Terra (*iyam*) é a Rainha das Serpentes, assim como é a mãe e a rainha de tudo que se move (*sarpati*). No princípio, ela (a Terra) tinha apenas uma cabeça (redonda), sem cabelos (*calva*), isto é, sem vegetação. Ela ouviu então este *Mantra* que confere àqueles que o conhecem o poder de assumir todas as formas que possam desejar. Ela "pronunciou o *Mantra"*, isto é, sacrificou aos deuses; e, em conseqüência, obteve imediatamente uma aparência multicor; tornou-se variegada, e capaz de produzir qualquer forma que desejasse, *mudando uma forma em outra.* Este *Mantra* começa com as palavras *"Âyam gâuh priśnir akramût"* (X, 189).

A descrição da Terra na forma de uma cabeça *redonda* e *calva*, que era *macia* no princípio e se tornou *dura* apenas após ter sido assoprada pelo deus Vâyu, o senhor do ar, sugere forçosamente a idéia de que os autores dos livros védicos sagrados sabiam que a Terra era *redonda* ou esférica; além disso, que era no princípio uma massa *gelatinosa* que gradualmente se resfriou sob a influência do ar e do tempo. Eis o que concerne ao conhecimento sobre a esfericidade de nosso globo; apresentaremos agora o testemunho em que baseamos nossa asserção de que os hindus estavam perfeitamente a par do sistema heliocêntrico, há pelo menos 4000 anos.

No mesmo tratado, o *hotri* (sacerdote) é instruído sobre como se devem repetir os *Śâstras,* e como se devem explicar o nascer e o por do Sol. Ele diz: "O *Agnishtoma* é aquele (deus) que queima. *O Sol jamais se levanta ou se põe.* Quando as pessoas pensam que o Sol está se levantando, ele *não está;* elas estão erradas. Ao chegar ao fim do dia, ele produz dois efeitos opostos, fazendo a noite para o que está acima e o dia para o que está do outro lado. Quando elas (as pessoas) acreditam que ele se levanta pela manhã, o Sol faz apenas isso: ao atingir o fim da noite, ele se põe a produzir dois efeitos opostos, fazendo o dia para o que está acima, e a noite para o que está do outro lado. O Sol, na verdade, jamais se põe; e não se põe para aquele que tem este conhecimento. (. . .)"[20].

Esta sentença é tão conclusiva que o tradutor do *Aitareya-Brâhmana,* o Dr. Haug, viu-se obrigado a comentá-la. Ele diz que a passagem contém "a *negação* da existência do nascer e do pôr-do-sol", e que o seu autor supõe que o Sol "permanece sempre em sua elevada posição"[21].

Num dos mais antigos *Nivids*, Rishi Kutsa, um sábio hindu da mais remota Antiguidade, explica a alegoria das primeiras leis impostas aos corpos celestes. Por ter feito "o que não deveria fazer", Anâhita (Anaïtis ou Nana, a Vênus persa), que representa a Terra na lenda, é condenada a girar em torno do Sol. Os *sattras*, as sessões sacrificais[22], provam de modo incontestável que, desde o século XVIII ou XX a.C., os hindus fizeram consideráveis progressos na ciência astronômica. Os *sattras* duravam um ano, e eram "uma imitação do curso anual do Sol. Dividiam-se", diz Haug, "em duas partes distintas, cada qual consistindo de seis meses de trinta dias cada uma; entre as duas, ocorria o *Vishuvam* (equador ou dia central), cortando os *sattras* em duas metades, etc."[23].

Este erudito, embora atribua a composição do conjunto dos *brâhmanas* ao período que vai de 1400 a 1200 a.C., é de opinião que o mais antigo destes hinos pode ser situado no início da literatura védica, entre os anos 2400-2000 a.C. Ele não vê razão para considerar os *Vedas* menos antigos do que os livros sagrados dos chineses[24]. Como o *Shu-King,* ou *Livro da História,* e as canções sacrificais do *Shi-King,* ou *Livro das Odes,* têm uma antiguidade demonstrada que remonta a 2200 a.C., nossos filólogos deverão reconhecer muito breve que quanto ao conhecimento astronômico os hindus antediluvianos foram os seus mestres.

Em todo caso, há fatos que provam que certos cálculos astronômicos eram tão corretos entre os caldeus da época de Júlio César como o são hoje. Quando o calendário foi reformado pelo Conquistador, descobriu-se que o ano civil se coadunava tão pouco com as estações, que o verão adentrava pelos meses de outono e os meses de outono por todo o inverno. Foi Sosígenes, o astrônomo caldeu, quem restabeleceu a ordem na confusão, recuando em noventa dias o dia 25 de março, e assim fazendo este dia corresponder ao equinócio da primavera; e foi Sosígenes ainda que fixou a duração dos meses *tal como ela existe ainda hoje.*

Na América, o exército de Montezuma descobriu que o calendário dos astecas concedia um número igual de dias e de semanas a cada mês. A extrema correção de seus cálculos astronômicos era tão grande, que *nenhum erro* foi neles descoberto durante as verificações posteriores, ao passo que os europeus que desembarcaram no México em 1519 estavam, graças ao calendário juliano, aproximadamente dez dias adiantados em relação ao tempo correto.

É às traduções escrupulosas e inestimáveis dos livros védicos e às pesquisas pessoais do Dr. Haug, que devemos a corroboração das pretensões dos filósofos herméticos. Pode-se facilmente provar que a época de Zaratustra Spitama (Zoroastro) é de uma antiguidade incalculável. Os *brâhmanas,* aos quais Haug atribui quatro mil anos, descrevem a disputa religiosa entre os antigos hindus que viveram no período pré-védico e os iranianos. Os combates entre os *devas* e os *asuras* – os primeiros representando os *hindus* e os últimos os iranianos – são minuciosamente descritos nos livros sagrados. Como o profeta iraniano foi o primeiro a se levantar contra o que ele chamava a "idolatria" dos brâmanes, e a designá-los como *devas* (demônios), a que época remontava então essa crise religiosa?

"Essa luta", responde o Dr. Haug, "deve ter se afigurado tão antiga aos autores dos *brâhmanas* como as façanhas do Rei Artur aos escritores ingleses do século dezenove."[25]

Não houve um só filósofo de alguma notoriedade que não tenha sustentado a doutrina da metempsicose – tal como foi ensinada pelos brâmanes, pelos budistas e mais tarde pelos pitagóricos, em seu sentido esotérico –, quer ele a tenha ou não expresso de maneira inteligível. Orígenes e Clemente de Alexandria, Sinésio e Calcídio, todos acreditavam nela; e os gnósticos, reconhecidos incontestavelmente pela História como um grupo de muito refinados, eruditos e esclarecidos homens[26], todos professavam a crença na metempsicose. Sócrates comungava doutrinas idênticas às de Pitágoras; e ambos, para expiar a sua filosofia divina, morreram de morte violenta. O vulgo sempre foi o mesmo em todos os tempos. O materialismo foi e será sempre cego às verdades espirituais. Esses filósofos sustentavam, com os hindus, que Deus infundiu na matéria uma porção de seu próprio Espírito Divino, que anima e move cada uma das partículas. Eles ensinavam que o homem tem *duas almas,* de natureza diversa e totalmente distinta: uma perecível – a Alma Astral, ou o corpo fluídico interno – e outra incorruptível e imortal – a *Augoeides,* ou porção do Espírito Divino; que a alma astral ou mortal morre a cada mudança gradual no limiar de toda nova esfera, tornando-se com cada transmigração mais purificada. O homem astral, por mais intangível e invisível que possa ser aos nossos sentidos mortais e terrestres, é ainda constituído de matéria, embora sublimada. Aristóteles, embora por razões políticas particulares tenha mantido um prudente silêncio a respeito de certos temas esotéricos, expressou muito claramente sua opinião sobre o assunto. Acreditava ele que as almas humanas são emanações de Deus e que elas são finalmente reabsorvidas na Divindade. Zenão, o fundador do Estoicismo, ensinava que existem "duas qualidades eternas em toda a natureza; uma, ativa, ou masculina, e outra, passiva, ou feminina: a primeira é éter puro e sutil, ou Espírito Divino; a outra é em si mesma totalmente inerte até a sua união com o princípio ativo. O Espírito Divino, ao agir sobre a matéria, produz o fogo, a água, a terra e o ar; e é o único princípio motor de toda a natureza. Os estóicos, como os sábios hindus, acreditavam na absorção final[27]. São Justino acreditava que as almas emanam do seio da divindade, e Tatiano, o Assírio, seu discípulo, declarava que "o homem é tão imortal quanto o próprio Deus"[28].

O versículo profundamente significativo do *Gênese:* "E a todos os animais da terra e a todas as aves dos céus e a todos os répteis da terra eu dei uma *alma viva* (. . .)" deveria chamar a atenção de todos os eruditos hebreus capazes de ler a Escritura no original, e demovê-los de seguir a tradução errada, na qual se lê: "em que *há vida"*[29].

Desde o primeiro capítulo até o último, os tradutores dos Livros Sagrados judaicos interpretaram mal este significado. Eles mudaram a ortografia do nome de Deus, como prova Sir W. Drummond. Assim, *El,* se corretamente escrito, deveria ler-se *Al,* pois no original está אל – Al, e, segundo Higgins, esta palavra significa o deus Mitra, o *Sol,* o conservador e o salvador. Sir W. Drummond mostra que *Beth-El* significa a Casa do *Sol* em sua tradução literal, e não de Deus. "*El,* na composição de tais nomes cananitas, não significa *Deus,* mas *Sol.*"[30] Foi assim que a Teologia desfigurou a antiga Teosofia e a Ciência, a antiga Filosofia[31].

Por não compreenderem este grande princípio filosófico, os métodos da Ciência moderna, embora exatos, a nada levarão. Não há um só de seus ramos que possa demonstrar a origem e o fim das coisas. Em vez de investigar o efeito a partir de sua fonte primeira, o seu progresso se dá ao inverso. Os tipos superiores, como ele ensina, resultam da evolução dos tipos inferiores. Ela parte do fundo do ciclo, conduzida passo a passo no grande labirinto da natureza por um fio de matéria. Assim que este se rompe e a pista se perde, ela recua, assustada, diante do Incompreensível, e confessa a sua *impotência.* Não procediam assim Platão e seus discípulos. Para eles, *os tipos inferiores são simplesmente as imagens concretas dos tipos abstratos superiores.* A alma, que é imortal, tem uma origem aritmética, assim como o corpo tem uma origem geométrica. Esta origem, enquanto reflexo do grande ARCHAEUS universal, é dotada de movimento próprio e difunde-se a partir do centro sobre cada corpo do microcosmo.

Foi a triste compreensão dessa verdade que fez Tyndall confessar quão impotente é a Ciência, mesmo sobre o mundo da matéria. "O conjunto primitivo de átomos, do qual dependem as ações subseqüentes, burla um poder mais aguçado do que o do microscópio. Devido apenas à sua excessiva complexidade, e antes que a observação possa ter direito de opinar sobre o assunto, o intelecto mais bem-treinado e a imaginação mais refinada e disciplinada *retiram-se perplexos da contemplação do problema*. Ficamos mudos de espanto em razão do estupor que nenhum microscópio pode dissipar, não apenas duvidando do poder de nosso instrumento como também conjecturando se possuímos os elementos intelectuais que nos permitirão lutar com as últimas energias estruturais da Natureza."[32]

A figura geométrica fundamental da Cabala – essa figura que a tradição e as doutrinas esotéricas nos dizem ter sido dada pela própria Divindade a Moisés no Monte Sinai[33] – contém em sua grandiosa, porque simples, combinação a chave do problema universal. Essa figura contém em si todas as outras. Para aqueles que são capazes de dominá-la, não há necessidade de exercitar a imaginação. Nenhum microscópio pode ser comparado à intensidade da percepção espiritual.

E mesmo para aqueles que não são versados na GRANDE CIÊNCIA, a descrição, dada por um psicômero infantil bem-preparado, da gênese de um grão, de um fragmento de cristal ou de qualquer outro objeto – vale todos os telescópios e microscópios da "Ciência exata".

Deve haver mais verdade na aventurosa pangênese de Darwin – a quem Tyndall qualifica de um "especulador que voa alto" – do que nas hipóteses tímidas e limitadas deste último; o qual, em conjunto com outros pensadores de sua classe, cerca a imaginação "com as firmes fronteiras da razão"[34]. A teoria de um germe microscópico que contém em si "um mundo de germes menores" estende-se, num sentido pelo menos, ao infinito. Ela ultrapassa o mundo da matéria e começa inconscientemente a se aventurar pelo mundo do espírito. Se aceitamos a teoria da evolução das espécies de Darwin, descobrimos que o seu ponto de partida está colocado à frente de uma porta aberta. Somos livres para ficar com ele, ou para cruzar a soleira, atrás da qual repousa o ilimitado e o incompreensível, ou melhor, o *Indizível*. Se nossa linguagem mortal é inadequada para expressar o que o nosso espírito entrevê fracamente no grande *"Além"* – enquanto estamos nesta Terra –, ela *deve* fazê-lo até certo ponto na eternidade sem tempo.

Não se dá o mesmo com a teoria do Prof. Huxley sobre "A Base Física da Vida". Indiferente à formidável quantidade de "nãos" dos cientistas alemães, seus colegas, ele cria um *protoplasma* universal cujas células transforma nas fontes sagradas do princípio da *vida*. Tornando tal princípio idêntico tanto no homem vivo como no "carneiro morto", na urtiga como na lagosta; encerrando, na célula molecular do protoplasma, o princípio da vida, e dele excluindo o influxo divino que ocorre em cada uma das sucessivas evoluções, o Prof. Huxley fecha todas as saídas possíveis. Com uma hábil tática ele converte as suas *"leis e fatos"* em sentinelas, confiando-lhes a guarda das saídas. O estandarte sob o qual ele as reúne traz como inscrição a palavra "necessidade"; mas assim que ela é desfraldada, o Prof. Huxley zomba da divisa e a qualifica de "uma sombra vazia de minha própria imaginação"[35].

As doutrinas fundamentais do Espiritualismo, diz ele, "estão fora dos limites da investigação filosófica". Seremos bastante audazes para contradizer tal asserção, e dizemos que elas estão muito mais dentro desses limites do que o protoplasma de Huxley. Ainda mais que elas oferecem fatos palpáveis e evidentes da existência do *espírito*, e as células protoplasmáticas, uma vez mortas, não apresentam absolutamente nada das origens ou das bases da vida, como este autor, um dos poucos "pensadores de proa do presente", nos quer fazer acreditar[36].

Os antigos cabalistas não se demoravam numa hipótese, se a base desta não estivesse estabelecida sobre a rocha sólida das experiências comprovadas.

Mas a exagerada subordinação aos fatos físicos ocasiona a pujança do materialismo e a decadência da espiritualidade e da fé. Ao tempo de Aristóteles, era essa a tendência de pensamento dominante. E embora o preceito délfico ainda não tivesse sido completamente eliminado do pensamento grego, e alguns filósofos ainda sustentassem que "para saber o que o homem *é*, devemos saber o que o homem *foi*", o materialismo já tinha começado a corroer a fé pela raiz. Os próprios mistérios haviam se degenerado ao extremo em meras especulações sacerdotais e fraudes religiosas. Poucos eram os verdadeiros adeptos e iniciados, os herdeiros e os descendentes daqueles que foram dispersados pelas espadas conquistadoras de vários invasores do Antigo Egito.

O tempo predito pelo grande Hermes em seu diálogo com Esculápio tinha deveras chegado[37]; o tempo em que estrangeiros ímpios iriam acusar o Egito de adorar monstros, em que nada iria sobreviver de suas admiráveis instituições, a não ser as inscrições gravadas na pedra sobre os monumentos – enigmas incríveis para a posteridade. Seus escribas sagrados e seus hierofantes erravam sobre a face da Terra. Obrigados pelo medo da profanação dos santos mistérios a procurar refúgio entre as confrarias herméticas – conhecidas mais tarde sob o nome de *essênios* –, seus conhecimentos esotéricos foram então mais do que nunca sepultados profundamente. A espada triunfante do discípulo de Aristóteles removera de sua trilha de conquista todo vestígio de uma outrora pura religião, e o próprio Aristóteles, tipo e protótipo de sua época, embora instruído na ciência secreta dos egípcios, pouco conheceu desses soberanos resultados de milênios de estudos esotéricos.

Como aqueles que viveram ao tempo dos psaméticos, nossos filósofos de hoje "levantam o véu de Ísis" – pois Ísis é apenas o símbolo da Natureza. Contudo, eles só vêem as suas formas físicas. A alma que elas ocultam escapa-se-lhes aos olhos; e a Mãe Divina não lhes responde. Anatomistas há que, por não descobrirem nenhum espírito atrás da massa dos músculos, da rede de nervos ou da matéria cinzenta que levantam com a ponta do escalpelo, afirmam agora que o homem não tem alma. Eles são tão míopes em sua sofisticaria quanto o estudante que, confinando as suas pesquisas à letra morta da Cabala, se dá o direito de dizer que ela carece de um espírito vivificante. Para ver o homem verdadeiro que outrora animava o indivíduo que ele tem diante de si na mesa de dissecação, cumpre ao cirurgião olhar com outros olhos além dos de seu corpo. Portanto, a verdade gloriosa ocultada sob os escritos hieráticos dos antigos papiros só pode ser revelada para aquele que possui a faculdade da intuição – a qual, se chamamos a razão de olho da mente, pode ser definida como o olho da alma.

Nossa ciência moderna reconhece um Poder Supremo, um Princípio Invisível, mas nega a existência de um Ser Supremo, de um Deus pessoal[38]. Logicamente, pode-se contestar que existe uma diferença entre as duas idéias, pois, no presente caso, *o Poder e o Ser são idênticos*. A razão humana imagina com dificuldade um Poder Supremo inteligente, se não o associa à idéia de um Ser Inteligente. Não esperamos que as massas ignorantes tenham uma clara concepção da onipotência e da onipresença de um Deus Supremo sem dotar tais atributos de uma gigantesca projeção de sua própria personalidade. Mas os cabalistas jamais consideraram o invisível ENSOPH senão como um *Poder*.

Portanto, nossos positivistas modernos estão atrasados há milhares de anos em sua prudente filosofia. O adepto hermético pretende simplesmente demonstrar esta proposição: o simples bom senso recusa admitir a possibilidade de que o universo seja o resultado do acaso. Ele acharia menos absurdo admitir que os problemas de Euclides foram formados inconscientemente por um macaco brincando com figuras de Geometria.

Pouquíssimos cristãos compreendem a Teologia judaica, se é que sabem qualquer coisa a seu respeito. O *Talmud* é o mais obscuro dos enigmas, mesmo para a maior parte dos judeus, e os eruditos hebreus que o compreendem não fazem alarde de seus conhecimentos. Os livros cabalísticos são ainda menos compreendidos por eles, visto que, em nossos dias, há mais cristãos do que judeus buscando resgatar as grandes verdades contidas nesses livros. Quão menos conhecida ainda o é a Cabala do Oriente, a Cabala universal! Seus adeptos são poucos; mas esses herdeiros escolhidos dos sábios que descobriram em primeiro lugar "as verdades astrais que brilhavam no grande Shemaïa da tradição caldaica"[39] solucionaram "o absoluto" e descansam agora de sua gigantesca tarefa. Eles não podem ir além do conhecimento que foi permitido aos homens desta Terra; e nenhum destes eleitos pode ultrapassar a linha traçada pelo dedo da própria Divindade. Os viajantes encontraram estes adeptos nas margens do Ganges sagrado, roçaram-nos nas ruínas mudas de Tebas e nas misteriosas câmaras desertas de Luxor. Nestas salas, sobre cujas volutas azuis e douradas os signos bizarros chamam a atenção sem que o seu sentido misterioso jamais tenha sido penetrado pelos visitantes desocupados, os adeptos foram vistos, mas raramente reconhecidos. Memórias históricas constataram a sua presença nos *salons*[40] brilhantemente iluminados da aristocracia européia. Eles foram encontrados ainda nas planícies áridas e desoladas do Grande Saara, assim como nas cavernas de Elefanta. Podemos descobri-los em toda parte, mas eles só se deixam reconhecer por aqueles que devotaram as suas vidas ao estudo desinteressado e que não pretendem voltar atrás.

Maimônides, o grande teólogo e historiador judeu que, numa certa época, foi quase deificado por seus concidadãos e, mais tarde, tratado como um herético, assinala que quanto mais o *Talmud* parece absurdo e vazio de sentido, mais sublime é o seu significado secreto. Este homem sábio demonstrou vitoriosamente que a Magia Caldaica, a ciência de Moisés e de outros sábios taumaturgos, baseava-se totalmente num extenso conhecimento dos diversos e hoje esquecidos ramos da ciência natural. Perfeitamente a par dos recursos dos reinos vegetal, animal e mineral, versados na Química e na Física ocultas, psicólogos e fisiólogos, por que ficarmos espantados se os iniciados e os adeptos instruídos nos santuários misteriosos dos templos podiam operar maravilhas que, mesmo em nossos dias esclarecidos, pareceriam sobrenaturais? É um insulto à natureza humana difamar a Magia e as ciências ocultas tratando-as como imposturas. Acreditar que durante tantos milhares de anos uma metade do gênero humano praticou o embuste e a fraude com a outra metade equivale a dizer que a raça humana é composta quase exclusivamente de malfeitores e de idiotas incuráveis. Ora, qual é a nação em que a Magia não foi praticada? Em que época foi ela inteiramente esquecida?

Nos mais antigos documentos que hoje possuímos – os *Vedas* e as *Leis de Manu,* mais antigas ainda –, encontramos muitos ritos mágicos praticados e permitidos pelos brâmanes[41]. O Tibete, o Japão e a China ensinam até hoje o que ensinavam os antigos caldeus. O clero desses respectivos países prova, além disso, o que eles ensinam, ou seja: que a prática da pureza moral e física, e de algumas austeridades, desenvolve o poder total da alma para a auto-iluminação. Concedendo ao homem o controle sobre o seu próprio espírito mortal, tais práticas lhe dão verdadeiros poderes sobre os espíritos elementares que lhe são inferiores. No Ocidente, descobrimos que a Magia remonta a uma época tão recuada como a do Oriente. Os druidas da Grã-Bretanha a praticavam nas criptas silenciosas de suas grutas profundas; e Plínio consagra mais de um capítulo à "sabedoria"[42] dos líderes celtas. Os semoteus – os druidas gálicos – professavam tanto as ciências espirituais como as ciências físicas. Eles ensinavam os segredos do universo, a marcha harmoniosa dos corpos celestes, a formação da Terra e, sobretudo, a imortalidade da alma[43]. Em seus bosques sagrados – academais naturais construídas pela mão do Arquiteto Invisível – os iniciados se reuniam, na hora tranqüila da meia-noite, para aprender o que o homem foi e o que será[44]. Não precisavam de iluminação artificial, nem de gás malsão, para alumiar os seus templos, pois a casta deusa da noite projetava os raios mais prateados sobre as suas cabeças coroadas de folhas de carvalho; e os bardos sagrados vestidos de branco sabiam como conversar com a rainha solitária da voluta estrelada[45].

Sobre o solo morto desse longo passado agora desaparecido, estão os carvalhos sagrados, agora secos e despojados de sua significação espiritual pelo hálito envenenado do materialismo. Mas, para o estudante do saber oculto, sua vegetação é tão verdejante e luxuriosa e plena de verdades profundas e secretas como nos tempos em que o druida supremo operava curas mágicas e, segurando o ramo de agárico, cortava com sua foice de ouro o ramo verde do carvalho-mãe. *A Magia é tão antiga quanto a Humanidade.* É tão impossível indicar a época de seu início como fixar o dia em que o primeiro homem nasceu. Toda vez que um escritor quis vincular a introdução da magia num país a algum personagem histórico, as descobertas posteriores vieram demonstrar que as suas idéias eram infundadas. Consideraram alguns que Odin, o sacerdote e monarca escandinavo, teria dado início à prática da Magia por volta de setenta anos antes da era cristã. Mas demonstrou-se facilmente que os ritos misteriosos das sacerdotisas chamadas *voilers, valas,* eram muito anteriores a essa época[46]. Alguns autores modernos procuraram provar que Zoroastro foi o fundador da Magia, porquanto foi ele o fundador da religião dos magos. Amiano Marcelino, Arnóbio, Plínio e outros historiadores antigos demonstram conclusivamente que ele foi apenas um reformador da arte mágica tal como era praticada pelos caldeus e pelos egípcios[47].

Os maiores professores de Teologia concordam em reconhecer que todos os livros antigos foram escritos simbolicamente e numa linguagem inteligível apenas aos iniciados. O esboço biográfico de Apolônio de Tiana é um exemplo disso. Como qualquer cabalista o sabe, tal esboço enfeixa toda a Filosofia Hermética, e forma, em muitos aspectos, a contrapartida das tradições que nos foram deixadas pelo rei Salomão. Ele se assemelha a um conto de fadas, mas, como no caso deste, às vezes os fatos e os acontecimentos históricos são apresentados ao mundo sob as cores da ficção. A viagem à Índia representa alegoricamente as provas de um neófito. Seus longos diálogos com os brâmanes, os sábios conselhos destes e os diálogos com o coríntio Menipo, se interpretados, reproduziriam o catecismo esotérico. Sua visita ao império dos sábios, sua entrevista com o rei Hiarchas, o oráculo de Anfiarau, explicam de maneira simbólica muitos dos dogmas secretos de Hermes. Bem compreendidos, eles nos abririam alguns dos segredos mais importantes da natureza. Éliphas Lévi assinala a grande semelhança que existe entre o rei Hiarchas e o fabuloso Hiram, de quem Salomão obteve os cedros do Líbano e o ouro de Ofir. Gostaríamos de saber se os maçons modernos, mesmo os

"Grandes Conferencistas" e os mais inteligentes artesãos das lojas importantes, compreendem que *Hiram* é aquele cuja morte eles combinaram vingar.

Se pomos de lado os ensinamentos puramente metafísicos da *Cabala*, se desejamos devotar-nos somente ao ocultismo físico e aos chamados ramos terapêuticos, os resultados poderiam ser proveitosos a algumas de nossas ciências modernas, como a Química e a Medicina. Diz o professor Draper: "Às vezes, não sem surpresa, deparamo-nos com idéias *que nos gabamos de ter visto nascer em nossa época*"[48]. Essa observação, feita a propósito dos escritos científicos dos sarracenos, aplicar-se-ia ainda melhor aos *Tratados* mais secretos dos antigos. A Medicina moderna, mesmo ganhando muito do lado da Anatomia, da Fisiologia, da Patologia, e ainda da Terapêutica, perdeu imensamente em razão da sua estreiteza de espírito, do seu rígido materialismo e do seu dogmatismo sectário. Uma escola, em sua miopia obstinada, ignora tudo o que as outras escolas desenvolvem; e todas são concordes em não conhecer as grandes concepções sobre o homem ou sobre a natureza desenvolvidas pelo mesmerismo ou pelas experiências feitas com o cérebro na América – cujos princípios não se coadunam com um tolo materialismo. Cumpriria convocar os médicos rivais das diversas escolas a fim de reunir as noções atualmente adquiridas pela ciência médica, e mesmo assim acontece com freqüência, depois de os melhores práticos terem esgotado em vão a sua arte sobre um paciente, surgir um mesmerista ou um "médium curador" que efetua a cura! Aqueles que estudam os antigos livros de Medicina, desde a época de Hipócrates até a de Paracelso e Von Helmont, encontrarão um grande número de fatos fisiológicos e psicológicos perfeitamente estabelecidos e de meios ou remédios curativos que os médicos modernos se recusam orgulhosamente a empregar[49]. Mesmo no que respeita à cirurgia, os práticos modernos confessaram humilde e publicamente que não podem rivalizar, sequer de longe, com a destreza maravilhosa dos antigos egípcios na arte de fazer bandagens. As centenas de metros de ataduras que envolvem uma múmia das orelhas aos artelhos separadas foram examinadas pelos principais cirurgiões de Paris, e, embora os modelos estivessem sob os seus olhos, eles foram incapazes de realizar algo semelhante.

É possível observar na Coleção Egiptológica de Abbott, em Nova Iorque, numerosas evidências da destreza que os antigos exibiam em diversos ofícios manuais. Citaremos, entre outros, a arte de fazer rendas; e, como dificilmente se esperaria que os sinais da vaidade das mulheres estivessem lado a lado com os da força do homem, há também amostras de cabelo artificial e ornamentos dourados de diferentes espécies. O *Tribune* de Nova Iorque, comentando o conteúdo do *Papiro de Ebers,* diz: – "De fato, não há nada de novo sob o Sol. (. . .) Os caps. 65, 66, 79 e 89 mostram que tônicos e tinturas capilares, analgésicos e mata-pulgas já estavam em uso há 3.400 anos".

Quão poucas de nossas últimas pretensas descobertas são realmente novas, e quantas pertencem aos antigos, eis o que afirma clara e eloqüentemente, embora de maneira sucinta, o nosso eminente autor de assuntos filosóficos, o Prof. John W. Draper. Sua obra *Conflict between Religion and Science* – um grande livro com um péssimo título – formiga de fatos análogos. À p. 13, ele cita algumas descobertas dos filósofos antigos, as quais suscitaram a admiração da Grécia. Na Babilônia, havia uma série de observações astronômicas dos caldeus que remontava há 1.903 anos e que Calístenes enviou a Aristóteles. Ptolomeu, o rei-astrônomo do Egito, possuía um registro babilônico dos eclipses que datava de 747 anos antes de nossa era. Como assinala com razão o Prof. Draper: "Longas e ininterruptas observações foram necessárias para verificar alguns desses cálculos astronômicos que chegaram até nós. Assim, os babilônios determinaram a duração do ano tropical com um erro de 25 segundos; seu cálculo do ano sideral acusa a diferença de apenas dois segundos a mais. Eles descobriram a precessão dos equinócios. Conheciam as causas dos eclipses e, com a ajuda de seu ciclo, chamado *saros*, podiam predizê-los. Seus cálculos do valor desse ciclo, que compreendia mais de 6.585 dias, tinha um erro de dezenove minutos e trinta segundos".

"Tais fatos fornecem a prova irrefutável da paciência e da habilidade com as quais a Astronomia foi cultivada na Mesopotâmia e de que, apesar dos instrumentos inadequados, esta ciência atingiu uma perfeição que não se deve desprezar. Esses antigos observadores fizeram um catálogo das estrelas, dividiram o zodíaco em doze signos; separaram o dia e a noite em doze horas. Devotaram-se, por um longo tempo, como diz Aristóteles, à observação das ocultações das estrelas pela Lua. Corrigiram as idéias a respeito da estrutura do sistema solar, e conheceram a ordem de localização dos planetas. Construíram relógios solares, clepsidras, astrolábios, gnomos."

Falando do mundo das verdades eternas que se ocultam "no mundo das ilusões transitórias e das não-realidades", diz o Prof. Draper: "Esse mundo não será descoberto graças às vãs tradições que nos transmitiram a opinião dos homens que viveram nos albores da civilização, nem nos *sonhos dos místicos* que se acreditavam inspirados. Ele será descoberto através das investigações *da Geometria, e das interrogações práticas à Natureza*"[50].

Exatamente. A conclusão não poderia estar mais bem expressa. Esse eloqüente escritor fala-nos uma verdade profunda. Contudo, ele não nos fala *toda* a verdade, pois não a conhece. Ele não descreveu a natureza e a extensão dos conhecimentos ensinados nos mistérios. Nenhum povo posterior foi tão proficiente na Geometria quanto os construtores das pirâmides e de outros monumentos gigantescos, antediluvianos e pós-diluvianos. Por outro lado, ninguém jamais os igualou na interrogação prática à Natureza.

Uma prova inegável disso é o significado de seus incontáveis símbolos. *Cada um desses símbolos é uma idéia concretizada – que combina a concepção do Divino Invisível com o terreno e o visível*. Um deriva estritamente do outro, por analogia, de acordo com a fórmula hermética – "como embaixo, assim é em cima". Seus símbolos mostram grande conhecimento das ciências naturais e um estudo prático do poder cósmico.

Quanto aos resultados práticos a tirar "das investigações geométricas", felizmente para aqueles que se consagram ativamente a esse estudo, não precisamos mais nos contentar com meras conjecturas. Em nossos dias, um americano, o Sr. George H. Felt, de Nova Iorque, que, se continuar como começou, será um dia reconhecido como o maior geômetra desta época, obteve, apenas com a ajuda das premissas estabelecidas pelos antigos egípcios, resultados que exporemos com as suas próprias palavras[*]. "Em primeiro lugar", diz o Sr. Felt, "o diagrama fundamental ao qual se pode referir

---

*   George H. Felt era um engenheiro de Nova Iorque, que possuía muito talento mas era de um temperamento bastante caprichoso. Estava presente à reunião de 7 de setembro de 1875, quando a constituição da Sociedade Teosófica foi proposta, e pronunciou uma conferência intitulada "The Lost Canon of Proportion of the Egyptians, Greeks and Romans". Ver as *Old Diary Leaves* do Cel. Olcott, vol. I, p. 115-17 e 126-31 para outros dados sobre ele. Existem algumas cópias de um anúncio ilustrado bastante elaborado de uma obra de Felt que estaria no prelo e que trataria do seu tema favorito, mas é bastante provável que ela nunca tenha sido publicada, e não se encontrou nenhum sinal de um manuscrito inédito. (N. do Org.)

toda a geometria elementar, plana ou sólida; produzir sistemas aritméticos de proporção de modo geométrico; identificar essa figura com todos os vestígios de arquitetura e de escultura nos quais ela foi seguida de maneira maravilhosamente exata; determinar que os egípcios a utilizaram como base de todos os cálculos astronômicos sobre os quais seu simbolismo religioso foi quase inteiramente fundado; descobrir seus rastos entre todos os remanescentes da arte e da arquitetura gregas; descobrir cabalmente a sua marca nos registros sagrados judeus, de modo a provar peremptoriamente que estes foram estabelecidos a partir dessa figura; descobrir que todo o sistema foi descoberto pelos egípcios após investigações de dezenas de milhares de anos nas leis da Natureza, e que este sistema poderia com razão ser chamado de ciência do universo." Tais premissas lhe permitiram "determinar com precisão problemas de Fisiologia hoje apenas presumidos; expor pela primeira vez um sistema de filosofia maçônica que se imponha, conclusivamente, como Ciência e Religião fundamentais, destinada a ser a última"; e, finalmente, acrescentaríamos, provar por testemunhos oculares que os escultores e arquitetos egípcios obtiveram os modelos das delicadas figuras que adornam as fachadas e vestíbulos dos templos, não nas fantasias desordenadas de seus próprios cérebros, mas das "raças invisíveis do ar", e de outros reinos da Natureza, que o Sr. Felt, como eles, *pretende* tornar visíveis recorrendo aos seus próprios processos químicos e cabalísticos.

Schweigger prova que os símbolos de todas as mitologias têm base e essência científicas[51]. Foi apenas através das recentes descobertas das forças físicas eletromagnéticas da Natureza que alguns entendidos em Mesmerismo, como Ennemoser, Schweigger e Bart, na Alemanha, o Barão Du Potet e Regazzoni, na França e na Itália, conseguiram estabelecer, com rigorosa precisão, a verdadeira correlação que existe entre cada *Theomythos* e uma dessas forças. O dedo idéico, que tanta importância teve na arte mágica de curar, consiste num dedo de ferro que é alternativamente atraído e repelido por forças magnéticas naturais. Na Samotrácia, ele produziu prodígios de cura, devolvendo os órgãos afetados ao seu estado normal.

Bart vai mais longe do que Schweigger na interpretação dos sentidos dos mitos antigos, e estuda a questão sob os aspectos espiritual e físico. Ele trata extensamente dos dáctilos frígios, esses "mágicos e exorcistas das doenças", e dos teurgistas cabírios. E diz: "Enquanto tratamos da íntima união dos dáctilos com as forças magnéticas, não nos limitamos necessariamente à pedra magnética e nossas idéias a respeito da Natureza não fazem mais do que lançar uma vista d'olhos sobre o magnetismo em conjunto. Assim se compreende, então, como os iniciados, que a si próprios se chamavam *dáctilos,* despertaram o assombro das gentes com as suas artes mágicas, operando, como fizeram, milagres de natureza curativa. A isto eles próprios acrescentaram muitos outros conhecimentos que o clero da Antiguidade tinha o hábito de praticar: o cultivo da terra e da moralidade, o progresso da arte e da ciência, os mistérios e as consagrações secretas. Tudo isso foi feito pelos sacerdotes cabírios, e *por que não guiados e ajudados pelos misteriosos espíritos da Natureza?"*[52]. Schweigger é da mesma opinião, e demonstra que os fenômenos da antiga teurgia eram produzidos por poderes magnéticos "sob a orientação dos espíritos".

Apesar do seu aparente politeísmo, os antigos – pelo menos os das classes esclarecidas – eram totalmente monoteístas; e isso, séculos e séculos antes dos dias de Moisés. Nos *Papiros de Ebers* esse fato é mostrado de maneira definitiva nas seguintes palavras, traduzidas das primeiras quatro linhas da Lâmina I: "Eu vim de Heliópolis com os grandes seres de Het-aat, os Senhores da Proteção, os mestres da eternidade e da salvação. Eu vim de Saïs com as Deusas-Mães, que me protegeram. *O Senhor do Universo disse-me como libertar os deuses de todas as doenças mortais". Os homens eminentes eram chamados de deuses pelos antigos.* A deificação dos homens mortais e dos falsos deuses é tanto uma prova contra o seu monoteísmo como as construções monumentais que os modernos cristãos eregem aos seus heróis é uma prova de seu politeísmo. Os americanos do presente século considerariam absurda a posteridade se, três mil anos depois, ela os classificasse entre os idólatras devido às estátuas erguidas em honra do seu deus Washington. A Filosofia Hermética era tão cercada de mistério que Volney afirma que os antigos adoravam os seus grosseiros símbolos materiais como se eles fossem divinos em si mesmos; no entanto, eles eram considerados apenas como uma representação dos princípios esotéricos. Dupuis também, depois de ter devotado muitos anos ao estudo do problema, desprezou o círculo simbólico e atribuiu sua religião simplesmente à astronomia. Eberhart (*Berliner Monatschrift*) e muitos outros escritores alemães deste e do último século tratam a Magia de um modo bastante irreverente, acreditando que ela se origina do mito platônico do *Timeu*. Mas como, sem a posse do conhecimento dos mistérios, teria sido possível a esses ou a quaisquer outros homens desprovidos da sutilíssima intuição de um Champollion descobrir, atrás do véu de Ísis, a metade esotérica do que está oculto a todos os que não são adeptos?

Ninguém contesta o mérito de Champollion como egiptólogo. Ele declara que tudo faz crer que os antigos egípcios eram profundamente monoteístas. E confirma em seus mínimos detalhes a exatidão das obras do misterioso Hermes Trismegisto, cuja antiguidade se perde na noite dos tempos. Ennemoser diz também: "Heródoto, Tales, Parmênides, Empédocles, Orfeu e Pitágoras foram ao Egito e ao Oriente a fim de se instruírem na Filosofia Natural e na Teologia". Foi lá também que Moisés adquiriu seus conhecimentos, e Jesus passou os primeiros anos de sua vida.

Lá se reuniam os estudantes de todas as nações antes da fundação de Alexandria. "Por que razão", acrescenta Ennemoser, "se veio a conhbecer tão pouco dos mistérios? No curso de tantos séculos e entre tão diferentes épocas e povos? A resposta está no silêncio universalmente rigoroso do iniciado. Outra causa se acha na destruição e perda completa de todos os relatos escritos do conhecimento secreto da mais remota Antiguidade." Os livros de Numa, descritos por Tito Lívio, que consistiam de tratados sobre a Filosofia Natural, foram encontrados em seu túmulo; não se permitiu divulgá-los, por receio de que revelassem os mais secretos mistérios da religião do Estado. O senado e os tribunos do povo determinaram que esses livros fossem queimados e tal decisão foi publicamente executada[53].

A Magia era considerada uma ciência divina que permitia a participação nos atributos da própria Divindade. "Ela desvenda as operações da Natureza", diz Fílon, o Judeu, "e conduz à contemplação dos poderes celestiais"[54]. Mais tarde, o abuso e a sua degeneração em feitiçaria a transformaram num objeto de abominação geral. Devemos, por isso, considerá-la apenas como era no passado remoto, quando toda religião verdadeira se baseava no conhecimento das forças ocultas da Natureza. Não foi a classe sacerdotal da Pérsia antiga que instituiu a Magia, como se acredita comumente, mas sim os magi, que dela derivam o nome. Os mobeds, sacerdotes dos pârsis – os antigos ghebers –, chamam-se, ainda hoje, *magoï*, no dialeto dos pehlvis[55]. *A Magia surgiu no mundo com as primeiras raças de homens.* Cassiano menciona um tratado, muito conhecido nos séculos IV e V, que se atribuía a Cam, o filho de Noé, que por sua vez o teria recebido de Jared, a quarta geração após Seth, o filho de Adão[56].

Moisés devia seus conhecimentos à mãe da princesa egípcia Termutis, que o salvou das águas do Nilo. A mulher do Faraó, Batria, era ela própria uma iniciada[57] e os judeus lhe devem a guarda de seu profeta, "educado em toda a ciência dos egípcios e poderoso em palavras e ações"[58]. Justino, o Mártir, baseando-se na autoridade de Trogo Pompeu, apresenta José como alguém que adquiriu um grande conhecimento das artes mágicas entre os sacerdotes do Egito[59].

Os antigos sabiam muito mais a respeito de certas ciências do que os nossos modernos sábios. Embora a alguns destes repugne reconhecê-lo, mais de um cientista pelo menos já o confessou. "O grau dos conhecimentos científicos existentes nos primórdios da sociedade era muito mais elevado do que os modernos estão dispostos a admitir", diz o Dr. A. Todd Thomson, editor de *Occult Sciences*, de Salverte; "mas", acrescenta, "essa ciência ficou confinada aos templos, cuidadosamente velada aos olhos das gentes e comunicada apenas ao clero". Falando da *Cabala*, o erudito Franz von Baader assinala que "não apenas nossa salvação e sabedoria mas também a nossa própria ciência nos vêm dos judeus". Mas por que não completa ele a sentença e informa ao leitor de quem os judeus adquiriram os seus conhecimentos?

Orígenes, que pertenceu à escola platônica de Alexandria, declara que Moisés, além dos ensinamentos da aliança, divulgou alguns importantíssimos segredos "provindos das profundezas mais ocultas da lei" aos setenta anciãos. Ele lhes ordenou que transmitissem tais segredos apenas àqueles que julgassem dignos.

São Jerônimo designa os judeus de Tiberíades e de Lida como os únicos mestres do método místico de interpretação. Finalmente, Ennemoser expressa a firme opinião de que "os escritos de Dionísio, o Aeropagita, inspiraram-se visivelmente na *Cabala* judia". Se consideramos que os gnósticos e os cristãos primitivos não eram senão os discípulos dos essênios sob um novo nome, tal asserção nada tem de surpreendente. O Prof. Molitor faz justiça à *Cabala*. Diz ele:

"O tempo da inconseqüência e da frivolidade, tanto na teologia como nas ciências, passou, e visto que o racionalismo revolucionário nada deixou atrás de si, a não ser o seu próprio vazio, depois de ter destruído tudo que é positivo, parece ter chegado a hora de dirigir novamente a nossa atenção para a misteriosa revelação que é a fonte viva de onde nos deverá chegar a salvação. (...) os mistérios do antigo Israel, que contêm todos os segredos do moderno Israel, deveriam servir especialmente (...) para estabelecer a Teologia sobre profundos princípios teosóficos, e para dar uma *base firme* a todas as ciências do espírito. Eles abririam um novo caminho (...) em direção ao obscuro labirinto dos mitos, mistérios e códigos das nações primitivas. (...) Somente essas tradições encerram o sistema das escolas dos profetas, as quais não foram fundadas *mas apenas restauradas* por Samuel, e não tinham por objetivo senão guiar os discípulos para a sabedoria e para o conhecimento superior e, quando fossem julgados dignos, iniciá-los *nos mais profundos mistérios*. Entre esses mistérios figurava a Magia, que tinha uma dupla natureza – magia divina e magia demoníaca, ou arte negra. Cada um desses ramos divide-se novamente em duas classes, a ativa e a contemplativa; na primeira, o homem procura colocar-se *en rapport*[60] com o mundo para aprender as coisas ocultas; na segunda, ele procura ganhar poder sobre os espíritos; na primeira, realizar ações *boas e benéficas;* na segunda, fazer toda sorte de atos diabólicos e desnaturados"[61].

O clero das três principais igrejas cristãs, a grega, a romana e a protestante, confunde-se com todos os fenômenos espirituais que se manifestam através dos chamados "médiuns". E de fato há não muito pouco tempo as duas últimas igrejas queimaram, enforcaram e de muitas maneiras assassinaram todas as vítimas indefesas através de cujos corpos os espíritos – e às vezes as forças cegas ainda inexplicadas da Natureza – se manifestavam. À testa das três igrejas, sobressai a Igreja de Roma. Suas mãos estão vermelhas com o sangue inocente de vítimas inumeráveis derramado em nome dessa divindade semelhante a Moloch que chefia o seu credo. Ela está pronta e ansiosa para recomeçar. Mas os seus pés e mãos estão atados pelo espírito de progresso e de liberdade religiosa do século XIX que ela condena e amaldiçoa diariamente. A Igreja greco-russa é a mais doce e a mais cristã em sua simples e primitiva, ainda que cega, fé. A despeito do fato de que jamais houve uma união prática entre as Igrejas grega e latina e de que as duas se separaram há muitos séculos atrás, os pontífices romanos parecem invariavelmente ignorar tal fato. Eles arrogaram imprudentemente para si uma jurisdição sobre os países de religião grega e protestante. "A Igreja insiste", diz o Prof. Draper, "em que o Estado não tem direitos sobre o que ela declara estar sob o seu domínio e em que, sendo o Protestantismo uma mera rebelião, não tem direito a nada; em que mesmo nas comunidades protestantes o bispo católico é *o único* pastor espiritual *legal*"[62]. Decretos desprezados, encíclicas não lidas, convites para concílios ecumênicos ignorados, excomunhões ridicularizadas – nada disso parece contar. Somente o seu atrevimento lhe iguala a persistência. Em 1864, chegou-se ao cúmulo do absurdo quando o Papa Pio IX excomungou e fulminou publicamente o seu anátema contra o Imperador Russo, por ser um *"cismático* desgarrado do seio da Santa Madre Igreja"[63]. Nem o imperador, nem os seus ancestrais, nem a Rússia desde que foi cristianizada, há um milhar de anos, jamais consentiu em filiar-se aos católicos romanos. Por que não reclamar a jurisdição eclesiástica sobre os budistas do Tibete, ou sobre as sombras dos antigos hicsos?

Os fenômenos mediúnicos ocorreram em todos os tempos, na Rússia como em outros países. Esta força ignora diferenças religiosas, ri-se das nacionalidades e invade, sem convite, qualquer individualidade, seja esta a de uma cabeça coroada ou a de um pobre mendigo.

O próprio Vice-Deus atual, o Papa Pio IX, não pôde evitar a presença desse hóspede incômodo. Nos últimos cinqüenta anos Sua Santidade foi notoriamente sujeita a acessos verdadeiramente extraordinários. No interior do Vaticano, dão-lhes o nome de *visões Divinas;* fora, os médicos os chamam de acessos epilépticos; e os boatos populares os atribuem a uma obsessão dos fantasmas de Peruggia, Castelfidardo e Mentana!

"Brilham as luzes azuladas: é meia-noite,
Gotas frias e terríveis cobrem minha trêmula carne,
Sinto que as almas de todos a quem causei a morte
Se aproximam de minha tenda. (. . .)"[64]

O Príncipe de Holenlohe, tão célebre durante o primeiro quarto deste século por seus poderes de cura, era um grande médium. De fato, esses fenômenos e poderes não pertencem a nenhuma época e a nenhum país em particular. Fazem parte dos atributos psicológicos do homem – o microcosmo.

Durante séculos os *klikushi*[65], os *yurodiviy*[66] e outras criaturas miseráveis foram afligidos por doenças estranhas, que o clero e o vulgo russo atribuem à possessão pelo demônio. Eles invadem a entrada das catedrais, sem ousar penetrar o seu interior, com medo de que os demônios que os possuem os joguem violentamente ao solo. Voroneg, Kiev, Kazan e todas as cidades que possuem relíquias taumatúrgicas de santos canonizados ou de imagens miraculosas abundam desses médiuns inconscientes. Pode-se vê-los sempre, reunidos em grupos hediondos e desocupados em torno das portas e dos vestíbulos. Em certos momentos da celebração da missa pelo sacerdote oficiante, como na aparição dos sacramentos, ou no começo da oração e do coro *"Ejey Cherouvim"*, esses semidementes ou médiuns se põem a cantar como galos, a latir, a mugir ou a zurrar, e, ao final, caem em convulsões terríveis. "O *maldito* não pode tolerar a santa oração", é o piedoso comentário. Movidas pela compaixão, algumas almas caridosas oferecem fortificantes aos "pobres aflitos", e lhes dão esmolas. Ocasionalmente, um padre é convidado a exorcizá-los e, nesse caso, ele executa a cerimônia por amor e caridade, ou pelas moedas de prata, segundo as suas disposições sejam mais ou menos cristãs. Mas essas infortunadas criaturas – que são médiuns, pois às vezes profetizam e têm visões, quando o acesso é genuíno[67] – jamais são molestadas por causa de seu infortúnio. Por que os perseguiria o clero ou os odiaria e denunciaria o povo como feiticeiros e mágicos odiosos? O senso comum e a justiça indicam que se há alguém a punir, não será certamente a vítima que mal pode consigo mesma, mas os demônios que lhe controlam as ações. O pior que pode acontecer ao paciente é o padre inundá-lo de água benta e ocasionar-lhe um resfriado. Se esse remédio é ineficaz, o *klikusha* é deixado à graça de Deus e amparado por amor e caridade. Supersticiosa e cega como é, a fé que obedece a tais princípios merece algum respeito e não pode jamais ofender o homem ou o *verdadeiro* Deus. Não sucede o mesmo, porém, com os católicos romanos; é por essa razão que eles, e em segundo lugar o clero protestante – com exceção de alguns de seus proeminentes pensadores –, serão questionados nesta obra. Desejamos saber sobre o quê fundam eles o seu direito de tratar os espiritualistas e cabalistas hindus e chineses da maneira como o fazem; por que os condenam, em companhia dos infiéis – criaturas de sua própria invenção –, tal como a prisioneiros sentenciados, aos fogos inextinguíveis do inferno.

Longe de nós a mais ligeira falta de respeito – menos ainda uma blasfêmia – para o Poder Divino que chamou à vida todas as coisas, visíveis e invisíveis. Não ousamos sequer compreender a sua majestade e a sua ilimitada perfeição. Basta-nos saber que *Ele* existe e que *Ele* é totalmente sábio. Basta-nos possuir em comum com todas as outras criaturas um lampejo de *Sua* essência. O poder supremo a quem reverenciamos é o princípio infinito e eterno – o grande "SOL ESPIRITUAL CENTRAL" pelos atributos e efeitos visíveis de cuja VONTADE estamos cercados – o Deus dos antigos e dos modernos videntes. Só podemos **estudar**-lhe a natureza nos mundos evocados por seu poderoso FIAT. Seus próprios dedos traçaram a revelação em figuras imperecíveis da harmonia universal sobre a face do cosmos. É esse o único evangelho INFALÍVEL que reconhecemos.

Falando dos antigos geógrafos, Plutarco assinala nas *Vidas*[68] que eles "amontoavam nas bordas de seus mapas as partes do mundo que não conheciam, acrescentando notas marginais para dizer que atrás desses pontos existiam apenas desertos arenosos *repletos de animais selvagens* e de *pântanos impenetráveis*". Não fazem o mesmo os nossos teólogos e cientistas? Enquanto os primeiros povoam o mundo invisível de anjos e de demônios, nossos filósofos tentam persuadir os seus discípulos de que onde não há *matéria* não há *nada*.

Quantos de nossos inveterados céticos não pertencem, não obstante o seu materialismo, às Lojas Maçônicas? Os irmãos da Rosa-Cruz, praticantes misteriosos da Idade Média, ainda existem — mas apenas no nome. Eles podem "derramar as lágrimas no túmulo de seu respeitável Mestre, Hiram Abiff", mas eles procuram em vão o verdadeiro lugar "em que o ramo de murta foi colocado". A letra morta está só, o espírito fugiu. Eles são como os coros ingleses ou alemães da ópera italiana que descem no quarto ato do *Ernani* na cripta de Carlos Magno para cantar a sua trama numa língua que lhes é completamente desconhecida. Assim também os nossos modernos cavaleiros do Arco Sagrado podem descer toda noite, se quiserem, "através dos nove arcos nas entranhas da Terra" — eles "jamais descobrirão o Delta sagrado de Henoc." Os "Senhores Cavaleiros do Vale do Sul" e os do "Vale do Norte" podem tentar assegurar-se de que "a iluminação desce sobre suas mentes", e de que, à medida que progridem na maçonaria, "o véu da superstição, do despotismo, da tirania" e assim por diante não mais obscurece as visões de suas mentes. Mas essas são palavras vazias, na medida em que eles negligenciam a mãe Magia, e voltam as costas à sua irmã gêmea, o Espiritualismo. Na verdade, "Senhores Cavaleiros do Oriente", podeis "deixar vossos assentos e sentar-vos no chão em atitudes de dor, com as cabeças repousando nas mãos", pois tendes boas razões para deplorar o vosso destino. Desde que Phillipe Le Bel destruiu os Cavaleiros Templários, ninguém apareceu para esclarecer as vossas dúvidas, apesar dos reclamos em contrário. Na verdade, vós sois "errantes longe de Jerusalém, procurando o tesouro perdido da cidade santa". Vós o encontrastes? Ai de nós, não! pois o lugar santo foi profanado, as colunas da sabedoria, da força e da beleza foram destruídas. Por isso, "errareis nas trevas" e "viajareis em humildade", entre as florestas e as montanhas, à procura da "Palavra perdida". "Passai!" — vós jamais a encontrareis enquanto limitardes vossa peregrinação aos *sete* ou mesmo sete vezes sete, pois "viajais na escuridão", e essa escuridão só pode ser dissipada pela luz da tocha flamejante da Verdade que apenas os legítimos descendentes de Ormasde carregam. Só eles podem ensinar-vos a pronúncia verdadeira do nome revelado de Henoc, Jacó e Moisés. "Passai!" Antes que vosso S.V. aprenda a multiplicar 333, e a *bater* em vez disso 666 — o número da Besta Apocalíptica —, fareis bem em observar a prudência e em agir *"sub rosa"*.

Para demonstrar que as noções sustentadas pelos antigos a respeito da divisão da História humana em ciclos não careciam inteiramente de bases filosóficas, terminaremos este capítulo apresentando ao leitor uma das mais antigas tradições da Antiguidade concernentes à evolução de nosso planeta.

Ao término de cada "grande ano", que Aristóteles — de acordo com Censorino[69] — chamava o *maior,* e que consiste de seis *sars*[70], nosso planeta está sujeito a uma completa revolução física. Os climas polares e equatoriais mudam gradualmente de lugar. Os primeiros avançam lentamente para a linha equatorial, e a zona equatorial (com sua vegetação exuberante e seus enxames de vida animal) toma o lugar dos desertos gelados dos pólos. Essa mudança de clima é necessariamente acompanhada por cataclismos, tremores de terra e outras convulsões cósmicas[71]. Visto que os leitos dos oceanos se deslocam, ao final de cada decamilênio e por volta de um *Neros*, ocorre um dilúvio semi-universal como o dilúvio legendário de Noé. Os gregos chamavam esse ano de *helíaco,* mas ninguém, fora do santuário, tinha com detalhes uma idéia exata de sua duração. O inverno desse ano chamava-se cataclismo ou dilúvio — o verão, *ecpyrosis*. As tradições populares ensinaram que durante essas estações o mundo é alternativamente queimado e depois inundado. Isso é pelo menos o que nos ensinam os *Fragmentos* *astronômicos* de Censorino e Sêneca. A incerteza dos comentadores a respeito da duração desse ano era tanta que nenhum deles, exceto Heráclito e Lino, que lhe atribuíram, o primeiro 10.800 anos e o segundo 13.984 anos, se aproximou da verdade[72][*]. De acordo com a opinião dos sacerdotes babilônicos, corroborada por Eupolemo[73], "a cidade de Babilônia foi fundada pelos que se salvaram da catástrofe do dilúvio; *eram os gigantes,* e construíram a torre de que se fala na História"[74]. Esses gigantes, que eram grandes astrólogos e receberam de seus pais, "os filhos de Deus", uma completa instrução nas coisas secretas, instruíram, por sua vez, os sacerdotes a deixaram nos templos todos os registros do cataclismo periódico de que eles próprios eram testemunhas. Foi assim que os altos sacerdotes chegaram ao conhecimento dos *grandes* anos. Quando lembramos, além disso, que Platão no *Timeu*[75] fala de um velho sacerdote egípcio que repreendeu a Solon por ignorar o fato de que houve vários desses dilúvios, como o grande dilúvio de Ogyges, podemos facilmente compreender que essa fé no *Heliakos* era uma doutrina sustentada pelos sacerdotes iniciados de todo o mundo.

Os *Neros,* o Brihaspati ou os períodos chamados yugas ou kalpas, são problemas vitais a resolver. O Satya-yuga e os ciclos budistas de cronologia se traduzem por números que fariam arrepiar um matemático. O Mahâ-kalpa abarca um número incontável de períodos que remontam a muito antes das eras antediluvianas. Seu sistema com-

---

* Aqui o texto foi consideravelmente embaralhado, pelos revisores ou por outra pessoa. Em vez de alterá-lo, acrescentamos a seguinte explicação:

O *De Die natali,* cap. xviii, de Censorino, inclui a seguinte passagem:

"(. . .) Est praeterea annus, quem Aristoteles maximum potius, quam magnum, adpellat; quem Solis, Lunae, vagarumque quinque stellarum orbes conficiunt, cum ad idem signum, ubi quondam simul fuerunt, una referuntur, cujus anni hiems summa est κατακλυσμὸς, quam nostri diluvionem vocant; aestas autem ἐκπύρωσις, quod est mundi incendium. Nam his alternis temporibus mundus tum exignescere, tum exaquescere videtur. Hunc Aristarchus putavit esse annorum vertentium duum millium ccccLxxxiv; Aretes Dyrrachinus, quinque millium DLII; Heraclitus et Linus, decem millium C∞; Dion, X.M.C∞ XXCIV; Orpheus, CMXX; Cassandrus, tricies sexies centum millium. Alii vero infinitum est, nec unquam in se reverti existiarunt".

Eis a tradução literal dessa passagem:

"(. . .) Faz mais de um ano que Aristóteles prefere dizer com mais clareza: o que os circuitos do Sol, da Lua e dos cinco planetas combinam e produzem, quando são trazidos de volta ao mesmo signo [do zodíaco] ou constelação em que antes estiveram juntos. A intensidade do inverno neste ano é o *cataclysmos* que os nossos autores [romanos] chamam dilúvio; o seu verão é a *Conflagração.* Alternando tais crises, o universo sofre incandescência ou, antes, é consumido pelo fogo e pela inundação. Aristarco considera esse ano consiste de 2.484 anos rotatórios; Aretes de Dyrrachium, de 5.552; Heráclito e Lino, de 10.200; Dion, de 10.284; Orfeu, de 100.020(?); Cassandro, de 3.600.000(?). Outros acham que ele deve ser infinito, e que nunca retorna à sua posição".

Considerando-se o fato de que alguns numerais romanos eram usados com traços horizontais para indicar valores numéricos superiores, e que muitos copistas através dos séculos passados cometeram erros acidentais ou resultantes de incompreensão, é impossível termos certeza do valor exato das cifras implicadas. Na tradução francesa de Nisard, temos, por exemplo, 10.800 em vez de 10.200; 10.884 em vez de 10.284; e 100.020 para Orfeu. Nos *Ancient Fragments* (2ª ed., 1832, p. 323-24), de Cory, temos um valor de 13.984 para Dion, em vez de 10.284; 120.000 para Orfeu; e 136.000 para Cassandro.

É bastante provável que H.P.B. tenha usado para *Ísis sem véu* tanto o texto francês de Nisard quanto o texto inglês de Cory. Com a ajuda dos revisores, o resultado final foi grandemente insatisfatório. Além disso, o próprio assunto é extremamente confuso e impreciso devido à maneira pela qual os numerais eram escritos naquela época e aos prováveis erros dos copistas. (N. do Org.)

preende um kalpa ou grande período de 4.320.000.000 anos, que eles dividem em quatro yugas mais curtos, assim distribuídos:

    1º – Satya-yuga .... 1.728.000 anos
    2º – Tretâ-yuga .... 1.296.000 anos
    3º – Dvâpa-yuga ....   864.000 anos
    4º – Kali-yuga ....   432.000 anos

        Total .... 4.320.000 anos [*]

que perfazem uma idade divina ou Mahâ-yuga. Setenta e um Mahâ-yugas fazem 306.720.000 anos, aos quais se acrescenta uma *samdhyâ* (ou o tempo durante o qual o dia e a noite se confundem, aurora e crepúsculo), que equivale a um Satya-yuga, ou 1.728.000 anos, e que perfaz um manvantara de 308.448.000 anos[76]; catorze manvantaras perfazem 4.318.272.000 anos, aos quais se deve acrescentar uma *samdhyâ* para começar o kalpa, ou seja, 1.728.000 anos, o que perfaz o kalpa ou grande período de 4.320.000.000 anos. Como estamos agora apenas no Kali-yuga da vigésima oitava idade do sétimo manvantara de 308.448.000 anos, resta-nos ainda muito tempo de espera antes de chegarmos à metade do tempo destinado ao mundo.

    Estas cifras não são fantasiosas, mas fundamentadas em cálculos astronômicos, como o demonstrou S. Davis[77]. Muitos cientistas, Higgins entre outros, apesar de suas pesquisas, caíram em completa perplexidade ao tentar decidir qual desses era o ciclo *secreto*. Bunsen demonstrou que os sacerdotes egípcios, que fizeram as anotações cíclicas, as mantinham sempre no mais profundo mistério[78]. Talvez a sua dificuldade provenha do fato de que os cálculos dos antigos se aplicavam igualmente ao progresso espiritual e ao progresso físico da Humanidade. Não será difícil compreender a estreita correspondência estabelecida por eles entre os ciclos da Natureza e os da Humanidade, se tivermos em mente a sua crença nas constantes e todo-poderosas influências dos planetas sobre os destinos da Humanidade. Higgins acreditava com razão que o ciclo do sistema indiano de 432.000 anos é a verdadeira chave do ciclo secreto. Mas seu insucesso em decifrá-lo é evidente, pois, por pertencer ao mistério da criação, este ciclo é o mais inviolável de todos. Ele foi reproduzido em figuras simbólicas apenas no *Livro dos números* caldeu, cujo original, se ainda existe, certamente não se encontra nas bibliotecas, pois constituía um dos antigos *Livros de Hermes*[79], cujo número até o presente não foi determinado.

---

  *   Intencionalmente ou não, há aqui uma clara confusão nesses números que, pertencentes à redação do próprio texto, não podem ser atribuídos ao revisor. Este é um daqueles casos em que H.P.B., nos primeiros estágios da sua obra, tentou ocultar mais do que revelava. O número 4.320.000 é a extensão do *Mahâ-yuga*. Um *kalpa*, ou Dia de Brahmâ, é igual a um milhão de Mahâ-yugas, a saber, 4.320.000.000 anos.

    O parágrafo, como um todo, é suficientemente claro, e uma leitura cuidadosa não descobrirá nenhum erro, mas as suas primeiras linhas, imediatamente seguidas como estão pela tabulação numérica, são ambíguas; donde esta nota para eliminar uma possível incompreensão do que H.P.B. quer dizer.

    O termo *samdhyâ* significa união, juntura, especialmente uma juntura entre o dia e a noite, e deriva da raiz verbal *sandhâ*. A sua forma adjetival é *sâmdhyâ*. Outros termos cognatos são *samdhânśa* e *sâmdhyanśa*. (N. do Org.)

Empregando o cálculo do período secreto do Grande *Neros* e dos Kalpas hindus, alguns cabalistas, matemáticos e arqueólogos que nada sabiam dos cômputos secretos ampliaram de 21.000 para 24.000 anos a duração do grande ano, supondo que o último período de 6.000 anos se aplicava apenas à renovação de nosso globo. Higgins dá como razão para isso o fato de que se supunha antigamente que a precessão dos equinócios ocorria apenas depois da marcha de 2.000, não 2.160, anos num signo, o que daria para a duração do grande ano quatro vezes 6.000, ou 24.000 anos. "Assim se explicariam", diz ele, "os ciclos imensamente extensos, pois que com este grande ano ocorreria o mesmo que com o ano comum; depois de ter girado ao redor de um ciclo imensamente extenso, ele retornaria de novo ao ponto antigo." Higgins, portanto, explica os 24.000 anos da seguinte maneira: "Se o ângulo que o plano da elíptica faz com o plano do equador tivesse diminuído de modo gradual e regular, como se supunha até muito recentemente, os dois planos teriam coincidido ao cabo de cerca de dez idades, 6.000 anos; em dez idades, 6.000 anos mais tarde, o Sol estaria situado em relação ao hemisfério sul como ele agora o está em relação ao hemisfério norte; em dez idades, 6.000 anos mais tarde, os dois planos teriam novamente coincidido; e, em dez idades, 6.000 anos mais tarde, ele estaria situado como agora está, depois de um lapso de cerca de vinte e quatro ou vinte e cinco mil anos ao todo. Quando o Sol chegasse ao equador, as dez idades ou seis mil anos teriam terminado, e o mundo seria destruído *pelo fogo;* quando ele chegasse ao ponto meridional, seria destruído pela água. E assim ele seria destruído ao final de cada 6.000 anos, ou dez *Neros*"[80].

Esse método de calcular por *Neros,* sem levar em consideração o segredo em que os antigos filósofos, que pertenciam exclusivamente à ordem sacerdotal, mantinham o seu conhecimento, deu lugar aos maiores erros. Ele induziu os judeus, assim como alguns platônicos cristãos, a afirmarem a destruição inevitável do mundo ao fim de 6.000 anos. Gale mostra a que ponto essa crença estava enraizada entre os judeus. O mesmo método induziu também os cientistas modernos a rejeitarem completamente as hipóteses dos antigos. Ele deu origem à formação de inúmeras seitas religiosas que, como os adventistas de nosso século, vivem sempre à espera da próxima destruição do mundo.

Como nosso planeta gira todos os anos uma vez em redor do Sol e ao mesmo tempo uma vez a cada vinte e quatro horas sobre o seu próprio eixo, atravessando assim círculos menores dentro de outro maior, a obra dos períodos cíclicos menores se cumpre e se reinicia nos limites do Grande Saros.

A revolução do mundo físico, segundo a antiga doutrina, é acompanhada de uma revolução análoga no mundo do intelecto – uma vez que tanto o mundo espiritual como o físico caminham por ciclos.

Vemos, dessarte, na História, uma sucessão alternada de fluxos e de refluxos na maré do progresso humano. Os grandes reinos e impérios do mundo, depois de atingirem o ponto culminante de sua grandeza, declinam, de acordo com a mesma lei que os faz ascenderem; até que, ao atingir o ponto mais baixo, a Humanidade se reafirma e sobe novamente, e a altura de seu esforço, devido a essa lei de progressão ascendente por ciclos, é um pouco mais elevada do que o ponto do qual ela tinha antes descido.

A divisão da História da Humanidade em Idades do Ouro, da Prata, do Cobre e do Ferro não é uma ficção. Vemos o mesmo fenômeno reproduzir-se na literatura dos povos. Uma idade de grande inspiração e de produção inconsciente é invariavelmente seguida de uma idade de crítica e de consciência. Uma fornece os materiais para o intelecto analítico e crítico da outra.

Assim, todas as grandes personalidades que se erguem como gigantes na história do gênero humano, como Buddha-Siddharta, e Jesus, no reino das conquistas espirituais, bem como Alexandre, o Macedônio, e Napoleão, o Grande, no reino das conquistas físicas, são apenas imagens refletidas de tipos humanos que viveram há dez mil anos, no decamilênio precedente, reproduzidas pelos misteriosos poderes que controlam os destinos de nosso mundo. Não existe uma única personalidade proeminente nos anais da história sagrada ou profana cujo protótipo não se possa encontrar nas tradições, metade fictícias, metade reais, das religiões e das mitologias de outrora. Tal como a estrela que, brilhando a uma distância incomensurável acima de nossas cabeças, na imensidade sem limites do céu, se reflete nas águas límpidas de um lago, assim a imagem dos homens antediluvianos se reflete nos períodos que podemos enfeixar num retrospecto histórico[*].

"*Como em cima, assim é embaixo. O que foi retornará novamente. Como no céu, assim na terra.*"

O mundo é sempre ingrato para com seus grandes homens. Florença erigiu uma estátua a Galileu, mas pouco fala de Pitágoras. O primeiro encontrou um guia já pronto nos tratados de Copérnico, o qual foi obrigado a lutar contra o sistema universalmente admitido de Ptolomeu. Mas nem Galileu nem a moderna astronomia descobriu a colocação dos corpos planetários. Milhares de anos atrás, essa colocação era ensinada pelos sábios da Ásia Central, e daí foi trazida por Pitágoras, não como uma hipótese mas como uma ciência demonstrada. "Os números de Pitágoras", diz Porfírio, "eram símbolos hieroglíficos, por intermédio dos quais ele explicava *todas* as idéias concernentes à natureza de todas as coisas."[81]

É pois, sem dúvida, apenas à Antiguidade que devemos nos dirigir para conhecer a origem de todas as coisas. Quão justa é a opinião de Hargrave Jennings quando fala das pirâmides e quão verdadeiras são as suas palavras quando diz: "Seria portanto razoável concluir – numa época em que o conhecimento estava no auge, e em que os poderes humanos eram, em comparação com os nossos no presente, prodigiosos – que todos esses efeitos físicos indomitáveis e *dificilmente críveis* – como as descobertas dos egípcios – foram consagrados a um erro? Que as miríades do Nilo eram tolos trabalhando nas trevas, e que toda a magia de seus grandes homens foi um embuste, e que nós, desprezando o que chamamos suas superstições e seu poder dissipado, somos os únicos sábios? Não! Há muito mais nessas velhas religiões do que provavelmente jamais se supôs na audácia da moderna negação, na confiança destes tempos de ciência superficial, e no escárnio destes dias sem fé. Não compreendemos os tempos antigos. (. . .)

---

* Este assunto extremamente místico e oculto, relacionado aos fatos mais recônditos do ocultismo superior, foi parcialmente elucidado por H.P.B. no seu capítulo intitulado "The Doctrine of Avatâras" que, junto com outras matérias, foi originalmente posto de lado e não utilizado por ela. Foi publicado em 1897 como parte do volume intitulado *The Secret Doctrine*, vol. III, onde esse assunto específico é tratado nas p. 370-73. Consultar o mesmo material no vol. XIV dos *Collected Writings* e as *The Mahatma Letters to A. P. Sinnet*, Carta XVII, p. 117, em que K. H. diz: "Até que Ele [Buddha] *domine* cada decimilênio (melhor dizer e acrescentar 'já dominou' um indivíduo escolhido que subverteu os destinos das nações. Ver *Ísis*, vol. I, p. 34 e 35, último e primeiro parágrafos dessas páginas)". (N. do Org.)

Vemos assim como se pode fazer para conciliar a prática clássica com os ensinamentos pagãos – como mesmo o gentio e o judeu, a doutrina mitológica e a (assim chamada) doutrina cristã se harmonizam na fé geral baseada na Magia. Que a Magia é de fato possível, essa é a moral deste livro[82]."

É possível. Trinta anos atrás, quando as primeiras pancadas de Rochester despertaram a atenção entorpecida para a realidade de um mundo invisível; quando a branda chuva de pancadas gradualmente se tornou uma torrente que inundou o mundo inteiro, os espiritistas tiveram que combater apenas duas potências – a Teologia e a Ciência. Mas os teósofos, em adição a estas, têm que se haver com o mundo em geral e com os espiritistas em primeiro lugar.

"Existe um Deus *pessoal* e existe um Demônio *pessoal!*", troveja o pregador cristão. "Anátema para aquele que ousa dizer não!" "Não existe nenhum Deus pessoal, salvo a matéria cinzenta em nosso cérebro", replica desdenhosamente o materialista. "E não existe nenhum demônio. Seja considerado um triplo idiota aquele que diz sim." Enquanto isso, os ocultistas e os *verdadeiros* filósofos não prestam atenção alguma aos dois combatentes, mas mantêm-se perseverantemente no seu trabalho. Nenhum deles acredita no absurdo Deus apaixonado e volúvel da superstição, mas todos acreditam no bem e no mal. Nossa razão humana, emanação de nossa mente finita, é certamente incapaz de compreender uma inteligência divina, uma entidade infinita e eterna; e, segundo a lógica estrita, o que transcende o nosso entendimento e permaneceria absolutamente incompreensível para os nossos sentidos não pode existir para nós; portanto, *não existe*. Essa tão finita razão concorda com a Ciência, e diz: "Não existe nenhum Deus". Mas, por outro lado, nosso *Ego*, que vive, pensa e sente independentemente de nós em nosso esquife mortal, faz mais do que acreditar. Ele *sabe* que existe um Deus na Natureza, pois o único e invencível Artífice de tudo vive em nós como nós vivemos n'Ele. Nenhuma fé dogmática e nenhuma ciência exata é capaz de desenraizar este sentimento intuitivo inerente ao homem depois que este o compreendeu plenamente em si mesmo.

A natureza humana é como a Natureza universal em seu horror ao vácuo. Ela sente uma aspiração intuitiva pelo Poder Supremo. Sem um Deus, o cosmos lhe pareceria semelhante a um mero cadáver sem alma. Proibido de buscá-lo onde apenas os Seus vestígios seriam encontrados, o homem preencheu o penoso vazio com o Deus pessoal que os seus mestres lhe edificaram com as ruínas esparsas dos mitos pagãos e com as filosofias encanecidas da Antiguidade. Como explicar, de outro modo, o desenvolvimento rapidíssimo de novas seitas, algumas das quais ultrapassam o cúmulo do absurdo? A Humanidade tem uma necessidade inata e irrefreável que *deve* ser satisfeita em qualquer religião que suplante a teologia dogmática indemonstrada e indemonstrável de nossos séculos cristãos. Trata-se do anseio pelas provas da imortalidade. Como disse *Sir* Thomas Browne: "(. . .) a mais pesada pedra que a melancolia pode lançar a um homem é dizer-lhe que ele está no fim de sua natureza, ou que não existe um estado futuro para vir, em direção ao qual este parece progredir, a não ser que tivesse sido feito em vão"[83]. Que uma religião qualquer, capaz de oferecer tais provas sob a forma de fatos científicos, se apresente: o sistema atual ver-se-á colocado na alternativa de corroborar seus dogmas com os mesmos fatos ou de perder o respeito e a afeição da cristandade. Muitos sacerdotes cristãos foram forçados a reconhecer que *não* existe uma fonte *autêntica* da qual a certeza numa existência futura possa ser extraída pelo homem. Como poderia, então, ter-se mantido essa crença, durante séculos incontáveis, senão porque, entre todas as nações, civilizadas ou bárbaras, homens *forneceram* as provas demonstrativas? Não é a existência mesma de tal crença uma evidência de que o filósofo reflexivo e o selvagem insensato foram compelidos a reconhecer o testemunho de seus sentidos? De que se, em casos isolados, uma ilusão espectral pode ter resultado de causas físicas, por outro lado, em milhares de casos, aparições de pessoas mantiveram diálogo com muitos indivíduos, os quais as viram e ouviram coletivamente, e não poderiam estar todos enfermos da mente?

Os maiores pensadores da Grécia e de Roma consideravam tais aparições como fatos demonstrados. Eles distinguiam as aparições pelos nomes de *manes, anima* e *umbra*: os *manes* descem, após a morte do indivíduo, ao mundo inferior; a *anima*, ou espírito puro, sobe ao céu; e a *umbra* (o espírito ligado à Terra), sem repouso, vaga ao redor de seu túmulo, já que a atração da matéria e a afeição pelo seu corpo nele predominam e lhe impedem a ascensão às regiões superiores.

"Terra legit *carnem* tumulum circumvolat *umbra*,
Orcus habet *manes, spiritus* astra petit",

diz Ovídio, ao falar dos três componentes das almas[*].

Mas todas essas definições devem ser submetidas à cuidadosa análise da Filosofia. Muitos de nossos pensadores não consideram que as numerosas modificações na linguagem, a fraseologia alegórica e a evidente discrição dos antigos escritores místicos, que eram obrigados a jamais divulgar os segredos solenes do santuário, puderam infelizmente iludir os tradutores e comentadores. Eles leram literalmente as frases do alquimista medieval; e mesmo a velada simbologia de Platão é comumente mal-interpretada pelo erudito moderno. Um dia, eles poderão saber mais, e assim perceberão que o método de extrema necessidade foi praticado tanto na antiga como na moderna filosofia; que desde as primeiras idades do homem as verdades fundamentais de tudo o que nos é permitido saber na Terra estavam na segura guarda dos adeptos dos santuários; que a diferença nos credos e na prática religiosa foi apenas externa; e que os guardiães da primitiva revelação divina, que deu solução a todo problema que está no domínio do intelecto humano, estavam unidos por uma maçonaria universal da Ciência e da Filosofia que formava uma corrente ininterrupta em redor do globo. Cabe à Filologia e à Psicologia encontrar a ponta do fio. Isto feito, ver-se-á que a corrente do mistério pode ser desemaranhada, afrouxando-se um único laço dos antigos sistemas religiosos, e a cadeia do mistério pode ser destrinçada.

O esquecimento e a recusa dessas provas conduziram algumas mentes elevadas como Hare e Wallace, e outros homens de poder, para o rebanho do moderno espiritualismo. Ao mesmo tempo, compeliram outros, congenitamente desprovidos de intuições espirituais, para um materialismo grosseiro que figura sob vários nomes.

---

* À página 69 do Vol. I - Tomo II de *Ísis sem véu*, H. P. B. cita dois outros versos deste poema, e todos os quatro versos são atribuídos a Lucrécio. Ela também os cita em dois outros artigos escritos por ela (cf. *Collected Writings,* vol. VII, p. 199 e 201), atribuindo-os, respectivamente, a Ovídio e a um "poeta latino".

Estes versos foram citados por Gougenot des Mousseaux em seu *Les hauts phénomènes de la magie,* Paris, 1864, p. 146, rodapé. Des Mousseaux não indica a sua fonte, embora eles sejam citados imediatamente após alguns outros versos de *De rerum naturae*, de Lucrécio. A despeito de uma exaustiva pesquisa, tais versos não foram encontrados nem em Lucrécio nem em Ovídio. (N. do Org.)

Mas não vemos utilidade em prosseguir neste assunto. Pois, apesar da opinião de muitos de nossos contemporâneos de que houve um único dia de saber, em cuja aurora floresceram os antigos filósofos e cujo brilho meridiano nos pertence a todos; e apesar de o testemunho de muitos dos pensadores antigos e medievais se ter revelado sem valor para os modernos pesquisadores, como se o mundo datasse apenas do primeiro ano de nossa época, e como se todo o conhecimento fosse de produção recente, não perderemos a esperança e a coragem. O momento é mais oportuno do que nunca para revisar as filosofias antigas. Arqueólogos, filósofos, astrônomos, químicos e físicos estão cada vez mais se aproximando do ponto em que serão forçados a levá-las em consideração. A ciência física já atingiu os seus limites de exploração; a teologia dogmática vê secarem as suas fontes de inspiração. A menos que os sinais nos enganem, aproxima-se o dia em que o mundo receberá as provas de que apenas as religiões antigas estavam em harmonia com a Natureza, e de que a ciência abarcava tudo o que pode ser conhecido. Segredos longamente mantidos poderão ser revelados, livros longamente esquecidos e artes, durante muito tempo perdidas, poderão ser novamente trazidos à luz; papiros e pergaminhos de importância inestimável surgirão nas mãos de homens que pretenderão tê-los desenrolado das múmias, ou tê-los encontrado nas criptas soterradas; tábuas e colunas, cujas revelações esculpidas desconcertarão os teólogos e confundirão os cientistas, poderão ser desenterradas e interpretadas. Quem conhece as possibilidades do futuro? Uma era de desilusão e de reconstrução vai começar – não, já começou. O ciclo quase cumpriu o seu curso; um novo ciclo está prestes a começar, e as futuras páginas da história do homem não só conterão a plena evidência, como também conduzirão à plena prova de que:

"Se devemos acreditar em algo dos ancestrais,
É que os espíritos desceram para conversar com o homem,
E lhe revelaram segredos do mundo desconhecido."

NOTAS

1. O nome é empregado no sentido da palavra grega ἄνθρωπος.
2. [Erro por Adão emanando da Essência Divina. Ver *The Mahatma Letters to A. P. Sinnett*, p. 45, para a correção.]
3. As tradições dos cabalistas orientais afirmam que a sua ciência é ainda mais antiga. Os modernos cientistas podem duvidar da asserção e rejeitá-la. Mas eles *não podem* provar que ela é falsa.
4. [Parte III, cap. II, p. 199-201.]
5. [*De gigantibus*, § 2 e segs; *De opificio mundi*, § 3.]
6. [*João*, X, 34.]
7. [246 C, 248 C.]
8. Clemente de Alexandria assegura que em seu tempo os sacerdotes egípcios possuíam quarenta e dois Livros Canônicos. [*Strom.*, VI, iv.]
9. *Chips from a German Workshop*, "Comparative Mythology", vol. II, p. 8.
10. [*History*, "Euterpe", § 148 e segs.]
11. Em francês, no original. (N. do T.)
12. *Conflict between Religion and Science*, p. 199.]

13. [Μαγικον oder das geheime System einer Gesellschaft unbekkanter Philosophen, etc. (anônimo), Frankfurt e Leipzig, 1784.]
14. [Draper, *op. cit.*, cap. I, p. 26.]
15. [Antes da época de Tróia. Cf. Estrabão, *Geogr.*, livro XVI, cap. II, § 24.]
16. Em outro lugar explicamos com alguma minúcia a Filosofia Hermética da evolução das esferas e as suas diversas raças.
17. G. Burges, *The Works of Plato*, vol. IV, *Philebus*, p. 107, rodapé [Libr. Class. de Bohn].
18. [*Timeu*, 55 c.]
19. Do texto sânscrito do *Aitareya-Brâhmanam*, livro V, cap. IV, § 23. [Ed. de Haug.]
20. *Ibid.*, livro III, iv, 44.
21. *Ibid.*, vol. II, p. 242, nota.
22. *Ait. Brâhm.*, livro IV.
23. *Op. cit.*, Introd. p. 46.
24. *Ibid.*, p. 47.
25. [Haug, *op. cit.*, p. 52.]
26. Ver Gibbon, *Decline and Fall of the Roman Empire*, vol. I, cap. XV.
27. [Diog. Laert., *Vidas*, "Zenão", § 68 e segs.]
28. [*Oratio ad Graecos*, 15.]
29. [*Gênese*, I, 30.]
30. Sir W. Drummond, *Oedip. Judaic*, p. 221, 270.
31. A absoluta necessidade que tiveram os primeiros padres e os teólogos posteriores de perpetrar essas piedosas fraudes torna-se evidente, se considerarmos que, mantendo-se a palavra *Al* como no original, tornar-se-ia muito evidente – salvo para os iniciados – que o *Jeová* de Moisés e o Sol eram idênticos. As multidões, que ignoram que os antigos hierofantes consideravam o nosso Sol *visível* apenas como um emblema do Sol central, invisível e espiritual, teriam acusado Moisés – como muitos de nossos comentadores já o fizeram – de adorar os corpos planetários; em suma, de Sabeísmo.
32. [*Frag. of Science:* "Scientific Use of the Imagination", p. 153-54: ed. 1872.]
33. *Êxodo*, XXV, 40.
34. [Tyndall, *op. cit.*, p. 154.]
35. *On the Physical Basis of Life*. Uma Preleção por T. H. Huxley.
36. *Ibid.*
37. [Cf. T. Taylor, *Select Works of Plotinus*, Londres, 1817, p. 553-56, rodapé; e L. Ménard, *Hermès Trismégiste*, Paris, 1867, livro II, cap. IX.
38. Prof. J. W. Draper, *Hist. of the Conflict*, etc., p. 24.
39. Bulwer-Lytton, *Zanoni*, III, cap. V.
40. Em francês, no original. (N. do T.)
41. Ver o Código publicado por *Sir* William Jones, cap. VI, xi.
42. Plínio, *Hist. Nat.*, XXX, i; XXIX, xii, etc.
43. Pomponius Mela [*De situ orbis*] atribui-lhes o conhecimento das mais elevadas ciências.
44. Caesar, *Comentários*, VI, 14.
45. Plínio, *Hist. Nat.*, XVI, xvc; XXX, iv.
46. Münter, *On the most Ancient Religion of the North before the Time of Odin*. Mémoires de la Société des Antiquaires de France. Tomo II, p. 230-31.

47. Amiano Marcelino, XXIII, vi, 31-32. [Cf. Plínio, XXX, iv; Arnóbio, *Adv. Gent.*, 1, 5, 52.]

48. [Draper, *op. cit.*, p. 118.]

49. Em alguns aspectos, os nossos modernos filósofos, que acreditam que fizeram novas descobertas, podem ser comparados ao "cidadão muito sagaz, muito instruído e muito polido" que Hipócrates encontrou um dia em Samos e que descreve com muito espírito. "Informou-me ele", prossegue o Pai da Medicina, "que havia descoberto recentemente uma erva até então desconhecida na Europa ou na Ásia, e que nenhuma doença, por mais maligna e crônica que fosse, poderia resistir às suas maravilhosas propriedades. Procurando ser por minha vez gentil, deixei-me persuadir a acompanhá-lo à estufa na qual ele havia transplantado o maravilhoso específico. O que encontrei foi uma das plantas mais comuns da Grécia, a saber, o alho – a planta que entre todas é a que menos pretensões tem às virtudes curativas." [Hipócrates, *De optima praedicandi ratione item judicio operum magni*, livro I.]

50. [Draper, *op. cit.*, p. 33.]

51. J. S. C. Schweigger, *Einleitung in die Mythologie auf dem standtpunkte des Naturwissenschaft*, etc., Halle, 1836.

52. Ennesomer, *The History of Magic*, Londres, 1854, vol. II, p. 65.

53. *Hist. of Magic*, vol. II, p. 9, 11.

54. Philo Judaeus, *De specialibus legibus*, 4.

55. *Zend-Avesta*, vol. II, cap. IX, p. 506.

56. Joannes Cassianus, *Collationes Patrum*, parte I, col. VIII, cap. 21.

57. Gilbert Gaulmin, *De vita et morte Moysis*, etc., p. 199.

58. *Atos dos Apóstolos*, VII, 22.

59. Justino, *Hist. Philippic.*, livro XXXVI, cap. II.

60. Em francês, no original. (N. do T.)

61. Molitor, *The Philosophy of History*, tradução de Howitt, p. 285.

62. *Hist. of the Conflict*, etc., p. 329.

63. Ver *Gazette du Midi* e *Le Monde* de 3-5-1864.

64. Shakespeare, *Richard III*, ato V, cena 3.

65. Literalmente, os que *guincham* ou uivam.

66. Os semidementes, os *idiotas*.

67. Mas não é sempre esse o caso, pois alguns dos mendigos fazem disso um comércio regular e rendoso.

68. "Teseu", § 1.

69. *De die natali*, cap. XVIII.

70. Webster declara muito erradamente que os caldeus chamavam *saros* – o ciclo dos eclipses, um período de cerca de 6.586 anos – ao "tempo de revolução do nó lunar". Beroso, ele próprio um astrólogo caldeu do Templo de Belo na Babilônia, fixa a duração de um *sar*, ou *saro*, em 3.600 anos; um *neros*, em 600 anos; e um *sossus*, em 60 anos. (Ver Cory, *Anc. Fragm.*, p. 32-35, 329-30: Beroso (fragmento de Abydenus), "On the Chaldean Kings and the Deluge"; e frag. de Téon de Alexandria em MS. ex cod. reg. Gall. gr. n? 2.390, fl. 154. Também Eusébio, *Chronicon*, I, vi.)

71. Antes de rejeitarem essa teoria – por mais tradicional que seja –, os cientistas deveriam explicar por que, ao fim do período terciário, o hemisfério norte sofreu uma redução de temperatura de tal ordem que transformou completamente a zona tórrida num clima siberiano. Tenhamos em mente que o *sistema heliocêntrico nos vem da Índia setentrional;* e que os germes de todas as grandes verdades astronômicas foram trazidos de lá por Pitágoras. Como não temos uma demonstração matematicamente correta, uma hipótese é tão boa quanto a outra.

72. Censorinus, *De die natali*, cap. XVII, Sêneca, *Nat. Quaest.*, III, 29.

73. Eusébio, *Praep. evang.*, livro IX, cap. XVII (418) [cf. Cory, p. 57]

74. Isso está em flagrante contradição com a narrativa bíblica, que nos conta que o dilúvio foi enviado precisamente para destruir esses *gigantes*. Os sacerdotes babilônicos não tinham *nenhuma* razão para inventar mentiras.

75. [22.]

76. Coleman, que realiza este cálculo [*Mythology of the Hindus*, p. XIII, Londres, 1832], permitiu que um sério erro escapasse ao revisor; a duração que se dá ao manvantara é de 368.448.000 anos, o que representa justamente 60.000.000 de anos a mais.

77. S. Davis, "On the Astronomical Computations of the Hindus", em *Asiatic Researches*, II, 225 e segs.; e G. Higgins, *Anacalypsis*, I, 176.

78. Bunsen, *Egypt's Place in Universal History*, vol. I, p. 24.

79. Os quarenta e dois Livros Sagrados dos egípcios que Clemente de Alexandria [*Strom.*, VI] afirma terem existido em sua época eram apenas uma parte dos *Livros de Hermes*. Jâmblico [*De mysteriis*, VIII, 1], com base na autoridade do sacerdote egípcio Abammon, atribui 1.200 de tais livros a Hermes, e Manetho 36.000. Mas o testemunho de Jâmblico, sendo ele um neoplatônico e um teurgista, é naturalmente rejeitado pelos críticos modernos. Manetho, que Bunsen tinha na mais alta consideração como um "personagem puramente histórico" (. . .), com o qual "nenhum dos historiadores nativos que lhe seguem pode ser comparado (. . .)" (ver *Egypt's Place*, I, p. 97), subitamente se transforma num pseudo Manetho assim que as idéias por ele apresentadas se chocam com os preconceitos científicos contra a Magia e o conhecimento oculto defendidos pelos antigos sacerdotes. Nenhum arqueólogo, contudo, duvida por um instante da quase inacreditável antiguidade dos livros herméticos. Champollion mostra grande respeito por sua autenticidade e exatidão, ambas corroboradas por muitos dos mais antigos monumentos. E Bunsen aduz provas irrefutáveis de sua época. Graças às suas pesquisas, por exemplo, sabemos que antes dos dias de Moisés existiu uma linhagem de sessenta e um reis, a qual precedeu o período mosaico com uma civilização de muitos milhares de anos que se pode facilmente investigar. Estamos, portanto, autorizados a acreditar que as obras de Hermes Trismegisto existiam muitos anos antes do nascimento do legislador judeu. "Estilos e tinteiros foram encontrados nos monumentos da quarta Dinastia, a mais antiga do mundo", diz Bunsen. Se o eminente egiptólogo rejeita o período de 48.863 anos antes de Alexandre, ao qual Diógenes Laércio [*Vidas*, "Proemium", § 2] remonta os registros dos sacerdotes, ele está evidentemente mais embaraçado com [a alusão daquele aos seus 373 eclipses (parciais e totais ou quase totais) do Sol, e 832 da Lua] os 10.000 anos de observações astronômicas, e assinala que, "no caso de serem reais, elas devem ter-se estendido por mais de 10.000 anos" (Bunsen, *op. cit.*, p. 14). "Sabemos, contudo", acrescenta, "graças a uma de suas próprias antigas obras astronômicas (. . .), que as genuínas tradições egípcias concernentes ao período mitológico falavam de *miríades* de anos." [Ibid., p. 15.]

80. G. Higgins, *Anacalypsis*, vol. I, p. 209.

81. *Pythagorae vita*, Amsterdam, 1707. Cf. H. Jennings, *The Rosicrucians*, 1870, p. 49 (p. 35, 3ª ed.).

82. Hargrave Jennings, *The Rosicrucians*, 1870, p. 99-100, 101-02.

83. [*Pseudodoxia Epidemica*, Londres, 1646.]

CAPÍTULO II

"O orgulho, quando a razão falha, acode em nossa defesa
E preenche o enorme vazio do bom senso (. . .)"
POPE, *Essay on Criticism,* 209.

"Mas por que deveriam alterar-se as operações da Natureza? É possível que exista uma filosofia mais profunda do que aquela com que sonhamos – uma filosofia que descobre os segredos da Natureza, *porém que não altera, penetrando-os, a sua marcha."*
BULWER-LYTTON.

Basta ao homem saber que ele existe? Basta que se forme um ser humano para que mereça o nome de HOMEM? É nossa firme opinião e convicção de que para ser uma genuína entidade espiritual, na verdadeira acepção da palavra, o homem deve inicialmente, por assim dizer, *criar-se* de novo – isto é, eliminar por completo de sua mente e de seu espírito não só a influência dominante do egoísmo e de outras impurezas, mas também a infecção da superstição e do preconceito. O preconceito difere bastante do que comumente chamamos *antipatia*. No princípio, somos irresistível e energicamente arrastados à sua roda negra pela influência peculiar, pela poderosa corrente de magnetismo que emana tanto das idéias como dos corpos físicos. Somos cercados por ela, e finalmente impedidos pela covardia moral – pelo medo da opinião pública – de escapar-lhe. É raro os homens considerarem uma coisa sob o seu verdadeiro ou falso aspecto, aceitando a conclusão por um ato livre do seu próprio julgamento. Muito ao contrário. Por via de regra, a conclusão procede da cega adoção do modo de ver que predomina momentaneamente entre aqueles com quem se associam. Um paroquiano não pagará um preço absurdamente alto por seu banco de igreja, nem um materialista irá duas vezes ouvir as palestras do Sr. Huxley sobre a evolução porque pensam que é correto fazê-lo; mas apenas porque o Sr. e a Sra. Fulano o fizeram, e tais pessoas são da grei dos FULANOS.

O mesmo se aplica a todas as coisas. Se a Psicologia tivesse tido o seu Darwin, ter-se-ia demonstrado que do ponto de vista das qualidades morais a origem do homem está inseparavelmente vinculada à da sua forma física. A sociedade sugere ao observador atento da mímica dos símios um parentesco entre estes e os seres humanos, parentesco que, devido à condição servil daqueles, é mais marcante do que o exibido pelas marcas externas apontadas pelo grande antropólogo. As muitas variedades do macaco – "caricaturas de nós mesmos" – parecem ter sido criadas no propósito de fornecer a certas classes de pessoas dispendiosamente ataviadas o material para as suas árvores genealógicas.

A ciência está diária e rapidamente avançando rumo às grandes descobertas na Química e na Física, na Organologia e na Antropologia. Os homens esclarecidos deveriam estar livres de preconceitos e superstições de toda espécie; entretanto, embora o pensamento e a opinião sejam agora livres, os cientistas ainda são os mesmos homens de outrora. É um sonhador utópico aquele que pensa que o homem sempre se modifica com a evolução e o desenvolvimento de novas idéias. O solo pode ser bem fertilizado e preparado para colher todo ano uma maior e mais abundante variedade de frutos; mas, cavai um pouco mais fundo do que a camada necessária para a colheita, e a mesma terra mostrará no subsolo como era lá antes da primeira passagem da charrua.

Há não muitos anos atrás, o indivíduo que questionasse a infalibilidade de algum dogma teológico era estigmatizado imediatamente como iconoclasta e infiel. *Vae victis!*... A Ciência triunfou. Mas o vencedor, por sua vez, reclama a mesma infalibilidade, embora falhe igualmente em provar os seus direitos. *"Tempora mutantur et nos mutamus in illis"*, este ditado do bom velho Lotário vem bem a calhar [*]. Apesar disso, acreditamos que temos algum direito de questionar os grandes sacerdotes da Ciência.

Durante muitos anos, vigiamos o desenvolvimento e o crescimento desse pomo de discórdia – o MODERNO ESPIRITISMO. Familiarizados com a sua literatura na Europa e na América, testemunhamos estreita e ansiosamente as suas intermináveis controvérsias e comparamos as suas hipóteses contraditórias. Muitos homens e mulheres instruídos – espiritualistas heterodoxos, naturalmente – tentaram compreender o fenômeno protéico. Como único resultado, eles chegaram à seguinte conclusão: qualquer que seja a razão desses fracassos constantes – atribuam-nos quer à inexperiência dos próprios investigadores, quer à Força secreta em ação –, ficou ao final provado que, à medida que as manifestações psicológicas crescem em freqüência e em variedade, a escuridão que cerca a sua origem torna-se mais e mais impenetrável.

Que os fenômenos são efetivamente testemunhados, misteriosos em sua natureza – geralmente e talvez erradamente chamados de espiritistas – é inútil agora negar. Concedendo um grande desconto à fraude inteligente, o que resta é muito sério para exigir o cuidadoso exame da ciência. *"Eppur si muove"*, esta frase, pronunciada há séculos, passou à categoria dos adágios familiares. Precisamos agora da coragem de Galileu para lançá-la ao rosto da Academia. Os fenômenos psicológicos já estão na ofensiva.

A posição assumida pelos cientistas modernos é a de que, sendo embora um fato a ocorrência de fenômenos misteriosos na presença de médiuns, não há prova de que eles não são devidos a algum estado nervoso anormal desses indivíduos. A possibilidade de que eles sejam produzidos por espíritos humanos que retornaram não deve ser considerada antes de se decidir a outra questão. Uma ou outra exceção se pode registrar

---

[*] Esse dito latino está citado na *Historical Description of the Island of Britayne*, 1577, livro III, cap. 3, de Wm. Harrison, e em *Euphues*, 1578, de John Lyly, onde está erroneamente atribuído a Ovídio. Um segundo verso lhe é às vezes acrescentado: *astra regunt homines, sed regit astra Deus*. O significado de ambos os versos é: os tempos mudam e nós mudamos com eles; as estrelas governam os homens, mas Deus governa as estrelas.

Esses versos estão impressos no prefácio de *Harmonia Macrocósmica*, de Andreas Cellaruis, Amsterdã, 1660, 1661.

Uma forma algo alterada, a saber, *omnia mutantur, nos et mutamur in illis,* foi atribuída a Matthias Borbonius (Bourbon), por volta de 1612, e supõe-se ter sido pronunciada pelo imperador romano Lotário I (795-855). (N. do Org.)

quanto a esse posicionamento. Inquestionavelmente, o ônus da prova incumbe àqueles que afirmam a intervenção dos espíritos. Se os cientistas quisessem abordar o assunto com boa fé, mostrando um sério desejo de resolver o intrincado mistério, em lugar de tratá-lo com um desprezo indigno e pouco profissional, eles não se exporiam a nenhuma censura. Na verdade, a grande maioria das comunicações "espirituais" é de natureza a indignar até mesmo os investigadores de inteligência média. Mesmo quando autênticas, elas são triviais, convencionais e amiúde vulgares. Durante os últimos vinte anos recebemos por intermédio de vários médiuns mensagens diversas que passam por ser de Shakespeare, Byron, Benjamin Franklin, Pedro, o Grande, Napoleão e Josefina, e até de Voltaire. A impressão geral que nos fica é a de que o conquistador francês e a sua consorte parecem ter esquecido a maneira de grafar corretamente as palavras; que Shakespeare e Byron se tornaram bêbados contumazes; e que Voltaire se tornou um imbecil. Quem pode censurar os homens habituados à exatidão, ou mesmo simplesmente as pessoas bem-educadas, por concluírem rapidamente que quando tantas fraudes evidentes repousam na superfície, dificilmente haverá alguma verdade se mergulharem mais fundo? O tráfico de nomes célebres vinculados a comunicações idiotas causou no estômago dos cientistas uma tal indigestão que este não pode assimilar nem mesmo a grande verdade que repousa nos *plateaux* telegráficos deste oceano de fenômenos psicológicos. Eles julgam por sua superfície, coberta de espuma e limo. Mas poderiam, com igual propriedade, negar que existe uma água clara nas profundezas do mar quando o limo do óleo flutua na superfície. Por conseguinte, se por um lado não podemos em verdade censurá-los por recuarem ao primeiro sinal do que parece realmente repulsivo, nós o fazemos, e temos direito de censurá-los por sua má vontade em explorar mais fundo. Nem pérolas nem diamantes lapidados se encontram perdidos no solo; e aquelas pessoas agem tão tolamente quanto um mergulhador profissional que rejeitasse uma ostra por causa de sua aparência imunda e viscosa, ao passo que, abrindo-a, poderia encontrar uma pedra preciosa dentro da concha.

Mesmo as mais justas e severas reprimendas de nossos homens proeminentes de nada serviram; e o medo da parte dos homens da Ciência de investigar um assunto tão impopular parece ter se transformado atualmente num terror geral. *"Os fenômenos perseguem os cientistas, e os cientistas fogem dos fenômenos"*, assinala muito apropriadamente A. N. Aksakof num excelente artigo sobre Mediunidade e o Comitê Científico de São Petersburgo. A atitude do seu corpo de professores para com o assunto – que eles se comprometeram a investigar – foi em todos os aspectos simplesmente vergonhosa. O seu relato prematuro e *adrede preparado* era tão parcial e inconclusivo que suscitou um protesto desdenhoso até mesmo dos incrédulos[1].

A inconsistência da lógica de nossos sábios cavalheiros a respeito da filosofia peculiar ao Espiritualismo é admiravelmente assinalada pelo Prof. John Fisk – que pertence ao corpo daqueles. Numa recente obra filosófica, *The Unseen World*, ao mostrar que a partir da definição mesma dos termos *matéria* e *espírito* a existência do espírito não pode ser demonstrada aos sentidos, e que por isso nenhuma teoria está sujeita aos *testes científicos*, ele desfere, nas seguintes linhas, um severo golpe em seus colegas:

"A prova num caso assim", diz ele, "será, de acordo com as condições da presente vida, para sempre inacessível. Ela está completamente fora do âmbito da experiência. Por abundante que seja, não podemos esperar encontrá-la. E, por conseguinte, nosso fracasso em produzi-la não deve suscitar a menor presunção contra a nossa teoria. Assim concebida, a crença na vida futura não tem base científica, mas ao mesmo tempo ela está situada além da necessidade da base científica e do âmbito da crítica científica. É uma crença que nenhum progresso futuro imaginável da investigação física pode de algum modo impugnar. É uma crença que não é em nenhum sentido irracional, e que pode ser logicamente sustentada sem afetar, por pouco que seja, os hábitos científicos de nossa mente, ou influenciar as nossas conclusões científicas"[2]. "Por outro lado", continua, "se os homens da Ciência aceitarem o ponto de vista de que o espírito não é matéria, nem é governado pelas leis da matéria, e se abstiverem das especulações a seu respeito, restringindo-se ao conhecimento das coisas materiais, eles suprimirão o que para os homens religiosos é no presente a sua principal causa de excitação."

Mas não farão tal coisa. Eles se sentem exasperados com a brava, leal e altamente louvável rendição de um homem como Wallace, e recusam aceitar até mesmo a política prudente e restritiva do Sr. Crookes.

Nenhuma exigência é proposta para uma audição das opiniões contidas na presente obra, a não ser a de que elas se baseiam no estudo de muitos anos da antiga Magia e da sua forma moderna, o Espiritualismo. A primeira, mesmo agora, quando os fenômenos da mesma natureza se tornaram tão familiares a todos, é comumente descrita como uma hábil prestidigitação. A última, quando a evidência esmagadora exclui a possibilidade de sinceramente declará-la charlatanesca, é designada como uma alucinação universal.

Anos e anos de peregrinação entre mágicos, ocultistas, mesmerizadores "pagãos" e "cristãos" e o *tutti quanti* das artes branca e negra, foram suficientes, acreditamos, para autorizar-nos a praticamente considerar esta questão duvidosa e muito complicada. Nós nos juntamos aos faquires, os homens santos da Índia, e os vimos quando em comunicação com os *pitris*. Vigiamos os procedimentos e o *modus operandi* dos dervixes rodopiantes e dançantes; entretivemos relações amistosas com os marabuts da Turquia européia e asiática; e os encantadores da serpente de Damasco e Benares têm pouquíssimos segredos que não tivemos a sorte de estudar. Por isso, quando os cientistas que jamais tiveram uma oportunidade de viver entre estes prestidigitadores orientais e que, além disso, só podem julgar superficialmente nos dizem que nada há em suas ações a não ser meros truques de prestidigitação, não podemos deixar de sentir uma profunda tristeza por tais conclusões apressadas. Exigir pretensiosamente uma análise profunda dos poderes da Natureza, e ao mesmo tempo exibir uma negligência imperdoável para com as questões de caráter puramente fisiológico e psicológico, e rejeitar sem exame ou apelação fenômenos surpreendentes é fazer mostra de inconseqüência, fortemente tingida de timidez, se não de obliqüidade moral.

Por conseguinte, se recebermos de algum Faraday contemporâneo o mesmo remoque que aquele cavalheiro lançou há anos, quando, com mais sinceridade do que boa educação, disse que "muitos *cães* têm o poder de chegar a conclusões muito mais lógicas do que alguns espiritualistas"[3], receamos que ainda assim deveremos insistir. A injúria não é um argumento, menos ainda uma prova. Não é porque homens como Huxley e Tyndall denominam o Espiritismo "uma crença degradante" e a magia oriental, "impostura", que a Verdade deixará de sê-lo. O ceticismo, proceda do cérebro de um cientista ou de um ignorante, é incapaz de destruir a imortalidade de nossas almas – se tal imortalidade é um fato – e mergulhá-las na aniquilação *post-mortem*. "A razão está sujeita ao erro", diz Aristóteles; a opinião, também; e as concepções pessoais do filósofo mais sábio estão mais sujeitas a se revelarem errôneas do que o simples bom senso de seu próprio cozinheiro iletrado. Nos *Contos do califa ímpio,* Barrachias-Hassan-Oglu, o sábio árabe, tem um sensato discurso: "Guarda-te, meu filho, de te exasperares", diz ele. "É uma intoxicação agradável, e por isso muito perigosa. Aproveita de tua própria sabedoria, mas aprende a respeitar também a sabedoria de teus pais. E lembra, meu bem-amado, que a luz da verdade de Alá penetra amiúde muito mais facilmente numa cabeça vazia do que numa que, por estar repleta de sabedoria, não dá lugar ao raio de prata; (. . .) tal é o caso do nosso sapientíssimo Cádi."

Os representantes da ciência moderna nos dois hemisférios nunca mostraram tanto desprezo, ou foram tão amargos para com o mistério insondável, desde que o Sr. Crookes iniciou as investigações dos fenômenos, em Londres. Esse cavalheiro corajoso foi o primeiro a apresentar ao público uma daquelas pretensas sentinelas "materializadas" que guardam as portas proibidas. Depois dele, muitos outros membros ilustres do corpo científico tiveram a rara integridade, combinada com um grau de coragem que, em face da impopularidade do assunto, se pode qualificar de heróica, de tomar os fenômenos nas mãos.

Mas, ai! Embora o espírito estivesse, de fato, propenso, a carne mortal demonstrou ser fraca. O ridículo era mais do que a maioria deles podia suportar; e assim, o fardo mais pesado caiu sobre os ombros do Sr. Crookes. Um relato do proveito que este cavalheiro obteve de suas desinteressadas investigações, e dos agradecimentos que recebeu de seus próprios colegas cientistas, pode ser encontrado nos três opúsculos de sua autoria, intitulados *Researches in the Phenomena of Spiritualism.*

Algum tempo depois, os membros designados do Comitê da Sociedade Dialética e o Sr. Crookes, que submeteu os seus médiuns às provas mais severas, foram forçados por um público impaciente a relatar em algumas poucas e simples palavras o que haviam visto. Mas, que podiam dizer eles, senão a verdade? Assim, eles foram compelidos a reconhecer: 1º) Que os fenômenos que *eles,* pelo menos, haviam testemunhado, eram autênticos, e impossíveis de simular; o que demonstrou que as manifestações produzidas por alguma força desconhecida podiam ocorrer e ocorreram. 2º) Que não lhes seria possível afirmar se os fenômenos foram produzidos por espíritos desencarnados ou por outras entidades análogas; porém que manifestações que abalaram completamente as teorias preconcebidas sobre as leis naturais ocorreram e eram inegáveis. 3º) Que, não obstante os seus esforços em contrário, além do fato indiscutível da realidade dos fenômenos, "vislumbres de uma ação natural cuja lei ainda não foi estabelecida"[4], eles, para emprestar a expressão do Conde de Gabalis, "não lhes encontraram nem o pé nem a cabeça".

Ora, era isto precisamente o que um público cético não esperava. O desapontamento dos que acreditam no Espiritualismo foi impacientemente antecipado antes que as conclusões dos Srs. Crookes, Varley e da Sociedade Dialética fossem anunciadas. Uma tal confissão provinda de seus colegas cientistas foi muito humilhante para o orgulho até mesmo daqueles que, timidamente, se haviam abstido de qualquer investigação. Era demais realmente que tão repulsivas e vulgares manifestações de fenômenos que, por consenso geral das pessoas instruídas, sempre tinham sido considerados como contos de aias, úteis apenas para agradar criadas histéricas e para dar fortuna aos sonâmbulos profissionais – que as manifestações que a Academia e o Instituto de Paris haviam votado ao esquecimento tivessem a impertinência de escapar-se às mãos dos especialistas nas ciências físicas.

Uma tempestade de indignação seguiu-se à confissão. O Sr. Crookes a descreve no seu opúsculo sobre *Psychic Force*. Ele, muito a propósito, põe como epígrafe esta citação de Galvani: "Fui atacado por duas seitas muito opostas – os cientistas e *os que nada sabem*... Sei, no entanto, que descobri uma das grandes forças da Natureza. (...)" E prossegue:

"Tinha-se como certo que os resultados de minhas experiências estariam de acordo com os seus preconceitos. O que eles desejavam realmente não era *a verdade*, mas um testemunho adicional em favor de seus próprios resultados preconcebidos. Quando eles descobriram que os fatos que esta investigação estabelecia não podiam avalizar aquelas opiniões, pois bem – 'pior para os fatos'. Eles tentaram voltar atrás em suas próprias recomendações confiantes à pesquisa, declarando que 'o Sr. Home é um hábil escamoteador que nos enganou a todos'. 'O Sr. Crookes poderia, com igual propriedade, examinar as ações de um prestidigitador indiano'. 'O Sr. Crookes deveria obter melhores testemunhos antes de lhe darmos crédito'. 'A coisa é absurda demais para ser tratada seriamente'. 'É impossível, portanto não pode ser'. (...) (Eu nunca disse que era impossível, eu apenas disse que era verdade.) 'Os observadores foram todos sugestionados (!) e imaginam que viram ocorrer coisas que realmente *nunca* tiveram lugar', etc., etc., etc."[5]

Depois de terem gasto sua energia em teorias pueris como a da "cerebração inconsciente", a da "contração muscular involuntária" e a refinadamente ridícula da "rótula estalante" (*le muscle cranqueur*); depois de terem conhecido um fracasso ignominioso graças à obstinada sobrevivência da nova força, e, finalmente, depois de todos os esforços desesperados para causar-lhe a destruição, estes *filii diffidentiae* – como chama São Paulo aos homens dessa categoria – acreditaram que o melhor era desistir de toda a coisa em repúdio. Sacrificando qual um holocausto os seus confrades corajosamente perseverantes no altar da opinião pública, eles se retiraram em majestoso silêncio. Deixando a arena da investigação a campeões menos timoratos, estes infelizes experimentadores provavelmente jamais voltarão a entrar nela[6]. É muito mais fácil negar a realidade de tais manifestações a uma segura distância do que encontrar para elas um lugar adequado entre as classes dos fenômenos naturais aceitos pela ciência exata. E como poderiam eles fazê-lo, uma vez que tais fenômenos pertencem à Psicologia, e esta, com seus poderes ocultos e misteriosos, é uma *terra incognita* para a ciência moderna? Assim, impotentes para explicar o que procede diretamente da própria natureza da alma – cuja existência a maior parte deles nega –, não desejando, ao mesmo tempo, confessar a sua ignorância, os cientistas se vingam muito injustamente naqueles que acreditam na evidência de seus sentidos sem qualquer pretensão à ciência.

"Um pontapé de ti, ó Júpiter, é doce!", diz o poeta Tretiakovsky, numa antiga tragédia russa. Por mais rudes que esses Júpiteres da ciência possam ocasionalmente ser contra nós, crédulos mortais, sua vasta erudição – em questões menos abstrusas, acreditamos –, senão as suas maneiras, merece o respeito público. Mas infelizmente não são os deuses que gritam mais forte.

O eloqüente Tertuliano, falando de Satã e de seus diabinhos, aos quais acusa de sempre arremedarem as obras do Criador, denomina-os "macacos de Deus". Sorte têm os filosofastros por não existir um moderno Tertuliano que os imortalize desrespeitosamente como "macacos da ciência".

Mas voltemos aos verdadeiros cientistas. "Os fenômenos de caráter apenas objetivo", diz A. N. Aksakoff, "impõem-se aos representantes das ciências exatas, reclamando-lhes pesquisas e explicações; mas os grandes sacerdotes das ciências, em face de uma aparentemente simples questão como esta (. . .) estão totalmente desconcertados! Este assunto parece ter o privilégio de forçá-los a trair, não apenas o código superior da moralidade – a Verdade –, mas também a lei suprema da Ciência – a *experiência!* (. . .) Eles sentem que há algo de muito sério em seus fundamentos. Os casos de Hare, Crookes, de Morgan, Varley, Wallace e Butleroff produziram pânico! Eles temem que no momento em que retrocederem um passo tenham que entregar todo o terreno. Os princípios veneráveis pela antiguidade, as especulações contemplativas de toda uma vida, de uma longa linha de gerações, tudo está arriscado numa única carta!"[7]

Em face de uma experiência como a de Crookes e a Sociedade Dialética, a de Wallace e a do falecido Prof. Hare, que podemos esperar dos nossos luminares de erudição? Sua atitude para com os fenômenos inegáveis é em si mesma um outro fenômeno. É simplesmente incompreensível, a menos que admitamos a possibilidade de uma outra disfunção psicológica, tão misteriosa e contagiosa quanto a hidrofobia. Embora não reclamemos nenhuma honra por esta nova descoberta, propomos, contudo, identificá-la sob o nome de *psicofobia científica*.

Eles deveriam ter aprendido, por sua vez, na escola da amarga experiência, que podem confiar na auto-suficiência das ciências positivas apenas até um certo ponto; e que, enquanto um único mistério inexplicado existir na Natureza, lhes é perigoso pronunciar a palavra *"impossível"*.

Nas *Researches on the Phenomena of Spiritualism*[8], o Sr. Crookes submete à opinião do leitor oito teorias "para explicar os fenômenos observados".

São as seguintes:

"Primeira Teoria. – Todos os fenômenos são o resultado de truques, hábeis arranjos mecânicos ou prestidigitação; os médiuns são impostores, e os demais observadores, tolos (. . .)

"Segunda Teoria. – As pessoas numa sessão são vítimas de uma espécie de obsessão ou ilusão, e imaginam que ocorrem fenômenos que não têm qualquer existência objetiva.

"Terceira Teoria. – Tudo é o resultado de uma ação cerebral consciente ou inconsciente.

"Quarta Teoria. – O resultado do espírito do médium, talvez em associação com os espíritos de alguns ou de todas as pessoas presentes.

"Quinta Teoria. – As ações de espíritos maus, ou de demônios, que personificam as pessoas ou as coisas que lhes agradam, a fim de minar a cristandade, e de perder as almas dos homens. [Teoria de nossos teólogos.]

"Sexta Teoria. – As ações de uma ordem distinta de seres que vivem nesta Terra mas são invisíveis e imateriais para nós. Capazes, contudo, ocasionalmente, de manifestar a sua presença. Conhecidos em quase todos os países e épocas como demônios (não necessariamente maus), gnomos, fadas, *kobolds*, elfos, duendes, *Puck*, etc. [Uma das opiniões dos cabalistas.]

"Sétima Teoria. – As ações de seres humanos mortos – a teoria espiritual *par excellence*[9].

"Oitava Teoria. – (A Teoria da Força Psíquica) . . . um auxiliar da quarta, quinta, sexta e sétima teorias. . ."

Como a primeira dessas teorias só se mostrou válida em casos excepcionais, embora infelizmente muito freqüentes, ela deve ser rejeitada por não ter nenhuma influência material sobre os fenômenos em si. A *segunda* e a *terceira* teorias são as últimas esboroantes trincheiras da guerrilha dos céticos e materialistas, e permanecem, como dizem os advogados, *adhuc sub judice lis est*. Portanto, podemos nos ocupar nesta obra apenas com as quatro teorias restantes, já que a última, a oitava, é, segundo a opinião do Sr. Crookes, apenas "um auxiliar necessário" das outras.

Podemos ver quão sujeita está a erros mesmo uma opinião científica, apenas se compararmos os vários artigos sobre os fenômenos espiritistas, oriundos da hábil pena de certo cavalheiro, que apareceram de 1870 a 1875. Lemos num dos primeiros: "(. . .) o emprego contínuo de métodos científicos promoverá observações exatas e um respeito maior pela Verdade entre os pesquisadores, e produzirá uma raça de observadores *que lançarão o desprezível resíduo do espiritismo no limbo desconhecido da Magia e da necromancia"* [10]. E em 1875, nós lemos, acima de sua própria assinatura, minuciosas e muito interessantes descrições de um espírito materializado — Katie King! [11]

É difícil imaginar que o Sr. Crookes tenha estado sob influência eletrobiológica ou sob alucinação durante dois ou três anos consecutivos. O "espírito" apareceu em sua própria casa, em sua biblioteca, sob os mais severos testes, e foi visto, apalpado e ouvido por centenas de pessoas.

Mas o Sr. Crookes nega jamais ter tomado Katie King por um espírito desencarnado. O que era ela então? Se não era a Sr.ta Florence Cook, e a sua palavra é uma garantia suficiente para nós — então era o espírito de alguém que viveu na Terra ou de um daqueles que se classificam diretamente na sexta teoria das oito que o eminente cientista oferece à escolha do público. Seria um dos seres classificados sob os nomes de: fadas, *kobolds,* gnomos, elfos, duendes, ou um *puck*.

Sim; Katie King deve ter sido uma fada — uma titânia. Pois só a uma fada poderia aplicar-se com propriedade a seguinte efusão poética que o Sr. Crookes cita para descrever este maravilhoso espírito:

> "Ao seu redor ela criou uma atmosfera de vida;
> O próprio ar parecia mais brilhante nos seus olhos,
> Eles eram doces, belos e cheios
> De tudo que podemos imaginar dos céus;
> . . . .
> Sua presença irresistível nos faz sentir
> Que *não seria idolatria ficar de joelhos!"* [12]

Assim, após ter escrito, em 1870, a sua severa sentença contra o Espiritismo e a Magia, após ter mesmo dito então que ele acreditava "que tudo não passa de superstição, ou, pelo menos, de um truque inexplicado — uma ilusão dos sentidos", o Sr. Crookes, em 1875, fecha sua carta com as seguintes memoráveis palavras: — "Imaginar, digo, que a Katie King dos três últimos anos possa ser o resultado de uma impostura constitui uma violência maior para a razão e o senso comum do que acreditar que ela é o que pretende ser" [13]. Esta última observação, por outro lado, prova conclusivamente que: 1. Apesar da firme convicção do Sr. Crookes de que o alguém que se chamava Katie King não era nem um médium nem algum cúmplice, mas, ao contrário, uma força desconhecida da Natureza, que — como o amor — "ri-se dos obstáculos"; 2. Que era uma espécie de Força ainda não identificada, embora para ele se tenha tornado "não uma questão de opinião, mas de conhecimento absoluto". O eminente investigador não abandonou até o fim a sua atitude cética a respeito da questão. Em suma, ele acreditava firmemente no fenômeno, mas não podia aceitar a idéia de que se tratava do espírito humano de *alguém* morto.

Parece-nos que, até onde *vai o preconceito público,* o Sr. Crookes soluciona um mistério para criar um outro ainda mais profundo: o *obscurum per obscurius*. Em outras palavras, rejeitando "*o indigno resíduo do Espiritismo*", o corajoso cientista arroja-se intrepidamente no seu próprio "*limbo desconhecido da Magia e da necromancia!*".

As leis reconhecidas da ciência física explicam apenas alguns dos mais objetivos dos chamados fenômenos espiritistas. Embora provem a realidade de alguns efeitos visíveis de uma força desconhecida, elas não permitem aos cientistas controlarem livremente sequer esta parte dos fenômenos. A verdade é que os professores ainda não descobriram as condições necessárias para a sua ocorrência. Cumpre-lhes estudar profundamente a natureza tripla do homem – fisiológica, psicológica e *divina* – como o fizeram os seus predecessores, os magos, os teurgistas e os taumaturgos da Antiguidade. Até o presente, mesmo aqueles que investigaram os fenômenos completa e imparcialmente, como o Sr. Crookes, deixaram de lado a causa, como se nada houvesse para ser descoberto agora, ou sempre. Eles se incomodaram tanto com isso quanto com a causa primeira dos fenômenos cósmicos da correlação de forças, a observação e classificação de cujos efeitos lhes custam tanto esforço.

Seu procedimento tem sido tão insensato quanto o do homem que tentasse descobrir as nascentes de um rio explorando a sua desembocadura. As suas concepções sobre as possibilidades da lei natural são tão limitadas que eles se viram obrigados a negar que as formas mais simples dos fenômenos ocultos podem ocorrer, a menos que os milagres sejam possíveis; e como isso é um absurdo científico, o resultado foi que a ciência física tem ultimamente perdido o seu prestígio. Se os cientistas estudassem os chamados "milagres" em lugar de negá-los, muitas leis secretas da Natureza – que os antigos compreendiam – seriam novamente descobertas. "A certeza", diz Bacon, "não provém dos argumentos, mas das experiências".

Os antigos sempre se distinguiram – especialmente os astrólogos caldeus – por seu amor e busca ardentes do conhecimento em todos os ramos da Ciência. Eles tentaram penetrar os segredos da Natureza da mesma maneira que os nossos modernos naturalistas, e por meio do único método pelo qual este objetivo pode ser atingido, a saber: mediante as pesquisas experimentais e mediante a razão. Se os nossos filósofos modernos não podem compreender o fato de que os antigos penetraram mais profundamente do que eles próprios nos mistérios do universo, isso não constitui uma razão válida para que o crédito de possuir este conhecimento lhes seja negado ou para acusá-los de superstição. Nada justifica a acusação; e cada nova descoberta arqueológica milita em seu favor. Como químicos, eles foram inigualáveis, e em sua famosa palestra sobre *As artes perdidas* diz Wendell Phillips: "A Química, nas épocas mais recuadas, atingira um ponto *do qual jamais sequer nos aproximamos*". O segredo do vidro maleável, que, "suspenso por uma extremidade, reduz-se, em vinte e quatro horas, devido ao seu próprio peso, a um fino cordão que se pode enrolar em torno do pulso", seria tão difícil de ser redescoberto em nossas nações civilizadas quanto voar à Lua.

A fabricação de uma taça de vidro que foi trazida a Roma por um exilado no reino de Tibério – uma taça "que ele atirou no passeio de mármore e não trincou nem quebrou com a queda", e que, por ter ficado "um pouco amolgada", foi facilmente restaurada com um martelo – é um fato histórico[14]. Se hoje se duvida disso é simplesmente porque os modernos não sabem fazer o mesmo. Entretanto, na Samarcanda e em alguns mosteiros do Tibete, tais taças e outros artigos de vidro ainda podem ser encontrados; mais ainda, há pessoas que afirmam poderem fazer o mesmo graças ao seu conhecimento do assaz ridicularizado e sempre duvidado *alkahest* – o solvente universal. Paracelso e Van Helmont sustentam ser este agente algum fluido da Natureza, "capaz de reduzir todos os corpos sublunares, homogêneos ou mistos, ao seu *ens primum*, ou à matéria original de que são compostos; ou ao seu licor uniforme, estável e potável, que unirá com a água, e os sucos de todos os corpos, sem perder as suas virtudes radicais; e, se misturado novamente com ele mesmo, será assim convertido em água pura elementar"[15]: Que impossibilidades nos impedirão de acreditar nessa afirmação? Por que não deveria existir este agente e por que se deveria considerar utópica esta idéia? É novamente porque os nossos modernos químicos são incapazes de produzi-lo? Mas pode-se facilmente conceber, sem qualquer grande esforço de imaginação, que todos os corpos devem ter sido originalmente formados de alguma matéria primeira, e que esta matéria, segundo as lições da Astronomia, da Geologia e da Física, deve ter sido um fluido. Por que o ouro – cuja gênese os nossos cientistas conhecem tão pouco – não teria sido originalmente uma *matéria de ouro primitiva ou básica*, um fluido ponderoso que, como diz Van Helmont, "devido à sua própria natureza, ou a uma forte coesão entre as suas partículas, adquiriu mais tarde uma forma sólida?"[16] Parece haver pouco absurdo em se acreditar num "*ens* universal que transforma todos os corpos em seu *ens genitale*". Van Helmont chama-o "o maior e o mais eficaz de todos os sais, o qual, tendo obtido o grau supremo de simplicidade, pureza e sutileza, goza sozinho da faculdade de permanecer inalterado e ileso no contato com as substâncias sobre as quais age, e de dissolver os corpos mais duros e mais refratários, como pedras, gemas, vidro, terra, enxofre, metais, etc., num sal vermelho, de peso igual ao da matéria dissolvida; e isso tão facilmente como a água quente derrete a neve"[17].

É nesse fluido que os fabricantes do vidro maleável pretenderam, e ainda hoje pretendem, ter imergido o vidro comum durante horas, para adquirir a propriedade da maleabilidade.

Temos uma prova disponível e palpável de tais possibilidades. Um correspondente estrangeiro da Sociedade Teosófica, um médico muito conhecido que estudou as ciências ocultas por mais de trinta anos, conseguiu obter o que ele chama de "o verdadeiro óleo dos deuses", isto é, o elemento primeiro. Químicos e físicos viram-no e examinaram-no, e foram obrigados a confessar que não sabiam *como* ele foi obtido e que não seriam capazes de reproduzi-lo. O fato de ele desejar que o seu nome permaneça desconhecido não deve surpreender; o ridículo e o preconceito público são às vezes mais perigosos do que a inquisição de outrora. Esta "terra adâmica" é vizinha próxima do *alkahest*, e um dos segredos mais importantes dos alquimistas. Nenhum cabalista revelá-lo-á ao mundo, pois, como ele o diz no bem-conhecido adágio: "seria explicar *as águias* dos alquimistas, e como as asas das águias são aparadas", um segredo que Thomas Vaughan (Eugênio Filaletes) levou vinte anos para aprender.

Como a aurora da ciência física se transformou numa claridade ofuscante do dia, as ciências espirituais mergulharam mais e mais fundo na noite, e por sua vez foram negadas. Por isso, hoje, os maiores mestres de Psicologia são encarados como "ancestrais ignorantes e supersticiosos"; como charlatães e prestidigitadores; porque, de fato, o sol da erudição moderna brilha hoje de modo tão fulgurante, tornou-se um axioma que os filósofos e homens de ciência dos tempos antigos nada sabiam, e viviam numa noite de superstição. Mas os seus detratores esquecem-se de que o sol de hoje parecerá escuro em comparação com o luminar de amanhã, com ou sem justiça; e assim como os homens de nosso século pensam que os seus ancestrais eram ignorantes, os seus descendentes os terão na conta de *néscios*. O mundo caminha em círculos. As raças vindouras serão apenas a reprodução de raças há muito tempo desaparecidas; como nós, talvez, somos as imagens daqueles que viveram há cem séculos. Tempo virá em que aqueles que agora caluniam publicamente os hermetistas, mas estudam em segredo os seus volumes cobertos de pó; que plagiam suas idéias, assimilando-as e dando-as como suas próprias – receberão a sua paga. "Quem", exclama sinceramente Pfaff –, "que homem jamais teve uma concepção mais inteligente da Natureza do que Paracelso? Ele foi o intrépido criador dos remédios químicos; o fundador de grupos corajosos; controversista vitorioso, que pertence àqueles espíritos que criaram entre nós um novo modo de pensar na existência natural das coisas. O que ele disseminou através de seus escritos sobre a pedra filosofal, sobre os pigmeus e os espíritos das minas, sobre os símbolos, sobre os homúnculos, e sobre o exilir da vida, que são empregados por muitos para baixar sua estima, não pode extinguir a nossa recordação agradecida de suas obras gerais, nem a nossa admiração por seus intrépidos e livres esforços, e sua vida nobre e intelectual."[18]

Mais de um patologista, químico, homeopata e magnetizador veio saciar sua sede de conhecimento nas obras de Paracelso. Frederick Hufeland recolheu suas doutrinas teóricas sobre a infecção nesse "charlatão" medieval, assim como Sprengel deleita-se em invocar alguém que foi imensamente maior do que ele próprio. Hemmann, que se esforça por defender este grande filósofo, e tenta nobremente corrigir sua memória caluniada, fala dele como do *maior químico de sua época*"[19]. Assim fazem o Prof. Nolitor[20] e o Dr. Ennemoser, o eminente psicólogo alemão[21]. Segundo as suas críticas aos trabalhos deste hermetista, Paracelso é a mais "maravilhosa inteligência de seu tempo", um "gênio nobre". Mas nossas modernas luzes pretendem saber mais, e as idéias dos Rosa-cruzes sobre os espíritos elementares, os duendes e os elfos, afundaram no "limbo da Magia" e dos contos de fada para a infância[22].

Concedemos de bom grado aos céticos que metade, ou talvez mais, desses supostos fenômenos não passam de fraudes mais ou menos hábeis. As recentes revelações, especialmente dos médiuns "materializados", apenas comprovam este fato. Inquestionavelmente, numerosos outros ainda estão por vir, e isso continuará até que os testes se tornem tão perfeitos e os espiritistas tão razoáveis de modo a não dar mais oportunidade aos médiuns ou armas aos seus adversários.

O que pensariam os espiritistas sensíveis do caráter dos guias *angélicos*, que, depois de monopolizar, às vezes por anos, o tempo, a saúde e os recursos de um pobre médium, o abandonam de repente quando ele mais precisa de sua ajuda? Somente as criaturas *sem alma ou consciência* poderiam ser culpadas de tamanha injustiça. As condições? – Mero sofisma. Que espíritos são esses que não convocariam, se necessário, um exército de espíritos amigos (se é que existem) para arrancar o inocente médium do abismo aberto aos seus pés? Tais coisas aconteceram nos tempos antigos, e podem acontecer agora. *Houve aparições antes do Espiritismo moderno e fenômenos como os nossos em todos os séculos passados.* Se as manifestações modernas são uma realidade e fatos palpáveis, então também devem tê-lo sido os pretensos "milagres" e as façanhas taumatúrgicas de outrora; e se estas não passam de ficções supersticiosas, então também o são aquelas, pois não repousam sobre provas melhores.

Mas, nesta torrente diariamernte crescente dos fenômenos ocultos que se precipitam de um lado a outro do globo, embora dois terços das manifestações se tenham revelado espúrios, o que dizer daqueles que são comprovadamente autênticos, acima de dúvidas ou de sofismas? Entre estes é possível encontrar comunicações que chegam através de médiuns profissionais ou não, as quais são sublimes e divinamente elevadas. Às vezes, através de crianças e de indivíduos ignorantes e simples, recebemos ensinamentos filosóficos e preceitos, orações poéticas e inspiradas, músicas e pinturas que são totalmente dignas das reputações de seus alegados autores. As suas profecias realizam-se com freqüência e as suas explicações morais são benfazejas, embora estas últimas ocorram mais raramente. Quem são esses espíritos, o que são esses poderes ou inteligências que são evidentemente *exteriores* ao próprio médium e que são entidades *per se*? Essas *inteligências merecem* o nome; e diferem tão completamente da generalidade de fantasmas e duendes que erram em redor dos gabinetes das manifestações físicas como o dia da noite.

Devemos confessar que a situação parece ser muito séria. O controle de médiuns por tais "espíritos" inescrupulosos e falazes está se generalizando cada vez mais; e os efeitos perniciosos de *semelhante* diabolismo multiplicam-se constantemente. Alguns dos melhores médiuns estão abandonando as sessões públicas e se afastando dessa influência; e o movimento espírita tem cariz de igreja. Arriscamo-nos a predizer que a menos que os espiritistas se disponham ao estudo da filosofia antiga de modo a aprender a discernir os espíritos e a proteger-se dos da mais baixa espécie, dentro de vinte e cinco anos eles terão que voar para a comunidade romana a fim de escapar a esses "guias" e "diretores" que animaram durante tanto tempo. Os sinais dessa catástrofe já são visíveis. Numa recente convenção na Filadélfia, propôs-se seriamente organizar uma seita de espiritistas *cristãos*! Isso porque, tendo se afastado da igreja e nada aprendido da filosofia dos fenômenos, ou da natureza de seus espíritos, eles estão derivando por um mar de incertezas como um navio sem bússola ou leme. Não podem fugir ao dilema; devem escolher entre Porfírio ou Pio IX.

Enquanto homens da ciência autêntica, como Wallace, Crookes, Wagner, Butlerof, Varley, Buchanan, Hare, Reichenbach, Thury, Perty, de Morgan, Hoffmann, Goldschmidt, W. Gregory, Flammarion, E. W. Cox e muitos outros, acreditam firmemente nos fenômenos em curso, muitos dos acima nomeados rejeitam a teoria dos espíritos mortos. Em conseqüência, parece no mínimo lógico pensar que se a "Katie King" de Londres – o único *algo* materializado em que o público é mais ou menos obrigado a acreditar pelo respeito da ciência – não é o espírito de um ex-mortal, então deve ser a sombra astral solidificada de um ou de outro fantasma rosa-cruz – "fantasias da superstição" – ou de alguma força ainda não explicada da Natureza. Mas que ela seja "um espírito saudável ou um duende amaldiçoado", pouco nos importa; pois se ficar provado que o seu organismo não é matéria sólida, então ela deve ser um "espírito", uma aparição, um "sopro". É uma inteligência que age fora de nossos organismos e que, em conseqüência, deve pertencer a alguma, existente embora invisível, raça de seres. Mas o que é ela? O que é esse algo que pensa e até fala mas não é humano? Que é impalpável mas não é um espírito desencarnado, que simula afeição, paixão, remorso, medo, alegria, mas não sente nem um nem outro? O que é esta criatura hipócrita que se compraz em enganar o investigador sincero e em zombar dos sentimentos humanos mais sagrados? Pois, se não a Katie do Sr. Crookes, outras criaturas semelhantes fizeram tudo isso. Quem pode sondar o mistério? Apenas o verdadeiro psicólogo. E onde iria ele procurar seus manuais senão nos recantos negligenciados das bibliotecas em que as obras dos hermetistas e dos teurgistas desdenhados esteve a se empoeirar todos esses anos?

Diz Henry More, o respeitado platônico inglês, em sua resposta a um ataque contra os que acreditam nos fenômenos espíritas e mágicos feito por um cético dessa época, chamado Webster[23]: "Quanto àquela outra opinião, segundo a qual a maior parte dos Ministros reformistas sustenta que foi o demônio que apareceu sob a forma de Samuel, [ela está abaixo da crítica]; pois embora eu não duvide que em muitas dessas aparições necromânticas sejam os *espíritos burlescos,* não as almas dos mortos, que aparecem, não obstante estou convencido da aparição da alma de Samuel, como estou convencido de que em outras necromancias devem ser o demônio ou tais espécies de espíritos, como acima descreve Porfírio, *que se transformam em formas e figuras oniformes, desempenhando uma parte dos demônios, outro a dos anjos ou deuses, e outro ainda a das almas dos mortos:* E eu reconheço que um desses espíritos poderia nesse caso personificar Samuel, pois Webster nada alegou em contrário. Pois seus argumentos são deveras extraordinariamente frágeis e canhestros..."[24].

Quando um metafísico e filósofo como Henry More dá um testemunho como este, podemos dizer que a nossa opinião está bem fundamentada. Investigadores muito eruditos, muito céticos quanto aos espíritos em geral e aos "espíritos humanos mortos" em particular, forçaram os seus cérebros durante os últimos vinte anos para inventar novos nomes para uma coisa velha. Assim, para o Sr. Crookes e para o Sargento Cox, trata-se de uma "força física". O Prof. Thury de Genebra chama-a "psicode" ou força *ectênica;* o Prof. Balfour Stewart, o poder "eletrobiológico"; Faraday, o "grande mestre da filosofia experimental da Física", mas aparentemente um noviço na Psicologia, designou-a desdenhosamente como uma "ação muscular inconsciente", uma "cerebração inconsciente", e não é só; Sir William Hamilton, um "pensamento latente"; o Dr. Carpenter, "o princípio ideomotor", etc., etc. Tantos cientistas – tantos nomes.

Anos atrás o velho filósofo alemão Schopenhauer tratou simultaneamente dessa força e dessa matéria; e desde a conversão do Sr. Wallace o grande antropólogo adotou evidentemente as suas idéias. A doutrina de Schopenhauer é a de que o universo é apenas a manifestação da vontade. Toda força da Natureza é também um efeito da vontade, que representa um grau maior ou menor de sua objetividade. É o que ensinava Platão, que afirmou claramente que tudo que é visível foi criado ou desenvolvido pela VONTADE invisível e eterna, e à sua maneira. Nosso Céu – diz ele – foi produzido de acordo com o padrão eterno do "Mundo Ideal", contido, como tudo o mais, no dodecaedro, o modelo geométrico utilizado pela Divindade[25]. Para Platão, o Ser Primacial é uma emanação do Espírito Demiúrgico (*Nous*), que contém em si, desde a eternidade, a "idéia" do "mundo a criar", a qual idéia ele retira de si mesmo[26]. As leis da Natureza são as relações estabelecidas desta *idéia* com as formas de suas manifestações; "estas formas", diz Schopenhauer, "são o tempo, o espaço e a causalidade. Através do tempo e do espaço, a idéia varia em suas inumeráveis manifestações".

Estas idéias estão longe de ser novas, e mesmo para Platão elas não eram originais. Eis o que lemos nos *Oráculos Caldeus*[27]: "As obras da Natureza coexistem com a Luz espiritual e intelectual $\nu o \epsilon \rho \hat{\omega}$ do Pai. Pois ela é a alma $\psi v \chi \acute{\eta}$ que adornou o grande céu e que o adorna depois do Pai".

"O mundo incorpóreo, portanto, já estava terminado, tendo sua sede na Razão Divina", diz Fílon[28], que é erradamente acusado de derivar sua filosofia da de Platão.

Na *Teogonia* de Mochus temos em primeiro lugar o éter, e depois o ar; os dois princípios dos quais Olam, o Deus *inteligível* $\nu o \eta \tau \acute{o} s$ (o universo visível da matéria), nasceu[29].

Nos hinos órficos, o Eros-Phanes origina-se do Ovo Espiritual, que os ventos etéreos fecundam, o Vento[30] sendo "o espírito de Deus", que, segundo se diz, se move no éter, "planando sobre o caos" – a "Idéia" Divina. "Na *Kathakopanishad* hindu, Purusha, o Espírito Divino, precede a matéria original, de cuja união brota a grande alma do mundo, *Mahan-âtma,* o Espírito da Vida"[31]; estas últimas denominações são idênticas às da alma universal, ou *anima mundi,* e da luz astral dos teurgistas e cabalistas.

Pitágoras tomou as suas doutrinas dos santuários orientais, e Platão as reproduziu numa forma mais inteligível que a dos números misteriosos do sábio – cujas doutrinas ele adotou integralmente – para os espíritos não iniciados. Assim, para Platão, o *Cosmos* é "o Filho" tendo como pai e mãe o Pensamento Divino e a Matéria[32].

"Os egípcios", diz Dunlap[33], "fazem uma distinção entre um velho e um jovem Horus, o primeiro sendo o *irmão* de Osíris e o segundo o *filho* de Ísis e de Osíris." O primeiro é a *Idéia* do mundo que permanece no Espírito Demiúrgico, "nascido nas trevas antes da criação do mundo". O segundo Horus é esta "Idéia" que emana do *Logos,* revestindo-se de matéria e assumindo uma existência real[34].

"O Deus mundano, eterno, ilimitado, jovem e velho, de forma sinuosa", dizem os *Oráculos caldeus*[35].

"Forma sinuosa" é uma figura para expressar o movimento vibratório da luz astral, que os antigos sacerdotes conheciam perfeitamente bem, embora eles tenham divergido dos modernos cientistas na sua concepção do éter; pois no éter colocaram a Idéia Eterna que impregna o universo, ou o *desejo* que se torna *força* e cria ou organiza a *matéria.*

"A vontade", diz Van Helmont, "é o primeiro de todos os poderes. Pois, através da vontade do Criador, todas as coisas foram feitas e postas em movimento (...). A vontade é a propriedade de todos os seres espirituais, e revela-se neles tanto mais ativamente quanto mais eles se libertam da matéria."[36] E Paracelso, "o divino", como era chamado, acrescenta no mesmo tom: "A fé deve confirmar a imaginação, pois pela fé estabelece-se a *vontade.* (...) Determinada imaginação é um começo de todas as operações mágicas (...). Porque os homens não imaginam perfeitamente, nem crêem, o resultado é que as artes são inexatas, ao passo que poderiam ser perfeitamente exatas".

Somente o poder oposto da incredulidade e do ceticismo, se projetado numa corrente de força igual, pode refrear o outro, e às vezes neutralizá-lo completamente. Por que se espantariam os espiritistas com o fato de a presença de alguns céticos enérgicos, ou daqueles que, mostrando-se asperamente contrários ao fenômeno, exercem inconscientemente a sua força de vontade em sentido inverso, impedir e amiúde deter por completo as manifestações? Se não existe nenhum poder consciente na Terra que não encontre às vezes um outro para nele interferir ou mesmo para contrabalançá-lo, o que há de surpreendente quando o poder *inconsciente,* passivo de um médium é de repente paralisado em seus efeitos por um outro inverso, embora também exercido inconscientemente? Os Profs. Faraday e Tyndall orgulham-se de que a sua presença num círculo impediria imediatamente qualquer manifestação. Somente este fato bastaria para provar aos eminentes cientistas que havia alguma força nestes fenômenos capaz de prender a sua atenção. Como cientista, o Prof. Tyndall era talvez a pessoa mais importante no círculo daqueles que estavam presentes à *séance*[37]; como observador arguto, alguém não facilmente iludido por um médium ardiloso, ele talvez não foi melhor, ou então mais sagaz, do que os outros na sala, e se as manifestações foram apenas uma fraude tão engenhosa para enganar os outros, elas não teriam parado, mesmo com a *sua* importância. Que médium pode vangloriar-se de fenômenos como os que foram produzidos por Jesus e depois dele pelo apóstolo Paulo? No entanto, mesmo Jesus se deparou com casos em que a força inconsciente da resistência sobrepujou até mesmo a sua tão bem dirigida corrente de vontade. "E não fez ali muitos milagres, por causa da incredulidade deles."[38]

Existe um reflexo de cada uma destas idéias na filosofia de Schopenhauer. Nossos cientistas "investigadores" poderiam consultar suas obras com proveito. Eles encontrariam nelas muitas estranhas hipóteses baseadas em idéias antigas, especulações sobre os "novos" fenômenos, que podem revelar-se tão razoáveis como qualquer outra, e poupar o inútil trabalho de investigar novas teorias. As forças psíquicas e ectênicas, o "ideomotor" e os "poderes eletrobiológicos"; as teorias do "pensamento latente" e mesmo a da "cerebração inconsciente" podem ser condensadas em duas palavras: a LUZ ASTRAL cabalística.

As corajosas teorias e opiniões expressas nas obras de Schopenhauer diferem completamente das da maioria de nossos cientistas ortodoxos. "Na realidade", assinala este audacioso especulador, "não existe nem *matéria* nem *espírito*. A tendência para a gravitação numa pedra é tão inexplicável quanto o pensamento num cérebro humano. (. . .) Se a matéria pode – ninguém sabe por quê – cair no chão, então ela pode também – ninguém sabe por quê – pensar. (. . .) Assim que, mesmo na mecânica, ultrapassarmos o que é puramente mecânico, assim que atingirmos o inescrutável, a adesão, a gravitação, etc., estaremos em presença de fenômenos que são tão misteriosos para os nossos sentidos quanto a VONTADE e o PENSAMENTO no homem – nós nos veremos defrontando o incompreensível, pois assim é toda força da Natureza. Onde está portanto essa *matéria* que todos vós pretendeis conhecer tão bem; da qual – estando tão familiarizados com ela – retirais todas as vossas conclusões e explicações, e à qual atribuís todas as coisas? (. . .) Isso, que pode ser totalmente compreendido por nossa razão e pelos sentidos, é apenas o superficial: eles jamais podem atingir a verdadeira substância interior das coisas. Tal era a opinião de Kant. Se considerais que existe, numa cabeça humana, alguma espécie de *espírito*, então sereis obrigados a conceder o mesmo para uma pedra. Se a vossa matéria morta e completamente passiva pode manifestar uma tendência para a gravitação, ou, como a eletricidade, atrair e repelir, e lançar chispas – então, como o cérebro, ela também pode pensar. Em suma, toda partícula do chamado espírito pode ser substituída por um equivalente de matéria, e toda partícula de matéria pode ser substituída pelo espírito. (. . .) Portanto, não é a divisão cartesiana de todos os seres em matéria e espírito que se deve considerar filosoficamente exata; mas apenas se os dividirmos em *vontade* e *manifestação*, uma forma de divisão que nada tem a ver com a primeira, pois ela espiritualiza todas as coisas: tudo aquilo que no primeiro caso é real e objetivo – corpo e matéria –, ela transforma numa representação, e toda manifestação em vontade."[39]

Essas idéias corroboram o que dissemos a respeito dos vários nomes dados à mesma coisa. Os adversários batem-se apenas por palavras. Chamai o fenômeno de força, energia, eletricidade ou magnetismo, vontade, ou poder do espírito, ele será sempre a manifestação parcial da *alma*, desencarnada ou aprisionada por um tempo em seu corpo – de uma porção daquela VONTADE inteligente, onipotente e individual que penetra toda a natureza, e conhecida, devido à insuficiência da linguagem humana para expressar corretamente imagens psicológicas, como – DEUS.

As idéias de alguns de nossos sábios a respeito da matéria são, do ponto de vista cabalístico, de muitas maneiras errôneas. Hartmann qualifica as suas próprias opiniões de "preconceito *instintivo*". Além disso, ele demonstra que nenhum experimentador pode fazer o que quer que seja com a matéria propriamente dita, mas apenas com as forças que nela atuam, do que infere que a chamada matéria é apenas agregação de forças atômicas; do contrário, a matéria seria uma palavra sem sentido científico. Não obstante as honestas confissões de nossos especialistas – físicos, psicólogos e químicos –, segundo as quais eles nada conhecem em absoluto da matéria[40], *eles a divinizam*. Todo fenômeno que não aceitam explicar é triturado, misturado com incenso e queimado no altar da deusa predileta da Ciência.

Ninguém pode tratar este assunto com mais competência do que o fez Schopenhauer no seu *Parerga*. Nesta obra, ele discute extensamente o Magnetismo animal, a clarividência, a terapêutica simpatética, a profecia, a Magia, os presságios, as visões de fantasmas e outros fenômenos psíquicos. "Todas essas manifestações", diz ele, "são ramos de uma mesma árvore", e fornecem-nos as provas irrefutáveis da existência de uma cadeia de seres pertencentes a uma ordem de natureza muito distinta daquela que se baseia nas leis de espaço, tempo e adaptabilidade. Esta outra ordem de coisas é muito mais profunda, pois é a ordem original e direta; na sua presença, as leis comuns da Natureza, que são meramente formais, são inúteis; por conseguinte, sob a sua ação imediata, nem o tempo nem o espaço podem separar os indivíduos, e a separação determinada por aquelas formas não apresenta quaisquer barreiras intransponíveis para a relação entre os pensamentos e a ação imediata da vontade. Dessa maneira, as mudanças podem ser produzidas por um procedimento completamente diferente da causalidade física, isto é, através de uma ação da manifestação da vontade exibida num caminho peculiar e externo ao próprio indivíduo. Portanto, o caráter peculiar de todas as manifestações mencionadas é a *visio in distans et actio in distans* (visão e ação à distância), tanto em sua relação com o tempo como em sua relação com o espaço. Uma tal ação à distância é justamente o que constitui o caráter fundamental do que se chama *mágico;* pois tal é a ação imediata de nossa vontade, uma ação liberada das condições causais da ação física, ou seja, do contato material".

"Além disso", continua Schopenhauer, "tais manifestações nos apresentam uma oposição substancial e perfeitamente lógica ao materialismo, e mesmo ao naturalismo (...) porque à luz de tais manifestações aquela ordem de coisas da Natureza que estas duas filosofias procuram apresentar como absoluta e como a única genuína surge diante de nós ao contrário como simplesmente fenomênica e superficial, contendo, no fundo, um conjunto de coisas *à parte* e perfeitamente independente de suas próprias leis. Eis por que aquelas manifestações – pelo menos de um ponto de vista puramente filosófico –, entre todos os fatos que nos são apresentados no domínio da experiência, são, sem qualquer comparação, as mais importantes. Portanto, é dever de todo cientista familiarizar-se com elas."[41]

Passar das especulações filosóficas de um homem como Schopenhauer às generalizações superficiais de alguns acadêmicos franceses seria inútil, a não ser pelo fato de que isso nos permite apreciar o alcance intelectual das duas escolas de erudição. Já vimos como o alemão trata das profundas questões psicológicas. Comparai com isso o que de melhor o astrônomo Babinet e o químico Boussingault podem oferecer para explicar um importante fenômeno psíquico. Em 1854-1855, estes dois eminentes especialistas apresentaram à Academia um memorial ou monografia cujo objetivo evidente foi corroborar e ao mesmo tempo aclarar a teoria tão complicada a respeito das mesas girantes, desenvolvida pelo Dr. Chevreul, que era membro de uma comissão destinada a investigar esses fenômenos.

Aqui está o *verbatim:* "Quanto aos movimentos e oscilações que se alega ocorrerem com certas mesas, eles não podem ter outra causa que não as vibrações *invisíveis* e involuntárias do sistema muscular do experimentador; a contração prolongada dos músculos que se manifesta ao mesmo tempo por uma série de vibrações, e que origina assim um *tremor invisível* que comunica ao objeto um movimento circum-rotatório. Esta rotação é assim capaz de manifestar-se com uma considerável energia, por um movimento que acelera gradualmente, ou por uma forte resistência, logo que deseja parar. Assim, a explicação física do fenômeno se torna clara e não oferece a menor dificuldade"[42].

Nenhuma, de fato. Esta hipótese científica – ou diríamos demonstração? – é tão clara quanto uma das nebulosas do Sr. Babinet examinadas numa noite brumosa.

E, no entanto, por mais claro que possa ser, falta-lhe uma qualidade importante, isto é, o senso comum. Somos incapazes de decidir se Babinet aceita ou não *en désespoir de cause*[43] a proposição de Hartmann de que "os *efeitos* visíveis *da matéria* não passam de *efeitos de uma força*", e de que, para formar uma clara concepção da matéria, deve-se primeiro formar uma da força. A filosofia da escola à qual pertence Hartmann, e que é parcialmente aceita por muitos dos maiores cientistas alemães, ensina que o problema da matéria só pode ser resolvido por aquela Força invisível, cujo conhecimento Schopenhauer chama de "sabedoria mágica", e "efeito mágico ou ação da vontade". Por conseguinte, devemos em primeiro lugar assegurar-nos de que as "vibrações involuntárias do sistema muscular do experimentador", que são apenas "ações da matéria", são influenciadas por uma vontade *interior* ou *exterior* ao experimentador. No primeiro caso, Babinet faz dele um epiléptico inconsciente; o segundo, como veremos mais adiante, ele o rejeita por completo, e atribui todas as respostas inteligentes das mesas girantes e estalantes ao "ventriloquismo inconsciente".

Sabemos que toda aplicação da vontade resulta em *força,* e que, de acordo com a escola alemã acima mencionada, as manifestações das forças atômicas são ações individuais da vontade, que têm como resultado a aglomeração inconsciente de átomos numa imagem concreta já criada subjetivamente pela vontade. Demócrito ensinou, seguindo seu mestre Leucipo, que os primeiros princípios de todas as coisas no universo são os átomos e um vácuo. No seu sentido cabalístico, o *vácuo* significa neste caso a Divindade *latente,* ou força latente, que em sua primeira manifestação se tornou VONTADE, e assim comunicou o primeiro impulso àqueles átomos – cuja aglomeração é a matéria. Este vácuo é apenas um outro nome para o caos, e pouco satisfatório, pois, de acordo com os peripatéticos, "a natureza tem horror ao vácuo".

Que antes de Demócrito os antigos estavam familiarizados com a idéia da indestrutibilidade da matéria prova-se por suas alegorias e por numerosos outros fatos. Movers[44] dá uma definição da idéia fenícia da luz solar ideal como uma influência espiritual provinda do DEUS superior, IAO, "a luz que só o intelecto pode conceber – o Princípio físico e espiritual de todas as coisas; do qual a alma emana". Era a Essência masculina, ou Sabedoria, ao passo que a matéria primitiva ou *Caos* era a feminina. Assim, os dois primeiros princípios – coeternos e infinitos – eram, já para os fenícios primitivos, espírito e matéria. Conseqüentemente, a teoria é tão velha quanto o mundo; pois Demócrito não foi o primeiro filósofo a professá-la; e a intuição existiu no homem antes do desenvolvimento final de sua razão. Mas é na negação da Entidade infinita e eterna, possuidora da Vontade invisível, que nós por falta de um termo melhor chamamos DEUS, que reside a impotência de toda ciência materialista para explicar os fenômenos ocultos. É na sua rejeição *a priori* de tudo que poderia forçá-los a cruzar a fronteira da ciência exata e entrar no domínio da fisiologia psicológica, ou, se preferirmos, metafísica, que encontramos a causa secreta de sua confusão em face das manifestações, e das suas teorias absurdas para explicá-las. A filosofia antiga afirmou que é em conseqüência da manifestação daquela Vontade – designada por Platão como *a Idéia Divina* – que todas as coisas visíveis e invisíveis vieram à existência. Da mesma maneira que essa Idéia Inteligente, que, dirigindo apenas a sua força de vontade para o centro das forças concentradas, chamou as formas objetivas à existência, assim pode o homem, o microcosmos do grande macrocosmos, fazer o mesmo na proporção do desenvolvimento da sua força de vontade. Os átomos imaginários – uma figura de linguagem empregada por Demócrito, e que os materialistas adotaram reconhecidamente – são como operários automáticos movidos interiormente pelo influxo daquela Vontade Universal dirigida sobre eles, e que, por se manifestar como força, os coloca em movimento. O plano da estrutura a ser erigida está no cérebro do Arquiteto, e reflete a sua vontade; ainda abstrato, desde o instante da concepção ele se torna concreto graças àqueles átomos que seguem fielmente toda linha, ponto e figura traçados na imaginação do Geômetro Divino.

Assim como Deus cria, também o homem pode criar. Dando-se uma certa intensidade de vontade, as formas criadas pela mente tornam-se subjetivas. Alucinações, elas são chamadas, embora para o seu criador elas sejam tão reais como qualquer outro objeto visível o é para os demais. Dando-se uma concentração mais intensa e mais inteligente dessa vontade, a forma se torna concreta, visível, objetiva; o homem aprendeu o segredo dos segredos; ele é um mago.

O materialista não objetará a esta lógica, pois ele considera o pensamento como matéria. Admitindo-se que o seja, o mecanismo engenhoso arquitetado pelo inventor; as cenas feéricas nascidas no cérebro do poeta; os esplêndidos quadros evocados pela fantasia do artista; a estátua, sem igual, cinzelada no éter pelo escultor; os palácios e os castelos edificados no ar pelo arquiteto – tudo isso, embora invisível e subjetivo, deve existir, pois é matéria formada e modelada. Quem poderá dizer, então, que não existem tais homens de vontade soberana, capazes de captar estas fantasias desenhadas no ar, revestidas pelo rude invólucro da substância grosseira que os torna tangíveis?

Se os cientistas franceses não colheram nenhum laurel no novo campo de investigação, o que mais se fez na Inglaterra, desde o dia em que o Sr. Crookes se ofereceu para expiar os pecados da comunidade de eruditos? Ora, o Sr. Faraday, há uns vinte anos, realmente condescendeu em falar uma ou duas vezes sobre o assunto. Faraday, cujo nome é pronunciado pelos antiespiritistas, em todas as discussões sobre o fenômeno, como uma espécie de encantamento científico contra o mau-olhado do Espiritismo, Faraday, que "ruborizava-se" por ter publicado suas pesquisas sobre uma crença tão degradante, foi provado por uma autoridade que jamais se sentou a uma mesa girante! Basta-nos abrir ao acaso uns poucos números do *Journal des débats*, publicados quando um conhecido médium escocês se encontrava na Inglaterra para relembrar os eventos passados em toda a sua frescura primitiva. Num desses números[45], o Dr. Foucault, de Paris, apresenta-se como um defensor do eminente experimentador inglês. "Não imagineis", diz ele, "que o grande físico jamais tenha condescendido em sentar-se prosaicamente a uma mesa saltitante." Donde, então, provêm os "rubores" que tingiram as faces do "Pai da Filosofia Experimental"? Lembrando este fato, desejamos examinar a natureza do "Indicador", o extraordinário "Apanha-Médiuns" inventado por ele para detectar uma fraude mediúnica. Aquela complicada máquina, cuja lembrança obceca como um pesadelo os sonhos dos médiuns desonestos, é cuidadosamente descrita na *Questions des esprits* do Marquês de Mirville.

Para melhor provar aos experimentadores a realidade de sua própria impulsão, o Prof. Faraday colocou vários discos de cartão, unidos uns aos outros e pregados numa tábua com cola adicionada à água, a qual, prendendo em conjunto todas as fichas por algum tempo, deveria, não obstante, ceder a uma pressão contínua. Pois bem, após a mesa se ter virado – sim, realmente *após a mesa se ter permitido virar diante do Sr. Faraday*, fato que tem alguma importância, afinal – os discos foram examinados; e, como se descobriu que eles se tinham gradualmente deslocado deslizando na mesma direção que a mesa, obteve-se então uma inquestionável prova de que os experimentadores *puxaram* eles próprios a mesa.

Um outro desses pretensos testes científicos, tão úteis num fenômeno que se diz ser espiritual ou psíquico, consistia num pequeno instrumento que imediatamente avisava os espectadores do menor impulso pessoal proveniente de sua parte, ou melhor, de acordo com a própria expressão do Sr. Faraday, "avisava-os quando passavam do estado passivo para o ativo". Esta agulha que assinalava o movimento ativo provou apenas uma coisa: a ação de uma força que ou emanou dos assistentes, ou os controlou. E quem jamais disse que não existe uma tal força? Todo mundo a admite, passe esta força através do operador, como acontece geralmente, ou aja independentemente dele, como é freqüentemente o caso. "Todo o mistério consistia na desproporção da força empregada pelos operadores, que puxaram porque foram forçados a puxar, com certos efeitos de rotação, ou melhor, de uma trajetória realmente surpreendente. Na presença de tais prodigiosos efeitos, como poderia alguém imaginar que as experiências liliputianas dessa espécie poderiam ter qualquer valor nesta Terra de Gigantes descoberta?"[46]

O Prof. Agassiz, que ocupava na América aproximadamente a mesma posição eminente de cientista que o Sr. Faraday na Inglaterra, agiu com uma má fé ainda maior. O Prof. J. R. Buchanam, o renomado antropólogo, que em alguns aspectos tratou o Espiritualismo mais cientificamente do que quem quer que seja na América, fala de Agassiz, num artigo recente, com uma muito justa indignação. Pois, entre todos os demais, o Prof. Agassiz deveria acreditar num fenômeno para o qual ele próprio havia experimentado. Mas agora que Faraday e Agassiz *desencarnaram*, devemos antes questionar os vivos do que os mortos.

Assim, uma força, cujos poderes secretos eram totalmente familiares aos antigos teurgistas, é negada pelos céticos modernos. As crianças antediluvianas – que talvez brincaram com ela, utilizando-a como os meninos do *The Coming Race* de Bulwer-Lytton, utilizam o terrível "*vril*" – chamavam-na "Água de Ptah"; seus descendentes designaram-na como *anima mundi*, a alma do universo; e mais tarde os hermetistas medievais denominaram-na "luz sideral", ou "leite da Virgem Celeste", ou "magnes", e muitos outros nomes. Mas os nossos modernos homens eruditos não a aceitarão nem a reconhecerão sob tais designações; pois ela pertence à *Magia*, e a Magia é, na sua concepção, uma vergonhosa superstição.

Apolônio e Jâmblico sustentaram que não é "no conhecimento das coisas *exteriores*, mas na perfeição da alma *interior*, que repousa o império do homem que aspira a ser mais do que homem"[47]. Eles chegaram assim ao perfeito conhecimento de suas almas divinas, cujo poder utilizaram com sabedoria, fruto do estudo esotérico da tradição hermética, herdada por eles de seus ancestrais. Mas nossos filósofos, fechando-se compactamente em suas conchas de carne, não podem ou não ousam dirigir seus tímidos olhares além do *compreensível*. Para eles, não existe nenhuma vida futura; não existem sonhos divinos, eles os desprezam como anticientíficos; para eles os homens da Antiguidade eram apenas "ancestrais ignorantes", como eles os chamam; e todas as vezes que eles se encontram durante as pesquisas psicológicas com um autor que acredita que este misterioso anseio por um conhecimento espiritual é inerente a todos os seres humanos, e não nos pode ter sido dado em vão, eles o encaram com uma piedade desdenhosa.

Diz um provérbio persa: "Quanto mais escuro estiver o céu, mais as estrelas brilharão". Assim, no negro firmamento da época medieval começaram a surgir os misteriosos Irmãos da Rosa-Cruz. Eles não formaram associações, nem construíram colégios; pois, caçados e encurralados como feras selvagens, quando a Igreja Católica os apanhou, eles foram queimados sem cerimônia. "Como a religião proíbe", diz Bayle, "derramar sangue", então, "para eludir a máxima *Ecclesia non novit sanguinem* eles queimaram os seres humanos, pois queimar um homem não derrama o seu sangue!"[48]

Muitos desses místicos, seguindo os ensinamentos de alguns tratados, preservados secretamente de uma geração a outra, fizeram descobertas que não seriam desprezíveis mesmo em nossos modernos dias das ciências exatas. Roger Bacon, o monge, foi ridicularizado como um charlatão, e é hoje incluído entre os "pretendentes" à arte mágica; mas suas descobertas foram não obstante aceitas, e são hoje utilizadas por aqueles que mais o ridicularizaram. Roger Bacon pertencia, de fato senão de direito, àquela Irmandade que inclui todos os que estudam as ciências ocultas. Vivendo no século XIII, quase como um contemporâneo, portanto, de Alberto Magno e Tomás de Aquino, suas descobertas – como a pólvora de canhão e os vidros ópticos, e seus trabalhos mecânicos – foram considerados por todos como milagres. Ele foi acusado de ter feito um pacto com o diabo.

Na história legendária do monge Bacon, e também numa antiga peça escrita por Robert Green, um dramaturgo dos tempos da Rainha Elizabeth, conta-se que, convocado pelo rei, o monge foi convidado a mostrar algumas de suas habilidades diante de sua majestade, a rainha. Ele então agitou sua mão (*seu bastão,* diz o texto), e "rapidamente ouviu-se uma belíssima música, que eles afirmaram jamais ter ouvido igual". Ouviu-se em seguida uma música ainda mais alta e quatro aparições de repente se apresentaram e dançaram até que se dissiparam e desapareceram no ar. Então ele agitou novamente o bastão, e de repente surgiu um odor "como se todos os ricos perfumes do mundo tivessem sido preparados no local da melhor maneira que a arte pudesse fazê-lo". Então Roger Bacon, após ter prometido mostrar a um dos cortesãos a sua amada, apanhou um enfeite do apartamento real vizinho e todos na sala viram "uma criada da cozinha com uma concha nas mãos". O orgulhoso cavalheiro, embora reconhecesse a criada que desapareceu tão rapidamente quanto surgiu, irritou-se com o espetáculo humilhante, e ameaçou o monge com a sua vingança. Que fez o mágico? Ele simplesmente respondeu: "Não me ameaceis, para que eu não vos envergonhe mais; e guardai-vos de desmentir novamente os *eruditos!*".

Como um comentário a esse respeito, um historiador moderno assinala: "Isto deve ser visto como uma espécie de exemplificação do gênero de exibições que eram provavelmente o resultado de um *conhecimento superior* das ciências naturais"[49]. Ninguém jamais duvidou de que isto foi o resultado de um tal conhecimento, e os hermetistas, os mágicos, os astrólogos e os alquimistas jamais pretenderam outra coisa. Não era decerto sua culpa que as massas ignorantes, sob a influência de um clero inescrupuloso e fanático, tivessem atribuído tais obras à intervenção do demônio. Em face das torturas atrozes estipuladas pela Inquisição para todos os supeitos de Magia branca ou negra, não é de estranhar que estes filósofos jamais se vangloriaram ou mesmo reconheceram uma tal relação. Ao contrário, os seus próprios escritos provam que eles sustentavam que a Magia é "apenas uma aplicação das causas naturais ativas em coisas ou sujeitos passivos, por meio da qual muitos efeitos extraordinariamente surpreendentes, mas no entanto naturais, foram produzidos".

Os fenômenos dos odores místicos e da música, exibidos por Roger Bacon, foram freqüentemente observados em nossa própria época. Para não falar de nossa experiência pessoal, fomos informados por correspondentes ingleses da Sociedade Teosófica que eles ouviram acordes da música mais extasiante não originados de qualquer instrumento visível, e inalaram uma sucessão de odores deliciosos produzidos, como acreditam, pela intervenção dos espíritos. Um correspondente relata-nos que um desses odores familiares – o de sândalo – era tão poderoso que a casa teria sido impregnada com ele por semanas após a sessão. O médium neste caso era membro de uma família fechada, e as experiências foram todas feitas com o círculo doméstico. Outro descreve o que ele chama de uma "pancada *musical*". As potências que são agora capazes de produzir estes fenômenos devem ter existido e ter sido igualmente eficazes nos dias de Roger Bacon. Quanto às aparições, basta dizer que elas são agora evocadas nos círculos espiritistas, e abonadas por cientistas, e a sua evocação por Roger Bacon se torna, portanto, mais provável do que nunca.

Baptista Porta, no seu tratado sobre *Magia Natural*, enumera todo um catálogo de fórmulas secretas para produzir efeitos extraordinários mediante o emprego dos poderes da Natureza. Embora os "magos" acreditassem tão firmemente quanto os nossos espiritistas num mundo de espíritos invisíveis, nenhum deles pretendeu produzir seus efeitos sob o controle deles ou apenas com o seu concurso. Sabiam muito bem quão difícil é manter à distância as criaturas elementares assim que elas descobrem uma porta aberta. Mesmo a magia dos antigos caldeus era apenas um profundo conhecimento dos poderes das plantas medicinais e dos minerais. Foi apenas quando o teurgista desejou a ajuda *divina* nos assuntos espirituais e terrestres que ele procurou a comunicação direta, através dos ritos religiosos, com os seres espirituais. Mesmo para eles, aqueles espíritos que permanecem invisíveis e se comunicam com os mortais através dos seus sentidos internos despertados, como na clarividência, na clariaudiência e no transe, só podiam ser evocados *subjetivamente* e como resultado da pureza de vida e da oração. Mas todos os fenômenos físicos foram produzidos simplesmente pela aplicação de um conhecimento das forças naturais, embora certamente não pelo método da prestidigitação, praticado em nossos dias pelos ilusionistas.

Os homens que possuíram tal conhecimento e exerceram tais poderes trabalharam pacientemente para algo mais do que a glória vã de uma fama passageira. Não a procurando, eles se tornaram imortais, como se tornam todos aqueles que trabalham para o bem da raça, esquecidos de si próprios. Iluminados pela luz da verdade eterna, esses pobres-ricos alquimistas fixaram sua atenção nas coisas que jazem além da percepção ordinária, reconhecendo que nada é inescrutável, a não ser a Causa Primeira, e considerando que nenhuma questão é insolúvel. Ousar, saber, desejar e GUARDAR SILÊNCIO eram as suas regras constantes; ser caridoso, altruísta e modesto eram para eles impulsos espontâneos. Desdenhando as recompensas de um tráfico fútil, menosprezando a riqueza, a luxúria, a pompa e o poder mundano, eles aspiravam ao conhecimento como a mais satisfatória de todas as aquisições. Consideravam a pobreza, as privações, o trabalho e o desprezo do homem como um preço não elevado para pagar as suas realizações. Eles, que poderiam ter dormido em leitos macios e cobertos de veludo, preferiam morrer nos asilos e nas estradas e aviltar as suas almas e permitir a cupidez profana daqueles que tentavam fazê-los aproveitar de seus votos sagrados. As vidas de Paracelso, de Cornélio Agripa e de Filaletes são muito conhecidas para que se precise repetir a velha e triste história.

Se os espiritistas estão ansiosos por se manter rigorosamente dogmáticos em suas noções do "mundo dos espíritos", eles não devem convidar os *cientistas* a investigar os seus fenômenos com verdadeiro espírito experimental. A tentativa conduziria seguramente a uma redescoberta parcial da Magia antiga – a de Moisés e de Paracelso. Sob a decepcionante beleza de algumas dessas aparições, eles poderiam encontrar, um dia, os silfos e as belas ondinas dos Rosa-cruzes brincando nas correntes da força *psíquica* e *ódica*.

Já o Sr. Crookes, que acredita completamente no *ser,* sente que sob a bela aparência da Katie, que cobre um simulacro de coração emprestado parcialmente de um médium e dos assistentes, não há *nenhuma alma*! E os eruditos autores do The Unseen Universe, abandonando sua teoria "eletrobiológica", começam a perceber no éter universal a *possibilidade* de que ele seja um álbum fotográfico do EN SOPH – o Infinito[50].

Estamos longe de acreditar que todos os espíritos que se comunicam nas sessões são das classes chamadas "Elementais" e "Elementares". Muitos – especialmente entre aqueles que controlam o médium subjetivamente para falar, escrever e agir de diferentes maneiras – são espíritos humanos desencarnados. Se a maioria de tais espíritos é boa ou *má*, depende largamente da moralidade privada do médium, bastante do círculo presente, e muito da intensidade e objetivo de seu propósito. Se este objetivo é meramente satisfazer a curiosidade e passar o tempo, é inútil esperar qualquer coisa de sério. Mas, seja como for, os espíritos humanos *jamais* se podem materializar *in propria persona*. Eles jamais podem aparecer ao investigador vestidos com uma carne sólida e quente, com mãos e faces suarentas e corpos grosseiramente materiais. O mais que eles podem fazer é projetar seu reflexo etéreo na onda atmosférica, e se o toque de suas mãos e vestes em algumas raras ocasiões pode tornar-se objetivo aos sentidos de um mortal vivo, ele será sentido como uma brisa que passa acariciando gentilmente pelo ponto tocado, não como uma mão humana ou um corpo material[51]. É inútil alegar que os "espíritos materializados" que se exibiram com corações pulsantes e vozes fortes (com ou sem trombetas) são espíritos *humanos*. Uma vez ouvidas as vozes – se tais sons podem ser designados como vozes – de uma aparição espiritual, dificilmente se consegue esquecê-las. A de um espírito puro é como um murmúrio trêmulo da harpa eólica ecoando à distância; a voz de um espírito sofredor, portanto impuro, se não totalmente mau, pode ser assimilada à voz humana produzida dentro de um tonel vazio.

Essa não é a *nossa* filosofia, mas a de numerosas gerações de teurgistas e de mágicos, e baseada em sua experiência prática. O testemunho da antiguidade é positivo a este respeito: Δαιμόνιων φωναὶ ἄναρθροι εἰσί (...)[52] As vozes dos espíritos não são articuladas. A voz do espírito consiste numa série de sons que produz a impressão de uma coluna de ar comprimido subindo de baixo para cima, e espalhando-se ao redor do interlocutor vivo. As muitas testemunhas oculares que prestaram depoimento no caso de Elizabeth Eslinger, a saber[53]: o vice-governador da prisão de Weinsberg, Mayer, Eckhart, Theurer e Knorr (depoimento juramentado), Düttenhöfer e Kapff, o matemático, testemunharam que viram a aparição *como uma coluna de nuvens*. Pelo espaço de onze semanas, o Dr. Kerner e seus filhos, vários ministros luteranos, o advogado Fraas, o gravador Düttenhöfer, dois médicos, Siefer e Sicherer, o juiz Heyd, e o Barão von Hugel, com muitos outros, acompanharam diariamente esta manifestação. Durante esse tempo, a prisioneira Elizabeth orou ininterruptamente com uma voz forte; por conseguinte, como o "espírito" falou ao mesmo tempo, não poderia ser nenhum caso de ventriloquismo; e aquela voz, disseram eles, "nada tinha de *humano*; ninguém poderia imitar os seus sons".

Mais adiante daremos abundantes provas oriundas dos antigos autores a propósito desse truísmo negligenciado. Por enquanto repetiremos apenas que nenhum espírito que os espiritistas afirmam ser humano jamais conseguiu prová-lo com testemunhos suficientes. A influência dos espíritos *desencarnados* pode ser sentida e comunicada *subjetivamente* por eles aos sensitivos. Eles podem produzir manifestações *objetivas*, mas não podem manifestar-se senão da maneira acima descrita. Podem controlar o corpo de um médium, e expressar seus desejos e idéias por meio das diversas maneiras bem conhecidas pelos espiritistas; mas não *materializar* o que é imaterial e puramente espiritual – a sua *essência divina*. Assim, toda pretensa "materialização" – quando genuína – é produzida (talvez) pela vontade daquele espírito que a "aparição" procura ser mas que no máximo pode apenas personificar, ou pelos próprios duendes elementares, que são geralmente demasiado embotados para merecer a honra de serem chamados de demônios. Em raras ocasiões, os espíritos são capazes de subjugar e controlar estes seres sem alma, que estão sempre prestes a assumir nomes pomposos quando deixados à vontade, casos em que o espírito turbulento "do ar", figurado na imagem real do espírito *humano*, será movido pelo último como uma marionete, incapaz de agir ou pronunciar outras palavras que não as impostas a ele pela "alma imortal". Mas isto requer muitas condições geralmente desconhecidas até mesmo dos círculos espiritistas mais habituados a freqüentar as sessões. Nem todos são capazes de atrair os espíritos *humanos* que desejam. Uma das mais poderosas atrações de nossos finados é a sua forte afeição por aqueles que deixaram na Terra, e que os impele irresistivelmente, pouco a pouco, para a corrente da luz astral que vibra entre as pessoas simpáticas a eles e a alma universal. Outra condição muito importante é a harmonia e a pureza magnética das pessoas presentes[54].

Se esta filosofia é errada, se todas as formas "materializadas" que emergem nos quartos *escurecidos* de gabinetes ainda *mais escuros* são os espíritos de homens que uma vez viveram nesta Terra, por que uma tal diferença entre eles e os *fantasmas* que aparecem inopinadamente – *ex abrupto* – sem gabinete ou médium? Quem nunca ouviu falar das aparições, "almas" sem descanso, que erram em torno dos locais em que foram assassinadas, ou que retornam, por outras misteriosas razões próprias, com as "mãos tão quentes" que *parecem carne viva,* e que embora se saiba que morreram e foram enterradas, não se distinguem dos mortais vivos? Temos fatos bem atestados dessas aparições que se fazem freqüentemente visíveis, mas nunca, desde o começo da era das "materializações", vimos algo que se lhes assemelhasse. No *Médium and Day Break,* de 8 de setembro de 1876, lemos uma carta de uma "senhora que viajava pelo continente" narrando uma passagem que se deu numa casa assombrada. Diz ela: "(. . .) Um som estranho proveio de um canto escuro da biblioteca (. . .) ao olhar para cima ela percebeu uma *"nuvem ou coluna de vapor luminoso*; (. . .) o espírito apegado à Terra vagava em torno do lugar amaldiçoado de sua má ação. (. . .)" Como este espírito era, sem dúvida, uma aparição elementar *genuína,* que se fez visível por sua própria vontade – em resumo, uma *sombra* –, ele era, como toda sombra respeitável deveria ser, visível mas impalpável, ou, se palpável, comunicando ao sentido do tato a sensação de uma massa d'água que jorrasse de repente na mão, ou de um vapor condensado mas frio. Era *luminoso* e *vaporoso;* tudo o que podemos dizer é que ele poderia ser a sombra pessoal real do "espírito", perseguido e apegado à Terra, seja pelo remorso de seus crimes, seja pelos de outra pessoa ou espírito. Os mistérios do além-morte são numerosos, e as modernas "materializações" apenas os tornam sem valor e ridículos aos olhos dos indiferentes.

A tais asserções poderia opor-se um fato bem-conhecido entre os espiritistas: *A autora certificou publicamente ter visto essas formas materializadas.* Nós o fizemos e estamos prontos a repetir o testemunho. Reconhecemos tais formas como as representações visíveis dos conhecidos, amigos e mesmo parentes. Em companhia de muitos outros espectadores, ouvimo-las pronunciar palavras em línguas desconhecidas não apenas do médium e de todos na sala, exceto nós, mas, em alguns casos, de quase todos senão todos os médiuns da América e da Europa, pois eram os idiomas de tribos e povos orientais. Na ocasião, essas circunstâncias foram justamente consideradas como provas conclusivas da mediunidade autêntica do fazendeiro inculto de Vermont, que estava no "gabinete"[*]. Não obstante, essas figuras não eram as formas das pessoas que elas pretendiam ser. Elas eram simplesmente os seus retratos-estátuas, construídos, animados e operados pelos elementares. Se não elucidamos anteriormente este ponto, foi porque a massa espiritista não estava preparada então para dar ouvidos à proposição fundamental de que existem espíritos elementais e elementares. Desde então, o assunto foi tornado público e mais ou menos amplamente discutido. Há menos perigo em tentar lançar ao mar incansável da crítica a filosofia venerável dos antigos sábios, pois a mente do público foi um pouco preparada para examiná-la com imparcialidade e deliberação. Dois anos de agitação produziram uma mudança marcada para melhor.

Pausânias escreve que quatrocentos anos após a batalha de Maratona ainda era possível ouvir no lugar em que ela foi travada o *relinchar dos cavalos* e os gritos dos soldados espectrais[55]. Supondo que os espectros dos soldados trucidados eram os seus espíritos genuínos, eles tinham a aparência de "sombras", não de homens materializados. Quem, então, ou o que produziu o relinchar dos cavalos? "Espíritos" eqüinos? Se se admitisse como incorreto que os cavalos têm espíritos – o que seguramente nenhum zoólogo, fisiólogo ou psicólogo, ou mesmo espiritista pode aprovar ou reprovar –, seria preciso então conceder que foram as "almas imortais" dos homens que produziram o relinchar de Maratona para tornar a cena da batalha histórica mais vívida e dramática?

---

* Referência aos irmãos Eddy, Horatio e William, fazendeiros numa pequena propriedade da aldeia de Chittenden, próxima de Rutland, Vermont. Foi a mediunidade de William que assumiu a forma de materializações. Os fenômenos de Chittenden foram descritos pelo Cel. H. S. Olcott no *Daily Graphic* de Nova York (outubro e novembro de 1874). Com base nesses artigos, Olcott preparou depois a sua obra intitulada *People from the Other World,* que foi publicada, profusamente ilustrada por Alfred Kappes e T. W. Williams, em Hartford, Conn., em 1875. Foi na casa-grande dos Eddy que H. P. B. conheceu o Cel. Olcott, a 14 de outubro de 1874. Ver o Apêndice ao Volume I dos *Collected Writings* para mais detalhes sobre os irmãos Eddy. (N. do Org.)

Os fantasmas dos cachorros, gatos e muitos outros animais foram vistos repetidamente, e o testemunho universal é tão exato sobre este ponto quanto o referente a aparições humanas. Quem ou *o que* personifica, se assim podemos nos exprimir, os fantasmas dos animais mortos? Tratar-se-ia novamente de espíritos humanos? Assim proposta, a questão não dá margem a dúvidas; devemos admitir que os animais têm espíritos e almas como o homem ou sustentar, com Porfírio, que há no mundo *invisível* uma classe de demônios velhacos e maliciosos, seres intermediários entre os homens vivos e os "deuses", espíritos que se deleitam em aparecer sob todas as formas imagináveis, começando com a forma humana e terminando com a dos animais multifários[56].

Antes de nos arriscarmos a decidir se as formas animais espectrais vistas e atestadas com tanta freqüência são os espíritos retornados das feras mortas, devemos considerar cuidadosamente o seu comportamento descrito. Agem esses espectros de acordo com os hábitos e revelam os mesmos instintos dos animais vivos? As feras de rapina permanecem à cata de vítimas, e os animais tímidos fogem na presença do homem; ou estes últimos mostram uma malignidade e uma disposição para atormentar, completamente estranhas às suas naturezas? Muitas vítimas dessas obsessões – notadamente as pessoas atormentadas de Salem e outras feitiçarias históricas – testemunham ter visto cachorros, gatos, porcos e outros animais invadindo os seus quartos, mordendo-os, andando sobre seus corpos adormecidos, e *falando-lhes; às vezes incitando-os ao suicídio e outros crimes*. No caso bem documentado de Elizabeth Eslinger, mencionado pelo Dr. Kerner, a aparição de um antigo sacerdote de Wimmenthal[57] foi acompanhada por um grande cachorro negro que ele chamava de *pai*, e que na presença de numerosas testemunhas saltitava sobre as camas das prisioneiras. Em outra ocasião, o sacerdote surgiu com um cordeiro, e às vezes com dois cordeiros. Muitos dos réus de Salem foram acusados pelas videntes de maquinar maldades e consultar pássaros amarelos, que vinham sentar-se sobre os seus ombros ou sobre os barrotes acima de suas cabeças[58]. E a menos que desacreditemos do testemunho de milhares de espectadores, em todas as partes do mundo e em todas as épocas, e concedamos o monopólio da vidência aos médiuns modernos, animais espectrais aparecem e manifestam todos os traços mais característicos da natureza humana depravada, sem serem eles próprios humanos. O que, então, podem eles ser, se não elementais?

Descartes foi um dos poucos que acreditaram e ousaram dizer que devíamos à Medicina oculta as descobertas "destinadas a estender o domínio da Filosofia"; e Brierre de Boismont não apenas partilhou dessas esperanças mas também confessou declaradamente a sua simpatia pelo "supernaturalismo", que ele considerava o "grande credo" universal. "(...) Pensamos com Guzot", diz ele, "que a existência da sociedade está associada a ele. *É em vão* que a razão moderna, que, não obstante o seu *positivismo*, não pode explicar a causa íntima de qualquer fenômeno, *rejeita o supernatural;* ele é universal, e está na raiz de todos os corações. As mentes mais elevadas são freqüentemente os seus discípulos mais ardentes."[59]

Cristóvão Colombo descobriu a América, e Américo Vespúcio colheu a glória e usurpou os seus direitos. Teofrasto Paracelso redescobriu as propriedades ocultas do ímã – "o osso de Hórus" que, doze séculos antes de sua época, exercia um papel importante nos mistérios teúrgicos – e tornou-se naturalmente o fundador da escola do magnetismo e da teurgia mágica medieval. Mas Mesmer, que viveu aproximadamente trezentos anos depois dele e que, como discípulo de sua escola, tornou públicas as maravilhas magnéticas, colheu a glória que era devida ao filósofo do fogo, enquanto o grande mestre morreu num asilo!

Assim marcha o mundo: novas descobertas que surgem das velhas ciências; novos homens – a mesma velha Natureza!

NOTAS

1. [Cf. *Collected Writings*, vol. I, p. 91, 94, 120, 204, 210-11, 212-13.]
2. [Fiske, *The Unseen World*, p. 66; ed. de 1902.]
3. W. Crookes, F. R. S., *Researches in the Phenomena of Spiritualism*, Londres, 1874, p. 7.
4. W. Crookes, *op. cit.*, "Some Further Experiments on Psychic Force", p. 25, citando Faraday.
5. W. Crookes, *op. cit.*, p. 21-22.
6. A. N. Aksakoff, *Phenomena of Mediumism*.
7. A. N. Aksakoff, *Phenomena of Mediumism*.
8. [Londres, 1874, p. 98-100]
9. Em francês, no original. (N. do T.)
10. [*Researches*, etc., 1874, p. 8.].
11. *Ibid.*, p. 108-12.
12. *Ibid.*, p. 100. [Byron, *Don Juan*, canto III, estrofe 74.]
13. *Ibid.*, p. 112.
14. [Cf. Plínio. *Nat. Hist.*, XXXVI, cap. LXVI.]
15. [Van Helmont, *Ortus medicinae*, seção "Ignota actio regiminis", § 11.]
16. [*Op. cit.*, "Progymnasma meteori" §§ 6 e 7.]
17. [Van Helmont, *op. cit.*, seção "Potestas medicaminum", § 24 e segs.]
18. Pfaff, *Astrology*.
19. *Mediz.-Chirurg. Aufsätze*, p. 19 e segs. Berlim, 1778.
20. *Philosophie der Geschichte*, Teil III.
21. *History of Magic*, II, 229.
22. Kemshead diz em sua *Química inorgânica* que "o elemento *hidrogênio* foi mencionado pela primeira vez por Paracelso no século XVI, mas pouco se sabia a seu respeito" (p. 66). E por que não ser sincero e confessar em seguida de uma vez que Paracelso foi o *re*descobridor do hidrogênio, como foi o *re*descobridor das propriedades ocultas do ímã e do magnetismo animal? É fácil mostrar que, de acordo com os votos rigorosos de silêncio mantidos e fielmente observados por todos os Rosa-cruzes (e especialmente pelos alquimistas), ele manteve secreto o seu conhecimento. Talvez não se revelasse uma tarefa muito difícil para qualquer químico versado nas obras de Paracelso demonstrar que o *oxigênio*, cuja descoberta é creditada a Priestley, era tão bem-conhecido pelos alquimistas rosa-cruzes quanto o hidrogênio.
23. "Carta a J. Glanvill, capelão do rei e membro da Sociedade Real." Glanvill era o autor da renomada obra sobe Aparições e Demonologia intitulada *Sadducismus Triumphatus; or Full and Plain Evidence concerning Witches and Apparitions*, em três partes, "que demonstra em parte com as Escrituras, em parte com uma coleção escolhida dos relatos modernos, a existência real das aparições, espíritos e feiticeiras". – Londres, 1681. [A carta do Dr. More foi publicada nesta obra.]
24. [Glanvill, *op. cit.*, p. 53-54.]
25. Platão, *Timeu*, 28, 55 c; cf. Timaeus Locrius, *On the Soul*, § 5.

26. Ver Movers, Die Phönizier, I, 268. [Proclus sobre Parmênides, V; cf. Cory, *Anc. Fragm.*, 1832, p. 247-48.]
27. Cory, *Ancient Fragments*, 1832, p. 243.
28. Philo Judaeus, *De opificio mundi*, 10.
29. Movers, *Die Phönizier*, I, 282.
30. K. O. Müller, *A Hist. of the Lit. of Anc. Greece*, p. 236.
31. Weber, *Akad. Vorlesungen*, 2ª ed., p. 255.
32. Plutarco, *De Iside*, 1vi.
33. *Vestiges of Spirit – History*, p. 189-90.
34. Movers, *op. cit.*, I, 268.
35. Cory, *op. cit.*, p. 240.
36. [*Ortus medicinae*, seção "Blas humanum", §§ 9 e 10.]
37. Em francês, no original. (N. do T.)
38. [*Mateus*, XIII, 58.]
39. *Parerga und Paralipomena*, p. 89-90, Berlim, 1851.
40. Ver Huxley, *The Physical Basis of Life*, p. 129.
41. *Parerga*, etc., I, p. 252-54; também o artigo sobre "Magnetismo animal e magia" [em *Ueber den Willen in der Natur*, 1836, de Schopenhauer; trad. na Phil. Libr. de Bohn, 1889.]
42. *Revue des deux mondes*, janeiro, 15, 1854, p. 408.
43. Em francês, no original. (N. do T.)
44. [*Die Phönizier*, I, 265, 553-54.]
45. [*Julho*, 15, 1853.]
46. Marquês de Mirville, *Questions des esprits* (1863), p. 24
47. Bulwer-Lytton, *Zanoni*, livro III, cap. xviii.
48. [*Dictionnaire historique et critique*.]
49. T. Wright, *Narratives of Sorcery and Magic*, I, p. 127-28.
50. [Tait e Stewart, *The Unseen Universe*, cap. VII, § 196 e segs.; ed. de 1876.]
51. [Cf. *Collected Writings*, vol. IV, p. 119-22. "Seemings 'Discrepancies' ".]
52. Ver des Mousseaux, "Dodone", em *Dieu et les dieux*, p. 326.
53. C. Crowe, *The Night-Side of Nature*, p. 345 e segs.
54. [Cf. *Coll. Writ.*, vol. IV, p. 119-22, "Seeming 'Discrepancies' ".]
55. [*Itinerary*, "Attica", cap. XXXII, 4.]
56. *De abstinentia*, II, 38 e segs.
57. C. Crowe, *op. cit.*, p. 350.
58. C. W. Upham, *Salem Witchcraft*, p. 8 e 25.
59. Brierre de Boismont, *Des Hallucinations*, etc., Prefácio, p. IX, e cap. 2, p. 39; 3ª ed., Paris, 1862.

CAPÍTULO III [*]

"O espelho da alma não pode refletir ao mesmo tempo a terra e o céu; um desaparece da sua superfície quando o outro é espelhado em suas profundezas."
BULWER-LYTTON, *Zanoni*, livro IV, cap. IX.

"Qui donc t'a donné la mission d'annoncer au peuple que la divinité n'existe pas (. . .) quel avantage trouves-tu à persuader à l'homme qu'une force aveugle préside à ses destinées, et frappe au hazard le crime et la vertu?"
ROBESPIERRE, *Discours sur la Constitution*, 7 de maio de 1794.

Acreditamos que apenas alguns dos fenômenos físicos genuínos são produzidos por espíritos humanos desencarnados. Entretanto, mesmo aqueles que são causados por forças ocultas da Natureza, tal como se manifestam através de poucos médiuns genuínos e são conscientemente empregados pelos chamados "prestidigitadores" da Índia e do Egito, merecem uma investigação cuidadosa e séria por parte da ciência, especialmente agora que muitas autoridades respeitáveis comprovaram em muitos casos a impossibilidade de fraude. Sem dúvida alguma, existem "conjuradores" profissionais que podem executar façanhas mais incríveis do que todos os "John King" ingleses e americanos juntos: Robert-Houdin podia fazê-lo, incontestavelmente, mas isso não evitou que ele, sem rodeios, risse na cara dos acadêmicos quando estes lhe exigiram que declarasse nos jornais que *podia fazer* uma mesa se mover, ou fazê-la dar respostas a perguntas por meio de pequenas batidas, *sem contato de mãos*, a menos que a mesa tivesse sido preparada anteriormente[1]. Só o fato de um célebre prestidigitador de Londres ter recusado uma aposta de mil libras esterlinas oferecidas pelo Sr. Algernon Joy[2] para que ele produzisse as mesmas manifestações obtidas usualmente através de médiuns – tendo

---

* No *Scrapbook* de H. P. B., vol. I, p. 57, está colado um recorte, presumivelmente do *Tribune* de Nova York, que se constitui numa Carta ao Editor intitulada "Those Liberal Club Snuffers". Esta carta refere-se a um artigo do Cel. Olcott, de 30 de agosto de 1875, publicado pelo *Tribune*, em que ele procedeu a algumas observações divertidas sobre um membro do Liberal Club que atacava a idéia de aniquilação. Alguns membros deste Club formavam uma Comissão para investigar cientificamente "Fatos e Fenômenos Psíquicos". A carta está assinada por P. H. van der Weyde, M. D., Frederick R. Marvin, M. D., T. B. Wakeman, e datada de Nova York, 10 de setembro de 1875.
H. P. B. acrescentou uma nota manuscrita em que se lê:
"Ver vol. I, cap. III, de *Ísis sem véu*, escrito contra esses *espevitadores da Alma*." (N. do Org.)

ele estipulado que ficaria *solto* e *livre* das mãos de uma comissão –, só este fato desmente o seu *exposé* dos fenômenos ocultos. Por hábil que ele seja, nós o desafiamos e o provocamos a reproduzir sob as *mesmas condições*, as "façanhas" executadas mesmo por um mero *prestidigitador* indiano. Por exemplo: o local deve ser escolhido no momento mesmo do desempenho, de nada sabendo o prestidigitador a respeito da escolha; o experimento deve ser realizado a céu aberto, sem a mínima preparação para ele; sem a ajuda de nenhum cúmplice, a não ser a de um menino absolutamente nu, estando o próprio prestidigitador seminu. Depois disso, poderíamos selecionar, entre muitas, três *façanhas*, as mais comuns entre esses prestidigitadores públicos e que foram recentemente exibidas a alguns cavalheiros pertencentes à comitiva do Príncipe de Gales: 1º) Transformar uma rúpia – firmemente apertada na mão de um cético – numa naja viva, cuja picada fosse fatal, como o mostraria uma verificação das suas presas; 2º) Fazer uma semente – escolhida ao acaso pelos espectadores, e semeada no primeiro vaso de terra que fosse trazido, fornecido pelos mesmos céticos – crescer, amadurecer e dar frutos em menos de um quarto de hora; 3º) Estirar-se sobre três espadas fincadas, pelos seus punhos, perpendicularmente no chão, as pontas voltadas para cima; depois disso, tendo sido retirada a primeira espada, logo depois a segunda e, após um intervalo de alguns segundos, a última, o prestidigitador deveria ficar, finalmente, repousando sobre *nada* – no ar, miraculosamente suspenso à cerca de um metro do solo. Quando qualquer prestidigitador – a começar por Houdin e terminando com o último trapaceiro que conseguiu publicidade gratuita atacando o Espiritismo – fizer a *mesma coisa*, então – e só então – nós nos decidiremos a acreditar que a Humanidade evoluiu da pata traseira do *Orohippus* eoceno do Sr. Huxley.

Afirmamos novamente, com toda segurança, que não existe feiticeiro profissional – do Norte, do Sul ou do Ocidente – que possa rivalizar nem mesmo em termos de êxito aproximado com esses filhos ignorantes e nus do Oriente. Estes não necessitam de um *Egyptian Hall* para os seus desempenhos, nem preparativos ou ensaios; mas estão sempre prontos, feita uma comunicação, a evocar em seu socorro os poderes ocultos da Natureza, que, tanto para os prestidigitadores quanto para os cientistas da Europa, são um livro fechado. Na verdade, como diz Eliú, "não são os sábios de muita idade, nem os anciãos os que julgam o que é justo"[3]. Para repetir a observação do religioso inglês, o Dr. Henry More, podemos dizer com razão: "(. . .) de fato, se houvesse ainda um pouco de modéstia na Humanidade, as histórias da Bíblia poderiam convencer fartamente os homens da existência dos anjos e dos espíritos". Este mesmo homem eminente acrescenta: "No meu entender, é por uma deferência especial da Providência que (. . .) novos exemplos de aparições (. . .) podem despertar [nossas] mentes entorpecidas e letárgicas para a (. . .) certeza de que existem outros seres inteligentes além daqueles que estão revestidos de terra grosseira e argila (. . .) [pois esta prova, que mostra que] existem maus espíritos, necessariamente abrirá uma porta à crença de que existem os bons e, finalmente, de que existe um Deus"[4]. O exemplo citado acima traz em si uma moral, não só para os cientistas, mas também para os teólogos. Os homens que construíram a sua reputação no púlpito ou nas cátedras professorais estão continuamente mostrando ao público leigo que eles conhecem muito pouco de Psicologia, e tão pouco, que o primeiro intrigante especioso que com eles se associasse no seu caminho os tornaria ridículos aos olhos do estudioso diligente. A opinião pública a esse respeito foi formada pelos prestidigitadores e por pretensos eruditos, indignos de consideração respeitosa.

O desenvolvimento da ciência psicológica foi retardado mais pelo ridículo dessa classe de pretensiosos do que pelas dificuldades inerentes a esse estudo. O riso de mofa dos cientistas iniciados ou dos tolos do modismo têm contribuído mais para manter o homem na ignorância de seus poderes psíquicos soberanos do que as obscuridades, os obstáculos e os perigos que se acumulam sobre o assunto. Isto é válido sobretudo para os fenômenos espiritistas. O fato de estarem as suas investigações em grande parte confinadas a incapazes se deve ao fato de os homens de Ciência, que teriam podido – e deveriam – estudá-los, terem sido assustados por exposições fanfarronas, por anedotas insignificantes e pelo clamor impertinente daqueles que não são dignos de amarrar o cordão dos seus sapatos. Há covardes morais mesmo nas cátedras das universidades. A vitalidade inerente ao Espiritismo moderno é demonstrada pela sobrevivência do desprezo do corpo científico e do exibicionismo sensacionalista de seus pretensos detratores. Se começarmos com as chacotas desdenhosas dos patriarcas da Ciência, tais como Faraday e Brewster, e terminarmos com os *exposés* profissionais do imitador bem-sucedido dos fenômenos, de Londres, não encontraremos em todas essas pessoas um único argumento irrefutável contra a ocorrência de manifestações espiritistas. "A minha teoria", diz este indivíduo, no seu recente pretenso *exposé*, "é a de que o Sr. Williams simulou e personificou John King e Peter. Ninguém pode provar o contrário". Assim, parece que, apesar do tom atrevido dessa asserção, ela não passa de uma teoria, e os espiritistas poderiam retorquir o detrator e exigir que ele provasse o que afirma.

Mas os inimigos mais inveterados e mais irreconciliáveis do Espiritismo são uma classe felizmente composta de poucos membros que, entretanto, investem insistentemente e asseveram suas opiniões com um estrépito digno de uma causa melhor. Estes são os *pretendentes* à ciência da jovem América – uma classe bastarda de pseudofilósofos, mencionados na abertura deste capítulo, às vezes sem o direito de serem considerados eruditos a não ser pela posse de uma máquina elétrica ou pelo pronunciamento de uma conferência pueril sobre a insanidade e a mediumania. Esses homens são – se vós acreditais neles – pensadores profundos e fisiologistas consumados; nenhuma de vossas ninharias metafísicas os embaraça: são positivistas – as crias mentais de Auguste Comte cujos corações ardem no pensamento de arrancar a Humanidade iludida do sombrio abismo da superstição e de reconstruir o cosmos segundo princípios aperfeiçoados. Psicófobos irascíveis, não se lhes pode oferecer uma injúria mais grave do que a de sugerir que são dotados de espíritos imortais. A dar-lhes ouvido, dever-se-ia acreditar que não podem existir outras almas, nos homens e nas mulheres, senão as "almas científicas" e as "almas não-científicas" – seja lá o que for esse tipo de almas[5].

Há trinta ou quarenta anos, na França, Auguste Comte – um aluno da École Politechnique, que permaneceu anos nesse estabelecimento como *répétiteur* de Análise Transcendente e de Mecânica Racional – acordou numa bela manhã com a idéia muito irracional de se tornar profeta. Na América, encontram-se desses profetas em cada esquina das ruas; na Europa, eles são tão raros quanto os cisnes negros. Mas a França é a terra das novidades. Auguste Comte tornou-se um profeta; e tão contagiosa é a moda, por vezes, que mesmo na sóbria Inglaterra ele foi considerado, durante um certo tempo, como o Newton do século XIX.

A epidemia alastrou-se e, em pouco tempo, ela se propagou como um incêndio pela Alemanha, Inglaterra e América. Encontrou adeptos na França, mas a ingurgitação não teve longa duração. O profeta precisava de dinheiro: os discípulos não estavam dispostos a fornecê-lo. A febre de admiração por uma religião sem Deus acalmou-se tão depressa quanto fora declarada; de todos os apóstolos entusiásticos do profeta, restou um único digno de qualquer consideração. Foi o célebre filólogo Littré, membro do Instituto de France e *suposto* membro da Academia Imperial de Ciências, mas que o bispo de Orléans maliciosamente impediu se tornasse um dos "Imortais".

O filósofo-matemático – o sacerdote superior da "religião do futuro" – ensinou a sua doutrina como o fazem todos os seus irmãos-profetas contemporâneos. Deificou a "mulher" e lhe erigiu um altar; mas a deusa teve de pagar para poder se servir dele. Os racionalistas haviam zombado das aberrações mentais de Fourier; haviam zombado dos são-simonistas; o seu desdém pelo Espiritismo não teve limites. Esses mesmos racionalistas e materialistas foram apanhados, como tantos pardais abobalhados, pelo visgo da retórica do novo profeta. A aspiração a uma espécie de divindade, a ânsia pelo "desconhecido", é um sentimento congênito no homem; por isso, os piores ateus parecem não estar isentos dela. Enganados pelo brilho aparente desse *ignus fatuus*, os discípulos o seguiram até se virem chapinhando num pântano sem fundo.

Cobrindo-se com a máscara de uma pretensa erudição, os positivistas desse país organizaram-se em associações e em comissões com o objetivo de desarraigar o Espiritismo, enquanto pretendiam investigá-lo imparcialmente.

Muito tímidos para desafiar abertamente as igrejas e a doutrina cristã, eles se esforçaram em minar aquilo que é a base de toda religião: a fé do homem em Deus e na sua própria imortalidade. A sua política consistia em ridicularizar aquilo que fornece bases insólitas para essa fé: o Espiritismo fenomenal. Atacando-o pelo seu lado mais fraco, tiraram o melhor partido de sua falta de um método indutivo e dos exageros que se podem descobrir nas doutrinas transcendentes de seus propagadores. Tirando proveito de sua impopularidade, ostentando uma coragem tão furiosa, tão fora de propósito como a do cavaleiro andante de La Mancha, eles pretendem ser reconhecidos como filantropos e benfeitores que esmagariam uma superstição monstruosa.

Vejamos, então, até que ponto a tão alardeada religião do futuro de Comte é superior ao Espiritismo e quanto menos provável é que os seus defensores necessitem o abrigo desses asilos de alienados que eles oficiosamente recomendam a todos os médiuns com uma solicitude tocante. Antes de começar, chamemos a atenção para o fato de que três quartos das características vergonhosas apresentadas pelo Espiritismo moderno provêm diretamente dos aventureiros materialistas que se pretendem espiritualistas. Comte pintou ofensivamente a mulher "artificialmente fecundada" do futuro. Ela não é senão a irmã mais velha do ideal cipriota dos amantes livres. A imunidade contra o futuro, oferecida pelos ensinamentos dos seus discípulos lunáticos, impressionou de tal maneira alguns pseudo-espiritistas, que ela os levou a se constituírem em associações comuniais. Nenhuma, porém, foi de longa duração. Como a sua característica dominante fosse geralmente um animismo materialista enfeitado por uma fina camada de filosofia barata, ataviada com uma combinação de pesados nomes gregos, a comunidade não podia senão chegar a um fracasso.

Platão, no quinto livro da *República*[7], sugere um método para melhorar a raça humana: pela eliminação dos indivíduos doentios e disformes e pelo acasalamento dos melhores espécimes de ambos os sexos. Não se deveria esperar que o "gênio do nosso século", mesmo que ele fosse um profeta, arrancasse do seu cérebro algo totalmente novo.

Comte era um matemático. Combinando habilmente muitas utopias antigas, coloriu o todo e, aperfeiçoando a idéia de Platão, materializou-a e presenteou o mundo com a maior monstruosidade que jamais emanou de um cérebro humano!

Pedimos ao leitor que tenha em mente que não atacamos Comte na qualidade de filósofo, mas na de pretenso inovador. Na irremediável obscuridade das suas opiniões políticas, filosóficas e religiosas, freqüentemente encontramos observações isoladas e notas em que uma profunda lógica e uma sensatez de pensamento rivalizam com o brilho de suas interpretações. Mas estas vos fascinam como raios de luz numa noite tenebrosa, para vos deixar, no momento seguinte, mergulhados numa noite ainda mais escura. Se fossem condensadas e refundidas, as suas muitas obras poderiam produzir, em conjunto, um volume de aforismos muito originais que dariam uma definição muito clara e muito engenhosa da maioria de nossos males sociais; mas seria em vão procurar – seja através dos tediosos circunlóquios dos seis volumes do seu *Cours de philosophie positive,* seja nessa paródia contra o clero em forma de diálogo, o *Catéchisme positiviste* – uma única idéia suscetível de sugerir um remédio pelo menos preventivo para esses males. Os seus discípulos sugerem que as sublimes teorias de seu profeta não se destinam *ao vulgo.* Comparando-se os dogmas pregados pelo Positivismo com a sua exemplificação prática feita pelos seus apóstolos, devemos confessar a possibilidade de que uma doutrina acromática esteja na base desse sistema. Enquanto o "grande sacerdote" prega que "a mulher deve deixar de ser *a fêmea do homem"*[8]; enquanto a teoria dos legisladores positivistas sobre o casamento e sobre a família consiste sobretudo em fazer da mulher a "simples companheira do homem, desembaraçada de toda função maternal"[9]; e enquanto eles preparam para o futuro um substituto por meio da aplicação "à mulher *casta"* de "uma *força latente"*[10] – alguns dos seus sacerdotes leigos pregam abertamente a poligamia e outros afirmam que as suas doutrinas são a quintessência da filosofia espiritual.

Na opinião do clero da Igreja Católica Romana, que trabalha sob o pesadelo crônico do diabo, Comte oferece a sua "mulher do futuro" à possessão dos "íncubos"[11]. Na opinião de pessoas mais prosaicas, a *Divindade* do Positivismo deveria, doravante, ser considerada como um bípede chocador. Littré, aliás, fez algumas restrições prudentes ao aceitar o apostolado dessa maravilhosa religião. Eis o que ele escreveu em 1859:

"Comte não só pensou que havia encontrado os princípios, traçado os contornos e fornecido o método, mas também deduzido as conseqüências e construído o edifício social e religioso do futuro. É a propósito dessa *segunda* divisão que fazemos nossas reservas, declarando, ao mesmo tempo, que aceitamos toda a primeira parte como uma herança".

A seguir, ele diz: "Comte, numa grande obra intitulada *Système de la philosophie positive*, estabeleceu as bases de uma filosofia [?] (...) que deve finalmente suplantar toda Teologia e toda a Metafísica. Tal obra contém necessariamente uma aplicação direta ao governo das sociedades; como *ela não encerra nada de arbitrário* [?] e como nela encontramos uma *ciência real* [?], a minha adesão aos princípios implica a minha adesão às conseqüências essenciais"[12].

Littré mostrou-se como um verdadeiro filho do seu profeta. Na verdade, todo o sistema de Comte nos parece ter sido construído sobre um jogo de palavras. Quando eles dizem *"Positivismo",* leia-se *Nüilismo;* quando ouvirdes a palavra *castidade,* sabei que ela significa *impudicícia;* e assim por diante. Sendo uma religião fundamentada numa teoria da negação, os seus adeptos não a podem praticar sem dizer branco quando querem dizer preto!

"A Filosofia Positiva", continua Littré, "não aceita o ateísmo, pois o ateu não é uma mente deveras emancipada, mas é, à sua maneira, um teólogo; ele dá a sua explicação sobre a essência das coisas; *ele sabe* como elas começaram! (...) Ateísmo é Panteísmo; esse sistema, contudo, é inteiramente teológico e, em conseqüência, pertence às facções antigas."[13]

Seria, na verdade, perder tempo continuar fazendo citações dessas dissertações paradoxais. Comte chega à apoteose do absurdo e da inconsistência quando, após ter inventado a sua filosofia, a nomeou "Religião". E, como acontece habitualmente em casos semelhantes, os discípulos ultrapassaram o reformador – em absurdo. Hipotéticos filósofos, que brilham nas Academias Comtianas da América, como uma *Lampyris noctiluca* ao lado de um planeta, não nos deixam a menor dúvida sobre a sua crença e comparam "esse sistema de pensamento e de vida" elaborado pelo apóstolo francês com o "idiotismo" do Espiritismo; naturalmente, dão vantagem ao primeiro. "Para destruir vós deveis substituir", exprime o autor do *Catéchisme positiviste*, citando Cassaudière, sem relevância, sem lhe pagar tributo por sua idéia; e os seus discípulos procuram mostrar por qual espécie de repugnante sistema estão ansiosos por substituir o Cristianismo, o Espiritismo e até mesmo a Ciência.

"O Positivismo", perora um deles, "é uma doutrina *integral*. Ele rejeita completamente todas as formas de crenças teológicas e metafísicas; todas as formas de supernaturalismo e, em conseqüência, o Espiritismo. O verdadeiro espírito positivo consiste em substituir pelo estudo das leis invariáveis dos fenômenos o das suas supostas causas, sejam elas aproximadas ou primárias. Nesse campo, rejeita igualmente o ateísmo; pois o ateu, no fundo, é um teólogo", ele acrescenta, plagiando frases das obras de Littré: "o ateu não rejeita os problemas da Teologia, apenas a sua solução, e assim ele é ilógico. Nós, *Positivistas,* por nosso turno, rejeitamos o problema baseados no fato de que ele é totalmente inacessível ao intelecto e apenas esbanjaremos nossas forças em procurar inutilmente as causas primeiras e finais. Como vedes, o Positivismo dá uma explicação completa [?] do mundo, do homem, do seu dever e do seu destino (...)"![14]

Isso é esplêndido; mas agora, só por comparação, citaremos o que um cientista verdadeiramente grande, o Prof. Hare, pensa desse sistema. "A filosofia positiva de Comte", diz ele, "é, afinal de contas, puramente negativa. Comte admite que nada sabemos das *fontes* e das *causas* das leis da Natureza; que a sua origem é tão perfeitamente insondável que é inútil perder tempo com qualquer escrutínio nessa direção. (...) Naturalmente, a sua doutrina faz dele um ignorante reconhecidamente completo das causas das leis, ou dos meios pelos quais elas foram estabelecidas, e não tem outro fundamento, a não ser o argumento citado acima, senão fazer objeções aos fatos verificados em relação à criação espiritual. (...) Assim, ao deixar ao ateu o seu domínio material, o Espiritismo erigirá, dentro e acima do mesmo espaço, um reino de uma importância tão mais considerável quanto é a eternidade em relação à duração média da vida humana e quanto as regiões infinitas das estrelas fixas são em relação à área habitável deste globo."[15]

Em suma, o Positivismo propõe-se a destruir a Teologia, a Metafísica, o Espiritismo, o Ateísmo, o Materialismo, o Panteísmo e a Ciência, e deve, finalmente, terminar por se destruir a si próprio. De Mirville acha que, de acordo com o Positivismo, "a ordem começará a reinar na mente humana apenas no dia em que a Psicologia se tornar uma espécie de *física cerebral* e a História, uma espécie de física social". O Maomé moderno primeiramente alivia de Deus e de suas próprias almas o homem e a mulher;

depois, estripa inconscientemente a sua própria doutrina com a espada afiadíssima da Metafísica, cujos golpes presumira evitar. Deste modo não restava em seu sistema nem vestígios de Filosofia.

Em 1864, Paul Janet, membro do Instituto de França, pronunciou um discurso sobre o Positivismo, do qual destacamos estas notáveis palavras:

"Há mentes que foram criadas e alimentadas nas Ciências exatas e positivas, mas que, entretanto, sentem uma espécie de impulso instintivo pela Filosofia. Elas não podem satisfazer esse instinto a não ser com os elementos que já têm em mãos. Ignorantes em ciências psicológicas, tendo estudado apenas os rudimentos da Metafísica, estão dispostas, todavia, a combater tanto essas mesmas metafísicas quanto a Psicologia, da qual também conhecem tão pouco. Tendo feito isso, elas se imaginarão fundadoras de uma ciência positiva, ao passo que a verdade é que elas apenas criaram uma teoria metafísica nova mutilada e incompleta. Arrogam-se a autoridade e a infalibilidade que pertencem propriamente às ciências reais, baseadas na experiência e no cálculo; mas elas são desprovidas dessa autoridade, pois as suas idéias, tão defeituosas quanto possam ser, pertencem todavia à mesma classe daquelas que elas combatem. Donde a fragilidade da sua situação, a ruína final de suas idéias, logo dispersas aos quatro ventos."[16]

Os positivistas da América juntaram suas mãos nos seus infatigáveis esforços de derrubar o Espiritismo. Para mostrar a sua imparcialidade, entretanto, propõem questões novas do tipo: "(...) quanta racionalidade existe nos dogmas da Imaculada Conceição, da Trindade e da Transubstanciação, se eles forem submetidos a testes de Fisiologia, Matemática e Química?"; e eles "se comprometem em que as divagações do Espiritismo não ultrapassem em absurdo essas crenças eminentemente respeitáveis". Muito bem. Mas não há nem absurdo teológico ou quimera espiritista que possa rivalizar-se em depravação e imbecilidade com a noção positivista da "fecundação artificial"? Recusando-se a pensar nas causas primeiras e finais, eles aplicam as suas teorias insensatas à construção de uma mulher impossível para a adoração das gerações futuras; a viva e imortal companheira do homem, eles a querem substituir pelo fetiche fêmeo dos indianos do Obeah, o ídolo de madeira todo dia entupido de ovos de serpentes que os raios do Sol fazem eclodir!

E agora, que nos seja permitido perguntar, em nome do senso comum, por que os místicos cristãos seriam tachados de credulidade ou os espiritistas seriam consignados a Bedlam quando uma intitulada *religião* que incorpora tais absurdos revoltantes encontra discípulos até mesmo entre os acadêmicos? – quando rapsódias insensatas, tais como a que consignamos abaixo, saem da boca de Comte e são admiradas por seus seguidores: "Meus olhos estão fascinados; mais e mais eles se abrem a cada dia à coincidência sempre crescente entre o advento social do *mistério feminino* e a decadência mental do sacramento eucarístico (...)." A Virgem já destronou Deus nas mentes dos católicos do Sul! "O Positivismo realiza a Utopia dos tempos medievais ao representar todos os membros da grande família como que provenientes de *uma mãe virgem sem esposo* (...)." Depois de ter indicado o *modus operandi*, ele ainda diz: "O desenvolvimento do *novo processo* causará logo o advento de uma casta sem hereditariedade, mais bem adaptada do que a procriação vulgar ao recrutamento dos chefes espirituais, e mesmo temporais, cuja autoridade repousará numa origem verdadeiramente superior que não *recuaria diante de uma investigação.*"[17]

Poderíamos, com propriedade, perguntar se jamais se encontrou nas "divagações do Espiritismo", ou nos mistérios do Cristianismo, algo mais ridículo do que esta "raça vindoura" ideal. Se a tendência do materialismo não é grosseiramente desmentida pelo comportamento de alguns dos seus defensores, aqueles que pregam publicamente a poligamia, imaginamos que, se chegarem a existir estirpes sacerdotais assim engendradas, não vemos o fim dessa progenitura – dessa prole de "mães sem esposos".

Quão natural é que uma filosofia que pode engendrar tal casta de íncubos didáticos faça exprimir pela pena de um dos seus mais loquazes ensaístas sentimentos desse gênero: "Esta é uma época triste, muito triste, cheia de fés mortas e moribundas; recheada de preces ociosas emitidas em vão à procura dos deuses fugidos. Mas oh! é também uma época gloriosa, cheia da luz dourada que jorra do sol levante da ciência! Que faremos pelos náufragos da fé, *desprovidos de intelecto,* mas (. . .) que procuram conforto na *miragem do Espiritismo,* nos enganos do transcendentalismo ou nos *fogos-fátuos* do Mesmerismo? (. . .)"[18].

O *ignis fatuus,* como se comprazem hoje em chamar os filósofos pigmeus ao fenomenalismo psíquico, tem tido que lutar para dar-se a conhecer. Não faz muito os já familiares fenômenos psíquicos foram energicamente negados por um correspondente do *Times* de Londres, cujas asserções tinham um certo peso, até o dia em que a obra do Dr. Phipson, apoiada nos testemunhos de Beccaria, de Humboldt e de outros naturalistas, decidiu definitivamente a questão[19]. Os positivistas deveriam escolher expressões mais felizes e seguir as descobertas científicas ao mesmo tempo. Quanto ao mesmerismo, ele foi adotado em muitas regiões da Alemanha e é utilizado publicamente com um sucesso incontestável em mais de um hospital; as suas propriedades ocultas foram provadas e são reconhecidas por médicos cujo talento, saber e justa reputação não seriam igualados pelo pretensioso conferencista sobre os médiuns e a insanidade.

Devemos acrescentar ainda algumas palavras antes de abandonar esse assunto desagradável. Conhecemos positivistas particularmente felizes na ilusão de que os *maiores cientistas* da Europa seriam comtistas. Não sabemos até que ponto as suas pretensões são justas no que diz respeito aos outros *savants,* mas Huxley, que toda a Europa considera como um dos seus maiores cientistas, declina decididamente dessa honra, no que é seguido pelo Dr. Maudsley, de Londres. Numa conferência proferida em 1868, em Edimburgo, sobre *The Physical Basis of Life,* Huxley mostra-se muito chocado com a liberdade tomada pelo Arcebispo de York, que o havia identificado com a filosofia de Comte: "No que me diz respeito", diz o Sr. Huxley, "esse prelado reverendíssimo poderia reduzir Comte dialeticamente a pedaços, como um Agag moderno, que eu nem me preocuparia em recolher os seus cacos. Tão longe quanto o meu estudo do que caracteriza especialmente a Filosofia Positiva me levou, nela encontrei pouco ou nada que apresentasse valor científico e uma porção que é *tão completamente antagônica à essência mesma da ciência quanto qualquer coisa no catolicismo transmontano.* De fato, a filosofia de Comte, na prática, poderia ser resumidamente descrita como *Catolicismo menos Cristianismo.*" Mais adiante, Huxley enfurece-se até, e chega a acusar os escoceses de ingratidão por terem permitido que o bispo confundisse Comte com o fundador de uma filosofia que, de direito, pertence a Hume. "Seria suficiente", brada o professor, "para que David Hume estremecesse em seu túmulo, que aqui, quase ao alcance do ouvido desta casa, um auditório interessado ouvisse, sem um murmúrio sequer, que a maioria das suas doutrinas mais características fosse atribuída a um escritor francês posterior a ele em cinqüenta anos, e em cujas *páginas enfadonhas e verbosas não encontramos nem o vigor do pensamento, nem a clareza requintada do estilo (...).*"[20]

Pobre Comte! Parece que os representantes mais qualificados da sua filosofia se reduziram agora, neste país pelo menos, a "um físico, um médico que se fez especialista de doenças nervosas e um advogado". Um crítico muito espirituoso apelidou esse trio desesperado de *"uma Tríada anomalística* que, em meio aos seus labores árduos, não encontra tempo para se familiarizar com os princípios e as leis da sua língua"[21].

Para encerrar o debate, os positivistas servem-se de todos os meios para destruir o Espiritismo em proveito da sua *religião*. Os seus grandes sacerdotes têm por missão soprar infatigavelmente as suas trombetas; e embora os muros de nenhuma Jericó moderna pareçam virar pó ao choque ruidoso de suas vibrações, eles não poupam nada para chegar ao objetivo visado. Os seus paradoxos são únicos e as suas acusações contra os espiritistas são de uma lógica irresistível. Numa conferência recente, por exemplo, comentou-se que: "O exercício exclusivo do instinto *religioso* produz a imoralidade sexual. Os padres, os monges, as freiras, os santos, os *médiuns,* os extáticos e os devotos são famosos por sua impudicícia"[22].

Apraz-nos observar que, enquanto o Positivismo proclama em altos brados que ele é uma religião, o Espiritismo jamais pretendeu ser nada mais do que uma ciência, uma filosofia em vias de desenvolvimento, ou antes uma pesquisa das forças ocultas ainda inexplicadas da Natureza. A objetividade dos seus diversos fenômenos foi demonstrada por mais de um dos verdadeiros representantes da Ciência, tanto quanto negada ineficazmente pelos seus "macacos".

Finalmente, deve-se observar que os positivistas que tratam com uma tal sem cerimônia todo fenômeno psicológico, parecem-se ao retórico de Samuel Butler, que

"(...) não podia abrir a boca,
sem que dela saísse um *tropo*"[23].

Gostaríamos que não fosse preciso lançar nossas vistas de crítico para além do círculo de fúteis e de pedantes que impropriamente usam o título de cientistas. Mas é também inegável que o tratamento de novos assuntos pelas eminências no mundo científico freqüentemente passa sem réplica ainda quando a merecia. A cautela própria do hábito arraigado de pesquisa experimental, o avanço tentativo de opinião a opinião, o peso atribuído a autoridades reconhecidas – tudo isso encoraja um conservantismo do pensamento que, naturalmente, leva ao dogmatismo. O preço do progresso científico é muito freqüentemente o martírio ou o ostracismo do inovador. O reformador de laboratório deve, por assim dizer, levar a cidadela do costume e do preconceito na ponta da baioneta. É raro que uma mão amiga lhe entreabra a porta dos fundos. Ele pode permitir-se não levar em consideração os protestos ruidosos e as críticas não-pertinentes do povinho da antecâmara da ciência; a hostilidade da outra classe constitui o perigo real que o inovador deve enfrentar e vencer. O conhecimento aumenta rapidamente, mas o grande corpo de cientistas não está autorizado a confiar nele. Eles fizeram todo o possível em toda ocasião para arruinar uma descoberta nova e, com o mesmo golpe, o inventor. O troféu é daquele que o vence por sua coragem individual, por sua intuição e por sua persistência. Poucas são as forças da Natureza de que não se zombou no momento em que foram anunciadas e que não foram postas de lado como absurdas e acientíficas. Ferindo o orgulho daqueles que nada descobriram, as justas reivindicações dos que se recusaram a dar ouvidos até à negação terminaram por se tornar imprudentes e então – ó pobre Humanidade egoísta! – estes descobridores verdadeiros muito freqüentemente tornaram-se os oponentes e os opressores, por sua vez, de exploradores ainda mais recentes no domínio da lei natural! Assim, passo a passo, a Humanidade move-se no círculo restrito do conhecimento, reparando a ciência constantemente os seus erros e reajustando no dia seguinte as suas teorias errôneas da véspera. Esse foi o caso, não somente para as questões relativas à Psicologia, tais como o Mesmerismo no seu duplo sentido de fenômeno ao mesmo tempo físico e espiritual, mas também para as descobertas diretamente relacionadas com as ciências exatas – e elas têm sido fáceis de demonstrar.

Que podemos fazer? Evocar um passado desagradável? Mostrar os eruditos medievais em conivência com o clero para negar a teoria heliocêntrica, no temor de ferir um dogma eclesiástico? Lembrar como os sábios conquiliologistas negaram certa feita que as conchas fósseis, dispersas em profusão por toda a superfície da terra, tivessem sido habitadas por animais vivos? Como os naturalistas do século XVIII declararam que se tratava apenas de fac-símiles de animais? E como esses naturalistas brigaram e discutiram e prodigalizaram insultos mútuos em nome dessas veneráveis múmias das idades antigas por quase um século, até que Buffon restabeleceu a paz ao demonstrar que os negadores estavam enganados? Se há algo pouco transcendente suscetível de se prestar a um estudo exato, essa coisa é uma concha de ostra; e se os cientistas não entraram em acordo a esse respeito, não podemos nós esperar que eles acreditem que formas evanescentes – de mãos, de faces e mesmo de corpos inteiros – aparecem nas *séances* de médiuns espíritas, quando estes são honestos.

Existe uma obra cuja leitura resultaria muito proveitosa nas horas de lazer dos céticos homens de Ciência. Trata-se de um livro publicado por Flourens, o Secretário Perpétuo da Academia Francesa, intitulado *Buffon: histoire de ses travaux et de ses idées*. O autor aí mostra como o grande naturalista combateu e finalmente venceu os defensores da teoria dos fac-similes; e como eles chegaram a negar tudo o que existe sob o Sol, embora às vezes o corpo erudito caísse em fúria, numa epidemia de negação. Ele negou Franklin e sua refinada eletricidade; zombou de Fulton e de seu vapor concentrado; sugeriu uma camisa-de-força ao engenheiro Perdonnet por ter este pretendido construir estradas de ferro; desconcertou Harvey; e proclamou Bernard de Palissy "tão estúpido quanto um dos seus próprios vasos"!

No livro *History of the Conflict between Religion and Science,* bastante citado, o Prof. Draper apresenta uma marcante propensão a fazer pender para um lado o prato da justiça e deixa às portas apenas do clero todos os impedimentos suscitados ao progresso da ciência. Com todo o respeito e toda a admiração que merece esse eloqüente escritor e cientista, somos forçados a protestar e dar a cada um o que lhe é devido. Muitas das descobertas enumeradas acima são mencionadas pelo autor do *Conflict*. Em cada caso, ele denuncia a enérgica resistência oposta pelo clero e se mantém calado sobre a oposição semelhante invariavelmente experimentada por todo novo descobridor por parte da ciência. A sua reivindicação em nome da ciência de que "conhecimento é poder" é, sem dúvida, justa. Mas o abuso do poder, provenha ele de um excesso de sabedoria ou de ignorância, é, no mesmo nível, censurável em seus efeitos. Além disso, o clero se encontra, agora, reduzido ao silêncio. Os seus protestos, hoje, seriam muito pouco notados no mundo da ciência. Mas, enquanto a Teologia está relegada a um segundo plano, os cientistas agarraram o cetro despótico com ambas as mãos e o usam, como o querubim a sua espada flamejante do Éden, para manter as pessoas afastadas da árvore da vida imortal e imersas neste mundo de matéria perecível.

O editor do *Spiritualist*, de Londres, em resposta à crítica do Dr. Gully à teoria do nevoeiro de fogo exposta por Tyndall, observa que, se todo o corpo de espiritistas não foi queimado vivo em Smithfield no século em que vivemos, é apenas à ciência que devemos essa graça suprema. Bem, admitamos por exemplo, que os cientistas sejam indiretamente os benfeitores públicos numa circunstância em que a queima de sábios eruditos está há muito tempo fora de moda. Mas é injusto perguntar se a disposição manifestada em relação à doutrina espiritista por Faraday, Tyndall, Huxley, Agassiz e outros não assegura a suspeita de que, se esses cavalheiros cultos e seus seguidores detivessem o poder ilimitado que possuía outrora a Inquisição, não teriam razão os espiritistas em se sentirem tão tranqüilos como estão hoje? Mesmo admitindo que eles não tivessem feito queimar os que acreditam na existência do mundo dos espíritos – sendo ilegal cremar pessoas vivas – não enviariam eles todo espiritista que desejassem a Bedlam? Não os chamam eles de "monomaníacos incuráveis", "loucos alucinados", "adoradores de fetiches" e de outros nomes tão característicos? Na verdade, não vemos o que pode ter levado até este ponto a gratidão do editor do *Spiritualist* de Londres para mostrar-se agradecido à benevolência dos cientistas. Acreditamos que a acusação de Lankester-Donkin-Slade em Londres tenha aberto os olhos dos espiritistas esperançosos e lhes mostrado que o materialismo obstinado é freqüentemente mais estupidamente intolerante do que o próprio fanatismo religioso[24].

Um dos escritos mais hábeis que devemos ao punho do Prof. Tyndall é o seu cáustico ensaio sobre o "Materialismo científico". Ao mesmo tempo, trata-se de uma obra que, nos anos futuros, o autor, sem dúvida alguma, será a pessoa indicada para reler a fim de eliminar certas grosserias de expressão imperdoáveis. Por enquanto, contudo, não nos ocuparemos delas, mas consideraremos o que ele tem a dizer sobre o fenômeno da consciência. Ele cita a seguinte pergunta feita por Martineau: "Um homem pode (...) dizer 'eu sinto, eu penso, eu amo'; mas como é que a *consciência* se imiscui no problema?". E logo responde: "A passagem da parte física do cérebro aos fatos correspondentes da consciência é inconcebível. Dado que um pensamento definido e uma ação molecular definida ocorrem simultaneamente no cérebro, não possuímos o órgão intelectual nem aparentemente nenhum rudimento desse órgão que nos permitiria passar, por um processo de raciocínio, de um a outro. Eles surgem juntos, mas *não sabemos por quê*. Se as nossas mentes e os nossos sentidos fossem muito extensos, fortificados e esclarecidos de maneira que pudéssemos ver e sentir as mínimas moléculas do cérebro; fôssemos nós capazes de seguir todos os seus movimentos, todos os seus agrupamentos, todas as suas descargas elétricas, se tais coisas existirem; e estivéssemos nós intimamente familiarizados com os estados correspondentes do pensamento e do sentimento, nós nos encontraríamos ainda mais longe do que nunca da solução do problema 'Como estão esses processos físicos ligados aos fatos da consciência?'. O abismo entre as duas classes de fenômenos ainda continuaria a ser intelectualmente intransponível"[25].

Esse abismo, tão intransponível para Tyndall quanto o nevoeiro de fogo em que o cientista se defronta com sua causa desconhecida, é uma barreira apenas para os homens desprovidos de intuições espirituais. O livro *Outlines of Lectures on the Neurological System of Anthropology*, do Prof. Buchanan, obra que remonta a 1854, contém sugestões que, se os saberetes as considerassem, mostrariam como se pode construir uma ponte sobre este abismo apavorante. Trata-se de um desses celeiros em que a semente intelectual das colheitas futuras foi posta em reserva por um presente frugal. Mas o edifício do materialismo foi todo ele baseado sobre este alicerce grosseiro – a razão. *Quando eles estirarem as suas capacidades até os seus limites extremos, os seus mestres podem, quando muito, nos revelar um universo de moléculas animadas por um impulso oculto.* Que melhor diagnóstico da enfermidade de nossos cientistas pode ser deduzido da análise do Prof. Tyndall do estado mental do clero transmontano por meio de uma ligeira modificação de nomes? Em vez de "guias espirituais", leia-se "cientistas"; em vez de "passado pré-científico", leia-se "presente materialista"; leia-se "espírito" em vez de "ciência" e, no parágrafo seguinte, temos o retrato vívido do moderno homem de ciência desenhado pela mão de um mestre:

"(. . .) os seus guias espirituais vivem tão exclusivamente no passado pré-científico, que mesmo os intelectos verdadeiramente fortes entre eles estão reduzidos à atrofia no que diz respeito à verdade científica. Eles têm olhos, e não vêem; têm ouvidos, e não ouvem; com efeito, os seus olhos e os seus ouvidos são prisioneiros das visões e dos sons de uma outra era. Em relação à ciência, o cérebro dos transmontanos, por falta de exercício, é virtualmente o cérebro infantil não-desenvolvido. É assim que são como crianças em termos de conhecimento científico, mas, como detentores poderosos de um poder espiritual entre os ignorantes, eles encorajam e impõem práticas tais que o vermelho da vergonha sobe às faces dos mais inteligentes dentre eles"[26]. O ocultista estende esse espelho à ciência para que nele ela se reconheça a si mesma.

Desde que a História registrou as primeiras leis estabelecidas pelo homem, não existiu até agora um único povo cujo código não faça depender a vida e a morte dos seus cidadãos do depoimento de duas ou três testemunhas dignas de fé. "Sobre o depoimento de duas ou três testemunhas, morrerá aquele que houver de ser castigado de morte"[27], diz o legislador do povo hebreu. "As leis que enviam um homem à morte pela declaração de uma única testemunha são fatais à liberdade" – diz Montesquieu. "A razão exige que existam duas testemunhas."[28]

Assim, o valor da prova testemunhal foi tacitamente reconhecido e aceito em todos os países. Mas os cientistas não aceitam a prova baseada no testemunho de um milhão de homens que se pronunciam contra apenas um. É em vão que centenas de milhares de homens testemunhem fatos. *Oculos habent et non vident!* Eles estão determinados a continuar sendo cegos e surdos. Trinta anos de demonstrações práticas e o testemunho de alguns milhões de crentes da América e da Europa certamente merecem, até certo ponto, o respeito e a atenção. Especialmente agora, que ao veredito de doze espiritistas, influenciados pelo testemunho de dois outros, pudesse enviar até mesmo um cientista à forca das galés por um crime, talvez cometido sob o impulso de uma comoção de moléculas cerebrais, não refreadas pelo convencimento de uma futura RETRIBUIÇÃO moral.

Diante da ciência como um todo, considerada como um alvo divino, todo o mundo civilizado deveria inclinar-se com respeito e veneração; pois só a ciência permite ao homem compreender a Divindade pela genuína apreciação das suas obras. "A ciência *é a compreensão da verdade ou dos fatos*", diz Webster; ela é "uma investigação da verdade *por si mesma;* a busca do conhecimento puro." Se a definição está correta, então a maioria dos nossos modernos eruditos mostraram-se infiéis à sua deusa. "A verdade por si mesma!" E onde procurar, na Natureza, as chaves de cada uma das verdades se não nos mistérios ainda inexplorados da Psicologia? Ai!, que, estudando a Natureza, tantos homens de ciência delicadamente classificam os seus fatos e escolhem para estudo apenas aqueles que se adaptam melhor aos seus preconceitos.

A Psicologia não tem inimigos piores do que a escola médica denominada *alopata*. É perder tempo lembrar-lhes que, de todas as ciências supostamente exatas, é a Medicina, reconhecidamente, a que menos direitos tem a esse nome. Embora dentre todos os ramos do conhecimento médico a psicologia devesse mais do que qualquer outro ser estudada pelos médicos, dado que sem a ajuda desta a sua prática degenera em meras conjecturas e intuições fortuitas, eles a desprezam. A mínima discordância de suas doutrinas promulgadas é repudiada como uma heresia, e embora um método curativo impopular e não-reconhecido possa salvar milhares de vidas, eles parecem, em bloco, dispostos a se agarrar a hipóteses e a prescrições tradicionais para condenar o inovador e a inovação até que estes obtenham o timbre oficial. Milhares de pacientes desafortunados podem morrer enquanto isso, mas, defendida a honra profissional, o resto é de importância secundária.

Teoricamente a mais benigna, nenhuma outra escola de Ciência, entretanto, exibe tantos exemplos de preconceito mesquinho, de materialismo, de ateísmo e de obstinação malévola quanto a Medicina. As predileções e a tutela dos principais médicos são raramente medidas pela utilidade de uma descoberta. A sangria por sanguessugas e por ventosas e a lanceta tiveram a sua epidemia de popularidade, mas finalmente cairam em desgraça merecida; a água, agora livremente administrada aos pacientes febris, foi-lhes, durante muito tempo, negada; os banhos quentes foram suplantados pela água fria e, durante um período de vários anos, a hidroterapia se tornou uma mania. A quina – que um paladino moderno da autoridade bíblica[29] se esforça seriamente em identificar à paradisíaca "Árvore da Vida", e que foi trazida à Espanha em 1632 – foi desprezada durante muito tempo. A Igreja, pelo menos uma vez, mostrou mais sagacidade do que a Ciência. A pedido do Cardeal de Lugo, Inocêncio X patrocinou o novo medicamento.

Num velho livro intitulado *Demonologia*, o seu autor cita muitos casos em que remédios importantes, antes tratados com descaso, foram a seguir postos à luz por circunstâncias fortuitas. Mostra ainda que a maioria das descobertas da Medicina não é mais do que "a ressurreição e a readoção de práticas muito antigas". Durante o século passado, a raiz de feto macho era vendida e amplamente anunciada como uma panacéia secreta para a cura efetiva da solitária por uma certa Madame Nouffleur, uma curandeira. "O segredo foi comprado por Luís XV, por uma soma muito elevada; depois disso os médicos descobriram que ela era recomendada e administrada para esse mal por Galeno. O famoso pó do Duque de Portland contra a gota era o *diacentaureon* de Célio Aureliano. Mais tarde verificou-se que ele fora usado pelos mais antigos escritores sobre Medicina, que o haviam descoberto nos escritos dos velhos filósofos gregos. Aconteceu a mesma coisa com a *eau médicinale* do Dr. Husson, que leva o seu nome. Neste famoso remédio contra a gota foi reconhecido, sob sua nova máscara, o *Colchicum autumnale*, ou açafrão da campina, que é idêntico a uma planta chamada *Hermodactylus*, cujos méritos como antídoto infalível contra a gota foram reconhecidos e defendidos por Oribásio, um grande médico do século IV, e por Étio Amideno, um outro eminente médico de Alexandria (século V)." Posteriormente, esse remédio foi abandonado e caiu em desgraça apenas porque era *velho demais* para ser considerado bom pelos membros das faculdades de Medicina que floresciam no final do último século!

Mesmo o grande Magendie, o sábio fisiologista, não estava acima do viés que consiste em descobrir o que já foi descoberto e considerado bom pelos médicos mais antigos. "O remédio proposto por ele contra a consumpção, a saber, o uso do ácido prússico, pode ser encontrado na obra de Lineu, o *Amenitates Academicae*, vol. IV, em que mostra que a água de louro destilada foi empregada com grande proveito nos casos de consumpção pulmonar." Também nos demonstra que o extrato de amêndoas e de caroços de cerejas curavam as tosses mais obstinadas. Segundo a observação feita pelo autor de *Demonologia,* pode-se, sem temor algum, afirmar que todas "as diversas preparações secretas do ópio, enaltecidas como descobertas dos tempos modernos, encontram-se nas obras dos autores antigos", que estão desacreditados em nossos dias[30].

Admite-se desde tempos imemoriais que o distante Oriente era a terra do conhecimento. Nem mesmo no Egito foram a Botânica e a Mineralogia tão profundamente estudadas quanto pelos sábios da Ásia Central arcaica. Sprengel, tão injusto e tão preconceituoso se mostra quanto ao resto, concorda inteiramente com isso em sua *Geschichte der Arzneikunde*[31]. Apesar disso, no entanto, todas as vezes em que se discute o assunto Magia, a Índia raramente se insinua a alguém, pois que a sua prática geral nesse país é menos conhecida que a de qualquer outro povo da Antiguidade. Entre os hindus, ela foi e é mais esotérica, se possível, do que foi mesmo para os próprios sacerdotes egípcios. Era considerada tão sagrada que a sua existência só era admitida pela metade e era praticada apenas em casos de emergências públicas. *Ela era mais do que uma matéria religiosa, pois era considerada divina.* Os hierofantes egípcios, apesar da prática de uma moralidade rígida e pura, não podiam ser comparados aos ascetas ginosofistas, nem pela santidade de sua vida nem pelos poderes miraculosos desenvolvidos neles pela abjuração sobrenatural de coisas terrenas. Todos os que os conheciam bem os tinham em reverência maior do que aos feiticeiros da Caldéia. "Recusando os confortos mais simples da vida, eles habitavam em florestas e aí levavam a vida dos eremitas mais isolados"[32], ao passo que os seus irmãos egípcios ao menos formavam comunidades. A despeito da censura feita pela História a todos os que praticaram a magia e a adivinhação, foram eles proclamados possuidores dos maiores segredos do conhecimento médico e de habilidade insuperada em sua prática. Inúmeras são as obras conservadas nos mosteiros hindus em que estão registradas as provas da sua erudição. Tentar dizer se esses ginosofistas foram os verdadeiros fundadores da magia na Índia, ou se eles apenas praticavam o que lhes fora transmitido por herança dos *Rishis*[33] – os sete sábios primordiais – seria considerado como uma mera especulação pelos eruditos exatos. "O cuidado que eles tinham em instruir a juventude, em familiarizá-la com os sentimentos generosos e virtuosos, concedeu-lhes uma honra peculiar, e as suas máximas e os seus discursos, tal como registrados pelos historiadores, provam que eles eram peritos em assuntos de Filosofia, Metafísica, Astronomia, Moral e Religião", diz um autor moderno. Eles preservaram a sua dignidade sob o domínio dos príncipes mais poderosos, que eles *não* condescenderam em visitar, ou que eles não perturbaram para obter deles o mínimo favor. Se estes últimos desejassem o conselho ou as preces desses homens santos, eram obrigados a ir até eles, ou a lhes enviar mensageiros. Para esses homens não havia poder secreto das plantas ou dos minerais que lhes fosse desconhecido. Eles haviam sondado a Natureza até as suas profundezas, ao passo que a Psicologia e a Fisiologia eram para eles livros abertos, e o resultado foi aquela ciência ou *machagiotia* que agora é denominada, desdenhosamente, de *Magia.*

Enquanto os milagres registrados pela Bíblia – dos quais desacreditar é visto como infidelidade – tornaram-se fatos aceitos pelos cristãos, as narrativas de maravilhas e de prodígios relatadas no *Atharva-Veda*[34] ora provocam o seu desprezo, ora são vistas como provas de diabolismo. E entretanto, em mais de um aspecto, e apesar da relutância de certos eruditos sânscritos, podemos provar a identidade das duas tradições. Além disso, como foi provado pelos eruditos que os *Vedas* antecedem de muitos séculos a *Bíblia* judaica, é fácil inferir que, se um dos dois livros fez empréstimos ao outro, não são os livros sagrados hindus que devem ser acusados de plágio.

Em primeiro lugar, a sua cosmogonia prova até que ponto foi errônea a opinião que prevaleceu nas nações civilizadas de que Brahmâ foi sempre considerado pelos hindus como o seu chefe ou seu Deus Supremo. Brahmâ é uma divindade secundária e, como Jeová, é "um *ser que move as águas*". Ele é o deus *criador* e, nas suas representações alegóricas, possui quatro cabeças, correspondentes aos quatro pontos cardeais. Ele é o demiurgo, o *arquiteto* do mundo. "No estado primordial da criação", diz Polier, em sua *Mythologie des Indous*, "o universo rudimentar, submerso na água, repousava no seio do Eterno. Emanado desse caos e dessas trevas, Brahmâ, o arquiteto do mundo, repousava sobre uma folha de lótus, flutuava [movia-se?] sobre as águas, incapaz de nada discernir entre água e trevas". Isto é tão idêntico quanto possível à cosmogonia egípcia, que mostra, nas suas frases de abertura, Hathor ou a Mãe Noite (que representa as trevas incomensuráveis) como o elemento primordial, que recobria o abismo infinito, animado pela água e pelo espírito universal do Eterno, que habitava sozinho no caos. Como nas escrituras judaicas, a história da criação abre-se com o espírito de Deus e sua emanação criadora – uma outra divindade[35]. Percebendo um estado de coisas tão lúgubre, Brahmâ, consternado, assim se exprime: "Quem sou? Donde vim?". Ouve então uma voz: "Dirige tua voz a Bhagavat – o Eterno, conhecido também como Parabrahman"[36]. Brahmâ, abandonando a sua posição natatória, senta-se sobre o lótus numa atitude de contemplação e medita sobre o Eterno, que, satisfeito com essa prova de piedade, dispersa as trevas primordiais e abre o seu entendimento. "Depois disso, Brahmâ sai do ovo universal [o caos infinito] sob a forma de *luz*, pois o seu entendimento agora está aberto, e se põe a trabalhar; *move-se* sobre as águas eternas, com o espírito de Deus nele; em sua capacidade de *ser que move* as águas ele é Nârâyana."

O lótus, a flor sagrada dos egípcios, como também para os hindus, é o símbolo tanto de Horus quanto de Brahmâ. Nenhum templo do Tibete ou do Nepal deixa de apresentá-lo; e o significado desse símbolo é extremamente sugestivo. O ramo de *lírios* que o arcanjo oferece à Virgem Maria nos quadros da "Anunciação" tem, no seu simbolismo esotérico, exatamente o mesmo significado. Remetemos o leitor à obra de Sir William Jones[37]. Para os hindus, o lótus é o emblema do poder produtivo da Natureza, pela ação do fogo e da água (o espírito e a matéria). "Eterno!", diz uma estrofe da *Bhagavad-Gîtâ* [cap. XI], "eu vejo Brahmâ, o criador, entronizado em *ti* sobre o lótus!" e Sir W. Jones[38] nos diz que as sementes do lótus contêm – mesmo antes de germinarem – folhas perfeitamente formadas, formas miniaturais daquilo em que, como plantas perfeitas, elas se transformarão um dia; ou, como diz o autor de *The Heathen Religion* – "a Natureza nos dá assim um espécime da *pré-formação* das suas produções"; acrescentando que "a semente de todas as plantas *fanerógamas* que trazem flores propriamente ditas contêm *um embrião de plantas já formado*"[39].

Para os budistas, ele tem a mesma significação. Mahâ-Mâyâ, ou Mahâ-Devî, a mãe de Gautama Buddha, deu à luz o seu filho anunciado pelo Bodhisattva (o espírito do Buddha), que apareceu ao pé do seu leito com um *lótus* em sua mão. Assim, também, Osíris e Horus são representados pelos egípcios constantemente em associação com a flor do lótus.

Todos estes fatos tendem a provar o parentesco comum deste símbolo nos três sistemas religiosos – hindu, egípcio e judaico-cristão. Em qualquer lugar em que o lírio da água mística (lótus) seja representado, ele significa a emanação do objetivo para fora do oculto ou do subjetivo – o pensamento eterno da Divindade sempre invisível que passa do abstrato ao concreto ou forma visível. Assim, logo que as trevas foram dissipadas e que "havia luz", o entendimento de Brahmâ foi aberto, e ele viu no mundo ideal (até então eternamente oculto no pensamento Divino) as formas arquetípicas de todas as coisas infinitas futuras que devem ser chamadas à existência e, assim, tornadas visíveis. Nesse primeiro estágio da ação, Brahmâ ainda não se tornou o arquiteto, o construtor do universo, pois lhe será preciso, como um arquiteto, familiarizar-se primeiramente com o plano e compreender as formas ideais que repousavam no seio do Uno Eterno, tal como as folhas futuras do lótus estão ocultadas na semente dessa planta. E é nessa idéia que devemos procurar a origem e explicação do versículo da cosmogonia judaica em que se lê: "E Deus disse: Produza a terra (. . .) árvores frutíferas que dêem fruto, segundo a sua espécie, e que *contenham a sua semente em si mesmas*"[40]. Em todas as religiões primitivas, o "Filho do Pai" é o Deus Criador – isto é, Seu pensamento tornado visível; e antes da era cristã, desde a *Trimûrti* dos hindus até as tríades das escrituras judaicas, segundo a interpretação cabalística, todas as nações velaram simbolicamente a trina natureza de sua Divindade suprema. No credo cristão vemos apenas o enxerto artificial de um ramo novo num tronco velho; e a adoção pelas Igrejas grega e romana do símbolo do lírio, que o arcanjo segura no momento da Anunciação, mostra um pensamento que possui precisamente a mesma significação simbólica.

O lótus é o produto do fogo (calor) e da água, daí um símbolo dual do espírito e matéria. O Deus Brahmâ é a primeira pessoa da Trindade, assim como Jeová (Adão-Cadmo) e Osíris, ou antes Poemandro, ou o Poder do Divino Pensamento, de Hermes; pois é Poemandro quem representa a raiz de todos os deuses solares egípcios. O Eterno é o Espírito de Fogo, que desperta e frutifica e desenvolve numa forma concreta tudo o que nasce da água ou da terra primordial, que evoluiu de Brahmâ; mas o universo é o próprio Brahmâ, e este é o universo. Esta é a filosofia de Spinoza, extraída por ele da de Pitágoras; e é a mesma pela qual Bruno morreu como mártir. Este fato histórico demonstra quanto a Teologia cristã se afastou do seu ponto de partida. Bruno foi massacrado pela exegese de um símbolo que fora adotado pelos primeiros cristãos e interpretado pelos apóstolos! O ramo de lírio do Bodhisattva, e mais tarde de Gabriel, que representava o fogo e a água, ou a idéia de criação e de geração, se põe de manifesto no primitivo sacramento batismal.

As doutrinas de Bruno e de Spinoza são quase idênticas, embora as palavras empregadas pelo segundo sejam mais veladas, e muito mais cuidadosamente escolhidas, do que aquelas que encontramos nas teorias do autor de *Della Causa, Principio ed Uno*, ou de *Del'Infinito, Universo e Mondi*. Bruno, que reconhece que Pitágoras é a fonte de sua informação, e Spinoza, que, sem com ela concordar tão francamente, permite que a sua filosofia traia o segredo, encaram a Causa primeira do mesmo ponto de vista. Para eles, Deus é uma Entidade plenamente *per se*, um Espírito Infinito, e o único Ser inteiramente livre e independente dos efeitos e de outras causas; que, por essa mesma Vontade que engendrou todas as coisas e deu o primeiro impulso a toda lei cósmica, mantém perpetuamente em existência e em ordem todas as coisas do universo. Assim como os svâbhâvikas hindus, chamados erroneamente de ateus, que pretendem que todas as coisas, tanto os homens quanto os deuses e os espíritos, tenham nascido de Svabhâva ou de sua própria natureza[41], Spinoza e Bruno foram ambos levados à conclusão de que *Deus deve ser procurado na Natureza e não fora dela*. Com efeito, sendo a criação proporcional ao poder do Criador, tanto o Universo quanto o Criador devem ser infinitos e eternos, uma forma que emana da sua própria essência e que, por sua vez, cria uma outra forma. Os comentadores modernos afirmam que Bruno, "*sem ser sustentado pela esperança de um outro mundo melhor, abandonou antes a vida do que suas convicções*" – deixando entender assim que Giordano Bruno não acreditava na existência continuada do homem após a morte. O Prof. Draper declara categoricamente que Bruno não acreditava na imortalidade da alma. Falando das inumeráveis vítimas da intolerância da Igreja papista, ele observa: "A passagem desta vida à seguinte, embora a experiência fosse penosa, era a passagem de uma dificuldade transitória para a felicidade eterna. (. . .) Caminhando através do vale sombrio, o mártir acreditava que existia uma mão invisível que o guiava. (. . .) Para Bruno não existia tal apoio. As opiniões filosóficas, graças às quais ele entregou a sua vida, não podiam lhe propiciar nenhuma consolação"[42].

Mas parece que o Prof. Draper tem um conhecimento muito superficial da verdadeira crença dos filósofos. Podemos deixar Spinoza fora do problema; que ele continue a ser um ateu incondicional e materialista aos olhos dos cristãos; pois a reserva prudente em que ele se colocou nos seus escritos torna extremamente difícil, para quem não o lê por entre as linhas e não está familiarizado com o significado oculto da Metafísica pitagórica, ter uma idéia do que fossem os seus juízos reais. Mas Giordano Bruno, se ele aceitou as doutrinas de Pitágoras, deve ter acreditado em uma outra vida; por conseguinte, ele não pode ter sido um ateu cuja filosofia não lhe oferecesse nenhuma "consolação". A sua acusação e a subseqüente confissão, tal como nos relata o Prof. Domenico Berti, em sua *Life of Bruno*, e compilada de documentos originais recentemente publicados, provam, sem que dúvida alguma possa subsistir, quais foram as suas *verdadeiras* filosofia, crença e doutrinas. Em comum com os platônicos de Alexandria, e com os cabalistas de época mais recente, ele estimava que Jesus fosse um mago no sentido atribuído a essa palavra por Porfírio e por Cícero, que a chama de *divina sapientia* (conhecimento divino), e por Fílon, o Judeu, que descreveu os magos como os investigadores mais assombrosos dos mistérios ocultos da Natureza, não no sentido aviltado dado à palavra magia em nosso século. Na sua nobre concepção, *os magos eram homens santos que, isolando-se de qualquer outra preocupação terrestre, contemplaram as virtudes divinas e compreenderam mais claramente a natureza divina dos deuses e dos espíritos; e então iniciaram outros nos mesmos mistérios, que consistem numa conservação de um intercâmbio ininterrupto com os seres invisíveis durante a vida*. Mas mostraremos melhor quais foram as convicções filosóficas íntimas de Bruno citando alguns fragmentos da *acusação* e da sua *própria confissão*.

As instruções da acusação na denúncia de Mocenigo, o seu acusador, estão expressas nos seguintes termos:

"Eu, Zuane Mocenigo, filho do muito ilustre Ser Marcantonio, denuncio à vossa muito reverenda paternidade, para obedecer à minha consciência e a mando do meu confessor, que eu ouvi dizer por Giordano Bruno, nas muitas vezes em que ele comigo conversava em minha casa, ser uma grande blasfêmia os católicos dizerem que o pão se transubstancia em carne; que ele se opõe à Missa; que nenhuma religião o satisfaz; que Cristo era um desventurado (*un tristo*), e que, se realizava obras perversas para seduzir o povo, poderia ele muito bem predizer que Ele deveria ser empalado; que não há distinção de pessoas em Deus, e que haveria imperfeição em Deus; que o mundo é eterno, e que há infinitos mundos, e que Deus os faz continuamente, porque, diz, Ele deseja tudo o que Ele pode; que Cristo fez milagres aparentes e que ele era um mago, como também os apóstolos, e que ele tinha em mente fazer tanto quanto ou mais do que eles; que Cristo mostrou relutância em morrer e evitou a morte tanto quanto a ela Ele pôde se furtar; que não existe nenhum castigo para o pecado, e que as almas criadas por ação da Natureza passam de um animal a outro, e que assim como os animais brutos nascem da corrupção, também assim os homens quando eles renascem após a dissolução".

Tão pérfidas quanto sejam, as palavras citadas acima indicam claramente a crença de Bruno na metempsicose pitagórica, que, tão malcompreendida, prova ainda uma crença numa *sobrevivência* do homem, sob uma forma ou outra. Depois, o acusador diz:

"Ele mostrou indicações de um desejo de se fazer o autor de uma nova seita, que levaria o nome de 'Nova Filosofia'. Disse que a Virgem não podia engravidar e que nossa fé católica está cheia de blasfêmias contra a majestade de Deus; que os monges deveriam ser privados do direito de disputa e de seus bens, porque eles contaminam o mundo; que todos eles eram asnos, e que nossas opiniões são doutrinas de asnos; que não temos nenhuma prova de que nossa fé tenha um mérito qualquer diante de Deus e que não fazer aos outros o que não queremos que nos façam é suficiente para viver bem, e que ele ri de todos os outros pecados e se espanta com o fato de que Deus possa tolerar tantas heresias dos católicos. Ele diz que quer se dedicar à arte da adivinhação e fazer com que todo o mundo o siga; que São Tomás e todos os Doutores não sabiam nada em comparação a ele e que ele poderia fazer perguntas a todos os primeiros teólogos do mundo que eles não podiam responder."[43]

A esta acusação, o acusado filósofo respondeu com a seguinte profissão de fé, que é a de todos os discípulos dos antigos mestres:

"Eu creio, em suma, num universo infinito, isto é, num efeito do poder divino infinito, porque estimei que seria indigno da bondade e do poder divinos que, sendo eles capazes de produzir além deste mundo outros e infinitos mundos, pudessem produzir um mundo finito. Assim, eu declarei que há mundos particulares infinitos semelhantes ao da Terra, que, com Pitágoras, creio ser um astro de natureza semelhante à da lua, à dos outros planetas e à dos outros astros, que são infinitos; e creio que todos esses corpos são mundos, que eles são inumeráveis, e que isso constitui a universalidade infinita num espaço infinito, e se chama universo infinito, no qual existem mundos sem número, de maneira que há uma dupla espécie de grandeza infinita do universo e de multidão de mundos. Indiretamente, pode-se considerar que isto repugne à verdade de acordo com a verdadeira fé.

"Além do mais, coloco nesse universo uma Providência universal, em virtude da qual tudo vive, vegeta e se move e atinge a sua perfeição, e eu o compreendo de duas maneiras: uma, no modo como a alma inteira está presente em todo o corpo e em cada uma de suas partes, e a isso eu chamo Natureza, a sombra e a pegada da divindade; a outra, o modo inefável pelo qual Deus, por essência, presença e poder, está em tudo e acima de tudo, não como uma parte, não como uma alma, mas de uma maneira inefável.

"Além disso, considero que todos os atributos da divindade são uma e a mesma coisa. Junto com os teólogos e os grandes filósofos, reconheço três atributos: poder, sabedoria e bondade, ou antes, mente, intelecto e amor, com os quais as coisas têm primeiramente, através da mente, um ser; depois, um ser ordenado e distinto, através do intelecto; e, em terceiro lugar, concordância e simetria, através do amor. Assim, considero o ser em tudo e acima de tudo, porque não há nada sem participação do ser, e não há ser sem essência, assim como não há nada que seja belo sem que a beleza não esteja presente; assim, nada está isento da presença divina, e assim, pelo raciocínio e não por meio de uma verdade substancial, considero eu a distinção na divindade.

"Admitindo, então, o mundo causado e produzido, considero que, de acordo com todo o seu ser, ele depende da causa primeira, de modo que não rejeitei o nome de criação, que considero ter sido expresso por Aristóteles quando disse: 'Deus é aquilo de que dependem o mundo e toda a Natureza'; de maneira que, de acordo com a elucidação de São Tomás, seja ele eterno ou temporário, ele é, de acordo com todo o seu ser, dependente da causa primeira, e nada nele é independente.

"Depois, em relação àquilo que pertence à verdadeira fé, não falando filosoficamente, para chegar à individualidade das pessoas divinas, à sabedoria e ao filho da mente, chamado pelos filósofos de intelecto, e pelos teólogos de Palavra, que se deve crer ter-se revestido de carne humana. Mas eu, atendo-me às frases da Filosofia, não a compreendi assim, antes duvidei e não fui, nesse sentido, constante em minha fé; não que eu me lembre de tê-lo deixado transparecer em meus escritos nem em minhas palavras, exceto indiretamente por outras coisas; algo pode ser colhido como que por ingenuidade ou por profissão de fé em relação àquilo que pode ser provado pela razão e deduzido segundo nossa luz natural. Assim, no que diz respeito ao Espírito Santo como terceira pessoa, não fui capaz de compreender aquilo em que se deve acreditar, mas, à maneira pitagórica, em conformidade com a interpretação de Salomão, considerei-a como a alma do universo, ou como adjunto do universo de acordo com a máxima de Salomão: 'O espírito de Deus preenche toda a Terra, e o que contém todas as coisas', que está igualmente conforme a doutrina pitagórica explicada por Virgílio no texto da *Eneida:*

> Principio coelum ac terras camposque liquentes,
> Lucentemque globum lunae, Titaniaque astra,
> Spiritus intus alit, totamque infusa per artus
> Mens agitat molem[44];

e nos versos seguintes.

"Assim, deste Espírito, que é chamado a vida do universo, eu considero, em minha filosofia, que procedem a vida e a alma de tudo o que possua vida e alma; que, além disso, considero ser imortal, como também os corpos, que, quanto à sua substância, são todos imortais, não existindo outra morte senão a desagregação, segundo parece inferir-se da sentença do *Eclesiastes*, que diz 'Não há nada de novo debaixo do Sol; o que é, será.'"[45]

Além disso, Bruno confessa a sua inabilidade em compreender a doutrina das três pessoas da divindade e as suas dúvidas sobre a encarnação de Deus em Jesus, mas afirma energicamente a sua fé nos *milagres* de Cristo. Como podia ele, sendo um filósofo pitagórico, não acreditar neles? Se, curvado sob a coerção impiedosa da Inquisição, ele, como Galileu, retratou-se mais tarde e lançou-se à clemência dos seus perseguidores eclesiásticos, devemos nos lembrar de que ele falou como um homem colocado entre a tortura e o carniceiro e de que a natureza humana não pode ser sempre heróica quando a compleição corporal está debilitada pelos suplícios e pela prisão.

Não fosse o aparecimento oportuno da obra tão importante de Berti, continuaríamos a reverenciar Bruno como um mártir, cujo busto bem merecia ser colocado no alto do Panteão da Ciência Exata, coroado pelos louros que Draper lhe concede.

Mas vemos agora que seu herói de uma hora não é nem ateu, materialista, nem positivista, mas simplesmente um pitagórico que ensinou a filosofia da Ásia Central, e se vangloriou de possuir os poderes dos mágicos, tão menosprezados pela própria escola de Draper! Nada mais divertido do que esse *contretemps* aconteceu depois que a suposta estátua de São Pedro foi descoberta por arqueólogos irreverentes que disseram tratar-se de nada menos do que Júpiter Capitolino, e depois que a identidade do Buddha com o São Josafá católico foi satisfatoriamente demonstrada.

Assim, procuremos onde quisermos nos arquivos da História e descobriremos que não existe nenhum fragmento de filosofia moderna – newtoniana, cartesiana, huxleiana ou qualquer outra – que não tenha extraído nada da mina oriental. Mesmo o Positivismo e o Niilismo têm seu protótipo na porção exotérica da filosofia de Kapila, como o observou judiciosamente Max Müller. Foi a inspiração dos sábios hindus que impregnou os mistérios do *Prajñâ Pâramitâ* (a sabedoria perfeita); as suas mãos acalentaram o primeiro ancestral dessa frágil mas buliçosa criança que batizamos de CIÊNCIA MODERNA.

NOTAS

1. Ver De Mirville, *Question des esprits* [p. 32], e *Tables tournantes*, etc., de De Gasparin.
2. Secretário Honorário da Associação Nacional de Espiritistas de Londres.
3. *Jó*, XXXII, 9.
4. [Glanvill, *Sadducismus triumphatus*, p. 14 e 16.]
5. Ver Dr. F. R. Marvin, *The Philosophy of Spiritualism and the Pathology and Treatment of Mediomania*, Nova York, 1874.
6. Vapereau, *Biographie contemporaine*, art. "Littré"; e Des Mousseaux, *Les hauts phénomènes de la magie* (1864), cap. VI, parte 6, p. 421.
7. [459 D, E.; 460 C.]
8. A Comte, *Système de la politique positive*, vol. I, p. 203 e segs.
9. *Ibid.*
10. *Ibid.*
11. Des Mousseaux, *Les phénomènes de la magie*, p. 431 e segs.
12. Littré, *Paroles de philosophie positive* (1859), p. vii e 57.
13. Littré, *op. cit.*, p. 32.
14. *Spiritualism and Charlatanism*.
15. Robert Hare, *Experimental Investigation of the Spirit Manifestations*, etc. Nova York, 1858, p. 26.
16. *Revue des Deux Mondes*, 1º de agosto de 1864, p. 727 e segs. Cf. Des Mousseaux, *Les hauts phénomènes*, etc., p. 471.
17. *Cours de philosophie positive*, vol. IV, p. 278.
18. Dr. F. R. Maroin, *Lectures on Mediomania and Insanity*.
19. Howitt, *History of the Supernatural*, vol. II, p. 469. [Cf. Thos. L. Phipson, *Phosphorescence*, etc., Londres, 1862.]
20. Prof. Huxley, *On the Physical Basis of Life*.
21. Referência a um cartão que foi publicado, algum tempo depois, num jornal de Nova York, assinado pelas três pessoas caracterizadas acima, que se apresentavam como uma comissão cientí-

fica formada dois anos antes para investigar os fenômenos espiritistas. A crítica à tríade foi publicada na revista *New Era*.

22. Dr. F. R. Marvin, *op. cit.*
23. [*Hudibras*, parte I, canto I, estrofe 81.]
24. [Cf. *Collected Writings*, vol. I, p. 222 e segs.]
25. Tyndall, *Fragments of Science* (1871), "Scientific Materialism", p. 118-20.
26. Tyndall, *Fragm. of Science*, Introd. à parte II.
27. *Deuteronômio*, XVII, 6.
28. Montesquieu, *L'esprit des lois*, I, xii, cap. 3.
29. C. B. Warring.
30. [J. S. Forsyth, *Demonologia* (Londres, 1827), p. 70-73.]
31. [Vol. I, p. 102 e segs.]
32. Amiano Marcelino, *Rom. Hist.*, XXIII, vi, 32, 33.
33. Os *rishis* eram sete e viveram nos dias que antecederam o período védico. Eram conhecidos como sábios e reverenciados como semideuses. Haug mostra (*Aitareya-Brâhmanam* II, 479, nota) que eles ocupavam na religião bramânica uma posição que correspondia à dos doze filhos de Jacó na Bíblia judaica. O clã dos brâmanes descende diretamente desses *rishis*.
34. O quarto *Veda*.
35. Não nos referimos à Bíblia aceita ou corrente, mas à Bíblia judaica *verdadeira* explicada cabalisticamente.
36. [M. E. de Polier, *La mythologie des indous* (Paris, 1809), vol. I, p. 162-63.]
37. *Dissertations... relating to the History and Antiquities... of Asia*, 1793, p. 25.
38. [*The Works of Sir William Jones*, 1799, vol. VI, p. 320.]
39. Dr. J. B. Gross, *The Heathen Religion*, p. 195.
40. [*Gênese*, I, 11.]
41. Brahmâ não cria a Terra, *Mrityuloka*, mais do que o resto do universo. Tendo-se desenvolvido a partir da alma do mundo, antes separado da Primeira Causa, ele por sua vez faz emanar de si toda a Natureza. Não paira sobre ela, mas mistura-se a ela; e Brahmâ e o universo formam um Ser, de que cada partícula é em sua essência o próprio Brahmâ, que procede de si mesmo. [Burnouf, *Introduction à l'histoire du bouddhisme indien*, p. 118.]
42. *History of the Conflict between Religion and Science*, p. 180.
43. [Domenico Berti, *Vita di Giordano Bruno da Nola* (Florença, Turim, Milão, 1868), p. 327-28.]
44. Livro VI, versos 724-27.
45. Berti, *op. cit.*, p. 353-54.

CAPÍTULO IV

"Prefiro a nobre conduta de Emerson quando, depois de vários desencantos, ele exclama: 'Anelo pela Verdade'. A satisfação do verdadeiro heroísmo visita o coração daquele que está realmente qualificado para falar dessa maneira."
TYNDALL, *Fragments of Science*, Introdução à Parte II.

"Um testemunho é suficiente:

1º Quando um grande número de testemunhas bastante perspicazes estão de acordo em que viram *bem*;
2º Se as testemunhas são sadias, de corpo e de mente;
3º Se são imparciais e desinteressadas;
4º Se estão unanimemente de acordo;
5º Se testemunharam solenemente o fato."
VOLTAIRE, *Dictionnaire philosophique*.

O Conde Agénor de Gasparin é um protestante devotado. A sua batalha contra des Mousseaux, de Mirville e outros fanáticos, que atribuem todos os fenômenos espiritistas a Satã, foi longa e feroz. Dela resultaram dois volumes de mais de 1.500 páginas que provam os *efeitos*, negam a *causa* e empregam esforços sobre-humanos para inventar todas as explicações possíveis de ser sugeridas, com exclusão da única que seria verdadeira.

A severa censura infligida por de Gasparin ao *Journal des Débats* foi lida em toda a Europa civilizada. Depois desse cavalheiro ter descrito minuciosamente as inúmeras manifestações de que ele próprio fora testemunha, esse jornal solicitou muito insolentemente às autoridades francesas a internação nos *Incurables*, um asilo de lunáticos, de todos aqueles que, tendo lido a *bela análise* das "alucinações espirituais" publicada por Faraday, insistissem em acreditar nessa burla. "Tomai cuidado", escreveu de Gasparin em resposta, "os representantes das Ciências exatas estão a ponto de se tornarem (...) os *Inquisidores* de nossa época. (...) Os fatos são mais fortes do que as Academias. Rejeitados, negados, ridicularizados, eles todavia são fatos e existem *realmente*."[1]

As afirmações seguintes, relativas aos fenômenos psíquicos de que ele próprio foi testemunha, bem como o Prof. Thury, podem ser encontradas na volumosa obra de de Gasparin.

"Os experimentadores viram freqüentemente os pés da mesa *colados*, por assim dizer, ao assoalho e, apesar da excitação das pessoas presentes, recusarem-se a mudar de lugar. Em outras ocasiões, eles viram as mesas levitarem de uma maneira bastante enérgica. Ouviram, com os seus próprios ouvidos, algumas batidas fortes e outras muito suaves; as primeiras ameaçavam, por sua violência, fazer a mesa em pedaços; as outras eram ligeiras, a ponto de mal serem percebidas. (...) Quanto à LEVITAÇÃO SEM CONTATO, encontramos um meio de produzi-la facilmente com sucesso. (...) E essas levitações não são resultados isolados. Nós as produzimos mais de TRINTA vezes[2]. (...) Um dia a mesa se moverá e erguerá sucessivamente os seus pés, mesmo que ao seu peso seja acrescentado o de um homem sentado sobre ela, que pesasse 88 quilos; num outro dia, ela ficará imóvel e *imovível,* embora a pessoa colocada sobre ela pese somente 60 quilos[3]. Numa determinada ocasião, queríamos que ela se virasse de pernas para o ar e ela se virou, com as pernas para cima, embora nossos dedos não a tivessem tocado *sequer uma única vez.*'[4]

"É certo", observa de Mirville, 'que um homem, depois de ter por várias vezes sido testemunha de um fenômeno desse gênero, não pudesse aceitar a *sutil análise* do físico inglês."[5]

A partir de 1850, des Mousseaux e de Mirville, católicos romanos intransigentes, publicaram vários volumes cujos títulos foram habilmente escolhidos para chamar a atenção pública. Eles denunciam, da parte dos seus autores, uma inquietude muito séria que, além disso, não se preocupam em ocultar. Se fosse possível considerar os fenômenos como espúrios, a Igreja de Roma não se esforçaria tanto em reprimi-los.

Estando as duas partes de acordo em relação aos fatos, ficando os céticos fora do problema, o público dividiu-se em dois partidos: os que acreditam na ação direta do diabo e os que acreditam nos espíritos desencarnados e em outros. O fato de que a Teologia temesse mais a grande quantidade das revelações que poderiam aprofundar essa ação misteriosa do que todos os "conflitos" ameaçadores com a Ciência e com as negações categóricas desta – só este fato bastaria para abrir os olhos dos mais céticos. A Igreja de Roma nunca foi crédula nem covarde, como o prova abundantemente o maquiavelismo que caracteriza a sua política. Além disso, ela nunca se preocupou muito com os incríveis prestidigitadores que ela *sabia* serem apenas adeptos da trapaça. Robert-Houdin, Comte, Hamilton e Bosco puderam dormir seguros nos seus leitos enquanto ela perseguia homens como Paracelso, Cagliostro e Mesmer, os filósofos herméticos e os místicos – e fazia cessar efetivamente toda manifestação genuína da natureza oculta pela morte, da parte dos médiuns.

Os que não são capazes de acreditar num diabo pessoal e nos dogmas da Igreja devem, contudo, atribuir ao clero uma sagacidade suficiente para impedir o comprometimento da sua reputação de infalibilidade fazendo grande caso de manifestações que, se forem fraudulentas, não podem deixar de ser desmascaradas um dia.

Mas o melhor testemunho em favor da realidade dessa força foi fornecido pelo próprio Robert-Houdin, o rei dos prestidigitadores, que, tendo como perito sido chamado pela Academia para ser testemunha dos poderes maravilhosos de *clarividente* e de erros ocasionais de uma mesa, disse: "Nós, prestidigitadores, jamais cometemos erros e minha segunda visão jamais me falhou"[6].

O erudito astrônomo Babinet não foi mais afortunado na sua escolha de Comte, o célebre ventríloquo, como perito para testemunhar contra os fenômenos de vozes diretas e batidas. Comte, se se deve acreditar nas testemunhas, riu na cara de Babinet apenas com a sugestão de que as batidas eram produzidas por *"ventriloquia inconsciente"*! Essa teoria, digna irmã gêmea da *"cerebração inconsciente",* fez ruborizar muitos dos acadêmicos mais céticos. O seu absurdo era por demais evidente.

"O problema do sobrenatural", diz de Gasparin, "tal como foi apresentado na Idade Média, e tal como se apresenta hoje, não está no conjunto daqueles de que podemos desdenhar; a sua extensão e a sua grandeza não escapam a ninguém (...) Nele, tudo é profundamente sério, tanto o mal quanto o remédio, a recrudescência supersticiosas e o fato físico que deve finalmente levar vantagem sobre ela."[7]

A seguir, formula uma opinião decisiva, a que chegou, vencido por diversas manifestações, da maneira como ele próprio relata: "O número de fatos que reclamam o seu lugar no grande dia da Verdade aumentou de tal maneira, depois de algum tempo, que uma das duas conseqüências seguintes é doravante inevitável: ou o domínio das ciências naturais deve aceitar ampliar-se, ou o domínio do sobrenatural se estenderá de tal maneira que não haverá limites"[8].

Entre a multidão de livros publicados contra o Espiritismo, provenientes de fontes católicas e protestantes, nenhum produziu uma sensação mais aterradora do que as obras de de Mirville e de des Mousseaux: *La magie au XIXme siècle; Moeurs et pratiques des démons; Les hauts phénomènes de la magie; Les Médiateurs et les moyens de la magie; Pneumatologie. Des Esprits et de leurs manifestations diverses*. Elas constituem a biografia mais enciclopédica do diabo e dos seus diabretes que apareceu para o deleite secreto dos bons católicos desde a Idade Média.

Segundo esses autores, *aquele* que foi "um mendigo e um assassino, desde o começo", foi também o promotor principal dos fenômenos espirituais. Ele esteve durante milhares de anos à frente da teurgia pagã; foi ele, novamente, que, encorajado pelo aumento das heresias, da infidelidade e do ateísmo, fez sua reaparição no nosso século. A Academia Francesa ergueu a sua voz num grito geral de indignação e de Gasparin tomou-o como um insulto pessoal. "É uma declaração de guerra, um levante de armas" – escreveu ele em seu volumoso livro de refutações. "A obra de de Mirville é um verdadeiro *manifesto* (...) Eu me contentaria em ver nele a expressão de uma opinião estritamente pessoal, mas, na verdade, isso é *impossível*. O êxito da obra, estas adesões solenes, a sua reprodução fiel pelos jornais e pelos escritores da facção, a solidariedade estabelecida entre eles e todo o corpo católico (...) tudo tende a mostrar uma obra que *é essencialmente um ato e que possui o valor de um trabalho coletivo*. Sendo assim, senti que tinha um dever a cumprir. (...) Senti que era obrigado a tirar as luvas (...), a erguer alto e firme a bandeira protestante contra o estandarte transmontano."[9]

As faculdades de Medicina, como se poderia prever, assumindo o papel dos coros gregos, ecoaram as diversas reconvenções contra os escritores demonológicos. Os *Medico-Psychological Annals,* editados pelos Drs. Brierre de Boismont e Cerise, publicaram as seguintes linhas: "Exceto essas controvérsias das partes antagônicas, nunca em nosso século um escritor ousou enfrentar, com uma serenidade mais agressiva (...), os sarcasmos, o desdém do que chamamos de bom senso; e, como que para desafiar e provocar ao mesmo tempo explosões de risos e sacudidelas de ombros, o autor acentua a sua atitude e, colocando-se com audácia diante dos membros da Academia (...), dirige-lhes aquilo que a sua modéstia chama de *Mémoire on the Devil!*"[10]

Isso foi um insulto cáustico aos acadêmicos, não há dúvida; mas desde 1850 eles parecem ter sido condenados a sofrer em seu orgulho mais do que a maioria deles poderia suportar. Que idéia a de chamar a atenção dos quarenta "Imortais" para as brincadeiras do Diabo! Eles juraram vingança e, aliando-se, propuseram uma teoria que excedeu em absurdo a demonolatria de de Mirville! O Dr. Rayer e Jobert de Lamballe – celebridades na sua área – formaram uma aliança e apresentaram ao Instituto um alemão cuja habilidade fornecia, de acordo com a sua afirmação, a chave de todos os ruídos e de todas as batidas de ambos os hemisférios. "Nós nos ruborizamos" – observa o Marquês de Mirville – "ao dizer que todo o artifício consistia simplesmente no deslocamento retirado de um dos tendões musculares das pernas. Grande demonstração do sistema em sessão plenária do Instituto – e no mesmo instante (. . .) expressões de gratidão acadêmica por sua *interessante* comunicação e, poucos dias depois, uma declaração formal dada ao público por um professor da faculdade de Medicina de que, tendo os cientistas formulado a sua opinião, o mistério estava finalmente desvendado!"[11]

Mas os esclarecimentos *científicos* não impediram que o fenômeno seguisse tranqüilamente o seu curso, nem que os dois escritores sobre demonologia continuassem a expor as suas teorias estritamente ortodoxas.

Negando que a Igreja tivesse algo a ver com os seus livros, des Mousseaux gratificou a Academia, em acréscimo ao seu *Mémoire,* com os seguintes pensamentos interessantes e profundamente filosóficos sobre Satã:

"*O Diabo é a coluna fundamental da Fé*. É uma das grandes personagens cuja vida está intimamente ligada à da Igreja; e sem a sua fala, que saiu tão triunfalmente da boca da Serpente, *o seu médium,* a queda do homem não teria ocorrido. Assim, se não fosse por ele, o Salvador, o Crucificado, o Redentor seria apenas um ente ridículo e a Cruz, um insulto ao bom senso!"[12]

Este escritor, lembrai-vos, é apenas o eco fiel da Igreja, que anatematiza ao mesmo tempo aquele que nega Deus e aquele que duvida da existência objetiva de Satã.

Mas o Marquês de Mirville leva ainda mais longe as relações de Deus com o Diabo. Segundo ele, trata-se de um negócio comercial regular, em que o idoso "parceiro silente" tolera que o comércio ativo da firma seja conduzido segundo a vontade do seu sócio jovem, de cuja audácia e diligência ele se beneficia. Que outra opinião se poderia formular com a leitura das linhas seguintes?

"Ao sobrevir a invasão espiritista de 1853, olhada com tanta indiferença, ousamos dizer que era sintoma ameaçador de uma 'catástrofe'. O mundo está, não obstante, em paz, mas nem todos os desastres têm os mesmos antecedentes, e tivemos o pressentimento dos tristes efeitos de uma lei que Görres formulara da seguinte maneira: 'Estas aparições misteriosas precederam invariavelmente a mão punitiva de Deus sobre a Terra'."[13]

Esta guerrilha entre os campeões do clero e a materialista Academia de Ciências prova abundantemente quão pouco esta última fizera para desarraigar o fanatismo cego das mentes mesmo das pessoas mais instruídas. *Evidentemente a ciência não venceu, nem sequer refreou a Teologia.* Ela só a dominará no dia em que se dignar ver nos fenômenos psíquicos algo além de mera alucinação e charlatanismo. Mas como pode ela consegui-lo sem investigá-los a fundo? Suponhamos que antes da época em que o eletromagnetismo fosse reconhecido publicamente, o Prof. Oersted, de Copenhague, seu descobridor, sofresse de um ataque daquilo que chamamos *psicofobia* ou *pneumatofobia*. Ele observa que o fio ao longo do qual circula uma corrente voltaica apresenta a tendência de fazer a agulha magnética virar-se da sua posição natural para uma outra, perpendicular à posição da corrente. Suponhamos, além disso, que o professor tivesse ouvido falar de determinadas pessoas supersticiosas que utilizavam essa espécie de agulhas magnetizadas para conversar com inteligências invisíveis. Que recebiam sinais e até mantinham conversações corretas com elas por meio dessas agulhas e que, em conseqüência, ele sentisse de repente um horror científico e uma repugnância por essa crença ignorante e recusasse sem rodeios ter qualquer coisa a ver com essa agulha. Qual teria sido o resultado? O eletromagnetismo não teria sido descoberto até agora e os nossos experimentadores teriam sido os principais perdedores.

Babinet, Rayer e Jobert de Lamballe – todos membros do Instituto – distinguiram-se particularmentre na sua batalha entre o ceticismo e o sobrenaturalismo e muito seguramente não colheram louros. Babinet, o famoso astrônomo, arriscou-se imprudentemente no campo de batalha dos fenômenos; quis *explicá-los* cientificamente, mas, aferrado à vã opinião, tão generalizada crença entre os cientistas de que as manifestações psíquicas não resistiriam mais que um ano, cometeu a imprudência de expô-los nos artigos que, como acertadamente observa de Mirville, apenas chamaram a atenção de seus colegas e de modo algum do público.

Babinet começou por aceitar *a priori* a rotação e os movimentos das mesas, fato que declarou estar *"hors de doute"*. "Esta rotação", disse ele, "pode manifestar-se com uma energia considerável, seja por uma velocidade muito grande, seja por uma forte resistência quando se deseja que ela se interrompa."[14]

Agora temos a explicação do eminente cientista: "Suavemente empurrada por pequenas impulsões concordantes das mãos colocadas sobre ela, a mesa começa a oscilar da direita para a esquerda. (...) No momento em que, após um intervalo mais ou menos longo, uma trepidação nervosa se estabelece nas mãos e as pequenas impulsões individuais de todos os experimentadores se harmonizam, a mesa se põe em movimento"[15].

Babinet considera isso muito fácil, pois "todos os movimentos musculares são determinados nos corpos por alavancas de terceira ordem, para as quais o ponto de apoio está muito próximo do ponto em que a força age. Este, em conseqüência, comunica uma grande velocidade às partes móveis em busca da pequena distância que a força motriz tem de percorrer. (...) Algumas pessoas se espantam ao ver uma mesa sujeita à ação de muitos indivíduos bem-dispostos e em conjunto, a *vencer obstáculos poderosos* e mesmo a quebrar as pernas da mesa quando interrompidos repentinamente; mas isto é muito simples se considerarmos o poder das *pequenas ações concordantes*. (...) Uma vez mais, a explicação física não oferece dificuldades"[16].

Nessa exposição, dois resultados são claramente mostrados: a realidade dos fenômenos é provada e a explicação científica se torna ridícula. Mas Babinet permite que se ria um pouco às suas custas; ele sabe, em sua qualidade de astrônomo, que se pode encontrar manchas escuras até no Sol.

Há algo, entretanto, que Babinet sempre negou terminantemente, a saber: a levitação da mesa sem contato. De Mirville apóia-o, proclamando que tal levitação é impossível: "absolutamente *impossível*", diz ele, "tão impossível quanto o movimento contínuo"[17]. Depois disto, quem se atreverá a crer nas *impossibilidades* científicas?

Mas as mesas, após terem valsado, oscilado e virado, começaram a inclinar-se e a dar golpes. As batidas às vezes eram tão retumbantes quanto tiros de pistola. Que significa isso? Ouvi: "As testemunhas e os investigadores são *ventríloquos*!".

De Mirville remete-nos à *Revue des Deux Mondes,* em que se publicou um solilóquio dialogado bastante interessante, inventado por Babinet, à maneira do caldaico Ain-Soph dos cabalistas: "O que podemos dizer finalmente sobre todos esses fatos submetidos à nossa observação? Essas batidas se reproduziram? Sim. Quem produz esses sons? O médium. Por que meios? *Pelo método acústico comum dos ventríloquos.*

Mas devemos supor que esses sons resultem de *bater com os artelhos e os dedos?* Não, pois nesse caso eles sempre procederiam de um mesmo ponto, e não é esse o caso"[18].

"Agora", indaga de Mirville, "o que devemos pensar dos americanos e de seus *milhares de médiuns* que produzem as mesmas batidas diante de milhões de testemunhas? '*Ventriloquia,* nada mais do que isso', responde Babinet. Mas como podeis explicar uma tal impossibilidade? É a coisa mais fácil do mundo; ouvi apenas: 'Tudo o que foi necessário para se produzir a primeira manifestação na *primeira casa* na América foi um garoto de rua a bater à porta de um cidadão mistificado, talvez com uma bola de chumbo presa a um cordão; e se o Sr. Weekman (o primeiro crente da América) [?][19], quando esperou pela terceira vez, não ouviu nenhum clamor de risos na rua, foi por causa da diferença essencial que existe entre um moleque francês e um inglês ou transatlântico, sendo este último amplamente dotado daquilo que chamamos *uma alegria triste, 'une gaieté triste'*."[20]

Em sua famosa resposta aos ataques de de Gasparin, Babinet e outros cientistas, de Mirville diz fielmente: "e assim, de acordo com o nosso grande físico, *as mesas se viram* muito rapidamente, muito energicamente, resistem mesmo e, como de Gasparin provou, elas *levitam sem contato.* Disse um ministro: 'Com três palavras do próprio punho de um homem, aceito o encargo de o manter preso'. Com estas linhas acima reproduzidas, aceitamos nós o encargo, por nosso turno, de lançar na maior das confusões os físicos de todo o mundo, ou antes de revolucionar o mundo – se pelo menos Babinet tivesse tido a precaução de sugerir, como de Gasparin, a existência de uma lei ou força desconhecida. Pois isso responderia a todas as questões"[21].

Mas é nas notas relativas aos "fatos e teorias físicas" que encontramos o clímax da consistência e da lógica de Babinet na qualidade de investigador perito no campo do Espiritismo.

Poderia parecer que de Mirville, na sua narrativa das maravilhas manifestadas no *Presbytère de Cideville*[22], tivesse ficado muito impressionado com a maravilha de alguns fatos. Embora tenham sido presenciados pelo júri e pelos magistrados, eles eram de uma natureza tão miraculosa, que forçaram o próprio autor demonológico a recusar a responsabilidade de sua publicação.

Estes fatos são os seguintes: "No momento preciso *predito* por um *feiticeiro*" – era um caso de vingança – "um violento estrondo de trovão foi ouvido acima de uma das chaminés do presbitério, depois do que o *fluido* desceu com um ruído formidável por aquela passagem, lançou ao chão tanto os crentes quanto os céticos [graças ao poder do feiticeiro] que se aqueciam ao fogo da lareira; e, tendo enchido a sala com uma multidão de *animais fantásticos,* retornou à chaminé e, tendo subido por ela, desapareceu, depois de produzir o mesmo ruído terrível". "Como", acrescenta de Mirville, "já estivéssemos muito ricos de fatos, *recuamos* diante dessa nova enormidade que se ajuntou a tantas outras."[23]

Mas Babinet, que, em comum com os seus cultos colegas, tanto havia mofado dos dois demonólogos, e que, por outro lado, estava determinado a provar o absurdo de todas as histórias desse gênero, sentiu-se obrigado a desacreditar o fato dos fenômenos de Cideville e apresentou um outro ainda mais incrível. Que o próprio Babinet nos fale.

A circunstância que se segue, que ele apresentou à Academia de Ciências a 5 de julho de 1852, pode encontrar-se *sem qualquer comentário,* e apenas como um exemplo de *raio esferoidal,* nas *Oeuvres de F. Arago,* vol. I, p. 52. Transcrevemo-la *verbatim.*

"Depois de um estrondo de trovão", diz Babinet, "mas não imediatamente após, um aprendiz de alfaiate, que morava à Rua Saint-Jacques, estava terminando de jantar quando viu a tela de papel que cobria a cobertura da lareira cair como se tivesse sido impelida por um ligeiro golpe de vento. Imediatamente depois, percebeu ele uma bola de fogo, tão grande quanto a cabeça de uma criança, sair *tranqüila e suavemente* da chaminé e mover-se lentamente pela sala, sem tocar os tijolos do chão. O aspecto dessa bola de fogo era o de um *gato*, de tamanho médio (...) que se movia sem o uso das suas patas. A bola de fogo era mais brilhante e luminosa do que quente ou inflamada e o alfaiate não teve nenhuma sensação de calor. A bola aproximou-se dos seus pés *como um gatinho que quer brincar com nossas pernas e nelas se enroscar,* como é habitual nesses animais; mas o aprendiz afastou dela os pés e, movendo-se com grande cuidado, evitou qualquer contato com o *meteoro*. Este permaneceu alguns segundos a mover-se ao redor das suas pernas, enquanto o alfaiate o examinava com grande curiosidade e se inclinava sobre ele. Depois de ter feito muitas excursões em direções opostas, mas sem deixar o centro da sala, a bola de fogo elevou-se verticalmente até o nível da cabeça do homem, que, para evitar ser tocado na face, atirou-se para trás na cadeira. Chegando a cerca de um metro do solo, a bola de fogo alongou-se ligeiramente, tomou uma direção oblíqua para um buraco da parede sobre a lareira, à distância de um *metro* do consolo. Este buraco havia sido feito com o propósito de ali se colocar um cano de estufa no inverno; mas, de acordo com a expressão do alfaiate, *o trovão não o via,* pois ele estava coberto pelo mesmo papel que recobria a sala. A bola de fogo dirigiu-se diretamente para aquele buraco, *descolou o papel sem o danificar* e subiu pela chaminé; (...) quando chegou ao topo, o que fez muito lentamente, (...) pelo menos a dezoito metros do solo, (...) produziu uma explosão assustadora, que destruiu parcialmente a chaminé (...)."

"Parece", observa de Mirville em sua resenha, "que poderíamos aplicar a Babinet a seguinte observação, feita a Raynal por uma mulher muito espirituosa: 'Se não sois um cristão, não será porque vos falte a fé'."[24]

Não foram apenas os crentes que foram surpreendidos com a credulidade mostrada por Babinet em sua persistência em chamar a manifestação de *meteoro*; pois o Dr. Boudin menciona-a muito seriamente numa obra sobre o *raio* que ele estava justamente em vias de publicar. "Se estes detalhes são exatos", diz o doutor, "como parecem ser, dado que são admitidos por Babinet e por Arago, parece muito difícil conservar para o fenômeno a qualificação de *raio esferoidal*. Todavia, deixamos a outros o cuidado de explicar, se puderem, *a essência de uma bola de fogo que não emite sensação de calor, que tem o aspecto de um gato, que passeia lentamente por uma sala, que encontra uma maneira de se evadir subindo por uma abertura na parede coberta por um papel que ela descola sem danificar!*"[25]

"Somos da mesma opinião", acrescenta o Marquês, "que o culto doutor, sobre a dificuldade de uma definição exata, e não vemos por que não termos no futuro raios em forma de cachorro, de macaco, etc., etc. Estremecemo-nos à simples idéia de toda uma *ménagerie* meteorológica, que, graças ao *raio*, viesse às nossas salas para nelas passear à vontade."[26]

Diz de Gasparin, em seu monstruoso volume de refutações: "Em matéria de testemunho, a certeza deve cessar completamente no momento em que cruzamos as fronteiras do sobrenatural"[27].

Não estando a linha de demarcação suficientemente fixada e determinada, qual dos oponentes está mais apto a levar a cabo essa difícil tarefa? Qual dos dois tem mais títulos para se tornar o árbitro público? Serià o partido da superstição, apoiado em seu testemunho pela prova de muitos milhares de pessoas? Por aproximadamente dois anos eles se comprimiram em todos os países em que se manifestavam diariamente os milagres sem precedentes de Cideville, agora quase esquecidos no meio de outros fenômenos psíquicos inumeráveis; devemos acreditar neles ou nos rendermos à ciência, representada por Babinet, que, com o testemunho de *um* homem (o alfaiate), aceita a manifestação da bola de fogo, ou do *gato-meteoro,* e o considera como um dos estabelecidos fenômenos *naturais*?

O Sr. Crookes, no seu artigo publicado no *Quarterly Journal of Science* a 1º de outubro de 1871, menciona de Gasparin e a sua obra *Science versus Spiritualism*. Ele observa que "o autor finalmente chegou à conclusão de que todos esses fenômenos devem ser creditados à ação de causas naturais e não exigem a suposição de milagres, nem a intervenção de espíritos e de influências diabólicas. [De Gasparin] considera, como um fato plenamente estabelecido pelos seus experimentos, que *a vontade, em certos estados do organismo, pode agir à distância sobre a matéria inerte,* e muito da sua obra é consagrada à verificação das leis e das condições sob as quais essa ação se manifesta"[28].

Perfeitamente; mas como a obra de de Gasparin provocou inumeráveis *Respostas, Defesas* e *Dissertações,* foi então demonstrado por sua própria obra que, como ele era um protestante, muito próximo do fanatismo religioso, era tão pouco digno de confiança quanto des Mousseaux e de Mirville. O primeiro é um calvinista profundamente piedoso, ao passo que os outros dois são católicos romanos fanáticos. Além disso, as próprias palavras de de Gasparin traem o espírito de partidarismo: "Senti que tinha um dever a cumprir. (. . .) Ergui alto a bandeira protestante contra o estandarte transmontano!" etc.[29] Em questões como a da natureza dos chamados fenômenos psíquicos, nenhuma prova é fidedigna, exceto o depoimento desinteressado da Ciência e de testemunhas que julgam friamente e *sem preconceitos*. A verdade é uma só, e inumeráveis as seitas religiosas; cada uma delas pretende ter encontrado a verdade inalterável; assim como "o Diabo é a coluna fundamental da Igreja (Católica)", assim também todo o sobrenaturalismo e todos os milagres cessam, na opinião de de Gasparin, "desde o apostolado".

Mas o Sr. Crookes mencionou outro eminente erudito, Thury, de Genebra, professor de História Natural, que foi colaborador de de Gasparin nos fenômenos de Valleyres. Este professor contradiz sem rodeios as asserções do seu colega. "A condição primeira e mais necessária", diz de Gasparin, "é a *vontade* do experimentador; sem a vontade, nada se obterá, podeis formar a cadeia (o círculo) por 24 horas consecutivas, sem obter o mínimo movimento."[30]

Isto prova apenas que de Gasparin não faz diferença entre fenômenos puramente magnéticos, produzidos pela vontade perseverante dos assistentes entre os quais não deve haver um único médium, desenvolvido ou não-desenvolvido, e os chamados psíquicos. Ao passo que os primeiros podem ser produzidos *conscientemente* por quase todas as pessoas que tenham uma vontade firme e determinada, os outros dominam o sensitivo muito freqüentemente contra o seu próprio consentimento e sempre agem independentemente dele. *O mesmerizador deseja uma coisa e, se ele for suficientemente poderoso, essa coisa se produzirá. O médium,* mesmo que ele tenha um propósito honesto a cumprir, *pode não conseguir nenhuma manifestação; quanto menos ele exercita a sua vontade, melhor será o fenômeno; quanto mais ele se mostra ansioso, tanto menos provável é que consiga alguma coisa*; mesmerizar requer uma natureza positiva; para ser um médium é preciso ter uma natureza absolutamente passiva. Este é o Alfabeto do Espiritismo, e nenhum médium o ignora.

A opinião de Thury, como dissemos, discorda totalmente das teorias de de Gasparin sobre o poder da vontade. Ele o diz claramente, em algumas palavras, numa carta enviada em resposta a um convite do Conde para que ele modificasse o último artigo do seu *mémoire*. Como o livro de Thury não está à mão, traduzo a carta tal como ela foi citada no *résumé* da *Défense* de de Mirville. O artigo de Thury, que tanto chocou o seu amigo religioso, referia-se à possibilidade da existência e da intervenção naquelas manifestações "de *vontades* outras que não a dos homens e a dos animais".

"Compreendo, Senhor, a justeza de vossas observações em relação às últimas páginas deste *mémoire*: elas podem provocar disposições muito ruins para mim por parte dos cientistas em geral. Lamento-o ainda mais que a minha determinação parece *vos afetar tanto*; não obstante, persisto em minha resolução, porque considero-o um dever; esquivar-me a ela seria uma espécie de traição.

"Se, *contra todas as expectativas,* há alguma verdade no Espiritismo, abstendo-me de dizer em nome da ciência, tal como a concebo, *que o absurdo da crença na intervenção de espíritos ainda não está completamente demonstrado cientificamente* (para tanto servem o *résume* e a tese das últimas páginas do meu *mémoire*); abstendo-me de dizer isso àqueles que, tendo lido o meu livro, se sintam inclinados a experimentar os fenômenos – eu me *arriscaria* a seduzir tais pessoas a seguirem um caminho cuja maior parte das saídas é *equívoca*.

"*Sem deixar o domínio da ciência,* tal como a compreendo, perseverarei no meu dever até o fim, sem qualquer reticência de que minha glória se aproveitasse, e, para usar vossas próprias palavras, 'como o grande escândalo aí reside', não desejo assumir a vergonha disso. Ademais, insisto em que '*minha opinião é tão científica quanto qualquer outra*'. Se eu quisesse defender agora a teoria da intervenção de espíritos desencarnados, *não teria nenhum poder para fazê-lo,* pois os fatos observados não são suficientes para a demonstração de tal hipótese. Sendo assim, estou em situação de resistir vitoriosamente a todas as objeções. *De bom grado ou não,* todos os cientistas devem aprender, pela experiência e pelos seus próprios erros, a suspender o seu julgamento concernente às coisas que não examinaram suficientemente. A lição que a eles dais neste sentido não deve ser perdida.

"GENEBRA, 21 *de dezembro de* 1854."[31]

Analisemos esta carta e tentemos descobrir o que o autor pensa, ou antes, o que ele não deve pensar a respeito dessa nova força. Uma coisa é certa, pelo menos: o Prof. Thury, físico e naturalista ilustre, admite, e até prova cientificamente, que diversas manifestações ocorrem. Como o Sr. Crookes, ele não acredita que elas sejam produzidas pela interferência de espíritos ou de homens desencarnados que viveram e morreram na Terra; pois ele diz em sua carta que nada demonstrou essa teoria. Certamente ele não mais acredita nos diabos ou demônios católicos, pois de Mirville – que cita esta carta como uma prova triunfante contra a teoria naturalística de de Gasparin –, tendo chegado a esta frase, apressa-se em enfatizá-la com uma nota de rodapé que diz: "Em Valleyres – *talvez, mas também por toda parte!*"[32], mostrando-se ansioso em transmitir a idéia de que o professor só se referiu às manifestações de Valleyres, negando que foram produzidas por demônios.

As contradições e, lamentamos dizê-lo, os absurdos em que de Gasparin se permite cair são numerosos. Enquanto critica asperamente as pretensões dos faradayanos ilustres, atribui coisas que declara *mágicas* a causas perfeitamente naturais. "Se", diz ele, "tivéssemos de nos ocupar apenas de tais fenômenos (como os que foram testemunhados e explicados [?] pelo grande físico), faríamos melhor em nos calarmos; mas fomos *além disso*; e que bem poderiam agora, eu perguntaria, fazer esses aparelhos que demonstram que uma *pressão inconsciente* explica tudo? Ela explica *tudo*, e a mesa resiste à pressão e à ordem dada! Ela explica *tudo*, e um móvel que *ninguém toca* segue o dedo apontado para ele; ele *levita* [sem contato] e se vira *de pernas para o ar!*"[33]

Mas, apesar de tudo isso, ele toma para si o encargo de *explicar* os fenômenos.

"As pessoas defenderão os milagres, dizeis – magia! Toda lei nova parece-lhes um prodígio. Acalmai-vos; assumo voluntariamente a tarefa de aquietar os que estão alarmados. Diante de tais fenômenos, não cruzamos de maneira alguma as fronteiras da lei natural."[34]

Certamente que não. Mas podem os cientistas afirmar que têm em suas mãos as chaves dessa lei? De Gasparin acredita que sim. Vejamos.

"Não me arrisco a explicar; *não é da minha conta* [?]. Constatar a autenticidade de simples fatos e sustentar uma verdade que a ciência deseja sufocar é tudo o que pretendo fazer. Entretanto, não posso resistir à tentação de mostrar àqueles que nos tratariam como um entre tantos *illuminati* ou feiticeiros que a manifestação em questão comporta uma interpretação que concorda com *as leis comuns da ciência*.

"Suponhamos um fluido, que emana dos experimentadores, e, sobretudo, de *alguns deles*; suponhamos que a vontade determinasse a direção tomada pelo fluido – e compreendereis facilmente a rotação e a levitação daquela perna de mesa para a qual foi emitida, com mais ação da vontade, um excesso de fluido. Suponhamos que um vidro permitisse que o fluido se escapasse – e compreendereis como um copo colocado sobre a mesa pode interromper a rotação e que o copo, colocado em um dos lados, causa a acumulação do fluido no lado oposto, que, em conseqüência, *é levantado!*"[35]

Se cada um dos experimentadores fosse um mesmerizador hábil, a explicação, *minus* alguns detalhes importantes, poderia ser aceitável. Isso basta para o poder da *vontade humana* sobre a matéria inanimada, de acordo com o ilustre ministro de Luís Filipe. Mas, e quanto à inteligência demonstrada pela mesa? Que explicação dá ele às respostas obtidas pela ação dessa mesa? Respostas que possivelmente não seriam os "reflexos do cérebro" das pessoas presentes (uma das teorias favoritas de de Gasparin), pois que as idéias destas pessoas eram absolutamente o contrário da filosofia muito *liberal* professada por essa mesa maravilhosa? Ele se cala a esse respeito. Tudo, menos *espíritos* – humanos, satânicos ou elementais.

Assim, a "concentração simultânea de pensamento" e a "acumulação de fluido" não são melhores do que a "cerebração inconsciente" e a "força psíquica" dos outros cientistas. Devemos tentar novamente; e podemos predizer, de antemão, que as mil e uma teorias da ciência de nada servirão até que eles confessem que esta força, longe de ser uma projeção das vontades acumuladas do círculo, é, ao contrário, uma força anormal, estranha a eles e *supra-inteligente*.

O Prof. Thury, que nega a teoria dos espíritos humanos finados, rejeita a doutrina cristã do diabo e não parece inclinado a admitir a teoria de Crookes (a sexta) – aquela dos herméticos e dos teurgos antigos – e adota aquela que, diz ele em sua carta, "é a *mais prudente* e lhe dá a impressão de ser forte contra todos". Além disso, não aceita muito da hipótese de de Gasparin sobre o "poder inconsciente da vontade". Eis o que ele diz em sua obra:

"Quanto aos fenômenos anunciados, taís como a *levitação sem contato* e o deslocamento de móveis por mãos invisíveis – incapaz de demonstrar a sua impossibilidade, *a priori,* ninguém tem o direito de considerar absurda a prova séria que afirma a sua ocorrência" (p. 9).

Quanto à teoria proposta por de Gasparin, Thury julga-a muito severamente. "Admitindo que nos experimentos de Valleyres", diz de Mirville, "a sede da *força* possa ter sido o *indivíduo* [e dizemos que ela era intrínseca e extrínseca ao mesmo tempo] e que a vontade possa ser geralmente necessária (p. 20), ele apenas repete o que dissera no seu prefácio, a saber: 'de Gasparin apresenta-nos fatos toscos cujas explicações que ele oferece não satisfazem. *Soprai sobre elas* e não restará muita coisa. Não, muito pouco, se tanto, restará de suas explicações; quanto aos fatos, eles ficam *definitivamente demonstrados*'." (p. 10)[36]

Como nos relata o Sr. Crookes, o Prof. Thury refuta "todas essas explicações e acha que os efeitos devidos a uma substância particular, fluido ou agente, penetram, de maneira similar ao éter luminífero do cientista, toda a matéria nervosa, orgânica ou inorgânica – que ele denomina *psicode*. Discute a fundo as propriedades desse estado ou forma da matéria e propõe o termo força *ectênica* (. . .) para o poder exercido quando a mente age à distância através da influência da psicode"[37].

O Sr. Crookes observa ainda que a força *ectênica* do Professor Thury e a sua própria "força psíquica" são evidentemente termos equivalentes.

Nós poderíamos, com certeza, demonstrar facilmente que as duas forças são idênticas, além disso, [à] luz astral ou *sideral,* tal como a definem os alquimistas e Éliphas Lévi no seu *Dogme et rituel de la haute magie*; e que, com o nome de ÂKÂŚA, ou princípio da vida, esta força que tudo penetra era conhecida dos ginosofistas, dos mágicos hindus e dos adeptos de todos os países há milhares de anos; e que era conhecida também, e ainda hoje usada por eles, dos lamas tibetanos, dos faquires, dos taumaturgos de todas as nacionalidades e até de muitos dos "prestidigitadores" hindus.

Em muitos casos de transe, induzidos artificialmente por mesmerização, é bastante possível, e até mesmo provável, que se trate do "espírito" do paciente que age sob a orientação da vontade do operador. Mas, se o médium permanece consciente e se os fenômenos psicofísicos ocorrem de maneira a indicar uma inteligência diretora, então, a menos que não se tratasse de um "mágico" e que ele fosse capaz de projetar o seu duplo, a exaustão física significa apenas uma prostração nervosa. A prova de que ele é o instrumento passivo de entidades invisíveis que controlam potências ocultas parece ser conclusiva. Mesmo se as forças *ectênica* de Thury e *psíquica* de Crookes tenham substancialmente a mesma origem, as descobertas respectivas parecem diferir amplamente quanto às propriedades e às potencialidades dessa força; ao passo que o Prof. Thury admite ingenuamente que os fenômenos são freqüentemente produzidos por "vontades *não* humanas", e assim, naturalmente, forneça um endosso idôneo à teoria n⁰ 6 do Sr. Crookes, este último, admitindo a autenticidade dos fenômenos, ainda não formulou nenhuma opinião quanto à sua causa.

Assim, vemos que nem Thury, que investigou essas manifestações com de Gasparin em 1854, nem o Sr. Crookes, que admitiu a sua autenticidade inegável em 1874, chegaram a algo definido. Ambos são químicos, físicos e homens muito cultos. Ambos dedicaram toda a sua atenção a essa questão enigmática; e além desses dois cientistas houve muitos outros que, tendo chegado à mesma conclusão, foram também incapazes de fornecer ao mundo uma solução final. Segue-se que, em vinte anos, nenhum cientista avançou um passo sequer no desvendamento do mistério, que continua impassível e inexpugnável como as paredes de um castelo de fadas.

Seria por demais impertinente insinuar que talvez os nossos cientistas modernos tivessem caído naquilo que os franceses chamam de *un cercle vicieux*? Tolhidos pelo peso de seu materialismo e pela insuficiência das ciências ditas exatas em demonstrar palpavelmente a eles que a existência de um universo espiritual, mais povoado e mais habitado ainda do que o nosso universo visível – estão eles condenados para sempre a se arrastarem *dentro* desse círculo, mais por falta de vontade do que por incapacidade de penetrar no que está para além desse anel e de explorá-lo em sua extensão e largura? É só o preconceito que os impede de um compromisso com os fatos já bem-estabelecidos e de firmar uma aliança com especialistas magnetistas e mesmerizadores como Du Potet e Regazzoni.

"O que, então, se produz a partir da morte?" perguntou Sócrates a Cebes. "*A Vida*", foi a resposta.[38] (...) "Pode a alma, dado que é imortal, ser algo mais do que imperecível?"[39] A "semente não se desenvolve a menos que seja consumida em parte", diz o Prof. Le Conte; "o que semeias não se vivifica, se primeiro não morre", diz São Paulo[40].

Uma flor desabrocha; depois murcha e fenece. Deixa atrás de si um perfume que resiste no ar até muito tempo depois de as suas pétalas delicadas se transformarem em pó. Nossos sentidos materiais podem não mais percebê-lo, mas ele ainda existe. Vibrai uma nota qualquer num instrumento e o som mais frágil produz um eco eterno. Uma perturbação se produz nas ondas invisíveis do oceano sem praias do espaço e a vibração nunca se extingue. A sua energia, transportada do mundo de matéria para o mundo imaterial, viverá eternamente. E o homem, queremos crer, o homem, a entidade vivente, pensante e raciocinante, a divindade que habita a obra-prima suprema da nossa natureza, abandonará o seu envoltório e não mais existirá! O princípio de continuidade que existe mesmo naquilo que se chama de matéria *inorgânica*, num átomo perdido, seria negado ao espírito, cujos atributos são a consciência, a memória, a mente e o AMOR! Realmente, esta idéia é absurda. Quanto mais pensamos e quanto mais aprendemos, tanto mais difícil se nos torna compreendermos o ateísmo do cientista. Podemos entender facilmente que um homem ignorante das leis da Natureza, que não aprendeu nada de Química ou de Física, possa ser fatalmente lançado no materialismo por sua própria ignorância, por sua incapacidade de compreender a filosofia das ciências exatas ou de fazer uma indicção qualquer pela analogia entre o *visível* e o *invisível*. Um metafísico nato, um sonhador ignorante, pode despertar abruptamente e dizer para si mesmo: "Sonhei; não tenho nenhuma prova palpável do que imaginei; é tudo ilusão", etc. Mas para um cientista, familiarizado com as características da energia universal, sustentar a opinião de que a *vida* é apenas um fenômeno de matéria, uma espécie de energia, é confessar simplesmente a sua incapacidade de analisar e de compreender apropriadamente o alfa e o ômega mesmo daquela – matéria.

O ceticismo sincero em relação à imortalidade da alma do homem é uma doença, uma má-formação do cérebro físico, que tem existido em todas as épocas. Da mesma maneira que existem crianças que nascem com uma coifa em suas cabeças, assim também há homens incapazes de, até a sua última hora, livrar-se desta espécie de coifa que, evidentemente, recobre os seus órgãos de espiritualidade. Mas é um sentimento bastante diferente o que os faz rejeitar a possibilidade de fenômenos espirituais e mágicos. O verdadeiro nome desse sentimento é – *vaidade*. "Nós não podemos produzi-los nem explicá-los; portanto, eles *não* existem e, além disso, *nunca* existiram." Este é o argumento irrefutável dos nossos filósofos atuais. Há cerca de trinta anos, E. Salverte surpreendeu o mundo dos "crédulos" com a sua obra, *The Philosophy of Magic*. O livro pretende desvendar todos os milagres da Bíblia e os dos santuários pagãos. Seu *résumé:* longos séculos de observação; um grande conhecimento (para aqueles dias de ignorância) das ciências naturais e da Filosofia; impostura; trapaça; ilusões de óptica; fantasmagoria; exagero. Conclusão final e lógica: taumaturgos, profetas, mágicos, velhacos e desonestos; o resto do mundo, loucos.

Dentre muitas outras provas conclusivas, o leitor pode vê-lo oferecendo a seguinte: "Os discípulos entusiásticos de Jâmblico afirmavam, a despeito das asserções contrárias do seu Mestre, que, quando orava, ele era elevado a uma altura de dez côvados do solo; e, *iludidos* pela mesma metáfora, embora cristãos, tiveram a simplicidade de atribuir um milagre similar a Santa Clara e a São Francisco de Assis"[41].

Centenas de viajantes contam terem visto faquires a produzir os mesmos fenômenos e os tomaram a todos por mentirosos ou alucinados. Mas faz pouco tempo que o mesmo fenômeno foi testemunhado e referendado por um cientista muito conhecido; foi produzido sob condições de teste; declarado pelo Sr. Crookes como sendo autêntico e estar *além* da possibilidade de uma ilusão ou truque. E assim foi manifestado mais de uma vez e atestado por numerosas testemunhas, embora estas sejam invariavelmente desacreditadas.

Paz às vossas cinzas científicas, ó crédulo Eusèbe Salverte! Talvez antes do fim deste século a sabedoria popular terá inventado um novo provérbio: "Tão incrivelmente crédulo quanto um cientista".

Por que deveria parecer tão impossível que o espírito, uma vez separado do seu corpo, possa ter o poder de animar uma forma evanescente, criada por essa força mágica "psíquica", "ectênica" ou "etérea" com a ajuda das entidades elementares que lhe fornecem a matéria sublimada de seus próprios corpos? A única dificuldade consiste em compreender o fato de que o espaço circundante não é um vácuo, mas um reservatório, cheio até a borda, de modelos de todas as coisas que foram, que são e que serão; e de seres de raças incontáveis, diferentes da nossa. Aparentemente, fatos sobrenaturais – sobrenatural no sentido de que contradizem flagrantemente as leis naturais demonstradas da gravitação, como nos casos acima mencionados de levitação – são reconhecidos por muitos cientistas. Quem quer que tenha ousado investigar com minúcia, viu-se compelido a admitir a sua existência; só nos seus esforços inúteis de explicar os fenômenos segundo teorias baseadas nas leis já conhecidas de tais forças, alguns dos mais altos representantes da Ciência envolveram-se com dificuldades inextricáveis!

No seu *Résumé*, de Mirville reproduz a argumentação desses adversários do Espiritismo por meio de cinco paradoxos, que ele chama *confusões*.

Primeira confusão: a de Faraday, que explica o fenômeno da mesa pela mesa que vos *empurra*, "em conseqüência da resistência que *a empurra para trás"*.

Segunda confusão: a de Babinet, ao explicar todas as comunicações (por batidas) que são produzidas, como ele diz – "de boa fé e em perfeita consciência, corretas em toda maneira e em todo o sentido –, por *ventriloquia"*, cujo uso implica necessariamente – *má fé*.

Terceira confusão: a do Dr. Chevreul, ao explicar a faculdade de o móvel se movimentar *sem* contato pela aquisição preliminar dessa faculdade.

Quarta confusão: a do Instituto da França e dos seus membros, que consentem em aceitar os milagres com a condição de que não contradigam de maneira alguma as leis naturais com que eles estão familiarizados.

Quinta confusão: a de de Gasparin, ao apresentar como fenômeno muito *simples* e absolutamente *elementar* aquilo que todo o mundo rejeita, exatamente porque ninguém viu algo que se assemelhasse a ele[42].

Enquanto os cientistas bastante conhecidos dão curso livre a tais teorias fantásticas, alguns neurologistas menos conhecidos encontram uma explicação para fenômenos ocultos de todo tipo numa emissão anormal de eflúvio resultante da epilepsia[43]. Um outro trataria os médiuns – e os poetas também, podemos supor – com assa-fétida e amoníaco[44] e declararia que cada um dos que acreditam em manifestações lunáticas é um lunático e um místico alucinado.

Recomenda-se a este conferencista, patólogo confesso, aquele pouquinho sensato de prudência de que nos fala o Novo Testamento: "Médico, cura-te a ti mesmo". Na verdade, nenhum homem são tacharia tão impetuosamente de insanidade quatrocentos e cinqüenta e seis milhões de pessoas de várias partes do mundo que acreditam nas suas relações com os espíritos!

Considerando tudo isso, só nos resta sentir-nos admirados com a suposição presunçosa daqueles homens – que gostariam de ser considerados, em razão do seu conhecimento, como os sacerdotes superiores da Ciência – de classificar um fenômeno sobre o qual nada sabem. Sem dúvida, muitos milhões de seus concidadãos, homens e mulheres, estivessem eles iludidos, merecem pelo menos tanta atenção quanto a mosca-das-frutas ou os gafanhotos! Mas, em vez disso, o que vemos? O Congresso dos Estados Unidos, a pedido da Associação Americana para o Progresso da Ciência, redige estatutos para a organização de Comissões Nacionais para o Estudo dos Insetos; químicos ocupam-se de rãs e percevejos cozidos; geólogos divertem-se em seu lazer com estudos osteológicos dos peixes *ganóides* e discutem a odontologia de várias espécies de *dinichtys*; e entomologistas enchem-se de um entusiasmo que os leva a comer gafanhotos cozidos, fritos e ensopados[45]. Enquanto isso, milhões de americanos perdem-se no labirinto de "ilusões malucas", de acordo com a opinião de alguns desses enciclopedistas muito cultos, ou perecem fisicamente de "desordens nervosas", causadas ou apresentadas por diátese mediúnica.

Antigamente, havia razão em esperar que cientistas russos empreendessem a tarefa de estudar cuidadosa e imparcialmente os fenômenos. Foi nomeada pela Universidade Imperial de São Petersburgo uma comissão que tinha à sua frente o Prof. Mendeleyeff, um grande físico. O programa publicado anunciava uma série de quarenta *sessões* consecutivas destinadas a testar médiuns; foram expedidos convites a todos aqueles que se propusessem vir à capital da Rússia e submeter a exame os seus poderes. Via de regra, eles se recusaram – sem dúvida com a suspeita de que uma armadilha fora preparada para eles. Após *oito* sessões, com um pretexto fútil, e justamente quando as manifestações começavam a se tornar interessantes, a comissão prejulgou a questão e publicou uma decisão contrária às pretensões da mediunidade. Em vez de seguir métodos científicos dignos, eles colocaram espiões para espreitar pelos buracos das fechaduras. O Prof. Mendeleyeff declarou numa conferência pública que o Espiritualismo, ou qualquer outra crença na imortalidade da alma, era uma mistura de *superstição, ilusão* e *fraude,* acrescentando que toda "manifestação" de tal natureza – incluindo a leitura da mente, o transe e outros fenômenos psicológicos, supomos – seria, como *era,* produzida por meio de aparelhos e maquinaria engenhosos ocultados sob as vestes dos médiuns!

Depois de uma tal exibição pública de ignorância e preconceito, o Sr. Butleroff, professor de Química na Universidade de São Petersburgo, e o Sr. Aksakoff, Conselheiro Civil da mesma cidade, que haviam sido convidados a assistir a comissão, desgostaram-se tanto, que se retiraram. Após terem publicado os seus protestos nos jornais russos, foram apoiados pela maioria da imprensa, que, com o seu sarcasmo, não poupou Mendeleyeff nem a sua comissão oficiosa. O público agiu lealmente nessa circunstância. Cento e trinta pessoas, dentre as mais influentes da melhor sociedade de São Petersburgo, muitas das quais nem eram espíritas, mas apenas investigadoras, acrescentaram as suas assinaturas a este protesto merecido[*].

Esta maneira de proceder teve resultados quase imediatos; a atenção universal voltou-se para a questão do Espiritismo; círculos particulares foram organizados por todo o império; alguns dos jornais mais liberais começaram a discutir o assunto; e, no momento em que escrevemos, uma nova comissão está sendo organizada para concluir a tarefa interrompida.

Mas agora – na verdade – ela cumprirá a sua tarefa menos do que nunca. Possui um pretexto mais plausível do que nunca no pretenso *exposé* do médium Slade feito pelo Prof. Lankester, de Londres. É verdade que ao depoimento de um cientista e de seu amigo – os Srs. Lankester e Donkin – o acusado opõe o testemunho de Wallace, de Crookes e de uma multidão de outros que anulam completamente uma acusação baseada apenas na prova circunstancial e no preconceito. Como o *Spectator* de Londres observa com muita pertinência:

"É pura superstição e nada mais afirmar que estamos completamente tão familiarizados com as leis da Natureza, que mesmo fatos cuidadosamente examinados, atestados por um observador experiente, deveriam ser postos de lado como absolutamente indignos de confiança só porque eles, à primeira vista, não parecem se enquadrar naquilo que já conhecemos. Admitir, como o Prof. Lankester parece fazer, que, porque existe fraude e credulidade em abundância em relação a esses fatos – como existe, sem dúvida, em relação a todas as doenças nervosas –, a fraude e a credulidade serão responsáveis por todas as afirmações cuidadosamente atestadas de observadores acurados e conscienciosos, é serrar todos os ramos da Árvore do Conhecimento sobre os quais repousa necessariamente a ciência indutiva e atirar ao chão toda a sua estrutura."

Mas em que interessa tudo isso aos cientistas? A torrente de superstição que, de acordo com eles, arrasta milhões de intelectos brilhantes em seu curso impetuoso, não os pode alcançar. O dilúvio moderno chamado Espiritismo é incapaz de afetar as suas mentes robustas; e as ondas lamacentas da inundação consumirão a sua fúria violenta sem molhar nem mesmo as solas das suas botas. Sem dúvida, deve ser apenas a teimosia tradicional do Criador que o impede de confessar quão pouca oportunidade têm em nossos dias os seus milagres de cegar cientistas confessos. Em nossa época, até Ele deveria saber e levar em consideração o que há muito tempo eles decidiram escrever nos pórticos de suas universidades e faculdades:

> Ordena a Ciência, não opere Deus
> neste recinto os milagres seus![46]

---

* Ver nesse sentido o artigo de H. P. B. intitulado "The Russian Scientists", publicado no *Banner of Light*, de Boston, a 24 de junho de 1876, e que aparece no volume I, p. 215-20, dos seus *Collected Writings*. Ele contém também a lista completa de todos os signatários. (N. do Org.)

Tanto os espiritistas infiéis quanto os católicos romanos ortodoxos parecem ter-se aliado neste ano contra as pretensões iconoclásticas do materialismo. O progresso do ceticismo desenvolveu ultimamente um progresso semelhante da credulidade. Os campeões dos milagres "divinos" da Bíblia rivalizam com os fenômenos mediúnicos dos panegiristas e a Idade Média revive em pleno século XIX. Uma vez mais vemos a Virgem Maria retomar a sua correspondência epistolar com as crianças fiéis da sua igreja; e enquanto os "guias angélicos" garatujam mensagens aos espiritistas através dos seus médiuns, a "mãe de Deus" deixa cair cartas diretamente do céu sobre a Terra. O santuário de Nossa Senhora de Lourdes transformou-se num gabinete para "materializações", enquanto os gabinetes dos médiuns americanos populares transformaram-se em santuários sagrados para onde Maomé, o Bispo Polk, Joana d'Arc e outros espíritos aristocráticos, tendo descido de além do "rio escuro", "materializam-se" à luz do dia. E, se a Virgem Maria pode ser vista fazendo com forma humana o seu passeio diário nas florestas que circundam Lourdes, por que não o Apóstolo do Islã ou o falecido Bispo de Louisiana? Ambos os "milagres" são possíveis, ou ambas as espécies de manifestações: tanto a "divina" quanto a "espiritista" são rematadas imposturas. Só o tempo dirá; mas, enquanto isso, recusando-se a ciência a emprestar a sua lâmpada mágica para iluminar esses mistérios, os mortais comuns devem caminhar aos tropeções com o risco de se atolarem.

Tendo sido os recentes "milagres" de Lourdes apreciados desfavoravelmente pelos jornais de Londres, Monsenhor Capel comunicou no *The Times* as opiniões da Igreja Romana nos seguintes termos:

"Quanto às curas milagrosas que foram efetuadas, remeto os vossos leitores a uma obra tão serena e tão judiciosa, o livro *La Grotte de Lourdes,* escrito pelo Dr. Dozous, um eminente profissional residente no país, inspetor de doenças epidêmicas do distrito e médico-assistente da Corte de Justiça. Ele prefacia um grande número de casos detalhados de curas milagrosas, que declara ter estudado com grande cuidado e perseverança, com estas palavras: 'Declaro que estas curas efetuadas no Santuário de Lourdes, por meio da água da fonte, estabeleceram o seu caráter sobrenatural aos olhos dos homens de boa fé. Devo confessar que, sem estas curas, a minha mente, pouco inclinada a aceitar as explicações miraculosas de qualquer espécie, experimentara grande dificuldade em aceitar mesmo este fato (a aparição), tão notável ele se mostra segundo diversos pontos de vista. Mas as curas, das quais fui muito freqüentemente testemunha ocular, deram à minha mente uma luz que não me permite ignorar a importância das visitas de Bernadette à Gruta e a realidade das aparições com que ela foi favorecida! O testemunho de um médico tão ilustre, que observou Bernadette cuidadosamente desde o início e as curas milagrosas efetuadas na Gruta, é pelo menos digno de respeitosa consideração. Posso acrescentar que muitíssimos daqueles que vieram à Gruta o fizeram para se arrepender dos seus pecados, para aumentar a sua piedade, para pedir pela regeneração dos seus países, para professar publicamente a sua crença no Filho de Deus e na sua Mãe Imaculada. Muitos vêm para ser curados de suas enfermidades corporais; e, segundo o depoimento de testemunhas, muitos retornam para suas casas livres de suas doenças. Acusar de não-crentes, como faz o vosso artigo, aqueles que também utilizam as águas dos Pireneus é tão razoável quanto incriminar como incrédulos os magistrados que infligem punições a determinadas pessoas que se recusam a recorrer à assistência de um médico. A saúde obrigou-me a passar os invernos de 1860 a 1867 em Pau. Isso me deu a oportunidade de fazer um inquérito minucioso sobre a aparição em Lourdes.

Após exames freqüentes e longos de Bernadette e de alguns dos milagres efetuados, estou convencido de que, *se os fatos devem ser admitidos com base em testemunhos humanos, a aparição em Lourdes tem todo o direito de ser admitida como um fato inegável.* Todavia, não faz parte da fé católica e pode ser aceita ou rejeitada por qualquer católico sem a mínima louvação ou condenação."

Que o leitor observe o trecho que grifamos. Ele esclarece que a Igreja Católica, apesar da sua infalibilidade e da franquia postal liberal que ela mantém com o Reino do Céu, aceita de bom grado mesmo a validez de milagres *divinos* baseados no testemunho humano. Agora, quando nos voltamos para o relato das recentes conferências de Nova York proferidas pelo Sr. Huxley sobre a evolução, encontramo-lo dizendo que é da "prova histórica humana que dependemos na maior parte do nosso conhecimento das coisas do passado". Numa conferência sobre Biologia, ele disse: "(. . .) todo homem interessado na verdade deve, no fundo, desejar ardentemente que seja feita toda crítica justa e bem-fundamentada; mas (. . .) é essencial (. . .) que o crítico conheça o assunto de que trata"[47]. Um aforismo que o seu autor deveria lembrar quando se põe a falar sobre assuntos psicológicos. Acrescentemo-lo às suas idéias expressas acima: quem desejaria um terreno melhor para com ele se bater?

Temos aqui um materialista representativo e um prelado católico, também representativo, que emitem uma opinião idêntica sobre a suficiência do *testemunho humano* para demonstrar a autenticidade de fatos em que cada um deles deve crer segundo os seus preconceitos. Depois disso, que necessidade tem o estudioso do ocultismo, ou mesmo o espiritista, de perseguir endossos do argumento que há tanto tempo e com tanta perseverança invocaram, qual seja o de que os fenômenos psicológicos dos taumaturgos antigos e modernos superabundantemente provados com base no testemunho humano devem ser aceitos como fatos? Tendo a Igreja e a Faculdade apelado ao tribunal do testemunho humano, elas não podem negar ao resto da Humanidade um privilégio idêntico. Um dos frutos da recente agitação em Londres, ao redor dos fenômenos mediúnicos, é a expressão de algumas opiniões liberais notáveis da imprensa secular. "Em todo caso, estamos por conceder ao Espiritismo um lugar entre as crenças toleradas e por deixá-lo em paz", diz o *Daily News* londrino em 1876. "Há muitos devotos que são tão inteligentes quanto a maioria de nós e para os quais qualquer ofício óbvio e palpável no que diz respeito às provas destinadas a convencer deve ter sido óbvio e palpável desde muito tempo atrás. Alguns dos *homens mais sábios do mundo acreditavam em fantasmas* e continuariam a acreditar neles mesmo se meia dúzia de pessoas, uma após outra, teimasse em assustar pessoas com diabetes falsos."

Não é a primeira vez na história do mundo que o mundo invisível tem de lutar contra o ceticismo materialista dos saduceus cegos de alma. Platão deplora tal incredulidade e se refere a essa tendência perniciosa mais de uma vez em suas obras.

Desde Kapila – o filósofo hindu que muitos séculos antes de Cristo, duvidava já de que os iogues em êxtase pudessem ver a Deus face a face e conversar com os seres "mais elevados" – até os voltairianos do século XVIII, que riram de tudo o que fosse considerado sagrado por outras pessoas, cada época teve os seus Tomés descrentes. Chegaram eles alguma vez a impedir o progresso da Verdade? Não mais do que os beatos ignorantes que julgaram Galileu impediram o progresso da rotação da Terra. Nenhuma revelação é capaz de afetar vitalmente a estabilidade ou a instabilidade de uma crença que a Humanidade herdou das primeiras raças de homens, aqueles que – se podemos acreditar na evolução do homem espiritual tanto quanto na do homem físico –

receberam a grande verdade dos lábios de seus ancestrais, os *deuses dos seus pais,* "que estavam no outro lado da inundação". A identidade entre a Bíblia e as lendas dos livros sagrados hindus e as cosmogonias de outras nações deve ser demonstrada qualquer dia. *Das fábulas das épocas mitopoéticas dir-se-á que elas transformaram em alegoria as maiores verdades da Geologia e da Antropologia.* A essas fábulas de tão ridícula expressão terá de recorrer a Ciência para encontrar "os elos perdidos".

De outra maneira, de onde proviriam essas "coincidências" estranhas nas respectivas histórias de nações e povos tão distanciados entre si? De onde essa identidade de concepções primitivas que, chamadas agora fábulas e lendas, contêm em si, entretanto, o germe dos fatos históricos, de uma verdade amplamente desenvolvida com as cascas dos embelezamentos populares, mas ainda assim a Verdade? Comparai apenas estes versículos do *Gênese* VI, 1-4: "Como *os homens tivessem começado a multiplicar-se,* e tivessem gerado suas filhas; vendo os filhos de Deus que as filhas dos homens eram formosas, tomaram por mulheres as que de entre elas escolheram. (. . .) Ora, *naquele tempo havia gigantes sobre a Terra",* etc. – com esta parte da cosmogonia hindu, nos *Vedas,* que fala da origem dos brâmanes. O primeiro brâmane lamenta estar *sozinho* entre todos os seus irmãos sem esposa. A despeito de o Eterno aconselhá-lo a devotar os seus dias apenas ao estudo do Conhecimento Sagrado (*Veda),* o *primogênito* da Humanidade insiste. Irritado com tal ingratidão, o Eterno deu ao brâmane uma esposa da raça dos *daityas,* ou *gigantes,* de que todos os brâmanes descendem em linha materna. Assim, todo o sacerdócio hindu descende, por um lado, dos espíritos *superiores* (os filhos de Deus) e de *daiteyî,* uma filha dos gigantes terrestres, os homens primitivos[48]. "E elas pariram filhos para eles; os filhos tornaram-se homens poderosos que na velhice foram homens de renome."[49]

A mesma indicação encontra-se no fragmento cosmogônico escandinavo. No *Edda* ocorre a descrição, feita a Gangler por Har, um dos três informantes (Har, Jafnhar e Thridi), do primeiro homem, chamado Buri, "o pai de Bör, que tomou por esposa Beisla, uma filha do gigante Bölthorn, da raça dos *gigantes primitivos".* A narração completa e muito interessante encontra-se no *Prose Edda,* seções 4-8, das *Northern Antiquities* de Mallet[50].

O mesmo fundamento tem as fábulas gregas sobre os Titãs e pode ser encontrado na lenda dos mexicanos – as quatro raças sucessivas do *Popol-Vuh*[51]. Ele se constitui numa das muitas conclusões encontráveis no novelo emaranhado e aparentemente inextricável da Humanidade considerada como fenômeno psicológico. A crença no sobrenaturalismo seria inexplicável de outra maneira. Dizer que ela nasceu, cresceu e se desenvolveu através das incontáveis eras, sem causa ou pelo menos sem uma base firme ou sólida sobre a qual repousar, mas apenas como uma fantasia oca, seria considerá-la um absurdo tão grande quanto a doutrina teológica segundo a qual o mundo foi criado a partir do nada.

É muito tarde agora para lutar contra uma evidência que se manifesta, por assim dizer, à luz forte do meio-dia. Os jornais liberais, tanto quanto os cristãos, e os órgãos das autoridades científicas mais avançadas começam a protestar unanimemente contra o dogmatismo e os preconceitos estreitos dos saberetes. *The Christian World,* um jornal religioso, junta a sua voz à da imprensa incrédula de Londres. Eis um exemplo do seu bom senso:

"Se um médium", diz ele, "puder ser considerado da maneira mais conclusiva como um impostor, nós ainda assim não concordamos com a disposição manifestada por pessoas de alguma autoridade em assuntos científicos que dizem 'safa!' e batem na cabeça quando se lhes pede examinem cuidadosamente as questões às quais o Sr. Barret se referiu em seu trabalho apresentado à British Association. Porque os espiritistas caíram em muitos absurdos, não há razão para que os fenômenos nos quais eles se apóiam devam ser tidos como indignos de exame, sejam mesméricos, ou clarividentes, ou de qualquer outra natureza. Mas deixemos os nossos homens sábios dizer-nos o que eles são, e não nos ofender, como pessoas ignorantes freqüentemente ofendem a juventude inquiridora, com este apotegma tão cômodo quanto insatisfatório: 'As criancinhas não devem fazer perguntas."

Assim, chegou a hora em que os cientistas perderam todo o direito de ser elogiados como o verso de Milton que diz: "Ó tu que, pelo testemunho da verdade, incorreste na exprobração universal!". Triste degeneração, que lembra a exclamação daquele "doutor em Física" – mencionado há cento e oitenta anos pelo Dr. Henry More – que, tendo ouvido contar a história do Tambor de Tedworth e a de Anne Walker, gritou de repente: *"Se isso for verdade, tenho estado numa situação difícil todo esse tempo e devo recomeçar os meus estudos"*[52].

Mas no nosso século, apesar do endosso de Huxley ao valor do "testemunho humano", até o Dr. Henry More tornou-se "um entusiasta e um visionário (dois epítetos que seria desvario ver reunidos em uma só pessoa)"[53].

Não foram fatos que faltaram à Psicologia, desde muito tempo, para que ela tornasse as suas leis misteriosas mais bem-compreendidas e aplicadas às ocorrências tanto ordinárias quanto extraordinárias da vida. Ela os teve em abundância. O que eles exigem é registro e classificação – observadores treinados e analistas competentes. O corpo científico deveria fornecer tais homens. Se o erro prevaleceu e a superstição correu desenfreada durante estes séculos por toda a cristandade, essa é a infelicidade das pessoas comuns, a repreensão da Ciência. Gerações nasceram e desapareceram, cada uma delas fornecendo a sua quota de mártires para a consciência e para a coragem moral, e a Psicologia é pouco mais bem-compreendida em nossos dias do que quando a mão pesada do Vaticano arremessou aqueles bravos desafortunados a um fim intempestivo e ferreteou a sua memória com o estigma de heresia e feitiçaria.

NOTAS

1. A. de Gasparin, *Des tables ournantes*, etc., Paris, 1854, vol. I, p. 213. [Tradução inglesa com o título de *Science vs. Modern Spiritualism*, Nova York, 1875, vol. I, p. 179.]
2. *Des tables*, vol. I, p. 48.
3. *Ibid.*, p. 24.
4. *Ibid.*, p. 35. [Trad. ingl., vol. I, p. 40-50.]
5. De Mirville, *Question des esprits*, p. 26.
6. [*Question des esprits*, p. 63.]
7. *Des tables*, etc., "Avant propos", p. xii e xvi.
8. *Op. cit.*, vol. I, p. 224. [Ed. ingl., I, p. 212.]
9. *Op. cit.*, vol. II, p. 524. [Ed. ingl., II, p. 425.]
10. *Annales médico-psychologiques*, 1º de janeiro de 1854.
11. De Mirville, *Question des esprits*, p. 32; *Constitutionnel*, 15 de junho de 1854.

12. Chevalier des Mousseaux, *Moeurs et pratiques des démons*, p. x.
13. De Mirville, *op. cit.*, p. 4, citando Görres, *Die Christliche Mystik*, vol. V, p. 356.
14. De Mirville, *op. cit.*, p. 28; *Revue des deux mondes*, 15 de janeiro de 1854, p. 108.
15. Repetição e variação da teoria de Faraday. [*Ibid.*, p. 28.]
16. *Revue des deux mondes*, p. 410 e 414.
17. *Ibid.*, p. 414.
18. *Revue des deux mondes*, 1º de maio de 1854, p. 531.
19. Traduzimos *verbatim*. Duvidamos que o Sr. Weekman tenha sido o primeiro investigador.
20. Babinet, *Revue des deux mondes*, 1º de maio de 1854, p. 511.
21. De Mirville, *Question des esprits*, p. 33.
22. De Mirville, *Des esprits*, etc., vol. I, cap. XI.
23. De Mirville, *Question des esprits*, "Notes", p. 38.
24. De Mirville, *op. cit.*, "Notes", p. 39.
25. Ver a monografia: *De la Foudre, considérée au point de vue de l'histoire, de la médecine légale et de l' hygiène publique*, de Boudin, Cirurgião Chefe do Hospital Militar de Roule.
26. De Mirville, *Question des esprits*, p. 40
27. *Des tables*, etc., vol. I, p. 288. [Trad. ingl., I, p. 247.]
28. [Cf. *Researches in the Phenomena of Spiritualism*, 1874, p. 26.]
29. *Des tables*, etc., I, p. 313.
30. *Ibid.*, Cf. de Mirville, *Question*, etc., p. 72.
31. [De Mirville, *Question des esprits*, p. 156-57; e *La magie au XIXme siècle*, p. 263-64.]
32. De Mirville advoga aqui a teoria do diabo, naturalmente.
33. *Des tables*, vol. I, p. 116. [Ed. ingl., I, p. 114.]
34. *Ibid.*, vol. I, p. 217. [Ed. ingl., I, p. 191.]
35. [*Op. cit.*, I, p. 218.]
36. [De Mirville, *Question des esprits*, p. 37.]
37. Wm. Crookes, *Researches*, etc., 1874, p. 27.
38. Platão, *Phaedo*, 71 D.
39. *Ibid.*, 106 B.
40. [*1 Cor.*, XV, 36.]
41. *The Philosophy of Magic*, tradução inglesa, vol. I, p. 75.
42. De Mirville, *Question des esprits*, p. 153.
43. Ver F. Gerry Fairfield, *Ten Years with Spiritual Mediums*, cap. V, etc., Nova York, 1875.
44. F. R. Marvin, *The Philosophy of Spiritualism*, etc.
45. *Scientific American*, N.Y., 1875.
46. Uma sátira foi encontrada, escrita nos muros de um cemitério, por ocasião dos milagres jansenistas e da sua proibição pela polícia da França:

"De par le roi, défense à Dieu,
De faire miracle en ce lieu".

47. [*On the Study of Biology*, conferência de 1876.]
48. Polier, *La mythologie des indous*, vol. I, p. 168-69.

49. *Gênese*, VI, 4.
50. Ed. de Bohn, p. 401-05.
51. No *Quarterly Review* de 1859, Graham faz uma estranha descrição de muitas cidades orientais, agora desertas, nas quais as portas de pedra tinham dimensões enormes, freqüentemente, em aparência, fora de proporção em relação aos próprios edifícios, e observa que todas essas residências e portas trazem a marca de uma antiga raça de gigantes.
52. Dr. More, Carta a Glanvill, em *Sadducismus Triumphatus*, p. 12.
53. J. S. F., *Demonologia, or Natural Knowledge Revealed*, 1827, p. 219.

CAPÍTULO V

"Ich bin der Geist der stets verneint."
(Sou o espírito que sempre nega.)
GOETHE: Mefisto em *Fausto*.

"O Espírito da Verdade, que o mundo não pode acolher, porque não o vê nem o conhece."
Evangelho segundo São João, XIV, 17.

"Milhares de criaturas espirituais percorrem a terra Invisíveis, quando estamos despertos ou adormecidos."
MILTON, *Paradise Lost*, livro IV, 677.

"A mera explicação intelectual não pode reconhecer o que é espiritual. Como o Sol que sobrepassa o fogo, assim o espírito sobrepassa os olhos do mero intelecto."
W. HOWITT.

    Tem havido uma infinita confusão de nomes para expressar uma única e mesma coisa.

    O caos dos antigos; o sagrado fogo zoroastrino, ou o *Âtas-Behrâm* dos pârsîs; o fogo de Hermes; o fogo de Elmes dos antigos alemães; o relâmpago de Cibele; a tocha ardente de Apolo; a chama sobre o altar de Pan; o fogo inextinguível do templo de Acrópolis, e do de Vesta; a chama ígnea do elmo de Plutão; as chispas brilhantes sobre os capacetes dos Dióscuros, sobre a cabeça de Górgona, o elmo de Palas, e o caduceu de Mercúrio; $\pi\hat{v}\rho$ $\check{\alpha}\sigma\beta\varepsilon\sigma\tau\sigma\nu$; o Ptah egípcio, ou Râ; o *Zeus Kataibates* (o que desce) grego[1]; as línguas de fogo pentecostais; a sarça ardente de Moisés; a coluna de fogo do *Êxodo*, e a "lâmpada ardente" de Abraão; o fogo eterno do "poço sem fundo"; os vapores do oráculo de Delfos; a luz sideral dos Rosa-cruzes; o ÂKÂŚA dos adeptos hindus; a luz astral de Éliphas Lévi; a aura nervosa e o fluido dos magnetizadores; o *od* de Reichenbach; o globo ígneo, ou *gato*-meteoro de Babinet; o *Psicode* e a força ectênica de Thury; a força psíquica de Sergeant E. W. Cox e do Sr. Crookes; o magnetismo atmosférico de alguns naturalistas; galvanismo; e, finalmente, eletricidade, são apenas nomes diversos para inúmeras manifestações diferentes, ou efeitos da mesma misteriosa causa que a tudo penetra – o grego Archaeus ou 'Αρχαῖος.

    Sir E. Bulwer-Lytton, em seu *Coming Race* [cap. VII], descreve-a como o VRIL[2], utilizada pelas populações subterrâneas, e permitiu aos seus leitores entendê-la como ficção. "Esse povo", diz ele, "considera que no vril eles chegaram à unidade dos agentes naturais da energia"; e prossegue para mostrar que Faraday os designou "sob o nome mais cauteloso de correlação", pois:

"Sustentei durante muito tempo a opinião, quase a convicção, partilhada, acredito, por muitos outros amantes do conhecimento da Natureza, de que as várias formas sob as quais as forças da matéria se manifestam TÊM UMA ORIGEM COMUM; ou, em outras palavras, têm uma correlação tão direta, dependem tão naturalmente umas das outras, que são intercambiáveis e possuem, em sua ação, poderes equivalentes".

Absurda e acientífica como possa parecer a nossa comparação do *vril* inventado pelo grande romancista, e da força primordial do igualmente grande empirista, com a luz astral cabalística, ela é, não obstante, a verdadeira definição dessa força. Descobertas estão sendo constantemente feitas para corroborar esta audaciosa afirmação. Desde que começamos a escrever esta parte de nosso livro, numerosos jornais têm anunciado a suposta descoberta pelo Sr. Edison, o eletricista de Newark, Nova Jersey, de uma nova força, a qual parece ter pouco em comum com a eletricidade, ou o galvanismo, exceto o princípio da condutibilidade. Se demonstrada, ela permanecerá por longo tempo sob alguns nomes científicos pseudônimos; mas, não obstante, ela será apenas uma das numerosas famílias de crianças paridas, desde o começo dos tempos, por nossa mãe cabalística, a *Virgem Astral*. De fato, o descobridor diz que "ela é tão diferente e tem regras tão regulares quanto o calor, o magnetismo ou a eletricidade". O jornal que contém o primeiro relato da descoberta acrescenta que "o Sr. Edison pensa que ela existe em conexão com o calor, e que ela pode ser gerada por *meios independentes mas ainda ignorados*".

A possibilidade de suprimir a distância entre as vozes humanas – por meio do *telefone* (falar à distância), um instrumento inventado pelo Prof. A. Graham Bell – é outra das mais recentes e surpreendentes descobertas. Essa possibilidade, sugerida primeiramente pelo pequeno "telégrafo dos amantes", que consiste em duas pequenas finas cubas com velino e fios, que permitem conversar à distância de cem metros, desenvolveu-se no telefone, que se tornará a maravilha deste século. Um longo diálogo teve lugar entre Boston e Cambridgeport pelo telefone; "todas as palavras foram ouvidas distintamente e compreendidas perfeitamente, e as inflexões das vozes eram reconhecíveis", de acordo com o relato oficial. *A voz é, por assim dizer, capturada, e mantida sob controle por um ímã, e a onda sonora é transmitida pela eletricidade, que age em uníssono com o ímã e em cooperação com ele.* Todo o sucesso depende de um perfeito controle das correntes elétricas e do poder dos ímãs utilizados, com os quais as primeiras devem cooperar. "A invenção", relata o jornal, "pode ser sumariamente descrita como uma espécie de trombeta, sob cuja embocadura é estendida uma delicada membrana que, quando a voz atravessa o tubo, se dilata na proporção da força da onda sonora. Do outro lado da membrana adapta-se uma peça de metal que, enquanto a membrana se dilata, se conecta com um ímã e, assim, com o circuito elétrico, é controlado pelo operador. Por algum princípio, ainda não totalmente compreendido, a corrente elétrica transmite a onda sonora exatamente como a emitiu a voz na trombeta, e o ouvinte na outra extremidade da linha, com uma trombeta gêmea ou similar em sua orelha, ouve cada palavra distintamente, e percebe imediatamente as modulações da voz do interlocutor."

Assim, na presença de tão maravilhosas descobertas de nosso século, e mais possibilidades mágicas permanecendo latentes e ainda ignoradas no reino ilimitado da Natureza, e mais, em vista da grande possibilidade de que a Força de Edison e o Telefone do Prof. Graham Bell possam abalar, senão frustrar posteriormente, todas as nossas idéias a respeito dos fluidos imponderáveis, não seria melhor para certas pessoas tentadas a contraditar nossas afirmações esperar e ver se elas serão corroboradas ou refutadas por descobertas posteriores?

Ainda em relação a essas *descobertas* podemos, talvez, lembrar utilmente aos nossos leitores as numerosas alusões que se podem encontrar nas antigas histórias a respeito de certo segredo detido pelo clero egípcio, que podia comunicar-se instantaneamente, durante a celebração dos mistérios, de um templo a outro, mesmo se o primeiro estivesse em Tebas e o segundo em outra extremidade do país; as lendas atribuem-no, naturalmente, às "tribos invisíveis" do ar, que levam mensagens aos mortais. O autor de *Pre-Adamite Man* cita uma passagem que, dada simplesmente por sua própria autoridade, e ele parece não saber ao certo se a história provém de Macrino ou de qualquer outro escritor, deve ser tomada pelo que vale. Ele encontrou boas evidências, segundo diz, durante sua estada no Egito, de que "uma das Cleópatras [?] enviou notícias por um fio a todas as cidades, de Heliópolis a Elefantina, no Alto Nilo"[3].

Não faz muito tempo, o Prof. Tyndall nos introduziu num novo mundo, povoado de formas aéreas da mais extasiante beleza.

"A descoberta consiste", diz ele, "em submeter os vapores dos líquidos voláteis à ação da luz concentrada do Sol ou da luz elétrica." Os vapores de certos nitratos, iodetos e ácidos são sujeitos à ação da luz num *tubo de experiência* disposto horizontalmente, e colocado de modo tal que o eixo do tubo e as luzes paralelas que saem da lâmpada coincidam. Os vapores formam nuvens de tons maravilhosos, e se dispõem em formas de vasos, garrafas e cones, em enxames de seis ou mais; de conchas, de tulipas, rosas, girassóis, folhas e rosáceas. "Uma vez", conta-nos ele, "a massa de nuvens tomou rapidamente a forma de uma cabeça de serpente. Uma boca formou-se e da nuvem uma corda de nuvem semelhante a uma língua foi emitida." Finalmente, para chegar ao extremo das maravilhas, "uma vez ela positivamente assumiu a forma de um peixe, com olhos, guelras e tentáculos. A identidade da forma do animal revelou-se completamente, e *nenhum disco, serpentina ou ponto existia num lado que não existisse no outro*".

Esses fenômenos podem ser parcialmente explicados pela ação mecânica de um raio de luz, como o Sr. Crookes demonstrou recentemente. Por exemplo, suponhamos que os raios de luz constituam um eixo horizontal, em torno do qual as moléculas dos vapores em movimento se agreguem em forma de globos e de hastes. Mas como explicar o peixe, a cabeça de serpente, os vasos, as flores de diferentes variedades, as conchas? Isto parece oferecer à Ciência um dilema tão embaraçoso quanto o gato-meteoro de Babinet. Tyndall, ao que saibamos, não arriscou, a propósito de seu fenômeno extraordinário, uma explicação tão absurda quanto aquela fornecida pelo francês a propósito do seu.

Aqueles que não prestaram atenção ao assunto podem surpreender-se ao ver quanto já se sabia, nos tempos antigos, a respeito do princípio sutil que a tudo penetra e que foi recentemente batizado de ÉTER UNIVERSAL.

Antes de prosseguir, desejamos uma vez mais enunciar em duas proposições categóricas o que foi sugerido até aqui. Estas proposições eram leis demonstradas para os antigos teurgistas.

1. Os chamados milagres, a começar de Moisés e finalizando em Cagliostro, quando genuínos, estavam, como de Gasparin insinua muito corretamente em sua obra sobre os fenômenos, "perfeitamente de acordo com a lei natural"; portanto – nada de milagres. Eletricidade e magnetismo foram inquestionavelmente utilizados na produção de alguns prodígios, mas agora, como então, eles eram requisitados por todos os sensitivos que se servem *inconscientemente* desses poderes pela natureza peculiar de sua organização, a qual funciona como um condutor para alguns desses fluidos imponderáveis, ainda tão ignorados pelos físicos modernos.

2. Os fenômenos de magia natural testemunhados em Sião, Índia, Egito e outros países orientais não têm qualquer relação com a prestidigitação; aquela é um efeito físico absoluto, devido à ação das forças naturais ocultas, esta um resultado ilusório obtido por hábeis manipulações suplementadas por comparsas[4].

Os taumaturgos de todos os períodos, escolas e países operavam suas maravilhas porque estavam perfeitamente familiarizados com as imponderáveis – em seus efeitos – mas por outro lado perfeitamente tangíveis ondas da luz astral. Eles controlavam as correntes guiando-as com a sua força de vontade. As maravilhas eram de caráter físico e psicológico; as primeiras enfeixavam os efeitos produzidos sobre objetos materiais; as últimas, os fenômenos mentais de Mesmer e seus sucessores. Esta classe pode ser representada em nosso tempo por dois homens ilustres. Du Potet e Regazzoni, cujos poderes maravilhosos foram bem atestados na França e em outros países. O Mesmerismo é o ramo mais importante da Magia; e seus fenômenos são os efeitos do agente universal que sustenta toda a magia e que produziu em todos os tempos os chamados milagres.

Os antigos chamaram-no *Caos;* Platão e os pitagóricos designaram-no como *a Alma do Mundo*. De acordo com os hindus, a Divindade em forma de éter invade todas as coisas. É o fluido invisível, mas, como dissemos antes, tangível. Entre outros nomes, este Proteu universal – ou "o nebuloso Onipotente", como o chama sarcasticamente de Mirville – foi designado pelos teurgistas como "o fogo vivo"[5], o "Espírito de Luz", e *Magnes*. Este último nome indica as suas propriedades magnéticas e revela sua natureza mágica. Pois, como acertadamente disse um de seus inimigos – μάγος e μάγνης são dois ramos que crescem do mesmo tronco, e que produzem os mesmos resultados.

Magnetismo é uma palavra cuja origem cumpre remontar a uma época incrivelmente antiga. A pedra chamada magnete derivaria seu nome, como muitos acreditam, de Magnésia, uma cidade ou distrito da Tessália, onde essas pedras eram encontradas em abundância. Acreditamos, contudo, que a opinião dos hermetistas é correta. A palavra *magh, magus,* deriva do sânscrito *mahat,* o *grande* ou o *sábio* (o ungido pela sabedoria divina). "Eumolpo é o fundador *mítico* dos eumolpidae (sacerdotes); os sacerdotes remontavam sua própria sabedoria à Inteligência Divina."[6] As várias cosmogonias mostram que a Alma Universal Arcaica era considerada por todas as nações como a "mente" do Criador Demiúrgico, a *Sophia* dos gnósticos, ou o *Espírito Santo* como um *princípio feminino*. Como os magi derivaram seu nome daí, a pedra magnética, ou ímã, foi assim chamada em sua honra, pois eles foram os primeiros a descobrir as suas maravilhosas propriedades. Seus templos espalhavam-se pelo país em todas as direções, e entre eles havia alguns templos de Hércules[7] – daí a pedra, quando se divulgou que os sacerdotes a utilizavam para seus propósitos curativos e mágicos, ter recebido o nome de pedra magnética ou hercúlea. Sócrates, falando a seu respeito, assinala: "Eurípedes chama-a pedra magnética, mas o povo comum, pedra hercúlea"[8]. A terra e a pedra é que foram designadas de acordo com os magi, não os magi de acordo com ambos. Plínio informa-nos que o anel nupcial dos romanos era magnetizado pelos sacerdotes antes da cerimônia. Os antigos historiadores pagãos mantiveram cuidadosamente o silêncio sobre certos mistérios do "sábio" (magi), e Pausânias foi advertido por um sonho, diz ele, a não revelar os ritos sagrados do tempo de Deméter e Perséfone em Atenas[9].

A ciência moderna, depois de ter inutilmente negado o *magnetismo animal*, viu-se obrigada a aceitá-lo como um fato. Hoje ele é uma propriedade reconhecida da organização humana ou animal; quanto à sua influência oculta, psicológica, as Academias lutam contra ela, em nosso século, mais ferozmente do que nunca. Isto é mais lamentável do que surpreendente, pois os representantes da "ciência exata" são incapazes de nos explicar, ou mesmo de nos oferecer algo como uma hipótese razoável para a inegável potência misteriosa contida num simples ímã. Começamos a ter diariamente provas de que estas potências sustentam os mistérios teúrgicos e, portanto, poderiam talvez explicar as faculdades ocultas que os antigos e os modernos teurgistas possuíam como um de seus mais extraordinários efeitos. Tais foram os dons transmitidos por Jesus a alguns de seus discípulos. No momento de suas curas miraculosas, o Nazareno sentia que um *poder* saía de si. Sócrates, em seu diálogo com Theages[10], falando-lhe de seu deus familiar (demônio), e de seu poder de comunicar a sua (de Sócrates) sabedoria aos discípulos ou de impedi-lo de reparti-la com as pessoas com quem se associava, aduz a seguinte passagem em corroboração às suas palavras: "Eu te contarei, Sócrates", diz Aristides, "uma coisa incrível, mas, pelos deuses, uma verdade. Beneficiei-me quando me associei a ti, mesmo se eu apenas estava na mesma casa, embora não na mesma sala; porém mais ainda, quando eu *estava na mesma sala* (...) e muito mais quando eu *te olhava*. (...) Mas eu me beneficiei muito mais ainda quando eu me sentava próximo de ti e *te tocava*."

Tal é o Magnetismo e o Mesmerismo modernos de Du Potet e outros mestres, que, quando submetem uma pessoa à sua influência *fluídica*, podem comunicar-lhe todos os seus pensamentos, ainda que à distância, e com um poder irresistível forçar seus pacientes a obedecerem suas ordens *mentais*. Mas como essa força psíquica era mais bem conhecida entre os antigos filósofos! Podemos vislumbrar alguma informação sobre esse assunto desde as mais antigas fontes. Pitágoras ensinava a seus discípulos que Deus é a *mente* universal difundida através de todas as coisas, e que esta mente, apenas pela virtude de sua identidade universal, poderia comunicar-se de um objeto a outro e criar todas as coisas apenas pela força de vontade do homem. Para os antigos gregos, *Kurios* era a Mente de Deus (*Nous*). "Ora, Koros [Kurios] significa a natureza pura e imaculada do intelecto – a sabedoria", diz Platão[11]. Kurios é Mercúrio, a Sabedoria Divina, e "Mercúrio é o Sol"[12], do qual Thoth-Hermes recebeu esta sabedoria divina, a qual, por sua vez, ele comunicou ao mundo em seus livros. Hércules é também o Sol – o celeiro celestial do magnetismo universal[13]: ou antes, Hércules é a luz magnética que, tendo feito seu caminho através do "olho aberto do céu", penetra as regiões de nosso planeta e assim se torna o Criador.

Hércules executa os doze trabalhos, valente Titã! Chamam-no "Pai de Tudo" e "autonascido" (*autophuês*)[14]. Hércules, o Sol, é morto pelo Demônio, Tífon[15], como Osíris, que é o pai e o irmão de Hórus, e ao mesmo tempo é idêntico a ele; e não devemos esquecer que o ímã chamava-se o "osso de Hórus", e o ferro, o "osso de Tífon". Chamam-no "Hércules *Invictus*" apenas quando ele desce ao Hades (o jardim subterrâneo), e, colhendo as "maçãs douradas" da "árvore da vida", mata o dragão[16]. O poder titânico bruto, o "revestimento" de todo deus solar, opõe a força da matéria cega ao espírito divino, que tenta harmonizar todas as coisas da Natureza.

Todos os deuses solares, com seu símbolo, o Sol Visível, são os criadores da natureza *física*, apenas. A *espiritual* é obra do Deus Superior – o SOL Oculto, Central e Espiritual, e de seu Demiurgo – a Mente Divina de Platão, e a Sabedoria Divina de Hermes Trismegisto[17] – a sabedoria emanada de Olam ou Cronos.

"Após a distribuição do fogo puro, nos mistérios samotrácios, uma nova vida começava."[18] Era esse o "novo nascimento" a que alude Jesus em seu diálogo noturno com Nicodemo. "Iniciados nos mais sagrados de todos os mistérios, purificando-nos (...) tornamo-nos justos e santos com sabedoria."[19] "Soprou sobre eles e lhes disse: 'Recebei o Santo *Pneuma*'."[20] E este simples ato de força de vontade era suficiente para comunicar o dom da profecia em sua forma mais nobre e mais perfeita se o instrutor e o iniciado fossem dignos dele. Ridicularizar este dom, mesmo em seu atual aspecto, "como a oferenda corrupta e os restos prolongados de uma antiga época de superstição, e apressadamente condená-lo como indigno de uma sóbria investigação, seria tão errado quanto pouco filosófico", assinala o Rev. J. B. Gross. "Remover o véu que oculta nossa visão do futuro, sempre se tentou em todas as idades do mundo; e daí a propensão para investigar os arcanos do tempo, considerada como uma das faculdades da mente humana, vir recomendada até nós sob a sanção de Deus. (...) Zuínglio, o reformado suíço, atribuía compreensão de sua fé na providência de um Ser Supremo à doutrina cosmopolita de que o Espírito Santo não foi inteiramente excluído da parte mais digna do mundo pagão. Admitindo que isso seja verdade, não podemos conceber facilmente uma razão válida para que um pagão, uma vez favorecido, não fosse capaz da verdadeira profecia."[21]

Pois bem, o que é essa substância mística, primordial? No livro *Gênese,* no começo do primeiro capítulo, ela é designada como a "face das águas", sobre a qual, se diz, flutuava o "Espírito de Deus". Jó menciona, no cap XXVI, 5, que "as almas dos mortos tremem debaixo das águas com seus habitantes". No texto original, em lugar de "almas mortas", está escrito *Rephaim* (gigantes, ou homens primitivos poderosos) mortos, de cuja "Evolução" se poderá um dia traçar a nossa presente raça. Na mitologia egípcia, Kneph, o Deus Eterno *não-revelado*, é representado por um emblema serpentino da eternidade que circunda uma urna aquática, com sua cabeça que plana sobre as águas, que ele incuba com o seu hálito. Neste caso, a serpente é o *Agathodaimôn*, o espírito bom; em seu caráter oposto é *Kakodaimôn* – o espírito mau. No *Eddas* escandinavo, o maná – o alimento dos deuses e das ativas e criativas yggdrasill (abelhas) – corre durante as horas da noite, quando a atmosfera está impregnada de umidade; e nas mitologias do Norte, como o princípio passivo da criação, ela simboliza a criação do universo *a partir da água;* este maná é a luz astral em uma de suas combinações e possui propriedades tanto criativas como destrutivas. Na lenda caldaica de Berosus, Oännes ou Dagon, o homem-peixe, ao instruir o povo, mostra o mundo incipiente criado das *águas* e todos os seres que se originaram dessa *prima materia*. Moisés ensina que apenas a terra e a *água* podem produzir uma alma viva; e lemos nas Escrituras que as ervas não podiam crescer antes que o Eterno fizesse *chover* sobre a Terra. No *Popol-Vuh*[22] quíchua, o homem é criado do *mud*, argila (*terra glaise*), retirado de sob as águas. Brahmâ cria Lomaśa, o grande muni (ou primeiro homem), sentado sobre seu lótus, apenas depois de ter chamado à vida os *espíritos,* que então gozaram entre os mortais de uma prioridade de existência, e ele o cria da água, do ar e da terra. Os alquimistas afirmam que a Terra primordial ou pré-adâmica, quando reduzida à sua substância primeira, é em seu *segundo* estágio de transformação como a água límpida, sendo o primeiro degrau o *alkahest*[23] propriamente dito. Afirma-se que esta substância primordial contém em si a essência de tudo o que contribui para a formação do homem; ela tem não apenas todos os elementos de seu ser físico, mas também o próprio "sopro de vida" num estado latente, pronto para ser despertado. Isto ela recebe da "incubação" do Espírito de Deus sobre a face das águas – o caos; de fato, esta substância é o próprio caos. Paracelso afirmou ser capaz de com ela criar os seus *homunculi*; e eis por que Tales, o grande filósofo natural, sustentava que a *água* era o princípio de todas as coisas da Natureza.

O que é esse caos primordial senão o éter? O *moderno* éter; não tal como é conhecido por nossos cientistas, mas tal como *era* conhecido pelos antigos filósofos, muito tempo antes de Moisés; éter, com todas as suas propriedades misteriosas e ocultas, que contém em si os germes da criação universal; Éter, a virgem celeste, a mãe espiritual de toda forma e ser existentes, de cujo seio, assim que são "incubadas" pelo Espírito Divino, nascem a matéria e a vida, a força e a ação. Eletricidade, magnetismo, calor, luz e ação química são tão pouco conhecidos, mesmo agora que fatos recentes estão constantemente alargando o círculo de nosso conhecimento! Quem sabe onde termina o poder desse gigante protéico – éter; ou onde está a sua misteriosa origem? Quem, queremos saber, nega o espírito que age nele e dele extrai todas as formas visíveis?

É uma tarefa fácil mostrar que as lendas cosmogônicas espalhadas por todo o mundo baseiam-se nos conhecimentos que os antigos possuíam a respeito das ciências que hoje se aliaram para apoiar a doutrina da evolução; e que pesquisas posteriores poderão demonstrar que eles estavam bem mais familiarizados com o fato da própria evolução, nos seus dois aspectos, físico e espiritual, do que nós hoje. Para os filósofos antigos, a evolução era um teorema universal, uma doutrina que abrangia o *todo,* e um princípio estabelecido; enquanto os nossos modernos evolucionistas são capazes de apresentar apenas teorias especulativas; teoremas *particulares*, senão totalmente *negativos*. É inútil os representantes de nossa moderna sabedoria fecharem o debate e pretenderem que a questão está decidida simplesmente porque a fraseologia obscura do relato mosaico não condiz com a exegese definitiva da "ciência exata".

Um fato, pelo menos, está provado: não existe um único fragmento cosmogônico, pertença à nação que for, que não sustente por sua alegoria universal da água e do espírito que plana sobre ela, do mesmo modo que os nossos físicos modernos, que o universo se originou do nada; pois todas as suas lendas começam com aquele período em que os vapores nascentes e a obscuridade cimeriana planavam sobre a massa fluida prestes a começar a sua jornada de atividades ao primeiro sopro Dele, que é o Princípio Não Revelado. Elas O sentem, se não O vêem. Suas intuições espirituais ainda não estavam tão obscurecidas por sutis sofismas dos séculos precedentes como o está o nosso próprio agora. Se eles falavam menos da época siluriana que se desenvolveu lentamente no mamaliano, e se o tempo cenozóico foi lembrado apenas pelas várias alegorias do homem primitivo – o Adão de nossa raça –, isso é apenas uma prova negativa de que esses "sábios" e mestres não conheciam tão bem quanto nós esses períodos sucessivos. Nos dias de Demócrito e Aristóteles o ciclo já tinha começado a entrar em seu caminho descendente de progresso. E se esses dois filósofos puderam discutir tão bem a teoria atômica e remontar o átomo ao *ponto* material ou físico, seus ancestrais devem ter ido mais longe ainda e seguido a sua gênese para além do limite em que o Sr. Tyndall e outros parecem acorrentados, não ousando atravessar a linha do "Incompreensível". As *artes perdidas* são uma prova suficiente de que se mesmo as suas realizações na fisiografia são agora colocadas em dúvida, por causa dos escritos insatisfatórios de seus físicos e naturalistas, por outro lado o seu conhecimento prático da Fitoquímica e da Mineralogia excedia bastante o nosso. Além disso, eles podiam estar perfeitamente a par da história física de nosso globo sem divulgar o seu conhecimento para as massas ignorantes dos dias dos mistérios religiosos.

Por isso, não é apenas dos livros mosaicos que pretendemos retirar as provas para os nossos argumentos ulteriores. Os antigos judeus tiraram todo o seu conhecimento – tanto religioso quanto profano – das nações com as quais se tinham mesclado nos períodos mais remotos. Mesmo a mais antiga de todas as ciências, a sua "doutrina secreta" cabalística, pode ser acompanhada em todos os detalhes até a sua fonte primeira, a Índia Superior, ou o Turquestão, muito antes da época da separação distinta entre as nações arianas e semitas. O rei Salomão, tão celebrado pela posteridade, como diz Josefo, o historiador[24], por suas habilidades mágicas, recolheu o seu conhecimento secreto da Índia, através de Hirão, o rei de Ofir, e talvez de Sabá. Seu anel, conhecido comumente como o "selo de Salomão", tão celebrado pelo poder de sua influência sobre as várias espécies de gênios e demônios, é igualmente de origem hindu. Escrevendo sobre as pretensas e abomináveis habilidades dos "adoradores de demônios" de Travancore, o Rev. Samuel Mateer, da Sociedade das Missões de Londres, afirma, ao mesmo tempo, estar de posse de um antiquíssimo volume manuscrito de encantamentos mágicos e de sortilégios em língua malayâlam, que dá instruções para realizar uma grande variedade de fenômenos. Ele acrescenta, naturalmente, que "muitos deles são *terríveis* em sua malignidade e obscenidade", e dá em sua obra o fac-símile de alguns amuletos que trazem figuras e desenhos mágicos. Encontramos entre eles um com a seguinte legenda: "Para remover o tremor resultante da possessão demoníaca – desenhe esta figura sobre uma planta que tem seiva leitosa, e atravesse um prego nela; o tremor cessará"[25]. A figura é o próprio *selo* de Salomão, ou o duplo triângulo dos cabalistas. Os cabalistas hindus tomaram-no dos judeus, ou estes daqueles, por herança de seu grande rei cabalista, o sábio Salomão?[26] Mas deixaremos esta frívola discussão para prosseguir a questão muito mais interessante da luz astral, e as suas propriedades desconhecidas.

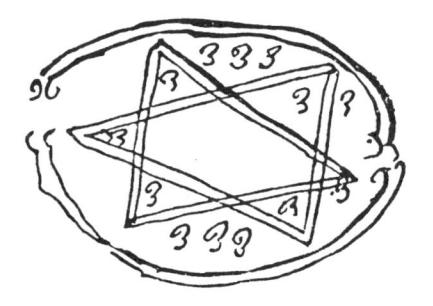

Admitindo, então, que esse agente mítico é o éter, procuraremos ver o que e quanto a Ciência conhece a seu respeito.

No que concerne aos vários efeitos dos diversos raios solares, Robert Hunt, F. R. S., assinala, nas suas *Researches on Light in its Chemical Relations,* que:

"Os raios que dão *mais* luz – os raios amarelos e alaranjados – não produzem modificações na cor do cloreto de prata"; ao passo que "os raios que têm *menor* poder iluminador – os azuis e violeta – produzem as maiores modificações, e num tempo extremamente curto. (...) Os vidros amarelos obstruem mal qualquer luz; os vidros azuis podem ser tão escuros a ponto de não deixarem passar senão uma quantidade muito pequena".

E, no entanto, vemos que sob o raio *azul* a vida tanto vegetal quanto animal manifesta um desenvolvimento desordenado, ao passo que sob o raio amarelo ele é proporcionalmente impedido. Como explicá-lo de maneira satisfatória, senão pela hipótese de que a vida animal e a vegetal se modificam diferentemente em função dos fenômenos eletromagnéticos, ainda desconhecidos em seus princípios fundamentais?

O Sr. Hunt acredita que a teoria ondulatória não explica os resultados de suas experiências. Sir David Brewster, em seu *Treatise on Optics,* ao mostrar que "as cores da vida vegetal provêm (...) de uma atração específica que as partículas desses corpos exercem sobre os raios de luz coloridos diversamente" e que "é pela luz do Sol que os sucos coloridos das plantas são elaborados, que as cores dos corpos se modificam, etc. (...)", assinala que não é fácil admitir "que tais efeitos podem ser produzidos pela simples vibração de um meio etéreo". E ele é *obrigado,* diz, "por tal espécie de fatos, a raciocinar como se a luz fosse *material*" (?)[27]. O Prof. Josiah P. Cooke, da Universidade de Harvard, diz que ele "não pode concordar (...) com aqueles que encaram a teoria ondulatória da luz como um princípio estabelecido da ciência"[28]. A doutrina de Herschel, segundo a qual a intensidade da luz, como efeito de qualquer ondulação, "está em razão inversa ao quadrado da distância de um corpo luminoso", se correta, modifica boa parte da teoria ondulatória, se não a destrói. Que ele está certo, provaram-no repetidamente as experiências com fotômetros; e, embora se comece a duvidar dela, a teoria ondulatória ainda está de pé.

Como o Gen. Pleasontom, da Filadélfia, entendeu de combater esta hipótese antipitagórica, e devotou-lhe um volume, não podemos fazer nada melhor do que remeter o leitor à sua recente obra sobre o *Blue Ray,* etc.[29] Deixamos a teoria de Thomas Young, que, de acordo com Tyndall, "estabeleceu sobre uma base imutável a teoria ondulatória da luz", para que ele próprio a defenda, se puder, contra o experimentador de Filadélfia.

Éliphas Lévi, o mago moderno, descreve a luz astral na seguinte frase: "Dissemos que para adquirir o poder mágico duas coisas são necessárias: libertar a vontade de toda servidão, e praticá-la sob controle".

"A vontade soberana é representada em nossos símbolos pela mulher que esmaga a cabeça da serpente, e pelo anjo resplandecente que domina o dragão, e o mantém sob os seus pés e sob a lança; o grande agente mágico, a corrente dual de luz, o *fogo* vivo e astral da Terra, foi representado nas teogonias antigas pela serpente com a cabeça de um touro, de um carneiro ou de um cão. É a serpente dupla do *caduceu*, é a antiga serpente do *Gênese*, mas é também a *serpente brônzea de Moisés* enrolada em torno do *tau*, vale dizer, do *lingam* gerador. É também o bode do sabá das feiticeiras, e o Baphomet dos Templários; é o *Hylé* dos Gnósticos; é a cauda dupla da serpente que forma as pernas do galo solar de Abraxas; finalmente, é o Demônio de Eudes de Mirville. Mas na verdade é a força cega que as almas devem vencer para libertar a si mesmas dos limites da Terra, pois se a sua vontade não as liberta "de sua *fatal atração*, elas serão absorvidas na corrente pela força que as produziu, e *retornarão ao fogo central e eterno*".

Esta figura de linguagem cabalista, não obstante a sua estranha fraseologia, é precisamente a mesma que Jesus utilizava; e em sua mente ela não poderia ter outro significado que não aquele atribuído pelos gnósticos e pelos cabalistas. Mais tarde os teólogos cristãos interpretaram-na de modo diferente, e para eles ela se tornou a doutrina do inferno. Literalmente, contudo, ela significa simplesmente o que diz – a luz astral, ou o gerador e o destruidor de todas as formas.

"Todas as operações mágicas", prossegue Lévi, "consistem em libertar-se dos laços da antiga serpente; portanto, em colocar o pé sobre sua cabeça e conduzi-la de acordo com a vontade do operador. 'Eu te darei', diz a serpente, no mito evangélico, 'todos os reinos da Terra, se te prosternares e me adorares.' O iniciado deveria replicar-lhe: 'Eu não me prosternarei, mas tu cairás aos meus pés; tu nada me darás, mas eu te usarei e obterei tudo que desejar. Pois *eu sou o Senhor e Mestre!*'. Este é o sentido verdadeiro da resposta ambígua dada por Jesus ao tentador. (...) Portanto, o Demônio não é uma entidade. É uma força errante, como o próprio nome indica. Uma *corrente ódica ou magnética* formada por uma cadeia (um círculo) de desejos perniciosos, criadora deste espírito demoníaco que o Evangelho chama de *legião*, e que força uma horda de porcos a se jogar no mar – outra alegoria evangélica mostrando como as naturezas baixas podem ser conduzidas temerariamente pelas forças cegas postas em movimento pelo erro e pelo pecado."[30]

Em sua extensa obra sobre as manifestações místicas da natureza humana, o naturalista e filósofo alemão Maximilian Perty dedicou todo um capítulo às *Formas modernas de magia*. "As manifestações da vida mágica", diz ele no *Prefácio*, "repousam em parte numa ordem de coisas diferente da natureza com a qual estamos familiarizados, com tempo, espaço e causalidade; estas manifestações só escassamente são experimentadas; elas não podem ser evocadas a nosso convite, mas devem ser observadas e cuidadosamente seguidas sempre que ocorrerem em nossa presença; podemos apenas agrupá-las analogicamente sob certas divisões, e deduzi-las dos princípios e leis gerais." Portanto, para o Prof. Perty, que pertence evidentemente à escola de Schopenhauer, a possibilidade e a *naturalidade* dos fenômenos que tiveram lugar na presença de Govinda Svâmin, o faquir, e que foram descritos por Louis Jacolliot, o orientalista[31], são totalmente demonstrados de acordo com esse princípio. O faquir era um homem que, através da completa sujeição da matéria de seu sistema corporal, atingira o estado de purificação no qual o espírito se torna quase inteiramente livre de sua prisão[32], e pode produzir maravilhas. Sua *vontade*, não, um simples desejo seu torna-se uma força criadora, e ele pode comandar os elementos e os poderes da Natureza. Seu corpo não é mais um entrave; por isso ele pode conversar "espírito a espírito, sopro a sopro". Sob suas palmas estendidas, uma semente, desconhecida para ele (pois Jacolliot a recolheu ao acaso, entre uma variedade de sementes, de um saco, e a plantou ele próprio, depois de *marcá-la*, num vaso de flores), germinará instantaneamente, e abrirá seu caminho através do solo[33]. Desenvolvendo em menos de duas horas um tamanho e um peso que, talvez, sob circunstâncias comuns, requeririam vários dias ou semanas, ela cresce miraculosamente sob os próprios olhos do experimentador perplexo, e confundindo todas as fórmulas aceitas da Botânica. Trata-se de um milagre? De modo algum; pode sê-lo, talvez, se tornarmos a definição de Webster, segundo a qual o milagre é "todo evento contrário à constituição *estabelecida* e ao curso das coisas – um desvio das leis *conhecidas* da Natureza". Mas estarão os nossos naturalistas preparados para defender a afirmação de que o que eles *estabeleceram* uma vez pela observação é infalível? Ou que *todas* as leis da Natureza lhes são conhecidas? Neste caso, o "milagre" é de uma ordem um pouco *mais* elevada do que as atuais experiências bem conhecidas do Gen. Pleasontom, da Filadélfia. Enquanto a vegetação e os frutos de suas vinhas foram estimulados a uma incrível atividade pela luz violeta artificial, o fluido magnético que emanava das mãos do faquir efetuava mudanças ainda mais intensas e rápidas na função vital das plantas indianas. Ele atraiu e concentrou o *âkâśa*, ou princípio vital, no germe[34]. Seu magnetismo, obedecendo à sua vontade, dirigiu o *âkâśa* numa corrente concentrada através da planta em direção às suas mãos, e, mantendo um fluxo ininterrupto pelo espaço de tempo necessário, o princípio vital da planta construiu célula após célula, camada após camada, com extraordinária atividade, até que a obra se completasse. O princípio vital é apenas uma força cega que obedece a uma influência controladora. No curso ordinário da Natureza, o protoplasma da planta a teria concentrado e dirigido numa certa velocidade estabelecida. Esta velocidade poderia ter sido controlada pelas condições atmosféricas predominantes, sendo o seu crescimento rápido ou lento, e, na haste e na ponta, na proporção do grau de luz, calor e umidade da estação. Mas o faquir, vindo em auxílio da Natureza com sua vontade poderosa e o espírito purificado do contato com a matéria[35], condensa, por assim dizer, a essência da vida da planta em seus germes, e força-a a amadurecer antes do tempo. Ao ser totalmente submetida à sua vontade, esta força cega obedece-a servilmente. Se ele escolhe *imaginar* a planta como um monstro, ela seguramente se tornará um, como cresceria ordinariamente em sua forma natural, pois a imagem concreta – escrava do modelo subjetivo desenhado na imaginação do faquir – é forçada a seguir o original em seus mínimos detalhes, como a mão e o pincel do pintor seguem a imagem que copiam de sua mente. A vontade do faquir mágico forma uma invisível mas, para ele, perfeitamente objetiva matriz, na qual a matéria vegetal é forçada a se depositar e a assumir a forma fixada. A vontade cria, pois a vontade em movimento é força, e a força produz *matéria*.

Se algumas pessoas objetarem à explicação alegando que o faquir não poderia, de modo algum, criar o modelo em sua imaginação, uma vez que Jacolliot não o informou sobre a espécie de semente que havia selecionado para a experiência, a elas responderemos que o espírito do homem é como o do seu Criador – onisciente em sua essência. Enquanto em seu estado natural o faquir *não* conhecia e não *poderia* conhecer se era a semente de um melão ou de qualquer outra planta, uma vez em transe, *i.e.*, morto corporalmente a toda percepção exterior, o espírito, para o qual não existem distância, obstáculos materiais, nem espaço ou tempo, não experimentou dificuldade alguma para perceber a semente de melão, estivesse ela profundamente enterrada na terra do vaso ou refletida na mente de Jacolliot. Nossas visões, presságios e outros fenômenos psicológicos, todos os quais existem na Natureza, corroboram o fato acima mencionado.

Faríamos bem talvez em responder agora a uma outra objeção pendente. Os *prestidigitadores* indianos, dir-nos-ão, fazem o mesmo, e tão bem quanto o faquir, se podemos acreditar nos jornais e nas narrativas dos viajantes. Sem dúvida; no entanto, esses prestidigitadores ambulantes não são nem puros em seus modos de vida nem considerados santos por ninguém; nem pelos estrangeiros nem pelo seu próprio povo, pois são *feiticeiros*; homens que praticam a *arte negra*. Enquanto um homem santo como Govinda Svâmin requer apenas a ajuda de sua própria alma divina, estreitamente unida ao espírito astral, e a ajuda de alguns poucos *pitris* familiares – seres puros, etéreos, que se agrupam em torno de seu irmão eleito em carne –, o feiticeiro só pode invocar para sua ajuda aquela espécie de espíritos que conhecemos como elementais. Os semelhantes se atraem; e a ambição por dinheiro, propósitos impuros e desígnios egoístas não podem atrair outros espíritos senão os espíritos que os cabalistas judeus conhecem como *klippoth*, habitantes de *Asiah*, o quarto mundo, e os mágicos orientais como *afrits*, ou espíritos elementares do erro, ou *daêvas*.

Eis como um jornal inglês descreve o extraordinário *truque* do crescimento da planta, realizado por *prestidigitadores* indianos.

"Um vaso de flores vazio foi então colocado no solo pelo prestidigitador, que solicitou a seus secretários permissão para trazer um pouco da terra do pequeno canteiro vizinho. Concedida a permissão, o homem foi e retornou dois minutos depois com uma pequena quantidade de terra fresca segura num pedaço de seu cháder, que foi depositada num vaso de flores e ligeiramente comprimida. Tomando de sua cesta uma semente de manga seca, e exibindo-a ao redor dos espectadores para que pudessem examiná-la e certificar-se de que era realmente o que parecia ser, o prestidigitador retirou um pouco da terra do centro do vaso de flores e colocou a semente no buraco. Ele então colocou suavemente a terra sobre ela, e, tendo derramado um pouco de água sobre a superfície, ocultou o vaso de flores dos olhares por meio de uma toalha mantida sobre um pequeno triângulo. E então, no meio de um forte coro de vozes e do acompanhamento em rat-rat-rat do tamborim, a semente germinou; em seguida, um pedaço do pano foi retirado, e exibiu-se um tenro rebento, caracterizado por duas longas folhas de cor marrom-escuro. O pano foi recolocado, e o encanto recomeçou. Não muito depois, contudo, antes que o pano fosse retirado uma segunda vez, viu-se que as duas primeiras folhas tinham dado lugar a várias outras folhas verdes, e que a planta tinha agora nove ou dez polegadas de altura. Uma terceira vez, e a folhagem estava muito mais espessa, e o arbusto tinha cerca de treze a catorze polegadas de altura. Uma quarta vez, e a pequena árvore em miniatura, agora com cerca de dezoito polegadas de altura, tinha dez ou doze mangas do tamanho de nozes pendendo de seus ramos. Finalmente, após um lapso de três ou quatro minutos, o pano foi novamente removido, e os frutos, tendo atingido a perfeição de tamanho, embora não a maturidade, foram colhidos e distribuídos aos espectadores, e, uma vez provados, foram considerados quase maduros, por estarem levemente ácidos."

Podemos acrescentar a isto que testemunhamos a mesma experiência na Índia e no Tibete, e que mais de uma vez fornecemos nós mesmos o vaso de flores, esvaziando uma velha lata de alguns extratos Liebig. Enchemo-la com terra com as nossas próprias mãos, e plantamos nela uma pequena raiz oferecida a nós pelo mágico; e enquanto a experiência não terminou, jamais removemos nossos olhos do pote, que estava colocado *em nosso próprio quarto*. O resultado foi invariavelmente igual ao acima descrito. Imagina o leitor que algum prestidigitador poderia produzir a mesma manifestação sob semelhantes condições?

O sábio Orioli, Membro Correspondente do Instituto da França, oferece vários exemplos que mostram os maravilhosos efeitos produzidos pela força de vontade que age sobre o Proteu invisível dos mesmeristas. "Vimos", diz ele, "algumas pessoas que, simplesmente pronunciando certas palavras, detêm touros e cavalos selvagens em furiosa carreira, e suspendem em vôo a flecha que corta o ar."[36] Thomas Bartholini afirma a mesma coisa.

Diz Du Potet: "Quando eu desenho no chão, com giz ou carvão, esta figura (...) um *fogo*, uma *luz* fixa-se sobre ela. Ela atrai rapidamente para si a pessoa que se aproxima; ela o detém e o fascina (...) e é inútil ela tentar cruzar a linha. Um poder *mágico* compele-a a permanecer em silêncio. Ao cabo de alguns poucos instantes, ela se rende, em soluços. (...) *A causa não está em mim*, mas neste signo totalmente cabalístico, contra o qual se empregaria inutilmente a violência."[37]

Numa série de experiências memoráveis feitas por Regazzoni na presença de alguns médicos franceses bem-conhecidos, em Paris, a 18 de maio de 1856, eles se reuniram juntos uma noite e Regazzoni, com seu dedo, desenhou uma linha cabalística imaginária no chão, sobre a qual fez alguns poucos passes rápidos. Tinha-se concordado em que os sujeitos mesmerizados selecionados pelos investigadores e pelo comitê para as experiências, e todos desconhecidos deles, deveriam ser mantidos de olhos vendados no aposento, e impelidos a andar pela linha, sem que se dissesse uma palavra para indicar o que esperavam deles. Os pacientes movimentaram-se confiantemente até chegarem à barreira invisível, quando, como se descreve, "seus pés, *como se tivessem sido subitamente agarrados e pregados*, aderiram ao solo, enquanto seus corpos, impelidos para a frente pelo rápido impulso do movimento, caíram de bruços sobre o pavimento. A rigidez instantânea de seus membros era igual à de um cadáver congelado, e seus calcanhares estavam dispostos com precisão matemática sobre a linha fatal!"[38]

Numa outra experiência concordara-se em que, a um sinal dado por um dos médicos, uma moça de olhos vendados seria arremessada ao solo, como se ferida por um raio, quando batida pelo fluido magnético emitido pela vontade de Regazzoni. Ela foi colocada longe do magnetizador; o sinal foi dado, e instantaneamente ela se precipitou ao chão, sem que uma palavra fosse dita ou um gesto feito. Involuntariamente um dos espectadores estendeu sua mão como para pegá-la; mas Regazzoni, com voz de trovão, exclamou: "Não a toque! Deixe-a cair; um paciente magnetizado nunca se fere ao cair". Des Mousseaux, que narra a história, diz que "o mármore não é mais rígido do que era o seu corpo; sua cabeça não tocou o chão; um de seus braços permaneceu estendido no ar; uma de suas pernas estava levantada e a outra na horizontal. Ela permaneceu nessa postura incômoda durante um tempo indefinido. Uma estátua de bronze é menos rígida"[39].

Todos os efeitos testemunhados nas experiências dos conferencistas sobre o mesmerismo foram produzidos com perfeição por Regazzoni e sem que uma palavra fosse dita para indicar ao paciente o que fazer. Apenas com a sua vontade silenciosa, ele produziu os efeitos mais surpreendentes sobre os sistemas físicos de pessoas desconhecidas totalmente. Ordens murmuradas pelo comitê ao ouvido de Regazzoni foram imediatamente obedecidas pelos pacientes, cujos ouvidos estavam tampados com algodão, e cujos olhos estavam cobertos de vendas. Mais ainda, em alguns casos não lhes foi necessário expressar ao magnetizador o que desejavam, pois suas próprias ordens mentais eram cumpridas com perfeita exatidão.

Experiências similares foram feitas por Regazzoni na Inglaterra, à distância de trezentos passos do paciente que lhe traziam. O *jettatura*, ou mau-olhado, não é senão a emissão desse fluido invisível, carregado de vontade maligna e de ódio, de uma pessoa a outra, e enviado com a intenção de prejudicá-la. Ele pode igualmente ser empregado para um objetivo bom ou mau. *No primeiro caso, é magia; no segundo, feitiçaria.*

O que é a VONTADE? A "ciência exata" pode dizê-lo? Qual é a natureza desse algo inteligente, intangível e poderoso que reina soberanamente sobre toda matéria inerte? A grande Idéia Universal desejou, e o Cosmos veio à existência. Eu quero, e meus membros obedecem. Eu *quero*, e meu pensamento, ao atravessar o espaço, que não existe para ele, abarca o corpo de um outro indivíduo que não é uma parte de mim, penetra por seus poros, e substituindo suas próprias faculdades, se são mais fracas, força-o a uma ação predeterminada. Age como o fluido de uma bateria galvânica sobre os membros de um cadáver. Os misteriosos efeitos de atração e repulsão são os agentes *inconscientes* dessa vontade; a fascinação, tal como a que vemos exercida por alguns animais, tal qual as serpentes sobre pássaros, é uma ação *consciente* dela, e o resultado do pensamento. Cera, vidro, âmbar, quando esfregados, *i. e.*, quando o calor latente que existe em toda substância é despertado, atraem corpos luminosos; eles exercem inconscientemente a *vontade*, pois a matéria inorgânica, assim como a orgânica, possui uma partícula da essência *divina* em si, por mais infinitesimalmente pequena que seja. E como poderia sê-lo de outro modo? Ainda que no curso de sua evolução tenha passado do princípio ao fim por milhões de formas diversas, ela deve sempre reter o germe inicial da *matéria preexistente,* que é a primeira manifestação e emanação da própria Divindade. O que é então esse poder inexplicável da atração, a não ser uma porção atômica daquela essência que os cientistas e os cabalistas reconhecem igualmente como o "princípio da vida" – o *âkâsa*. Admite-se que a atração exercida por tais corpos seja cega; mas, se ascendemos mais e mais na escala dos seres orgânicos da Natureza, encontramos este princípio de vida desenvolvendo atributos e faculdades que se tornam mais determinados e mais característicos a cada degrau dessa escala sem fim. O homem, o mais perfeito dos seres organizados sobre a Terra, em quem a matéria e o espírito – *i.e.*, a vontade – são mais desenvolvidos e poderosos, é o único ao qual se concedeu um impulso consciente para aquele princípio que emana dele. Apenas ele pode comunicar ao fluido magnético impulsos opostos e diversos em limites quanto à direção. "Ele quer", diz Du Potet, "e a matéria *organizada* obedece. *Ela não tem pólos."*

O Dr. Brierre de Boismont, em seu volume sobre *Hallucinations,* passa em revista uma maravilhosa variedade de visões, aparições e êxtases, geralmente chamados de alucinações. "Não podemos negar", diz ele, "que em certas doenças vemos desenvolver-se uma grande superexcitação da sensibilidade, que concede aos sentidos uma prodigiosa agudeza de percepção. Assim, alguns indivíduos verão a consideráveis distâncias, outros anunciarão a aproximação de pessoas que estão realmente a caminho, embora os presentes não possam ouvi-los ou vê-los chegando."[40]

Um paciente lúcido, deitado em seu leito, anuncia a chegada de pessoas que ele só pode ver com a ajuda da *visão transmural*, e esta faculdade é chamada por Brierre de Boismont de *alucinação*. Em nossa ignorância, supomos até agora que, para ser corretamente chamada de *alucinação*, uma visão deve ser subjetiva. Deve existir exclusivamente no cérebro delirante do paciente. Mas se este anuncia a visita de uma pessoa, a quilômetros de distância, e esta pessoa chega no exato momento predito pelo *vidente*, então sua visão não é mais subjetiva, mas, ao contrário, perfeitamente *objetiva*, pois ele viu essa pessoa no ato de chegar. E como o paciente poderia ver, através de corpos sólidos e do espaço, um objeto além do alcance de nossa visão mortal, se ele não utilizasse os seus olhos *espirituais* nessa ocasião? Coincidência?

Cabanis fala de certas doenças nervosas nas quais os pacientes distinguiam facilmente a olho nu os infusórios e outros seres microscópicos que outros só podiam perceber através de lentes poderosas. "Encontrei pacientes", diz ele, "que viam tão bem numa escuridão ciméria quanto numa sala iluminada (...)"; outros "que seguiam, pelo olfato, o rasto das pessoas e acertavam aquelas que haviam sequer tocado um objeto com só cheirá-lo, com uma sagacidade que até então só se tinha observado em animais."[41]

Como diz Cabanis, é exatamente assim que a razão se desenvolve exclusivamente às expensas do instinto natural, tornando-se uma espécie de muralha chinesa que se ergue lentamente no solo dos sofismas e, finalmente, exclui as percepções espirituais do homem, de que o instinto é um dos mais importantes exemplos. Chegando a certos estágios de prostração física, quando a mente e as faculdades raciocinantes parecem paralisadas pela fraqueza e pela exaustão física, o instinto – a *unidade* espiritual dos cinco sentidos – vê, ouve, sente, toca e cheira, inalterado pelo tempo ou pelo espaço. Que sabemos dos limites exatos da ação mental? Como pode um médico pretender distinguir os sentidos reais dos imaginários em um homem cujo corpo, já exaurido de sua vitalidade habitual, deseja viver espiritualmente e se sente verdadeiramente incapaz de impedir a alma de evolar-se de sua prisão?

A luz divina através da qual, desimpedida pela matéria, a alma percebe coisas passadas, presentes e futuras, como se os seus raios se refletissem num espelho; o golpe mortal desferido num instante de violenta raiva ou no clímax de um ódio longamente inflamado; a bênção enviada por um coração reconhecido ou benévolo; e a maldição lançada contra um objeto – ofensor ou vítima –, tudo deve passar através desse agente universal, que, sob um impulso, é o sopro de Deus, e sob outro – o veneno do demônio. Ele foi *descoberto* (?) pelo Barão Reichenbach e chamado de OD, não podemos dizer se intencionalmente ou não, mas é singular que se tenha escolhido um nome que é mencionado nos livros mais antigos da Cabala.

Nossos leitores perguntarão, certamente, o que é então esse invisível *tudo*? Por que é que nossos métodos científicos, embora perfeitos, jamais descobriram qualquer uma das propriedades mágicas nele contidas? A isso podemos responder que não existem razões, já que os cientistas modernos as ignoram, para que ele não possua todas as propriedades com que os filósofos antigos o dotaram. A Ciência rejeita hoje muitas coisas que ela própria se verá forçada a aceitar amanhã. Há pouco menos de um século, a Academia negou a eletricidade de Franklin, e, nos dias de hoje, dificilmente podemos encontrar uma casa sem um pára-raios em seu telhado. Batendo à porta do celeiro, a Academia não viu o próprio celeiro. Os cientistas modernos, devido ao seu voluntário ceticismo e à sua erudita ignorância, fazem isso com muita freqüência.

Emepht[*], o princípio primeiro e supremo, engendrou um ovo e depois de incubá-lo impregnando-o de sua própria essência, desenvolveu-se o germe do qual nasceu *Ptah*, o ativo e criador princípio que iniciou sua obra. Da expansão infinita da matéria cósmica, que se formara sob seu alento, ou de sua *vontade*, esta matéria cósmica, luz astral, éter, bruma ígnea, princípio de vida – pouco importa o nome que lhe dermos –, este princípio criador, ou, como a nossa moderna filosofia o designa, lei da evolução, colocando em movimento as potências nele latentes, formou sóis e estrelas, e satélites; controlou sua localização pela lei imutável da harmonia, e povoou-os "com todas as formas e qualidades de vida". Nas antigas mitologias orientais, o mito cosmogônico diz que não havia senão água (o pai) e o limo prolífero (a mãe, *Ilus* ou *Hylê*), do qual proveio a serpente cósmica – a *matéria*. Era o deus *Phanes*, o deus revelado, a Palavra ou *Logos* [**]. A boa vontade com que este mito foi aceito, até mesmo pelos cristãos que compilaram o Novo Testamento, pode ser inferida pelo seguinte fato: Phanes, o deus revelado, é representado neste símbolo da serpente como um *protogonos*, um ser provido das cabeças respectivas de um homem, um falcão ou águia, um touro – *taurus* – e um leão, com asas em ambos os lados. As cabeças referem-se ao zodíaco, e representam as quatro estações do ano, pois a serpente *cósmica* é o ano *cósmico*, ao passo que a própria serpente é o símbolo de *Kneph*, o Deus imanifestado, o Pai. O tempo é alado, por isso a serpente é representada com asas. Se lembrarmos que cada um dos quatro evangelistas é representado tendo próximo de si um dos animais mencionados – agrupados em conjunto no selo de Salomão e no pentagrama de Ezequiel, e reencontrados nos quatro querubins ou esfinges da Arca da Aliança –, compreenderemos talvez o significado secreto assim como a razão por que os primeiros cristãos adotaram este símbolo; e por que os atuais católicos romanos e os gregos da Igreja oriental costumam representar os quatro evangelistas com os respectivos animais simbólicos. Compreenderemos também por que Irineu, bispo de Lyon, insistia tanto na necessidade de haver um *quarto* evangelho, explicando que *quatro* são as zonas do mundo, e quatro os ventos principais provindos dos quatro pontos cardeais, etc.[42]

Segundo um dos mitos egípcios, a forma-fantasma da ilha de Chemmis (*Chemi*, Antigo Egito), que flutua sobre as ondas etéreas da esfera empírea, foi chamada à vida por Horus-Apolo, o deus do Sol, que a fez evoluir do ovo cósmico.

No poema cosmológico do *Völuspâ* (a canção da profetisa), que contém as

---

* O termo *Emepht* ocorre em passagens atribuídas a Porfírio: "*Emepht* (. . .) *cujus imaginem faciunt colore caeruleo*, etc." (Porfírio, citado por Eusébio, *Praep. evang.*, III); também em Jâmblico, *Des mysteriis aegyptiorum*, viii, cap. 2, 3. É quase certo que Emepht seja uma grafia errônea posterior, ou gnóstica, do antigo egípcio *Tephet* (hebraico *Tophet*). Significando originalmente abismo, parece ter sido um outro nome para *Nun*, o oceano primordial, mas chegou a significar posteriormente o Reino dos Mortos.

É importante compreender que H.P.B. utilizava termos que existiram nas várias escolas do pensamento antigo e freqüentemente deu a algumas das divindades egípcias a grafia usada pelas escolas gregas. Uma certa confusão prevalece, portanto, nesses assuntos. (N. do Org.)

** *Phanes* é um dos elementos da Tríade Órfica – Chaos, Chronos, Phanes. Cf. Cory, *Ancient Fragments*, 2ª ed., 1832, p. 295-311; Thos. Taylor, *Mystical Hymns of Orpheus*, Londres, 1896, p. 41-42; Proclo, *On the Timaeus*, etc.; G.R.S. Mead, *Orpheus*. Londres: John M. Watkins, 1896; 2ª ed., 1965. Consultar o Sumário. (N. do Org.)

lendas escandinavas sobre a aurora mesma das idades, o germe-fantasma do universo é representado a repousar no *Ginnungagap* – ou a taça da ilusão, um abismo sem fim e vazio. Nessa matriz do mundo, inicialmente uma região de noite e desolação, *Nifelheim* (a região das nuvens), caiu um raio de luz fria (éter), que se derramou sobre a taça e nela se congelou. Então, o Invisível assoprou um vento abrasador que dissolveu as águas congeladas e dissipou as nuvens. Estas águas, chamadas de correntes de *Elivâgar*, destiladas em gotas vivificantes, criaram, ao cair, a terra e o gigante *Ymir*, que tinha apenas "a aparência humana" (o princípio masculino). Com ele foi criada a vaca, *Audhumla*[43] (princípio feminino), de cujo úbere fluíram *quatro correntes de leite*[44], que se difundiram pelo espaço (a luz astral é a sua emanação mais pura). A vaca *Audhumla* produz um ser *superior*, chamado *Buri*, belo e poderoso, lambendo as pedras que estavam cobertas de *sal mineral*.

Ora, se levamos em consideração que este mineral era universalmente considerado pelos antigos filósofos como um dos princípios formativos essenciais da criação orgânica; pelos alquimistas como o dissolvente universal, que, dizem eles, devia ser retirado da água; e por todo mundo, mesmo como é visto atualmente tanto pela ciência como pelas idéias populares, como um ingrediente indispensável para o homem e os animais – podemos compreender facilmente a sabedoria oculta desta alegoria sobre a criação do homem. Paracelso chama o sal "o centro da água, em que os metais devem morrer", etc.[45]; e Van Helmont chama o *alkahest*, "*summum et felicissimum omnium salium*", o mais bem logrado de todos os sais[46].

No *Evangelho segundo São Mateus*, diz Jesus: "Vós sois o *sal da terra:* mas se o sal se tornar insosso, com que o salgaremos?" e, prosseguindo a parábola, acrescenta: "Vós sois *a luz* do mundo" (V, 14). Isto é mais do que uma alegoria; essas palavras chamam a atenção para um sentido direto e inequívoco relativamente aos organismos espirituais e físicos do homem em sua natureza dupla, e mostram, ademais, um conhecimento da "doutrina secreta", de que encontramos traços diretos igualmente nas mais antigas e comuns tradições populares do Antigo e do Novo Testamento, e nos escritos dos místicos e dos filósofos antigos e medievais.

Mas voltemos à nossa lenda do *Edda. Ymir*, o gigante, adormece, e transpira abundantemente. Essa transpiração força a axila de seu braço esquerdo a gerar desse lugar um homem e uma mulher, enquanto o seu pé produz um filho para eles. Assim, enquanto a "vaca" mítica dá o ser a uma raça de homens espirituais superiores, o gigante *Ymir* engendra uma raça de homens maus e depravados, os *Hrimthussar*, ou gigantes de gelo. Comparando estas notas com os *Vedas* hindus, encontramos, com ligeiras modificações, a mesma lenda cosmogônica em substância e detalhes. Brahmâ, assim que Bhagavat, o Deus Supremo, lhe concede poderes criativos, produz seres animados, inteiramente espirituais no princípio. Os *Devatâs*, habitantes da região do *Svarga* (celestial), são incapazes de viver na Terra; então Brahmâ cria os *Daityas* (gigantes, que se tornam os habitantes do *Pâtâla*, as regiões inferiores do espaço), que também são incapazes de habitar *Mrityuloka* (a Terra). Para remediar o mal, o poder criativo faz sair *de sua boca* o primeiro Brahman, que então se torna o progenitor de nossa raça; de seu braço direito, Brahmâ cria *Kshatriya*, o guerreiro, e do esquerdo, *Kshatriyânî*, a consorte de *Kshatriya*. O filho de ambos, *Vaiśya*, emana do pé direito do criador, e a sua esposa, *Vaiśyâ*, do esquerdo. Enquanto na lenda escandinava Burr (o neto da vaca *Audhumla*), um ser *superior*, desposa *Beisla*, uma filha da raça depravada de gigantes, na tradição hindu o primeiro Brahman desposa *Daiteyî,* filha também da raça de gigantes; e no *Gênese* vemos os filhos de Deus tomando por esposas as filhas dos homens, e produzindo igualmente os poderosos homens da Antiguidade; todo o conjunto estabelece uma inquestionável identidade de origem entre o livro inspirado dos cristãos, e as "fábulas" pagãs da Escandinávia e do Hindustão. As tradições de qualquer outra nação vizinha, se examinadas, apresentariam um resultado semelhante.

Qual o moderno cosmogonista que poderia condensar, num símbolo tão simples como o da serpente egípcia num círculo, um tal mundo de significados? Aqui temos, nesta criatura, toda a filosofia do universo: a matéria vivificada pelo espírito, e os dois produzindo conjuntamente do caos (Força) todas as coisas existentes. Para indicar que os elementos estão firmemente unidos nesta matéria cósmica, que a serpente simboliza, os egípcios dão um *nó* à sua cauda.

Há um outro emblema, mais importante, relacionado à mudança de pele da serpente, que, se não nos enganamos, jamais foi anteriormente mencionado pelos nossos simbolistas. Como o réptil, depois de deixar sua pele, se torna livre do invólucro de matéria grosseira que o estorvava com um corpo grande demais, e retoma a sua existência com uma atividade renovada, assim *o homem, rejeitando o corpo material grosseiro, entra no próximo estágio de sua existência com poderes maiores e com vitalidade mais intensa.* Inversamente, os cabalistas caldeus relatam-nos que o homem primordial – que, ao contrário da teoria darwiniana, era mais puro, mais sábio e muito mais espiritual, como o mostram os mitos do *Buri* escandinavo, os *Devatâs* hindus, e os "filhos de Deus" mosaicos, numa palavra, de uma natureza muito superior à do homem da presente raça adâmica – tornou-se *desespiritualizado* ou contaminou-se com a matéria e, assim, pela primeira vez, recebeu o corpo carnal, que é caracterizado no *Gênese* no versículo profundamente significativo: "O Senhor Deus fez para o homem e sua mulher *túnicas de pele,* e os vestiu"[47]. A menos que os comentadores quisessem fazer da Causa Primeira um *alfaiate celestial,* o que poderiam estas palavras aparentemente absurdas significar, a não ser que o homem espiritual atingiu, através do progresso da involução, aquele ponto em que a matéria, predominando sobre o espírito e conquistando-o, transformou tal homem no homem físico, ou no segundo Adão, do segundo capítulo do Gênese?

Essa doutrina cabalística é elaborada mais amplamente no *Livro de Jasher.*[48][*] No cap. VII, estas vestes de pele são colocadas por Noé na arca, depois

---

*   Alude-se à obra original – conhecida pelo título de *Book of Jasher* – apenas em *Josué,* X, 13, e em *2 Samuel,* I, 18, e considera-se que ela se perdeu. Há um grande espaço para conjecturas no que diz respeito ao seu conteúdo e à sua natureza. Conservaram-se, todavia, com o mesmo título, duas obras rabínicas: uma, um tratado sobre moral, escrito em 1394 d. C. por R. Shabbatai Carmuz Levita, de que uma cópia manuscrita está na Biblioteca do Vaticano; a outra, de R. Tham, trata das leis dos judeus em dezoito capítulos e foi impressa na Itália em 1544 e na Cracóvia em 1586. Uma obra anônima, impressa em Veneza e em Praga em 1625, e da qual se diz ter sido feita sua primeira aparição em Nápoles, foi tida por alguns judeus como o documento referido em *Josué.* Ela contém a narrativa histórica do *Pentateuco,* de *Josué* e dos *Juízes,* com muitas fábulas adicionais. R. Jacob dela publicou uma tradução alemã em Frankfurt-am-Main, em 1674. Esta é a obra que H. P. B. tem em mente. Diz-se no prefácio da primeira edição que ela foi descoberta na destruição de Jerusalém por Sidro, um dos oficiais de Tito, que, enquanto procurava uma casa para saqueá-la, encontrou, numa câmara secreta, um recipiente que continha os Livros da Lei, dos Profetas e os Hagiógrafos, com muitos outros, que um venerável ancião estava lendo. Sidro tomou o velho homem sob sua proteção e construiu para ele uma casa em Sevilha, onde os livros foram

de tê-las obtido por herança de Matusalém e Henoc, que as receberam de Adão e de sua mulher. Cam rouba-as de Noé, seu pai; dá-as "em segredo" a Cuch, que as esconde de seus filhos e irmãos e as passa a Nemrod.[49]

Embora alguns cabalistas e mesmo alguns arqueólogos digam que "Adão, Henoc e Noé poderiam ser, na aparência externa, homens diferentes, eles eram na verdade a mesmíssima pessoa divina"[50]. Outros explicam que entre Adão e Noé intervieram muitos ciclos. Isto quer dizer que cada um dos patriarcas antediluvianos figurava como representante de uma raça que teve seu lugar numa sucessão de ciclos; e que cada uma dessas raças era menos espiritual do que a precedente. Assim, Noé, embora um homem bom, não poderia sustentar a comparação com seu ancestral, Henoc, que "caminhou com Deus e não morreu". Daí a interpretação alegórica que faz Noé receber sua túnica de pele por herança do segundo Adão e de Henoc, mas não vesti-la ele próprio, pois, de outro modo, Cam não poderia roubá-la. Mas Noé e seus filhos atravessaram o dilúvio; e enquanto o primeiro pertencia à antiga e ainda espiritual geração antediluviana, já que ele foi selecionado entre toda a Humanidade por sua pureza, os seus filhos eram *pós*-diluvianos. A túnica de pele recebida "em segredo" – *i.e.*, quando a sua natureza espiritual começou a ser maculada pela material – por Cuch passou a Nemrod, o mais poderoso e forte dos homens físicos posteriores ao dilúvio – o último remanescente dos gigantes antediluvianos[51].

Na lenda escandinava, *Ymir*, o gigante, é morto pelos filhos de *Burr*, e as correntes de sangue que fluíram de suas feridas eram tão copiosas que afogaram toda a raça de gigantes de gelo e neblina, e só *Bergelmir*, que pertencia a esta raça, se salvou com sua mulher, refugiando-se num barco, o que lhe permitiu perpetuar um novo ramo de gigantes do velho tronco. Mas todos os filhos de *Burr* escaparam ilesos da inundação[52].

Quando se decifra o simbolismo dessa lenda diluviana, percebe-se imediatamente o verdadeiro sentido da alegoria. O gigante *Ymir* simboliza a primitiva *matéria* orgânica bruta, as forças cósmicas cegas, em seu estado caótico, antes de receberem o impulso inteligente do Espírito Divino que as pôs em movimento regular e dependente das leis imutáveis. A progênie de *Burr* são os "filhos de Deus", ou os deuses menores mencionados por Platão no *Timeu*, que foram incumbidos, como diz, da criação dos homens, pois vemo-los tomando os restos dilacerados de *Ymir* do *Ginnungagap*, o abismo caótico, e empregando-os na criação de nosso mundo. Seu sangue vai formar os oceanos e os rios; seus ossos, as montanhas; seus dentes, as rochas e os penhascos; seus cabelos, as árovres, etc., ao passo que seu crânio forma a abóbada celeste, mantida por quatro colunas que representam os quatro pontos cardeais. Das sobrancelhas de *Ymir* originou-se a futura morada do homem – *Midgard*. Esta morada (a Terra), diz o *Edda*, deve, para ser corretamente descrita

---

mantidos com segurança. O livro em consideração é mais provavelmente obra de um judeu espanhol do século XIII. Uma falsificação canhestra em inglês, que apareceu pela primeira vez em 1751 com o mesmo título, obteve um êxito considerável durante algum tempo. Afirmava ser uma tradução do hebraico para o inglês por Alcufno da Bretanha, que a descobrira na Pérsia durante sua peregrinação. Foi reimpressa em Bristol em 1829 e, novamente, em 1833. No Catálogo do Museu Britânico o nome do autor é Jacob Ilive.

Em data posterior, duas outras edições apareceram: uma, por M. M. Noah, Nova Iorque, 1840; e outra, em Salt Lake City, 1887. As passagens citadas por H. P. B. foram conferidas pela edição de 1840. (N. do Org.)

em todas as menores particularidades, ser concebida *redonda como um anel*, ou um disco, flutuando no meio do Oceano Celestial (éter). É circundada por *Jormungand*, a gigantesca *Midgard* – ou a Serpente da Terra, que mantém a cauda em sua boca. É a serpente cósmica, matéria e espírito, produto combinado e emanação de *Ymir*, a grosseira matéria rudimentar, e do espírito dos "filhos de Deus", que moldou e criou todas as formas. Esta emanação é a luz astral dos cabalistas, e o ainda problemático e pouco conhecido éter, ou o "agente hipotético de grande elasticidade" de nossos físicos.

Graças à mesma lenda escandinava da criação da Humanidade, pode-se inferir o quanto estavam os antigos seguros da doutrina da trínica natureza humana. Segundo o *Völuspâ*, *Odin*, *Höner* e *Lodur*, que são os progenitores de nossa raça, encontraram em um de seus passeios nas praias do oceano dois bastões flutuando sobre as ondas, "impotentes e sem destino". *Odin* soprou-lhes o alento da vida; *Höner* concedeu-lhes alma e movimento; e *Lodur*, beleza, linguagem, inteligência e audição. Deram ao homem o nome de *Askr* – o freixo[53] – e à mulher o de *Embla* – o amieiro. Estes primeiros homens foram colocados em *Midgard* (jardim do meio, ou Éden) e herdaram, de seus criadores, a matéria ou vida inorgânica; a mente, ou a alma; e o espírito puro; a primeira correspondendo àquela parte de seu organismo que nasceu dos restos de *Ymir*, o gigante-matéria; a segunda, de Aesir, ou deuses, descendentes de *Buri;* e o terceiro, de *Vaner*, ou representante do espírito puro.

Outra versão do *Edda* faz o nosso universo visível sair de debaixo dos ramos luxuriantes da árvore cósmica – o *Yggdrasill*, a árvore de *três* raízes. Sob a primeira raiz corre a fonte da vida, *Urdhar*; sob a segunda está o famoso poço de *Mimer*, no qual jazem profundamente sepultados o Espírito e a Sabedoria. *Odin*, o *Alda-fader*, pede um gole desta água; ele o obtém, mas vê-se obrigado a empenhar por isso um de seus olhos; o olho é neste caso o símbolo da Divindade que se revela na sabedoria de sua própria criação, pois *Odin* o deixa no fundo do poço sem fim. O cuidado da árvore cósmica é confiado a três donzelas (as Norns, ou *Parcae*), *Urth*, *Verthandi* e *Skuld* – ou o Presente, o Passado e o Futuro. Toda manhã, enquanto fixam a duração da vida humana, elas puxam água da fonte *Urdhar*, e a espargem sobre as raízes da árvore cósmica, para que esta possa viver. As exalações do freixo, *Yggdrasill*, condensam-se e, ao caírem sobre a nossa terra, criam e transformam cada porção da matéria inanimada. Esta árvore é o símbolo da Vida *universal*, tanto orgânica quanto inorgânica; suas emanações representam o espírito que vivifica toda forma de criação; e de suas três raízes uma se estende ao céu, a segunda à morada dos mágicos – gigantes, habitantes das *altas montanhas* – e a terceira, sob a qual está a fonte *Hvergelmer*, é roída pelo monstro *Nidhögg*, que induz constantemente a Humanidade ao mal. Os tibetanos têm também a sua árvore cósmica, e a lenda é de uma incontável antiguidade. Para eles, seu nome é *Zampun*. A primeira de suas três raízes também se estende ao céu, ao topo das mais altas montanhas; a segunda atravessa a região inferior; a terceira permanece no meio e atinge o Oriente. A árvore cósmica dos hindus é o *Aśvattha*[54]. Seus ramos compõem o mundo visível, e suas folhas, os *Mantras* dos *Vedas*, símbolos do universo em seu caráter intelectual e moral.

Quem é capaz de estudar cuidadosamente as religiões antigas e os mitos cosmogônicos sem perceber que esta semelhança marcante de concepções, em sua forma exotérica e espírito esotérico, não resulta de uma simples coincidência, mas manifesta um propósito convergente? Isto mostra que já naquelas épocas, que foram excluídas de nossos olhos pela névoa impenetrável da tradição, o pensamento religioso se desenvolveu com uma simpatia uniforme em todas as porções do globo. Os cristãos chamam essa adoração da natureza em suas verdades mais ocultas de Panteísmo. Mas se este, que reverencia e nos revela Deus no espaço em Sua única forma objetiva possível – a da natureza visível –, lembra perpetuamente a Humanidade dAquele que a criou, e uma religião de dogmatismo religioso apenas serve para ocultá-Lo mais e mais de nossos olhos, qual dentre ambos está mais bem-adaptado às necessidades da Humanidade?

A ciência moderna insiste na doutrina da evolução; a razão e a "doutrina secreta" fazem o mesmo, e a idéia é corroborada pelas lendas e mitos antigos, e mesmo pela própria Bíblia que se lê nas entrelinhas. Vemos uma flor desenvolver-se lentamente de um botão e o botão da sua semente. Mas de onde provém esta, com todo o seu programa predeterminado de transformação física, e suas forças invisíveis, portanto *espirituais*, que desenvolvem gradualmente sua forma, cor e odor? A palavra *evolução* fala por si. O germe da atual raça humana deve ter preexistido na origem desta raça, como a semente, na qual repousa oculta a flor do próximo verão, desenvolveu-se na cápsula de sua flor-mãe; a mãe pode não diferir senão *ligeiramente*, mas ela ainda difere de sua futura progênie. Os ancestrais antediluvianos dos elefantes e dos lagartos atuais foram, talvez, o mamute e o plesiossáurio; por que os progenitores de nossa raça humana não poderiam ter sido os "gigantes" dos *Vedas*, do *Völuspâ* e do livro *Gênese?* Se é positivamente absurdo acreditar que a "transformação das espécies" tenha ocorrido de acordo com alguns dos pontos de vista mais materialistas dos evolucionistas, é simplesmente natural pensar que cada gênero, a começar dos moluscos e terminando com o homem-macaco, se modificou a partir de sua própria forma primordial e distinta. Supondo-se que concordemos em que "os animais descenderam no máximo de apenas quatro ou cinco progenitores"[55]; e que mesmo *à la rigueur* "todos os seres orgânicos que já viveram sobre *esta terra* descenderam de alguma forma primordial única"[56]; ainda assim, somente um materialista cego como uma pedra, ou completamente desprovido de intuição, pode seriamente esperar ver "no distante futuro (...) a psicologia estabelecida sobre uma nova base, a da aquisição necessária e por degraus de todos os poderes e capacidades mentais"[57].

O homem físico, enquanto produto da evolução, pode ser deixado nas mãos do homem da ciência exata. Ninguém, a não ser ele, pode esclarecer a origem *física* da raça. Mas devemos positivamente negar ao materialista o mesmo privilégio no que respeita à evolução psíquica e espiritual do homem, pois *nenhuma* evidência conclusiva pode demonstrar que ele e suas faculdades superiores são "produtos da evolução, tal como a planta mais humilde e o verme mais ínfimo"[58].

Isto posto, mostraremos agora a hipótese da evolução dos antigos brâmanes, tal como eles lhe deram corpo na alegoria da árvore cósmica. Os hindus representam a sua árvore mítica, que chamam Aśvattha, de uma forma que difere da dos escandinavos. Os hindus a descrevem crescendo ao contrário, os ramos estendendo-se para baixo e as raízes para cima; aqueles caracterizam o mundo externo dos sentidos, *i.e.*, o universo cósmico visível, e estas, o mundo invisível do espírito, porque as raízes têm sua *gênese* nas regiões celestes, onde a Humanidade, desde a criação do mundo, colocou a sua divindade invisível. Como a energia criativa se originou nesse ponto primordial, os símbolos religiosos de todos os povos são igualmente ilustrações dessa hipótese metafísica exposta por Pitágoras, Platão e outros filósofos. "Estes caldeus", diz Fílon[59], "opinavam que o Kosmos, entre as coisas que existem, é um simples ponto, que é ele próprio ou Deus (Theos) ou o que nele é Deus, e compreende a alma de todas as coisas."

A Pirâmide egípcia também representa simbolicamente esta idéia da árvore cósmica. Seu ápice é o elo místico entre o céu e a terra, e sustenta a raiz, ao passo que a base representa os ramos espalhados que se estendem pelos quatro pontos cardeais do universo da matéria. Ela comporta a idéia de que todas as coisas tiveram origem no espírito – pois a evolução começou originalmente por cima e prosseguiu para baixo, e não ao contrário, como ensina a teoria darwiniana. Em outras palavras, houve uma materialização gradual de formas até que se atingisse o derradeiro rebaixamento fixo. Este ponto é aquele no qual a doutrina da evolução moderna adentra a arena das hipóteses especulativas. Chegando a este período, acharemos mais fácil de entender a *Antropogênese* de Haeckel, que traça a genealogia do homem "desde a sua raiz protoplasmática, fermentada no vaso dos mares que existiram antes que as mais antigas rochas fossilíferas fossem depositadas", de acordo com a exposição do Professor Huxley. Podemos acreditar que o homem evoluiu "pela evolução gradual de um mamífero semelhante organicamente ao macaco", e é mais fácil ainda fazê-lo quando lembramos que (embora numa fraseologia mais condensada e menos elegante, mas ainda compreensível) a mesma teoria foi ensinada, segundo Berosus, muitos milhares de anos antes de seu século, pelo homem-peixe Oannes, ou Dagão, o semidemônio da Babilônia[60]. Podemos acrescentar, como um fato de interesse, que esta antiga teoria da evolução foi conservada em alegoria e lenda, mas também retratada nos muros de certos templos da Índia, e, numa forma fragmentária, foi encontrada nos do Egito e nas lousas de Nemrod e Nínive, escavadas por Layard.

Mas o que está no fundo da teoria darwiniana sobre a origem das espécies? No que lhe concerne, nada senão "hipóteses inverificáveis". Pois, como assinala, ele considera todos os seres "como os descendentes diretos de alguns poucos seres que viveram muito antes que a primeira camada do sistema siluriano fosse depositada"[61]. Ele não procura mostrar-nos quem eram esses "poucos seres". Mas isto responde completamente ao nosso propósito, pois, na admissão de sua existência, recorre aos antigos para corroborar e elaborar a idéia e recebe o selo da aprovação científica. Com todas as modificações por que passou o nosso globo no que respeita a temperatura, clima, solo e – se merecemos perdão, em face dos progressos recentes – a sua condição eletromagnética, seria muito temerário afirmar que qualquer coisa da ciência atual contradiz a antiga hipótese do homem ante-siluriano. Os machados de sílex encontrados inicialmente por Boucher de Perthes, no vale do Somme, provam que homens devem ter existido numa época tão antiga que desafia os cálculos. Se acreditarmos em Büchner, o homem deve ter existido mesmo durante e antes da época glacial, uma subdivisão do período quaternário ou diluviano que provavelmente se estendeu muito além daquela. Mas quem pode dizer-nos qual a próxima descoberta que nos aguarda?

Ora, se temos provas irrefutáveis de que o homem existiu há tanto tempo assim, devem ter ocorrido modificações extraordinárias em seu sistema físico, correspondentes às modificações de clima e atmosfera. Isto não parece provar, por analogia, que, remontando para trás, deve ter havido outras modificações que indicam que os progenitores mais remotos dos "gelados gigantes" foram coevos dos peixes devonianos ou dos moluscos silúricos? É verdade que eles não deixaram machadinhas de sílex atrás de si, nem ossos ou depósitos nas cavernas; mas, se os antigos estão certos, as raças daquele tempo eram compostas não apenas de gigantes, ou "poderosos homens de renome", mas também de "filhos de Deus". Se aqueles que acreditam na evolução do *espírito* tão firmemente como os materialistas acreditam na da matéria são acusados de ensinar "hipóteses inverificáveis", como podem eles facilmente retorquir aos seus acusadores dizendo que, por *sua* própria confissão, a evolução física é ainda "uma hipótese inverificada, senão realmente inverificável"![62] Os primeiros têm ao menos a prova indutiva dos mitos legendários, cuja imensa antiguidade é admitida por filósofos e arqueólogos; ao passo que os seus antagonistas nada têm de semelhante, *a menos que eles se socorram de uma parte dos antigos hieróglifos e suprimam o resto*.

É ainda mais auspicioso que, enquanto as obras de alguns cientistas – que conquistaram merecidamente a sua grande reputação –, contraditam categoricamente as nossas hipóteses, as pesquisas e os trabalhos de outros não menos eminentes parecem confirmar plenamente os nossos pontos de vista. Na recente obra do Sr. Alfred R. Wallace, *The Geographical Distribution of Animals*, encontramos o autor seriamente inclinado à idéia de "algum lento processo de desenvolvimento" das espécies atuais a partir de outras que as precederam, idéia que remonta a inumeráveis séries de ciclos. E se é o caso para os animais, por que não o seria para o animal humano, que precedeu de mais longe ainda de um homem inteiramente "espiritual" – um "filho de Deus"?

Podemos agora retornar ainda mais uma vez à simbologia dos tempos antigos, e aos seus mitos psico-religiosos. Antes de encerrar esta obra, esperamos demonstrar com maior ou menor sucesso quão estreitamente as concepções destes se aliam a muitas das descobertas da ciência moderna na Física e na Filosofia natural. Sob as figuras emblemáticas e da fraseologia peculiar do clero da Antiguidade repousam indicações de ciências ainda não descobertas no ciclo atual. Por mais bem familiarizado que um erudito possa estar com a escrita hierática e o sistema hieroglífico dos egípcios, cumpre-lhe, em primeiro lugar, aprender a analisar minuciosamente os seus registros. Ele deve assegurar-se, compasso e régua nas mãos, que a escrita pictográfica que ele examina corresponde exatamente, linha por linha, a certas figuras fixas geométricas que são as chaves secretas de tais registros, antes de aventurar-se a uma interpretação.

Mas há mitos que falam por si. Podemos incluir nesta classe os primeiros criadores de ambos os sexos de todas as cosmogonias. Os gregos Zeus-Zên (éter), e Ctônia (a terra caótica) e Métis (a água), suas esposas; Osíris e Ísis-Latona – o primeiro representando também o éter –, a primeira emanação da Divindade Suprema, Amun, a fonte primordial de luz; a deusa terra e água também; Mithras[63], o deus nascido da rocha, símbolo do fogo cósmico masculino, ou a luz primordial personificada, e Mithra, a deusa do fogo, simultaneamente sua mãe e esposa; o elemento puro do fogo (o princípio ativo ou masculino) visto como luz e calor, em conjunção com a terra e a água, ou como matéria (elementos femininos ou passivos da geração cósmica). Mithras é o filho de Bordj, a montanha cósmica persa[64], da qual ele reluz como um raio brilhante. Brahmâ, o deus do fogo, e sua prolífica consorte; e o *Agni* hindu, a divindade refulgente, de cujo corpo saem milhares de correntes de glória e *sete* línguas de fogo, e em cuja honra os brâmanes Sangika preservam até hoje o fogo *perpétuo; Śiva,* personificado pela montanha cósmica dos hindus – o *Meru* (Himâlaya). Este terrível deus do fogo, que, segundo conta a lenda, desceu do céu, como o Jehovah judeu, numa *coluna de fogo,* e uma dúzia de outras divindades arcaicas de ambos os sexos, todos proclamam o seu significado oculto. E o que podem estes mitos duais significar senão o princípio psicoquímico da criação primordial? A primeira revelação da Causa Suprema em sua tripla manifestação de espírito, força e matéria; a *correlação* divina, no seu ponto de partida de evolução, alegorizado como casamento do *fogo* e da água, produtos do espírito eletrizante, união do princípio masculino ativo com o elemento feminino passivo, que se tornam os pais de sua criança telúrica, a matéria cósmica, a *prima materia,* cujo espírito é o éter [e cuja sombra é] a LUZ ASTRAL! [*]

Assim, todas as montanhas mundiais e ovos cósmicos, as árvores cósmicas e as serpentes e colunas cósmicas podem ser consideradas como incorporação de verdades da Filosofia Natural, cientificamente demonstradas. Todas essas montanhas contêm, com suas variações insignificantes, a descrição alegoricamente expressa da cosmogonia primordial; a árvore cósmica, a da evolução posterior do espírito e da matéria; as serpentes e colunas cósmicas, exposições simbólicas dos vários atributos dessa dupla evolução em sua correlação infindável de forças cósmicas. Nos misteriosos recessos da montanha – a matriz do universo –, os deuses (poderes) preparam os germes atômicos da vida orgânica, e ao mesmo tempo a bebida da vida, que, quando ingerida, desperta no homem-matéria o homem-*espírito.* O soma, a bebida sacrifical dos hindus, é essa bebida sagrada. Pois, quando da criação da *prima materia,* enquanto as suas porções mais grosseiras eram utilizadas para o mundo físico embrionário, a sua essência mais divina penetra o universo, permeando invisivelmente e encerrando nas suas ondas etéreas a criança recém-nascida, desenvolvendo e estimulando a sua atividade à medida que ela lentamente saía do caos eterno.

Da poesia de concepção abstrata, estes mitos cósmicos passaram gradualmente às imagens concretas dos símbolos cósmicos, como a arqueologia agora os tem encontrado. A serpente, que exerce um papel proeminente nas imagens dos antigos, foi degradada por uma absurda interpretação da serpente do livro *Gênese* num sinônimo de Satã, o Príncipe das Trevas, quando ela é o mais engenhoso de todos os mitos em seus diversos simbolismos. Num deles, como *agathodaimon,* é o emblema da arte de curar e da imortalidade do homem. Ela enfeixa as imagens da maior parte dos deuses sanitários e higiênicos. A *taça da saúde,* nos mistérios egípcios, era enlaçada por serpentes. Como o mal só pode originar-se de um extremo do bem, a serpente, em outros aspectos, torna-se símbolo da matéria; que, quanto mais se distancia de sua fonte espiritual primeira, mais se torna sujeita ao mal. Nas mais antigas imagens do Egito, assim como nas alegorias cosmogônicas de Kneph, a serpente cósmica, quando simboliza a matéria, é usualmente representada encerrada num círculo; ela repousa estendida ao longo do equador, indicando assim que o universo da luz astral, a partir do qual o mundo físico proveio, enquanto limita este último, é ele próprio limitado por Emepht, ou a Causa Primeira Suprema. Ptah, que produz *Râ,*

---

* Quando H.P.B. citou esta longa passagem de *Isis sem véu* em *A doutrina secreta* (vol. I, p. 340-41), alterou a redação final, em que se lê: "(. . .) cujo espírito é o Éter, e cuja sombra é a LUZ ASTRAL", o que, naturalmente, torna mais claro o significado da frase. (N. do Org.)

e as miríades de formas às quais dá vida, são representados deslizando para fora do ovo cósmico, porque esta é a forma mais familiar daquilo em que se deposita e se desenvolve o germe de todo ser vivo. Quando a serpente representa a eternidade e a imortalidade, ela abarca o mundo, mordendo a cauda, não oferecendo assim nenhuma solução de continuidade. Ela se torna então a luz astral. Os discípulos da escola de Ferecides ensinavam que o éter (Zeus ou Zên) é o céu empíreo superior, que encerra o mundo superno e sua luz (a astral) é o elemento primordial concentrado.

Tal é a origem da serpente, metamorfoseada nos séculos cristãos em Satã. Ela é o *Od*, o *Ob* e o *Or* de Moisés e dos cabalistas. Quando em seu estado passivo, quando age naqueles que são inadvertidamente arremessados em sua corrente, a luz astral é *Ob*, ou Python. Moisés estava determinado a exterminar todos os que, sensíveis à sua influência, se deixavam cair sob o fácil controle dos seres vivos que se movem nas ondas astrais como peixes na água; seres que nos cercam e que Bulwer-Lytton chama no *Zanoni* de "os guardiões do limiar". Ela se torna o *Od* assim que é vivificada pelo *efluxo consciente* de uma alma imortal, pois então as correntes astrais estão agindo sob a tutela seja de um adepto, um espírito puro, seja de um hábil mesmerizador, que é ele próprio puro e sabe como dirigir as forças cegas. Em tais casos, mesmo um espírito planetário superior, um da classe de seres que nunca se encarnaram (embora existam muitos entre estas hierarquias que viveram em nossa terra), desce ocasionalmente à nossa esfera, e purificando a atmosfera circundante torna o *paciente* capaz de ver e abre nele as fontes da genuína profecia divina. Quanto ao termo *Or,* a palavra é utilizada para designar certas propriedades ocultas do agente universal. Pertence mais diretamente ao domínio do alquimista, e não oferece nenhum interesse ao público geral.

O autor do sistema filosófico *Homoiomeriano,* Anaxágoras de Clazemenae, acreditava firmemente que os protótipos espirituais de todas as coisas, assim como os seus elementos, podiam ser encontrados no Éter infinito, onde eram geradas, de onde provinham e para onde retornavam oriundos da Terra. Como os hindus, que personificaram seu *Âkâśa* (céu ou éter) e dele fizeram uma entidade deífica, os gregos e os latinos deificaram o Éter. Virgílio chama Zeus de *pater omnipotens aether;*[65] *Magnus,* o grande deus, éter.

Os seres a que se fez referência são os espíritos elementais dos cabalistas[66] que o clero cristão denuncia como "demônios", os inimigos da Humanidade.

"Já Tertuliano", assinala gravemente Des Mousseaux, em seu capítulo sobre os demônios, "tinha *formalmente* descoberto o segredo de suas astúcias."[67]

Descoberta inestimável, essa. E agora que aprendemos tanto sobre os trabalhos mentais dos pais sagrados e as suas realizações na antropologia astral, deveremos ficar surpreendidos, enfim, se, no zelo de suas explorações espirituais, eles negligenciaram o nosso planeta a ponto de lhe recusarem não só o direito ao movimento mas também o da esfericidade?

Eis o que encontramos em Langhorne, o tradutor de *Plutarco:* "Dionísio de Halicarnasso sustenta que Numa construiu o templo de Vesta em forma *circular* para representar a figura da Terra, pois eles representavam-na por meio de Vesta"[68].[*]

---

*   Na *Vida de Numa,* de Plutarco, Vesta é identificada, de acordo com os pitagóricos, com o fogo e a Unidade, a forma circular que imita o formato do universo. (N. do Org.)

Além disso, Filolau, como todos os outros pitagóricos, defendia que o elemento do fogo colocado no centro do universo; e Plutarco, falando sobre o assunto, assinala, a propósito dos pitagóricos, que "eles supõem que a Terra não é imóvel, *nem* está situada no centro do mundo, mas faz a sua revolução em torno da esfera de fogo, não sendo nem a parte mais valiosa nem a principal da grande máquina". Platão, também, ao que consta, era da mesma opinião[69]. Parece, portanto, que os pitagóricos anteciparam a *descoberta* de Galileu.

Uma vez admitida a existência de um tal universo invisível – como parece ser igualmente o fato se as especulações dos autores do *Unseen Universe* forem aceitas pelos seus colegas –, muitos fenômenos, até aqui misteriosos e inexplicáveis, tornar-se-ão claros. Ele age sobre o organismo dos médiuns magnetizados, penetra-os e satura-os de lado a lado, dirigido pela vontade poderosa de um mesmerizador ou pelos seres invisíveis que produzem o mesmo resultado. Assim que a operação silenciosa é realizada, o fantasma astral ou sideral do paciente mesmerizado deixa paralisada sua envoltura de carne, e, depois de ter vagado pelo espaço infinito, se detém no limiar da misteriosa "fronteira". Para ele, a entrada do portal que marca o acesso à "terra do silêncio" está agora apenas parcialmente entreaberta; ela só se escancarará à frente do sonâmbulo em transe no dia em que, unido com a sua essência imortal superior, ele tiver abandonado para sempre o seu corpo mortal. Até então, o vidente só pode ver através de uma fenda; dependerá de sua agudeza perceptiva a extensão do campo visual.

A trindade na unidade é uma idéia que todas as nações antigas sustentaram em conjunto. As três Devatâs, a Trimurti hindu, as *Três Cabeças* da Cabala judia. "Três cabeças foram esculpidas, uma na outra e esta sobre outra."[70] A trindade dos egípcios e a da mitologia grega eram igualmente representações da primeira emanação tripla que contém dois princípios: o masculino e o feminino. É a união do *Logos* masculino, ou sabedoria, a Divindade revelada, com a *Aura* ou *Anima Mundi* feminina – "o *Pneuma* sagrado", a Sephira dos cabalistas e a *Sophia* dos gnósticos refinados – que produziu todas as coisas visíveis e invisíveis. Enquanto a verdadeira interpretação metafísica desse dogma universal permaneceu nos santuários, os gregos, com seus instintos poéticos, a personificaram em inúmeros mitos encantadores. Nas *Dionisíacas* de Nono, o deus Baco, entre outras alegorias, é representado como um amante da brisa suave e benigna (o Pneuma Sagrado), sob o nome de *Aura Placida*[71]. E agora deixaremos Godfrey Higgins falar: "Quando os Padres *ignorantes* estavam construindo seu calendário, eles fizeram deste zéfiro gentil duas santas católicas romanas"!! – Santa Aura e Santa Plácida; e mais, eles chegaram a transformar o alegre deus em São Baco, e atualmente *mostram seu sepulcro e relíquias em Roma*. O festival das duas "santas abençoadas", Aura e Plácida, ocorre a 5 de outubro, perto do festival de São Baco[72].

Quão mais poético e mais amplo é o espírito religioso que se encontra nas lendas de criação "pagãs" escandinavas! No abismo sem fundo do poço cósmico, o Ginnungagap, em que se debateram com fúria cega e conflito cósmico a matéria e as forças primordiais, sopra de repente o vento do degelo. É o "Deus não revelado", que envia seu sopro benéfico de Muspelsheim, a esfera do fogo empíreo, em cujos raios brilhantes repousa este grande Ser, muito além dos limites do mundo da matéria; e o *animus* do Invisível, o Espírito que flutua sobre as águas negras e abissais, põe ordem no caos, e, uma vez dado o impulso a toda a criação, a CAUSA PRIMEIRA se retira, e permanece para sempre *in statu abscondito!*[73]

Há religião e ciência nesses cantos escandinavos do Paganismo. Como um exemplo da última, tome-se a concepção de Thor, o filho de Odin. Todas as vezes que este Hércules do Norte quer pegar o cabo de sua terrível arma, o raio ou o martelo, é obrigado a colocar suas luvas de *ferro*. Ele também veste um cinto mágico conhecido como *"cinturão de força"* que, quando cingido sobre a sua pessoa, aumenta enormemente o seu poder celeste. Ele monta um carro puxado por dois carneiros com freios de prata, e sua terrível fronte é rodeada por uma coroa de estrelas. Seu carro tem uma lança de ferro, e suas rodas giram sobre nuvens pejadas de raios. Esgrime Thor seu martelo com uma força irresistível contra os rebeldes gigantes gelados, que derrete e aniquila. Quando se dirige à fonte Urdhar, em que os deuses se reúnem em conclave para decidir os destinos da Humanidade, ele é o único que vai a pé; as outras divindades vão montadas. Ele anda, pois teme que ao atravessar Bifröst (o arco-íris), a ponte Aesir, de muitas cores, o incendeie com seu carro-relâmpago, e fervam ao mesmo tempo as águas de Urdhar.

Traduzido em linguagem comum, como se pode interpretar este mito senão reconhecendo que os autores de lendas nórdicas estavam perfeitamente a par da eletricidade? Thor, a personificação de energia elétrica, toca seu elemento peculiar apenas quando protegido por luvas de *ferro* que são seus condutores naturais. Seu cinturão de força é um circuito fechado, ao redor do qual a corrente isolada é obrigada a fluir ao invés de se difundir pelo espaço. Quando corre com seu carro através das nuvens, ele é a eletricidade em seu *estado ativo,* como as chispas espargidas de suas rodas e o trovão ribombante das nuvens o demonstram. A lança pontiaguda do carro sugere a vara relampejante; os dois carneiros que servem como corcéis são os antigos símbolos familiares do poder masculino ou gerador; seus freios de prata simbolizam o princípio feminino, pois a prata é o metal de Astartê ou Diana (a Lua). Eis por que no carneiro e no freio vemos combinados, em oposição, os princípios ativo e passivo da Natureza, um impulsionando para fora e o outro refreando, enquanto ambos estão subordinados ao princípio elétrico que permeia todo o mundo, que lhes dá o impulso. Com a eletricidade fornecendo o impulso e os princípios masculino e feminino combinando-se numa correlação sem fim, o resultado é a evolução do mundo visível, cuja coroa de glória é o sistema planetário simbolizado no Thor mítico pelo diadema de astros refulgentes enfeitando sua fronte. Quando em seu estado ativo, seus terríveis raios destroem tudo, inclusive as outras forças titânicas representadas nos gigantes. Mas, ao reunir-se aos deuses menores, tem de atravessar a pé a ponte do arco-íris, Bifröst, e descer do carro (passar ao estado latente), pois, do contrário, incendiaria e aniquilaria tudo. O sentido da fonte Urdhar, que Thor teme aferventar, e a causa de sua relutância somente serão compreendidos por nossos físicos quando as relações eletromagnéticas recíprocas dos inumeráveis membros do sistema planetário, agora apenas suspeitadas, forem totalmente determinadas. Lampejos da Verdade foram dados nos recentes ensaios científicos dos Profs. Mayer e T. Sterry Hunt. Os filósofos antigos acreditavam que não apenas vulcões, mas fontes termais, eram causados por concentrações das correntes elétricas subterrâneas, e que esta mesma causa produziu depósitos minerais de naturezas diversas, que formam as fontes curativas. Se se objetar que este fato não foi claramente apontado pelos autores antigos, que, na opinião de nosso século, dificilmente estariam a par da eletricidade, podemos simplesmente responder que nem todas as obras da sabedoria antiga estão agora nas mãos dos nossos cientistas. As claras e frescas águas de Urdhar regavam diariamente a mística árvore do mundo, e se elas fossem perturbadas por Thor (eletricidade ativa) as teria convertido, seguramente, em águas minerais impróprias para a irrigação. Exemplos como esses corroboram a antiga asserção dos filósofos de que *em todo mito há um Logos*, e em toda ficção um fundo de verdade.

NOTAS

1. Pausânias, *Itinerário*, "Élida", livro I, cap. XIV, 10.

2. Entendemos que o nobre autor cunhou seus curiosos nomes contraindo palavras de línguas clássicas. *Gy* proviria de *gune*; *vril*, de *virile*.

3. P. B. Randolph, *Pre-Adamite Man*, p. 48.

4. Aqui, pelo menos, estamos em terra firme. O testemunho do Sr. Crookes corrobora as nossas afirmações. Às páginas 84 e 85 de seu opúsculo *Researches in the Phenomena of Spiritualism*, ele diz: "As muitas centenas de fatos que estou pronto a atestar – fatos cuja reprodução com meios mecânicos ou físicos conhecidos desafiaria a habilidade de um Houdin, um Bosco ou um Anderson, secundada pelos recursos de elaborada maquinaria e pela prática de anos – ocorreram em minha própria casa – em horas que eu mesmo estabeleci e sob circunstâncias que excluíam absolutamente o emprego dos instrumentos mais simples".

5. Nesta denominação, podemos descobrir o sentido da frase enigmática encontrada no *Zend-Avesta*, segundo a qual "o fogo patrocina o conhecimento do futuro, da ciência e da oratória", pois desenvolve uma extraordinária eloqüência em alguns sensitivos.

6. Dunlap, *Sŏd, The Mysteries of Adoni*, p. 111. Esta frase do texto, assim como a seguinte, não tem qualquer relação com o assunto em discussão, e deve pertencer a uma outra parte desta obra.

7. "Hércules era conhecido como rei dos Musianos", diz Schwab, II, 44; e Musion era a festa do "Espírito e da Matéria", de Adônis e Vênus, de Baco e Ceres. (Ver Dunlap, *op. cit.*, p. 95.) Dunlap mostra, baseado na autoridade de Juliano [*Oratio* IV] e Anthon [*Class. Dict.*, p. 67], que Esculápio, "o Salvador de tudo", é semelhante a Ptah (o Intelecto Criador, a Sabedoria Divina), e a Apolo, Baal, Adônis, e Hércules (Dunlap, p. 93), e Ptah é a "anima mundi", a alma universal, de Platão, o espírito santo dos egípcios, e a luz astral dos Cabalistas. Michelet, contudo, vê o Hércules grego como um caráter distinto, o adversário das bacanais e dos conseqüentes sacrifícios humanos.

8. Platão, *Ion*, 553 D.

9. *Itinerário*, "Ática", cap. XIV, 3.

10. Platão, *Theages*, 130 D, E. Cícero traduz a palavra δαιμόνιον por *quiddam divinum*, alguma coisa divina, não algo pessoal.

11. *Crátilo*, 396.

12. Arnóbio, *Adv. Gentes*, VI, 12.

13. Como mostraremos nos capítulos subseqüentes, os antigos não consideravam o Sol como a causa direta da luz e do calor, mas apenas como um agente da primeira, através do qual a luz passava para se dirigir à nossa esfera. Por isso chamavam-nos sempre de "o olho de Osfris", sendo este último o próprio *Logos*, o Primogênito, ou a luz tornada manifesta ao mundo, "que é a mente e o intelecto divino do Oculto". Somente a luz que conhecemos é que é o Demiurgo, o *criador* de nosso planeta e de tudo que lhe concerne; os deuses solares nada têm em comum com os universos invisíveis e desconhecidos disseminados pelo espaço. A idéia é expressa de maneira bastante clara no "Livro de Hermes".

14. *Orphic Hymn*, XII; Hermann; Dunlap, *Sŏd, The Mysteries of Adoni*, p. 91.

15. Movers, *Die Phönizier*, I, p. 525; Dunlap, *op. cit.*, p.92.

16. Preller, *Grichische Mythologie*, II, p. 153. Essa, evidentemente, a origem do dogma cristão do Cristo que desce ao inferno e derrota Satã.

17. Este importante fato explica admiravelmente o politeísmo grosseiro das massas e a concepção refinada e altamente filosófica do Deus *único*, que era ensinada apenas nos santuários dos templos "pagãos".

18. W. Smith, *Dict. of Greek and Rom. Antiq.*, s. v. "Cabeiria".

19. Platão, *Fedro*, 250 C.

20. João, XX, 22.

21. Rev. J. B. Gross, *The Heathen Religion*, p. 104.

22. I, ii, p. 19.

23. *Alkahest*, palavra empregada pela primeira vez por Paracelso para denotar o *menstruum*, ou solvente universal, que é capaz de reduzir todas as coisas.

24. Josefo, *Antiguidades*, VIII, ii, 5.

25. *The Land of Charity*, p. 210.

26. As afirmações de certos "adeptos", que não concordam com os estudantes da *Cabala* exclusivamente judia, e que mostram que a "doutrina secreta" se originou na Índia, de onde foi trazida para a Caldéia, passando subseqüentemente para as mãos dos "Tannaïm" hebreus, foram confirmadas singularmente pelas pesquisas dos missionários cristãos. Esses piedosos e sábios viajantes vieram inadvertidamente em nossa ajuda. O Dr. Caldwell, em sua *Comparative Grammar of the Dravidian Languages* (p. 77, 491-95), e o Dr. Mateer, em *Land of Charity*, p. 83-84, corroboram plenamente nossas afirmações de que o "sábio" rei Salomão recolheu todos os seus conhecimentos cabalísticos na Índia, como bem o demonstra a figura mágica acima reproduzida. O segundo missionário deseja provar que os enormes e antiqüíssimos espécimes do boabá, o qual, ao que parece, não é originário da Índia, mas pertence ao solo da África, e "encontra-se apenas em antigos centros de comércio estrangeiro (em Travancore), poderiam, ao que saibamos", acrescenta ele, "ter sido introduzidos na Índia, e plantados pelos servos do rei Salomão". A outra prova é ainda mais conclusiva. Diz o Dr. Mateer, em seu capítulo sobre a História Natural de Travancore: "Existe um fato curioso relativo ao nome deste pássaro (o pavão), que lança um pouco de luz sobre a história das Escrituras. O rei Salomão enviou a sua armada a Tharshish (*I Reis*, X, 22), a qual retornou três anos depois, trazendo 'ouro e prata, marfim e macacos, e pavões'. Ora, a palavra empregada na Bíblia hebraica para designar o pavão é '*tukki*', e como os judeus não tinham, naturalmente, nenhuma palavra para estes finos pássaros antes de os rei Salomão introduzir pela primeira vez na Judéia, não há dúvida de que '*tukki*' é simplesmente a antiga palavra tâmul '*tokei*', o nome do pavão (. . .) O macaco ou o mico chama-se também em hebraico '*koph*', e a palavra indiana para ele é '*kapi*'. O marfim, como vimos, é abundante na Índia meridional, e o ouro é muito comum nos rios da costa ocidental. Portanto, o 'Tharshish' a que se faz referência era indubitavelmente a costa ocidental da Índia, e os navios de Salomão foram os primeiros navios mercantes a fazer a carreira da Índia". E, portanto, podemos acrescentar, além de "ouro e prata, e macacos e pavões", o rei Salomão e seu amigo Hirão, de tanto renome na Maçonaria, trouxeram sua "magia" e "sabedoria" da Índia.

27. [Parte III, cap. XXXIV, p. 284; ed. 1831.]

28. J. P. Cooke, *The New Chemistry*, p. 22.

29. [*The Influence of the Blue Ray*, etc., Filadélfia, 1877.]

30. Éliphas Lévi, *Dogme et rituel de la haute Magie*, vol. II, cap. VI.

31. [*Le Spiritisme dans le monde*, p. 279 e segs.]

32. Platão alude a uma cerimônia praticada nos mistérios, durante a qual se ensinava ao neófito que os homens estão *em vida* numa espécie de prisão, e *como escapar-lhe temporariamente*. Como de hábito, os eruditíssimos tradutores desfiguraram esta passagem, em parte porque *não puderam* entendê-la, e em parte porque *não quiseram*. Ver *Fédon*, 62 B, e os comentários a esse respeito de Henry More, o conhecido filósofo místico e platônico.

33. [Jacolliot, *op. cit.*, p. 311.]

34. O *âkâśa* é uma palavra sânscrita que significa céu, porém que designa também o princípio vital imponderável e intangível – a luz astral e a celestial que, reunidas, formam a *anima mundi*, e constituem a alma e o espírito do homem, formando a luz celestial o seu νοῦς, πνεῦμα, , ou espírito divino, e a outra a sua ψυχή, , alma ou espírito *astral*. As partículas mais grosseiras da segunda entram na fabricação de sua forma exterior – o corpo. *Âkâśa* é o fluido misterioso que a ciência escolástica chama de "éter que tudo penetra"; ele entra em todas as operações mágicas da Natureza e produz os fenômenos mesméricos, magnéticos e espirituais. *As*, na Síria, na Palestina e na Índia, significa simultaneamente céu, *vida* e *Sol*, e este era considerado pelos sábios antigos como o grande manancial magnético de nosso universo. A pronúncia branda desta palavra era *Ah* – diz Dunlap (*Vestiges*, etc., p. 72), pois "o *s* sempre se abranda em *h* ao passar da Grécia a Calcutá". *Ah é Iah*, Ao e *Iaô*. Deus informa a Moisés que seu nome é "Eu sou" (*Ahiah*), redobro de Ah ou Iah. A palavra "As", Ah, ou Iah significa *vida*, *existência*, e é evidentemente a raiz da palavra *âkâśa*, que no Hindustão se pronuncia *âhâśa*, o princípio vital, ou fluido ou meio divino que dá vida. É o hebraico *rûah*, e significa o "vento", o sopro, *o ar em movimento*, ou "o espírito que se move", de acordo com o *Hebrew and English Lexicon*, de Parkhurst; e é idêntico ao espírito de Deus *que flutua* sobre a face das águas.

35. Ter em mente que Govinda Svâmin obrigou Jacolliot a jurar que não se aproximaria dele nem o *tocaria* enquanto estivesse em transe. O menor contato com a *matéria* teria paralisado a ação do espírito livre, que, se nos é permitido empregar uma comparação tão prosaica, reentraria em sua morada como um caracol assustado que recolhe os cornos à aproximação de qualquer substância estranha. Em alguns casos, uma *brusca* interrupção dessa natureza e a evaporação do espírito (às vezes isto pode quebrar subitamente e completamente o delicado fio que o liga ao corpo) matam o *sujeito* em transe. Ver as várias obras do Barão Du Potet e de Puységur sobre esta questão.

36. [F. Orioli, *Fatti relativi a mesmerismo*, p. 88-93, 1842.]

37. *La magie dévoilée*, Paris, 1875, p. 183.

38. Des Mousseaux, *La magie au XIXme siècle*, p. 238.

39. *Ibid.*, p. 237.

40. Brierre de Boismont, *Des hallucinations*, etc., p. 301; ed. 1845 [p. 275 na ed. de Filadélfia, 1853]. Ver também Fairfield, *Ten Years with Spiritual Mediums*, p. 128 e segs.

41. P. J. G. Cabanis, *Rapport du physique et du moral de l'homme*, Paris, 1802. Vol. II, cap. VII: "Influence des maladies sur la formation des idées", p. 61-2. Um respeitado legislador de Nova York tem esta faculdade.

42. Irineu, *Against Heresies*, III, xi, § 8.

43. A vaca é o símbolo da geração prolífica e da natureza intelectual. Ela era consagrada a Ísis, no Egito; a Krishna, na Índia, e a uma infinidade de outros deuses e deusas que personificam os vários poderes produtivos da Natureza. A vaca era tida, em suma, como uma personificação da Grande Mãe de todos os seres, dos mortais e dos deuses, da geração física e espiritual das coisas.

44. No *Gênese*, II, 10, o rio do Éden se dividia, "e formava *quatro* braços".

45. [*Paracelsi opera omnia*, Genebra, 1658: "Economy of Minerals", etc.]

46. [*Ort. med.*: "Potestas medicaminum", § 24. Amsterdam, 1652.]

47. *Gênese*, III, 21.

48. Pensa-se que este é um dos livros desaparecidos do Cânone sagrado dos judeus, e a ele se faz menção em *Josué*, X, 13, e em *II Samuel*, I, 18. Foi descoberto por Sidro, um oficial de Tito, durante o saque de Jerusalém, e publicado em Veneza no século XVII, como pretende o prefácio do Consistório de Rabinos, mas a edição americana, assim como a inglesa, é para os rabinos modernos uma falsificação que remonta ao século XII.

49. *Book of Jasher*, VII, 24-9. Nova York, 1840.

50. Ver Godfrey Higgins, *Anacalypsis*, vol. I, p. 201, citando Faber.

51. Ver *Ancient Fragments*, "Berosus", de Cory.

52. Para maiores detalhes, remetemos o leitor à "Prose Edda" em *Northern Antiquities*, de Mallett, p. 404 e segs.

53. É interessante observar que no *Popol-Vuh* quíchua a raça humana foi criada de um caniço, e em Hesíodo, de um freixo, como na narrativa escandinava.

54. Ver Kanne, *Pantheum der ältesten Naturphilosophie*.

55. Charles Darwin, *On the Origin of Species*, p. 484 [1ª ed., 1859].

56. *Ibid*. Não podemos aceitar esta expressão, a menos que se admita que a "forma primordial" seja a forma concreta primeira que o espírito assumiu enquanto Divindade *revelada*.

57. *Ibid.*, p. 448.

58. Conferência de T. H. Huxley, F. R. S.: "Darwin and Haeckel", *Popular Science Monthly*, março, 1875.

59. *On the Migration of Abraham*, XXXII, 179.

60. Cory, *Ancient Fragments*, p. 2 e segs.

61. *Origin of Species*, p. 488-89, 1ª ed.

62. Huxley, "Darwin and Haeckel", *Popular Science Monthly*, março, 1875.

63. Mithras era visto entre os persas como o *Theos ek petras* – o deus da rocha.

64. Bordj é o nome de uma montanha de fogo – um vulcão; portanto, ela contém fogo, rocha, terra e água – os elementos masculinos e ativos e femininos e passivos. O mito é sugestivo.

65. Virgílio, *Georgica*, Livro II, 325.

66. Porfírio e outros filósofos explicam a natureza dos *guardiões*. Eles são travessos e ardilosos, embora alguns sejam perfeitamente gentis e inofensivos, mas tão tímidos que têm muita dificuldade para se comunicar com os mortais, cuja companhia procuram incessantemente. Os primeiros não são dotados de malícia inteligente. Como a lei da evolução espiritual ainda não desenvolveu seu instinto em inteligência, cuja luz superior pertence apenas aos espíritos imortais, seus poderes de raciocínio estão em estado latente e por isso eles são irresponsáveis.
Mas a Igreja latina contradiz os cabalistas. Santo Agostinho manteve mesmo uma discussão a esse respeito com Porfírio, o neoplatônico. "Estes espíritos", diz ele, "são ardilosos, *não por sua natureza*, como afirma Porfírio, o teurgista, mas por sua vontade. Eles se fazem passar por *deuses* e *pelas almas dos mortos*." (*De Civit. Dei*, X, xi.) Até esse ponto Porfírio concorda com ele; "mas eles não pretendem ser *demônios* [ler diabos], pois eles o são na realidade!", acrescenta o bispo de Hipona. Mas, então, em que categoria colocaríamos os homens *sem cabeça* que Agostinho pretende fazer-nos acreditar que ele próprio viu? ou os sátiros de São Jerônimo, que ele afirma que foram exibidos durante muito tempo em Alexandria? Eles eram, diz-nos, "homens com pernas e caudas de bodes"; e, se podemos acreditar nele, um desses sátiros foi realmente *posto em salmoura* e enviado num barril ao imperador Constantino!

67. [*Moeurs*, etc., p. 44-5.]

68. [Cf. Plutarco, *Vidas*, "Numa", § XI. Cf. Dionísio de Halicarnasso, *Antiguidades romanas*, II, 1xvi.]

69. [*Ibid.*]

70. "Tria capita exsculpta sunt, unum intra alterum, et alterum supra alterum" (*Zohar*; "Idra Suta", § II).

71. [Dócil brisa (lit.).]

72. G. Higgins, *Anacalypsis*, vol. II, p. 85; também Dupuis, *Origine de tous les cultes*, III, p. 151.

73. Mallet, *Northern Antiquities*, p. 401-6, e "The Songs of the Völuspâ" no *Edda*.

CAPÍTULO VI

"Hermes, que de minhas ordens é o portador (. . .), tomando seu bastão, com que os olhos dos mortais fecha quando quer e do adormecido, quando quer, desperta."
HOMERO, *Odisséia*, livro V, 47-8.

"Vi os anéis dos samotrácios saltarem e a limalha de aço ferver num prato de bronze, tão logo após ter sido colocada embaixo dele a pedra magnética; e com terror selvagem parecia o ferro escapar dele em ódio inflexível (. . .)"
LUCRÉCIO, *De rerum natura*, livro VI, 1.044-47.

"Mas o que distingue especialmente a Confraria é o seu maravilhoso conhecimento dos recursos da arte médica. Ela não opera por encantamentos, mas por símplices."
(*Relato manuscrito sobre a origem e os atributos dos verdadeiros Rosa-cruzes.*)

A observação abaixo, feita pelo Prof. Cooke no seu livro *The New Chemistry*, constitui uma das maiores verdades pronunciadas por um homem de ciência: "A história da Ciência mostra que o século deve ser preparado para que novas verdades científicas possam se arraigar e se desenvolver. As premonições estéreis da Ciência têm sido estéreis porque essas sementes de Verdade tombaram sobre solo infrutuoso; e, tão logo tenha chegado a plenitude do tempo, a semente, se arraigado e o fruto, amadurecido (. . .) todo estudioso surpreende-se ao ver quão pequena é a parcela da nova verdade que mesmo os maiores gênios acrescentaram ao acervo científico" [p. 11].

A revolução pela qual a Química passou recentemente foi calculada apenas para concentrar a atenção dos químicos sobre este fato; e não deve parecer estranho se, em menos tempo do que fosse necessário para efetuá-la, as reivindicações dos alquimistas fossem examinadas com imparcialidade e estudadas de um ponto de vista racional. Transpor o estreito precipício que agora separa a *nova* Química da *velha* Alquimia é pouco, se comparado ao difícil esforço deles em passar da teoria dualista à unitária.

Assim como Ampère serviu para apresentar Avogadro aos nossos químicos contemporâneos, também Reichenbach talvez tenha um dia o mérito de ter preparado com o seu OD o terreno para a justa apreciação de Paracelso. Isso aconteceu mais de cinqüenta anos antes que as moléculas fossem aceitas como unidades dos cálculos químicos; será preciso esperar menos da metade desse tempo para que os eminentes méritos do místico suíço sejam reconhecidos. O parágrafo abaixo, admoestador dos médiuns curandeiros, que se encontram por toda parte, deve ter sido escrito por alguém que leu as suas obras. "Deveis compreender", diz ele, "que o ímã é aquele espírito de vida, no homem, que o doente procura, pois ambos se unem com o caos exterior. E assim os homens sadios são infectados pelos doentes através da atração magnética.

As causas primordiais das doenças que afligem a Humanidade; as relações secretas entre a Fisiologia e a Psicologia, inutilmente torturadas pelos homens da Ciência moderna para delas extrair uma base sobre a qual especular; os específicos e os remédios para toda enfermidade do corpo humano – tudo isso está descrito e considerado em suas volumosas obras. O eletromagnetismo, a assim chamada *descoberta* do Prof. Oersted, foi utilizado por Paracelso há três séculos atrás. Pode-se demonstrá-lo com um exame crítico do seu modo de curar doenças. Não há necessidade de nos estendermos sobre as suas consecuções, pois escritores imparciais e isentos de preconceitos admitiram que ele foi um dos maiores químicos da sua época[1]. Brierre de Boismont refere-se a ele como um "gênio" e com Deleuze concorda que ele criou um novo período na história da Medicina. O segredo das suas curas bem-sucedidas e, como eram chamadas, mágicas, reside no seu desrespeito soberano às chamadas "autoridades" do seu tempo. "Buscando a Verdade", diz Paracelso, "ponderei comigo mesmo que, se não existissem professores de Medicina neste mundo, como faria eu para aprender essa arte? Seria o caso de estudar no grande livro aberto da Natureza, escrito pelo dedo de Deus. (...) Sou acusado e condenado por não ter entrado pela porta correta da Arte. Mas qual é a porta correta? Galeno, Avicena, Mesua, Rhazes ou a natureza honesta? Acredito ser esta última. Por esta porta eu entrei, pela luz da Natureza, e nenhuma lâmpada de boticário me iluminou no meu caminho"[2].

Esse desprezo completo pelas leis estabelecidas e pelas fórmulas científicas, essa aspiração da argila mortal de se amalgamar ao espírito da Natureza e de buscá-la apenas para a saúde e para o socorro, a luz da Verdade – tudo isso foi a causa do ódio inveterado, exibido pelos pigmeus contemporâneos, contra o filósofo do fogo e alquimista. Não surpreende o fato de ter sido ele acusado de charlatanismo e até de embriaguez. Hemmann exonera-o brava e corajosamente desta última acusação e prova que ela, infame como era, procede de "Oporino, que viveu com ele durante algum tempo para aprender os seus segredos, mas teve o seu plano malogrado; donde as alegações perversas dos seus discípulos e dos boticários". Ele foi o fundador da Escola de Magnetismo Animal e o descobridor das propriedades ocultas do ímã. Foi estigmatizado de feiticeiro na sua época, porque as curas que efetuou foram maravilhosas. Três séculos depois, também o Barão Du Potet foi acusado de feitiçaria e de demonolatria pela Igreja de Roma, e de charlatanismo pelos acadêmicos da Europa. Como os filósofos do fogo afirmam, não é o químico quem conseguirá examinar o "fogo vivente" de uma outra maneira que não aquela pela qual os seus colegas o examinam, "Vós vos esquecestes do que vossos pais vos ensinaram sobre ele – ou antes, vós nunca soubestes (...), isso é *muito difícil* para vós!"[3].

Uma obra sobre filosofia mágico-espiritual e ciência oculta estaria incompleta sem uma notícia particular da história do Magnetismo Animal, tal como a conhecemos depois que, com ela, Paracelso desconcertou todos os professores da segunda metade do século XVI.

Examinaremos brevemente o seu aparecimento em Paris por ocaisão da sua importação da Alemanha por Antônio Mesmer. Leiamos com cuidado e atenção os velhos papéis que agora se desfazem em pó na Academia de Ciência daquela capital, pois neles perceberemos que, depois de terem rejeitado uma a uma cada descoberta feita desde Galileu, os *Imortais* chegaram ao cúmulo de voltar as costas ao Magnetismo e ao Mesmerismo. Fecharam voluntariamente as portas diante de si mesmos, as portas que levam aos maiores mistérios da Natureza, que jazem nas regiões escuras tanto do mundo psíquico quanto do físico. O grande solvente universal, o *alkahest*, estava ao seu alcance – e eles o deixaram passar despercebido; e agora, depois que quase cem anos se passaram, lemos a seguinte confissão:

"Ainda é verdade que, além dos limites da observação direta, a nossa ciência [Química] não é infalível e que as nossas teorias e os nossos sistemas, embora todos *possam* conter um germe de verdade, estão submetidos a mudanças freqüentes e são amiúde revolucionados."[4]

Afirmar tão dogmaticamente que o Mesmerismo e o Magnetismo Animal são apenas alucinações implica que isso pode ser provado. Mas onde estão elas, estas provas que, apenas elas, deveriam ser autoridade em Ciência? Milhares de vezes os acadêmicos tiveram a oportunidade de se assegurar da Verdade; mas eles se eximiram invariavelmente. É em vão que mesmeristas e curandeiros invocam o testemunho do surdo, do manco, do doente e do moribundo que foram curados ou tiveram a vida restituída por simples manipulação e pela apostólica "imposição das mãos". "Coincidência" é a resposta habitual quando o fato é muito evidente para ser negado categoricamente; "ilusão", "exagero" e "charlatanismo" são as expressões favoritas de nossos muito inumeráveis Tomés. Newton, o curandeiro americano assaz conhecido, realizou mais curas instantâneas do que um famoso médico da cidade de Nova York teve de pacientes em toda a sua vida; Jacob, o Zuavo, obteve sucesso semelhante na França. Devemos então considerar o testemunho acumulado nos últimos quarenta anos em relação a esse assunto como ilusão, conspiração com hábeis charlatães e como sandice? A mera suposição de tal engano monstruoso seria equivalente a uma auto-acusação de sandice.

Apesar da recente sentença de Leymarie, das chacotas dos céticos e de uma grande maioria dos médicos e cientistas, da impopularidade do assunto e, acima de tudo, das perseguições infatigáveis do clero católico romano, que combate no Mesmerismo o inimigo tradicional da mulher – tão evidente e incontestável é a verdade dos seus fenômenos que mesmo a magistratura francesa foi tacitamente forçada, não sem muita relutância, a admiti-la. Madame Roger, uma *clarividente* famosa, foi acusada de obter dinheiro sob falsos pretextos, juntamente com o seu mesmerista, o Dr. Fortin. A 18 de maio de 1876, ela foi levada diante do *Tribunal Correctionnel* do Sena. A sua testemunha foi o Barão Du Potet, o grande mestre do Mesmerismo na França nos últimos cinqüenta anos; o seu advogado foi o não menos famoso Jules Favre. Triunfando a verdade pelo menos uma vez – a acusação foi retirada. Foi pela extraordinária eloqüência do orador, ou pela verdade incontestável e introversível dos fatos? Mas Leymarie, o editor de *La Revue Spirite*, também possuía fatos a seu favor e, além disso, a prova de mais de uma centena de testemunhas respeitáveis, entre as quais estavam os primeiros nomes da Europa. Não há mais do que uma resposta para esse fato – os magistrados não ousaram questionar os fatos do Mesmerismo. A fotografia de espíritos, as batidas, a escrita, os movimentos, as conversações e até as materializações de espíritos podem ser simulados; não há um único fenômeno físico, conhecido hoje na Europa e na América, que não possa ser imitado – com aparelhos – por um hábil prestidigitador. As maravilhas do Mesmerismo e dos fenômenos subjetivos só desafiam os trapaceiros, o ceticismo, a ciência inflexível e os médiuns desonestos; *o estado cataléptico é impossível de ser imitado*. Os espiritistas, ansiosos por ver suas verdades proclamadas e admitidas à força pela Ciência, cultivam os fenômenos mesméricos. Colocai num palco do Egyptian Hall uma sonâmbula mergulhada em profundo sono mesmérico. Permiti que o seu mesmerista envie o seu espírito libertado para todos os lugares que o público possa sugerir; testai a sua clarividência e a sua clariaudiência; fincai alfinetes em todas as partes do seu corpo sobre as quais o mesmerista tenha feito os seus passes; espetai agulhas sob a pele de suas pálpebras; queimai a sua carne e a lacerai com um instrumento cortante. "Não temais!" exclamam Regazzoni e Du Potet, Teste e Pierrard, Puységur e A. V. Dolgorukov[*] – "um sujeito mesmerizado e em transe *nunca se fere!*" E, quando tiverdes feito tudo isto, convidai qualquer um desses mágicos populares modernos que têm sede de adulação e que são, ou pretendem ser, hábeis em arremedar todos os fenômenos espiritistas, para submeter o *seu* corpo aos mesmos testes![5]

O discurso de Jules Favre, diz-se, durou uma hora e meia e encantou os juízes e o público com sua eloqüência. Nós, que ouvimos Jules Favre, acreditamos nisso de bom grado; só a afirmação incorporada na última frase da sua argumentação foi infelizmente prematura, e errônea ao mesmo tempo: "Estamos na presença de fenômenos que *a Ciência admite* sem tentar explicar. *O público pode rir dele*, mas os nossos médicos mais ilustres o consideram com gravidade. A Justiça não pode mais ignorar o que *a Ciência reconhece!*".

Estivesse esta declaração arrebatadora baseada em fatos e tivesse o Mesmerismo sido investigado imparcialmente por muitos, em vez de poucos, verdadeiros cientistas, anelosos de interrogar a Natureza! O público *nunca* riria. O público é uma criança dócil e submissa e de bom grado vai para onde a ama a conduz. Ele escolhe os seus ídolos e fetiches e os adora na proporção do barulho que fazem; e depois se volta com um tímido olhar de adulação para ver se a ama, a velha Sra. Opinião Pública, está satisfeita.

Diz-se que Lactâncio, o velho padre cristão, observou que nenhum cético do seu tempo ousou sustentar diante de um mago a idéia de que a alma não sobrevivia ao corpo, porém que morria com ele; "pois ele o refutaria no mesmo instante evocando as almas dos mortos, tornando-as visíveis aos olhos humanos e fazendo-as predizer o futuro"[6]. Foi o que aconteceu com os magistrados e os jurados no caso de Madame Roger. O Barão Du Potet estava lá e eles tinham *medo* de vê-lo mesmerizar a sonâmbula e de forçá-los não só a acreditar no fenômeno, mas também a reconhecê-lo – o que seria ainda pior.

Mas voltemos agora à doutrina de Paracelso. Seu estilo incompreensível, embora vívido, deve ser lido como os rolos de Ezequiel, *"por dentro e por fora"*. O

---

* Príncipe Alexey Vladimirovich Dolgorukov (1815-1847), um parente distante de H. P. B., autor do *Organon Zhivotnago mesmerizma* (Sistema do mesmerismo animal), São Petersburgo, 1860, 354 p. Trata-se de um estudo prático do tema e dos métodos de aplicação do Mesmerismo à cura de doenças, e de uma crônica do desenvolvimento histórico do Mesmerismo Animal na Rússia. [Museu Britânico: 7410. a. 53] (N. do Org.)

perigo de propor teorias heterodoxas era grande naqueles dias; a Igreja era poderosa e os feiticeiros eram queimados às dúzias. É por esta razão que Paracelso, Agripa e Eugênio Filaletes foram tão notáveis por suas declarações piedosas quanto famosos por suas descobertas de Alquimia e Magia. As opiniões completas de Paracelso sobre as propriedades ocultas do ímã estão parcialmente explicadas no seu famoso livro, o *Archidoxa*, em que descreve a tintura maravilhosa, um medicamento extraído do ímã e chamado *Magisterium magnetis*, e parcialmente em *De ente Dei* e *De ente astrorum*, livro I. Mas as explicações são todas dadas numa linguagem ininteligível para o profano: "Todo camponês", diz ele, "vê que um ímã atrairá o ferro, mas um homem sábio deve questionar-se. (...) Descobri que o ímã, além deste poder visível, o de atrair o ferro, possui um outro poder, que é *oculto*".

Ele demonstra, a seguir, que no homem reside escondida uma "força *sideral*", que é uma emanação dos astros e dos corpos celestiais de que se compõe a forma espiritual do homem – o espírito astral. Esta identidade de essência, que podemos denominar de o espírito da matéria cometária, está sempre em relação direta com os astros de onde foi extraída e, assim, existe uma atração mútua entre os dois, pois ambos são ímãs. A composição idêntica da Terra e de todos os outros corpos planetários e do corpo terrestre do homem constituía a idéia fundamental de sua filosofia. "O corpo provém dos elementos; e o espírito [astral], dos astros. (...) O homem come e bebe dos elementos, para o sustento do seu sangue e da sua carne, mas dos astros vêm o sustento do intelecto e os pensamentos de sua alma." Vemos corroboradas as afirmações de Paracelso, porquanto o *espectroscópio demonstrou a verdade da sua teoria relativa à composição idêntica do homem e dos astros; os físicos agora dissertam para as suas classes sobre as atrações magnéticas do Sol e dos planetas*[7].

Dos elementos conhecidos que compõem o corpo do homem, já foram descobertos no Sol o hidrogênio, o sódio, o cálcio, o magnésio e o ferro, e nas centenas de astros observados, encontrou-se hidrogênio, exceto em dois. Agora, se nos lembrarmos de como foram censurados Paracelso e a sua teoria de os homens e os astros serem compostos de substâncias semelhantes; de como ridicularizado ele foi pelos astrônomos e pelos médicos por suas idéias de afinidade química e de atração entre uns e outros; e se, em seguida, constatamos que o espectroscópio validou pelo menos uma dessas asserções – será absurdo profetizar que virá um tempo em que todo o restante das suas teorias será confirmado?

E eis que uma questão se apresenta muito naturalmente. Como chegou Paracelso a apreender algo da composição dos astros quando, até um período recente – até a descoberta do espectroscópio –, os constituintes dos corpos celestiais eram completamente desconhecidos dos nossos cultos acadêmicos? E mesmo hoje, apesar do telespectroscópio e de outros aperfeiçoamentos modernos muito importantes, tudo – exceto um pequeno número de elementos e uma cromosfera hipotética – ainda é um mistério nos astros. Podia Paracelso estar certo da natureza da hoste estelar, a menos que tivesse tido meios dos quais a Ciência nada sabe? Todavia, nada sabendo, ela nem mesmo pronunciou os nomes desses meios, que são – a Filosofia Hermética e a Alquimia.

Devemos ter em mente, além disso, que *Paracelso foi o descobridor do hidrogênio e que ele conhecia todas as suas propriedades e a sua composição* muito tempo antes que qualquer um dos acadêmicos ortodoxos suspeitasse de sua existência; ele estudara Astrologia e Astronomia, como todos os filósofos do fogo; e, se ele afirmou que o homem está em afinidade direta com os astros, é porque sabia muito bem do que estava falando.

O ponto seguinte que os fisiologistas devem verificar é a sua proposição de que a alimentação do corpo se faz não só pelo estômago, "mas também, imperceptivelmente, pela força magnética, que reside em toda a Natureza e da qual todo indivíduo colhe para si o seu alimento específico". O homem, diz ele a seguir, colhe não só a saúde dos elementos, mas também a doença dos elementos perturbados. Os corpos vivos estão sujeitos às leis da afinidade química, como admite a Ciência; a propriedade física mais notável dos tecidos orgânicos, de acordo com os fisiologistas, é a propriedade de *absorção*. O que há de mais natural, então, do que essa teoria de Paracelso, segundo a qual o nosso corpo absorvente, atrativo e químico acumula em si mesmo as influências astrais ou siderais? "O Sol e as estrelas nos atraem para eles, e nós os atraímos para nós." Que objeção oferece a Ciência contra esse fato? O que exalamos foi mostrado através da descoberta do Barão Reichenbach das emanações ódicas do homem, que são idênticas às chamas que provêm dos ímãs, dos cristais e de todos os organismos vegetais[8].

A unidade do universo foi afirmada por Paracelso, que diz que "o corpo humano está possuído de matéria primordial" (ou matéria cósmica); o espectroscópio provou esta asserção ao mostrar que "os mesmos elementos químicos que existem sobre a Terra e no Sol também podem ser encontrados em todas as estrelas". O espectroscópio faz mais ainda: mostra que todas as estrelas "são *sóis*, similares em constituição ao nosso"[9]; e o Prof. Mayer acrescenta:[10], as condições magnéticas da Terra dependem das variações que sofre a superfície solar, a cujas emanações ela está sujeita, pelo que, se as estrelas são sóis, também têm de influir proporcionalmente na Terra.

"Nos nossos sonhos", diz Paracelso, "somos como as plantas, que também possuem o corpo elementar e vital, mas não o espírito. No nosso sono, o corpo astral é livre e pode, pela elasticidade da sua natureza, pairar ao redor do seu veículo adormecido ou erguer-se mais alto, para conversar com os pais estelares ou mesmo comunicar-se com os seus irmãos a grandes distâncias. Os sonhos de caráter profético, a presciência e as necessidades atuais são as faculdades do espírito astral. Esses dons não são concedidos ao nosso corpo elementar e grosseiro, pois com a morte ele desce ao seio da Terra e se reúne aos elementos físicos, ao passo que muitos espíritos retornam às estrelas. Os animais", acrescenta, "têm também os seus pressentimentos, pois também têm um corpo astral."[11]

Van Helmont, que foi discípulo de Paracelso, diz a mesma coisa, embora suas teorias sobre o Magnetismo sejam mais amplamente desenvolvidas e ainda mais cuidadosamente elaboradas. O *magnale magnum*, o meio pelo qual a propriedade magnética secreta permite que uma pessoa afete uma outra, é atribuído por ele a essa simpatia universal que existe entre todas as coisas e a Natureza. A causa produz o efeito, o efeito remonta à causa e ambos são recíprocos. "O Magnetismo", afirma ele, "é uma propriedade desconhecida de natureza celestial; muito semelhante às estrelas e nunca impedida por quaisquer fronteiras de tempo ou de espaço. (...) Toda criatura possui o seu próprio poder celestial e está estreitamente ligada ao céu. Este poder mágico do homem permanece latente no seu interior até que se atualiza no exterior. (...) Esta sabedoria e poder mágicos estão adormecidos, mas a sugestão os põe em atividade e aumenta à medida que se reprimem as tenebrosas paixões da carne. (...) Isto o consegue a arte cabalística, que devolve à alma aquela força mágica, mas natural, e a desperta do sono em que se achava sumida."[12]

Van Helmont e Paracelso reconhecem o grande poder da vontade durante os êxtases. Dizem que "o espírito está difundido por toda parte; é o agente do Magnetismo"; que a pura magia primordial não consiste em práticas supersticiosas e cerimônias vãs, mas na imperiosa vontade do homem. "Não são os espíritos do céu e do inferno que dominam a natureza física, mas, sim, a alma e o espírito que se ocultam no homem como o fogo na pederneira."

A teoria da influência sideral sobre o homem foi enunciada por todos os filósofos medievais. "Os astros consistem igualmente dos elementos dos corpos terrenos", diz Cornélio Agripa, "e, por isso, as idéias se atraem reciprocamente. (...) As influências só se exercem com o concurso do espírito, mas este espírito está difundido por todo o universo e está em concordância plena com os espíritos humanos. Quem quiser adquirir poderes sobrenaturais deve possuir *fé, amor* e *esperança*. (...) Em todas as coisas há um poder secreto ocultado e daí provêm os poderes miraculosos da Magia."[13]

A teoria moderna do Gen. Pleasonton[14] coincide singularmente com as opiniões dos filósofos do fogo. A sua idéia das eletricidades positiva e negativa do homem e da mulher e das mútuas atração e repulsão de tudo na Natureza parecem ser copiadas das de Robert Fludd, o Grão-Mestre dos Rosa-cruzes da Inglaterra. "Quando dois homens se aproximam um do outro", diz o filósofo do fogo, "o seu magnetismo é ativo ou passivo; isto é, positivo ou negativo. Se as emanações que eles produzem são rompidas ou devolvidas, então desponta a antipatia (...), mas quando as emanações passam de um a outro sem obstáculo, então existe magnetismo positivo, pois os raios procedem do centro para a circunferência. Neste caso elas não só influem nas doenças, mas também nos sentimentos morais. Este magnetismo ou simpatia é encontrado não só entre os animais, mas também entre plantas e animais."[15]

E agora examinaremos como – quando Mesmer importou para a França a sua *"tina"* e o sistema baseado inteiramente na filosofia e nas doutrinas dos paracelsistas – esta grande descoberta psicológica e fisiológica foi tratada pelos médicos. Isto demonstrará quanta ignorância, quanta superficialidade e quanto preconceito podem ser exibidos por um corpo científico quando o assunto colide com as suas teorias próprias mais acarinhadas. Isto é tão mais freqüente porquanto o teor materialista atual da mente pública talvez seja devido ao descaso da comissão da Academia Francesa de 1784; e certamente às lacunas da filosofia atômica que os seus mais devotados mestres confessam existir. A comissão de 1784 compreendia homens de eminência, tais como Borie, Sallin, d'Arcet e o famoso Guillotin, aos quais se juntaram sucessivamente Franklin, Le Roy, Bailly, de Borg e Lavoisier. Borie morreu pouco tempo depois da sua nomeação e Magault o substituiu. Não há nenhuma dúvida sobre duas coisas, a saber: que a comissão iniciou o seu trabalho sob a influência de preconceitos profundos, e unicamente porque recebeu ordem peremptória do Rei Luiz XVI para o executar; e que a sua maneira de observar os delicados fatos do Mesmerismo foi mesquinha e muito pouco judiciosa. O seu relatório, redigido por Bailly, destinava-se a desferir um golpe mortal contra a nova ciência. Foi difundido ostensivamente por todas as escolas e classes da sociedade, despertando os sentimentos mais amargos numa grande parte da aristocracia e da classe comercial rica, que patrocinaram Mesmer e foram testemunhas de suas curas. Antoine L. de Jussieu, um acadêmico do mais alto grau, que investigara detidamente o assunto com o eminente médico da corte, d'Eslon, publicou um contra-relatório, redigido com exatidão minuciosa, em que advogou a observação cuidadosa pela faculdade de Medicina dos efeitos terapêuticos do fluido magnético e insistiu na publicação imediata de suas descobertas e observações. Sua exigência foi apoiada pelo surgimento de um grande número de dissertações, obras polêmicas e livros dogmáticos que desenvolviam fatos novos; e a obra de Thouret, intitulada *Recherches et doutes sur le magnétisme animal*, que exibia uma vasta erudição, estimulou a pesquisa dos registros do passado, e os fenômenos magnéticos de nações que se sucederam desde a mais remota Antiguidade foram revelados ao público.

A doutrina de Mesmer era simplesmente uma reafirmação das doutrinas de Paracelso, Van Helmont, Santanelli e Maxwell, o escocês. Ele foi acusado de haver plagiado textos da obra de Bertrand e de enunciá-los como princípios seus[16]. Em sua obra, o Prof. Stewart considera[17] que nosso universo está composto de átomos conectados entre si como os orgãos de uma máquina acionada pelas leis da energia. O Prof. Youmans chama a isto "uma doutrina moderna", mas encontramos entre as 27 proposições expressas por Mesmer, em 1775, justamente um século antes, em sua *Letter to a Foreign Physician*[18], as seguintes:

1. *Existe uma influência mútua entre os corpos celestiais, a terra e os corpos vivos.*

2. *Um fluido, universalmente disperso e contínuo, de maneira a não admitir vácuo, cuja sutileza está aquém de toda comparação e que, por sua própria natureza, é capaz de receber, propagar e comunicar todas as impressões de movimento, é o agente dessa influência.*

Parece, de acordo com essas afirmações, que a teoria não é tão nova. O Prof. Balfour Stewart diz: "Devemos considerar o universo à luz de uma vasta máquina física". E Mesmer:

3. *Esta ação recíproca está sujeita a leis mecânicas, não conhecidas até a presente data.*

O Prof. Mayer, reafirmando a doutrina de Gilbert segundo a qual a Terra é um grande ímã, observa que as variações misteriosas da intensidade da sua força parecem estar sujeitas às emanações do Sol, "modificando-se com as aparentes revoluções diurnas e anuais daquele orbe e pulsando em simpatia com as imensas ondas de fogo que se agitam na sua superfície". Ele fala da "flutuação constante, do fluxo e do refluxo da influência diretiva da Terra". E Mesmer:

4. *Desta ação resultam efeitos alternados que podem ser considerados como um fluxo e um refluxo.*

6. *É por esta operação (a mais universal das que a Natureza nos apresenta) que as relações de atividade ocorrem entre os corpos celestiais, a Terra e as suas partes constituintes.*

Há ainda duas outras cuja leitura interessaria aos nossos cientistas modernos:

7. *As propriedades da matéria e do corpo organizado dependem desta operação.*

8. *O corpo animal experimenta os efeitos alternados desse agente; e é insinuando-se na substância dos nervos que ele os afeta imediatamente.*

Dentre outras obras importantes que apareceram entre 1798 e 1824, quando a Academia Francesa nomeou a sua segunda comissão para investigar o Mesmerismo, os *Archives du magnétisme animal* do Barão d'Hénin de Cuvillier – General do Exército, Cavaleiro de São Luís, membro da Academia de Ciências e correspondente de muitas das sociedades eruditas da Europa – podem ser consultados com grande proveito. Em 1820 o governo prussiano instruiu a Academia de Berlim no sentido de oferecer um prêmio de trezentos ducados para a melhor tese sobre o Mesmerismo. A Sociedade Real Científica de Paris, sob a presidência de Sua Alteza Real o Duque de Angoulême, ofereceu uma medalha de ouro com o mesmo objetivo. O Marquês de Laplace, par de França, um dos *Quarenta* da Academia de Ciências e membro honorário das sociedades eruditas de todos os principais governos europeus, publicou uma obra intitulada *Essai philosophique sur les probabilités*, em que este eminente cientista diz: "De todos os instrumentos que podemos utilizar para conhecer os agentes imperceptíveis da Natureza, os mais sensíveis são os nervos, especialmente quando influências excepcionais aumentam a sua sensibilidade. (...) O fenômeno singular que resulta desta extrema suscetibilidade nervosa de certos indivíduos deu origem a opiniões diversas quanto à existência de um novo agente, que tem sido chamado de *Magnetismo Animal*. (...) Estamos tão longe de conhecer todos os agentes da Natureza e os vários modos de ação, que seria pouco filosófico negar os fenômenos simplesmente porque são inexplicáveis no estágio atual de nosso conhecimento"[19]. É de nosso estrito dever examiná-los com uma atenção tão mais escrupulosa quanto parece difícil admiti-los.

Os experimentos de Mesmer foram bastante aperfeiçoados pelo Marquês de Puységur[20], que dispensou completamente os aparelhos e efetuou curas notáveis entre os arrendatários da sua propriedade de Busancy. Dados a público, estes fatos fizeram com que muitos outros homens cultos experimentassem com semelhante êxito, e em 1825 Foissac propôs à Academia de Medicina a instituição de uma nova pesquisa. Uma comissão especial – formada por Adelon, Pariset, Marc e pelo Sr. Burdin, tendo Husson como relator – uniu-se numa recomendação de que a sugestão fosse adotada. Eles fizeram uma declaração importante de que "na Ciência nenhuma decisão, seja ela qual for, é absoluta e irrevogável" e nos concederam os meios de estimar o valor que deve ser dado às conclusões da Comissão Franklin de 1784 ao dizer que "os experimentos em que este julgamento se baseia pareciam ter sido conduzidos sem a presença simultânea e necessária de todos os comissionados e *também com predisposições morais*, que, de acordo com os princípios do fato que eles foram chamados a examinar, *deviam causar seu malogro completo*."

O que dizem a respeito do Magnetismo como um remédio secreto foi dito muitas vezes pelos mais respeitáveis escritores sobre o moderno Espiritismo, a saber: "É tarefa da Academia estudá-lo, submetê-lo a provas; finalmente, retirar o seu uso e a sua prática das pessoas estranhas à arte, que abusam dos meios que ele fornece e fazem dele um objeto de lucro e especulação".

Este relatório provocou longos debates, mas em maio de 1826 a Academia nomeou uma comissão que compreendia os seguintes nomes ilustres: Leroux, Bourdois de la Motte, Double, Magendie, Guersant, Husson, Thillaye, Marc, Itard, Fouquier e Guéneau de Mussy. Eles iniciaram os seus trabalhos imediatamente e perseveraram durante cinco anos, comunicando à Academia, através do Senhor Husson, os resultados de suas observações. O relatório inclui uma grande quantidade de fenômenos classificados em 34 parágrafos diferentes; todavia, como esta obra não se dedica especialmente à ciência do Mesmerismo, nos contentaremos apenas com alguns breves extratos. Eles afirmam que nem o contato das mãos, as fricções, nem os passos são absolutamente necessários, pois que, em muitas ocasiões, a vontade e a fixidez do olhar foram suficientes para produzir fenômenos magnéticos, mesmo sem o conhecimento do magnetizado. "Os fenômenos terapêuticos atestados" dependem apenas do Magnetismo e não são reproduzidos sem ele. O estado de sonambulismo existe e "ocasiona o desenvolvimento de novas faculdades, que têm recebido o nome de *clarividência*, intuição e previsão interna". O sono (magnético) foi provocado sob circunstâncias em que os magnetizados não podiam ver e ignoravam completamente os meios empregados para produzi-lo. O magnetizador, tendo controlado o seu paciente, pode "pô-lo completamente em estado de sonambulismo, tirá-lo dele sem o seu conhecimento, para fora das suas vistas, a uma certa distância e por portas fechadas". Os sentidos externos da pessoa adormecida parecem completamente paralisados e uma segunda entidade pode ser posta em ação. "Na maior parte do tempo os pacientes são totalmente estranhos ao ruído externo e inesperado produzido perto dos seus ouvidos, tais como o som de vasilhas de cobre batidas com violência, a queda de qualquer objeto pesado, etc. (...) Pode-se fazê-los respirar ácido hidroclorídrico ou amoníaco sem dano algum ou sem que se preocupem com eles". A comissão podia "fazer cócegas nos seus pés e nas suas narinas, passar uma pena nos cantos dos seus olhos, beliscar a sua pele até produzir equimoses, picá-los sob as unhas com alfinetes enterrados a uma profundidade considerável, sem o menor sinal de dor ou de consciência do fato. Em resumo, vimos uma pessoa insensível a uma das mais dolorosas operações cirúrgicas e cuja fisionomia, assim como o pulso e a respiração, não manifestou a mínima emoção".

Já chega para os sentidos externos; vejamos agora o que eles têm a dizer sobre os internos, que podem ser considerados capazes de demonstrar uma diferença notável entre o homem e o protoplasma de carneiro. "Enquanto estão em estado de sonambulismo", diz a comissão, "as pessoas magnetizadas que observamos conservam o exercício das faculdades que possuem quando estão despertas. A sua memória parece até ser mais fiel e mais extensa. (...) Vimos dois sonâmbulos distinguirem, de olhos fechados, objetos colocados à sua frente; disseram, sem as tocar, a cor e o valor de cartas; leram palavras traçadas com a mão, ou algumas linhas de livros abertos ao acaso. Este fenômeno ocorreu mesmo quando as suas pálpebras foram cuidadosamente fechadas com os dedos. Encontramos em dois sonâmbulos o poder de antever atos mais ou menos complicados do organismo. Um deles anunciou com antecipação de muitos dias, não, de muitos meses, o dia, a hora e o minuto em que ataques epilépticos ocorreriam e reincidiriam; outro declarou o momento da cura. As suas previsões realizaram-se com exatidão notável".

A comissão diz que "foram colhidos e comunicados fatos suficientemente importantes para induzi-la a pensar que a Academia deveria encorajar as pesquisas sobre o Magnetismo como um ramo muito curioso da Psicologia e da História Natural". A comissão conclui dizendo que os fatos *são tão extraordinários*, que ela mal imagina que a Academia admita a sua realidade, mas protesta que foi constantemente animada por motivos de um caráter elevado, "o amor da Ciência e a necessidade de justificar as esperanças que a Academia nutria em relação ao nosso zelo e à nossa devoção"[21].

Os seus temores foram completamente justificados pela conduta de pelo menos um de seus membros, que se ausentara dos experimentos e, como nos conta Husson, "não julgou correto assinar o relatório". Trata-se de Magendie, o fisiologista que, apesar do fato declarado pelo relatório oficial de que ele "não estava presente aos experimentos", não hesitou em dedicar quatro páginas do seu famoso *Précis élémentaire de physiologie* ao Mesmerismo e, depois de ter feito um sumário dos fenômenos alegados, sem os endossar senão com reserva, como exigiam a erudição e as aquisições científicas da comissão de colegas, diz: "O respeito por si mesmo e a dignidade da profissão exigem circunspecção nesses assuntos. Ele [o físico bem-informado] lembrará quão facilmente o mistério degenera em charlatanismo e quão apta a profissão está a se degradar mesmo em aparência quando apoiada por praticantes respeitáveis". Nenhuma palavra do texto leva os seus leitores ao segredo de que ele fora apontado pela Academia para participar da comissão de 1826; de que não estivera presente às suas reuniões; que não conseguiria apreender a verdade sobre os fenômenos mesméricos e que agora pronunciava o seu julgamento *ex parte*. "O respeito por si mesmo e a dignidade da profissão" talvez tenham exigido silêncio!

Trinta e oito anos depois, um cientista inglês, cuja especialidade é a investigação da Física e cuja reputação é até maior do que a de Magendie, inclinou-se a uma conduta também desleal. Quando lhe foi oferecida a oportunidade de investigar os fenômenos espiritistas e de retirá-los das mãos dos investigadores ignorantes ou desonestos, o Prof. John Tyndall evitou o assunto; mas nos seus *Fragments of Science* foi acusado de expressões pouco cavalheirescas que citamos em outro lugar.

Mas estamos errados; ele fez uma tentativa, e pronto. Ele nos conta, nos *Fragments*, que certa vez foi para baixo de uma mesa a fim de ver como se produziam as batidas e dali saiu com uma tal indignação contra a Humanidade como nunca sentira antes! Israel Putnam, rastejando-se sobre mãos e joelhos para matar a loba em sua toca, oferece-nos um paralelo parcial com que estimar a coragem do químico tateando no escuro à procura da horrível verdade; mas Putnam matou a sua loba e Tyndall foi devorado pela sua! "*Sub mensa desperatio*" bem poderia ser a divisa do seu escudo.

Falando do relatório da comissão de 1824, o Dr. Alphonse Teste, renomado cientista contemporâneo, diz que ele causou uma profunda impressão na Academia, mas poucas convicções: "Ninguém podia questionar a veracidade dos comissionados, cuja boa fé e grandes conhecimentos eram inegáveis, mas eles eram dignos de suspeitas. Com efeito, *há certas verdades desventuradas que comprometem aqueles que acreditam nelas e especialmente aqueles que são tão cândidos a ponto de as reconhecerem publicamente*". Quanto isso é exato o atestam os anais da História, desde os primeiros tempos até hoje. Quando o Prof. Robert Hare anunciou os resultados preliminares das suas investigações espiritistas, ele, embora fosse um dos químicos e físicos mais eminentes do mundo, foi, não obstante, considerado um ingênuo. Quando provou que não o era, foi acusado de caduquice; os professores de Harvard denunciaram "a sua adesão insana à gigantesca escroqueria".

Quando o professor iniciou as suas investigações em 1853, anunciou que "se sentira chamado por um ato de dever para com os seus semelhantes, a usar de toda a influência que possuía para tentar deter a maré da loucura popular, que, a despeito da razão e da ciência, crescia rapidamente em favor da *ilusão grosseira* chamada

Espiritismo". Apesar de, segundo a sua declaração, estar "plenamente de acordo com a teoria de Faraday sobre a rotação da mesa", ele possuía a verdadeira grandeza, que caracteriza os príncipes da Ciência, de investigar profundamente e só depois proclamar a verdade. Suas próprias palavras nos contam como ele foi premiado pelos seus companheiros vitalícios. Numa conferência proferida em setembro de 1854 em Nova York, ele afirma que "se dedicara a pesquisas científicas por mais de meio século e a sua exatidão e a sua precisão nunca foram questionadas até que se converteu ao Espiritismo; como a sua integridade como homem nunca fora atacada em sua vida, até que os professores de Harvard fulminaram o seu relatório contra o que *ele sabia* ser verdadeiro e o que eles *não sabiam* que não o fosse".

Quão patética amargura encerram estas palavras! Um ancião de setenta e seis anos, um cientista de meio século, abandonado por dizer a verdade! E eis que o Sr. A. R. Wallace, que anteriormente fora estimado entre os mais ilustres cientistas britânicos, tendo proclamado a sua crença no Espiritismo e no Mesmerismo, não excita mais do que compaixão. O Prof. Nicolas Wagner, de São Petersburgo, cuja reputação de zoólogo é das mais notáveis, sofre, por sua vez, o castigo da sua candura excepcional, no tratamento ultrajante que recebe dos cientistas russos!

Há cientistas e *cientistas*; e se as ciências ocultas sofrem, na instância do Espiritismo moderno, da malignidade de uma classe, elas tiveram, não obstante, os seus defensores em todos os tempos entre os homens cujos nomes derramaram luzes sobre a própria ciência. No primeiro posto está Isaac Newton, "a luz da Ciência", que acreditava plenamente no Magnetismo tal como fora ensinado por Paracelso, Van Helmont e os filósofos do fogo em geral. Ninguém ousará negar que a sua doutrina do espaço e da atração universal é tão-só uma teoria do Magnetismo. Se as suas próprias palavras significam alguma coisa, elas querem dizer que ele baseou todas as suas especulações na "alma do mundo", o grande agente universal e magnético que ele chamava de *divine sensorium*. "Aqui", diz ele, "trata-se de um espírito muito sutil que penetra tudo, mesmo os corpos mais duros, e que está oculto na sua substância. Pela força e pela atividade desse espírito, os corpos se atraem uns aos outros e se mantêm juntos quando colocados em contato. Através dele, os corpos elétricos operam à distância mais remota, tanto quanto se estivessem próximos, atraindo-se e repelindo-se; por este espírito a luz também flui e é refratada e refletida, e aquece os corpos. Todos os sentidos são excitados por esse espírito e por ele os animais movem os seus membros. (...) Mas estas coisas não podem ser explicadas com poucas palavras e não temos experiência suficiente para determinar plenamente as leis pelas quais opera esse espírito universal"[22].

Há duas espécies de magnetização; a primeira é puramente *animal*, a outra é transcendente e depende da vontade e do conhecimento do mesmerizador, assim como do grau de espiritualidade do paciente e da sua capacidade de receber as impressões da luz astral. Deve-se observar aqui que a clarividência depende muito mais da primeira do que da segunda. O paciente mais *positivo* se submeterá ao poder de um adepto, como Du Potet. Se a sua opinião estiver convenientemente dirigida pelo mesmerizador, pelo mago ou pelo espírito, a luz astral deverá liberar ao nosso escrutínio os registros mais secretos; pois, se ela é um livro que sempre está fechado àqueles "que vêem e nada percebem", por outro lado está sempre aberto àquele que *quer* vê-lo aberto. Ele guarda um registro inalterado de tudo que foi, que é ou que será. Os mínimos atos de nossas vidas estão impressos nele e mesmo os nossos pensamentos estão fotografados em suas páginas eternas. É o livro que vemos aberto pelo anjo do *Apocalipse*, "que é o Livro da vida e é por ele que os mortos são julgados de acordo com as suas obras". Ele é, em suma, a MEMÓRIA de DEUS!

"Os oráculos afirmam que a impressão dos caracteres e de outras visões divinas aparecem no Éter. (...) Nele, as coisas sem figura estão figuradas", diz um fragmento antigo dos *Oráculos* de Zoroastro[23].

Assim, tanto a antiga quanto a moderna sabedoria, vaticínio e ciência, concordam na corroboração das asserções cabalísticas. É nas páginas indeléveis da luz astral que são estampadas as impressões de todo pensamento que pensamos e de todo ato que realizamos; e os eventos futuros – efeitos de causas há muito esquecidas – já estão ali delineados como uma pintura vívida que o olho do vidente e do profeta podem ver. A memória – o desespero do materialista, o enigma do psicólogo, a esfinge da Ciência – é, para o estudioso das filosofias antigas, apenas um nome que designa o poder que o homem exerce inconscientemente e que partilha com muitos dos animais inferiores, de olhar com a visão interior para a luz astral e de ver aí as imagens das sensações e dos incidentes do passado. Em vez de procurar os gânglios cerebrais para "as micrografias dos vivos e dos mortos e de lugares que já visitamos, de incidentes de que já participamos"[24], eles se dirigiram ao vasto repositório em que os registros da vida de todo homem, assim como de toda pulsação do cosmos visível, estão armazenados para toda a eternidade!

O clarão da memória, que se supõe tradicionalmente mostrar ao homem submerso todas as cenas há muito esquecidas da sua vida mortal – como a paisagem é revelada ao viajante por intermitentes clarões de relâmpagos –, é apenas um vislumbre repentino que a alma combatente lança nas galerias silenciosas em que a sua história está pintada em cores imperecíveis.

O fato bastante conhecido – corroborado pela experiência pessoal de nove entre dez pessoas – de que freqüentemente reconhecemos como familiares cenas e paisagens e conversas que vemos ou ouvimos pela primeira vez, e às vezes em lugares aos quais nunca fomos antes, é um resultado das mesmas causas. Os que acreditam na reencarnação invocam esse fato como uma prova adicional de nossa existência anterior em outros corpos. Este reconhecimento de homens, lugares e coisas que nunca vimos é atribuído por eles a clarões da memória anímica de experiências anteriores. Mas os homens de antanho, como os filósofos medievais, difundiram energicamente uma opinião contrária.

Eles afirmaram que – embora este fenômeno psicológico fosse um dos maiores argumentos a favor da imortalidade e também da preexistência da alma, sendo esta última dotada de uma memória individual separada da do nosso corpo físico – ele não se constitui em prova da reencarnação. Como Éliphas Lévi expressa muito bem, "a Natureza fecha a porta depois que cada coisa passa e leva a vida à frente" em formas mais perfeitas. A crisálida transforma-se em borboleta; esta nunca se transforma novamente numa larva. Na calma das horas noturnas, quando os nossos sentidos corporais estão tolhidos pelo sono e o nosso corpo físico repousa, a forma astral torna-se livre. Ela então *se esvai* para fora de sua prisão terrena e, segundo a expressão de Paracelso, "confabula com o mundo exterior" e viaja pelos mundos visíveis e invisíveis. "No sono", diz ele, "o corpo astral (alma) está liberto dos seus movimentos; então ele voa para os seus pais e conversa com as estrelas". Os sonhos, os presságios, a presciência, os prognósticos e os pressentimentos são impressões deixadas por nosso corpo astral em nosso cérebro, que os recebe mais ou menos distintamente, de acordo com a intensidade de sangue que lhe é fornecido durante as horas de sono. Quanto mais débil esteja o corpo físico, mais vívida será a memória anímica e maior liberdade gozará o espírito. Depois de profundo e repousado sono sem sonhos, o homem retorna ao estado de vigília, não conserva nenhuma recordação de sua existência noturna e, contudo, em seu cérebro, estão gravadas, embora latentes sob a pressão da matéria, as cenas e paisagens durante sua peregrinação no corpo astral. Estas imagens latentes podem ser reveladas pelos relâmpagos da memória anímica que estabelecem momentâneos intercâmbios de energia entre o universo visível e o invisível, isto é, entre os gânglios micrográficos cerebrais e as moléculas cenográficas da luz astral. E um homem que sabe que nunca visitou em corpo, nem viu a paisagem e a pessoa que ele reconhece, pode afirmar que os viu e os conhece, pois esse conhecimento foi travado durante uma dessas viagens em "espírito". A isso os fisiólogos fazem apenas uma objeção. Responderão que no sono natural – perfeito e profundo – "a metade da nossa natureza, que é volitiva, está em condição de inércia"; em conseqüência, é incapaz de viajar; tanto mais que a existência de um tal corpo ou alma astral individual é considerada por eles um pouco menos do que um mito poético. Blumenbach[25] afirma que, no estado de sono, todo intercâmbio entre a mente e o corpo é suspenso; asserção que é negada pelo Dr. B. W. Richardson, F. R. S., que lembra com franqueza àquele cientista alemão que ele exagera em afirmar que "são desconhecidos os limites precisos e as conexões da mente com o corpo". A esta opinião acrescentamos a do filósofo francês Fournié, e ainda mais recente a do Dr. Allchin, um eminente médico londrino que reconheceu abertamente, numa carta aos estudiosos, que, "de todas as profissões científicas que interessam à comunidade, talvez não exista nenhuma que repouse sobre bases tão incertas e inseguras como a Medicina" – dá-nos um certo direito de opor a hipótese dos cientistas antigos às da ciência moderna.

Ninguém, por grosseiro e material que seja, pode evitar o fato de levar uma existência dupla; uma no universo visível, outra no invisível. O princípio vital que anima a sua constituição física está principalmente no corpo astral; e enquanto suas partículas densas ficam inertes, as mais sutis não conhecem limites nem obstáculos. Estamos perfeitamente conscientes de que muitos eruditos, e também ignorantes, se erguerão contra essa nova teoria da distribuição do princípio vital. Eles prefeririam continuar na ignorância bem-aventurada e confessar que ninguém sabe nem pode pretender dizer de onde vem esse agente misterioso e para onde ele vai ao invés de conceder um momento de atenção àquilo que consideram como teorias antigas e desacreditadas. Alguns, colocando-se no terreno da Teologia, podem objetar que os brutos cegos não possuem almas imortais e, em conseqüência, não têm espíritos astrais; pois *os teólogos, como os leigos, vivem sob a errônea impressão de que alma e espírito são uma e a mesma coisa*. Mas se estudarmos Platão e outros filósofos da Antiguidade, podemos perceber perfeitamente que, enquanto a "alma *irracional*", com que Platão designa o nosso corpo astral, ou a representação mais etérea do nosso ser, pode ter no melhor dos casos apenas uma continuidade de existência mais ou menos prolongada além-túmulo – o espírito divino, erroneamente chamado de *alma* pela Igreja, é imortal por sua própria essência. (Qualquer erudito hebraico apreciará prontamente a distinção que existe entre as palavras רוח , , rûah, e נפש, nephesh.) Se o princípio vital é algo isolado do espírito astral e não está de maneira alguma ligado a ele, como é que pode dizer que a intensidade dos poderes clarividentes depende tanto da prostração corporal do paciente? Quanto mais profundo é o sonho hipnótico e menos sinais de vida se notem no corpo físico, mais claras se tornam as percepções espirituais e mais penetrantes as visões da alma, que, desprendida dos sentidos corporais, atua com muito mais potência do que quando ele serve de veículo num corpo forte e sadio. Brierre de Boismont fornece exemplos repetidos desse fato[26]. Os órgãos da visão, do olfato, do paladar, do tato e da audição provaram tornar-se mais perfeitos num paciente mesmerizado privado da possibilidade de exercê-los corporalmente do que quando os utiliza em seu estado normal.

Estes fenômenos provam incontestavelmente a continuidade da vida, pelo menos por um certo período depois de morto o corpo físico. Mas, embora durante a sua breve permanência na Terra a nossa alma possa ser comparada a uma luz ocultada num alqueire, ela não deixa de brilhar por isso e de receber a influência de espíritos afins, de modo que todo pensamento bom ou mau atrai vibrações da mesma natureza tão irresistivelmente quanto o ímã atrai as limalhas de ferro. Esta atração é proporcional também à intensidade com que o impulso do pensamento se faz sentir no éter. Assim se pode compreender como alguém se imponha com tanta força em sua época, que sua influência pode ser transmitida – através de correntes de energia que estão sempre em intercâmbio entre os dois mundos, o visível e o invisível – de era em era, até chegar a afetar grande porção da Humanidade.

Seria difícil dizer até que ponto os autores da famosa obra intitulada *The Unseen Universe* dirigiram o seu pensamento neste sentido; mas pode-se concluir, lendo-se a passagem a seguir, que eles não disseram *tudo* que podiam dizer:

"Considerando [o éter] como nos apraz, não há dúvida alguma de que as propriedades do éter são de uma ordem mais elevada no campo da Natureza *do que as da matéria tangível*. Como mesmo os luminares da Ciência ainda acham que estas últimas estão muito *além* da sua compreensão, exceto em casos particulares, numerosos mas de importância mínima e freqüentemente isolados, não caberia a nós levar adiante essa especulação. Basta ao nosso propósito conhecer os efeitos do éter *cuja potencialidade supera a tudo quanto alguém tenha ousado dizer*"[27].

Um dos descobrimentos mais interessantes dos tempos modernos é a faculdade que permite a uma certa classe de sensitivos receber, de qualquer objeto colocado em suas mãos ou aplicado sobre sua testa, impressões do caráter ou da aparência do indivíduo ou de qualquer objeto com que ele esteve anteriormente em contato. Assim, um manuscrito, um quadro, uma vestimenta ou uma jóia – seja qual for a sua antiguidade – transmite ao sensitivo uma pintura vívida do escritor, pintor ou usuário, mesmo que ele tenha vivido nos dias de Ptolomeu ou de Enoc. Não, mais: um fragmento de um antigo edifício recordará a sua história e até cenas que transpiram do seu interior ou das suas cercanias. Um pedaço de minério levará a visão da alma de volta à época em que ele estava em processo de formação. Esta faculdade é denominada pelo seu descobridor – Prof. J. R. Buchanan, de Louisville, no Kentucky – de *psicometria*. É a ele que o mundo está em débito por este acréscimo tão importante à ciência psicológica; e é a ele, talvez, quando o ceticismo for derrubado pelo acúmulo de fatos, que a posteridade erigirá uma estátua. Anunciando ao público a sua grande descoberta, o Prof. Buchanan, limitando-se ao poder da psicometria para delinear o caráter humano, diz: "A influência mental e fisiológica atribuída à escrita parece ser indestrutível, pois os espécimes mais antigos que investiguei forneceram as suas impressões com uma nitidez e uma força pouco, senão nada, prejudicadas pelo tempo. Velhos manuscritos, que exigiam um antiquário para se decifrar a sua estranha caligrafia antiga, foram facilmente interpretados pelo poder psicométrico. (...) A propriedade de conservar a impressão da mente não está limitada à escrita. Desenhos, quadros – tudo aquilo em que o contato, o pensamento e a volição humanos têm sido consumidos – podem encadear-se a esse pensamento e a essa vida, de maneira que eles re-ocorram à mente de uma outra pessoa quando há contato".

Sem, talvez, conhecer realmente, nas primeiras horas da sua descoberta, a significação de suas próprias palavras proféticas, o professor acrescenta: "Esta descoberta, na sua aplicação às artes e à História, abrirá uma mina de informações interessantes"[28].

A existência desta faculdade foi demonstrada experimentalmente, pela primeira vez, em 1841. Desde então, foi verificada por milhares de psicômetras em diferentes partes do mundo. Ela prova que tudo o que ocorre na Natureza – por mínimo ou insignificante que seja – deixa a sua impressão indelével sobre a natureza física; e, como não resulta daí nenhuma perturbação molecular apreciável, a única inferência possível é a de que essas imagens foram produzidas por aquela força invisível, universal – o éter, ou luz astral.

No seu encantador livro, *The Soul of Things*, o Prof. Denton, geólogo[29], entra em grande profundidade numa discussão sobre este assunto. Fornece uma enorme quantidade de exemplos do poder psicométrico, que a Sra. Denton possui em grau bastante acentuado. Um fragmento da casa de Cícero, em Túsculo, permitiu-lhe descrever, sem a mínima informação sobre a natureza do objeto colocado a sua frente, não só a vizinhança do grande orador, mas também o morador anterior do edifício, Cornelius Sulla Felix, ou, como era usualmente chamado, Sulla, o Ditador. Um fragmento de mármore da antiga Igreja Cristã de Esmirna fez surgir diante dela a sua congregação e os sacerdotes oficiantes. Espécimes de Nínive, da China, de Jerusalém, da Grécia, do Ararat e de outros lugares do mundo trouxeram à baila cenas da vida de várias personagens cujas cinzas desapareceram há milhares de anos. Em muitos casos o Prof. Denton verificou as afirmações com o auxílio de registros históricos. Mais que isso: um pedaço do esqueleto ou um fragmento do dente de um animal antediluviano induziu a vidente a perceber a criatura tal como era quando estava viva, e até a viver a sua vida por alguns breves momentos e a experimentar as suas sensações. Diante da busca ansiosa do psicômetra, os recessos mais ocultos do domínio da Natureza revelam os seus segredos e os eventos das épocas mais remotas rivalizam em vividez de impressão com as circunstâncias fugazes de ontem.

Diz o autor, na mesma obra: "Nenhuma folha tremula, nenhum inseto rasteja, nenhuma ondulação se põe em marcha – porém cada movimento está gravado por mil escribas fiéis em escrita infalível e indelével. Isto é válido para todas as épocas, da primeira aurora de luz sobre este globo infantil, quando uma cortina de vapores flutuava ao redor do seu berço, até este momento. A Natureza esteve sempre ocupada em fotografar cada instante. Que galeria de quadros é ela!"[30].

Parece-nos impossível imaginar que cenas da antiga Tebas ou de algum templo pré-histórico pudessem ser fotografadas sobre a simples substância de certos átomos. As imagens dos eventos estão incrustadas naquele agente universal, que tudo penetra, que tudo conserva e que os filósofos chamam de "a alma do mundo", e o Sr. Denton, de "a alma das coisas". O psicômetra, aplicando o fragmento de uma substância à sua fronte, coloca o seu *eu interior* em relação com a alma interior do objeto que ele toca. Admite-se agora que o éter universal penetra todas as coisas na Natureza, mesmo a mais sólida. Começa-se a admitir que ele preserva as imagens de todas as coisas que dele transpiram. Quando o psicômetra examina o seu espécime, ele é colocado em contato com a corrente da Luz Astral, que está em relação com aquele espécime e que conserva quadros dos eventos associados à sua história. Estas cenas, de acordo com Denton, desfilam diante dos seus olhos com a velocidade da luz; as cenas se sucedem tão rapidamente umas às outras, que só pelo exercício supremo da vontade é ele capaz de reter uma delas no campo de sua visão durante um tempo suficiente para a descrever.

O psicômetra é clarividente; isto é, ele vê com o olho interior. A menos que o poder da sua vontade seja muito forte, a menos que ele tenha sido treinado plenamente para esse fenômeno particular e que o seu conhecimento das capacidades da sua visão sejam profundos, as suas percepções de lugares, de pessoas e de eventos devem ser necessariamente muito confusas. Mas no caso da mesmerização, em que esta mesma faculdade clarividente se desenvolveu, o operador, cuja vontade mantém a do paciente sob controle, pode forçá-lo a concentrar a sua atenção sobre um determinado quadro durante o tempo suficiente para observar todos os seus detalhes minuciosos. Além disso, sob a direção de um mesmerizador experimentado, o vidente ultrapassaria o psicômetra natural na previsão de eventos futuros, mais distintos e mais claros do que para este último. E àqueles que poderiam objetar contra a possibilidade de se perceber aquilo que "ainda não é", podemos fazer a seguinte pergunta: Por que é mais impossível ver aquilo que será do que trazer de volta à visão aquilo que se foi e não existe mais? Segundo a doutrina cabalística, o futuro existe na luz astral em embrião, como o presente existiu em embrião no passado. Ao passo que o homem é livre para agir como lhe agrada, a maneira pela qual ele *deseja* agir foi prevista há muito tempo; não no terreno do fatalismo ou do destino, mas simplesmente no princípio da harmonia universal, imutável; e, da mesma maneira, pode-se saber de antemão que, quando uma nota é tangida, as suas vibrações não serão e não poderão ser modificadas para as vibrações de uma outra nota. Além disso, a eternidade não pode ter passado nem futuro, mas apenas presente; como o espaço infinito, no seu estrito sentido literal, não pode ter lugares distantes nem próximos. As nossas concepções, limitadas à estreita área de nossa experiência, tentam determinar se não um fim, pelo menos um princípio para o tempo e para o espaço; mas nada disso existe na realidade – pois nesse caso o tempo não seria eterno, nem o espaço infinito. O passado não existe mais do que o futuro, como dissemos, só as nossas memórias sobrevivem; e as nossas memórias são apenas relances que apanhamos dos reflexos desse passado nas correntes da luz astral, da mesma maneira que o psicômetra os apanha das emanações astrais do objeto que ele tem em mãos.

Diz o Prof. E. Hitchcock a respeito das influências da luz sobre os corpos e da formação de quadros sobre eles por meio dela: "Parece como se esta influência interpenetrasse toda a Natureza sem se deter em pontos definidos. Não sabemos se a luz pode imprimir, nos objetos circundantes, nossas feições desfiguradas pela emoção, e deixar, desta sorte, nossas ações fotografadas na Natureza. (...) Pode ser, também, que existam testes pelos quais a Natureza, mais habilidosa do que qualquer fotógrafo humano, possa revelar e fixar esses retratos, de maneira que sentidos mais *agudos* do que os nossos possam vê-los como se eles estivessem reproduzidos numa grande tela estendida sobre o universo material. *Talvez*, também, eles nunca desapareçam da tela, mas se tornem peças da grande galeria de pinturas da eternidade"[31].

Este "talvez" do Prof. Hitchcock foi depois transformado numa certeza triunfante pela demonstração da psicometria. Aqueles que compreendem estas faculdades psicológicas e clarividentes criticarão, sem dúvida, a idéia do Prof. Hitchcock de que são necessários sentidos mais agudos do que os nossos para ver essas gravuras reproduzidas sobre a sua suposta tela cósmica, e afirmarão que ele deveria ter confinado as suas limitações aos sentidos externos do corpo. *O espírito humano, que faz parte do Espírito Divino, não aprecia o passado nem o futuro, mas vê todas as coisas como se elas estivessem no presente.* Os daguerreótipos referidos na citação acima estão impressos sobre a luz astral, em que, como dissemos anteriormente – e, de acordo com o ensinamento hermético, cuja primeira parte já foi aceita e demonstrada pela Ciência –, está gravado o registro de tudo o que foi, é ou será.

Finalmente, alguns dos nossos homens cultos prestaram particular atenção a um assunto até agora estigmatizado com a marca de "superstição". Eles começam a especular sobre mundos hipotéticos e invisíveis. Os autores de *The Unseen Universe* foram os primeiros a tomar corajosamente o caminho e já encontraram um seguidor no Prof. Fiske, cujas especulações estão consignadas em *The Unseen World*. Evidentemente, os cientistas estão tateando o terreno inseguro do materialismo e, sentindo-o tremer sob seus pés, estão se preparando para tornar menos desonrosa a sua capitulação em caso de derrota. Jevons confirma o que diz Babbage e ambos acreditam firmemente que todo pensamento, deslocando as partículas do cérebro e colocando-as em movimento, dissemina-as pelo universo e pensam que "cada partícula da matéria existente deve ser um registro de tudo o que aconteceu"[32]. Por outro lado, o Dr. Thomas Young, em suas conferências sobre Filosofia Natural, convida-nos sentenciosamente a "especular com liberdade sobre a possibilidade de mundos independentes; alguns existindo em diferentes partes do espaço, outros *penetrando-se entre si, inobservados e desconhecidos*, no mesmo espaço, e outros ainda para os quais o espaço não deve ser um modo necessário de existência"[33].

Se os cientistas, partindo de um ponto de vista estritamente científico – tal como a possibilidade de a energia ser transferida para o universo invisível, como no princípio da continuidade – abandonam-se a tais especulações, por que aos ocultistas e espiritistas se recusaria o mesmo privilégio? Impressões ganglionares sobre a superfície de metal polido estão registradas e podem ser preservadas por um espaço indefinido de tempo, de acordo com a ciência; e o Prof. Draper ilustra este fato muito poeticamente: "Uma sombra", diz ele, "jamais cai sobre uma parede sem deixar sobre ela uma impressão, um sinal que se pode tornar visível com o recurso e processos apropriados. (...) Os retratos de nossos amigos, ou as vistas de paisagens, podem estar ocultos na superfície sensitiva do olho, mas eles estão prontos a fazer sua aparição assim que reveladores próprios sejam utilizados. Um espectro permanece oculto numa superfície de prata ou de vidro até que, por nossa necromancia, nós o fazemos vir ao mundo visível. Sobre as paredes dos nossos aposentos mais privados, em que acreditamos nenhum olhar intrometido nos tenha espionado e nosso retiro não tenha sido nunca profanado, existem os vestígios de todos os nossos atos, silhuetas de tudo o que fizemos"[34].

Se uma impressão indelével pode ser assim produzida sobre matéria inorgânica e se nada está perdido ou passa completamente despercebido em sua existência no universo, por que este levante de armas contra os autores de *The Unseen Universe*? E em que bases podem eles rejeitar a hipótese de que "*o pensamento, que se acredita afetar a matéria de um outro universo ao mesmo tempo que a deste, pode explicar um estado futuro*"?[35]

Em nossa opinião, se a psicometria é uma das maiores provas da indestrutibilidade da matéria, que conserva eternamente as impressões do mundo exterior, a posse dessa faculdade por nossa visão interior é uma prova ainda maior em favor da imortalidade do espírito individual do homem. Capaz de discernir eventos que ocorreram há centenas de milhares de anos atrás, por que não aplicaria ele a mesma faculdade a um futuro perdido na eternidade, na qual não pode haver passado nem futuro, mas apenas um presente ilimitado?

Apesar das confissões de estupenda ignorância em algumas coisas, feitas pelos próprios cientistas, eles ainda negam a existência dessa força espiritual misteriosa, que repousa além do alcance das leis físicas comuns. Eles ainda esperam poder aplicar a seres humanos as mesmas leis que afirmam reger a matéria morta. E, tendo descoberto aquilo que os cabalistas chamam de "purgações grosseiras" do éter – luz, calor, eletricidade e movimento –, ficaram contentes com a sua boa sorte, contaram as suas vibrações que produzem as cores do espectro e, orgulhosos de suas consecuções, recusam-se a olhar adiante. Muitos cientistas ponderaram mais ou menos sobre a sua essência protéica e, incapazes de medi-la com os seus fotômetros, chamaram-na "um intermediário *hipotético* de grande elasticidade e extrema tenuidade, *que se supõe* penetrar todo o espaço, sem dele excluir o interior dos corpos sólidos"; e "ser o intermediário de transmissão de luz e calor" (definição do dicionário). Outros, a quem chamaremos "fogo-fátuos" da Ciência – seus pseudofilhos –, também a examinaram e até chegaram ao problema de a esquadrinhar "com microscópios poderosos", dizem-nos eles. Mas, não encontrando aí nem espíritos nem fantasmas, e não conseguindo descobrir nas suas ondas traiçoeiras nada de caráter mais científico, eles deram as costas ao assunto e chamaram todos os que acreditam na imortalidade em geral, e os espiritistas em particular, de "loucos insensatos" e "lunáticos visionários"[36]; o conjunto, com expressões desconsoladas, perfeitamente apropriadas a essa circunstância de deplorável fracasso.

Dizem os autores de *The Unseen Universe*:

"Levamos a operação do mistério chamado *Vida* ou vontade para fora do universo objetivo. (...) O erro cometido (...) consiste em crer que tudo quanto desaparece de nossa observação desaparece completamente do universo. Não é isso o que ela faz. Ela simplesmente desaparece daquele *pequeno círculo* de luz que podemos chamar de universo da *percepção científica*. (...) Há três grandes mistérios (uma trindade de mistérios) (...) o mistério da matéria e da energia; o mistério da vida; e o mistério de Deus – e esses três são *Um*"[37].

Partindo do princípio de que "o universo visível deve ter *certamente um limite de energia transformável, e provavelmente em matéria*, chegar a um fim" e de que "o princípio da continuidade (...) ainda exige uma continuação do universo (...)", os autores desta obra notável vêem-se forçados a acreditar "que existe algo *além* do que é visível (...)"³⁸ e que o sistema visível não constitui todo o universo, mas apenas, talvez, uma pequena parte dele. Além disso, olhando para trás e para a frente no que diz respeito à origem desse universo visível, os autores recomendam que "se o universo visível é *tudo* o que existe, então a sua primeira manifestação abrupta é tanto uma ruptura da continuidade quanto a sua destruição final"³⁹. Assim, como tal ruptura está contra a lei aceita da continuidade, os autores chegam às seguintes conclusões:

"Bem, não é natural imaginar que um universo dessa natureza, *que temos razão em pensar que existe*, está unido por laços de energia, e que, assim, possa ser capaz de receber energias do universo visível? (...) Devemos considerar o éter, ou o intermediário, não apenas como uma ponte⁴⁰ entre uma ordem de coisas e uma outra, mas como constituinte, por assim dizer, de uma espécie de cimento, graças ao qual as várias ordens do universo estariam soldadas e transformadas em apenas uma? Em suma, o que chamamos éter pode ser não apenas um mero instrumento, mas um instrumento *mais* a ordem invisível das coisas, de maneira que, quando os movimentos do universo visível são transmitidos no éter, uma parte deles é levada como que por uma *ponte* para o universo invisível, onde são utilizados ou armazenados. Não, é, então, necessário conservar a concepção de uma ponte? Não podemos dizer que, quando a energia é transportada da matéria para o éter, ela é levada do visível para o invisível; e que, quando ela é transportada do éter para a matéria, ela é levada do invisível para o visível?"⁴¹.

Precisamente; e se a Ciência quisesse dar alguns passos a mais nessa direção e estudar mais detidamente o "intermediário hipotético", quem sabe se o abismo intransponível de Tyndall entre os processos físicos do cérebro e a *consciência* poderia ser – pelo menos intelectualmente – ultrapassado com facilidade e segurança surpreendentes.

Já em 1856, um homem considerado culto em sua época – o Dr. J.-B. Jobard, de Paris – tinha certamente as mesmas idéias dos autores de *The Unseen Universe* sobre o éter quando ele surpreendeu a imprensa e o mundo da Ciência com a seguinte declaração: "Fiz uma descoberta que me apavora. Há duas espécies de eletricidade; uma, bruta e cega, é produzida pelo contato de metais e ácidos" (a purgação grosseira); "a outra, é inteligente e CLARIVIDENTE! (...) A eletricidade bifurcou-se nas mãos de Galvani, Nobili e Matteucci. A força bruta da corrente foi acompanhada por Jacobi, Bonelli e Moncal, ao passo que a intelectual está sendo perseguida por Bois-Robert, Thilorier e pelo Chevalier Duplanty. A bola elétrica ou eletricidade globular contém um pensamento que desobedece a Newton e a Mariotte para seguir os seus próprios caprichos. (...) Temos, nos anais da Academia, milhares de provas *da* INTELIGÊNCIA *da fagulha elétrica*. (...) Mas observo que me permito ser indiscreto. Um pouco mais e *eu teria revelado* a vós a chave que está prestes a desvelar para nós o espírito universal"⁴².

O que precede, acrescentado às confissões maravilhosas da Ciência e àquilo que citamos de *The Unseen Universe*, lança um brilho adicional sobre a sabedoria das épocas há muito desaparecidas. Num dos capítulos precedentes⁴³, aludimos a uma citação da tradução de Cory dos *Ancient Fragments* em que parece que um dos *Oráculos caldaicos* exprime exatamente a mesma idéia sobre o éter e em linguagem singularmente semelhante à dos autores de *The Unseen Universe*. Ela afirma que todas as coisas provêm do éter e a ele retornarão; que as imagens de todas as coisas estão indelevelmente impressas sobre ele; e que ele é o armazém dos germes ou dos restos de todas as formas visíveis, e até das idéias. Dir-se-ia que esta circunstância corrobora a nossa asserção de que, sejam quais forem as descobertas feitas em nossa época, elas foram antecipadas em muitos milhares de anos por nossos "ancestrais imbecis".

No ponto a que chegamos, estando perfeitamente definida a atitude assumida pelos materialistas em relação aos fenômenos psíquicos, podemos afirmar com segurança que, se a chave jazesse perdida na beira do "abismo", nenhum dos nossos Tyndalls se dignaria curvar-se para a apanhar.

Quão tímidos pareceriam a alguns cabalistas esses esforços experimentais para resolver o GRANDE MISTÉRIO do éter universal! Embora adiantados em relação a tudo o que foi proposto pelos filósofos contemporâneos, as teorias especuladas pelos exploradores inteligentes de *The Unseen Universe* eram uma ciência familiar aos mestres da Filosofia Hermética. Para eles o éter não era apenas uma ponte que ligava o universo visível e o invisível, mas, atravessando o seu arco, ousadamente seguiram a estrada que leva aos portões misteriosos que os cientistas não querem ou *não podem* abrir.

Quanto mais profundas sejam as pesquisas do explorador moderno, tanto mais freqüentemente ele se vê face a face com as descobertas dos antigos. Élie de Beaumont[44], o grande geólogo francês, expõe uma teoria sobre os movimentos internos do globo em relação à crosta terrestre, e se vê antecipado pelos filósofos antigos na exposição. Perguntemos aos tecnólogos eminentes quais são as mais recentes descobertas em relação à origem dos depósitos metalíferos. Ouçamos um deles, o Prof. Thomas Sterry Hunt, mostrando-nos como a água é um *solvente universal*, enunciando a doutrina professada e ensinada pelo antigo Tales, há mais de duas dúzias de séculos, de que a água era o princípio de todas as coisas. Escutemos o mesmo professor, apoiado em Beaumont, tratando dos movimentos do globo e dos fenômenos químicos e físicos do mundo material. Enquanto lemos, com prazer, que ele "não está preparado para admitir que temos nos processos químicos e físicos *todo o segredo da vida orgânica*", notamos, com mais satisfação ainda, esta sua confissão sincera: "Sob mui diversos aspectos estão relacionados os fenômenos do reino orgânico e os do reino mineral; e aprendemos, ao mesmo tempo, que eles estão de tal maneira ligados e são dependentes um do outro, que *começamos a ver uma certa verdade* subjacente à noção dos antigos filósofos que estenderam ao mundo mineral a idéia de uma força vital, que os levou a falar da Terra como um grande organismo *vivo*, e a considerar as várias alterações de sua atmosfera, de suas águas e de suas profundezas rochosas, como processos que pertencem à vida do nosso planeta"[45].

Tudo neste mundo deve ter um começo. Os prejuízos científicos têm chegado, ultimamente, a extremos tais que parece impossível a justiça feita à sabedoria antiga, no trecho anterior. Os quatro elementos primordiais foram, há muito tempo, alijados e os químicos de hoje acodem desolados em busca de novos corpos simples como que a ampliar a lista dos já descobertos – como o pintinho acrescentado à cria pronta a sair do ninho. Enquanto isso, alastra-se uma guerra na Química moderna sobre terminologia. Não nos é lícito chamar essas substâncias de "elementos químicos", pois não são "princípios primordiais ou essenciais auto-existentes de que se formou o universo"[46]. Tais idéias, associadas à palavra *elemento*, eram muito boas para a "antiga filosofia grega", mas a ciência moderna as rejeita; pois, como diz o Prof.

Cooke, "são termos infelizes" e a ciência experimental não terá "nada a fazer com nenhuma outra espécie de essências, exceto com aquelas que ela pode ver, cheirar ou saborear". Ela deve ficar com aquelas que podem ser colocadas diante dos olhos, do nariz ou da boca, e deixar as outras para os metafísicos!

Por conseguinte, quando Van Helmont nos conta que, "embora uma parte homogênea da terra elementar possa ser artificialmente convertida em água", ainda que ele negue "que a mesma coisa possa ser feita pela Natureza, pois nenhum agente natural é capaz de transmutar um elemento em outro", fornecendo como razão o fato de os elementos permanecerem sempre os mesmos – devemos acreditar que ele é, senão um ignorante, pelo menos um aluno atrasado da embolorada "filosofia grega antiga". Vivendo e morrendo em bem-aventurada ignorância das futuras 63 *substâncias*, o que é que ele ou o seu antigo mestre Paracelso poderiam ter feito? Nada, naturalmente, a não ser especulações *metafísicas* e malucas, vestidas num jargão ininteligível comum a todos os alquimistas medievais e antigos. Não obstante, comparando-se as notas, encontramos a seguinte na mais recente de todas as obras sobre Química moderna: "O estudo de Química revelou uma notável classe de substâncias, de algumas das quais não se pôde extrair por um processo químico uma segunda substância qualquer que pese menos do que a substância original (...) por nenhum processo químico podemos obter do ferro uma substância que pese menos do que o metal usado na sua produção. Numa palavra, nada podemos *extrair* do ferro a não ser ferro"[47]. Além disso, parece, de acordo com o Prof. Cooke, que "*há setenta e cinco anos atrás* os homens não sabiam que havia alguma diferença" entre substâncias elementares e compostas, pois nos tempos antigos os alquimistas *nunca haviam compreendido* "que *o peso é a medida do material* e que, depois de medido, todo material fica ao alcance da compreensão"; mas, ao contrário, imaginaram que, em experimentos como esses, "as substâncias envolvidas sofressem uma *transformação misteriosa* (...) séculos", em suma, "foram gastos em vãs tentativas de transformar em ouro os metais mais vis"[48].

O Prof. Cooke, tão eminente na Química moderna, é igualmente proficiente no conhecimento do que os alquimistas sabiam ou não? Está ele bastante certo de que compreende o significado do simbolismo alquímico? Nós não somos nem estamos. Mas comparemos as suas opiniões expressas acima com algumas frases escritas em claro e bom, embora antigo, inglês das traduções de Van Helmont e Paracelso. Aprendemos, com as suas próprias indicações, que o *alkahest* induz as seguintes modificações:

"(1) O *alkahest* nunca destrói as *virtudes seminais* dos corpos dissolvidos; por exemplo, o ouro, por sua ação, é reduzido a *sal* de ouro, o antimônio em *sal* de antimônio, etc., das mesmas virtudes seminais ou caracteres da matéria concreta original. (2) A *substância exposta* à sua operação é convertida em seus três princípios – sal, súlfur e mercúrio – e, depois, transformada em água clara. (3) Tudo o que ele dissolve pode tornar-se volátil por um banho de areia quente; e, se depois de o solvente se volatilizar, for submetido à destilação, o corpo permanece puro, sob a forma de água insípida, mas sempre *igual em quantidade ao original*". Mais adiante, constatamos que Van Helmont, o velho, diz que este sal dissolve os corpos mais indóceis em substâncias das mesmas virtudes seminais, "*iguais em peso à matéria dissolvida*"; e, ele acrescenta, "este sal – que Paracelso indicou muitas vezes com a expressão *sal circulatum* – perde toda a sua fixidez e, a longo prazo, torna-se uma água insípida, *igual em quantidade* ao sal de que foi feita"[49].

A objeção que poderia ser feita pelo Prof. Cooke, em favor da ciência moderna, às expressões herméticas poderia ser aplicada igualmente aos escritos hieráticos egípcios – eles escondem aquilo que devia ser ocultado. Se ele quisesse se aproveitar dos trabalhos do passado, deveria recorrer a um criptógrafo e não a um satirista. Paracelso, como todos os outros, esgotou toda a sua engenhosidade em transposições de letras e abreviações de palavras e frases. Por exemplo, quando ele escreveu *sutratur*, queria dizer *tartarus; mutrin* está por *nitrum*, e assim por diante. As pretensas explicações do significado do *alkahest* são intermináveis. Alguns imaginaram que se tratasse de um alcalóide de sal de tártaro salatilizado; outros, que ele significasse *allgeist*, uma palavra alemã que quer dizer todo-espírito ou espirituoso. Paracelso chamava habitualmente o sal de "o centro da água em que os metais devem morrer". Isso deu nascimento às mais absurdas suposições, e algumas pessoas – como Glauber – imaginaram que o *alkahest* fosse o espírito do sal. É bastante temerário afirmar que Paracelso e seus colegas ignorassem a natureza das substâncias elementares e compostas; elas não podem ser chamadas pelos nomes que agora estão em moda, mas os resultados obtidos por eles provam que eram conhecidas. Que importa o nome com que Paracelso designou o gás que se desprende do ferro quando dissolvido em ácido sulfúrico se ele é reconhecido, mesmo por nossas autoridades clássicas, como o descobridor do *hidrogênio*?[50] O seu mérito é o mesmo; e, embora Van Helmont tenha ocultado, sob o nome de "virtudes seminais", o seu conhecimento do fato de que as substâncias elementares têm suas propriedades originais que a sua composição com outras apenas modifica temporariamente – nunca as destrói –, ele foi, contudo, o maior químico da sua época e o par dos cientistas modernos. Ele afirmou que o *aurum potabile* podia ser obtido com o *alkahest*, convertendo-se todo o corpo de ouro em sal, que reteria as virtudes seminais e se dissolveria em água. Quando os químicos entenderem o que ele quis dizer com *aurum potabile, alkahest*, sal e virtudes seminais – o que ele realmente disse, não o que ele disse que quis dizer, não o que se pensou que ele disse –, então, e não antes disso, os nossos químicos poderão, com certeza, assumir esses ares de proteção desdenhosa para com os filósofos do fogo e para com os mestres antigos, cujos ensinamentos místicos eles reverentemente estudaram. Uma coisa é evidente, em todo caso. Tomada apenas em sua forma exotérica, a linguagem de Van Helmont mostra que ele conhecia a solubilidade das substâncias metálicas em água, com que T. Sterry Hunt faz a base da sua teoria dos depósitos metalíferos. Gostaríamos de ver quais termos seriam inventados pelos nossos cientistas contemporâneos para ocultar e revelar pela metade a sua proposição audaciosa de que "só o Deus" do homem "é a matéria perecível do seu cérebro" se no porão da nova Corte de Justiça ou da catedral da Quinta Avenida houvesse uma câmara de tortura para onde o primeiro juiz ou cardeal os enviasse segundo a sua vontade.

O Prof. T. Sterry Hunt diz em uma de suas conferências: "Os alquimistas procuram em vão um solvente universal, mas sabemos agora que a água, auxiliada em alguns casos pelo calor, pela pressão e pela presença de certas substâncias largamente difundidas, tais como o ácido carbônico e os carbonatos de sulfatos alcalinos, dissolverá os corpos mais insolúveis de maneira que ela poderia, afinal, ser considerada como o *alkahest* ou o mênstruo universal tão procurado"[51].

Isto se lê como uma paráfrase de Van Helmont ou do próprio Paracelso! Eles conheciam as propriedades da água como solvente tanto quanto os químicos modernos e nem por isso ocultaram o fato; o que mostra que não era este o *seu* solvente universal. Ainda existem muitas críticas e muitos comentários às suas obras, e dificilmente se lê um livro sobre o assunto que não contenha pelo menos uma das suas especulações das quais eles nunca pensaram em fazer mistério. Eis o que encontramos num velho livro sobre os alquimistas – uma sátira, além disso – de 1827, escrito no começo do nosso século, quando as novas teorias sobre a potência química da água estavam apenas em estado embrionário:

"Uma coisa que talvez contribua para lançar luzes sobre a questão (...) é observar que Van Helmont, assim como Paracelso, *consideraram a água como o instrumento* [agente?] *universal da Química* e da Filosofia Natural; e a Terra, como a base imutável de todas as coisas – que o fogo foi considerado como a causa suficiente de todas as coisas – que as impressões seminais foram alojadas no mecanismo da Terra – que a água, por dissolver essa terra e fermentar com essa terra, como faz por meio do calor, produz todas as coisas; daí provieram originalmente os reinos animal, vegetal e mineral"[52].

Os alquimistas conheciam perfeitamente essa potência universal da água. Nas obras de Paracelso, Van Helmont, Filaletes, Taquênio e até de Boyle "a grande característica do *alkahest*", a de "dissolver e modificar todos os corpos sublunares – *dos quais se excetua apenas a água*", é afirmada explicitamente. E é possível acreditar que Van Helmont, cujo caráter privado era inatacável e seu grande saber era reconhecido universalmente, tivesse solenemente declarado que estava de posse do segredo, se este não fosse apenas uma gabolice inútil![53]

Numa palestra recente proferida em Nashville, no Tennessee, o Prof. Huxley declarou uma regra relativa à validez do testemunho humano como base da História e da Ciência que podemos certamente aplicar ao caso presente. "É impossível", diz ele, "que a vida prática de alguém não fosse mais ou menos influenciada pelas opiniões que fazemos a respeito do que teria sido a história passada das coisas. Uma delas é o *testemunho humano* em suas várias formas – o depoimento de testemunhas, o depoimento tradicional dos lábios *daqueles que foram testemunhas oculares* e o depoimento daqueles que consignaram as suas impressões por escrito e em livros. (...) Se lerdes os *Comentários* de César, em todas as passagens em que relata as suas batalhas com os gauleses, emprestareis uma parcela de confiança às suas afirmações. Tomai o seu testemunho com base nelas. *Pressentis que César não teria feito essas afirmações se não estivesse persuadido da sua exatidão.*"

Pois bem, não poderíamos permitir logicamente que a regra filosófica do Sr. Huxley fosse aplicada de maneira unilateral a César. Ou esse personagem era naturalmente verídico ou era um mentiroso natural; e dado que o Sr. Huxley estabeleceu este ponto de maneira satisfatória no que diz respeito aos fatos da história militar, insistimos em que César também é uma testemunha competente quanto a augúrios, adivinhos e fatos psicológicos. O mesmo se pode dizer de Heródoto e de todas as outras autoridades antigas – a menos que não fossem, por sua própria natureza, homens confiáveis, não deveriam eles inspirar confiança quanto a fatos civis e militares. *Falsus in uno, falsus in omnibus*. E, igualmente, se fossem confiáveis quanto a coisas físicas, deveriam sê-lo também em relação a coisas espirituais; pois, como o Prof. Huxley nos diz, a natureza humana era nos tempos antigos a mesma de agora.

Os homens de intelecto e de consciência não mentiam pelo prazer de desnortear ou de desagradar a posteridade.

Uma vez determinadas por Huxley as probabilidades de erro no testemunho humano, não há necessidade de discutir a questão a respeito da Van Helmont e de seu ilustre e caluniado mestre Paracelso. Deleuze, embora encontrasse nas obras do primeiro muitas "idéias místicas, ilusórias" – talvez apenas porque ele não as pudesse compreender –, reconhece nele, não obstante, um vasto conhecimento, "um julgamento penetrante" e, ao mesmo tempo, diz que ele forneceu ao mundo "grandes verdades". "Ele foi o primeiro", acrescenta, "a dar o nome de *gás* a fluidos aéreos. Sem ele é provável que Stahl não tivesse dado um novo impulso à ciência."[54] Por qual aplicação da doutrina do acaso descobriremos nós a probabilidade de que experimentalistas capazes de remover e de recombinar substâncias químicas, como se admite que eles fizeram, fossem ignorantes da natureza das substâncias elementares, das suas energias combinantes e do solvente ou dos solventes que as desagregariam quando fosse preciso? Se eles tivessem apenas a reputação de teóricos, o caso seria completamente diferente e o nosso argumento perderia a sua força, mas as descobertas químicas de má vontade atribuídas a eles pelos seus piores inimigos formam a base de uma linguagem muito mais forte do que nos temos permitido no temor de sermos tachados de parcialidade. E, como esta obra, além disso, é baseada na idéia de que existe uma natureza superior do homem, de que as suas faculdades morais e intelectuais seriam julgadas *psicologicamente*, não hesitamos em reafirmar que, dado que Van Helmont declarou "solenemente" que estava de posse do segredo do *alkahest*, nenhum crítico tem o direito de o considerar como um mentiroso ou um visionário, até que se saiba algo mais exato sobre a natureza deste citado *mênstruo universal*.

"Os fatos são coisas teimosas" – observa o Sr. A. R. Wallace, em seu prefácio a *On Miracles and Modern Spiritualism*[55]. Além disso, como os fatos devem ser os nossos maiores aliados, anunciaremos todos aqueles que os "milagres" da Antiguidade e dos nossos tempos modernos nos fornecerem. Os autores de *The Unseen Universe* demonstraram *cientificamente* a possibilidade de ocorrência de certos pretensos fenômenos psicológicos por meio do éter universal. O Sr. Wallace provou cientificamente que todo o catálogo de alegações contrárias, incluídos aí os sofismas de Hume, não suporta um exame se o pusermos face a face com a lógica estrita. O Sr. Crookes ofereceu ao mundo do ceticismo os seus próprios experimentos, que duraram mais de três anos, até que se convenceu da verdade dos mesmos. Poderia ser feita toda uma lista de homens da Ciência que registraram o seu testemunho em favor desta questão; e Camille Flammarion – o renomado astrônomo francês, autor de muitas obras que, aos olhos dos céticos, o remeteriam às fileiras dos "tapeados", em companhia de Wallace, Crookes e Hare – corrobora as nossas palavras com estas linhas:

"Não hesito em afirmar a minha convicção, baseada em exame pessoal da questão, de que qualquer cientista que declara impossíveis os fenômenos denominados 'magnéticos', 'sonambúlicos', 'mediúnicos' e outros ainda não explicados pela Ciência, fala sem saber o que diz; e que todo homem acostumado, por vocação profissional, a observações científicas – com a condição de que a sua mente não esteja enviesada por opiniões preconcebidas, nem a sua visão mental distorcida pelo tipo oposto de ilusão, infelizmente tão comum no mundo erudito, que consiste em *imagi-*

nar que as leis da Natureza já são conhecidas de todos nós e que tudo que ultrapassa o limite de nossas fórmulas atuais é impossível –, tal homem exige uma certeza radical e absoluta da realidade dos fatos a que fez alusão".

No *Researches in the Phenomena of Spiritualism* do Sr. Crookes, à p. 101, este cavalheiro cita Sergeant Cox que, após ter dado a esta força o qualificativo de *psíquica*, explica-a nos seguintes termos: "Como o organismo é movido e dirigido em sua estrutura por uma força que é ou não é dirigida pela alma, pelo espírito ou pela mente (...) que constitui o ser individual que chamamos de 'Homem', é igualmente razoável a conclusão de que a força que causa os movimentos que estão fora dos limites dos corpos *é a mesma força que produz o movimento dentro dos limites do corpo*. E da mesma maneira que a força externa é freqüentemente dirigida pela inteligência, é igualmente razoável a conclusão de que a inteligência diretora da força externa seja a mesma inteligência que dirige internamente a força".

A fim de compreender melhor essa teoria, podemos dividi-la em quatro proposições e mostrar que Sergeant Cox acredita:

1. Que a força que produz os fenômenos físicos procede *do* médium (conseqüentemente, é gerada *nele*).

2. Que a inteligência que dirige a força para a produção dos fenômenos (*a*) pode às vezes ser outra que não a inteligência do médium; mas a "prova" desse fato é "insuficiente"; portanto, (*b*) a inteligência diretora é provavelmente a do próprio médium. A isto o Sr. Cox chama de "conclusão razoável".

3. Que a força que move a mesa é idêntica à força que move o próprio corpo do médium.

4. Ele combate energicamente a teoria, ou antes a asserção, espiritista de que "os espíritos dos mortos são os *únicos* agentes na produção de *todos* os fenômenos".

Antes de continuarmos nossa análise dessas opiniões, devemos lembrar ao leitor que nos achamos entre dois opostos extremos representados por duas facções – os crentes e os descrentes nessa ação dos espíritos humanos. Nenhuma delas parece ser capaz de decidir a questão levantada pelo Sr. Cox; pois enquanto os espiritistas são tão onívoros em sua credulidade, chegando a acreditar que todo som e todo movimento num *círculo* deve ser produzido por seres humanos *desencarnados*, os seus antagonistas negam dogmaticamente que algo possa ser produzido por "espíritos", pois eles não existem. Em conseqüência, nenhuma facção está em posição de examinar este assunto com a serenidade que sua importância requer.

Se eles consideram que a força que "produz movimento dentro do corpo" e aquela que "causa o movimento fora dos limites do corpo" têm *a mesma essência*, eles podem estar certos. Mas a identidade dessas duas forças acaba aí. O princípio vital que anima o corpo do Sr. Cox é da mesma natureza que o do seu médium; não obstante, ele não é o médium, nem este é o Sr. Cox.

Essa força, que, para agradarmos tanto ao Sr. Cox quanto ao Sr. Crookes, podemos chamar de *psíquica* ou de qualquer outra coisa, procede *por meio do* médium individual, e não *a partir dele*. Se procedesse dele, esta força seria gerada no médium e podemos mostrar que não é isso o que acontece; nem nos exemplos de levitação de corpos humanos, de movimentação de móveis e de outros objetos sem contato, nem naqueles casos em que a força apresenta razão e inteligência. É bastante conhecido dos médiuns e dos espíritas o fato de que quanto mais passivos forem os primeiros, melhores serão as manifestações; e de que cada um dos fenômenos mencionados acima requer uma *vontade consciente* predeterminada. Em casos de levitação, deveríamos acreditar que essa força autogerada elevaria do solo a massa inerte, dirigi-la-ia pelo ar e a recolocaria no solo, evitando obstáculos e, em conseqüência, apresentando inteligência, agindo automaticamente, permanecendo o médium *passivo* durante todo o tempo. Se as coisas se passassem dessa maneira, o médium seria um mago consciente e toda pretensão de ser um instrumento passivo nas mãos de inteligências invisíveis seria inútil. Da mesma maneira, seria um absurdo mecânico considerar que uma quantidade de vapor suficiente para encher, sem estourar, uma chaleira, ergueria a chaleira – ou um jarro de Leyden, cheio de eletricidade, seria movido de lugar. Todas as analogias parecem indicar que a força que opera na presença de um médium sobre objetos externos procede de uma fonte estranha ao próprio médium. Poderíamos compará-la ao hidrogênio que triunfa da inércia do balão. O gás, sob o controle de uma inteligência, é acumulável no recipiente em volume suficiente para ultrapassar a atração da sua massa combinada. Analogamente produz a força psíquica os fenômenos de levitação, e embora seja de natureza idêntica à matéria astral do médium, não é a sua mesma matéria astral, pois este permanece durante todo o tempo numa espécie de torpor cataléptico, se é um autêntico médium. Portanto, o primeiro extremo da hipótese de Cox é errôneo, porque se baseia numa hipótese mecanicamente indefensável. Naturalmente o nosso argumento procede da suposição de que a levitação é um caso observado. A teoria da força psíquica, para ser perfeita, deve explicar todos os "movimentos visíveis (...) em substâncias sólidas" e entre estes está a levitação.

Quanto ao seu segundo extremo, negamos que não haja prova suficiente de que a força que produz os fenômenos seja às vezes dirigida por inteligências outras que não a do médium. Ao contrário, há uma tal abundância de testemunhos para mostrar que, na maioria dos casos, nenhuma influência exerce a mente do médium nos fenômenos, pelo que não pode passar sem reparos a temerária afirmação de Cox neste ponto.

Consideramos igualmente ilógica a sua terceira proposição; pois se o corpo do médium não for o gerador mas apenas o canal da força que produz o fenômeno – uma questão sobre a qual as pesquisas do Sr. Cox não lançam nenhuma luz –, então não decorre que, porque "a alma, o espírito ou a mente" do médium dirige o organismo do médium, é "a alma, o espírito ou a mente" que levanta uma cadeira ou dá golpes correspondentes às letras do alfabeto.

Quanto à quarta proposição, isto é, a de que "os espíritos dos mortos são os únicos agentes na produção de todos os fenômenos", não sentimos necessidade de nos ocuparmos dela neste momento, pois a natureza dos espíritos que produzem manifestações mediúnicas é tratada extensamente em outros capítulos.

Os filósofos, especialmente os iniciados nos mistérios, sustentavam que a alma astral é o incoercível duplicado do corpo denso, o *perispírito* dos espíritos kardecistas, ou a *forma-espírito* dos não-reencarnacionistas. Sobre esse duplicado ou molde interno, iluminando-a tal como o cálido raio do Sol ilumina a Terra, frutificando o germe e trazendo-o para a visualização espiritual das qualidades latentes que nele dormem, paira o espírito divino. O *perispírito* astral está contido no corpo físico e nele confinado, como o éter numa garrafa ou o magnetismo no ferro magnetizado. É um centro e um engenho de força, alimentado pelo suprimento universal de força e movido pelas mesmas leis gerais que regem toda a Natureza e produzem todos os fenômenos cósmicos. A sua atividade inerente causa as operações físicas incessantes do organismo animal e, em última instância, resulta na destruição da força por abuso ou pela própria perda. É o prisioneiro do corpo, não o ocupante voluntário. Exerce uma atração tão poderosa sobre a força universal externa, que, depois de ter consumido o seu invólucro, termina por escapar dele. Quanto mais forte, mais grosseiro e mais material for o corpo que o envolve, mais longo é o seu aprisionamento. Algumas pessoas nascem com organizações tão excepcionais, que a porta que impede toda comunicação com o mundo da luz astral pode ser facilmente destrancada e aberta e as suas almas podem ver aquele mundo, ou mesmo passar para ele e voltar. Aqueles que o fazem conscientemente, e à vontade, são chamados magos, hierofantes, videntes, adeptos; aqueles que são preparados para fazê-lo, seja pelo fluido do mesmerizador ou dos "espíritos", são "médiuns". A alma astral, uma vez abertas as barreiras, é tão poderosamente atraída pelo ímã astral universal, que ela às vezes ergue consigo o seu invólucro e o mantém suspenso no ar até que a gravidade da matéria recupere a sua supremacia e o corpo desça novamente à terra.

Toda manifestação objetiva – seja o movimento dum membro vivo, seja o movimento de um corpo inorgânico – exige duas condições: vontade e força – mais *matéria*, ou aquilo que torna o objeto assim movimentado visível aos nossos olhos; e estas três são forças conversíveis, ou a correlação de forças dos cientistas. Por seu turno, elas são dirigidas, ou antes obscurecidas, pela inteligência Divina que esses homens deixam tão cuidadosamente de lado, mas sem a qual mesmo o rastejar da menor minhoca não pode ocorrer. Tanto o mais simples quanto o mais comum de todos os fenômenos naturais – o farfalhar das folhas que tremem ao ligeiro contato da brisa – exige um exercício constante dessas faculdades. Os cientistas poderiam chamá-las de leis cósmicas, imutáveis e permanentes. Por trás dessas leis devemos procurar a causa inteligente, que, uma vez criada e tendo posto estas leis em movimento, infundiu nelas a essência da sua própria consciência. Quer a chamemos de primeira causa, vontade universal ou Deus, sempre implica inteligência.

E agora podemos perguntar: como se manifestaria a vontade a um tempo consciente ou inconscientemente, isto é, com inteligência ou sem ela? A mente não pode estar separada da consciência, entendendo-se por tal não a consciência física, senão *uma qualidade do princípio senciente da alma, que pode atuar mesmo quando o corpo físico esteja adormecido ou paralisado*. Se, por exemplo, levantamos maquinalmente o braço, cremos que o movimento é inconsciente porque os sentidos corporais não apreciam o intervalo entre o propósito e a execução. No entanto, a vigilante vontade gerou força e pôs o braço em movimento. Nada há, nem ao menos nos mais vulgares fenômenos mediúnicos, nada que confirme a hipótese de Cox, pois se a inteligência denotada pela força não prova que o seja de um espírito desencarnado, menos ainda poderia sê-lo do médium inconsciente. O próprio Sr. Crookes nos fala de casos em que a inteligência não poderia ter emanado de nenhuma pessoa da sala; como no exemplo em que a palavra "*however*" ["todavia"], coberta por seu dedo e desconhecida dele próprio, foi escrita corretamente na prancheta[56]. Nenhuma explicação justificaria este caso; a única hipótese admissível – se excluirmos a intervenção de um poder-espírito – é a de que as faculdades clarividentes foram postas em jogo. Mas os cientistas negam a clarividência; e se, para escapar da alternativa importuna de atribuir os fenômenos a uma fonte espiritual, eles admitirem o fato da clarividência, então ela os obriga a aceitar a explicação cabalística do que seja esta faculdade, ou então a cumprir a tarefa até agora impraticável de elaborar uma nova teoria que se adapte aos fatos.

Além disso, se, em consideração ao argumento, se admitisse que a palavra "however" do Sr. Crookes tivesse sido lida clarividentemente, o que se diria das comunicações mediúnicas que apresentam um caráter profético? Há alguma teoria do impulso mediúnico que explique a habilidade de predizer eventos que estão além do conhecimento possível do falante e do ouvinte? O Sr. Cox terá de recomeçar novamente suas investigações.

Como dissemos anteriormente, a força psíquica moderna e os fluidos oraculares antigos, terrestres ou siderais, são idênticos em essência – simplesmente uma força cega. Assim é o ar. E, ao passo que num diálogo as ondas sonoras produzidas por uma conversação de interlocutores afetam o mesmo corpo de ar, isto não implica dúvida alguma sobre o fato de que há duas pessoas conversando uma com a outra. É mais razoável dizer que, quando um agente comum é empregado pelo médium e pelo "espírito" para se intercomunicarem, não deve necessariamente se manifestar senão uma inteligência? Como o ar é necessário para a troca mútua de sons audíveis, assim também certas correntes de luz astral, ou de éter dirigido por uma *Inteligência*, são necessárias para a produção dos fenômenos psíquicos. Colocai dois interlocutores no recipiente desprovido de ar de um compressor e, se eles viverem, as suas palavras serão pensamentos inarticulados, pois não haveria ar para vibração e, em conseqüência, para produção de som que chegasse aos seus ouvidos. Colocai o médium mais forte numa atmosfera isolada como a que um mesmerizador poderoso, familiarizado com as propriedades do agente mágico, pode criar ao seu redor, e nenhuma manifestação ocorrerá até que uma inteligência oposta, mais patente do que o poder de vontade do mesmerizador, vença esta última e faça cessar a inércia astral.

Os antigos distinguiam perfeitamente entre uma força cega que age espontaneamente e a mesma força dirigida por uma inteligência.

Plutarco, sacerdote de Apolo, ao falar dos vapores oraculares, que não eram senão gases subterrâneos impregnados de propriedades magnéticas intoxicantes, mostra que a sua natureza é dual quando se dirige a ele com estas palavras: "E quem és tu? sem um Deus que te crie e te aprimore; sem um demônio [espírito] que, agindo sob as ordens de Deus, te dirige e te governe – tu não podes nada, tu és *nada* mais do que um sopro inútil"[57]. Assim, sem alma ou inteligência que a habite, a força psíquica seria apenas um "sopro inútil".

Aristóteles afirma que esse gás, ou emanação astral, que escapa de dentro da Terra, é a única *causa suficiente*, que age de dentro para fora para a vivificação de todo ser e planta que vivem na crosta exterior. Em resposta aos negadores céticos do seu século, Cícero, movido por uma ira justificada, exclama: "E o que pode ser mais divino do que as exalações da Terra, que afetam a alma humana de maneira a torná-la capaz de predizer o futuro? E poderia a mão do tempo evaporar essa virtude? Supões que falas de uma espécie de vinho ou de carne salgada?"[58]. Podem os experimentalistas modernos pretender ser mais sábios do que Cícero e dizer que essa força eterna evaporou-se e que as fontes de profecia estão secas?

Diz-se que todos os profetas da Antiguidade – sensitivos inspirados – emitiam as suas profecias nas mesmas condições, por eflúvio externo direto da emanação astral ou por uma espécie de fluxo úmido proveniente da Terra. É esta matéria astral que serve como revestimento temporário das almas que se formam nessa luz. Cornélio Agripa expressa as mesmas opiniões quanto à natureza desses fantasmas quando os descreve como úmidos ou aquosos: "*in spiritu turbido humidoque*"[59].

As profecias são pronunciadas de duas maneiras – conscientemente, por magos capazes de ler na luz astral; e inconscientemente, por aqueles que agem sob a influência daquilo que se chama inspiração. A esta última classe pertencem os profetas bíblicos e os videntes extáticos modernos. Tão familiarizado estava Platão com este fato, que ele assim se expressa a respeito desses profetas: "Nenhum homem obtém a verdade profética e a inspiração quando está em posse dos seus sentidos, (...) mas é necessário para isso que sua mente se ache possuída por algum espírito (...). Há quem o chame de profeta, mas ele não é mais que um repetidor, porque de nenhum modo se deve chamá-lo profeta, senão *transmissor* de visões e profecias"[60].

Insistindo em seus argumentos, o Sr. Cox diz: "Os espiritistas mais ardentes praticamente admitem a existência da força psíquica, sob o nome bastante impróprio de Magnetismo (com o qual ela não tem nenhuma afinidade), pois afirmam que os espíritos dos mortos são apenas capazes de realizar os atos atribuídos a eles pelo uso do Magnetismo (força psíquica) do médium"[61].

Há, aqui, ainda, um mal-entendido em conseqüência dos nomes diferentes aplicados àquilo que é fácil de demonstrar não ser mais que um e o mesmo combinado imponderável. Porque a eletricidade não se tornou uma ciência antes do século XVIII, ninguém ousará dizer que essa força não existia desde a Criação; além disso, podemos provar que os antigos hebreus a conheciam. Mas, só porque não aconteceu de a Ciência exata ter feito antes de 1819 a descoberta que mostrou a conexão íntima que existe entre o Magnetismo e a Eletricidade, não impede que esses dois agentes sejam idênticos. Se uma barra de aço pode imanar-se pela ação de uma corrente elétrica, cabe admitir que, nas sessões espiritistas, o médium possa ser o condutor de uma corrente e nada mais do que isso. É anticientífico dizer que a inteligência da "força psíquica", que produz correntes de eletricidade tiradas das ondas do éter, e empregando-se o médium como um condutor, atualiza o magnetismo latente da sala de sessões, de maneira a produzir os efeitos desejados? A palavra *Magnetismo* é tão apropriada quanto qualquer outra, até que a Ciência nos dê algo mais do que um simples agente hipotético dotado de propriedades conjecturais.

"A diferença entre os defensores da força psíquica e os espiritistas", diz Sergeant Cox, "consiste no fato de que pretendemos que ainda não existam provas suficientes da existência de qualquer outro agente diretor, que não a inteligência do médium, e *nenhuma prova qualquer* da ação dos espíritos dos mortos."[62]

Concordamos inteiramente com o Sr. Cox quanto à falta de provas de que a ação é feita pelos espíritos dos mortos; quanto ao resto, trata-se de uma dedução bastante extraordinária de uma "riqueza de fatos", de acordo com a expressão do Sr. Crookes, que observa a seguir: "Consultando as minhas anotações, verifico que possuo (...) uma tal superabundância de evidências, uma massa tão esmagadora de testemunhos (...) que eu poderia preencher vários números da revista trimestral"[63].

Eis alguns desses fatos de "evidência esmagadora": 1º) O movimento de corpos pesados com contato, mas sem esforço mecânico. 2º) Os fenômenos de sons de percussão e outros. 3º) A alteração do peso de corpos. 4º) Movimentos de substâncias pesadas *a uma certa distância do médium*. 5º) Elevação de mesas e cadeiras do chão, *sem o contato de qualquer pessoa*. 6º) A LEVITAÇÃO DE SERES

VIVOS⁶⁴. 7º) "Aparições luminosas". Diz o Sr. Crookes: "Sob as condições mais estritas de teste, vi um corpo sólido autoluminoso, do tamanho e quase da mesma forma de um ovo de peru, flutuar silenciosamente pela sala, às vezes a uma altura a que nenhum dos presentes poderia chegar mesmo na ponta dos pés, e depois descer suavemente para o chão. Foi visível por mais de dez minutos e, antes que desaparecesse, golpeou a mesa por três vezes com um som que faz um corpo sólido e duro"⁶⁵. (Devemos inferir que o ovo tivesse a mesma natureza do gato-meteoro de Babinet, que está classificado com outros fenômenos naturais nas obras de Arago.) 8º) O aparecimento de mãos, autoluminosas ou visíveis em luz comum. 9º) "Escrita direta" por essas mesmas mãos luminosas, separadas de um corpo, e evidentemente dotadas de inteligência (força psíquica?). 10º) "Formas e faces de fantasmas". Neste exemplo, a força psíquica provém "do canto da sala" como uma "forma de fantasma", pega um acordeão com as mãos e desliza pela sala tocando o instrumento; Home, o médium, estava à vista de todos durante todo o tempo⁶⁶. O Sr. Crookes testemunhou e testou tudo isso em sua própria casa e, assegurando-se cientificamente da autenticidade do fenômeno, relatou-o à Royal Society. Foi ele bem recebido como o descobridor de fenômenos naturais de um caráter novo e importante? Que o leitor consulte a sua obra para a resposta.

Além dos fenômenos enumerados, o Sr. Crookes apresenta uma outra classe de fenômenos, que ele denomina "exemplos especiais, que lhe *parecem* advertir a ação de uma inteligência *exterior*"⁶⁷.

"Eu estava", diz o Sr. Crookes, "com a Srta. Fox quando ela escrevia uma mensagem automaticamente para uma pessoa presente, enquanto uma mensagem para outra pessoa, sobre *outro* assunto, estava sendo dada alfabeticamente por meio de 'batidas' e, durante todo o tempo, ela conversava tranqüilamente com uma terceira pessoa sobre um assunto totalmente diferente dos dois outros. (...) Durante uma *sessão* em que o médium era Home, uma pequena régua (...) se moveu em minha direção, *em plena luz*, e me transmitiu uma mensagem por meio de batidas na minha mão; eu repetindo o alfabeto, e a régua tocando a minha mão quando eu enunciava a letra correta (...) a uma certa distância das mãos do Sr. Home." A mesma régua, a pedido do Sr. Crookes, transmitiu-lhe "uma mensagem telegráfica através do código Morse, por meio de batidas na minha mão" (o código Morse era totalmente desconhecido dos presentes e apenas parcialmente conhecido pelo Sr. Crookes), "e ela", acrescenta o Sr. Crookes, "me convenceu de que havia um bom operador Morse do outro lado da linha, SEJA LÁ ONDE FOR ISSO"⁶⁸. Seria impertinente neste caso sugerir que o Sr. Cox procurasse o seu operador no seu domínio privado – a Terra Psíquica? Mas a mesma ripa fez mais e melhor. Em plena luz, na sala do Sr. Crookes, foi solicitada *a ela* uma mensagem, "(...) um lápis e algumas folhas de papel foram colocados no centro da mesa; um instante depois, *o lápis ficou em pé* e, depois de ter avançado com movimentos hesitantes para o papel, caiu. Ergueu-se e tombou novamente (...) após três tentativas infrutíferas, uma pequena régua" (o operador Morse) "que estava repousando sobre a mesa *deslizou para perto do lápis e ergueu-se* a alguns centímetros da mesa; o lápis ergueu-se novamente e, *apoiando-se à régua*, tentaram os dois juntos escrever sobre o papel. Ele caiu e *uma nova tentativa* foi feita. Na terceira vez, a régua levantou-se e *voltou para o seu lugar*, o lápis permaneceu como havia caído sobre o papel e uma mensagem alfabética nos disse: 'Tentamos fazer o que foi solicitado, mas *o nosso poder* se esgotou!' "⁶⁹. A palavra *nosso*, que indica os esforços inteligentes da amistosa régua e lápis, fez-nos pensar que havia *duas* forças psíquicas presentes.

Em tudo isso, há alguma prova de que o agente diretor fosse "a inteligência do médium"? Não há, ao contrário, uma indicação de que os movimentos da régua e do lápis eram dirigidos por espíritos "dos mortos", ou pelo menos pelos espíritos de algumas outras entidades inteligentes inobservadas? Com toda certeza, a palavra Magnetismo explica neste caso tão pouco quanto a expressão *força psíquica*; entretanto, é mais razoável utilizar a primeira e não a segunda, quanto mais não fosse pelo simples fato de que o magnetismo ou mesmerismo *transcendente* produz fenômenos idênticos, quanto aos efeitos, àqueles produzidos pelo Espiritismo. O fenômeno do círculo *encantado* do Barão Du Potet e Regazzoni é tão contrário às leis aceitas da Fisiologia quanto a elevação de uma mesa sem contato o é às leis da Fisiologia Natural. Assim como homens fortes freqüentemente consideram impossível levantar uma pequena mesa que pesava alguns quilos e a reduziram a pedaços nas suas tentativas de erguê-la, assim também uma dúzia de experimentadores, entre os quais às vezes figuravam acadêmicos, foram absolutamente incapazes de atravessar uma linha traçada com giz no chão por Du Potet. Numa ocasião, um general russo, bastante conhecido pelo seu ceticismo, insistiu, até cair no chão com convulsões violentas. Neste caso, o fluido magnético que se opôs a tal resistência foi a força psíquica do Sr. Cox, que dotou as mesas de um peso extraordinário e sobrenatural. Se produzem os mesmos efeitos psicológicos e fisiológicos, existem boas razões para se acreditar que eles sejam mais ou menos idênticos. Não achamos que nossa dedução possa dar margem a alguma objeção. Além disso, mesmo que os fatos fossem negados, não há razão para que não existissem. Numa certa época, todas as Academias da Cristandade concordaram em negar que havia montanhas na Lua; e houve uma certa época em que, se alguém tivesse a temeridade de afirmar que havia vida tanto nas regiões superiores da atmosfera quanto nas profundezas insondáveis do oceano, ele seria tratado como louco ou ignorante.

"O diabo afirma, então, deve ser mentira!" – costumava dizer o piedoso abade Almignana, numa discussão com uma "mesa espiritualizada". Logo poderemos parafraseá-lo e dizer: "Os cientistas negam, então deve ser verdade".

NOTAS

1. Hemmann, *Medizinische-chirurgische Aufsätze*, p. 19 e segs. Berlim, 1778.
2. *Ibid.*
3. Robert Fludd, *Summum bonum*, etc.
4. J. P. Cooke, *The New Chemistry*, p. 12.
5. No *Bulletin de l'Académie de Médecine*, Paris, 1836, vol. I, p. 343-44, encontra-se o relatório do Dr. Oudet, que, para se assegurar do estado de insensibilidade de uma senhora em sono magnético, picou-a com alfinetes, introduzindo um longo alfinete no couro cabeludo até a carne, e segurou um dos seus dedos durante alguns segundos na chama de uma vela. Um câncer foi extraído do seio direito de uma certa Madame Plaintain. A operação durou doze minutos; durante todo este tempo a paciente conversou calmamente com o seu mesmerizador e não experimentou a mínima sensação de dor. (Cf. o mesmo *Bulletin*, 1836, tomo I, p. 370-78.)
6. [Lactâncio, *Divine Institutes*, VII, xiii.]

7. A teoria de que o Sol é um globo incandescente está – como uma revista se expressou recentemente – "saindo de moda". Calculou-se que o Sol – de que conhecemos a massa e o diâmetro – "era um bloco sólido de carvão e que, se lhe fornecêssemos uma quantidade suficiente de oxigênio para queimar no grau necessário para produzir os efeitos que vemos, ele seria completamente consumido em 5.000 anos". E, entretanto, há algumas semanas atrás, afirmou-se – não, ainda se afirma – que o Sol é um reservatório de metais vaporizados!

8. [*Physicalish-physiologische Untersuchungen über die Dynamide des Magnetismus*, etc., 1849.]

9. Ver E. L. Youmans, *A Class-Book of Chemistry*, cap. VII, "Spectrum Analysis", p. 122.

10. Professor de Física no Instituto Stevens de Tecnologia. Ver o seu *The Earth a Great Magnet* – uma conferência pronunciada no Yale Scientific Club, em 1872. Ver, também, a conferência do Prof. Balfour Stewart sobre *The Sun and the Earth*, proferida a 13 de novembro de 1872 em Manchester.

11. [*Paracelsi opera omnia*, Genebra, 1658.]

12. J. B. van Helmont, *Ortus Medicinae*, "De magnetica vulner. curatione", p. 601, 610 e segs. Amsterdã, 1652.

13. [*De occulta philosophia*, p. 17, 18, 23 e 254; ed. 1531.]

14. Ver *The Influence of the Blue Ray*, etc.

15. *Philosophia Mosaica* (1638), e Ennemoser, *Hist. of Magic*, II, p. 257.

16. *Du magnétisme animal en France*, Paris, 1826.

17. *The Conservation of Energy* (prefácio), Nova York, 1875.

18. [*Lettre à un médecin étranger*, em *Le nouveau Mercure*, 5 de janeiro de 1775.]

19. [Laplace, *op. cit.*, 3^a ed., p. 121.]

20. [*Mémoires . . . du magnétisme animal*, etc., Paris, 1784, 1786, 1809.]

21. [Cf. Barão J. Du Potet, *Expériences . . . sur le magnétisme animal*, etc., 2^a ed., Paris, 1826; p. 121-26, 127-28, etc.]

22. I. Newton, *Mathematical Principles of Natural Philosophy*, "General Scholium", ed. A. Motte, 1729.

23. Simplício, em *Physica*, 143 e 144; nos *Ancient Fragments* de Cory, p. 263.

24. Draper, *The Hist. of the Conflict between Religion and Science*, p. 134.

25. [*Institutiones physiologicae*, Londres, 1807.]

26. [*Hallucinations*, Filadélfia, 1853, p. 224 e 257.]

27. [*The Unseen Universe*, Nova York, 1876, cap. IV, § 148.]

28. J. R. Buchanan, M. D., *Outlines of Lectures on the Neurological System of Anthropology*, Cincinatti, 1854, p. 124-25.

29. W. e Elizabeth M. F. Denton, *The Soul of Things*; or *Psychometric Researches and Discoveries*, 3^a ed., rev., Boston, 1866.

30. [*Op. cit.*, vol. I, p. 31.]

31. *The Religion of Geology*, etc., 1851, p. 391.

32. W. S. Jevons, *Principles of Science*, II, p. 455.

33. [*The Unseen Universe*, 1876, § 195.]

34. J. W. Draper, *The Hist. of the Conflict*, etc., p. 132-33.

35. *The Unseen Universe*, cap. VII.

36. F. R. Marvin, *The Philosophy of Spiritualism*, etc.

37. *The Unseen Universe*, 1876, § 234.

38. *Ibid*, § 84.

39. *Ibid*, § 85.

40. Vede! grandes cientistas do século XIX corroborando a sabedoria da fábula escandinava citada no capítulo anterior. Há muitos milhares de anos atrás, a idéia de uma ponte entre o visível e o invisível foi alegorizada pelos "pagãos" ignorantes na "Canção do Edda de Völuspâ", em "A Visão de Vala, a Vidente". Pois o que é esta ponte de *Bifröst*, o radioso arco-íris, que leva os deuses às suas reuniões perto da fonte de Urdhar, senão a mesma idéia oferecida ao estudioso atento pelos autores de *The Unseen Universe*?

41. *The Unseen Universe*, § 198.

42. *L'Ami des sciences*, 2 de março de 1856, p. 67.

43. [p. 56.]

44. [*Recherches sur quelques-unes des révolutions de la surface du globe*, 1830.]

45. [Thos. Sterry Hunt, *The Origin of Metalliferous Deposits*, 1874.]

46. Cooke, *The New Chemistry*, p. 111.

47. *Ibid*, p. 108 e 111.

48. [Cooke, *op. cit.*, p. 106.]

49. J. B van Helmont, *Ort. medic.* – "Elementa", § 11; também J. S. Weidenfeld, *De secretis adeptorum*; Eug. Filaletes, etc.

50. E. L. Youmans, *A Class-Book of Chemistry*, p. 169-70; e W. B. Kemshead, F. R. A. S., *Inorganic Chemistry*.

51. [T. Sterry Hunt, *op. cit.*]

52. J. S. Forsyth, *Demonologia*, "Alkahest, or Alcahest", p. 88; ed. 1827.

53. Ver *The Works of Robert Boyle*, Londres, 1772.

54. Deleuze, "De l'opinion de Van Helmont sur la cause, la nature et les effets du magnétisme" em *Bibliothèque du magnétisme animal*, t. I, p. 45; t. II, p. 198. Paris, 1877.

55. [Londres, 1875.]

56. Wm. Crookes, *Researches*, etc., 1874, p. 96.

57. [Cf. Des Mousseaux, *La magie au XIXeme siècle*, p. 224. Não se faz aí nenhuma referência a Plutarco.]

58. *De divinatione*, livro II, lvii.

59. *De occulta philosophia* (ed. 1533), livro III, cap. xlii, p. 304.

60. *Timaeus*, 72 A, B.

61. Crookes, *Researches*, etc., p. 101.

62. *Ibid*.

63. Crookes, *Researches*, etc., p. 83-4.

64. Em 1854, Foucault, um médico eminente e membro do Instituto da França, um dos oponentes de de Gasparin, e que rejeitava a mera possibilidade de qualquer uma dessas manifestações, escreveu estas palavras memoráveis: "No dia em que eu conseguir mover uma palha com a ação apenas da minha vontade, eu me sentirei aterrorizado!". O termo é ameaçador. Mais ou menos na mesma época, Babinet, o astrônomo, repetiu à exaustão, no seu artigo da *Revue des Deux Mondes* [15 de janeiro de 1854, p. 414], a seguinte frase: "A levitação de um corpo *sem contato* é tão *impossível* quanto o movimento perpétuo porque, no dia em que ela for feita, o mundo desmoronará". Felizmente, não vemos nenhum sinal de tal cataclismo; no entanto os corpos *têm-se* levitado.

65. *Researches*, etc., p. 91.

66. *Ibid*. p. 86-94.

67. *Ibid*. p. 94.

68. *Ibid*. p. 95.

69. *Ibid*. p. 94.

CAPÍTULO VII

"Ó tu, Grande Causa Primeira, a menos compreendida."
POPE, *Universal Prayer*, 5.

"Donde vem esta doce esperança, este desejo profundo,
Este anelo pela imortalidade?
Donde vem este medo secreto, este horror íntimo
De cair no nada? Por que se retrai a alma
E estremece diante da destruição?
É a divindade que se agita em nós;
É o céu que aponta o nosso futuro
E anuncia a eternidade ao homem.
ETERNIDADE! Pensamento doce e horrível!"
ADDISON.

"Existe um outro mundo, e melhor."
KOTZEBUE, *The Stranger*.

Depois de termos concedido tanto espaço às opiniões conflitantes de nossos homens de Ciência a respeito de certos fenômenos ocultos de nossa época, já é tempo de darmos atenção às especulações dos alquimistas medievais e de outros homens ilustres. Quase sem exceção, os eruditos antigos e medievais acreditavam nas doutrinas arcanas da sabedoria. Estas incluíam a Alquimia, a Cabala caldaico-judia, os sistemas esotéricos de Pitágoras e dos antigos magos, e os dos últimos filósofos e teurgistas platônicos. Propomo-nos, também, nas páginas subseqüentes, tratar dos ginosofistas indianos e dos astrólogos caldeus. Não devemos esquecer de mostrar as grandes verdades que jazem sob as religiões malcompreendidas do passado. Os quatro elementos de nossos pais, terra, ar, água e fogo, contêm para o estudante da Alquimia e da antiga Psicologia – ou, como agora é chamada, *magia* – muitas coisas com que nossa filosofia jamais sonhou. Não devemos esquecer que o que é agora chamado de *Necromancia* pela Igreja, e *Espiritismo* pelos crentes modernos, e que inclui a evocação de espíritos mortos, é uma ciência que, desde a remota Antiguidade, se difundiu quase universalmente pela superfície de nosso globo.

Embora não sendo nem alquimista nem astrólogo, mas simplesmente um grande filósofo, Henry More, da Universidade de Cambridge, um homem de renome universal, pode ser considerado um arguto lógico, cientista e metafísico. Durante toda a vida ele acreditou firmemente na feitiçaria. Sua fé na imortalidade e os hábeis argumentos na demonstração da sobrevivência do espírito do homem após a morte baseiam-se no sistema pitagórico, adotado por Cardan, Van Helmont e outros místicos. O espírito infinito e incriado que chamamos comumente de DEUS, substância da mais elevada virtude e excelência, produziu todas as coisas pela *causalidade emanativa*. Deus, portanto, é a substância primária, e tudo o mais, a secundária; se Deus criou a matéria com o poder de mover-se a si própria, ele, a substância primária, é ainda a causa desse movimento, tanto quanto da matéria, e podemos dizer acertadamente que é a matéria que se move a si própria. "Podemos definir esta espécie de espírito de que falamos como uma substância indiscernível, que pode mover-se, que pode penetrar-se, contrair-se e dilatar-se, e que também pode penetrar, mover e alterar a matéria"[1], que é a terceira emanação. Ele acreditava firmemente nas aparições, e defendia intransigentemente a teoria da individualidade de toda alma, em que "personalidade, memória e consciência continuarão seguramente num estado futuro". Ele dividia o corpo astral do homem, após a sua saída do corpo, em dois veículos distintos: o "aéreo" e o "etéreo". Durante o tempo em que o homem desencarnado se move em suas vestes aéreas, está sujeito ao *Destino – i. e.*, ao mal e à tentação, vinculado aos seus interesses terrestres, e por isso não é totalmente puro; é apenas quando abandona esta roupagem das primeiras esferas e se torna etéreo que ele se apresenta seguro de sua imortalidade. "Pois que sombra pode esse corpo projetar que seja uma luz pura e transparente, tal como o é o veículo etéreo? E é assim que se cumpriu o oráculo, quando a alma ascendeu àquela condição de que já falamos, na qual só ela está fora do alcance do *destino* e da *mortalidade*"[2]. Ele concluiu sua obra declarando que esta condição transcendente e divinamente pura era o único objetivo dos pitagóricos.

Quanto aos céticos de sua época, sua linguagem é severa e desdenhosa. Falando de Scot, Adie e Webster, ele os designa como "nossos novos santos inspirados (...) advogados inspirados das feiticeiras, que tola e temerariamente, contra o bom senso e a razão, contra toda a Antiguidade, todos os intérpretes e contra as próprias Escrituras, não querem admitir nenhum Samuel à cena, mas sim um cúmplice velhaco! Se na Escritura, ou nestes bufões inflados de ignorância, vaidade e estúpida infidelidade, em quem acreditar, deixo o julgamento a cada um", acrescenta ele[3].

Que linguagem teria empregado este eminente ministro contra os nossos céticos do século XIX?

Descartes, embora um cultor da matéria, era um dos mais devotados mestres da doutrina magnética e, num certo sentido, até mesmo da Alquimia. Seu sistema filosófico assemelha-se bastante ao de outros grandes filósofos. O espaço, que é infinito, é composto, ou antes preenchido, por uma matéria fluida e elementar, e é a única fonte de toda a vida, que enfeixa todos os globos celestiais e os mantém em perpétuo movimento. As correntes magnéticas de Mesmer são por ele disfarçadas nos vórtices cartesianos, e ambos repousam no mesmo princípio. Ennemoser não hesita em afirmar que ambos têm mais em comum "do que as pessoas imaginam, pois não examinaram cuidadosamente o assunto"[4].

O renomado filósofo Gabriel Naudé foi o mais ardente defensor das doutrinas do Magnetismo oculto e um de seus primeiros propagadores[5], em 1679. A filosofia mágico-teosófica é amplamente defendida em suas obras.

O bem-conhecido Dr. Hufeland escreveu uma obra sobre Magia[6], em que propõe a teoria da simpatia magnética universal entre homens, animais, plantas e mesmo minerais. Ele confirma o testemunho de Campanella, Van Helmont e Sérvio, no que se refere à simpatia existente tanto entre as diferentes partes do corpo quanto entre as partes de todos os corpos orgânicos e inorgânicos.

Tal era também a doutrina de Sebastian Wirdig. Ela pode ser encontrada em suas obras, exposta com muito mais clareza, lógica e vigor do que nas obras de outros autores místicos que trataram do mesmo assunto. Em seu famoso tratado, *The New Spiritual Medicine*, ele demonstra, no terreno do fato então reconhecido da atração e repulsão universal – atualmente chamado de "gravitação" –, que toda Natureza é *dotada de alma*. Wirdig chama esta simpatia magnética de "acordo entre os espíritos". Tudo se dirige ao seu semelhante, e converge para as naturezas que lhe são congênitas. Dessa simpatia e antipatia surge um movimento constante no mundo todo, e em todas as suas partes, e uma comunhão ininterrupta entre o céu e a Terra, que produz a harmonia universal. Tudo vive e morre pelo magnetismo; uma coisa afeta a outra, mesmo a grande distância, e os seus "congêneres" podem ser influenciados para a saúde ou para a doença pelo poder desta simpatia, a qualquer tempo, e não obstante o espaço que as separa[7]. "Hufeland", diz Ennemoser, "fala de um nariz que tinha sido extirpado das costas de um carregador e que, quando o carregador morreu, morreu também e desprendeu-se da posição artificial. Um pedaço do couro cabeludo", acrescenta Hufeland, "retirado de uma cabeça viva, engrisalha ao mesmo tempo que a cabeça da qual foi extraído"[8].

Kepler – precursor de Newton em muitas grandes verdades, inclusive na da "gravitação" universal, que ele corretissimamente atribuiu à atração magnética, embora chame a Astrologia de "a filha insana de uma mãe muito sábia", a Astronomia – partilha da crença cabalística de que os espíritos dos astros não passam de "inteligências". *Ele acredita firmemente em que cada planeta é a sede de um princípio inteligente e que todos são habitados por seres espirituais, que exercem influência sobre outros seres que habitam esferas mais grosseiras e materiais do que a sua própria e especialmente sobre a nossa Terra*[9]. Como as influências estelares *espirituais* de Kepler foram suplantadas pelos vórtices do materialista Descartes, cujas tendências ateístas não o impediram de acreditar que havia descoberto um regime que prolongaria sua vida por mais de quinhentos anos, os vórtices deste último e as suas doutrinas astronômicas poderão algum dia dar lugar às correntes magnéticas *inteligentes* que são dirigidas pela *anima mundi*.

Baptista Porta, o sábio filósofo italiano, não obstante seus esforços para mostrar ao mundo a falta de fundamento das acusações de que a Magia é superstição e feitiçaria, tem sido tratado pelos críticos modernos com a mesma injustiça que os seus colegas. Este célebre alquimista deixou uma obra sobre *Magia Natural*, em que baseia todos os fenômenos ocultos possíveis ao homem na alma do mundo que une todas as coisas entre si. Ele mostra que a luz astral age em harmonia e simpatia com toda a Natureza; que ela é a essência da qual os nossos espíritos são formados; e que, agindo em uníssono com a sua fonte-mãe, nossos corpos siderais se tornaram capazes de produzir maravilhas mágicas. Todo o segredo depende de nosso conhecimento dos elementos afins. Ele acreditava na pedra filosofal, "da qual o mundo tinha uma tão alta opinião que foi alardeada durante tantos séculos e *afortunadamente alcançada por alguns*". Finalmente, ele emite muitas sugestões valiosas a respeito de seu "significado espiritual"[10]. Em 1643, surgiu entre os místicos um monge, Padre Kircher, que ensinou uma filosofia completa do Magnetismo universal. Suas numerosas obras[11] abrangem muitos dos assuntos apenas sugeridos por Paracelso.

Sua definição do Magnetismo é muito original, pois ele contradisse a teoria de Gilbert, segundo a qual a Terra é um grande ímã. Ele afirmava que, embora toda partícula de matéria, e mesmo os "poderes" invisíveis intangíveis, sejam magnéticos, não constituem em si mesmos um ímã. *Existe apenas um ÍMÃ no universo, e dele procede a magnetização de tudo que existe.* Este ímã é naturalmente o que os cabalistas chamam de Sol Espiritual central, ou Deus. Ele afirmava que o Sol, a Lua, os planetas e as estrelas são altamente magnéticos; mas eles se tornaram assim por indução vivendo no fluido magnético universal – a luz espiritual. Ele demonstra a simpatia misteriosa existente entre os corpos dos três principais reinos da Natureza, e reforça o seu argumento com um catálogo estupendo de exemplos. Muitos destes foram verificados pelos naturalistas, mas ainda há muitos cuja autenticidade não foi reconhecida; assim, de acordo com a política tradicional e com a lógica equívoca de nossos cientistas, foram negados. Por exemplo, ele mostra uma diferença entre o magnetismo mineral e o zoomagnetismo, ou magnetismo animal. Ele o demonstra pelo fato de que, exceto no caso da magnetita, todos os minerais são magnetizados pela potência superior, o magnetismo animal, ao passo que este o possui como emanação direta da primeira causa – o Criador. Uma agulha pode ser magnetizada sendo simplesmente segura pela mão de um homem dotado de uma vontade poderosa, e o âmbar desenvolve seus poderes mais pela fricção da mão humana do que por qualquer outro objeto; assim, o homem pode transmitir a sua própria vida, e, em certa medida, *animar* objetos inorgânicos. Isso, "aos olhos dos tolos, é feitiçaria". "O Sol é o mais magnético de todos os corpos", diz ele, antecipando, assim, a teoria do Gen. Pleasonton em mais de dois séculos. "Os filósofos antigos jamais negaram o fato", acrescenta ele; "mas perceberam que o Sol prende todas as coisas a si, e também comunica este poder unificante a outras coisas."[12]

Para prová-lo, ele alega o exemplo de um número de plantas que são especialmente atraídas pelo Sol, e outras pela Lua, e que mostram sua simpatia irresistível pelo primeiro seguindo-lhe o curso nos céus. A planta conhecida como *Tithymallus*[13] segue fielmente o seu soberano, mesmo quando a neblina o torna invisível. A acácia abre suas pétalas quando ele se levanta, e fecha-as quando ele se põe. Assim fazem o lótus egípcio e o girassol comum. A beladona exibe a mesma predileção pela Lua.

Como exemplos das simpatias e antipatias entre plantas, ele assinala a aversão que a vinha sente pela couve, e a sua inclinação pela oliveira; o amor dos ranúnculos pelo nenúfar, e da arruda pela figueira. A antipatia que às vezes existe mesmo entre substâncias semelhantes é claramente demonstrada no caso da romã mexicana, cujos rebentos, quando cortados em pedaços, se repelem mutuamente com a "mais extraordinária ferocidade".

Kircher explica todos os sentimentos humanos como resultado das modificações de nossa condição magnética. Raiva, ciúme, amizade, amor e ódio, tudo são modificações da atmosfera magnética que se desenvolveu em nós e que emana continuamente de nós. O amor é uma das mais variáveis, e por isso as suas manifestações são incontáveis. O amor espiritual, o de uma mãe por seu filho, o de um artista por uma arte particular, o amor como pura amizade são manifestações simplesmente magnéticas de simpatia em naturezas congênitas. *O magnetismo do amor puro é a origem de toda coisa criada.* Em seu sentido ordinário, o amor entre os sexos é eletricidade, e ele o chama *amor febris species*, a febre das espécies. Há duas espécies de atração magnética: simpatia e fascinação; uma é santa e natural, e a outra, má e não natural. À última, a fascinação, devemos atribuir o poder do sapo venenoso que, simplesmente abrindo a boca, atrai o réptil ou o inseto que se precipita nela para a sua destruição. O veado, assim como outros animais menores, são atraídos pelo hálito da jibóia, e são irresistivelmente compelidos a vir ao seu alcance. O peixe torpedo entorpece o braço do pescador por algum tempo, com suas descargas. Para exercer um tal poder com fins benéficos, o homem requer três condições: 1) nobreza de alma; 2) vontade poderosa e capacidade imaginativa; 3) um paciente mais fraco que o magnetizador, senão ele resistirá. Um homem livre dos estímulos e da sensualidade mundanos pode curar dessa maneira as doenças mais "incuráveis", e a sua visão pode tornar-se lúcida e profética.

Um exemplo curioso da atração universal acima mencionada entre todos os corpos do sistema planetário e tudo o que está em relação com eles, orgânico ou inorgânico, encontra-se num estranho e antigo livro do século XVII. Ele contém as notas de viagem e um relatório oficial ao Rei de França escritos por seu Embaixador, de la Loubère, a respeito do que ele viu no reino de Sião. "Em Sião", diz ele, "há duas espécies de peixe de água doce, que eles chamam respectivamente de peixe *pal-out* e peixe *pla-cadi*. Uma vez salgados e colocados inteiros no recipiente, vê-se que eles seguem exatamente o fluxo e o refluxo do mar, elevando-se mais alto ou mais baixo no pote à medida que o mar sobe ou desce."[14] De la Loubère fez experiências durante muito tempo com este peixe, juntamente com um engenheiro da administração, de nome Vincent, e, por isso, atesta a verdade dessa asserção, que inicialmente tinha sido rejeitada como uma simples fábula. Tão poderosa é esta atração misteriosa, que ela afeta os peixes mesmo quando seus corpos estão completamente decompostos ou caindo aos pedaços.

É especialmente nos países que não foram abençoados com a civilização que deveríamos buscar uma explicação da Natureza, e observar os efeitos daquele poder sutil, que os antigos filósofos chamavam de a "alma do mundo". Apenas no Oriente, e nas imensas regiões da África inexplorada, encontrará o estudante de Psicologia alimento abundante para a sua alma sedenta de verdade. A razão é óbvia. A atmosfera nas regiões populosas está nocivamente viciada pela fumaça e pelas emanações de fábricas, máquinas a vapor, estradas de ferro e barcos a vapor, e especialmente pelas exalações miasmáticas dos vivos e dos mortos. A Natureza depende, tanto quanto o ser humano, das condições antes de poder agir, e sua poderosa respiração pode, por assim dizer, ser facilmente estorvada, impedida e interrompida, e a correlação de suas forças ser destruída num dado ponto, como se ela fosse um homem. Não apenas o clima mas também influências ocultas tendem diariamente não só a modificar a natureza físico-psicológica do homem, mas também a alterar a constituição da chamada matéria inorgânica num grau não facilmente compreendido pela ciência européia. Assim, o *Medical and Surgical Journal* de Londres adverte os cirurgiões a não levarem bisturis a Calcutá, porque descobriu, por experiência própria, "que o aço inglês não poderia suportar a atmosfera da Índia"; assim, um molho de chaves inglesas ou americanas será completamente coberto de ferrugem vinte e quatro horas depois de ter sido levado ao Egito, ao passo que objetos feitos com aço nativo naqueles países permanecem inoxidados. Descobriu-se também que um xamã siberiano, que deu estupendas provas de seus poderes ocultos entre os concidadãos chukchis, foi gradualmente e muitas vezes privado por completo de tais poderes desde a sua chegada à enfumaçada e nevoenta Londres. Será o organismo interno do homem menos sensível às influências climáticas do que um pedaço de aço? Se não, por que duvidaríamos dos testemunhos dos viajantes que puderam ver o xamã exibir dia após dia fenômenos surpreendentes em seu país natal, e negar a possibilidade de tais poderes e fenômenos apenas porque ele não pode fazer o mesmo em Paris ou Londres? Em sua conferência sobre *As artes perdidas*, Wendell Phillips prova que além de a natureza psicológica do homem ser afetada por uma mudança de clima, os povos orientais têm sentidos físicos muito mais agudos do que os europeus. Os tintureiros franceses de Lyon, cuja habilidade é inultrapassável, diz ele, "têm uma teoria segundo a qual existe uma nuança delicada de azul que os europeus *não podem ver* (...) e na Caximira, onde as jovens fazem xales que valem 30.000 dólares, elas lhe mostrarão [ao tintureiro de Lyon] trezentas cores distintas, que ele não apenas não pode fazer, mas também *não pode distinguir*"[15]. Se existe uma diferença tão grande entre a agudeza dos sentidos externos das duas raças, por que não existiria uma diferença igual em seus poderes psicológicos? Ademais, o olho da jovem caximiriana é capaz de ver *objetivamente* uma cor que existe mas, por ser inapreciável pelos europeus, não existe assim para eles. Por que então não concordar em que alguns organismos peculiarmente dotados, aos quais se atribui a posse daquela faculdade misteriosa chamada *segunda visão*, vêem seus quadros tão objetivamente quanto a jovem vê as cores; e que por isso os primeiros, em vez de meras alucinações objetivas criadas pela imaginação, são, ao contrário, reflexos de coisas e pessoas reais impressas no Éter astral, como explicava a antiga filosofia dos *Oráculos caldeus*, e supõem os modernos inventores, Babbage, Jevons e os autores de *The Unseen Universe*?

"Três espíritos vivem no homem e o animam", ensina Paracelso; "três mundos projetam seus raios sobre ele; mas todos os três apenas como a imagem e o eco de um único e mesmo princípio de produção que constrói e une todas as coisas. O primeiro é o espírito dos elementos [corpo terrestre e força vital em seu estado bruto]; o segundo, o espírito dos astros [corpo sideral ou astral – alma]; o terceiro é o espírito *Divino* [*Augoeidés*]."[16] Estando nosso corpo humano de posse da "matéria terrestre primeva", como Paracelso a chama, podemos aceitar facilmente a tendência da moderna pesquisa científica "para encarar os processos da vida animal e vegetal como meramente físicos e químicos". Essa teoria corrobora ainda mais as afirmações dos filósofos antigos e a *Bíblia mosaica*, segundo as quais os nossos corpos foram feitos de pó e para o pó voltarão. Mas devemos lembrar que

"'És pó e ao pó voltarás',
não é da alma que se falou"[17].

O homem é um pequeno mundo – um microcosmos dentro do grande macrocosmos. Como um feto, ele está suspenso, por seus *três* espíritos, na matriz do macrocosmos; e enquanto seu corpo terrestre está em simpatia constante com a terra, sua mãe, a sua alma astral, vive em uníssono com a *anima mundi* sideral. Ele está nela, como ela está nele, pois o elemento que impregna o universo enche todo o espaço, e *é* o próprio espaço, só que sem bordas e infinito. Quanto ao seu terceiro espírito, o divino, o que é ele senão um raio infinitesimal, uma das incontáveis radiações que procedem diretamente da Causa Superior – a Luz Espiritual do Mundo? Tal é a trindade da natureza orgânica e inorgânica – a espiritual e a física, que são três em um, e a respeito da qual diz Proclus que "A primeira Mônada é o Deus Eterno; a segunda, a eternidade; a terceira, o paradigma, ou o padrão do universo"; constituindo as três a Tríada Inteligível. Tudo neste universo visível é emanação dessa Tríada, e uma Tríada microcósmica em si. E assim elas se movem em majestosa procissão nos campos da eternidade, em torno do sol espiritual, do mesmo modo como no sistema heliocêntrico os corpos celestiais se movem em redor dos sóis visíveis. A *Mônada* pitagórica, que vive "na solidão e nas trevas", pode permanecer sobre esta terra para sempre invisível, impalpável e indemonstrada pela ciência experimental. Contudo, todo o universo estará gravitando ao seu redor, como o fez desde o "começo do tempo", e a cada segundo o homem e o átomo aproximam-se desse solene momento na eternidade, em que a Presença Invisível se revelará à sua visão espiritual. Quando cada partícula de matéria, mesmo a mais sublimada, for rejeitada da última forma que constitui o derradeiro elo daquela cadeia de dupla evolução que, através de milhares de séculos e sucessivas transformações, impulsionou o ser para a frente; e quando ela for revestida pela essência primordial, idêntica à de seu Criador, então esse átomo orgânico impalpável terá terminado sua mancha, e os filhos de Deus "regozijar-se-ão" uma vez mais com a volta do peregrino.

"O homem", diz Van Helmont, "é o espelho do universo, e a sua tripla natureza está em relação com todas as coisas". A vontade do Criador, por cujo intermédio todas as coisas foram feitas e receberam seu primeiro impulso, é a propriedade de todo ser vivente. O homem, dotado de uma espiritualidade adicional, tem a parte maior dela sobre este planeta. Depende da proporção de matéria nele existente a capacidade de exercer a sua faculdade mágica com maior ou menor sucesso. Dividindo essa potência divina em comum com todo átomo inorgânico, ele a exerce durante toda a vida, conscientemente ou não. No primeiro caso, quando em plena posse de seus poderes, ele se tornará o seu mestre, e o *magnale magnum* (a alma universal) será controlado e guiado por ele. No caso dos animais, plantas e minerais, e mesmo da média da Humanidade, esse fluido etéreo que impregna todas as coisas quando não encontra nenhuma resistência, e é abandonado a si mesmo, os move seguindo seus impulsos diretos. Todo ser criado nesta esfera sublunar foi formado deste *magnale magnum*, e relaciona-se a ele. O homem possui um poder celestial duplo, e está unido ao céu. Este poder existe "não apenas no homem exterior, mas, num certo grau, também nos animais, e às vezes em todas as outras coisas, pois todas as coisas no universo estão em relação umas com as outras; ou, pelo menos, Deus está em todas as coisas, como os antigos já observaram com uma correção admirável. É necessário que a força mágica seja despertada tanto no homem exterior quanto no interior. (...) E se o chamamos de poder mágico, só os ignorantes podem se assustar com essa expressão. Mas, se preferis, podeis chamá-lo de poder espiritual – *spirituale robus vocitaveris*. Existe um tal poder no homem interior. Mas, como existe uma certa relação entre o homem interior e o exterior, essa força deve ser difundida por todo o homem"[18].

Numa descrição detalhada dos ritos religiosos, a vida monástica e as "superstições" dos siameses, de la Loubère cita entre outras coisas o poder extraordinário que os *talapoins* (os monges ou os homens santos de Buddha) possuíam sobre os animais selvagens. "Os talapoins de Sião", diz ele, "passam semanas inteiras nas densas florestas sob um pequeno abrigo de ramos e de folhas de palmeira, e nunca acendem uma fogueira durante a noite para afugentar os animais selvagens, como fazem todos os outros povos que viajam através das florestas desse país." O povo considera um milagre o talapoin jamais ser devorado. "Os tigres, os elefantes e os rinocerontes – que abundam na região – o respeitam; e os viajantes, colocados em segura emboscada, têm visto com freqüência esses animais selvagens lambendo as mãos e os pés do talapoin adormecido."[19] "Eles utilizam a magia", acrescenta o cavalheiro francês, "e acreditam que toda a natureza é animada [dotada de alma]; eles acreditam nos gênios tutelares." Mas o que mais parece chocar o autor é a idéia que predomina entre os siameses, segundo a qual "tudo que o homem foi em sua vida corporal, ele o será após a morte". "Quando o Tártaro, que agora reina na China", assinala de la Loubère, "quis forçar os chineses a cortarem os cabelos de acordo com a maneira tártara, muitos deles preferiram antes morrer a ir, disseram, ao outro mundo e surgir diante dos ancestrais sem cabelo, pois imaginavam que raspariam também a cabeça da alma!"[20] "Mas o que é completamente descabido", acrescenta o Embaixador, "nessa absurda crença, é que os orientais atribuem a figura humana antes de mais nada à alma." Sem esclarecer ao leitor quanto à forma particular que esses bárbaros orientais deveriam adotar para suas almas desencarnadas, de la Loubère continua a despejar sua cólera sobre esses "selvagens". Ele ataca, por fim, a memória do velho rei do Sião, o pai de um rei a cuja corte ele foi enviado, acusando-o de ter dispendido tolamente mais de dois milhões de libras na procura da pedra filosofal. "Os chineses", diz ele, "que se acredita serem tão sábios, tiveram a loucura de acreditar, e de procurar por ela, durante trezentos ou quatrocentos anos, um remédio universal com o qual esperavam eximir-se da necessidade de morrer. Eles baseiam-se em algumas tolas tradições concernentes a algumas *raras* pessoas que passam por ter feito ouro e ter vivido alguns séculos: existem fatos solidamente estabelecidos entre os chineses, os siameses e outros orientais, concernentes àqueles que sabem como tornar-se imortais, seja absolutamente, seja de maneira a não morrerem senão de morte violenta. Por isso, eles mencionam algumas pessoas que se afastaram da vista dos homens para gozar uma vida livre e pacífica. Eles relatam maravilhas concernentes aos conhecimentos desses pretensos imortais."[21]

Se Descartes, um francês e um cientista, pôde, no seio da civilização, acreditar firmemente que um tal remédio universal fora descoberto, e que se o possuísse poderia viver no mínimo quinhentos anos, por que não teriam os orientais direito à mesma crença? Os problemas capitais da vida e da morte ainda não foram resolvidos pelos fisiólogos ocidentais. Mesmo o sono é um fenômeno sobre cuja causa existe uma grande divergência de opiniões entre eles. Como, então, podem pretender colocar limites ao possível, e definir o impossível?

Desde os tempos mais remotos os filósofos sustentaram o poder singular da música sobre certas doenças, especialmente as de ordem nervosa. Kircher recomenda-a, tendo experimentado seus bons efeitos em si mesmo, e dá uma descrição detalhada do instrumento que empregou. Era uma harmônica composta de cinco tambores de vidro finíssimo, dispostos em fila. Em dois deles havia duas diferentes variedades de vinho; no terceiro, conhaque; no quarto, óleo; no quinto, água. Ele extraía dela cinco sons melodiosos da maneira usual, apenas roçando seus dedos nas lâminas dos tambores[22]. O som tem uma propriedade atrativa; ele arranca a doença, que corre ao encontro da onda musical, e as duas, reunindo-se, desaparecem no espaço. Asclepíades empregava a música para o mesmo propósito, há cerca de vinte séculos; ele soprava um trompete para curar a ciática, e o som prolongado, fazendo as fibras nervosas palpitarem, fazia o mal invariavelmente ceder. Demócrito afirmava de igual maneira que muitas doenças podiam ser curadas com os sons melodiosos duma flauta. Mesmer utilizava exatamente a harmônica descrita por Kircher para as suas curas magnéticas. O célebre escocês Maxwell oferecia-se para provar às várias faculdades de Medicina que com certos meios magnéticos à sua disposição ele poderia curar qualquer uma das doenças abandonadas por elas como incuráveis, tais como epilepsia, impotência, insanidade, coxeadura, hidropisia e as febres obstinadas ou intermitentes[23].

A história familiar do exorcismo do "espírito mau procedente de Deus" que obsediava Saul, ocorrerá a todos a este propósito. Ela é assim relatada: "E sucedeu que, quando o espírito maligno da parte de Deus vinha sobre Saul, tomava a harpa, e a dedilhava; então Saul sentia alívio, e se achava melhor, e o espírito maligno se retirava dele"[24].

Maxwell, em sua *De medicina magnetica*, expõe as seguintes proposições, que não são outras senão as mesmas doutrinas dos alquimistas e dos cabalistas:

"O que os homens chamam de alma do mundo é uma vida, como o fogo, espiritual, ligeira, luminosa e etérea como a própria luz. É um espírito de vida que existe em toda parte, e que é em toda parte o mesmo. (...) Toda matéria é desprovida de ação, exceto quando é animada pelo espírito. Esse espírito mantém todas as coisas em seu estado peculiar. Encontra-se na natureza livre de todos os grilhões; e aquele que sabe como uni-lo a um corpo harmônico possui um tesouro que ultrapassa todas as riquezas".

"O espírito é o vínculo comum de todos os quadrantes da Terra, e vive em tudo e por tudo – *adest in mundo quid commune omnibus mextis, in quo ipsa permanent*".

"Aquele que conhece este espírito da vida universal e as suas aplicações pode prevenir todas as injúrias"[25].

"Se sabes utilizar este espírito e fixá-lo sobre algum corpo particular, realizarás o mistério da Magia".

"Aquele que sabe como agir sobre o homem por meio desse espírito universal pode curar, e à distância que lhe aprouver"[26].

"Aquele que pode fortificar o espírito próprio com este espírito universal continuará a viver até a eternidade"[27].

"Existe um vínculo que une os espíritos ou as emanações, mesmo quando eles estão separados uns dos outros. E qual é esse vínculo? É um fluxo eterno e incessante dos raios de um corpo em outro".

"Entrementes", diz Maxwell, "não é *sem perigo* ocupar-se dele. Muitos abusos abomináveis podem ocorrer".

Vejamos agora quais são esses abusos dos poderes mesméricos e magnéticos em alguns médiuns curadores.

Curar, para merecer tal nome, requer a fé do paciente ou uma saúde robusta unida a uma vontade poderosa do operador. *Com paciência suplementada pela fé, pode o homem curar-se de quase todos os estados morbíficos.* O túmulo de um santo; uma relíquia sagrada; um talismã; um pedaço de papel ou de tecido que foi manuseado pelo suposto curador; uma panacéia; uma penitência ou uma cerimônia; a imposição das mãos, ou algumas palavras pronunciadas de modo emocionante – um ou outro o fará. É uma questão de temperamento, imaginação, auto-sugestão. Em milhares de casos, o médico, o sacerdote ou a relíquia obtiveram o crédito por curas que eram devidas única e simplesmente à vontade inconsciente do paciente. À mulher com perda de sangue que se espremia pela turba a fim de tocar a túnica de Jesus, assegurou-se-lhe que foi a "fé" que a curou.

A influência da mente sobre o corpo é tão poderosa que ela realizou milagres em todos os tempos.

"Quantas curas inesperadas, súbitas e prodigiosas foram realizadas pela imaginação", diz Salverte. "Nossos livros de Medicina estão repletos de fatos dessa natureza, que passariam facilmente por milagres."[28]

Mas, se o paciente não tem fé, o que acontece? Se ele é fisicamente negativo e receptivo, e o curador forte, saudável, positivo, determinado, a doença pode ser extirpada pela vontade imperativa do operador que, consciente ou inconscientemente, chama a si e se fortalece com o espírito da natureza universal, e restaura o equilíbrio perturbado da aura do paciente. Ele pode empregar como um auxiliar um crucifixo – como fazia Gassner; ou impor as mãos e a "vontade", como o zuavo francês Jacob, como o nosso célebre americano Newton, que curou muitos milhares de sofredores, como muitos outros; ou como Jesus, e alguns apóstolos, ele pode curar com uma palavra de comando. O processo em cada caso é o mesmo.

Em todos estes casos a cura é radical e real, e sem efeitos danosos secundários. Mas quando alguém que está fisicamente doente tenta curar, ele não apenas falha como também comunica muitas vezes a sua doença ao paciente, e lhe rouba o pouco de força que tenha. O decrépito rei Davi reforçava o seu vigor combalido com o magnetismo sadio da jovem Abisague[29]; e as obras de Medicina falam-nos de uma senhora idosa de Bath, Inglaterra, que arruinou sucessivamente, da mesma maneira, a constituição de duas criadas. Os velhos sábios, e também Paracelso, removiam as doenças aplicando um organismo sadio à parte afligida, e nas obras do filósofo do fogo acima mencionado sua teoria é clara e categoricamente exposta. Se uma pessoa doente – médium ou não – tenta curar, sua força pode ser suficientemente robusta para deslocar o mal, fazê-lo sair do presente lugar, e fazê-lo mudar-se para um outro, onde brevemente reaparecerá; o paciente, entrementes, acredita-se curado.

Mas, que acontece se o curador está moralmente doente? As conseqüências podem ser infinitamente mais nocivas; pois é mais fácil curar uma doença física do que purificar uma compleição infeccionada pela torpeza moral. O mistério de Morzine, Cévennes e dos jansenistas ainda o é para os fisiólogos e os psicólogos. Se o dom da profecia, assim como a histeria e as convulsões, podem ser transmitidos pelo "contágio", por que não todos os outros vícios? O curador, neste caso, comunica ao seu paciente – que é agora sua vítima – o veneno moral que infecta sua própria mente e coração. Seu toque magnético é contaminação; seu olhar, profanação. Contra sua tara não existe proteção para o paciente passivamente receptivo. O curador o mantém sob seu poder, enfeitiçado e impotente, como a serpente mantém um pobre e frágil pássaro. O mal que um desses "médiuns curadores" pode causar é incalculavelmente grande; e tais curadores se contam às centenas.

Mas, como já o dissemos, existem curadores autênticos e divinos que, não obstante toda a malícia e o ceticismo de seus fanáticos oponentes, se tornaram famosos na história do mundo. Tais são o cura de Ars, Jacob e Newton. Tais eram também Gassner, o clérigo de Klorstele, e o famoso Valentine Greatrakes, o pobre e ignorante irlandês, que foi apoiado pelo célebre Robert Boyle, presidente da Sociedade Real de Londres, em 1670. Em 1870, ele teria sido enviado a Bedlam, em companhia de outros curadores, se outro presidente da mesma sociedade estivesse encarregado do caso, ou o Prof. Lankester o tivesse "citado" com base na *Lei da Vagabundagem* por ter operado em súditos de Sua Majestade "através da *quiromancia* ou outras práticas".

Mas, para fechar uma lista de testemunhas que se poderia prolongar indefinidamente, bastará dizer que, da primeira à última, de Pitágoras a Éliphas Lévi, da mais ilustre à mais humilde, todas ensinam *que o poder mágico jamais foi possuído por aqueles inclinados a prazeres viciosos*. Apenas o puro de coração "vê Deus" ou exerce dons divinos – apenas ele pode curar as doenças do corpo e deixar-se guiar com relativa segurança pelos "poderes invisíveis". Apenas ele pode dar paz aos espíritos perturbados de seus irmãos e irmãs, pois as águas curativas não provêm de uma fonte envenenada; uvas não crescem em espinheiros, e cardos não produzem figos. Mas, apesar disso, "a Magia nada tem de superno"; ela é uma ciência, e mesmo o poder de "expulsar demônios" era um ramo seu, de que os iniciados fizeram um estudo especial. "A arte que expulsa demônios dos corpos humanos é uma ciência útil e salutar aos homens", diz Josefo[30].

Os esboços precedentes bastam para mostrar por que nos baseamos na sabedoria dos séculos, de preferência a todas as novas teorias geradas pelos acontecimentos dos tempos modernos, no que respeita às leis da relação intercósmica e os poderes ocultos do homem. Enquanto fenômenos da natureza física podem ter seu valor como meios de aumentar o interesse dos materialistas e de confirmar, senão totalmente, pelo menos dedutivamente, nossa crença na sobrevivência de nossas almas e espíritos, pode-se questionar se, sob seu aspecto atual, os fenômenos modernos não estão fazendo mais mal do que bem. Muitas inteligências, sedentas de provas da imortalidade, estão quase caindo no fanatismo; e, como assinala Stow, "os fanáticos governam-se mais pela imaginação do que pelo juízo".

Indubitavelmente, os que acreditam nos fenômenos modernos podem reclamar para si uma grande variedade de vantagens, mas o "discernir espíritos" está evidentemente ausente desse catálogo de dons "espirituais". Falando do "diakka", que uma bela manhã ele tinha descoberto num recanto sombrio da "Summer Land", A. J. Davis, o grande vidente americano, assinala: "Um diakka é um ser que experimenta um prazer insano em *pregar peças*, em fazer sortes com *truques*, em *personificar* caracteres opostos; para quem as orações e as palavras profanas têm o mesmo valor; dominado pela paixão por narrativas líricas (...) moralmente deficiente, ele não tem nenhum sentimento de justiça, de filosofia ou de terna afeição. Ele nada sabe daquilo que os homens chamam de sentimento de gratidão; os objetivos do ódio e do amor são os mesmos para ele; seu lema é muitas vezes medonho e terrível aos outros – o EU é tudo na vida particular, e a aniquilação é exaltada como *o fim de toda a vida particular*. Ontem mesmo um deles, assinando-se como *Swedenborg*, disse a uma senhora médium o seguinte: 'Tudo que é, foi e será, ou pode ser, SOU EU; e a vida particular não passa de fantasmas agregados de palpitações pensantes, correndo em sua elevação para o coração central da morte eterna!'"[31]

Porfírio, cujas obras – para emprestar a expressão de um fenomenalista irritado – "emboloram como qualquer outro refugo antiquado nos armários do esquecimento", fala assim desse diakka – se tal é seu nome – redescoberto no século XIX: "É com a ajuda direta desses maus demônios que se realizam todos os atos de feitiçaria (...) é o resultado de suas operações, e os homens que injuriam seus semelhantes pagam freqüentemente grande tributo a esses demônios maus, e especialmente a seu chefe. Estes espíritos passam o tempo enganando-nos, com um grande aparato de prodígios vulgares e *ilusões*; sua ambição é a de serem tomados por deuses, e seu chefe reclama ser reconhecido como o deus supremo"[32][*].

O espírito que se assina Swedenborg – citado do *Diakka* de Davis, e que sugere ser o EU SOU – assemelha-se singularmente a este chefe dos demônios maus de Porfírio.

Nada mais natural do que esse aviltamento dos teurgistas antigos e experientes por certos médiuns, quando encontramos Jâmblico, o expositor da teurgia espiritualística, proibindo estritamente todo esforço para produzir tais manifestações fenomênicas; a não ser depois de uma longa preparação de purificação moral e física, e sob a orientação de teurgistas experientes. Quando, além disso, ele declara que, com pouquíssimas exceções, o fato de *uma pessoa "surgir alongada ou mais espessa*, ou *elevar-se no ar"* é uma marca segura de obsessão por demônios *maus*[33].

Tudo neste mundo tem seu tempo, e a verdade, embora baseada em irrefutável evidência, não tomará raízes ou crescerá, a não ser que, como uma planta, ela seja semeada na estação própria. "O tempo deve ser preparado", diz o Prof. Cooke; e há cerca de trinta anos atrás esta humilde obra teria sido condenada à destruição por causa de seu conteúdo. Mas os fenômenos modernos, não obstante as *exposições* diárias, o ridículo com que são coroadas pelas mãos de todos os materialistas, e por seus próprios erros numerosos, crescem e se fortalecem em fatos, senão em sabedoria e espírito. O que pareceria simplesmente absurdo há vinte anos pode ser muito bem entendido agora, quando os fenômenos são endossados por grandes cientistas. Infelizmente, se as manifestações crescem em poder diariamente, não existe um progresso correspondente na Filosofia. O discernimento dos espíritos está tão em falta como sempre.

Talvez, entre o corpo de escritores espiritistas de nossos dias, nenhum seja tido em mais alta estima pelo caráter, educação, sinceridade e habilidade do que Epes Sargent, de Boston, Massachusetts. Sua monografia intitulada *The Proof Palpable of Immortality* ocupa merecidamente uma posição elevada entre as obras sobre o assunto. Embora disposto a ser caridoso e apologético em relação aos médiuns e seus fenômenos, o Sr. Sargent é obrigado a usar a seguinte linguagem: "O poder dos espíritos para reproduzir simulacros de pessoas que deixaram a vida terrestre sugere a questão – Até que ponto podemos estar seguros da identidade de *qualquer* espírito, sejam quais forem as provas dadas? Ainda não chegamos àquele estágio de esclarecimento que nos capacitaria a responder confiantemente a esta questão. (...) A

---

*   Embora não se saiba claramente de que tradução específica de Porfírio H. P. B. faz citações, a redação é essencialmente a mesma, com pequenas variações de *Select Works of Porphyry* (Londres, 1823), de Thomas Taylor, em que se encontra o texto completo de *Abstinência da carne animal*.
   Esta mesma ressalva aplica-se às citações que H. P. B. faz de Porfírio às páginas 43 e 44 do Vol. I - Tomo II. (N. do Org.)

linguagem e os atos desta espécie de espíritos materializados ainda são um enigma"[34]. No que respeita ao calibre intelectual de muitos dos espíritos que se escondem atrás dos fenômenos físicos, o Sr. Sargent será inquestionavelmente aceito como um juiz competentíssimo, e ele diz: "a grande maioria, como neste mundo, é de natureza pouco intelectual". Se isto não é uma pergunta inadequada, gostaríamos de indagar por que eles são tão faltos de inteligência, já que se trata de espíritos humanos. Ou os espíritos humanos *não podem* materializar-se, ou os espíritos que fazem materializar não têm inteligência humana e, em conseqüência, de acordo com a própria asserção do Sr. Sargent, eles podem muito bem ser espíritos "elementares", que cessaram inteiramente de ser humanos, ou os demônios que, de acordo com os magos persas e Platão, ocupam um lugar intermediário entre os deuses e os homens desencarnados.

A experiência do Sr. Crookes é uma boa evidência de que muitos espíritos "materializados" falam com uma voz audível. Ora, nós demonstramos, com base no testemunho dos antigos, que a voz dos espíritos humanos não é e *não pode* ser articulada, pois é, como declara Emanuel Swedenborg, "um profundo suspiro". Em qual dessas duas classes de testemunhos se deve acreditar sem medo de errar? É a dos antigos que tiveram a experiência de tantos séculos de práticas teúrgicas, ou a dos espiritistas modernos, que não têm nenhuma, e que não têm fatos em que basear qualquer opinião, exceto os que foram comunicados pelos "espíritos", cuja identidade não têm meios de provar? Existem médiuns cujos organismos foram utilizados às vezes por centenas dessas pseudoformas "humanas". No entanto, não nos lembramos de ter visto ou ouvido um só que tenha expresso outras coisas que não as idéias mais ordinárias. Este fato deveria certamente chamar a atenção do espiritista menos crítico. Se um espírito pode falar, e se o caminho está aberto tanto aos seres inteligentes quanto aos não inteligentes, por que não nos dão eles comunicações que se aproximem em qualidade em algum grau remoto das comunicações que recebemos através da "escrita direta"? O Sr. Sargent propõe uma idéia muito sugestiva e importante nesta frase: "A questão de saber até que ponto o ato da materialização limita suas operações mentais e suas lembranças, ou até que ponto ele é limitado pelo horizonte intelectual do médium, ainda está por resolver"[35]. Se a mesma espécie de "espíritos" se materializa e produz a escrita direta, e ambas se manifestam através dos médiuns, e uma fala absurdos, ao passo que a outra nos dá com freqüência ensinamentos filosóficos sublimes, por que deveriam as suas operações mentais ser limitadas "pelo horizonte intelectual do médium" num caso mais do que no outro? Os médiuns materializados – pelo menos até onde se estende a nossa observação – não são menos educados do que muitos camponeses e operários que em tempos diferentes deram, sob influências supernas, idéias profundas e sublimes ao mundo. A história da Psicologia abunda em exemplos notáveis que ilustram este ponto, entre os quais o de Boehme, o sapateiro ignorante mas inspirado, e o do nosso próprio Davis. Quanto à falta de inteligência, acreditamos que não é preciso buscar exemplos mais surpreendentes do que o das crianças-profetas de Cévennes, poetas e videntes, tais como os que já mencionamos nos capítulos anteriores. Quando os espíritos se vêem dotados de órgãos vocais para falar, não lhes é muito difícil exprimir-se de um modo condizente com a hipotética educação, inteligência e posição social que tiveram em vida, em lugar de cair invariavelmente no diapasão monótono de lugares-comuns e, não muito raramente, de banalidades. Quanto à observação esperançosa do Sr.

Sargent, de que "pelo fato de a ciência do Espiritismo estar ainda na infância, podemos esperar por mais luz a esse respeito", tememos dever replicar que *não é através desses "gabinetes escuros" que a luz algum dia recairá*[36].

É simplesmente ridículo e absurdo exigir de qualquer investigador que se apresenta como uma testemunha das maravilhas do dia e dos fenômenos psicológicos o diploma de mestre em artes e ciências. A experiência dos últimos quarenta anos é uma prova de que nem sempre as mentes mais "cientificamente treinadas" são as melhores em assuntos de simples bom senso e de boa fé. Nada cega tanto quanto o fanatismo, que tudo encara. Exemplo disso temos no concernente aos fenômenos psíquicos e mágicos dos tempos antigos e modernos. Centenas, ou melhor, milhares de testemunhas perfeitamente fidedignas, ao retornarem de estadas ou de viagens ao Oriente, testemunharam o fato de que faquires, sheiks, dervixes e lamas incultos produziram maravilhas em sua presença, sem comparsas ou aparelhos mecânicos. Eles afirmaram que os fenômenos exibidos contrariavam todas as leis *conhecidas* da Ciência e tendiam, por conseqüência, a provar a existência de muitas potências ocultas ainda desconhecidas na Natureza, aparentemente dirigidas por inteligências super-humanas. Qual a atitude assumida pelos nossos cientistas a propósito deste assunto? Até que ponto o testemunho das mentes mais cientificamente treinadas impressionou a sua própria mente? As investigações dos Profs. Hare e de Morgan, de Crookes e de Wallace, de Gasparin e Thury, Wagner e Butlerof, etc. abalaram por algum instante o seu ceticismo? Como foram recebidas as experiências pessoais de Jacolliot com os faquires da Índia, ou encaradas as explicações psicológicas do Prof. Perty, de Genebra? Até que ponto o veemente grito da Humanidade clamando por sinais palpáveis e demonstrados de um Deus, de uma alma individual, e da eternidade, os afetou; e qual é a sua resposta? Eles arrasam e destroem todos os vestígios das coisas espirituais, mas nada edificam. "Não podemos alcançar tais sinais com retortas ou crucifixos", dizem eles; "portanto, tudo não passa de engano!" Neste século de fria razão e de preconceito, mesmo a Igreja deve recorrer à Ciência em busca de socorro. Crenças edificadas na areia, e dogmas elevadíssimos mas desenraizados esmigalham-se sob o sopro gélido da pesquisa, e derrubam a *verdadeira* religião em sua queda. Mas a esperança por algum sinal exterior de um Deus ou uma vida futura permanece tenazmente como sempre no coração humano. De nada vale a sofisticaria da Ciência; ela não pode sufocar jamais a voz da Natureza. Apenas seus representantes envenenaram as águas puras da fé simples, e agora a Humanidade mira-se nas águas turvadas pela lama revolvida do fundo de uma fonte outrora pura. O Deus antropomórfico de nossos pais é suplantado pelos monstros antropomórficos; e o que é ainda pior, pelo reflexo da própria Humanidade nessas águas, cujas ondulações lhe devolvem imagens distorcidas da verdade e fatos evocados por sua imaginação desencaminhada. "Não é um milagre o que esperamos", escreve o Reverendo Brooke Herford, "e sim encontrar evidências palpáveis do espiritual e do divino. Não é aos profetas que os homens gritam por tais 'sinais', mas, antes, aos cientistas. Os homens sentem como se tudo que apalpassem no primeiro limite ou nos recessos mais íntimos da criação devesse conduzir o investigador, por fim, para mais perto dos fatos profundos e fundamentais de todas as coisas, para mais perto de alguns inequívocos sinais de Deus." Os signos estão ali; e em frente deles, os titãs científicos que depuseram Deus de seu escondido trono para colocar em seu lugar um *protoplasma*.

Na Assembléia realizada em Edimburgo pela Associação Britânica, em 1871, Sir William Thomson disse: "A Ciência está obrigada pela eterna lei da honra a encarar destemidamente todo problema que lhe é adequadamente apresentado". Por sua vez, o Prof. Huxley assinala: "Com respeito à questão do milagre, posso apenas dizer que a palavra 'impossível' não se aplica, a meu ver, aos assuntos da Filosofia". O grande Humboldt assinala que "um ceticismo presunçoso que rejeita fatos sem exame de sua verdade é, em muitos aspectos, mais injurioso do que uma cega credulidade".

Esses homens provaram ser infiéis aos seus próprios ensinamentos. A oportunidade concedida a eles pela abertura do Oriente, para investigarem eles próprios os fenômenos que todo viajante afirma terem ocorrido nesses países, foi rejeitada. Nossos fisiólogos e nossos patologistas terão sequer sonhado em servir-se dela para resolver esta questão tão importante do pensamento humano? Oh, não; pois eles jamais o teriam ousado. Não se deve esperar que os principais acadêmicos da Europa e da América empreendam uma viagem ao Tibete e à Índia, e investiguem a maravilha do faquir no local! E se um deles se decidisse, peregrino solitário, a ir testemunhar todos os milagres da criação nessa terra de prodígios, seguramente seus colegas não acreditariam em suas palavras.

Seria tedioso e supérfluo começar uma exposição de fatos tão solidamente estabelecidos por outros. Os Srs. Wallace e Howitt[37] descreveram repetida e habilmente os mil e um erros absurdos em que as sociedades científicas da França e da Inglaterra caíram, devido ao seu cego ceticismo: Curvier deixou de lado o fóssil escavado em 1828 por Boué, o geólogo francês, apenas porque o anatomista se achava mais sábio do que o seu colega, e não acreditava que os esqueletos humanos pudessem ser encontrados a oitenta pés de profundidade na lama do Reno; a Academia Francesa desacreditou as asserções de Bourcher de Perthes, em 1846, apenas para ser criticada por sua vez em 1860, quando a verdade das descobertas e observações de Perthes foram totalmente confirmadas por todo o corpo de geólogos que encontraram armas de sílex nos depósitos de cascalho do norte da França; o testemunho de McEnery, em 1825, de que ele tinha descoberto sílex trabalhado juntamente com restos de animais extintos, na Kent's Hole Cavern[38], foi ridicularizado; e Godwin Austen atestando os mesmos fatos, em 1840, teve igual sorte. Todo esse excesso de ceticismo científico e hilaridade finalmente malogrou em 1865, e mostrou ser inteiramente descabido; quando – diz o Sr. Wallace – "todos os relatos anteriores por quarenta anos foram confirmados e revelaram-se menos extraordinários do que a própria realidade"; – quem pode ser tão crédulo a ponto de acreditar na infalibilidade de nossa ciência? E por que espantar-se com essa falta de coragem moral dos membros individuais desse grande e teimoso corpo conhecido como ciência moderna?

Assim, fatos após fatos foram desacreditados. De todos os lados ouvimos insistentes protestos. "Pouco se sabe da Psicologia!", suspira um certo membro da Sociedade Real. "Devemos confessar que sabemos pouco, ou nada, de Fisiologia", diz outro. "De todas as ciências, não há nenhuma que repouse em bases tão incertas quanto a Medicina", testifica resolutamente um terceiro. "O que sabemos hoje dos presumidos fluidos nervosos? (...) Nada, por enquanto", afirma um quarto; e assim por diante em todos os ramos da Ciência. E, entrementes, os fenômenos, que ultrapassam em interesse todos os outros da Natureza, e que não podem ser explicados senão com a ajuda da Fisiologia, da Psicologia, e os fluidos "por enquanto desconhecidos" são ou rejeitados como enganos, ou, se verdadeiros, "não interessam" aos cientistas. Ou, o que é ainda pior, quando um *paciente*, cujo organismo exibe em si as características mais importantes dessas potências ocultas, embora naturais, oferece sua pessoa para uma investigação, em vez de uma honesta experiência ser tentada com ele, ele se vê enredado por um pseudocientista e paga por seu erro com uma sentença de três meses de prisão! Isto é bastante promissor, não há dúvida [*].

É fácil compreender que um fato ocorrido em 1731, que testifica um outro fato que aconteceu durante o papado de Paulo III, por exemplo, seja desacreditado em 1876. E quando os cientistas são informados de que os romanos mantinham luzes em seu sepulcros por anos incontáveis graças à *oleosidade do ouro*; e que uma dessas lâmpadas perpétuas foi descoberta queimando brilhantemente na tumba de Túlia, a filha de Cícero, não obstante a tumba ter estado fechada durante mil e quinhentos e cinqüenta anos[39] – eles têm um certo direito de duvidar, e mesmo de descrer da afirmação, até se assegurarem, pela evidência de seus próprios sentidos, de que tal coisa é possível. Neste caso, eles podem rejeitar o testemunho de todos os filósofos antigos e medievais. O enterro dos faquires vivos e a sua ressurreição subseqüente, após trinta dias de inumação, pode parecer-lhes suspeito. Assim também a auto-inflição de feridas mortais, e a exibição de suas próprias entranhas às pessoas presentes por vários lamas, que curam tais feridas quase instantaneamente.

Para certos homens que negam a evidência de seus próprios sentidos a propósito dos fenômenos produzidos em seu próprio país, e diante de numerosas testemunhas, as narrativas encontradas nos livros clássicos, e nas notas dos viajantes, devem naturalmente parecer absurdas. Mas o que jamais conseguiremos entender é a teimosia coletiva das Academias, em face das amargas lições do passado infligidas a essas instituições que, com tanta freqüência, "obscureceram o desígnio por palavras sem sabedoria". Como a pergunta do Senhor a Jó, "do turbilhão", a Magia pode dizer à ciência moderna: "Onde estavas quando lancei as fundações da Terra? Dize, se compreendeste!"[40]. E que és tu, que ousas dizer à Natureza: "Daqui não passarás"?

Mas o que importa se eles negam? Poderiam eles proibir os fenômenos de ocorrerem nos quatro cantos do mundo, mesmo que o seu ceticismo fosse mil vezes mais amargo? Os faquires ainda continuarão a ser enterrados e a ressuscitar, satisfazendo a curiosidade dos viajantes europeus; e os lamas e os ascetas hindus ferir-se-ão, mutilar-se-ão e mesmo eviscerar-se-ão e achar-se-ão ainda melhores por isso; e as negações de todo o mundo não soprarão o suficiente para extinguir as lâmpadas perpétuas de algumas criptas subterrâneas da Índia, do Tibete e do Japão. Uma de tais lâmpadas é mencionada pelo Reverendo S. Mateer[41], da Missão Londrina. No templo de Trivandrum, no reino de Travancore, sul da Índia, "há um profundo poço no interior do templo, no qual imensas riquezas são lançadas ano após ano, e num outro lugar, numa cova coberta por uma pedra, uma grande lâmpada de ouro, que

---

* Referência ao Dr. Henry Slade, um notável médium americano, conhecido principalmente em relação aos seus fenômenos de escrita em lousa. O Prof. Ray Lankester e o Dr. Donkin levaram-no à prisão sob acusação forjada. Foi julgado num tribunal e sentenciado a três meses de prisão com trabalho forçado. Ele apelou e a condenação foi anulada por falta de provas. Nova intimação foi expedida no dia seguinte, mas Slade deixara o país. Ver o Apêndice e o Índice do vol. I dos *Collected Writings* para outros dados sobre Slade e a sua relação com os Fundadores da Sociedade Teosófica. (N. do Org.)

foi acesa há mais de 120 anos, ainda continua a queimar", diz este missionário em sua descrição do lugar. Missionários católicos atribuem essas lâmpadas, como costuma acontecer, aos serviços obsequiosos do demônio. O pastor protestante, mais prudente, menciona o fato, e não faz nenhum comentário. O abade Huc viu e examinou uma dessas lâmpadas, assim como outras pessoas que tiveram a boa sorte de conquistar a confiança e amizade dos lamas e sacerdotes orientais. Não se podem negar mais as maravilhas vistas pelo capitão Lane no Egito; as experiências de Jacolliot em Benares e as de Sir Charles Napier; as levitações de seres humanos em plena luz do dia, que só se explicam pelas explanações dadas no capítulo introdutório da presente obra[42]. Tais levitações foram testemunhadas – além do Sr. Crookes – pelo Prof. Perty, que afirma que elas se produziram em céu aberto, durando algumas vezes vinte minutos; todos esses fenômenos e muitos mais ocorreram, ocorrem e ocorrerão em todos os países deste globo, e isso a despeito de todos os céticos e cientistas que se originaram do lodo siluriano.

Entre as reivindicações ridicularizadas da Alquimia está a das lâmpadas perpétuas. Se dissermos ao leitor que vimos muitas delas, poderão perguntar-nos – no caso de a sinceridade de nossa crença pessoal não ser questionada – como podemos dizer que as lâmpadas que observamos eram perpétuas, já que o período de nossa observação foi muito limitado? Simplesmente porque, como sabemos quais os ingredientes empregados, e a maneira de fazê-las, e a lei natural aplicável ao caso, confiamos em que nossa afirmação pode ser corroborada por investigações no local adequado. Onde se localiza este lugar e onde se pode aprender este conhecimento, nossos críticos devem descobri-lo, esforçando-se como nós o fizemos. Entrementes, citaremos alguns dos 173 autores que escreveram sobre o assunto. Nenhum deles, como lembramos, afirmou que essas lâmpadas sepulcrais queimariam perpetuamente, mas apenas por um número indefinido de anos, e exemplos se registram de sua contínua iluminação por muitos séculos. Não se negará que, se existe uma lei natural pela qual uma lâmpada pode queimar sem ser alimentada durante dez anos, não há razão por que a mesma lei não lhe permita a combustão por cem ou mil anos.

Entre as muitas personagens de renome que acreditavam firmemente e afirmaram energicamente que tais lâmpadas sepulcrais queimavam por várias centenas de anos, e que poderiam continuar a queimar *talvez* para sempre, se não tivessem sido extintas, ou os vasos quebrados por algum acidente, podemos incluir os seguintes nomes: Clemente de Alexandria, Hermolaus Barbarus, Apiano, Burattinus, Citésio, Célio, Foxius, Costaeus, Casalius, Cedrenus, Delrius, Ericius, Gesnerus, Jacobonus, Leander, Libavius, Lazius, Pico della Mirandola, Eugênio Filaletes, Liceto, Maiolus, Maturantius, Baptista Porta, Pancirollus, Ruscellius, Scardeonius, Ludovicus Vives, Volaterranus, Paracelso, vários alquimistas árabes e, finalmente, Plínio, Solinus, Kircher e Alberto Magno [*].

---

* Alguns dos nomes mencionados neste parágrafo são de indivíduos pouco conhecidos hoje ou praticamente indecifráveis. Os dados abaixo podem ser de grande interesse:
  Ermolaus II Barbarus nasceu em Veneza por volta de 1454; morreu em Roma, em 1493. Discípulo de Pomponius Laetus. Professor de Filosofia na Universidade de Pádua. Escreveu uma obra sobre o *Celibato* e Comentários sobre Plínio e os dioscórides.
  Apiano – nativo de Alexandria, viveu em Roma durante os reinados de Trajano e de Adriano. Escreveu *História Romana* em 24 volumes.

São os egípcios, esses filhos do País da Química[43], que lhes reclamam a invenção. Pelo menos eles foram o povo que utilizou tais lâmpadas mais do que qualquer outra nação, por causa de suas doutrinas religiosas. Acreditava-se que a alma astral da múmia permanecia sobre o corpo pelo espaço de três mil anos do ciclo de necessidade. Presa a ele por um fio magnético, que só podia ser quebrado por seu próprio esforço, os egípcios esperavam que a lâmpada perpétua, símbolo de seu

    Burattinus, cujo nome pessoal parece ter sido Tito Lívio, também era conhecido como Johann Misellus Burattinus; suas obras foram publicadas em Wilna, em 1678 e 1687.
    Citésio é François Citois, um médico francês nascido em Poitiers, em 1572; morreu ali mesmo em 1652. Foi médico pessoal do Cardeal Richelieu e escreveu muitas obras.
    Caelius talvez seja Célio Aureliano, um médico latino muito famoso dos séculos I ou II d.C.; escreveu muitas obras sobre doenças e seus tratamentos.
    Foxius talvez seja Sebastián Fox Morcillo (ou Morzillo) de Sevilha (1528-1568), notavelmente precoce em sua infância; escreveu comentários sobre escritores antigos com a idade de dezenove anos e elaborou uma obra sobre Platão aos 25. Afogou-se acidentalmente na juventude.
    Costaeus é Giovanni Costeo de Lodi (Laudensis), que morreu em Bolonha, em 1603. Ensinou Medicina em Turim e em Bolonha e adquiriu grande reputação pela eloqüência e pelo conhecimento. Escreveu *De universali stirpium natura*, Turim, 1578.
    Casalius deve ser Giambattista Casali, um antiquário italiano do século XVII, ou Vincentius Casalis, um médico italiano dos meados do século XVI.
    Cedrenus é Geôrgios o Kedrênos, monge e cronista grego do século XI, de cuja vida praticamente nada se sabe. Escreveu em grego a *Synopsis historiôn*, uma crônica histórica, publicada em 1647.
    Delrius é Martin Anton del Rio, místico holandês, nascido em Antuérpia, em 1551; morto em Louvain, em 1608. Tornou-se jesuíta na Espanha. Dominava dez línguas e escreveu muitas obras, tal como *Disquisitionum magicarum libri sex*, Louvain, 1599.
    Gesnerus talvez seja Konrad von Gesner (1516-1565), naturalista germano-suíço, médico em Zurique, filósofo e erudito clássico de grande renome. Escreveu muitas obras.
    Libavius é Andreas Libau, nascido em Halle, em 1550 ou 1560; morto em Coburg, em 1616. Químico e médico alemão, professor de História em Iena; praticou em Rotemburgo. Estudioso de Alquimia, autor de *Alchymia* (Frankfurt, 1595, 1606), que é o mais antigo manual de Química geral.
    Lazius é Wolfgang Lazius (1514-1565), médico real de Viena e filantropo; professor da Universidade de Viena; historiador, cartógrafo e médico do imperador Fernando.
    Licetus é Fortunio Liceti, erudito italiano, nascido em Rapallo, em 1577; morto em Pádua, em 1657. Professor de Filosofia e Medicina na Universidade de Pádua. Ensinou lógica em Pisa, Pádua e Bolonha.
    Maiolus deve ser um médico de Gênova que floresceu em 1480 e foi o autor de *De gradibus medicinarum*, Veneza, 1497.
    Maturantius, cujo primeiro nome era Franciscus, foi um erudito italiano de Spolato que morreu por volta de 1512. Escreveu vários Comentários em latim e em grego.
    Pancirollus era Guido Panciroli, jurista e erudito italiano, nascido em Reggio, em 1523; morto em Pádua, em 1599. Professor de direito em Pádua e Turim e autor de grande número de obras.
    Ruscellius deve ser Girolamo Ruscelli, erudito italiano nascido em Viterbe, em 1520; morto em Veneza, em 1566. Escreveu *Segreti nuovi*, 1567, e encorajou Tasso na sua obra criativa.
    Scardeonius talvez seja Bernard Scardeone de Pádua, a respeito de quem quase nada se sabe.
    Ludovicus Vives é Juan Luis Vives (1492-1540), erudito espanhol de grande reputação que se tornou doutor em direito e conferencista de filosofia no Corpus Christi College, em Oxford. Sua obra principal é *De causis corrumptorum artium*, que tem sido alinhada ao *Organon* de Bacon.
    Volaterranus é Raphael Maffei, nascido em Volterra, em 1452; morto em 1522. A sua obra principal é um *Comentarii urbani* em 38 volumes. *Opera omnia*, Roma, 1506; Paris, 1526.
    Solinus é C. Julius Solinus, autor de um compêndio geográfico em 57 capítulos, muito estudado na Idade Média. Talvez tenha vivido depois do reinado de Alexandre Severo, embora não tenhamos nenhuma informação precisa sobre a época exata ou mesmo da sua nacionalidade. (N. do Org.)

espírito incorruptível e imortal, convenceria por fim a alma mais material a abandonar o seu domicílio terrestre e unir-se para sempre com o seu EU divino. É por isso que as lâmpadas eram penduradas nos sepulcros dos ricos. Tais lâmpadas são, com freqüência, encontradas nas cavernas subterrâneas dos mortos, e Liceto escreveu um grande in-fólio para provar que em seu tempo, sempre que um sepulcro era aberto, uma lâmpada ardente era encontrada na tumba, mas extinguia-se instantaneamente devido à *profanação*. Tito Lívio, Burattinus e Michael Schatta, em suas cartas a Kircher[44], afirmam que encontraram muitas lâmpadas nas cavernas subterrâneas da velha Mênfis. Pausânias[45] fala da lâmpada de ouro no templo de Minerva, em Atenas, que ele afirma ser obra de Calímaco, e que queimava durante um ano inteiro. Plutarco[46] afirma que viu uma no templo de Júpiter Amon, e que os sacerdotes lhe asseguraram que ela queimava continuamente há anos, e que, mesmo quando colocada ao ar livre, nem o vento nem a água podiam extingui-la[47]. Santo Agostinho, a autoridade católica, também descreve uma lâmpada do templo de Vênus, da mesma natureza que as outras, inextinguível pelo vento mais violento ou pela água. Encontrou-se uma lâmpada em Edessa, diz Cedrenus, "que, oculta no topo de uma certa porta, queimou durante quinhentos anos". Mas, de todas as lâmpadas, a mencionada por Maximus Olybius de Pádua é de longe a mais extraordinária. Ela foi encontrada nas proximidades de Ateste, e Scardeonius[48] a descreve de maneira muito viva: "Numa ampla urna de argila havia uma outra menor, e nesta uma lâmpada ardente, que assim queimava há 1.500 anos, por meio de um licor puríssimo contido em duas vasilhas, uma de ouro e outra de prata. Estas estavam confiadas à guarda de Franciscus Maturantius, que as avaliava por um valor extraordinário"[49].

Não levando em conta os exageros, e deixando de lado como uma mera negação gratuita a afirmação feita pela ciência moderna a respeito da impossibilidade de tais lâmpadas, poderíamos perguntar se, no caso de se demonstrar que esses fogos inextinguíveis existiram realmente no século dos "milagres", as lâmpadas que queimam nos templos cristãos e nos de Júpiter, Minerva e outras divindades pagãs devem ser vistas de modo diferente. De acordo com certos teólogos, pareceria que as primeiras (pois a cristandade também reivindica tais lâmpadas) queimavam por um poder *divino*, miraculoso, e que as últimas, feitas por arte "pagã", eram mantidas pelos artifícios do demônio. Kircher e Licetus[50] mostram que elas foram feitas dessas duas maneiras. A lâmpada de Antióquia, que queimou mil e quinhentos anos, num lugar público e aberto, sobre a porta de uma igreja, foi preservada pelo "*poder de Deus*", "que fez um número tão infinito de estrelas para queimar com luz perpétua". Quanto às lâmpadas pagãs, Santo Agostinho assegura-nos que elas eram obra do demônio, "que nos engana de mil maneiras". Nada mais fácil para Satã do que representar um facho de luz, ou uma chama brilhante para aqueles que entraram em primeiro lugar numa tal caverna subterrânea. Isto foi sustentado por todos os bons cristãos durante o papado de Paulo III, quando, na abertura da tumba na via Ápia, em Roma, se encontrou o corpo inteiro de uma jovem nadando num licor brilhante que a preservou tão bem que a face era bela como se estivesse viva. A seus pés queimava uma lâmpada, cuja chama se apagou na abertura do sepulcro. Segundo alguns sinais gravados, descobriu-se que ela fora sepultada há mais de 1.500 anos e supôs-se que era o corpo de Tulliola, ou Tullia, filha de Cícero[51].

Químicos e físicos negam que lâmpadas perpétuas são possíveis, alegando que tudo que é transformado em vapor ou fumaça não pode ser permanente, mas deve consumir-se; e como a alimentação de óleo de uma lâmpada acesa é exalada como o vapor, o fogo, por esse motivo, não pode ser perpétuo, pois necessita de alimento. Os alquimistas, por outro lado, negam que toda a alimentação do fogo ateado deve necessariamente converter-se em vapor. Eles dizem que há coisas na Natureza que não só resistem à ação do fogo e permanecem inconsumíveis, mas também se mostram inestinguíveis pelo vento ou pela água. Numa antiga obra química do ano de 1.705, intitulada Νεκροκηδεια [52], o autor dá numerosas refutações às pretensões de vários alquimistas. Mas, embora negue que se possa fazer um fogo queimar *perpetuamente*, ele está propenso a acreditar na possibilidade de uma lâmpada queimar por vários séculos. Além disso, temos numerosos testemunhos de alquimistas que devotaram anos a essas experiências e chegaram à conclusão de que isso era possível.

Existem certas preparações peculiares de ouro, prata e mercúrio; também de nafta, petróleo e outros óleos betuminosos. Os alquimistas mencionam também o óleo de cânfora e âmbar, o *Lapis asbestos seu Amianthus*, o *Lapis Carystius*, *Cyprius* e *Linum vivum seu Creteum* como ingredientes de tais lâmpadas. Eles afirmam que tal matéria pode ser preparada com ouro ou prata, reduzida a fluido, e indicam que o ouro é o *pabulum* mais conveniente para sua chama maravilhosa, pois, de todos os metais, o ouro é o que menos se gasta quando queimado ou fundido e, ademais, pode-se fazê-lo reabsorver a sua umidade oleosa assim que é exalada, alimentando dessa maneira continuamente a sua própria chama assim que é acesa. Os cabalistas afirmam que o segredo era conhecido por Moisés, que o tinha aprendido dos egípcios; e que a lâmpada que o "Senhor" ordenou que se queimasse no tabernáculo era uma lâmpada inextinguível. "E ordenarás aos filhos de Israel que te tragam azeite puro de oliveira batido para o candelabro, para que haja uma lâmpada continuamente acesa." (*Êxodo*, XXVII, 20.)

Licetus nega também que essas lâmpadas eram preparados de metal, mas à p. 44 de sua obra menciona um preparo de mercúrio filtrado sete vezes através de areia branca com fogo, com o qual, diz ele, as lâmpadas eram feitas e poderiam queimar perpetuamente. Maturantius e Citesius acreditam firmemente que um trabalho como esse pode ser feito por um processo puramente químico. Esse licor de mercúrio era conhecido entre os alquimistas como *Aqua Mercurialis, Materia Metallorum, Perpetua Dispositio* e *Materia prima Artis*, também *Oleum Vitri*. Trithemius e Bartholomeo Korndorf fizeram preparos para o fogo inextinguível, e deixaram suas receitas[53].

O asbesto, que era conhecido pelos gregos sob o nome de Άσβεστος, ou *inextinguível*, é uma espécie de pedra que, uma vez colocada no fogo, não pode ser apagada, como Plínio e Solinus nos contam. Alberto Magno descreve-a como uma pedra de cor de ferro, e é encontrada principalmente na Arábia. Ela é geralmente encontrada coberta com uma mistura oleaginosa dificilmente perceptível, que, ao ser aproximada de uma vela acesa, imediatamente se queimará. Muitas foram as experiências feitas pelos químicos para extrair dela esse óleo indissolúvel, mas eles afirmam que todas falharam. Mas estão os nossos químicos preparados para dizer que a operação acima mencionada é totalmente impraticável? Se esse óleo pudesse ser extraído não haveria dúvida de que ele forneceria um combustível perpétuo. Os antigos podem muito bem vangloriar-se de ter possuído o segredo dele, pois, repetimos, existem experimentadores vivendo até hoje que o fizeram com sucesso. Químicos que o tentaram em vão asseguraram que o fluido ou licor extraído quimicamente dessa pedra era de natureza mais aquosa do que oleosa, e tão impuro e feculento que não podia queimar; outros afirmaram, ao contrário, que o óleo, assim que exposto ao ar, tornou-se tão espesso e sólido que dificilmente fluiria e, quando aceso, não emitiria nenhuma chama, mas extinguir-se-ia numa fumaça negra, ao passo que, segundo se afirma, as lâmpadas dos antigos se queimavam com a chama mais pura e brilhante, sem emitir nenhuma fumaça. Kircher, que mostra a praticabilidade de purificá-lo, pensa que ele é tão difícil a ponto de ser acessível apenas aos adeptos mais elevados da Alquimia.

Santo Agostinho, que atribui todas essas artes ao bode expiatório, o demônio, é redondamente contraditado por Ludovico Vives[54] que mostra que todas as pretensas operações mágicas são obra da indústria humana e do profundo estudo dos segredos ocultos da Natureza, por extraordinários e miraculosos que possam parecer. H. Podocatharo, um cavaleiro cipriota[55], possuía linho e pano de linho feitos de outro asbesto, que T. Porcacchi diz[56] ter visto na casa deste cavaleiro. Plínio chama esse linho de *linum vinum*, e linho indiano, e diz que ele é feito de *asbeton sive asbestinum*, uma espécie de linho com o qual se fazia um tecido que se limpava atirando-se ao fogo. Plínio acrescenta que ele era tão precioso como pérolas e diamantes, pois não apenas era raríssimo encontrá-lo mas extremamente difícil de tecer, devido à fragilidade dos fios. Depois de aplainado com um martelo, ele é embebido em água quente e, quando seco, seus filamentos podiam ser facilmente divididos em fios como linho e tecidos em panos. Plínio assegura que viu alumas toalhas feitas com ele, e presenciou uma experiência em que o purificavam com fogo[57]. Baptista Porta também afirma que descobriu o mesmo, em Veneza, nas mãos de uma dama cipriota; ele chama esta descoberta da Alquimia de *secretum optimum*.

O Dr. Grew, em sua descrição das curiosidades do Gresham College (século XVII)[58], acredita que a arte, assim como o uso de tal linho, foram totalmente perdidos. Mas parece que não é assim, pois descobrimos o Museu Septalius vangloriando-se da posse de fios, cordas, papéis e redes feitas com esse material ainda em 1726; e alguns desses artigos foram feitos, ademais, pelas próprias mãos de Septalius, como sabemos pelo *Art of Embalming* de Greenhill, p. 361. "Grew", diz o autor, "parece confundir *Asbestinus Lapis* com *Amianthus*, e chama-os em inglês *thrum-stone*; ele diz que esse material cresce em pequenos fios de cerca de um quarto de polegada a uma polegada de extensão, paralelos e brilhantes, tão finos quanto os fios de uma teia do bicho-da-seda e tão flexíveis quanto o linho ou a estopa. Que o segredo não foi totalmente perdido está provado pelo fato de que alguns conventos budistas da China e do Tibete o possuem. Se feito de fibra de uma ou de outra dessas pedras, não podemos dizer, mas vimos num monastério de mulheres *talapoins* um vestido amarelo, como os que trajam os monges budistas, jogado num grande buraco, cheio de carvões ardentes, e retirado duas horas depois tão limpo como se tivesse sido lavado com água e sabão.

Como diversas experiências com o asbesto têm sido feitas na Europa e na América de nossos dias, a substância está sendo utilizada em vários fins industriais, como a cobertura de tecidos e roupas à prova de fogo. Um depósito muito importante em Staten Island, na baía de Nova York, fornece o mineral em feixes, como madeira seca, com fibras de vários pés de comprimento. A variedade mais fina de asbesto, chamada ἀμίαντος (imaculado) pelos antigos, deriva o nome de seu lustro branco e acetinado.

Os antigos faziam a mecha de suas lâmpadas perpétuas também de uma outra pedra, que chamavam *Lapis Carystius*. Os habitantes da cidade de Carystos não parecem ter feito nenhum segredo dela, pois Matthaeus Raderus diz em sua obra[59] que eles "fiavam e teciam esta pedra lanugenta em túnicas, toalhas e outras confecções que, quando sujas, eram limpas com fogo em vez de água". Pausânias, em *Atticus*[60], e Plutarco[61] afirmam também que as mechas das lâmpadas eram feitas com esta pedra; mas Plutarco acrescenta que ela não mais se encontrava em seu tempo. Licetus propende a acreditar que as lâmpadas perpétuas utilizadas pelos antigos em seus sepulcros simplesmente não tinham mechas, já que se encontram pouquíssimas delas; mas Ludovicus Lives é de opinião contrária e afirma que viu um grande número desses utensílios.

Licetus, contudo, está firmemente persuadido de que um "pábulo para fogo pode ser calculado com uma tal exatidão que ele levará séculos para se consumir, de tal modo que a matéria resista energicamente à ação do fogo, e que este não consuma a matéria, mas a retenha, como uma cadeia, para impedi-la de evaporar-se". Quanto a isso, Sir Thomas Brown, falando das lâmpadas que queimaram durante centenas de anos, encerradas em pequenos receptáculos, observa que "isso decorre da pureza do óleo, que não produz qualquer exalação fuliginosa para sufocar o fogo, pois se o ar tivesse alimentado a chama, esta não continuaria por muitos minutos, pois ele teria sido neste caso gasto e consumido pelo fogo"[62]. Mas, acrescenta, "a arte de preparar este óleo inconsumível perdeu-se".

Não inteiramente; o tempo o provará, embora tudo que agora escrevemos esteja condenado a fracassar, como tantas outras verdades.

Dizem-nos, em favor da Ciência, que ela não aceita outro modo de investigação além da observação e a experiência. De acordo; mas não temos os registros de pelo menos três mil anos de observação de fatos que demonstram os poderes ocultos do homem? Quanto à experiência, que melhor oportunidade se poderia querer do que a que os chamados fenômenos modernos forneceram? Em 1869, vários cientistas ingleses foram convidados pela Sociedade Dialética de Londres a assistir a uma investigação desses fenômenos. Vejamos o que os nossos filósofos responderam. O Prof. Huxley respondeu: "Não tenho tempo para uma tal investigação, que envolveria muitas dificuldades e (a menos que ela fosse diferente de todas as investigações desse gênero que conheci) muito aborrecimento. (...) Não tenho nenhum interesse por esse assunto (...) e mesmo admitindo que os fenômenos sejam autênticos – eles não me interessam"[63]. O Sr. George H. Lewes escreve sabiamente: "Quando um homem diz que os fenômenos são produzidos por leis físicas desconhecidas, ele declara que conhece as leis pelas quais eles são produzidos"[64]. O Prof. Tyndall exprime dúvidas quanto à possibilidade de bons resultados em qualquer sessão em que estivesse presente. Sua presença, de acordo com a opinião do Sr. C. Varley, lança confusão em tudo[65]. O Prof. Carpenter escreve: "Certifiquei-me, por minhas próprias investigações, que, enquanto um grande número do que passa por tal [*i. e.*, manifestações espiritistas] é o resultado de impostura intencional, e muitas mais de auto-ilusão, há certos fenômenos que são completamente autênticos, e devem ser considerados como assuntos legítimos para o estudo científico (...) a fonte destes fenômenos não reside em qualquer comunicação *ab-extra*, mas eles dependem da condição *subjetiva* do indivíduo que age de acordo com certas leis fisiológicas bem conhecidas (...) o processo ao qual dei o nome de '*cerebração inconsciente*'

(...) desempenha um grande papel na produção dos fenômenos conhecidos como espiritistas"[66].

E é assim que o mundo foi informado por um órgão da ciência exata que a *cerebração inconsciente* adquiriu a faculdade de fazer guitarras voarem pelos ares e forçar os móveis a realizar vários truques grosseiros!

Isso, no que concerne às opiniões dos cientistas ingleses. Os americanos não foram mais felizes. Em 1875, um comitê da Universidade de Harvard acautelou o público a não investigar esse assunto, que "corrompe a moral e degrada o intelecto". Eles o designaram, ademais, como "uma influência contaminadora, que tende seguramente a enfraquecer a sinceridade do homem e a pureza da mulher". Mais tarde, quando o Prof. Robert Hare, o grande químico, desdenhando as opiniões de seus contemporâneos, investigou o Espiritismo, e se tornou um crente, foi ele imediatamente declarado *non compos mentis*; e em 1874, quando um dos diários de Nova York endereçou uma circular aos principais cientistas do país, pedindo-lhes que investigassem os fenômenos espiritistas, e oferecendo-se para pagar as despesas, eles, como os convivas da ceia evangélica, "de comum acordo começaram a excusar-se".

No entanto, a despeito da indiferença de Huxley, da jocosidade de Tyndall e da "cerebração inconsciente" de Carpenter, muitos cientistas tão renomados quanto esses investigaram o incômodo assunto e, convencidos pela evidência, converteram-se. E um outro cientista, e um grande autor – embora afastado do Espiritismo – apresenta este honrado testemunho: "Que os espíritos dos mortos revisitam ocasionalmente os vivos, ou assombram seus antigos lares, foi em todos os tempos, em todos os países europeus, uma crença firme, não limitada aos rústicos, mas compartilhada pelos inteligentes (...) Se o testemunho humano a respeito desses assuntos pode ter algum valor, as provas numerosas que se estendem das mais remotas idades aos nossos dias são *tão certas e indiscutíveis que se pode invocá-las* em favor do que quer que seja"[67].

Infelizmente, o ceticismo humano é uma fortaleza capaz de desafiar todos os testemunhos. E para começar pelo Sr. Huxley, nossos homens de Ciência aceitam apenas o que lhes convém, e nada mais.

"Ó vergonha para os homens! demônio com demônio, danados, concertam entre si – só os *homens* não podem entender-se entre as criaturas racionais (...)"[68].

Como explicar essas divergências de opiniões entre homens que foram instruídos nos mesmos manuais e que derivam seu conhecimento da mesma fonte? De fato, isto é apenas mais uma corroboração do truísmo de que dois homens não vêem a mesma coisa da mesma maneira. Esta idéia é admiravelmente formulada pelo Dr. J. J. Garth Wilkinson, numa carta à Sociedade Dialética.

"Convenci-me há muito tempo", diz ele, "pela experiência de minha vida como pioneiro em várias heterodoxias, que muito rapidamente se tornaram ortodoxias, que quase todas as verdades são para nós um caso de temperamento, ou nos advêm das afeições e das discussões, e que a discussão e o exame não fazem mais do que alimentar o temperamento."

Este profundo observador teria podido acrescentar à sua experiência a de Bacon, que assinala: "(...) uma filosofia *superficial* inclina a mente humana ao ateísmo, mas uma filosofia *profunda* conduz a mente humana à religião".

O Prof. Carpenter louva a filosofia avançada dos dias atuais que "não ignora nenhum fato, por mais estranho que seja, atestado por evidências válidas"; entretanto, ele seria o primeiro a rejeitar as pretensões dos antigos no que toca ao conhecimento filosófico e científico, ainda que baseadas em evidências tão "válidas" quanto aquelas sobre as quais os homens de hoje apóiam suas pretensões à distinção científica e filosófica. No domínio da Ciência, tomemos como exemplo a Eletricidade e o Eletromagnetismo, que conduziram os nomes de Franklin e Morse a um lugar tão alto em nossa estima. Seis séculos antes da era cristã, afirmava-se que Tales havia descoberto as propriedades elétricas do âmbar; e no entanto as recentes pesquisas de Schweigger, expostas em suas vastas obras sobre simbolismo, têm demonstrado perfeitamente que todas as mitologias se baseavam na ciência da Filosofia Natural, e mostram que as propriedades mais ocultas da eletricidade e do magnetismo eram conhecidas pelos teurgistas dos mais antigos mistérios registrados na História, os da Samotrácia. Diodorus, da Sicília, Heródoto e Sanchoniathon, o Fenício – o mais antigo dos historiadores –, contam-nos que esses mistérios originaram-se na noite do tempo, centenas ou provavelmente milhares de anos antes do período histórico. Uma das melhores provas disso, encontramo-la numa extraordinária gravura, em *Monuments inédits d'antiquité figurée*, de Raoul-Rochette[69], na qual, como o "Pã de cabelos eriçados", todas as figuras têm seus cabelos dirigidos para todas as direções – exceto a figura central da Deméter Cabíria, de quem emana o poder, e uma outra, de um homem ajoelhado[70]. A gravura, segundo Schweigger, representa evidentemente parte de uma cerimônia de iniciação. E no entanto não faz muito tempo que as obras elementares sobre Filosofia Natural começaram a ser ornamentadas com clichês de cabeças *eletrificadas*, com cabelos arrojados em todas as direções, sob a influência do fluido elétrico. Schweigger mostra que uma *Filosofia Natural da Antiguidade perdida* relacionava-se a uma das mais importantes cerimônias religiosas. Ele demonstra da maneira mais ampla que a *Magia* nos períodos pré-históricos exercia um papel nos mistérios e que os maiores fenômenos, os chamados milagres – pagãos, judeus ou cristãos –, repousavam de fato no conhecimento arcano dos antigos sacerdotes, no que concerne à Física e a todos os ramos da Química, ou da Alquimia.

No Cap. XI, que é totalmente devotado às extraordinárias realizações dos antigos, pretendemos demonstrar nossas afirmações de modo mais completo [*]. Mostraremos, de acordo com o testemunho dos clássicos mais fidedignos, que numa época bem anterior ao cerco de Tróia, os sábios sacerdotes dos santuários estavam perfeitamente a par da eletricidade e mesmo dos pára-raios. Acrescentaremos agora apenas umas poucas palavras antes de encerrar este assunto.

Os teurgistas compreenderam tão bem as menores propriedades do Magnetismo que, sem possuírem as chaves perdidas de seus arcanos, mas dependendo inteiramente do que se conhecia em seu tempo sobre o eletromagnetismo, Schweigger e Ennemoser foram capazes de traçar a identidade dos "irmãos gêmeos", os

---

* Esta afirmação é correta apenas em certa medida. O Cap. XIV é decididamente o mais importante capítulo de *Ísis sem véu* em relação às consecuções dos antigos. De acordo com o Cel. Olcott (*Old Diary Leaves*, I, p. 211), partes do capítulo XIV foram fornecidas a H. P. B. por um dos irmãos-adeptos. (N. do Org.)

Dioskuri, com a polaridade da eletricidade e do magnetismo. Mitos simbólicos, que se supunha anteriormente serem ficções sem sentido, revelaram ser "as mais claras e ao mesmo tempo as mais profundas expressões de uma verdade da natureza definida de modo estritamente científico", de acordo com Ennemoser[71].

Nossos físicos orgulham-se das realizações de nosso século e trocam hinos de louvor antifônicos. A eloqüência de seus cursos, a sua fraseologia florida, precisam de apenas uma ligeira modificação para transformar essas conferências em sonetos melodiosos. Nossos modernos Petrarcas, Dantes e Torquato Tassos rivalizam com os trovadores de outrora em efusão poética. Em sua ilimitada glorificação da matéria, eles cantam os amorosos encontros dos átomos errantes e os afetuosos intercursos do protoplasma, e lamentam a inconstância coquete das "forças" que brincam tão provocantemente de esconde-esconde com nossos graves professores no grande drama da vida, que eles chamam de "correlação de forças". Proclamando a matéria como o único e autocrático soberano do universo infinito, eles a querem forçosamente divorciar de seu consorte, e colocar a rainha viúva no grande trono da Natureza tornado vacante pelo espírito exilado. E agora eles tentam fazê-la parecer tão atraente quanto possível, incensando-a e adorando-a no santuário que eles próprios construíram. Esquecem-se eles, ou ignoram totalmente o fato de que, na ausência de seu legítimo soberano, este trono não passa de um sepulcro caiado, dentro do qual só há podridão e corrupção! Que a matéria sem o espírito que a vivifica, e do qual ela não é senão a "purgação grosseira", para usar uma expressão hermética, não passa de um cadáver sem alma, cujos membros, para mover-se nas direções predeterminadas, requerem um operador inteligente da grande bateria galvânica chamada VIDA!

Em que ramo particular é esse conhecimento do presente século tão superior ao dos antigos? Quando dizemos conhecimento não nos referimos a esta brilhante e clara definição de nossos eruditos modernos a propósito dos detalhes mais insignificantes de cada ramo da ciência exata; nem a essa intuição que encontra um termo apropriado para todo detalhe, por mais insignificante e microscópico que seja; um nome para cada nervo e artéria dos organismos humanos e animais, uma designação para cada célula, filamento e nervura de uma planta; mas a expressão filosófica e definitiva de todas as verdades da Natureza.

Os maiores filósofos antigos são acusados de conhecer leviana e superficialmente os detalhes das ciências exatas de que os modernos tanto se vangloriam. Os diversos comentadores de Platão acusam-no de ter ignorado totalmente a anatomia e as funções do corpo humano, de nada ter conhecido sobre a ação dos nervos para transmitir as sensações, e de nada ter oferecido senão vãs especulações a respeito de questões fisiológicas. Ele simplesmente generalizou as divisões do corpo humano, dizem, e nada estabeleceu que nos lembre de fatos anatômicos. Quanto às suas próprias concepções concernentes ao corpo humano, sendo o microcosmos em suas idéias a imagem em miniatura do macrocosmos, elas são demasiadamente transcendentes para que nossos materialistas céticos lhe concedam a menor atenção. A idéia de que o corpo, tanto quanto o universo, é formado de triângulos parece absurdamente ridícula a muitos de seus tradutores. Dentre estes, apenas o Prof. Jowett, em sua introdução ao *Timeu*, assinala honestamente que o moderno filósofo físico "dificilmente concede às suas idéias o mérito de serem 'os ossos de homens mortos' com os quais ele próprio se elevou ao conhecimento superior"[72], e além disso, esquecem o muito que a Metafísica dos tempos antigos auxiliou as ciências "físicas" do presente. Se, em vez de altercar com a insuficiência e às vezes ausência de termos e definições estritamente científicas das obras de Platão, nós as analisarmos com cuidado, descobriremos que só o *Timeu* contém em seu limitado espaço os germes de todas as novas descobertas. A circulação do sangue e a lei da gravidade são claramente mencionadas, embora o primeiro fato, talvez, não seja tão claramente definido a ponto de suportar os reiterados ataques da ciência moderna. De acordo com o Prof. Jowett, a descoberta específica de que o sangue sai por um lado do coração através das artérias e volta através das veias ao outro era desconhecida por ele, embora Platão soubesse perfeitamente "que o sangue é um fluido em constante movimento".

O método sintético de Platão, como o da Geometria, consiste em descer dos universais aos particulares. A ciência moderna procura em vão uma causa primeira entre as permutações das moléculas; Platão procurou-a e descobriu-a na procissão majestosa dos mundos. Para ele bastava conhecer o grande esquema da criação e poder traçar os poderosos movimentos do universo através de suas modificações em direção aos fins. Os pequenos detalhes, cuja observação e classificação tanto pôs à prova e demonstrou a paciência de nossos modernos cientistas, ocupavam muito pouco da atenção dos filósofos antigos. Eis por que, enquanto um menino da quinta série de uma escola inglesa pode discorrer mais sabiamente sobre as pequenas coisas da ciência física do que o próprio Platão, por outro lado, no entanto, o mais tolo dos discípulos de Platão poderia falar mais sobre as grandes leis cósmicas e as suas relações mútuas, e demonstrar uma familiaridade, controlando-as, com as forças ocultas que residem além delas, do que o mais sábio professor da mais renomada academia de nossos dias.

Este fato, tão pouco apreciado e jamais frisado pelos tradutores de Platão, explica a autolouvação em que nós modernos nos comprazemos às expensas deste filósofo e de seus companheiros. Seus pretensos erros de Anatomia e Fisiologia são amplificados desmedidamente para satisfazer nosso amor-próprio, até que, adquirindo a idéia de nossa própria sabedoria superior, perdemos de vista o esplendor cultural que adorna os séculos do passado; é como se alguém pudesse, em imaginação, magnificar as manchas solares a ponto de acreditar que o brilhante luminar estivesse totalmente eclipsado.

A inutilidade da moderna pesquisa científica demonstra-se pelo fato de que enquanto temos um nome para a partícula mais trivial do mineral, da planta e do homem, os mais sábios de nossos mestres são incapazes de dizer-nos qualquer coisa de definitivo a respeito da força vital que produz as mudanças nestes vários reinos. Para confirmar esta asserção, basta ler as obras de nossas maiores autoridades científicas.

Um homem de posição profissional eminente precisa de muita coragem moral para fazer justiça à cultura dos antigos, em face da opinião pública, que só se contenta quando os humilham. Quando encontramos um homem dessa espécie, depositamos de bom grado um laurel aos pés do corajoso e honesto erudito. Assim é o Prof. Jowett, Mestre do Colégio Baliol e professor catedrático de grego da Universidade de Oxford, que, em sua tradução das obras de Platão, falando da "filosofia física dos antigos como um todo", lhes reconhece os seguintes méritos: 1) "Que a teoria das nebulosas era uma crença agasalhada pelos físicos primitivos". Portanto, ela não data, como afirma Draper[73], da descoberta do telescópio feita por Sir W. Herschel. 2) "Que o desenvolvimento dos animais a partir das rãs que vieram à terra, e do homem a partir dos animais, foi sustentado por Anaxímenes no sexto século antes de Cristo". O professor poderia ter acrescentado que essa teoria era anterior, talvez por alguns milhares de anos, a Anaxímenes; que era uma doutrina aceita entre os caldeus, e que a evolução das espécies de Darwin e a teoria do macaco são de origem antediluviana. 3) "(...) que, mesmo Filolau e os primeiros pitagóricos afirmavam que a Terra era um corpo como as outras estrelas circulando pelo espaço"[74]. Portanto, Galileu, estudando alguns fragmentos pitagóricos, que, como demonstrou Reuchlin, ainda existiam nos dias do matemático florentino[75]; e, ademais, estando a par das doutrinas dos filósofos antigos, apenas reafirmou uma doutrina astronômica que prevalecia na Índia desde a mais remota Antiguidade. 4) Os antigos "(...) pensavam que as plantas eram sexuadas, assim como os animais". Portanto, nossos naturalistas modernos tiveram apenas que seguir nas pegadas de seus predecessores. 5) "Que as notas musicais dependiam da extensão relativa ou da tensão das cordas que as produzem e que elas se medem por índices numéricos". 6) "Que as leis matemáticas preenchem o universo e que se supunha mesmo que as diferenças qualitativas tinham sua origem no número". E 7) "Que a destruição da matéria era negada por vários deles, que supunham tratar-se apenas de uma *transformação*". "Embora uma dessas descobertas possa ser considerada como um feliz acaso", acrescenta o Sr. Jowett, "dificilmente podemos atribuí-las todas a meras coincidências."[76]

Em suma, a filosofia platônica era uma filosofia de ordem, sistema e proporção; ela enfeixava a evolução dos mundos e das espécies, a correlação e a conservação de energia, a transmutação da forma material, a indestrutibilidade da matéria e do espírito. Sua posição a respeito deste último assunto era bem mais avançada do que a da ciência moderna, e fechava o arco de seu sistema filosófico com uma chave ao mesmo tempo perfeita e imutável. Se a ciência progrediu com passos de gigante nos últimos dias – se temos idéias mais claras do que os antigos sobre a lei natural –, por que nossas indagações sobre a natureza e a fonte da vida estão sem resposta? Se o laboratório moderno é tão mais rico em frutos da pesquisa experimental do que o dos tempos antigos, por que não marchamos senão pelos caminhos que foram trilhados muito tempo antes da era cristã? Por que o pico mais elevado que atingimos em nossos dias só nos permite ver na distância confusa da trilha alpina do conhecimento as provas monumentais que os exploradores primitivos deixaram para marcar os altiplanos que atingiram e ocuparam?

Se os mestres modernos são tão avançados em relação aos mestres antigos, por que não nos restauram as artes perdidas de nossos ancestrais pós-diluvianos? Por que não nos dão as cores imperecíveis de Luxor – a púrpura de Tiro; o vermelhão fúlgico e o azul deslumbrante que decoram os muros desse palácio, e que são tão brilhantes como no primeiro dia de sua aplicação? O cimento indestrutível das pirâmides e dos aquedutos antigos; a lâmina de Damasco, que se podia girar como um saca-rolhas em sua bainha sem quebrá-la; as tintas soberbas e incomparáveis dos vitrais que se encontraram no meio do pó das velhas ruínas e que faíscam nas janelas das antigas catedrais; e o segredo do verdadeiro vidro maleável? E se a Química é tão pouco capaz de rivalizar até mesmo com os primeiros séculos da Idade Média em algumas artes, por que vangloriar-se de descobertas que, segundo toda probabilidade, já eram conhecidas há milhares de anos? Quanto mais a Arqueologia e a Filologia avançam, mais humilhantes para nosso orgulho são as descobertas feitas diariamente, e mais gloriosos os testemunhos que elas trazem em favor daqueles que, talvez devido à distância de sua remota antiguidade, foram considerados até agora como ignorantes que chafurdavam no profundo lodaçal da superstição.

Por que esquecermos que, séculos antes que a proa do ousado genovês fendesse as águas ocidentais, as naves fenícias circunavegaram o globo, e difundiram a civilização em regiões hoje silenciosas e desertas? Que arqueólogo ousará afirmar que a mesma mão que planejou as pirâmides do Egito, Karnac, e as milhares de ruínas hoje condenadas ao esquecimento nos bancos de areia do Nilo *não* erigiram o monumental Nagkon-Wat de Camboja? Ou traçaram os hieróglifos sobre os obeliscos e portas da cidade indiana abandonada, recentemente descoberta por Lord Dufferin na Colúmbia Britânica? Ou os das ruínas de Palenque e Uxmal, da América Central? As relíquias que entesouramos em nossos museus – últimos *mementos* das "artes perdidas" há tempos – não falam eloqüentemente em favor da civilização antiga? E elas não provam, mais e mais vezes, que nações e continentes desaparecidos levaram consigo artes e ciências que nem o primeiro cadinho aquecido num mosteiro medieval, nem o último quebrado por um químico moderno fizeram ou farão reviver – pelo menos no século atual.

"Eles tinham algumas noções de óptica", concede magnanimamente o Prof. Draper aos antigos; outros negam positivamente até mesmo essas noções. "A lente convexa descoberta em Nimrod mostra que eles não desconheciam os instrumentos de aumento."[77] Deveras? Se assim não fosse, todos os autores clássicos deveriam ter mentido. Pois, quando Cícero nos conta que viu toda a *Ilíada* escrita sobre uma pele tão pequena que poderia ser facilmente enrolada dentro duma casca de noz[78], e Plínio afirma que Nero tinha um anel com um pequeno vidro, através do qual ele assistia à distância ao desempenho dos gladiadores[79] – poderia a audácia ir mais longe? Certo, quando somos informados de que Mauritius podia ver do promontório da Sicília todo o mar até as costas da África, com um instrumento chamado *nauscopite*, devemos ou pensar que todas as testemunhas mentiram, ou que os antigos tinham um conhecimento mais do que superficial dos vidros ópticos e de aumento. Wendell Phillips afirma que tinha um amigo que possuía um anel extraordinário "de talvez três quartos de polegada de diâmetro, sobre o qual havia a figura nua de deus Hércules. Com a ajuda de uma lupa, podeis distinguir o entrelaçamento dos músculos, e *contar cada um DOS PÊLOS DAS SOBRANCELHAS* (...) Rawlinson trouxe uma pedra de cerca de vinte polegadas de comprimento e dez de largura que continha um tratado completo de Matemática. Ele seria perfeitamente ilegível sem lentes (...)". No Museu do Dr. Abbott há um anel de Quéops, que Bunsen afirma datar de 500 a.C. "O sinete do anel é do tamanho de uma moeda de um quarto de dólar, e a inscrição é *invisível* sem a ajuda de lentes (...) [Em] Parma, mostrar-vos-ão uma gema outrora utilizada sobre o dedo de Miguel Ângelo, cuja inscrição remonta a 2.000 anos, e sobre a qual estão as figuras de *sete* mulheres. Necessitais da ajuda de uma poderosa lente para lhes distinguir as formas (...) Portanto, o microscópio", acrescenta o sábio conferencista, "em vez de datar de nosso tempo, encontra seus irmãos nos Livros de Moisés – e estes eram os irmãos mais jovens."[80]

Os fatos precedentes não parecem indicar que os antigos tinham apenas *"algumas* noções de óptica". Eis por que, discordando totalmente a esse respeito do Prof. Fiske e de sua crítica ao *Conflict* do Prof. Draper em seu *Unseen World*, a única falha que encontramos no admirável livro de Draper é que, como crítica histórica, ele às vezes emprega seus próprios instrumentos ópticos no lugar errado.

Enquanto para magnificar o ateísmo do pitagórico Bruno ele olha por lentes convexas, quando fala do conhecimento dos antigos ele evidentemente vê as coisas através de lentes *côncavas*.

É simplesmente digno de atenção seguir em várias obras modernas as cuidadosas tentativas de cristãos piedosos e céticos, embora homens muito sábios, para traçar uma linha de demarcação entre o que devemos e o que não devemos acreditar nos autores antigos. Não se lhes concede jamais um crédito que não seja seguido de reservas. Se Estrabão nos fala que Nínive tinha quarenta e sete milhas de circunferência, e seu testemunho é aceito, por que seria diferente no momento em que testifica o cumprimento das profecias sibilinas? Onde está o senso comum ao chamar-se Heródoto de "Pai da História", e então acusá-lo, no mesmo instante, de tolo palavreado, todas as vezes que ele narra manifestações maravilhosas das quais foi testemunha? Talvez, afinal de contas, essa cautela seja mais do que necessária, agora que nossa época foi batizada de Século das Descobertas. O desencanto poderia revelar-se muito duro para a Europa. A pólvora, que por muito tempo se acreditou ser uma invenção de Bacon e Schwartz, informam agora os livros escolares que ela era utilizada pelos chineses para nivelar montanhas e explodir rochas, centenas de anos antes de nossa era. "No Museu de Alexandria", diz Draper, "havia uma máquina inventada por Hero, o matemático, por volta de 100 a.C. Ela se movia pela ação do vapor, e tinha a forma das que atualmente chamamos de máquinas de reação. (...) O acaso nada tem a ver com a invenção da moderna máquina a vapor."[81] A Europa orgulha-se das descobertas de Copérnico e Galileu, e agora somos informados de que as observações astronômicas dos caldeus remontam mais ou menos a cem anos antes do dilúvio; e Bunsen fixa o dilúvio em pelo menos 10.000 anos antes de nossa era[82]. Além disso, um imperador chinês, mais de 2.000 anos antes do nascimento de Cristo (*i. e.*, antes de Moisés), condenou à morte seus dois astrônomos principais por não produzirem um eclipse do Sol.

Citemos como exemplo da inexatidão das noções correntes, a propósito das reivindicações dos cientistas do presente século, que a descoberta da indestrutibilidade da matéria e a da correlação de forças, especialmente a última, são proclamadas como um de nossos grandes triunfos. É a "mais importante descoberta do presente século", como expressou Sir William Armstrong em sua famosa oração como presidente da Associação Britânica. Mas esta "importante descoberta" não é em suma uma descoberta. Sua origem, deixando de lado os traços inegáveis encontrados nos filósofos antigos, perde-se nas densas trevas dos dias pré-históricos. Seus primeiros vestígios descobrem-se nas especulações sonhadoras da teologia védica, na doutrina da emanação e da absorção, do Nirvâna, em suma. Scoto Erígena esboçou-a em sua audaciosa filosofia no século VIII, e convidamos o leitor a ler sua *De divisione naturae*, para convencer-se desta verdade. A Ciência diz-nos que quando a teoria da indestrutibilidade da matéria (entre parênteses, uma antiqüíssima idéia de Demócrito) foi demonstrada, tornou-se necessário estendê-la à força. Nenhuma partícula material pode jamais perder-se; nenhuma parcela de força que existe na Natureza pode desaparecer; portanto, a força mostrou-se igualmente indestrutível, e suas várias manifestações ou forças, sob diversos aspectos, revelaram ser mutuamente conversíveis, e apenas modos diferentes de movimento das partículas materiais. E assim se redescobriu a correlação de forças. O Sr. Grove, já em 1824, deu a cada uma dessas forças, como calor, eletricidade, magnetismo e luz, o caráter de conversibilidade, tornando-as capazes de ser num instante uma causa e no próximo um efeito[83]. Mas de onde vêm estas forças, e para onde vão, quando as perdemos de vista? Sobre este ponto, a Ciência cala-se.

A teoria da "correlação de forças", embora possa ser nas mentes de nossos contemporâneos "a maior descoberta de nosso século", não pode explicar nem o começo nem o fim de tais forças; e não pode indicar-lhes a causa. As forças podem ser conversíveis e uma pode produzir a outra, mas nenhuma ciência exata é capaz de explicar o alfa e o ômega do fenômeno. Em que particular somos então mais avançados do que Platão que, discutindo no *Timeu* as qualidades primárias e secundárias da matéria e a fragilidade do intelecto humano, é assim parafraseado por Jowett: "Deus conhece as qualidades originais das coisas; o homem só pode esperar chegar à probabilidade"[84]. Basta-nos apenas abrir um dos muitos opúsculos de Huxley e Tyndall para descobrir precisamente a mesma confissão; mas eles superam Platão por não permitirem a Deus saber mais do que eles próprios; e será talvez nisso que eles baseiam suas pretensões à superioridade? Os antigos hindus baseavam sua doutrina da emanação e absorção precisamente nessa lei. Τὸ Ὄν, o ponto primordial num círculo infinito, "cuja circunferência está em parte alguma, e o centro em toda parte", que emana de si todas as coisas, e que as manifesta no universo visível sob formas multifárias. As formas alternam-se, misturam-se e, depois de uma gradual transformação do espírito puro (ou o "*nada*" búdico) na matéria mais grosseira, começam a se retrair e também gradualmente a reemergir em seu estado primitivo, que é a absorção no Nirvâna[85] – o que é então isso senão a correlação de forças?

A Ciência diz-nos que o calor desenvolve a eletricidade, e a eletricidade produz calor; e que o magnetismo produz eletricidade, e *vice-versa*. O movimento, dizem-nos, resulta do próprio movimento, e assim por diante, *ad infinitum*. Este é o ABC do ocultismo e dos primeiros alquimistas. Descobrindo-se e provando-se a indestrutibilidade da matéria e da força, o grande problema da eternidade está resolvido. Que necessidade temos então do espírito? Sua inutilidade está doravante cientificamente demonstrada!

Portanto, pode-se dizer que os filósofos modernos não deram um passo além do que os sacerdotes da Samotrácia, os hindus, e mesmo os gnósticos cristãos tão bem conheciam. Os últimos demonstraram-no no mito maravilhosamente ingênuo dos dioskuri, ou "os filhos do céu", os irmãos gêmeos a respeito dos quais diz Schweigger "que morrem constantemente e voltam à vida juntos, pois é absolutamente necessário *que um morra para que o outro possa viver*"[86]. Eles sabiam tão bem quanto os nossos físicos que, quando uma força desaparece, ela simplesmente se converteu numa outra força. Embora a Arqueologia não tenha descoberto nenhum aparelho antigo para tais conversões especiais, pode-se, não obstante, afirmar com perfeita razão e com base em deduções analógicas que quase todas as religiões antigas se fundavam em tal indestrutibilidade da matéria e da força – mais a emanação do todo a partir de um fogo etéreo, espiritual – ou o Sol central, que é Deus ou espírito, em cujo conhecimento se baseia potencialmente a antiga Magia teúrgica.

No comentário manuscrito de Proclus sobre a Magia, ele dá a seguinte explicação: "Do mesmo modo que os amantes avançam gradualmente da beleza que é aparente em formas sensíveis para aquela que é divina, assim os sacerdotes antigos, quando pensavam que há uma certa aliança e simpatia entre as coisas naturais, entre as coisas visíveis e as forças ocultas, e descobriram que todas as coisas subsistem em tudo, edificaram uma ciência sagrada com base em sua simpatia e similaridade mútuas. Portanto, eles reconheciam nas coisas subordinadas as coisas supremas, e, nas supremas, as secundárias; nas regiões celestes, as propriedades terrestres subsistindo de maneira causal e celestial, e na terra, as propriedades celestes, mas de acordo com a condição terrestre"[87].

Proclus assinala certas peculiaridades misteriosas das plantas, dos minerais e dos animais, todas as quais são muito bem-conhecidas por nossos naturalistas, mas nenhuma é explicada. Tais são o movimento rotatório do girassol, do heliotrópio, do lótus – que, antes de o Sol se levantar, dobram as folhas, guardando-as consigo, por assim dizer, e as expandem então gradualmente quando o Sol se levanta, para recolhê-las novamente quando este se põe –, das pedras solares e lunares e do helio-selene, do galo e do leão, e outros animais. "Ora, os antigos", diz ele, "tendo contemplado a mútua simpatia das coisas celestes e terrestres, aplicaram-na para propósitos ocultos, de natureza celeste e terrestre, por cujo intermédio, graças a certas semelhanças, deduziram as virtudes divinas nesta morada inferior. (...) Todas as coisas estão repletas de naturezas divinas; as naturezas terrestres recebem a plenitude das que são celestes, e as celestiais das essências *super*celestiais, ao passo que cada ordem de coisas procede gradualmente de uma bela descida do *mais alto ao mais baixo*[88]. Pois tudo que se reúne acima da ordem das coisas dilata-se em seguida descendo, *as diversas almas distribuindo-se sob a conduta de suas diversas divindades.*"[89]

Evidentemente, Proclus não advoga aqui simplesmente uma superstição, mas uma ciência; pois não obstante ser oculta, e desconhecida de nossos eruditos, que lhe negam as possibilidades, a magia ainda é uma ciência. Ela se baseia solidamente e unicamente nas misteriosas afinidades existentes entre corpos orgânicos e inorgânicos, nas produções visíveis dos quatro reinos, e nos poderes invisíveis do universo. O que a ciência chama de gravitação, os antigos e os hermetistas medievais chamavam de magnetismo, atração, afinidade. É a lei universal, que foi compreendida por Platão e exposta no *Timeu*[90] como a atração dos corpos menores pelos maiores, e dos corpos semelhantes pelos semelhantes, estes últimos exibindo antes um poder magnético do que a lei da gravitação. A fórmula antiaristotélica de que *a gravidade força todos os corpos a caírem com igual rapidez, sem relação com o seu peso*, sendo a diferença causada por alguma outra força *desconhecida*, aplicar-se-ia ao que parece com mais adequação antes ao *magnetismo* do que à gravitação, pois o primeiro atrai antes em virtude da substância do que do peso. Uma completa familiaridade com as faculdades ocultas de tudo que existe na Natureza, visíveis e invisíveis; suas relações, atrações e repulsões mútuas; a causa destas, remontada até o princípio *espiritual* que penetra e anima todas as coisas; a habilidade para fornecer as melhores condições para que este princípio se manifeste, noutras palavras, um profundo e exaustivo conhecimento da lei natural – tal *foi* e *é* a base da Magia.

Em suas *Notes on Ghosts and Goblins*, ao passar em revista alguns fatos aduzidos por diversos defensores ilustres dos fenômenos espiritistas – como o Prof. de Morgan, o Sr. Robert Dale Owen e o Sr. Wallace, entre outros –, o Sr. Richard A. Proctor diz que "não vê qualquer valor nas seguintes observações do Prof. Wallace: 'Como se podem refutar ou atenuar' – diz ele, Wallace, falando de uma das histórias de Owen – 'provas como estas? Dezenas e mesmo centenas de fatos igualmente atestados estão registrados, mas não se faz nenhuma tentativa de explicá-los. Eles são simplesmente ignorados, e em muitos casos dados como inexplicáveis'". A isso o Sr. Proctor responde zombeteiramente que como "os nossos filósofos declaram que, há muito, resolveram que essas histórias de fantasmas não passam de ilusões, *portanto*, o melhor a fazer é ignorá-las; e eles se sentem muito 'atormentados' ao ver que novas evidências são aduzidas, e novas conversões ocorrem, algumas da quais tão insensatas a ponto de pedirem que se faça um novo julgamento, com base em que o primeiro era contrário às evidências".

"Tudo isso", prossegue ele, "fornece uma excelente razão para que os 'convertidos' não sejam ridicularizados por sua crença; mas é preciso adiantar algo mais probatório antes de esperar que 'os filósofos' devotem seu tempo à pesquisa sugerida. Cumpre mostrar que *o bem-estar da raça humana está num grau realmente importante relacionado a este assunto*, uma vez que a natureza vulgar de todos os atos fantasmais até agora registrados é admitida até mesmo pelos 'convertidos'!"[91]

A Sra. Emma Hardinge-Britten coletou um grande número de fatos autênticos tirados de jornais mundanos e científicos, que mostram com que sérias questões os nossos cientistas substituem o assunto aborrecido de *Ghosts and Goblins*. Ela reproduz de um jornal de Washington o relato de um desses solenes conclaves, ocorrido na tarde de 29 de abril de 1854. O Prof. Hare, da Filadélfia, eminente químico, que era tão unanimemente respeitado por seu caráter individual, assim como por sua vida de trabalho em prol da ciência, "foi *intimado* a calar-se" pelo Prof. Henry, assim que tocou no tema Espiritismo. "A atitude impertinente de um dos membros da 'Associação Científica Americana'", diz a autora, "foi sancionada pela maior parte dos distintos membros e subseqüentemente endossada por todos eles em seus relatórios."[92] Na manhã seguinte, na reportagem sobre a sessão, o *Spiritual Telegraph* assim comentou os acontecimentos:

"Seria de esperar que um assunto como esse [apresentado pelo Prof. Hare] fosse daqueles que concernem particularmente ao domínio da 'ciência'. Mas a Associação Americana para o Fomento da Ciência[93] decidiu que ele era indigno de atenção ou perigoso para dele se ocupar, e então votou pelo seu arquivamento. Não podemos deixar de lembrar a esse propósito que a 'Associação Americana para o *Fomento da Ciência*' manteve uma sapiente, longa, séria e profunda discussão na mesma sessão *sobre a causa que faz 'os galos' cantarem entre a meia-noite e uma hora da manhã!*" Um assunto digno de filósofos; um assunto, ademais, que deve ter se mostrado capaz de trabalhar pelo "bem-estar da raça humana" num "grau *realmente importante*".

Basta alguém expressar a crença na existência de uma simpatia misteriosa entre a vida de certas plantas e a dos seres humanos para ser coberto de ridículo. Não obstante, existem muitos casos bem demonstrados que provam a realidade dessa afinidade. Houve pessoas que caíram doentes simultaneamente ao corte de uma árvore plantada no dia de seu nascimento, e que morreram quando a árvore morreu. Ao contrário, sabe-se de árvores plantadas nas mesmas condições que estiolaram e morreram ao mesmo tempo que o seu irmão gêmeo, por assim dizer. O Sr. Proctor diria, do primeiro caso, que é um "efeito da imaginação", e do segundo, que é uma "curiosa coincidência".

Max Müller cita um grande número desses casos em seu ensaio "On Manners and Customs". Ele mostra que essa tradição popular existe na América Central, na Índia e na Alemanha. Ele a localiza em quase toda a Europa; encontra-a entre os guerreiros maoris, na Guiana Inglesa e na Ásia. Resenhando as *Researches into the Early History of Mankind*, de Tylor, um obra na qual o autor reuniu muitas dessas tradições, o grande filólogo assinala acertadamente o seguinte: "Se elas figurassem apenas nos relatos indianos e alemães, poderíamos considerá-las como uma antiga propriedade ariana; mas quando as encontramos também na América Central, nada nos resta senão admitir uma comunicação anterior entre os colonos europeus e os antigos contadores de história americanos (. . .) ou indagar se não existe algum elemento inteligível e muito humano nessa suposta simpatia entre a vida das flores e a vida do homem"[94].

A geração atual, que não crê em nada além das evidências superficiais de seus sentidos, rejeitará, sem dúvida, a simples idéia de que um tal poder simpático existe nas plantas, nos animais e mesmo nas pedras. A coifa que lhes cobre a visão interna permite-lhes ver apenas o que não podem negar. O autor do *Asclepian Dialogue* dá-nos a razão disso, que poderia aplicar-se ao presente período e explicar esta epidemia de incredulidade. Em nosso século, como então, "existe uma deplorável separação entre a divindade e o homem, quando nada digno do céu ou relativo ao céu se ouve ou é abonado, e quando toda voz divina é emudecida por um *silêncio necessário*"[95] [*]. Ora, como dizia o imperador Juliano, "a alma *mesquinha*" do cético "é deveras aguda, mas ela nada vê com uma visão saudável e robusta".

Estamos no fim de um ciclo e evidentemente num estágio transitório. Platão divide o progresso intelectual do universo durante cada ciclo em períodos fecundos e estéreis. Nas regiões sublunares, as esferas dos vários elementos permanecem eternamente em perfeita harmonia com a Natureza. Diz ele: "mas as suas partes", devido à extrema proximidade da Terra, e à sua conjunção com o *terrestre* (que é matéria, e portanto o reino do mal), "estão às vezes de acordo e às vezes em desacordo com a natureza (divina)". Quando estas circulações – que Éliphas Lévi chama de 'correntes da luz astral' – no éter universal que contém em si todos os elementos, ocorrem em harmonia com o espírito divino, nossa terra e tudo que lhe pertence goza de um período fértil. Os poderes ocultos das plantas, dos animais e dos minerais

---

* Nas *Select Works of Plotinus*, p. 554-55, rodapé, de Thos. Taylor, a redação desta passagem apresenta-se de forma diferente:

"(. . .) Novos estatutos e novas leis serão estabelecidos, e nada de religioso ou de digno do céu, ou concernências celestiais, será ouvido ou acreditado pela mente. Haverá uma lamentável separação entre os deuses e os homens; só restarão os anjos doentios, que, combinados com a natureza humana, impelirão violentamente os homens miseráveis [daquela época] à guerra, à rapinagem, ao embuste e a tudo que seja contrário à natureza da alma. (. . .) Toda voz divina será calada num silêncio necessário. (. . .)"

O *Asclepian Dialogue*, de que a citação acima é um excerto, também é conhecido pelos títulos de "The Perfect Sermon, or the Asclepius" e de "A Sermon on Initiation". Também é mencionado como "Thrice-greatest Hermes concerning the Nature of the Gods". O original grego, que, de acordo com Lactâncio (*Divine Institutes*, IV, 6, e VII, 8), foi conhecido como o *logos teleios*, está perdido e apenas uma versão latina chegou até nós. A tradução inglesa de Taylor foi feita da tradução latina dos escritos herméticos existentes de Marsiglio Ficino (Marsilius Ficinus), originalmente publicados em 1471.

Consultar a tradução erudita de G. R. S. Mead, além de seu Comentário, no vol. II, p. 307 e segs. de seu *Thrice-Greatest Hermes*. Londres e Benares: The Theosophical Publishing House, 1906; 2ª impressão, 1949; 3ª impressão (recomposta), John M. Watkins, Londres, 1964. (N. do Org.)

simpatizam magicamente com as "naturezas superiores", e a alma divina do homem está de perfeito acordo com as naturezas "inferiores". Mas, durante os períodos estéreis, estas últimas perdem a sua simpatia mágica, e a visão espiritual da maioria da Humanidade está tão cega que perde toda noção dos poderes superiores de seu próprio espírito divino. Estamos num período estéril: o século XVIII, durante o qual a febre malsã do ceticismo se manifestou tão violentamente, transmitiu a descrença como uma doença hereditária ao século XIX. O intelecto divino está velado no homem; seu cérebro animal apenas *filosofa*.

A *Magia* era outrora uma ciência universal e estava inteiramente nas mãos do *sábio sacerdote*. Embora o foco fosse zelosamente guardado nos santuários, seus raios iluminavam toda a Humanidade. Como explicaríamos de outro modo a extraordinária identidade de "superstições", costumes, tradições e mesmo de adágios, repetidos nos provérbios populares tão espalhados de um pólo a outro que encontramos as mesmas idéias entre os tártaros e os lapões como entre as nações meridionais da Europa, os habitantes das estepes russas, e os aborígenes da América do Norte e do Sul? Tylor demonstra, por exemplo, que uma das antigas máximas pitagóricas, "Não ateie o fogo com uma espada", é popular entre várias nações que não têm a menor conexão entre si. Ele cita De Plano Carpini, que descobriu que esta tradição prevalecia entre os tártaros já em 1246. Um tártaro não consentirá por preço algum em jogar uma faca ao fogo, ou tocá-lo com qualquer instrumento afiado ou pontiagudo, pois teme cortar a "cabeça do fogo". Os kamachadals do noroeste asiático consideram um grande pecado fazê-lo. Os índios sioux da América do Norte não ousam tocar o fogo com agulha, faca ou instrumento pontiagudo. Os kalmucks compartilham desse mesmo medo; e um abissínio preferiria colocar os braços nus até os ombros num braseiro a utilizar uma faca ou um machado perto dele. Tylor qualifica igualmente todos estes fatos de "meras coincidências curiosas". Max Müller, contudo, pensa que eles perdem muito de sua força pelo fato de "a doutrina pitagórica estar oculta"[96].

Todos os provérbios de Pitágoras, como muitos dos adágios antigos, têm um duplo significado; e, enquanto têm um significado físico oculto, expresso literalmente em suas palavras, encarnam um preceito moral, que é explicado por Jâmblico em sua *Vida de Pitágoras*. Este "Não revolva o fogo com uma espada" é o nono símbolo no *Protréptico* desse neoplatônico. "Este símbolo", diz ele, "exorta à prudência". Ele mostra "a propriedade de não opor palavras mordazes a um homem cheio de fogo e de cólera – de não lutar com ele. Pois freqüentemente por palavras impolidas agitareis e irritareis um homem ignorante, e sofrereis por isso. (...) Heráclito testemunha também a verdade desse símbolo. Pois, diz ele, 'É difícil lutar com cólera, pois não se pode mais fazer o que é necessário para redimir a alma'. E ele tem razão em dizê-lo. Pois muitos, deixando-se levar pela cólera, modificaram a condição de suas almas, e tornaram a morte preferível à vida. Mas governando a língua e calando-se, a amizade nasce do conflito, pois o fogo da cólera se extingue, e vós não parecereis desprovido de inteligência"[97].

Os escrúpulos nos têm assaltado às vezes; questionamos a imparcialidade de nosso julgamento, nossa habilidade para oferecer uma crítica respeitosa aos trabalhos de tais gigantes como alguns de nossos modernos filósofos – Tyndall, Huxley, Spencer, Carpenter e alguns outros. Em nosso imoderado amor pelos "homens de outrora" – os sábios primitivos – tivemos sempre medo de traspassar os limites da justiça e recusar o mérito àqueles que a ele têm direito. Mas, pouco a pouco, este medo natural desapareceu diante de um inesperado reforço. Descobrimos que não passávamos de um frágil eco da opinião pública que, embora sufocada, às vezes encontra alívio em bons artigos disseminados pelos periódicos do país. Um deles pode ser encontrado no *National Quarterly Review* de dezembro de 1875, intitulado "Nossos sensacionais filósofos de hoje". É um ótimo artigo que discute destemidamente as pretensões de muitos de nossos cientistas quanto às novas descobertas sobre a natureza da matéria, a alma humana, a morte, o universo, a maneira pela qual o universo foi criado, etc. "O mundo religioso ficou bastante impressionado", diz o autor, "e não pouco perturbado com as afirmações de homens como Spencer, Tyndall, Huxley, Proctor e alguns outros da mesma escola." Admitindo de bom grado o quanto a Ciência deve a cada um desses cavalheiros, não obstante o autor "muito enfaticamente" negar que eles fizeram a menor descoberta. "Não há nada de novo nas especulações, mesmo nas dos mais 'avançados'; nada que não tenha sido conhecido e ensinado de uma forma ou outra, há milhares de anos." Ele não diz que estes cientistas "apresentam as teorias como se fossem suas próprias descobertas, mas eles deixam o fato implícito, e os jornais fazem o resto (...) O público, que não tem tempo nem disposição para examinar os fatos, confia nos jornais (...) e maravilha-se com o que virá a seguir! (...) Os supostos inventores dessas surpreendentes teorias são atacados nos jornais. Às vezes os detestáveis cientistas empreendem a própria defesa, mas não podemos nos lembrar de um único caso em que eles tenham dito candidamente: 'Senhores, não se irritem conosco; nós apenas *reeditamos* histórias que são quase tão velhas quanto as montanhas'". Isto seria a pura verdade; "mas os próprios cientistas e filósofos", acrescenta o autor, "não resistem sempre à fraqueza de encorajar qualquer idéia que possa assegurar-lhes um nicho entre os imortais"[98].

Huxley, Tyndall e mesmo Spencer tornaram-se ultimamente os grandes oráculos, os "papas infalíveis" dos dogmas do protoplasma, moléculas, formas primordiais e átomos. Eles colheram mais palmas e louros por suas grandes descobertas do que os cabelos que Lucrécio, Cícero, Plutarco e Sêneca tinham em suas cabeças. Não obstante, as obras dos últimos formigam de idéias sobre protoplasma, formas primordiais, etc., sem falar dos átomos, que deram a Demócrito o nome de filósofo atômico. Na mesma *Review* encontramos esta surpreendente denúncia:

"Quem, *entre os inocentes*, não se espantou, ainda no ano passado, com os maravilhosos resultados obtidos com o oxigênio? Que alvoroço Tyndall e Huxley não causaram ao proclamar, em sua maneira engenhosa e oracular, exatamente as mesmas doutrinas que havíamos citado de Liebig; no entanto, já em 1840, o Prof. Lyon Playfair traduzira para o inglês as obras mais 'avançadas' do Barão Liebig"[99].

"Outra recente declaração", diz ele, "que impressionou um grande número de inocentes e piedosas pessoas é a de que todo pensamento que expressamos, ou tentamos expressar, produz uma determinada modificação maravilhosa na substância do cérebro. Mas, para isso e muitas outras coisas do gênero, nossos filósofos precisavam apenas folhear as páginas do Barão Liebig. Assim, por exemplo, proclama este cientista: 'A fisiologia tem razões decisivas para formular a opinião de que *todo pensamento, toda sensação é* acompanhada por modificação na composição da *substância do cérebro*; de que todo movimento, toda manifestação de força é o resultado duma transformação da estrutura ou de sua substância'."[100]

Assim, do princípio ao fim das sensacionais conferências de Tyndall, podemos seguir, página por página, todas as especulações de Liebig, entrelinhadas aqui e ali pelas concepções ainda mais antigas de Demócrito e outros filósofos pagãos. Uma *miscelânea* de velhas hipóteses alçadas pela grande autoridade do dia ao nível de fórmulas semidemonstradas, e apresentadas naquela fraseologia patética, pitoresca, melosa e impressionantemente eloqüente que lhe é tão própria.

Além disso, o mesmo cronista mostra-nos muitas idéias análogas e todos os materiais necessários para demonstrar as grandes descobertas de Tyndall e Huxley, nas obras do Dr. Joseph Priestley, autor de *Disquisition Relating to Matter and Spirit*, e mesmo na *Filosofia da história* de Herder.

"Priestley", acrescenta o autor, "não foi molestado pelo governo simplesmente porque não tinha qualquer ambição de obter fama proclamando aos quatro ventos as suas idéias ateístas. Esse filósofo (...) foi autor de setenta a oitenta volumes, e o descobridor do oxigênio." É nessas obras que "ele expôs as mesmas idéias que foram consideradas tão 'surpreendentes', 'ousadas', etc., nas declarações de nossos filósofos atuais"[101].

"Nossos leitores", prossegue ele, "recordam o alvoroço suscitado pelas declarações de alguns de nossos modernos filósofos a propósito da origem e da natureza das idéias, mas tais declarações, como outras que as precederam e seguiram, nada continham de novo."[102] "Uma idéia", diz Plutarco, "é um *ser* incorporado, que não tem substância em si, mas que dá figura e forma à matéria informe, e *se torna a causa de sua manifestação*."[103]

Na verdade, nenhum ateísta moderno, incluindo o Sr. Huxley, pode ultrapassar Epicuro no que toca ao materialismo; pode apenas arremedá-lo. E o que é o seu "protoplasma" senão um *réchauffé* das especulações dos svâbhâvikas ou panteístas hindus, que afirmam que todas as coisas, tanto os deuses como os homens e os animais, nasceram do svabhâva ou de sua própria natureza?[104] Quanto a Epicuro, eis o que Lucrécio fá-lo dizer:[105] "A alma, assim produzida, deve ser *material*, porque nós a vemos sair de uma fonte material; ela existe, e existe apenas num corpo material; nutre-se de alimento material; cresce com o crescimento do corpo; amadurece com a sua maturação; declina com a sua decadência; e daí, pertença a um homem ou a um animal, deve morrer com a sua morte". Contudo, lembraríamos ao leitor que Epicuro está falando aqui da *alma astral*, não do Espírito Divino. Mas se compreendemos corretamente o que vai acima, o "protoplasma do carneiro" do Sr. Huxley é de uma origem antiquíssima, e pode reivindicar Atenas como o seu lugar de nascimento, e o cérebro do velho Epicuro como seu berço.

Além disso, desejando não ser malcompreendido ou acusado de depreciar o trabalho de qualquer um de nossos cientistas, o autor fecha o seu estudo com a seguinte observação: "Desejamos apenas mostrar que, em suma, a parte do público que se considera inteligente e instruída deveria cultivar a memória, ou lembrar-se dos pensadores 'avançados' do passado um pouco mais. Deveriam especialmente fazê-lo aqueles que, do púlpito, da tribuna ou da cátedra, pretendem instruir a todos os que desejam ser instruídos por eles. Haveria assim muito menos idéias infundadas, muito menos charlatanismo e, acima de tudo, muito menos plágios, do que atualmente"[106].

Diz Cudworth, com razão, que a maior ignorância de que os nossos modernos sabichões acusam os antigos é a sua crença na imortalidade da alma. Como o velho cético da Grécia, nossos cientistas – para utilizar uma expressão do mesmo Dr.

Cudworth – temem que se admitirem os espíritos e as aparições deverão admitir Deus também; e não há nada tão absurdo, acrescenta, para eles do que supor, a fim de impedir, a existência de Deus[107]. O grande corpo dos antigos materialistas, por mais céticos que nos pareçam hoje, pensava de outra maneira, e Epicuro, que rejeitava a imortalidade da alma, acreditava, no entanto, num Deus, e Demócrito admitia plenamente a realidade das aparições. A maior parte dos sábios da Antiguidade acreditava na preexistência e nos poderes divinos do espírito humano. A magia da Babilônia e da Pérsia baseava nisso a doutrina de seus *machagistia*. Os *Oráculos caldeus*, que Pleto e Pselo tanto comentaram, expuseram e ampliaram constantemente o testemunho daqueles[108]. Zoroastro, Pitágoras, Epicarmo, Empédocles, Cebes, Eurípedes, Platão, Euclides, Fílon, Boécio, Virgílio, Cícero, Plotino, Jâmblico, Proclus, Pselo, Sinésio, Orígenes e finalmente o próprio *Aristóteles*, longe de negarem a nossa imortalidade, sustentaram-na muito enfaticamente. Como Cardan e Pomponazzi, "que não eram partidários da imortalidade da alma", como diz Henry More, "Aristóteles conclui expressamente que a alma racional é um ser distino da alma do mundo, embora da mesma essência, e que ela preexiste antes de habitar o corpo"[109].

Anos se passaram desde que o Conde Joseph de Maistre escreveu uma frase que, se apropriada à época voltairiana na qual viveu, se aplica ainda com mais justiça ao nosso período de absoluto ceticismo. "Ouvi", escreve este eminente homem, "ouvi e li incontáveis pilhérias sobre a ignorância dos antigos, que estavam sempre a ver espíritos por toda parte; parece-me que somos ainda mais néscios do que os nossos ancestrais, por não vê-los nunca, em parte alguma."[110]

NOTAS

1. *An Antidote Against Atheism*, 1653, I, iv.
2. [Henry More, *The Immortality of the Soule*, 1659, III, cap. XIX, p. 548.]
3. Glanvill, *Sadducismus Triumphatus*, p. 48; carta de H. More ao seu autor, 25 de maio de 1678.
4. *The History of Magic*, vol. II, p. 272.
5. *Apologie pour tous les grands personnages qui on été faussement soupçonnés de magie*, Haia, 1679.
6. *Über die Sympathie*, etc., Berlim, 1817.
7. *Nova medicina spiritum*, 1673.
8. *The History of Magic*, vol. II, p. 271.
9. Seria inútil e muito trabalhoso fazer aqui a defesa da teoria de Kepler sobre a relação entre as cinco figuras regulares da Geometria e as magnitudes das órbitas dos cinco principais planetas, ridicularizada pelo Prof. Draper em seu *Conflict*. Muitas são as teorias dos antigos às quais as descobertas modernas fizeram justiça. De resto, devemos dar tempo ao tempo.
10. *Magia naturalis*, livro I, v. viii, x, xiv; Ludguni, 1569.
11. [Entre outras] *Magnes, sive de arte magnetici*, Coloniae, 1643.
12. [Ennemoser, *The Hist. of Magic*, vol. II, p. 269-70.]
13. Kircher, *op. cit.*, livro III, cap. iv, p. 643.
14. *New Historical Relation of the Kingdom of Siam*, por de la Loubère, embaixador francês no Sião de 1687 a 1688, parte II, cap IV, p. 35, Londres, 1693.

15. *The Lost Arts*, p. 17-8.
16. [*Opera omnia*, s.v. "The End of Birth, and Consideration of the Stars".]
17. [H. W. Longfellow, *A Psalm of Life*.]
18. Baptista Van Helmont, *Ortus medicinae*, Francof., 1652, p. 610 e segs.
19. De la Loubère, *Kingdom of Siam*, parte III, cap. XVII, p. 115.
20. *Ibid.*, parte III, cap. XIX, p. 119-20.
21. *Ibid.*, parte III, cap. X, p. 63.
22. [A Kircher, *Magnes*, etc., Coloniae, 1643.]
23. *De medicina magnetica*, Frankf., 1679, prefácio.
24. *I Samuel*, XVI, 23.
25. Aforismo 22.
26. Aforismo 69.
27. Aforismo 70.
28. *The Philosophy of Magic*, vol. II, p. 87.
29. *I Reis*, I, 1-4.
30. Josefo, *Antiguidades*, VIII, ii, 5.
31. *The Diakka and their Earthly Victims; being an Explanation of much that is False and Repulsive in Spiritualism*, Nova York, p. 10-1.
    Ver o Capítulo sobre os espíritos humanos que se tornam habitantes da *oitava* esfera, e cujo fim é geralmente a *aniquilação* da individualidade pessoal.
32. Porfírio, *De abstinentia*, II, 41, 42.
33. *On the Mysteries of the Egyptians*, etc., III, V e segs. (tradução de T. Taylor).
34. [P. 44-5.]
35. Epes Sargent, *Proof Palpable of Immortality*, p. 45.
36. Ver *Evangelho segundo São Mateus*, XXIV, 26.
37. Ver Wallace, *Miracles and Modern Spiritualism*, e W. Howitt, *History of the Supernatural*, vol. II.
38. Ver a memória de Wallace lida na Sociedade Dialética em 1871, *op. cit.*, p. 19.
39. N. Bailey, Φιλόλογος,, 2ª ed., 1731.
40. [*Jó*, XXXVIII, 4.]
41. [Cf. *The Land of Charity*, p. 161.]
42. Ver artigo sobre "Aerobasia".
43. [*Salmos* CV, 23, 27. "A terra da Cam", ou םח , *ham*; Saídico, $\kappa\eta\mu\epsilon$; ; cóptico, $\chi\eta\mu\iota$; donde os termos *alquimia* e *química*.]
44. A. Kircher, *Oedipus aegypt. theatr. hierogl.*, vol. III, p. 554.
45. *Itinerário*, "Ática", XXVI, 7.
46. [*On the Cessation of Oracles*, § 2.]
47. [*De civitate Dei*, XXI, vi.]
48. Livro I, série 3, *cap. ult.*
49. [Cf. T. Taylor, *Descr. of Greece by Pausanias*, Londres, 1824, vol. III, Notas, p. 217-19.]
50. [*De lucernis antiquorum*.]
51. Os detalhes desta história podem ser encontrados na obra de Erasmo Francisco, que cita Pflaumerus, Pancirollus [*Rerum memorabilium*] e muitos outros.

52. Νεκροκηδεια, or the Art of Embalming, etc., por Thomas Greenhill, Londres, 1705.

53. "Tomai quatro onças de *enxofre* e *alumínio*; sublimai-os em flores até duas onças, e acrescentai uma onça de bórax veneziano cristalino (em pó); derramai sobre isso o espírito do vinho altamente retificado e deixai-o digerir, depois reduzi-o e decantai-o ao fresco; repeti a operação até que o enxofre se liquefaça como cera sem qualquer fumaça, sobre uma chapa quente de bronze; assim se obtém o *pábulo*, mas a mecha deve ser preparada da seguinte maneira: reuni os fios ou os cadinhos do *Lapis asbestos*, da espessura de vosso dedo médio e do comprimento de vosso dedo mínimo, e colocai-os num copo veneziano, e, cobrindo-os com o enxofre ou combustível depurado acima referido, ponde, pelo espaço de vinte e quatro horas, o copo em areia tão quente que o enxofre fique em ebulição durante todo o tempo. A mecha assim besuntada e untada é então colocada num copo em forma de concha, de tal maneira que uma parte dele fique acima da massa do enxofre preparado; então, colocando este copo sobre areia quente, derretei o enxofre, de modo que ele possa suster a mecha, e quando esta for acesa, ela queimará como uma chama perpétua e podereis colocar esta lâmpada onde desejardes."

A outra é a seguinte:

"Tomai uma libra de *Salis tosti*; derramai sobre ela vinagre de vinho bem forte, e reduzi-a até obterdes a consistência do óleo; colocai-a em vinagre fresco e macerai-a e destilai-a como antes. Repeti a operação quatro vezes sucessivamente, e colocai em seguida neste vinagre uma libra de *vitr. antimonii subtilis s. laevigat*; colocai-a sobre as cinzas num recipiente fechado pelo espaço de seis horas, para extrair-lhe a tintura, decantai o licor e colocai-o ao fresco, e então extraí a tintura novamente; repeti a operação até que lhe tenhais retirado toda a tinta vermelha. Coagulai vossos extratos até obterdes a consistência do óleo, e então retificai-os em Balneo Mariae (banho-maria). Tomai, então, o antimônio, do qual a tintura foi extraída; reduzi-o a uma farinha finíssima, e colocai-o, então, num recipiente de vidro; derramai sobre ele o óleo retificado, que reduzireis e destilareis sete vezes, até que o pó tenha embebido todo o óleo e se tenha secado. Extraí-o novamente com espírito de vinho tantas vezes até que toda a essência lhe seja retirada, e colocai-o num matraz veneziano, bem vedado com papel dobrado cinco vezes, e então distilai-o de modo que quando todo o espírito lhe for retirado só reste no fundo um óleo inconsumível, que se utiliza com uma mecha da mesma maneira que com o enxofre que descrevemos antes."

"Tais são as luzes eternas de *Trithemius*", diz Libávio, seu comentador, "que, sem dúvida, embora não se combinem com a constância da nafta, podem iluminar-se mutuamente. A nafta não é tão durável ao ponto de não se queimar, pois ela se volatiliza e inflama, mas se a fixarmos juntando-lhe o suco do *Lapis asbestinos* ela pode fornecer um combustível perpétuo", diz este sábio.

Podemos acrescentar que nós mesmos vimos uma lâmpada preparada desta maneira, e que nos afirmaram que desde o seu acendimento, em 2 de maio de 1871, ela não se tinha apagado. Como sabemos que a pessoa que faz a experiência é incapaz de enganar quem quer que seja, sendo ela própria uma ardente experimentadora dos segredos herméticos, não temos motivos para duvidar de sua afirmação.

[Cf. Greenhill, *op. cit.*, p. 351 e segs.]

54. *Comentário à Cidade de Deus*, de Santo Agostinho (livro XXII).

55. O autor de *De rebus Cypriis*, 1566.

56. [*Funerali Antichi*, etc., Venetia, 1574, 1591.]

57. *Nat. Hist.*, XIX, iv.

58. *Catalogue of Curiosities at Gresham College*, Londres, 1681.

59. *Comment. on the 77th Epigram of the IXth Book of Martial*. [Cf. Greenhill, *op. cit.*, 351 e segs.]

60. *Itinerário*, "Ática", XXVI.

61. *Da cessação dos oráculos*, §§ 2 e 43.

62. *Pseudodoxia Epidemica*, livro III, p. 161, Londres, 1646.

63. *Report on Spiritualism*, da Sociedade Dialética de Londres, p. 229.

64. *Ibid.*, p. 230.

65. *Ibid.*, p. 265.

66. *Op. cit.*, p. 267.

67. Draper, *The History of the Conflict*, etc., p. 120-21.

68. Milton, *Paradise Lost*, livro II.

69. [Paris, 1833, lâmina 58.]

70. Ennemoser, *The Hist. of Magic*, vol. II, p. 51; e Schweigger, *Introd. to Mythology through Natural History*, Hale, 1836, p. 132 e 228.

71. *The History of Magic*, vol. II, p. 23.

72. B. Jowett, *The Dialogues of Plato*, 1871, vol. II, § 8.

73. *The History of the Conflict between Religion and Science*, p. 240.

74. Plutarco, *Vidas*, "Numa", § XI.

75. Alguns eruditos cabalistas afirmam que as sentenças pitagóricas no original grego de Sextus, que segundo se acredita estão hoje perdidas, ainda existiam num convento de Florença, àquela época, e que Galileu tinha conhecimento desses escritos. Eles acrescentam, ademais, que um tratado sobre Astronomia, num manuscrito de Archytas, um discípulo direto de Pitágoras, no qual se consignavam todas as doutrinas mais importantes de sua escola, estava em posse de Galileu. Tivesse algum Rufinus se apoderado dele e não teríamos dúvida de que ele o desnaturaria, como o presbítero Rufinus desnaturou as sentenças de Sextus acima mencionadas, substituindo-as por uma versão fraudulenta, cuja autoria procurou atribuir a um certo bispo Sextus. Ver a "Introdução" de Taylor à *Vida de Pitágoras* de Jâmblico, p. XVII.

76. Jowett, *The Dialogues of Plato*, 1871, vol. II, Introdução ao *Timeu*, § 8.

77. *The Hist. of the Conflict*, etc., p. 14.

78. Segundo Plínio, *Nat. Hist.*, VII, xxi, 85.

79. [*Nat. Hist.*, XXXVII, xvi.]

80. [W. Phillips, *The Lost Arts*, p. 15-6.]

81. *The Hist. of the Conflict between Religion and Science*, p. 311.

82. *Egypt's Place in Universal History*, vol. V, p. 88.

83. W. R. Grove, *The Correlation of Physical Forces*, Prefácio, Londres, 1843.

84. Jowett, *The Dialogues of Plato*, 1871, vol. II, Introdução ao *Timeu*, § 8.

85. A começar por Godfrey Higgins e a terminar com Max Müller, todo arqueólogo que estudou honesta e seriamente as religiões antigas percebeu que, tomadas ao pé da letra, elas só podiam conduzi-los a falsas pistas. O Dr. Lardner desfigurou e desnaturou as doutrinas antigas – voluntariamente ou não – da maneira mais grosseira. O *pravritti*, ou a existência da natureza quando viva, em atividade, e o *nivritti*, ou o repouso, o estado da ausência de vida, é a doutrina esotérica budista. O "nada puro" ou a não-existência, se traduzida de acordo com o sentido esotérico, significaria o "espírito puro", o INOMINADO ou qualquer coisa que nosso intelecto é incapaz de conceber, portanto nada. Mas falaremos disso mais adiante.

86. [Schweigger, *Introd. to Mythol.*, etc., p. 132 e 228.]

87. [M. Ficino, *Procli de anima ao daemone, de sacrificio et magia*, Veneza, 1497.]

88. Isto é exatamente o oposto da moderna teoria da evolução.

89. Ficino, *op. cit.*

90. [62, 63.]

91. [R. A. Proctor, *The Borderland of Science*, etc., Londres, 1873, p. 436-37.]

92. E. Hardinge-Britten, *Modern American Spiritualism*, p. 119, Nova York, 1870.

93. O nome correto e completo desta sábia Sociedade é "Sociedade Americana para o Avanço da Ciência". É costume chamá-la, no entanto, pela forma abreviada, "Sociedade Científica Americana".

94. [*Chips*, etc., vol. II, p. 271.]

95. Ver T. Taylor, *Select Works of Plotinus*, Londres, 1817, p. 554-55, rodapé.

96. [*Chips*, etc., vol. II, p. 273.]

97. Jâmblico, *Vida de Pitágoras*, etc., p. 338; ed. T. Taylor, Londres, 1818.
98. *The National Quarterly Review*, vol. XXXII, nº 63, p. 78-79.
99. *Ibid.*, p. 93-4.
100. *New Materialism* (Liebig), citado em *National Quarterly Review*, p. 93.
101. *National Quart. Review*, p. 95-6.
102. [*Op. cit.*, p. 83.]
103. *De placitio philosophorum*, livro I, cap. X.
104. Burnouf, *Introd. à l'Histoire du bouddhisme indien*, p. 118.
105. [*De rerum natura*, livro III, 161-69, 445-48.]
106. *The National Quarterly Review*, dezembro, 1875, p. 96.
107. [Cudworth, *The True Intellectual System*, etc., vol. II, p. 114.]
108. [Cf. Apêndice a S. Gallaeus, *Sibyllina oracula*, Amsterdam, 1869; s. v. "Oracula magica Zoroastris cum scholiis Plethonis et Pselli".]
109. Aristóteles, *De anima*, livro I, cap. 3 (407 a, b).
110. De Maistre, *Soirées de St. Petersbourg*, I, p. 364, ed. 1822.

CAPÍTULO VIII

"Não creiais que minhas maravilhas mágicas sejam cumpridas
Com o auxílio dos anjos estígios chamados do inferno;
Desprezadas e amaldiçoadas por aqueles que tentaram
Os seus dives e os seus afrites melancólicos sobrepujar.
Mas sim com a percepção dos poderes secretos
das fontes minerais, na célula íntima da Natureza,
e das ervas em cortinas de seus caramanchões mais verdes
e dos astros moventes sobre os topos dos montes e as torres."
TASSO, *La Gerusalemma Liberata*, canto XIV, xlii.

"A quem ousa pensar *uma* coisa e *outra* dizer,
Meu coração o detesta como às portas do inferno."
HOMERO, *Ilíada*, livro IX, 1.412 (trad. de Pope).

"Se o homem deixa de existir quando desaparece no túmulo, sois obrigados a afirmar que ele é a única criatura existente que a Natureza ou a Providência quis tapear e lesar, dando-lhe aptidões para as quais não existem objetivos."
BULWER-LYTTON, *A Strange Story*, vol. II, cap. 30.

O prefácio do último livro de Astronomia de Richard A. Proctor, intitulado *Our Place Among Infinities*, contém estas extraordinárias palavras; "Foi a sua ignorância – do lugar da Terra no espaço infinito – que levou os antigos a considerar os corpos celestiais como se eles regessem favorável ou adversamente os destinos dos homens e das nações, e a dedicar os dias, em conjuntos de sete, aos sete planetas do seu sistema astrológico".

O Sr. Proctor faz duas asserções distintas nessa frase: 1) Que os antigos ignoravam o lugar da Terra no espaço infinito; e 2) Que eles consideravam os corpos celestiais como se regessem, favorável ou adversamente, os destinos dos homens e das nações[1]. Estamos bastante seguros de que existem pelo menos boas razões para suspeitar que os antigos estivessem familiarizados com os movimentos, a posição e as relações mútuas dos corpos celestiais. Os testemunhos de Plutarco, do Prof. Draper e de Jowett são suficientemente explícitos. Mas gostaríamos de perguntar ao Sr. Proctor, se os astrônomos antigos eram tão ignorantes da lei do nascimento e da morte dos mundos, como é que, nos pequenos fragmentos que a mão do tempo nos legou do saber antigo, poderia haver – embora ocultas numa linguagem obscura – tantas informações que as descobertas recentes têm verificado ser exatas? Começando pela décima página da obra em tela, o Sr. Proctor esboça-nos a teoria da formação da nossa Terra e das mudanças sucessivas pelas quais ela passou antes de se ter tornado habitável pelo homem. Ele pinta com cores vívidas a condenação gradual da matéria cósmica em esferas gasosas cercadas por "uma casca líquida não-permanente"; o resfriamento lento da massa; os resultados químicos que se seguem à ação do calor intenso sobre a matéria terrestre primitiva; a formação dos solos e a sua distribuição; a mudança na constituição da atmosfera; o aparecimento da vegetação e da vida animal; e, finalmente, o advento do homem.

Ora, reportemo-nos aos registros escritos mais antigos legados pelos caldeus, o hermético *Livro dos números*[2], e vejamos o que podemos encontrar na linguagem alegórica de Hermes, Cadmo ou Tehuti, o três vezes grande Trismegisto. "No começo dos tempos, o grande ente invisível tinha as suas santas mãos cheias da matéria celestial que espalhou pelo infinito; e eis que ela se transformou em bolas de fogo e outras de argila; e elas se espalharam como o metal movente[3] em muitas bolas menores e começaram a girar sem cessar; e algumas delas que eram bolas de fogo tornaram-se bolas de argila; e as bolas de argila tornaram-se bolas de fogo; e as bolas de fogo esperavam o seu momento de se tornarem bolas de argila; e as outras as invejavam e esperavam a sua vez de se tornarem bolas de puro fogo divino."

Alguém poderia exigir uma descrição mais clara das mudanças cósmicas que o Sr. Proctor tão elegantemente expõe?

Temos aqui a distribuição da matéria no espaço; depois, a sua concentração numa forma esférica; a separação de esferas menores, que se destacam das maiores; a rotação axial; a mudança gradual de orbes do estado incandescente para a consistência terrestre; e, finalmente, a perda total de calor que marca a sua entrada no estágio de morte planetária. A mudança das bolas de argila em bolas de fogo seria para os materialistas um fenômeno como a ignição repentina de uma estrela em Cassiopéia em 1572 d. C. e em Serpentário, em 1604, que foi notada por Kepler. Mas os caldeus demonstram nessa exposição uma filosofia mais profunda do que a de nossos dias. Esta mudança em bolas de "puro fogo divino" significa uma existência planetária contínua, correspondente à vida espiritual do homem, para além do mistério aterrador da morte. Se os mundos têm, como os astrônomos nos dizem, os seus períodos de embrião, infância, adolescência, maturidade, decadência e morte, eles podem, como o homem, ter a sua existência continuada numa forma sublimada, etérea ou espiritual? Os mágicos no-lo respondem. Eles nos afirmam que a fecunda mãe Terra está sujeita às mesmas leis que submetem cada um dos seus filhos. No tempo fixado por ela, dá à luz todas as coisas criadas; na plenitude dos seus dias, desce ao túmulo dos mundos. O seu corpo grosseiro, material, desfaz-se lentamente dos seus átomos em virtude da lei inexorável que exige a sua nova arrumação em outras combinações. O seu próprio espírito vivificador aperfeiçoado obedece à eterna atração que o leva para o Sol central espiritual de que procede originalmente e que conhecemos vagamente pelo nome de DEUS.

"E o céu era visível em sete círculos e os planetas apareceram com todos os seus signos, na forma de astros, e os astros foram divididos e numerados com os seus guias que estavam neles e o seu curso *rotatório* foi limitado *pelo ar* e mantido num curso circular pela ação do ESPÍRITO divino."[4]

Desafiamos qualquer pessoa a nos indicar uma única passagem das obras de Hermes que o prove ser culpado daquele absurdo supremo da Igreja de Roma que pretendeu, segundo a teoria geocêntrica da Humanidade, que os corpos celestiais fossem feitos para nosso uso e prazer e que valia a pena o único filho de Deus descer a este argueiro cósmico e morrer em expiação dos nossos pecados! O Sr. Proctor fala-nos de uma casca líquida não-permanente de matéria não-congelada que envolve um "oceano plástico viscoso" em que "há um outro *globo sólido* interior em rotação"[5]. Nós, por nosso turno, tomamos o *Magia adâmica* de Eugênio Filaletes, publicado em 1650, e à p. XII encontramo-lo citando Trismegisto nos seguintes termos: "Hermes afirma que no *início* a Terra era um *lamaçal*, ou uma espécie tremelicante de *gelatina*, feita de nada mais a não ser *água congelada* pela *incubação* e pelo *calor* do Espírito Divino; *cum adhuc* (diz ele) *terra tremula esset, lucente sole compacta est'*.

Na mesma obra, Filaletes, falando em sua maneira estranha e simbólica, diz[6]: "(...) a Terra é invisível (...) por minha Alma, ela o é, e, além disso, o *olho* do *homem* nunca *viu* a *Terra*, nem pode ela ser *vista* sem a *arte*. Tornar este *elemento visível* é o *maior segredo* da *Magia*. (...) Quanto a este *corpo* grosseiro, *feculento*, sobre o qual *caminhamos*, ele é um *composto*, e não *terra*, mas há *terra* nele. (...) Numa palavra, todos os *elementos* são *visíveis* exceto *um*, a saber, a *Terra*, e quando atingirdes um grau suficiente de *perfeição*, como saber por que *Deus* colocou a *Terra in abscondito*, tereis um *excelente meio* de conhecer o próprio *Deus* e como ele é *visível*, como é *invisível*"[7].

Séculos antes que nossos sábios do século XIX viessem ao mundo, um homem sábio do Oriente assim se expressou ao dirigir-se à Divindade invisível: "Por Vossa Mão Poderosa, que fez o mundo de *matéria informe*"[8].

Há nessa passagem muito mais do que gostaríamos de explicar, mas queremos dizer que o segredo merece ser perscrutado; talvez nessa matéria informe, a terra *pré*-adamita, esteja contida uma "potência" que os Srs. Tyndall e Huxley gostariam de conhecer.

Mas, para descer dos universais aos particulares, da teoria antiga da evolução planetária à evolução da vida vegetal e animal, enquanto oposta à teoria da criação especial, o que faz o Sr. Proctor chamar a passagem seguinte de Hermes de antecipação da teoria moderna da evolução das espécies? "Quando Deus encheu as suas mãos poderosas com aquelas coisas que estão na Natureza, e que circundam a Natureza, ele então, fechando-as novamente, disse: 'Recebe de mim, Ó Terra sagrada! destinada a ser a *mãe de tudo*, para que de nada necessites'; quando abriu novamente as mãos, essas mãos que convém um Deus tenha, espalhou tudo o que era necessário à constituição das coisas."[9] Temos aqui a matéria primordial imbuída das "promessas e potências de toda forma futura de vida"; e a Terra, declarada como mãe predestinada de tudo que daí por diante pudesse brotar do seu seio.

Mais explícita é a linguagem de Marco Antônio em seu *Solilóquio*: "A Natureza se compraz em mudar todas as coisas e em revesti-las de formas novas. Esta é a sua maneira de brincar, ela faz *um Jogo* para depois começar *um outro*. A *matéria* é colocada diante dela como um pedaço de *cera* e ela a molda em todas as *formas* e *figuras*, e se faz *um pássaro* o converte depois em *quadrúpede*, ou de uma *flor* faz uma *rã*, de sorte que se deleita em suas *operações mágicas*, como os *homens* nas obras de sua própria imaginação"[10].

Antes que qualquer um dos nossos modernos cientistas pensasse em evolução, os antigos nos ensinavam, através de Hermes, que nada é brusco na Natureza; que ela nunca procede aos trancos e barrancos, que tudo nas suas obras é uma harmonia lenta e que não há nada repentino – nem mesmo morte violenta.

O lento desenvolvimento das formas preexistentes era uma doutrina dos iluministas rosa-cruzes. As *Três Mães* mostraram a Hermes o progresso misterioso da sua obra antes que elas se revelassem aos alquimistas medievais. Ora, no dialeto hermético, essas *Três Mães* são o símbolo da luz, do calor e do magnetismo, transmutáveis segundo o princípio da correlação de forças ou agentes que têm um lugar reservado na moderna "correlação de força" ou transformação da energia. Diz Sinésio que no templo de Mênfis encontrou uns livros de pedra com a seguinte máxima esculpida: "Uma *natureza* compraz-se em outra; uma natureza vence a outra; uma natureza prevalece contra outra, mas todas elas são *uma só*"[*].

A contínua atividade da matéria está indicada no dizer de Hermes: "A ação é a vida de Ptah"; e Orfeu chama a natureza de $\pi o \lambda \upsilon \mu \acute{\eta} \chi \alpha \nu o \varsigma \; \mu \acute{\eta} \tau \eta \rho$, "a mãe que faz muitas coisas" – ou a mãe engenhosa, industriosa, inventiva[11].

O Sr. Proctor diz: "Tudo *o que está sobre a Terra e dentro dela, todas as formas vegetais e* todas as formas animais, nossos corpos, nossos cérebros são formados de materiais que foram tirados dessas profundezas do espaço que nos cerca por todos os lados"[12]. Os herméticos, e posteriormente os rosa-cruzes, afirmam que todas as coisas visíveis e invisíveis foram produzidas pela disputa entre a luz e a escuridão e que toda partícula de matéria contém em si mesma uma centelha da essência divina – ou luz, *espírito* – que, por meio da sua tendência a se libertar dos seus obstáculos e retornar à fonte central, produziu movimento nas partículas e, do movimento, formas. Diz Hargrave Jennings, citando Roberto de Fluctibo: "Assim, todos os minerais, nessa centelha de luz, têm a possibilidade rudimentar das plantas e dos organismos que crescem; assim, todas as plantas têm sensações rudimentares que podem (no curso dos séculos) capacitá-las a se aperfeiçoarem e se transmutarem em novas criaturas locomotoras, de grau mais ou menos elevado e de funções mais nobres ou mais banais; assim, todas as plantas e toda vegetação podem passar (por caminhos secundários) em estradas mais ilustres, por assim dizer, de avanço independente, mais completo, deixando que a sua centelha original se expanda e brilhe com uma força mais elevada e mais vívida e que avance com mais pleno e consciente propósito, pela planetária influência dos invisíveis operários do Grande Arquiteto"[13].

A *luz* – (primeira criação segundo o Gênese) – é chamada pelos cabalistas de Sephîrâh, ou a *Inteligência* Divina, a mãe de todos os Sephîrôth, ao passo que a *Sabedoria Oculta* é o pai. A luz é o primeiro elemento que nasceu e a primeira emanação do Supremo, e luz é vida, diz o evangelista. Ambos são eletricidade – o princípio vital, a *anima mundi*, que penetra o universo, o vivificador elétrico de todas as coisas. A luz é o grande mágico Proteo; sob a ação da Vontade Divina do Arquiteto, as suas ondas multifárias, onipotentes, dão origem a toda forma, bem como a todo ser vivo. Do seu seio avolumado, elétrico, procedem a *matéria* e o *espírito*. Nos seus raios repousam os começos de toda ação física e química e de todos os fenômenos

---

*   Essas obras foram atribuídas a Osthán ou Hostanes, um mestre zoroastriano de que muito pouco se sabe. A fonte de informação é obscura. Supõe-se que Cinésio de Cyrene tenha escrito um Comentário sobre uma obra intitulada *Physica et mystica*, atribuída a Demócrito, que também pode ser um pseudo-Demócrito e não o filósofo de Abdera. É possível que este Comentário tenha sido escrito a pedido de um certo Dioskoros de Alexandria, um sacerdote do culto de Serapis. As palavras citadas por H. P. B. ocorrem nesses escritos de Cinésio. Todo o assunto é confuso e a melhor análise que dele se fez está na *Real-Encyclopaedia der Klassischen Alterthumsvissenschaft*, s. v. *Ostanes*, de Pauly-Wissowa. (N. do Org.)

cósmicos e espirituais; ela vitaliza e desorganiza; dá a vida e produz a morte, e do seu ponto primordial emergem gradualmente à existência as miríades de mundos, corpos celestiais visíveis e invisíveis. Foi no raio desta *Primeira* Mãe, uma em três, que Deus, segundo Platão, "acendeu um fogo, que agora chamamos Sol"[14], e que *não* é a causa da luz nem do calor, mas apenas o foco, ou, como podemos dizer, a lente pela qual os raios da luz primordial se materializam e se concentram no nosso sistema solar e produzem todas as correlações de forças.

Eis o que toca à primeira das duas proposições do Sr. Proctor; agora, à segunda.

A obra que estamos comentando compreende uma série de doze ensaios, dos quais o último se intitula "Pensamentos sobre a Astrologia". O autor trata do tema com mais consideração do que é costume entre os homens da sua classe, que é evidente que lhe dedicou a mais conscienciosa atenção. De fato, ele chega até a dizer que "Se considerarmos a matéria corretamente, devemos reconhecer (...) que de todos os erros em que os homens incidiram em seu desejo de penetrar no futuro, a Astrologia é o mais respeitável, poder-se-ia dizer mesmo o mais razoável"[15].

Ele admite que "Os corpos celestiais regem *mesmo* os destinos dos homens e das nações da maneira mais inequívoca, tendo-se em vista que, sem as influências controladoras e beneficentes do principal desses orbes – o Sol –, toda criatura viva na Terra deve perecer"[16]. Ele também admite a influência da Lua e nada vê de estranho no raciocínio dos antigos por meio da analogia segundo a qual se dois desses corpos celestes fossem tão potentes em influências terrenas, seria "(...) natural que se pensasse que outros corpos moventes conhecidos dos antigos possuíssem os seus poderes especiais"[17]. Na verdade, o professor nada vê de não-razoável na suposição de que as influências exercidas pelos planetas que se movem lentamente "pudessem ser até mais potentes do que a do próprio Sol". O Sr. Proctor acha que o sistema da Astrologia "foi formado gradualmente e talvez experimentalmente. Algumas influências podem ter sido inferidas de eventos observados, o destino deste ou daquele rei ou chefe pode ter guiado os astrólogos na atribuição de influências particulares a certos aspectos planetários apresentados no momento da sua natividade. Outras podem ter sido inventadas e em seguida encontraram aceitação geral porque foram confirmadas por algumas *coincidências curiosas*"[18].

Uma piada espirituosa pode soar muito bem, mesmo num tratado erudito, e a palavra "coincidência" pode ser aplicada a qualquer coisa que não queremos aceitar. Mas sofismas não são axiomas nem muito menos demonstrações matemáticas em que pelo menos os astrônomos deveriam apoiar suas afirmações. A Astrologia é uma ciência *tão exata* quanto a Astronomia, com a condição, todavia, de que as observações sejam igualmente exatas: e esta condição, *sine qua non*, é de realização tão difícil que sempre foi um tropeço para ambas. A Astrologia é para a Astronomia exata o que a Psicologia é para a Fisiologia exata. Na Astrologia e na Psicologia deve-se ultrapassar o mundo visível da matéria e entrar no domínio do espírito transcendente. É esta a velha luta entre as escolas platônica e aristotélica, e não é no nosso século de ceticismo saduceu que a primeira prevalecerá sobre a última. O Sr. Proctor, em sua capacidade profissional, é como a pessoa pouco caridosa aludida no Sermão da Montanha, que sempre está pronta a chamar a atenção pública para a palha que está no olho do seu vizinho sem perceber que tem uma trave no seu. Se tivéssemos de nos lembrar das falhas e das asneiras ridículas dos astrônomos, temos medo de que elas ultrapassassem em muito o número das dos astrólogos. Os eventos atuais dão razão completamente a Nostradamus, que os nossos céticos tanto ridicularizaram. Num velho livro de profecias, publicado no século XV (uma edição de 1453), lemos a seguinte, entre outras previsões astrológicas[19][*]:

> "Em duas vezes duzentos anos, o Urso
> O Crescente atacará;
> Mas se o Galo e o Touro se unirem
> O Urso não prevalecerá.
> Em duas vezes dez anos novamente –
> Que o Islã saiba e seja temente –
> A Cruz se levantará, o Crescente diminuirá,
> Dissolver-se-á e desaparecerá".

Em exatos quatrocentos anos, a partir da data da profecia, vimos a guerra da Criméia, durante a qual a aliança entre o Galo gaulês e o Touro inglês interferiu nos planos políticos do Urso russo. Em 1856 a guerra terminou e a Turquia, ou o Crescente, foi salva da destruição. Neste ano (1876), os eventos mais inesperados de caráter político se produziram e *duas vezes dez anos* se passaram desde que a paz foi proclamada. Tudo parece anunciar o cumprimento da velha profecia; o futuro dirá se o Crescente muçulmano – que parece, na verdade, *declinar* – "diminuirá, dissolver-se-á e desaparecerá irrevogavelmente ao final das complicações atuais.

Ao explicar os fatos heterodoxos que parece ter encontrado em sua busca do conhecimento, o Sr. Proctor é obrigado mais de uma vez, em sua obra, a recorrer a essas "curiosas coincidências". Uma das mais curiosas é afirmada por ele numa nota nos seguintes termos: "Não me deterei aqui na curiosa coincidência – se os astrólogos caldeus conheciam efetivamente o anel de Saturno – de que eles representavam o deus correspondente dentro de um *triplo anel* (...) Do achado de alguns instrumentos ópticos nas minas assírias se infere que puderam descobrir os anéis de Saturno e os satélites de Júpiter... (Bel, o Júpiter assírio, era às vezes representado com quatro asas esmaltadas de estrelas; mas é muito *possível que isto seja mera coincidência*".

Em suma, a teoria da coincidência do Sr. Proctor, definitivamente, sugere mais a idéia do milagre do que os fatos em si mesmos. Por coincidência, os nossos amigos céticos parecem ter um apetite insaciável. Fornecemos, no capítulo precedente, testemunhos suficientes para mostrar que os antigos devem ter utilizado instrumentos ópticos tão bons quanto os que temos agora. Não cabe supor que os instrumentos de Nabucodonosor fossem de pouco alcance, nem era o conhecimento dos seus astrônomos tão desprezível quando, de acordo com a interpretação que Rawlinson fez dos azulejos assírios, se vê que o Birs-Nimrod, ou o templo de Borsippa, tinha sete andares que simbolizavam os círculos concêntricos das sete esferas,

---

* Esta predição astrológica em forma de verso foi de uma ou de outra forma atribuída a Nostradamus por estudiosos de *Ísis sem véu*, embora H. P. B. não o confirme. Há nos Arquivos de Adyar uma carta escrita por W. A. Ayton a H. P. B. e datada de 3 de dezembro de 1877, em que o Sr. Ayton conta que não lhe foi possível encontrar essa citação entre as profecias de Nostradamus. Poder-se-ia perguntar: como poderia ele encontrá-la? É fato sabido que Nostradamus nasceu em 1503 e morreu em 1566, ao passo que a profecia citada pertence aparentemente ao século XV. Não há nenhuma informação disponível sobre quem teria sido o "cavalheiro de Somersetshire, Inglaterra", ao qual H. P. B. se refere na sua nota. (N. do Org.)

cada um deles construído com azulejos e metais cuja cor correspondia à do planeta regente da esfera que ele representava. Seria ainda uma coincidência o fato de que eles tivessem aplicado a cada planeta a cor que nossas últimas descobertas telescópicas demonstraram ser a verdadeira[20]? É também coincidência o fato de Platão ter indicado no *Timeu* o seu conhecimento da indestrutibilidade da matéria, da conservação da energia e da correlação de forças? "A última palavra da filosofia moderna", diz Jowett, "é continuidade e desenvolvimento, mas para Platão *este é o começo e a base da ciência*"[21].

O elemento radical das religiões mais antigas era essencialmente *sabeísta*; e afirmamos que os seus mitos e as suas alegorias, uma vez interpretados correta e completamente, concordarão perfeitamente com as mais exatas noções astronômicas dos nossos dias. Diremos mais: dificilmente haverá uma lei científica – pertencente ou à Astronomia física ou à Geografia física – que não possa ser facilmente apontada nas engenhosas combinações de suas fábulas. Eles interpretaram por meio de alegorias tanto as mais importantes quanto as mais insignificantes regras dos movimentos celestes; a natureza de todo fenômeno foi personificada; e, nas biografias míticas dos deuses e das deusas olímpicos, aquele que estiver bastante familiarizado com os últimos princípios da Física e da Química encontrará as suas causas, os interagentes e as relações mútuas encarnadas no comportamento e no curso das ações das divindades caprichosas. A eletricidade atmosférica, nos seus estados neutro e latente, geralmente é simbolizada em semideuses e deusas, cuja esfera de ação é mais limitada à Terra e que, em seus vôos ocasionais para regiões divinas mais elaboradas, exibem a sua têmpera elétrica sempre *na proporção estrita do aumento da distância da superfície da Terra*; as armas de Hércules e de Thor nunca foram mais mortais do que quando os deuses ascenderam às nuvens. Devemos ter em mente que antes da época em que o Júpiter olímpico fosse antropomorfizado pelo gênio de Fídias em Deus Onipotente, o *Maximus*, o Deus dos deuses, e então, abandonado à adoração das multidões, na primitiva e abstrusa ciência do simbolismo ele encarnou em sua pessoa e em seus atributos todas as forças cósmicas. O mito era menos metafísico e complicado, porém mais verdadeiramente eloqüente como expressão da Filosofia Natural. Zeus, o elemento masculino da Criação, com Ctônia-Vesta (a terra) e Métis (a água), a primeira das Oceânidas (os princípios femininos), foi considerado, segundo Porfírio e Proclo, como o *zôon-ek-zôôn*, o chefe dos seres vivos. Na teologia órfica, a mais antiga de todas, metafisicamente falando, ele representava tanto a *potentia* quanto o *actus*, a *causa* não-revelada e o Demiurgo, ou o criador ativo como uma emanação da potência invisível. Nesta última capacidade demiúrgica, em conjunção com os seus companheiros, encontramos nele todos os agentes mais poderosos da evolução cósmica – a afinidade química, a eletricidade atmosférica, a atração e a repulsão.

É seguindo as suas representações nesta idoneidade física que descobrimos quão familiarizados estavam os antigos com todas as doutrinas da ciência física em seu desenvolvimento moderno. Posteriormente, nas especulações pitagóricas, Zeus tornou-se a trindade metafísica; a Mônada que evolui do EU invisível, a causa *ativa*, o efeito, e a vontade inteligente, que, juntos, constituem a *Tetraktys*. Mais tarde ainda encontramos os primeiros neoplatônicos abandonando a Mônada primitiva, em razão de sua incompreensibilidade pelo intelecto humano, especulando apenas sobre a *tríade demiúrgica* dessa divindade tão visível e inteligível em seus efeitos; e depois a continuação metafísica por Plotino, Porfírio, Proclo e outros filósofos, que consideram Zeus como pai, Zeus-*Poseidon*, ou *dynamis*, o filho e o poder, e o espírito ou *nous*. A Tríada também foi aceita em seu todo pela escola irenaica do século II; a diferença mais substancial entre as doutrinas dos neoplatônicos e dos cristãos consiste apenas na amalgamação forçada por estes últimos da Mônada incompreensível com a sua trindade criativa realizada.

No seu aspecto astronômico, Zeus-Dionysus tem sua origem no zodíaco, o antigo ano solar. Na Líbia, ele assumiu a forma de um carneiro, e é idêntico ao Amen egípcio, que engendrou Osíris, o deus taurino. Osíris também é uma emanação personificada do Pai-Sol e é também o Sol em Touro, sendo o Pai-Sol o Sol em Áries. É nesta última qualidade que Júpiter tem a aparência de um carneiro e, como Júpiter-Dionysus ou Júpiter-Osíris, é o touro. Este animal é, como se sabe, o símbolo do poder criativo; além disso, a Cabala explica, por meio de um dos seus principais expositores, Shimon ben Yohai[22], a origem dessa estranha adoração de touros e de vacas. Não são nem Darwin nem Huxley – os fundadores da doutrina da evolução e do seu complemento necessário, a transformação das espécies – que poderão encontrar qualquer coisa contra a racionalidade desse símbolo, exceto, talvez, um sentimento natural de desassossego ao descobrirem que foram antecedidos pelos antigos até mesmo nesta descoberta moderna. Daremos em outro lugar a doutrina dos cabalistas, tal como ensinada por Shimon bem Yohai.

Pode-se provar facilmente que, desde tempos imemoriais, Saturno ou Cronos – cujo anel, positivamente, *foi* descoberto pelos astrólogos caldeus e cujo simbolismo não é nenhuma "coincidência" – foi considerado o pai de Zeus, antes que este se tornasse o pai de todos os deuses, e foi a divindade mais elevada. Ele era o Bel ou o Baal dos caldeus e foi originalmente importado pelos acádios. Rawlinson insiste em que este último proveio da Armênia; mas, se assim fosse, como explicar o fato de que Bel não é senão uma personificação babilônica do *Śiva* hindu, ou de *Bala*, o deus do fogo, a Divindade onipotente, criadora e ao mesmo tempo destruidora, em muitos sentidos superior ao próprio Brahmâ?

"Zeus", diz um hino órfico, "é o primeiro e o último, a cabeça e as extremidades; dele procedem todas as coisas. Ele é um homem e uma ninfa imortal [elementos masculino e feminino]; a alma de todas as coisas; e o principal agente motor do fogo; ele é o Sol e a Lua; a fonte do oceano; o demiurgo do universo; um poder, um Deus; o criador poderoso e o governador do cosmos. Tudo, fogo, água, terra, éter, noite, os céus, Métis, a arquiteta primordial [a Sofia dos gnósticos, e a Sephîrâh dos cabalistas], o belo Eros, Cupido, tudo está incluído nas vastas dimensões de seu corpo glorioso!"[23]

Este pequeno hino de louvores contém em si mesmo o fundamento de toda concepção mitopoética. A imaginação dos antigos era tão ilimitada quanto as manifestações visíveis da própria Divindade que lhes fornecia os temas para as suas alegorias. Estas, ainda, tão exuberantes quanto possam parecer, jamais se afastaram das duas idéias principais que se pode sempre encontrar caminhando paralelamente na sua imagética sagrada: uma aderência estrita ao aspecto tanto físico quanto moral ou espiritual da lei natural. As suas pesquisas metafísicas nunca se chocaram com as verdades científicas e as suas religiões podem ser com razão chamadas de credos psicofisiológicos dos sacerdotes e dos cientistas, que as construíram sobre as tradições do mundo nascente, tais como as mentes simples das raças primitivas as receberam, e sobre o seu próprio conhecimento experimental, amadurecidas com toda a sabedoria dos séculos intervenientes.

Quanto ao Sol, que melhor imagem se poderia encontrar para Júpiter, que emite os seus raios dourados, do que personificar esta emanação em Diana, a virgem Ártemis que tudo ilumina, cujo nome mais antigo era *Diktynna*, literalmente o *raio emitido*, da palavra *dikein*? A Lua é não-luminosa e brilha apenas pela luz refletida do Sol; daí a sua imaginação como a sua filha, a deusa da Lua, e ela mesma Luna, Astartê ou Diana. Como a cretense *Diktynna*, ela veste uma coroa feita da planta mágica *diktamnon*, ou *dictamnus*, o arbusto sempre-verde cujo contato se diz desenvolver o sonambulismo e, ao mesmo tempo, curá-lo definitivamente; e, como Eileithyia e Juno Pronuba, ela é a deusa que preside aos nascimentos; é uma divindade esculapiana. O uso da coroa de *dictamnus*, em associação com a Lua, mostra mais uma vez a profunda observação dos antigos. Esta planta é conhecida em Botânica por possuir poderosas propriedades sedativas; cresce no monte Dictê, uma montanha cretense, em grande abundância; por outro lado, a Lua, de acordo com as maiores autoridades em Magnetismo animal, atua sobre os humores e o sistema ganglionar, ou células nervosas, sede de onde procedem todas as fibras nervosas que representam um papel bastante importante na mesmerização. Durante o parto, as mulheres cretenses eram cobertas com esta planta e as suas raízes eram administradas como as mais apropriadas para acalmar as dores agudas e para mitigar a irritabilidade tão perigosa neste período. Eram colocadas, além disso, no precinto do templo consagrado à deusa, e, se possível, sob os raios diretos da resplendente filha de Júpiter – a brilhante e cálida Lua oriental.

Os brâmanes hindus e os budistas têm teorias complicadas sobre a influência do Sol e da Lua (os elementos masculino e feminino), que contêm os princípios negativo e positivo, os opostos da polaridade magnética. "A influência da Lua sobre as mulheres é bastante conhecida", escrevem todos os autores sobre Magnetismo; e Ennemoser, bem como Du Potet, confirmam as teorias dos videntes hindus em todos os seus detalhes.

O acentuado respeito dedicado pelos budistas à safira – que também era consagrada à Luna em todas as outras regiões – talvez seja baseado em algo mais cientificamente exato do que uma mera superstição infundada. Eles lhe atribuíram um poder mágico sagrado, que todo estudioso do mesmerismo psicológico compreenderá facilmente, pois a sua superfície polida e azul-escuro produz extraordinários fenômenos sonambúlicos. A influência variada das cores prismáticas sobre o crescimento da vegetação, e especialmente a do "raio azul", só foi reconhecida recentemente. Os acadêmicos brigavam sobre o poder aquecedor desigual dos raios prismáticos até que uma série de demonstrações experimentais, feitas pelo Gen. Pleasonton, veio provar que, sob a influência do raio azul, o mais elétrico de todos, o crescimento animal e vegetal aumentava numa proporção verdadeiramente mágica. Assim, as investigações de Amoretti sobre a polaridade elétrica das pedras preciosas mostraram que o diamante, a granada e a ametista são eletronegativos, ao passo que a safira é eletropositivo[24]. Podemos, então, mostrar que os recentes experimentos da Ciência apenas corroboram aquilo que era conhecido dos hindus antes que qualquer uma das modernas academias fosse fundada. Uma velha lenda hindu diz que *Brahmâ-Prajâpati*, enamorando-se de sua própria filha *Ushas* (o Céu, às vezes também a Aurora), assumiu a forma de um cervo (*riśya*) e *Ushas*, a de uma corça (*rohit*), e assim cometeram o primeiro pecado[25]. Ao ver tal profanação, os deuses tanto se aterrorizaram, que, unificando os seus corpos mais assustadores – cada deus possuía tantos corpos quantos desejasse –, eles produziram Bhûtavân (o espírito do mal), que foi criado por eles com a intenção de destruir a *encarnação* do primeiro pecado cometido por Brahmâ. Ao vê-lo, *Brahmâ-Hiranyagarbha*[26] arrependeu-se amargamente e começou a repetir os mantras, ou preces de purificação, e, em sua dor, verteu sobre a Terra uma lágrima, a *mais quente* que jamais saíra dos seus olhos; e dela se formou a primeira safira.

Esta lenda, meio sagrada, meio popular, mostra que os hindus sabiam qual era a mais elétrica de todas as cores prismáticas; além disso, a influência particular da safira estava tão bem definida quanto a de todos os outros minerais. Orfeu ensina como é possível afetar toda uma platéia por meio de uma magnetita[27]; Pitágoras dedica atenção especial à cor e à natureza das pedras preciosas; ao passo que Apolônio de Tiana comunica aos seus discípulos as virtudes secretas de cada uma delas e troca a cada dia de anel, usando uma pedra particular para cada dia do mês e de acordo com as leis da Astrologia judiciária[28]. Os budistas afirmam que a safira produz paz de espírito, equanimidade; afugenta todos os pensamentos maus, estabelecendo uma circulação sadia no homem. Uma bateria elétrica faz a mesma coisa, com o seu fluido bem dirigido, dizem os nossos eletricistas. "A safira", dizem os budistas, "abrirá portas e casas fechadas [ao espírito do homem]; produz o desejo da prece e traz consigo mais paz do que qualquer outra gema; mas aquele que a usar deve levar uma vida pura e santa."[29]

Diana-Luna é filha de Zeus e de Proserpina, que representa a Terra no seu trabalho ativo, e, de acordo com Hesíodo, como Diana Eileithyia-Lucina, ela é filha de Juno. Mas Juno, devorada por Cronos ou Saturno, é devolvida à vida pela Oceânica Métis, também conhecida como a Terra. Saturno, como a evolução do Tempo, engole a Terra num dos cataclismos pré-históricos e é só quando Métis (as águas), retirando-se para os seus muitos leitos, liberta o continente, que se diz que Juno readquiriu a sua primeira forma. A idéia está expressa nos versículos 9 e 10 do primeiro capítulo do *Gênese*. Nas freqüentes discussões matrimoniais entre Juno e Júpiter, Diana é sempre representada como se estivesse voltando as costas para a sua mãe e sorrindo para o seu pai, embora ela o repreenda por suas travessuras. Os mágicos da Tessália, diz-se, eram obrigados, durante tais eclipses, a dirigir a sua atenção para a Terra por meio do poder de seus conjuros e encantamentos, e os astrólogos babilônicos e os magos não cessavam os seus esconjuros antes de terem propiciado uma reconciliação entre o casal irritado, depois do que Juno "sorria radiantemente para a brilhante deusa" Diana, que, cingindo a sua fronte com o crescente, retornava à sua caçada nas montanhas.

Parece-nos que a fábula ilustra as diferentes fases da Lua. Nós, os habitantes da Terra, vemos apenas a metade do nosso satélite brilhante, que assim dá *as costas* à sua mãe Juno. O Sol, a Lua e a Terra estão constantemente trocando de posições um em relação ao outro. Com a Lua *nova* há constantemente uma mudança de tempo; e às vezes o vento e as tempestades podem muito bem sugerir uma discussão entre o Sol e a Terra, especialmente quando o primeiro está ocultado por retumbantes nuvens de trovoada. Além disso, a Lua nova, quando o seu lado escuro está voltado para nós, é invisível; e é só depois de uma *reconciliação* entre o Sol e a Terra que um crescente brilhante se torna visível no lado mais próximo do Sol, embora neste momento Luna não seja iluminada pela luz do Sol recebida *diretamente*, mas pela luz do Sol refletida da Terra para a Lua e, por ela, refletida de volta para nós[*]. É por essa razão que se diz que os astrólogos caldeus e os mágicos da Tessália, que provavelmente observaram e determinaram tão exatamente quanto Babinet o curso dos corpos celestiais, forçavam com os seus encantamentos a Lua a descer à Terra, isto é, a mostrar o seu crescente, o que ela só podia fazer depois de receber o "sorriso radiante" da sua mãe-terra, que só o podia exibir depois da reconciliação conjugal. Diana-Luna, ornada a sua cabeça com o crescente, volta a caçar em *suas montanhas*.

Pôr em dúvida o conhecimento intrínseco dos antigos, com um apoio nas suas "deduções *supersticiosas* dos fenômenos naturais", seria tão justo quanto se, daqui a quinhentos anos, os nossos descendentes considerassem os discípulos do Prof. Balfour Stewart como ignorantes *antigos*, e a ele próprio como um filósofo superficial. Se a ciência moderna, na pessoa deste cavalheiro, concorda em fazer experimentos para determinar se o aparecimento de manchas na superfície do Sol está ligado de alguma maneira à doença das batatas e descobre que *isso é verdade*; e se concorda em que, além disso, "a Terra é afetada muito seriamente por aquilo que ocorre no Sol"[30], por que os astrólogos antigos seriam considerados como loucos ou rematados velhacos? Há entre a Astrologia natural e judicial ou judiciária a mesma relação que existe entre a Fisiologia e a Psicologia, a Física e a Moral. Se nos últimos séculos essas ciências degeneraram em charlatanismo, graças a alguns impostores interessados em dinheiro, é justo estender essa acusação àqueles homens poderosos da Antiguidade que, por seus estudos perseverantes e por suas vidas santas, imortalizaram os nomes da Caldéia e da Babilônia? Certamente, aqueles que se reconhece hoje terem feito observações astronômicas corretas que remontam a "cem anos depois do dilúvio", do alto do observatório de "Bel envolto em nuvens", como o designa o Prof. Draper, não devem eles ser considerados como impostores. Se a sua maneira de fixar nas mentes populares as grandes verdades astronômicas diferiu do "sistema de educação" do nosso século e parece ser ridícula para alguns, a questão ainda está levantada; qual dos dois sistemas foi o melhor? Com eles a Ciência caminhava ao lado da Religião e a idéia de Deus era inseparável da de suas obras. E ao passo que neste século não há uma única pessoa em dez mil que saiba, se alguma vez o soube, que o planeta Urano está *próximo* de Saturno e que ele gira ao redor do Sol em 84 anos; e que Saturno está *próximo* de Júpiter e leva 29 anos e meio para fazer uma revolução completa em sua órbita, enquanto Júpiter cumpre a sua revolução em doze anos – as massas incultas da Babilônia e da Grécia gravaram em suas mentes que Urano era o pai de Saturno, e Saturno o de Júpiter, e os consideravam divindades, bem como todos os seus satélites e acompanhantes: podemos inferir daí que, enquanto os europeus só descobriram Urano em 1781, uma coincidência curiosa deve ser percebida nos mitos acima mencionados.

---

* A construção dessa frase é algo ambígua e pode levar a erro de compreensão. Todavia, os fatos estão corretos. A Terra, vista da Lua, também exibe todo o ciclo de fases e estas são suplementares às fases da Lua. A "Terra cheia" ocorre por ocasião da Lua nova. Assim, a luz da Lua sobre a Terra tem a sua contrapartida na luz da Terra sobre a Lua. No crescente, a parte do disco lunar que não está em contato direto com a luz do Sol é tornada visível pela luz do Sol refletida da Terra, e refletida de volta da Lua para a Terra. (N. do Org.)

Basta abrir o livro mais conhecido de Astrologia e comparar as descrições feitas na *Fábula das doze mansões* com as descobertas mais modernas da ciência sobre a natureza dos planetas e dos elementos de cada estrela para ver, sem nenhum espectroscópio, que os antigos estavam perfeitamente familiarizados com esses mesmos conhecimentos. A menos que se queira considerar o fato novamente como "uma coincidência", podemos aprender, até certo ponto, o que diz respeito à gradação do calor solar, à luz e à natureza dos planetas estudando apenas as suas representações simbólicas nos deuses olímpicos e os doze signos do zodíaco, a cada um dos quais se atribui em Astrologia uma qualidade particular. Se as deusas de nosso próprio planeta não diferem de outros deuses e deusas, mas têm todos uma natureza física semelhante, isso não implica que os astrônomos que observavam do alto da torre de Bel, durante o dia e durante a noite e entravam em comunhão com as divindades personificadas, tenham percebido, antes de nós, a unidade física do universo e o fato de que os planetas que estão acima de nós sejam feitos exatamente dos mesmos elementos químicos que os nossos. O Sol em Áries, Júpiter, é em Astrologia um signo masculino, diurno, cardeal, equinocial, oriental, quente e seco e corresponde perfeitamente ao caráter atribuído ao volúvel "Pai dos deuses". Quando o irritado Zeus-*Akrios* arranca do seu cinturão ardente os raios que atira do alto do céu, ele rasga as nuvens e desce como Júpiter-*Pluvius* em torrentes de chuva. Ele é o maior e o mais nobre de todos os deuses, e os seus movimentos são tão rápidos quanto o próprio relâmpago. O planeta Júpiter, sabe-se, gira tão rapidamente sobre o seu eixo, que cada ponto de seu equador percorre uma distância de 724.000 quilômetros por minuto. Acredita-se que um excesso imenso de força centrífuga no equador seja a causa desse planeta ter-se tornado extremamente achatado nos pólos; e, em Creta, a sua personificação, o deus Júpiter, era representado sem orelhas. O disco do planeta Júpiter é cruzado por cinturões negros; variando em largura, eles parecem estar conectados com a rotação do seu eixo e são produzidos por perturbações da sua atmosfera. A face do Pai Zeus, diz Hesíodo, tornou-se salpicada de fúria quando ele viu os Titãs prestes a se rebelarem.

No livro do Sr. Proctor, os astrônomos parecem especialmente condenados pela Providência a encontrar toda espécie de "coincidências" curiosas, pois ele cita muitos casos, entre uma "multidão", e até mesmo entre *milhares* de fatos [sic]". A esta lista podemos acrescentar o exército de egiptólogos e de arqueólogos que nos últimos anos têm sido os favoritos da caprichosa *Dame Chance*, que, além do mais, geralmente seleciona "árabes prósperos" e outros cavalheiros ocidentais para serem os *gênios* benevolentes de eruditos orientais em dificuldades. O Prof. Ebers é um dos últimos assim favorecidos. É bastante conhecido o fato de que quando Champollion precisava de elos importantes, ele os encontrava de maneira as mais variadas e inesperadas.

Voltaire, o maior dos "infiéis" do século XVIII, costumava dizer que, se não existisse nenhum Deus, o povo teria inventado um. Volney, outro "materialista", em parte alguma de todos os seus numerosos escritos nega a existência de Deus. Ao contrário, ele afirma claramente, muitas vezes, que o universo é obra do "Sábio-supremo" e está convencido de que há um Agente Supremo, um Artífice universal chamado Deus[31]. Voltaire, no final da sua vida, tornou-se pitagórico e terminou por dizer: "Consumi quarenta anos de minha peregrinação (...) buscando a pedra filosofal chamada Verdade. Consultei todos os adeptos da Antiguidade, Epicuro e

Santo Agostinho, Platão e Malebranche, e continuo na ignorância. (...) Tudo o que pude obter comparando e combinando o sistema de Platão, do tutor de Alexandre, Pitágoras, e o oriental foi isto: *O acaso é uma palavra destituída de sentido*; nada existe sem uma causa. O mundo está organizado segundo leis matemáticas; em conseqüência, está organizado por uma inteligência"[32].

Convém advertir que Proctor tropeça com a mesma pedra de escândalo dos autores materialistas, de cujas opiniões ele partilha, confundindo as operações físicas com as espirituais da Natureza. Sua teoria é a mesma do provável raciocínio indutivo dos antigos, relativa às influências sutis dos astros por analogia com a já conhecida do Sol e da Lua, pois diz que, segundo a Ciência, o Sol é manancial de calor e luz, e a Lua influi nas marés. Necessariamente haviam de atribuir aos demais astros a mesma influência no organismo e destino dos homens[33].

Mas permita-se-nos agora uma digressão. É difícil determinar, quando não se está familiarizado com a explanação esotérica das suas doutrinas, como os antigos consideravam os corpos celestiais. Desde que a Filologia e a Teologia comparada iniciaram o árduo trabalho de análise, elas não nos deram senão resultados escassos. A forma alegórica do discurso freqüentemente levou os nossos comentadores para fora do caminho e eles confundiram causas com efeitos e *vice-versa*. No fenômeno desconcertante da correlação de forças, mesmo os nossos grandes cientistas acham muito difícil explicar qual dessas forças é a causa e qual o efeito, pois cada uma pode ser ambas as coisas e elas são igualmente conversíveis. Assim, se peguntássemos aos físicos "é a luz que gera o calor, ou é este que produz a luz?", eles diriam com toda probabilidade que é certamente a luz que cria o calor. Muito bem; mas como? O Grande Artífice produziu primeiramente a luz, ou Ele primeiro construiu o Sol, que se diz ser o único fornecedor de luz, e posteriormente o calor? Estas questões podem parecer, à primeira vista, um índice de ignorância; mas talvez, se as ponderássemos profundamente, elas assumissem outra aparência. No *Gênese*, o "Senhor" primeiramente cria a *luz*, e três dias e três noites transcorrem antes que Ele crie o Sol, a Lua e as estrelas. Esta cincada grosseira contra a ciência *exata* tem criado muito regozijo entre os materialistas. E eles teriam todo o direito de rir se a sua doutrina de que a nossa luz e o nosso calor são derivados do Sol fosse inatacável. Até recentemente, nada sobreveio que perturbasse essa teoria, a qual, na ausência de uma melhor, e de acordo com a expressão de um pregador, "reina soberana no Império da Hipótese". Os antigos adoradores do Sol consideravam o Grande Espírito como um deus da Natureza, idêntico à Natureza, e o Sol a divindade, "em quem o Senhor da vida habita". Yama é o Sol, segundo a Teologia hindu, e "o Sol é a fonte das almas e de *toda vida*"[34]. Agni, o "Fogo Divino", a divindade dos hindus, é o Sol[35], pois fogo e Sol são a mesma coisa. Ormuzd é a luz, o Deus-Sol, ou o Vivificador. Na Filosofia hindu, "as almas provêm da alma do mundo e retornam a ela como as centelhas ao fogo"[36]. Mas, em outro lugar, diz-se que "*o Sol é a alma de todas as coisas*; tudo procedeu dele e retornará a ele"[37], o que mostra que o Sol significa alegoricamente aqui, e refere-se ao Sol invisível *central*, DEUS, cuja primeira manifestação foi Sephîrâh, a *Luz* emanada de *Ain-Soph*.

"E vi, e eis que vinha um vento de torvelinho da banda do norte, uma grande nuvem, e um fogo que a envolvia, e à roda dela um resplendor", diz *Ezequiel* (I, 4, 26, 27), "(...) e à semelhança de um trono (...) e um com aspecto de homem em cima dele (...) e vi uma com aparência *de fogo* resplandecente ao redor." E Daniel fala do "Ancião dos Dias", o *Ain-Soph* cabalístico, cujo trono era "de chamas de fogo, as rodas deste trono um fogo aceso (...) de diante dele saía um rio de fogo"[38]. Como o Saturno pagão, que tinha o seu castelo de chamas no sétimo céu, o Jeová judaico tinha o seu "castelo de fogo para além do sétimo céu"[39].

Se o espaço limitado desta obra nos permitisse, mostraríamos facilmente que nenhum dos antigos, incluídos aí os adoradores do Sol, consideravam o nosso Sol visível outra coisa senão como um emblema do seu Deus-Sol metafísico, invisível, central. Além disso, eles *não* acreditavam no que a nossa ciência moderna nos ensina, a saber, que a luz e o calor procedem do *nosso* Sol e que é este o astro que dá vida à nossa natureza visível. "A sua radiação é imperecível", diz o *Rig-Veda*, "os raios de brilho intenso, que tudo penetram, incessantes e imperecíveis de Agni não cessam, nem de dia nem de noite." Isto se relaciona evidentemente com o Sol espiritual, central, cujos raios tudo penetram e são imperecíveis, o vivificador eterno e infinito. ELE é o *Ponto*; o centro (que está em toda parte) do círculo (que não está em parte alguma), o etéreo, o fogo espiritual, a alma e o espírito do que tudo penetra, o éter misterioso; o desespero e a infelicidade dos materialistas, que algum dia acharão que aquilo que obriga as inumeráveis forças cósmicas a se manifestarem em correlação eterna não é senão uma eletricidade divina, ou antes *galvanismo*, e que o Sol é apenas um na miríade de *ímãs* disseminados no espaço – um refletor – como o Gen. Pleasonton o considera; que o Sol não tem mais calor nele do que a Lua ou o enxame de estrelas cintilantes; que não existe *gravitação* no sentido newtoniano[40], mas apenas atração magnética e repulsão; e que é por seu magnetismo que os planetas do sistema solar têm os seus movimentos regulados em suas respectivas órbitas pelo magnetismo ainda mais poderoso do Sol, não pelo seu próprio peso ou gravitação. Eles podem aprender isso e muito mais; mas, até lá, nós nos contentaremos em vê-los rir de nós, em vez de nos verem sendo queimados vivos por impiedade, ou atirados num manicômio.

As leis de Manu são as doutrinas de Platão, Filo, Zoroastro, Pitágoras e da Cabala. O esoterismo de toda religião pode ser solucionado com o auxílio desta última. A doutrina cabalista do Pai e do Filho alegóricos, ou Πατήρ e Λόγος, é idêntica ao fundamento do Budismo. Moisés não podia revelar à multidão os segredos sublimes da especulação religiosa, nem a cosmogonia do universo; tudo isto repousando sobre a *Ilusão* hindu, uma máscara engenhosa a velar o *Sanctum Sanctorum* e tudo o que espantava muitos comentadores teológicos[41].

As heresias cabalísticas recebem um apoio inesperado nas teorias heterodoxas do Gen. Pleasonton. De acordo com suas opiniões (que ele apóia em fatos muito mais incontestáveis do que os cientistas ortodoxos as suas), o espaço entre o Sol e a Terra está preenchido por um agente material que, tanto quanto podemos julgar a partir de suas opiniões, corresponde à nossa luz astral cabalística. A passagem da luz por meio dele deve produzir enorme fricção. A fricção gera a eletricidade e são esta eletricidade e o seu magnetismo correlativo que formam aquelas extraordinárias forças da Natureza que produzem no nosso planeta, e sobre ele e ao seu redor, as várias alterações que encontramos por toda parte. Ele prova que o calor terrestre *não pode* derivar diretamente do Sol, pois o calor *ascende*. A força pela qual o calor é produzido é repelente, diz ele, e, como está associado à eletricidade positiva, é atraído para a atmosfera superior por sua eletricidade negativa, sempre associada ao frio, que se opõe à eletricidade positiva. Ele fortalece a sua opinião mostrando que a Terra, que, quando coberta pela neve, não pode ser afetada pelos raios do Sol, é mais quente onde a neve é mais espessa. Pleasonton explica este fato pela teoria de que a radiação do calor do interior da Terra, positivamente eletrificada, encontrando-se na *superfície* da Terra com a neve que está em contato com ela, negativamente eletrificada, produz o calor.

Ele mostra, assim, que não é de maneira alguma ao Sol que devemos a luz e o calor; que a luz é uma criação *sui generis*, que passou a existir no instante em que a Divindade *quis* e pronunciou o seu fiat: "Faça-se a luz"; e que é este agente material independente que produz o calor *por fricção*, em virtude da sua velocidade enorme e constante. Em suma, é a primeira emanação cabalística que o Gen. Pleasonton nos apresenta: a Sephîrâh ou *Inteligência* divina (o princípio feminino), que, unida ao *Ain-Soph* ou sabedoria divina (o princípio masculino), produziu tudo que é visível e invisível. Ele se ri da teoria corrente da incandescência do Sol e da sua substância gasosa. A reflexão da fotosfera do Sol, diz ele, passando pelos espaços planetário e estelar, deve ter então criado uma vasta soma de eletricidade e magnetismo. A eletricidade, pela união das suas polaridades opostas, emite calor e fornece magnetismo a todas as substâncias capazes de recebê-lo. O Sol, os planetas, as estrelas e as nebulosas são, todos eles, ímãs[42].

Se este corajoso cavalheiro chegar a provar a sua tese, as gerações futuras estarão pouco inclinadas a rir de Paracelso e da sua luz sideral ou astral e da sua doutrina da influência magnética exercida pelas estrelas e pelos planetas sobre toda criatura viva, vegetal ou mineral do nosso globo. Além disso, se a hipótese de Pleasonton for reconhecida como exata, a glória transcendente do Prof. Tyndall será grandemente obscurecida. De acordo com a opinião pública, Pleasonton efetua uma investida violenta contra o eminente físico que atribuiu ao Sol efeitos caloríficos experimentados por ele numa excursão pelos Alpes, e que eram devidos apenas à sua própria eletricidade vital[43].

A preponderância de tais idéias revolucionárias no domínio da ciência leva-nos a perguntar aos seus representantes se eles podem explicar *por que* as marés seguem a Lua no seu movimento circular. O fato é que eles não podem demonstrar nem um fenômeno tão familiar quanto este, e que não representa nenhum mistério mesmo para os neófitos em Alquimia e Magia. Gostaríamos, também, de saber se eles são igualmente incapazes de nos dizer por que os raios da Lua são tão venenosos, fatais mesmo, a alguns organismos; por que em algumas partes da África e da Índia uma pessoa adormecida ao luar se torna freqüentemente louca; por que as crises de certas doenças correspondem a mudanças lunares; por que os sonâmbulos são mais afetados na Lua cheia; e por que jardineiros, agricultores e lenhadores persistem com tenacidade na idéia de que a vegetação é afetada por influências lunares. Muitas espécies de mimosas abrem e fecham alternadamente as suas pétalas assim que a Lua cheia emerge das nuvens ou é obscurecida por elas. E os hindus de Travancore possuem um provérbio popular extremamente sugestivo que diz: "Doces palavras valem mais do que as violentas; o mar é atraído pela Lua fria e não pelo Sol ardente". Talvez o único homem ou os muitos homens que lançaram este provérbio ao mundo soubessem mais sobre a causa de tal atração das águas pela Lua do que nós sabemos. Assim, se a Ciência não pode explicar a causa dessa influência física, o que pode ela saber das influências morais e ocultas que podem ser exercidas pelos corpos celestiais sobre os homens e o seu destino; e por que contradizem aquilo cuja falsidade eles não conseguem provar? Se certos aspectos da Lua produzem efeitos tangíveis tão familiares à experiência dos homens através de tantos séculos, que violência estamos cometendo contra a lógica ao admitir a possibilidade de que uma certa combinação de influências astrais pode ser mais ou menos potente?

Se o leitor se lembrar do que dizem os eruditos autores de *The Unseen Universe*[44] em relação ao efeito positivo produzido sobre o éter universal por uma causa tão pequena quanto a vibração do pensamento no cérebro humano, mais lógico, ainda, nos há de parecer que o tremendo impulso dado ao éter pela rotação de milhões de astros influa na Terra e seus habitantes. Se os astrônomos não nos podem explicar a lei oculta de que as partículas perambulantes da matéria cósmica se agregam em mundos e em seguida tomam os seus lugares na procissão majestosa que se move incessantemente ao redor de algum ponto central de atração, como pode alguém pretender dizer quais influências místicas podem ou não ser arremessadas pelo espaço e afetar os elementos da vida neste ou noutros planetas? Quase nada se sabe das leis do Magnetismo e de outros agentes imponderáveis; quase nada se sabe dos seus efeitos sobre nossos corpos e nossas mentes; pois mesmo aquilo que é conhecido e, além do mais, perfeitamente demonstrado, é atribuído ao acaso e a curiosas *coincidências*. Mas sabemos, graças a essas coincidências[45], que "há períodos em que certas doenças, certas propensões, certas sortes e certos azares da Humanidade são mais correntes do que outros". Há épocas de epidemia em assuntos morais e físicos. Num tempo, "o espírito da controvérsia *religiosa* despertará as paixões mais ferozes de que a natureza humana é suscetível, provocando perseguições naturais, derramamento de sangue e guerras; em outro, uma epidemia de resistência à autoridade constituída se espalhará por meio mundo (como no ano de 1848), rápida e simultânea como o mais virulento distúrbio corporal". Além disso, o *pensamento coletivo* vai acompanhado de anômalas condições psíquicas que invadem milhões de indivíduos, até o ponto de levá-los a agir automaticamente, corroborando com isso a opinião vulgar das obsessões diabólicas justificadas pelas satânicas emoções e atos que dimanam de semelhante estado mental. Num determinado período, a tendência geral é para o isolamento e para a contemplação; daí o número incontável dos que se devotam ao monasticismo e ao ascetismo; num outro, a mania da *ação*, voltada para qualquer objetivo utópico, tão difícil de conseguir quanto inútil; donde as miríades de pessoas que, abandonando parentes, lares e pátria, procuram uma terra em que as pedras são de ouro ou se lançam numa guerra de extermínio para a conquista de cidades sem valor e de desertos sem trilhas[46].

O autor do trecho acima citado diz que "as sementes do vício e do crime parecem estar semeadas no subsolo social e brota e frutifica incessantemente com espantosa rapidez".

Em presença de tão chocantes fenômenos, a Ciência permanece muda sem conjeturar sequer sua causa, e, naturalmente, não poderia fazê-lo, pois que ainda não aprendeu a olhar para fora deste globo de argila sobre o qual vivemos, nem para a sua atmosfera pesada para procurar as influências ocultas que nos afetam dia após dia e minuto após minuto. Mas os antigos, cuja "ignorância" é também afirmada pelo Sr. Proctor, compreenderam completamente o fato de que as relações recíprocas entre os corpos planetários são tão perfeitas quanto aquelas que existem entre os glóbulos de sangue, que flutuam num fluido comum; e de que cada um deles é afetado pelas influências combinadas de todo o resto, assim como cada um deles por sua vez afeta cada um dos outros. Da mesma maneira que os planetas diferem em dimensão, distância e atividade, assim também diferem em intensidade os impulsos que eles comunicam ao éter ou à luz astral e as forças magnéticas e outras que irradiam para certas partes dos céus. A música é a combinação e a modulação de sons, e o som é o efeito produzido pela vibração do éter. Bem, se os impulsos comunicados ao éter pelos diferentes planetas podem ser comparados às diferentes notas de um instrumento musical, não é difícil compreender que a "música das esferas" pitagórica é algo mais do que uma fantasia e que certos aspectos planetários podem dar lugar a perturbações no éter de nosso planeta, enquanto outros produzem tranqüilidade e harmonia. Certos tipos de música nos lançam no frenesi; alguns exaltam a alma a aspirações religiosas. Em suma, não existe uma criação humana que não corresponda a certas vibrações da atmosfera. Acontece o mesmo com as cores; algumas nos excitam, outras nos acalmam e dão prazer. A freira veste-se de negro para indicar o desalento de uma fé esmagada pelo sentido do pecado original; a noiva cobre-se de branco; o vermelho excita a cólera de certos animais. Se nós e os animais somos afetados por vibrações que operam numa escala tão diminuta, por que não podemos ser influenciados pelas vibrações que operam em grande escala, tais como o efeito de influências estelares combinadas?

"Nós sabemos", diz o Dr. Elam, "que determinadas condições patológicas se convertem facilmente em epidêmicas, *influenciadas por causas ainda não investigadas*. (...) Vemos quão poderoso é o contágio mental, pois não há idéia nem quimera alguma, por absurda que seja, que não assuma caráter coletivo. Observamos também de que maneira notável as mesmas idéias se reproduzem e *reaparecem em épocas sucessivas*; (...) nenhum crime é tão horrível que não se torne popular – homicídio, infanticídio, suicídio, envenenamento, ou qualquer outra concepção humana diabólica. (...) Quanto às epidemias (...) a causa da sua rápida propagação numa época determinada *continua sendo um mistério!*"[47]

Estas poucas linhas contêm um fato *psicológico* inegável, esboçado com mãos de mestre, e ao mesmo tempo uma *meia*-confissão de perfeita ignorância: "*causas ainda não investigadas*". Por que não ser honesto e acrescentar "*impossíveis* de ser investigadas com os métodos científicos atuais"?

Comentando uma epidemia de incêndios dolosos, o Dr. Elam cita dos *Annales d'hygiène publique* os seguintes casos: "Uma moça, com mais ou menos dezessete anos de idade, foi presa como suspeita (...) ela confessou que 'por duas vezes ateou fogo a residências por *instinto*, por *necessidade irresistível*' (...) Um rapaz, com mais ou menos dezoito anos, cometeu vários atos dessa mesma natureza. Fora movido por uma paixão qualquer, mas a explosão das chamas excitou nele uma emoção profundamente agradável"[48].

Quem ainda não observou nas colunas da imprensa diária incidentes similares? Estes saltam à vista constantemente. Nos casos de morte de toda natureza, e de outros crimes de caráter diabólico, o ato é atribuído, em nove entre dez casos, pelos próprios culpados, a *obsessões irresistíveis*. "*Alguma coisa* sussurrava constantemente aos meus ouvidos. (...) *Alguém* me empurrava sem cessar e me guiava." Assim são as mais freqüentes confissões dos criminosos. Os médicos as atribuem a alucinações de cérebros desarranjados e chamam o impulso homicida de *loucura* temporária. Mas a loucura em si mesma é bem-compreendida pelos psicólogos? A sua causa foi formulada numa hipótese capaz de suportar o exame dum investigador imparcial? Que as obras controversas de nossos alienistas contemporâneos respondam por si mesmas.

Platão reconhece que o homem é o joguete de necessidade a que está submetido desde a sua entrada no mundo da matéria; a influência externa das causas é semelhante à do *daimonia* de Sócrates. Segundo Platão, feliz é o homem corporalmente puro, pois a pureza do corpo físico determina a do astral, que, embora seja suscetível de se extraviar por impulsos próprios, sempre se alinhará com a razão contra as predisposições animalescas do corpo físico. A sensualidade e outras paixões provêm do corpo carnal; e ainda que opina que há crimes *involuntários*, porque procedem de causas externas, Platão faz distinção entre elas. O fatalismo que ele concede à Humanidade não exclui a possibilidade de os evitar, pois embora a dor, o temor, a cólera e outros sentimentos sejam dados aos homens por *necessidade,* "se se triunfa sobre eles, vive-se corretamente, e se se é vencido por eles, vive-se *incorretamente*"[49]. O homem *dual*, isto é, aquele de que o espírito *imortal* divino desapareceu, deixando apenas a forma animal e o corpo astral (a alma *mortal* mais elevada de Platão), é abandonado apenas aos seus *instintos*, pois ele foi dominado por todos os males vinculados à matéria; em conseqüência, ele se torna um instrumento dócil nas mãos dos *invisíveis* – seres de matéria sublimada, que pairam em nossa atmosfera e estão sempre prontos a inspirar aqueles que foram justamente abandonados por seu conselheiro *imortal*, o espírito divino, chamado de "gênio" por Platão[50]. Segundo este grande filósofo e iniciado, "quem viveu bem durante o tempo que lhe foi atribuído poderá voltar a habitar *a sua estrela* e daí levará uma existência abençoada e de acordo com a sua natureza. Mas se ele não a conseguir nesta segunda geração, ele passará *para uma mulher* [tornando-se indefeso e fraco como uma mulher][51], e, se não puser fim ao mal nesta condição, será transformado em algo bruto, que se parecerá com ele nos maus dias, e os seus tormentos e as suas transformações não cessarão até que, seguindo o princípio original de igualdade e de semelhança que nele existe, ultrapasse, com a ajuda da razão, as secreções últimas dos *elementos* turbulentos e irracionais (demônios elementares) compostos de fogo e ar, e de água e terra, e retorne à forma da sua primeira e melhor natureza"[52].

Mas o Dr. Elam pensa de maneira diferente. À p. 194 do seu livro, *A Physician's Problems*, ele afirma que a causa da rápida propagação de certas epidemias físicas, que ele indica, "continua sendo um mistério"; mas, no que diz respeito ao incendiarismo, observa que "nada encontramos nele de misterioso, embora a epidemia se tenha desenvolvido grandemente". Estranha contradição! De Quincey, em sua comunicação intitulada *Murder Considered as One of the Fine Arts*, fala da epidemia de assassinatos, de 1588 a 1635, na qual sete dos homens mais ilustres da época perderam suas vidas nas mãos de assassinos, e nem ele, nem qualquer outro comentador, foi capaz de explicar a causa misteriosa dessa mania homicida.

Se pressionarmos esses senhores no sentido de nos fornecerem uma explicação – que, na qualidade de pretensos filósofos, nos devem dar –, eles nos responderão que é muito mais *científico* atribuir a tais epidemias "a agitação da mente", "(...) uma época de agitação política (1830)", "(...) imitação e impulsão", "(...) rapazes excitáveis e ociosos" e "moças *histéricas*" do que se dedicar a pesquisas absurdas para a verificação de tradições supersticiosas de uma hipotética luz astral. Parece-nos que se, por alguma fatalidade providencial, a *histeria* viesse a desaparecer inteiramente do sistema humano, a fraternidade médica se sentiria completamente às tontas ao fornecer explicações de uma ampla classe de fenômenos agora convenientemente classificados sob o título de "sintomas normais de certas condições patológicas dos centros nervosos". A histeria tem sido, até o presente momento, a tábua de salvação dos patologistas céticos. Que uma jovem camponesa imunda de repente comece a falar com fluência línguas estrangeiras diferentes até então desconhecidas por ela, e a escrever poesia – "histerismo"! Que um médium levite, à vista de uma dúzia de testemunhas, e saia pela janela do terceiro andar e entre por uma outra – "distúrbio dos centros nervosos, seguido de uma ilusão histérica *coletiva*"[53]! Um *terrier* escocês, fechado num quarto durante uma manifestação pública, é atirado por uma mão invisível ao ar, faz-se em pedaços em seu *salto mortale*, sob um teto de mais ou menos seis metros de altura, e cai morto ao chão[54] – "*alucinação canina*"!

"A ciência verdadeira não tem crenças", diz o Dr. Fenwick, em *A Strange Story*, de Bulwer-Lytton; "a verdadeira ciência (...) conhece apenas três estados da mente: negação, convicção e o vasto intervalo entre as duas, que não é a crença, mas *suspensão de juízo*."[55] Essa, talvez, fosse a ciência verdadeira na época do Dr. Fenwick, mas a ciência dos nossos tempos modernos procede de outra maneira; ou nega sem rodeios, sem qualquer investigação preliminar, ou coloca-se à distância prudente entre a negação e a afirmação e, dicionário na mão, inventa novos termos greco-latinos para espécies não-existentes de histeria!

Quão amiúde clarividentes poderosos e adeptos do Mesmerismo descrevem epidemias e manifestações *físicas* (embora fossem invisíveis para outros) que a ciência atribui à epilepsia, a distúrbios hematonervosos e, que sei eu, de *origem somática*, como a sua lúcida visão os viu na luz astral. Eles afirmam que as "ondas elétricas" estavam num estado de violenta perturbação e que eles percebiam uma relação direta entre esse distúrbio etéreo e a epidemia mental ou física que então reinava. Mas a ciência não os ouviu, e continuou o seu trabalho enciclopédico de maquinar nomes novos para coisas velhas.

"A História", diz Du Potet, o príncipe dos mesmeristas franceses, "conserva muito bem os registros dolorosos da feitiçaria. Esses fatos eram muito reais e muito prontamente se prestaram às imperícias apavorantes dessa arte, a abusos monstruosos! (...) Mas como eu descobri essa arte? Onde a aprendi? Em meus pensamentos? Não; foi a própria *Natureza* que me revelou o segredo. E como? Produzindo diante dos meus próprios olhos, sem esperar que eu os procurasse, fatos indiscutíveis de feitiçaria e de Magia. (...) O que é, afinal, o sono sonambúlico? *Um resultado da potência da Magia*. E o que é que determina essas atrações, essas *impulsões repentinas*, essas epidemias notáveis, furores, antipatias, crises; – essas convulsões que *podeis tornar duráveis*? (...) O que é que as determina, a não ser o *princípio mesmo* que empregamos, o agente *tão decididamente bem conhecido dos antigos*? O que chamamos de fluido nervoso ou *magnetismo*, os homens da Antiguidade chamavam *poder oculto*, ou a potência da alma, sugestão, MAGIA! (...)

"A Magia baseia-se na existência de um mundo misto situado no *exterior*, e não no *interior*, de nós; e com o qual podemos estabelecer comunicação pelo uso de certas artes e práticas. (...) Um elemento *que existe na Natureza*, desconhecido da maioria dos homens, apanha uma pessoa e a intimida e a derruba, como um furacão terrível faz com um junco; ele dispersa os homens, ataca-os, em *mil lugares ao mesmo tempo*, sem que eles possam perceber o inimigo invisível, ou sejam capazes de se proteger (...) tudo isso está *demonstrado*; mas que esse elemento possa escolher amigos e selecionar *favoritos*, obedecer a seus *pensamentos*, responder ao apelo da voz humana e compreender o significado de *signos traçados*, é isso o que as pessoas não podem entender e *o que a sua razão recusa*, e foi isso *o que eu vi*; e eu digo aqui bastante enfaticamente que para mim ele é um fato e *uma verdade* demonstrados para sempre."[56]

"Se eu entrasse em maiores detalhes, poder-se-ia compreender facilmente que existem ao nosso *redor*, bem como *dentro de nós mesmos*, seres misteriosos dotados de *poder* e de *forma*, que entram e saem à vontade, apesar das portas mais bem fechadas."[57] Além disso, o grande mesmerizador nos ensina que a faculdade de dirigir esse fluido é uma "propriedade física, resultante de nossa organização (...) ele passa através de todos os corpos (...) tudo pode ser usado como condutor para operações mágicas, e pode conservar o poder de produzir, por sua vez, efeitos". Esta é a teoria comum a todos os filósofos herméticos. É tal o poder do fluido, "que *nenhuma força química ou física é capaz de o destruir*. (...) Há uma pequena analogia entre os fluidos imponderáveis conhecidos dos físicos e este fluido magnético animal"[58].

Se nos reportarmos agora aos tempos medievais, encontramos, entre outros, Cornélio Agripa, que nos diz precisamente a mesma coisa: "A força universal sempre cambiante, a 'alma do mundo', pode fecundar qualquer coisa infundindo nela as suas próprias propriedades celestiais. Preparados de acordo com a fórmula ensinada pela *Ciência*, esses objetos recebem o dom de nos comunicar a sua virtude. Basta vesti-la para senti-la imediatamente operar na alma como no corpo. (...) A alma humana possui, pela razão única de ser da mesma essência que toda a criação, um *poder maravilhoso*. Quem possui o segredo pode ascender na Ciência e no conhecimento tão alto quanto a sua imaginação o puder levar; mas apenas com a condição de se tornar intimamente ligado a essa força universal. (...) A verdade, e mesmo o futuro, pode tornar-se presente aos olhos da alma; e esse fato foi muitas vezes demonstrado por coisas que se produziram tal como foram vistas e descritas anteriormente (...) o tempo e o espaço desaparecem diante do olhar de águia da alma imortal (...) o seu poder torna-se ilimitado (...) ela pode rasgar o espaço e cercar um homem com a sua presença, *não importa qual seja a distância*; pode mergulhar e penetrar nele e fazê-lo ouvir a voz da pessoa a que ela pertence, como se essa pessoa estivesse na sala"[59].

Se não quisermos procurar provas ou pedir informações à Filosofia Hermética medieval, podemos ir mais longe ainda na Antiguidade e selecionar, na plêiade de filósofos dos séculos pré-cristãos, um que possa pelo menos ser acusado de superstição e de credulidade – Cícero. Falando daqueles que ele chama de *deuses*, e que são espíritos humanos ou atmosféricos, "sabemos", diz o famoso orador, "que de todos os seres vivos o homem é o mais bem-formado, e, como os deuses pertencem a esse conjunto, eles devem ter uma forma humana. (...) Não quero dizer que os deuses têm corpo e sangue; mas digo que eles *parecem* ter um corpo com sangue. (...) Epicuro, para quem as coisas ocultas eram tão tangíveis como se ele as tivesse tocado com o dedo, ensina-nos que os deuses não são geralmente visíveis, porém que são *inteligíveis*; que não são corpos que têm uma certa solidez (...) mas que podemos reconhecer por suas imagens *que passam*; que, como há *átomos* bastantes no espaço infinito *para produzir tais imagens*, elas são produzidas diante de nós (...) e nos fazem compreender o que são esses felizes seres imortais"[60][*].

"Quando o iniciado", diz Lévi, por sua vez, "tornou-se completamente *lúcido* (...) ele comunica e dirige à vontade as vibrações *magnéticas* na massa da luz astral. Transformada em luz humana no momento-da concepção, *ela* (a luz) transforma-se no *primeiro envoltório da alma*; por combinação com os fluidos mais sutis ela forma um corpo etéreo, ou o *fantasma sideral*, que é totalmente liberado *apenas* no momento da morte."[61] Projetar esse corpo etéreo, não importa a que distância, torná-lo mais objetivo e tangível condensando, sobre sua forma fluídica, as ondas da essência-mãe — eis o grande segredo do adepto-*mago*.

A magia teúrgica é a última expressão da ciência psicológica oculta. Os acadêmicos a rejeitam, como uma alucinação de cérebros doentios, ou a brindam com o opróbrio de charlatanismo. Nós lhes negamos, da maneira a mais enfática, o direito de expressar a sua opinião sobre um assunto que eles nunca investigaram. Eles não têm mais direito de, no estado atual do seu conhecimento, julgar a Magia e o Espiritismo do que um indígena das ilhas Fiji de aventurar uma opinião sobre os trabalhos de Faraday ou Agassiz. Tudo o que eles um dia podem fazer é corrigir os erros do dia anterior. Cerca de três mil anos atrás, antes da época de Pitágoras, os antigos filósofos proclamavam que a luz era ponderável — por conseguinte, era *matéria*, e que a luz era uma força. A teoria corpuscular, devido a certas falhas newtonianas, foi ridicularizada, e a teoria ondulatória, que proclamou que a luz era *imponderável*, foi aceita. E, agora, o mundo se espanta ao ver o Sr. Crookes *pesar* a luz com o seu radiômetro! Os pitagóricos afirmavam que nem o Sol nem as estrelas eram *fontes* de luz e de calor, e que o primeiro era apenas um agente; mas as escolas modernas ensinam o contrário.

Pode-se dizer a mesma coisa da lei newtoniana da gravitação. Seguindo estritamente a doutrina pitagórica, Platão afirmou que a gravitação não era apenas uma lei da atração magnética de corpos menores por corpos maiores, mas uma atração magnética de similares e repulsão de dissimilares. "As coisas reunidas", diz ele,

---

* Cícero, *De natura Deorum*, libro I, xviii:

    "(...) Quodsi omnium animantium formam vincit hominis figura, deus autem animans est, ea figura profecto est quae pulcherrima est omnium, quoniamque deos beatissimos esse constat, beatus autem esse sine virtute nemo potest nec virtus sine ratione constare nec ratio usquam inesse nisi in hominis figura, hominis esse specie deos confitendum est. Nec tamen ea species corpus est, sed quasi corpus, nec habet sanguinem, sed quasi sanguinem".

    Livro I, xix:

    "(...) Epicurus autem, qui res occultas et penitus abditas non modo videat animo sed etiam sic tractet ut manu, docet eam esse vim et naturam deorum ut primum non sensu sed mente cernantur, nec soliditate quadam nec ad numerum, ut ea quae ille propter firmitatem appellat, sed imaginibus similitudine et transitione perceptis, cum infinita simillumarum imaginum series ex innumerabilibus individuis existat et ad deos adfluat, cum maximis voluptatibus in eas imagines mentem intentam infixamque nostram intellegentiam capere quae sit et beate natura et aeterna (...)". (N. do Org.)

"contrárias à Natureza, estão naturalmente em guerra e se repelem umas às outras."[62] Isto não quer dizer que a repulsão ocorre da necessidade entre corpos de propriedades dissimilares, mas simplesmente que, quando corpos naturalmente antagônicos são reunidos, eles se repelem uns aos outros. As pesquisas de Bart e de Schweigger deixam pouca ou nenhuma dúvida a respeito do fato de que os antigos estavam bastante bem familiarizados com a atração do ferro pelos ímãs, assim como com as propriedades positivas e negativas da eletricidade, sejam quais foram os nomes que tenham dado a ela. As relações magnéticas recíprocas dos globos planetários – que são, todos eles, ímãs – eram para eles um fato aceito, e os aerólitos não só eram chamados por eles de pedras magnéticas, mas também usados nos mistérios com propósitos para os quais agora usamos o ímã. Quando, portanto, o Prof. A. M. Mayer, do Instituto Stevens de Tecnologia, em 1872, disse no Clube Científico de Yale que a Terra é um grande ímã e que, "a qualquer agitação repentina da superfície do Sol, o magnetismo da Terra experimenta uma profunda perturbação no seu equilíbrio, causando tremores intermitentes nos ímãs dos nossos observatórios e produzindo as explosões das luzes polares, cujas flamas bruxuleantes transmitem o seu ritmo à agulha trêmula"[63], ele apenas reafirmou claramente o que foi ensinado em bom dórico inúmeros séculos antes que o primeiro filósofo cristão visse a luz do dia.

Os prodígios realizados pelos sacerdotes da magia teúrgica estão tão bem autenticados, e a evidência – se o testemunho humano tem um valor qualquer – é tão esmagadora, que, mais do que reconhecer que os teurgos pagãos jamais foram igualados pelos cristãos em questão de milagres, Sir David Brewster concede aos primeiros a mais alta proficiência em Física e em tudo o que pertence à Filosofia Natural. A ciência encontra-se num dilema muito desagradável. Ela deve confessar que os físicos antigos eram superiores em conhecimento aos seus representantes modernos, ou que existe algo na Natureza que está além da ciência física, e que o *espírito* possui poderes com que os nossos filósofos sequer sonharam.

"O erro que cometemos numa ciência que temos cultivado especialmente", diz Bulwer-Lytton, "só é visível à luz de uma ciência diferente, também especialmente cultivada por outra pessoa."[64]

Nada pode ser mais facilmente explicado do que as mais elevadas possibilidades da Magia. À luz radiante do oceano magnético universal, cujas ondas elétricas rodeiam o cosmos e, em seu movimento incessante, penetram cada átomo e cada molécula da criação infinita, os discípulos do mesmerismo – apesar da insuficiência dos seus vários experimentos – percebem intuitivamente o alfa e o ômega do grande mistério. Só ele, o estudo desse agente, que é o alento divino, pode abrir as portas dos segredos da Psicologia e da Fisiologia, dos fenômenos cósmicos e espirituais.

"A Magia", diz Pselo, "formava a última parte da ciência sacerdotal. Ela investigava a natureza, o poder e a qualidade de todas as coisas sublunares; dos elementos e de suas partes, dos animais, de todas as variedades de plantas e seus frutos, das pedras e das ervas. Em suma, ela explorava a essência e o poder de tudo. Era, então, por meio desse conhecimento que ela produzia os seus efeitos. E ela formava *estátuas* [magnetizadas] que logravam saúde, e fazia todo tipo de figuras e objetos [talismãs] que também podiam tornar-se instrumentos tanto de doença quanto de saúde. (...) Freqüentemente, também, pode-se fazer surgir o fogo celestial por meio da magia, e então as estátuas sorriem e as lâmpadas se iluminam espontaneamente."[65][*]

Se a descoberta moderna de Galvani pode colocar em movimento os membros de uma rã morta e forçar o rosto de um homem a exprimir, pela distorção dos seus traços, as mais variadas emoções, desde a alegria até a cólera diabólica, o desespero e o horror, os sacerdotes pagãos, a menos que a prova combinada dos testemunhos dos homens mais dignos da Antiguidade não deva ser levada em consideração, eles executavam as maravilhas ainda maiores de fazer suar e rir as suas pedras e as suas estátuas de metal. O fogo *celestial*, puro, do altar pagão era eletricidade extraída da luz astral. As estátuas, portanto, se preparadas convenientemente, podiam, sem qualquer acusação de superstição, ser investidas da propriedade de conferir saúde e doença por contato, assim como qualquer cinto galvânico moderno, ou uma bateria sobrecarregada.

Os céticos eruditos, bem como os materialistas ignorantes, divertiram-se durante os dois últimos séculos com os *absurdos* atribuídos a Pitágoras pelo seu biógrafo Jâmblico. Diz-se que o filósofo de Samos persuadiu uma ursa a desistir de comer carne humana; que obrigou uma águia branca a descer das nuvens até ele; e que a aprisionou acariciando-a com a mão e falando com ela. Em outra ocasião, Pitágoras persuadiu um touro a não mais comer favas, apenas murmurando algumas palavras nos ouvidos do animal[66]. Oh, a ignorância e a superstição dos nossos antepassados, quão ridículas elas parecem aos olhos de nossas gerações iluminadas! Analisemos, todavia, esse absurdo. Vemos a cada dia homens iletrados, proprietários de verdadeiros zoológicos ambulantes, domar e subjugar completamente os animais mais

---

* Thos. Taylor dá o original grego e a tradução inglesa, integrais, dessa passagem de Pselo:

"*Goeteia* (γοητεία), ou feitiçaria, é uma determinada arte relativa aos demônios materiais e terrestres, cujas imagens ela torna visíveis aos seus espectadores. E alguns desses demônios ela traz, por assim dizer, do Hades; mas outros são trazidos do alto; e estes, também, são de espécies do mal. *Essa arte, portanto, obriga determinadas imagens fantásticas a aparecerem diante dos espectadores.* E aos olhos de alguns, na verdade, ela produz verdadeiros desfiles: mas aos de outros ela promete liberdade de laços, cortesias e favores. Eles trazem, também, poderes dessa espécie por cantos e encantamentos. Mas a *Magia*, segundo os gregos, é uma coisa de natureza muito poderosa. *Pois eles dizem que ela forma a última parte da ciência sacerdotal.* A Magia, na verdade, investiga a natureza, o poder e a qualidade de todas as coisas sublunares; a saber, dos elementos e suas partes, dos animais, de todas as variedades de plantas e seus frutos, das pedras e das ervas; e, em suma, explora a essência e o poder de cada coisa. Donde, portanto, ela produzir os seus efeitos. E ela forma estátuas que propiciam saúde, faz todas as variedades de figuras e de coisas que se tornam instrumentos de doença. Ela afirma, também, que as águias e os dragões contribuem para a saúde, porém que os gatos e os cachorros e as vacas são símbolos de vigilância, para os quais ela contribui. Mas para o amoldamento de certas partes, usam-se a cera e a argila. Freqüentemente, também, a Magia faz surgir o fogo celestial: então as estátuas riem e as lâmpadas se acendem espontaneamente".

Thos. Taylor afirma que esse raro manuscrito de Miguel Pselo traz o título de *On Daemons, according to the Dogmata of the Greek*, e que não faz parte do seu tratado *On the Energy of the Daemons*, publicado por G. Gaulminus (Paris, 1615). Essa passagem também pode ser encontrada, em grego e em latim, na seção 5 do pequeno tratado *Peri daimonôn* (*De daemonibus*), em Migne, *Patrologiae Cursus Completus*, Ser. Gr., vol. 122, col. 879. Cf. *Collected Writings* de H. P. Blavatsky, vol. VII, p. 133, para o texto latino. (N. do Org.)

ferozes, apenas pelo poder de sua irresistível vontade. Não, temos no presente momento, na Europa, muitas moças jovens e de constituição física fraca, com mais ou menos vinte anos de idade, que fazem a mesma coisa sem o menor temor. Todas as pessoas já viram ou já ouviram falar do poder aparentemente mágico de alguns mesmerizadores e psicólogos. Eles são capazes de subjugar os seus pacientes por qualquer extensão de tempo. Regazzoni, o mesmerista que causou uma grande sensação na França e em Londres, produzia feitos mais extraordinários do que os acima atribuídos a Pitágoras. Por que, então, acusar os antigos biógrafos de homens como Pitágoras e Apolônio de Tiana de impostura voluntária ou de superstição absurda? Quando virmos a maioria dos que são tão céticos em relação aos poderes mágicos possuídos pelos antigos filósofos, que riem das velhas teogonias e das falácias da mitologia, não obstante tenham uma fé implícita nos registros e na inspiração da sua Bíblia, ousando duvidar até mesmo desse monstruoso absurdo que é Josué interrompendo a marcha do Sol – podemos então dizer *Amém* à justa reflexão de Godfrey Higgins: "Quando encontro", diz ele, "homens cultos que acreditam *literalmente no Gênese*, que os antigos, com todas as suas falhas, tiveram o bom senso de admitir como uma alegoria, eu sou tentado a duvidar da realidade do progresso da mente humana"[67].

Um dos poucos comentadores dos velhos autores gregos e latinos que se mostraram equivalentes aos antigos do ponto de vista do seu desenvolvimento mental é Thomas Taylor. Na sua tradução da *Vida de Pitágoras*, de Jâmblico, encontramos a seguinte observação: "Dado que Pitágoras, como Jâmblico nos informa (...) era iniciado em todos os mistérios de Biblos e de Tiro, nas operações sagradas dos sírios e nos mistérios dos fenícios, e também (...) havia passado 22 anos nos áditos dos templos do Egito, reunido com os magos da Babilônia, e que fora instruído por eles em seu venerável conhecimento – não é nada surpreendente que ele fosse muito versado em Magia ou teurgia, e fosse capaz de fazer coisas que ultrapassam *o mero poder humano* e que parecem ser absolutamente incríveis ao vulgo"[68].

O éter universal não era, aos seus olhos, simplesmente algo que se expandia, sem ocupante, pela extensão do céu; era um oceano sem limites povoado como os nossos mares por monstros e criaturas menores e que possuía em cada uma das suas moléculas os germes da vida. Como as tribos aquáticas que formigam nos nossos oceanos e nos mínimos corpos de água, cada espécie que vivia em seu *habitat* curiosamente adaptada ao seu lugar, algumas amigáveis e outras inamistosas ao homem, algumas agradáveis e outras espantosas de se ver, algumas procurando o refúgio de um esconderijo tranqüilo e de enseadas abrigadas, e algumas correndo através de grandes áreas de água – as várias raças de espíritos *elementais* habitavam, segundo eles, as diferentes regiões do grande oceano etéreo e, para sermos exatos, adaptadas às suas respectivas condições. Se não perdermos de vista o fato de que o curso dos planetas no espaço deve criar uma perturbação tão absoluta nesse meio plástico e atenuado quanto a passagem de um tiro de canhão no ar ou de um barco a vapor na água, e isso em escala cósmica, podemos compreender que certos aspectos planetários, admitindo-se que nossas premissas sejam verdadeiras, podem produzir uma agitação muito mais violenta e ocasionar correntes muito mais fortes numa determinada direção do que outros. Aceitas essas mesmas premissas, também podemos perceber por que, dados os vários aspectos dos astros, bandos de "elementais" amigáveis ou hostis podem ser derramados em nossa atmosfera, ou alguma porção determinada dela, e aí fazer sentir a sua presença por meio dos efeitos que enseja.

De acordo com as doutrinas antigas, os espíritos elementais sem alma foram criados pelo movimento incessante inerente à luz astral. Luz é força, e esta é produzida pela *vontade*. Como esta procede de uma inteligência que não pode errar, pois ela nada tem dos órgãos materiais do pensamento *humano*, e sendo a pura emanação mais elevada da divindade suprema (o "Pai" de Platão) – ela procede do princípio dos tempos, de acordo com leis imutáveis, para criar os requisitos da estrutura elementar para as gerações subseqüentes daquilo que chamamos raças humanas. Todas estas raças, pertençam a este planeta ou a algum outro das miríades do espaço, têm os seus corpos terrestres elaborados na matriz dos corpos de uma certa categoria desses seres elementais que já passaram para os mundos invisíveis. Na antiga Filosofia, não havia elo perdido a ser reconstituído por meio daquilo que Tyndall chama de uma "imaginação educada"; nenhum hiato a ser preenchido com volumes de especulações materialistas tornadas necessárias pela tentativa absurda de resolver uma equação com apenas um conjunto de quantidades; os nossos ancestrais "ignorantes" descobriram a lei da evolução em todo o universo. Assim como a regra é válida, por progressão gradual, desde a nebulosa de estrelas ao desenvolvimento do corpo físico do homem, e, da mesma maneira, desde o éter universal ao espírito humano encarnado, eles descobriram uma série ininterrupta de entidades. Essas evoluções se operavam do mundo do espírito para o mundo da matéria grosseira; e depois de volta à fonte de todas as coisas. A "descendência das espécies" era, para eles, uma descendência do espírito, fonte primária de tudo, para a "degradação da matéria". Nessa cadeia completa de desdobramentos, os seres primários, elementares, tinham um lugar distinto, a meio caminho entre os extremos, como o elo perdido do Sr. Darwin entre o macaco e o homem.

Nenhum autor no mundo da Literatura jamais deu uma descrição mais confiável ou mais poética desses seres do que Sir E. Bulwer-Lytton, o autor de *Zanoni*. Bem, sendo ele mesmo "uma coisa não de matéria", mas uma "idéia de alegoria e de luz", as suas palavras soam mais como o eco fiel da memória do que o exuberante fluxo da mera imaginação.

"O homem é arrogante na proporção da sua ignorância", diz ele por meio do sábio Meynour a Glyndon. "Durante muitos séculos ele viu nos mundos inumeráveis, que resplandecem no espaço como vagas fosforescentes de um oceano sem praias, apenas velas minúsculas (...) que a Providência se agradou em acender sem outro objetivo que não o de tornar a noite agradável ao homem. A Astronomia corrigiu essa ilusão da vaidade humana: e o homem agora confessa relutantemente que os astros são mundos, maiores e mais gloriosos do que o seu próprio. (...) Por toda parte, então, nesse imenso esquema, a Ciência dá uma nova vida à luz. (...) Raciocinando, então, por evidente analogia, se nem uma folha e nem uma gota d'água existe que não seja, como a estrela mais distante, um mundo habitável e respirante – não, se mesmo o próprio homem é um mundo para outras vidas, e milhões e miríades residem nos rios do seu sangue, e habitam a sua constituição como o homem habita a Terra, o senso comum (se nossos eruditos o tiverem) deveria ser suficiente para ensinar que o infinito circunfluente a que chamais espaço – o Impalpável sem limites que separa a Terra da Lua e das estrelas – está cheio também da sua vida correspondente e apropriada. Não é um absurdo evidente supor que seres pululem sobre uma folha, embora estejam ausentes da imensidade do espaço! A lei do Grande Sistema proíbe a perda de um único átomo; ela não reconhece um lugar em que algo dotado de vida não respire. (...) Bem, então, podeis conceber que o espaço, que é o próprio infinito, seja apenas um deserto, seja sem vida, seja mais inútil ao plano do ser universal (...) do que a folha povoada, do que o glóbulo formigante? O microscópio vos mostra as criaturas sobre a folha; *não se inventou nenhum tubo mecânico que descubra as coisas mais nobres e mais bem-dotadas que planam no ar ilimitável.* Mas entre este e o homem existe uma misteriosa *e terrível afinidade*. (...) Mas, primeiramente, para cruzar esta barreira, a alma com que escutais deve estar aguçada por um entusiasmo intenso, purificada de todos os desejos terrenos. (...) Assim preparada, a Ciência pode ser chamada em seu socorro; a visão pode tornar-se mais sutil, os nervos mais agudos, o espírito mais vivo e livre, e o próprio elemento – o ar, o espaço – pode tornar-se, por certos segredos de Química elevada, mais palpável e claro. E isso, também, não é *Magia*, como querem os crédulos; como eu já disse freqüentes vezes, a Magia (ou a ciência que viola a Natureza) não existe; *ela não é senão a ciência pela qual a Natureza pode ser controlada.* Bem, no espaço existem milhões de seres, *não literalmente espirituais*, pois todos eles têm, comos os animálculos invisíveis a olho nu, certas formas de matéria, mas de uma matéria tão delicada, tão aérea e tão sutil, que ela é, por assim dizer, apenas uma película, um tecido diáfano que envolve o espírito. (...) Entretanto, na verdade, essas raças e tribos diferem muito entre si (...) algumas se distinguem por uma sabedoria notável, outras por uma malignosidade horrível; algumas são hostis ao homem como os demônios, outras são gentis como mensageiros entre a Terra e o céu. (...) Entre os habitantes do limiar está UM, também, que ultrapassa em malignosidade e em ódio toda a sua tribo – e cujos olhos paralisaram os mais bravos, e cujo poder sobre o espírito aumenta precisamente na proporção do seu medo."[69]

Este é o esboço incompleto dos seres elementais destituídos de espírito divino, traçado por alguém que muitas pessoas, com razão, acreditam conhecer mais do que ele estava preparado para admitir diante de um público incrédulo.

No capítulo seguinte tentaremos explicar algumas das especulações esotéricas dos iniciados do santuário, tais como o que o homem foi, é e pode ser. As doutrinas que eles ensinavam nos mistérios – a fonte de que provieram o Velho e parcialmente o Novo Testamento – pertencem às mais avançadas noções de moral e da religião *revelada*. As classes fanáticas e ignorantes da sociedade tomavam a doutrina no sentido literal, mas as classes superiores, constituídas em sua maioria por *iniciados*, a estudavam no solene silêncio dos santuários e adoravam o *único* Deus do céu.

Os ensinos de Platão, no *Banquete*, sobre a criação dos homens primordiais, e o seu ensaio sobre a cosmogonia no *Timeu* devem ser tomados alegoricamente, se os aceitarmos por inteiro. É este sentido oculto pitagórico do *Timeu*, do *Crátilo* e de *Parmênides*, e de algumas outras trilogias e de outros diálogos, que os neoplatônicos tentaram expor, tanto quanto o voto teúrgico do segredo lhes permitisse fazê-lo. A doutrina pitagórica de que *Deus é a mente universal difundida em todas as coisas* e o dogma da imortalidade da alma são as características principais desses ensinamentos aparentemente incongruentes. A piedade e a grande veneração que Platão sentia pelos MISTÉRIOS são uma garantia suficiente de que ele jamais permitiria à sua indiscrição obter o melhor daquele profundo senso de responsabilidade que é sentido por todo adepto. "Aperfeiçoando-se constantemente nos MISTÉRIOS perfeitos, só por eles um homem se torna verdadeiramente perfeito", diz ele no *Fedro*[70].

Ele não se esforça em ocultar o seu desagrado em relação ao fato de os mistérios se terem tornado menos secretos do que outrora. Em vez de profaná-los, colocando-os ao alcance da multidão, ele os teria guardado com um cuidado zeloso contra todos, exceto dos mais dignos e sérios dos seus discípulos[71]. Embora mencione os deuses a cada página, o seu monoteísmo é inquestionável, pois todo o fio do seu discurso indica que pelo termo *deuses* ele quer dizer mais de uma classe de seres colocados muito baixo na escala das divindades, e de um grau superior ao dos homens. O próprio Josefo observou e reconheceu este fato, a despeito do preconceito natural da sua raça. No seu famoso ataque a Apião, esse historiador diz[72]: "Aqueles, todavia, que, dentre os gregos, filosofaram *de acordo com a verdade*, não ignoravam nada (...) nem deixaram de perceber as superficialidades estranhas das alegorias míticas, que faziam que as encarassem com desdém. (...) É sob a influência desse sentimento que Platão diz que não é necessário admitir nenhum dos outros poetas na 'Comunidade', e *rejeita* docemente Homero, depois de tê-lo coroado e ungido, a fim de que ele não destruísse, com *os seus mitos, a crença ortodoxa respeitante a um Deus*".

Aqueles que compreendem o verdadeiro espírito da filosofia de Platão dificilmente se darão por satisfeitos com a apreciação que Jowett dela faz para os seus leitores. Ele nos conta que a influência exercida sobre a posteridade pelo *Timeu* é devida parcialmente a uma má interpretação da doutrina do seu autor pelos neoplatônicos. Ele gostaria que acreditássemos que os significados ocultos que eles encontraram nesse *Diálogo* estão totalmente em desacordo com o espírito de Platão[73]. Isso equivale a dizer que Jowett sabe realmente o que é esse espírito; ao passo que a sua crítica desse tópico em especial indica antes que ele não o penetrou absolutamente. Se, como ele nos diz, os cristãos encontram nessa obra a sua trindade, a palavra, a igreja e a criação do mundo, do ponto de vista judaico, é porque tudo isso aí *está* realmente; por conseguinte, nada haveria de extraordinário no fato de eles aí a terem encontrado. O edifício exterior é o mesmo; mas o espírito que animava a letra morta do ensinamento dos filósofos fugiu, e nós o procuraríamos em vão nos dogmas áridos da Teologia cristã. A Esfinge ainda é a mesma, tal como nos quatro séculos anteriores à era cristã; mas Édipo não existe mais. Ele está morto porque deu ao mundo aquilo que o mundo não estava suficientemente maduro para receber. Ele era a encarnação da Verdade, e teve de morrer, como toda grande verdade, antes de renascer das próprias cinzas, como a fênix da Antiguidade. Todo tradutor das obras de Platão observou a estranha similaridade que existe entre a filosofia dos esotéricos e as doutrinas cristãs e cada um deles tentou interpretá-la de acordo com os seus próprios sentimentos religiosos. É assim que Cory, nos seus *Ancient Fragments*, tenta provar que se trata apenas de uma semelhança exterior; e ele faz todo o possível para rebaixar a Mônada pitagórica na estima pública para exaltar, sobre as suas ruínas, a divindade antropomórfica posterior. Taylor, advogando a primeira, age assim sem-cerimoniosidade com o Deus mosaico. Zeller ri intimoratamente das pretensões dos Pais da Igreja, que, malgrado a História e a Cronologia, quer todo o mundo o queira ou não, insistem em que Platão e a sua escola roubaram do Cristianismo as suas principais características. Tão felizmente para nós, quanto infelizmente para a Igreja Romana, tais jogos de prestidigitação, como aqueles a que

Eusébio recorreu, não são fáceis de se executar em nosso século. Era mais fácil desvirtuar a Cronologia, "com o objetivo de criar sincronismos", à época do bispo de Cesaréia, do que agora, e, dado que a História existe, ninguém pode impedir que se saiba que Platão viveu seiscentos anos antes que Irineu cismasse de estabelecer uma *nova* doutrina a partir das ruínas da Academia mais antiga de Platão.

Essa doutrina de um Deus que é a mente universal difundida em todas as coisas subjaz em todas as filosofias antigas. Os dogmas budistas – que nunca são bem-compreendidos se não se estuda a Filosofia Pitagórica, o seu reflexo fiel – derivam dessa fonte, assim como a religião bramânica e o Cristianismo primitivo. O processo purificador das transmigrações – a metempsicose –, embora grosseiramente antropomorfizado num período posterior, deve ser considerado como uma doutrina suplementar, desfigurada pela sofisticaria teológica com o objetivo de conseguir uma base mais sólida de ação sobre os crentes por meio duma superstição popular. Nem Gautama Buddha nem Pitágoras pretenderam ensinar *literalmente* essa alegoria puramente metafísica. Esotericamente, ela está explicada no "Mistério" do *Kumbum*[74] e refere-se às peregrinações puramente espirituais da alma humana. Não é na letra morta da literatura budista sagrada que os eruditos podem esperar encontrar a verdadeira solução das suas sutilezas metafísicas. Estas últimas fatigam o poder de pensamento pela inconcebível profundidade de seu raciocínio; e o estudioso nunca está mais distanciado da verdade do que quando se acredita estar o mais próximo possível da sua descoberta. A mestria de toda doutrina do desconcertante sistema budista só pode ser conseguida se se procede estritamente de acordo com o método pitagórico e platônico: dos universais para os particulares. A sua chave repousa nos dogmas refinados e místicos do influxo espiritual da vida divina. "Aquele que não estiver familiarizado com a minha lei", diz o Buddha, "e morre nessa condição, deve retornar à Terra até que se torne um samaneu perfeito. Para chegar a esse objetivo, ele deve destruir dentro de si a trindade de *Mâyâ*[75]. Deve extinguir as suas paixões, unir-se e identificar-se à *lei* (o ensinamento da doutrina secreta) e compreender a religião da *aniquilação*".

A aniquilação, aqui, refere-se apenas à *matéria*, tanto a do corpo visível quanto a do invisível; pois a alma astral é ainda matéria, embora sublimada. O mesmo livro diz que o que Fo (Buddha) queria dizer é que "a substância primitiva é eterna e imutável. A sua revelação mais elevada é o éter luminoso, puro, o espaço infinito sem limites, não um vácuo resultante da ausência de formas, mas, ao contrário, *a fundação de todas as formas*, e anterior a elas. Mas a presença mesma das *formas* denota que ele é uma criação de *Mâyâ*, e todas as suas obras são como o nada diante do ser *incriado*, o ESPÍRITO, em cujo repouso profundo e sagrado todo movimento deve cessar sempre".

Assim, *aniquilação* significa, na Filosofia Budista, apenas uma dispersão da matéria, sob uma forma ou *aparência* de forma qualquer; pois tudo que tem uma forma foi criado, e assim deve mais cedo ou mais tarde perecer, isto é, mudar essa forma; por isso, como algo temporário, embora pareça ser permanente, ela é apenas uma ilusão, *Mâyâ*; pois, como a eternidade não tem começo nem fim, a duração mais ou menos prolongada de alguma forma particular ocorre, por assim dizer, como um clarão instantâneo de relâmpago. Antes que tenhamos tempo de nos darmos conta de que a vimos, ela ocorre e desaparece para sempre; donde que, mesmo os nossos corpos astrais, feitos de éter puro, sejam apenas ilusões da matéria, desde que conservem o seu perfil terrestre. Esta última muda, diz o budista, de acordo com os méritos e os deméritos da pessoa durante a sua vida, e isto é a metempsicose. Quando a *entidade* espiritual se separa totalmente de toda partícula da matéria, só então ela entra no Nirvâna eterno e imutável. Ela existe em espírito, no *nada*; como uma forma, uma aparência, ela está completamente *aniquilada*, e, assim, ela não morrerá jamais, pois só o espírito não é *Mâyâ*, mas só a REALIDADE é um universo ilusório de formas sempre transitórias.

É neste conceito budista que se apóia a Filosofia Pitagórica, que neste ponto concreto assim expõe Whitelock Bulstrode: "Pode o espírito que dá vida e movimento, e participa da natureza da luz, ser reduzido a uma não-entidade?" perguntam eles. "Pode o espírito sensitivo que, nas fera, exercita a memória, uma das faculdades racionais, morrer e se reduzir a nada?" "Se dizeis que elas [as feras] exalam os seus espíritos no ar e então desaparecem, é exatamente isso o que nego. O ar, na verdade, é o lugar apropriado para receber o espírito dos brutos, porque, segundo Laércio, está povoado de almas e, segundo Epicuro, cheio de átomos originários de todas as coisas... Pois mesmo esse espaço, em que caminhamos e os pássaros voam (...) tem uma natureza mais espiritual, já que é invisível; por isso, ele pode muito bem ser o receptáculo das formas, dado que as formas de todos os corpos também o são; não só podemos ouvir e ver os seus efeitos; o ar em si mesmo é muito sutil, e está acima da capacidade da visão. O que, então, é o éter que está na região superior? E quais são as influências ou as formas que descendem dele?"[76]. Os *espíritos* das criaturas, que são, como diziam os pitagóricos, emanações das porções mais sublimadas do éter, emanações, SOPROS, *mas não formas*. O éter é incorruptível, todos os filósofos estão de acordo quanto a este ponto; e o que é incorruptível *está tão longe de ser aniquilado* quando ele se separa da *forma*, que este é um excelente argumento para a IMORTALIDADE. "Mas que coisa é esta que não tem corpo, não tem *forma*, que é imponderável, invisível e indivisível; que existe e ainda *não é*?" perguntam os budistas. "O Nirvâna" é a resposta. Uma NÃO-COISA, não um lugar, mas antes um estado. Uma vez atingido o Nirvâna, o homem está isento dos efeitos das "quatro verdades"; pois um efeito só pode ser produzido por uma determinada causa, e toda causa está *aniquilada* nesse estado.

Estas "quatro verdades" são a base de toda a doutrina búdica do Nirvâna. Elas são, diz o livro da *Prajñâ-Pâramitâ*[77]: 1) A existência da dor. 2) A produção da dor. 3) A aniquilação da dor. 4) O caminho da aniquilação da dor. Qual é a fonte da dor? – a existência. Ocorrido o nascimento, a decrepitude e a morte o seguem; pois onde existe uma forma, há aí uma *causa* para a dor e para o sofrimento. Só o *espírito* não tem forma, e, assim, *não se pode dizer que ele existe*. Quando o homem (o homem etéreo, interior) chega ao ponto em que se torna completamente espiritual, por conseguinte, sem forma, é que ele alcançou um estado de bem-aventurança perfeita. O HOMEM, na qualidade de ser objetivo, torna-se aniquilado, mas a entidade espiritual, que é vida subjetiva, viverá para sempre, pois o espírito é incorruptível e imortal.

É pelo espírito dos ensinamentos do Buddha e de Pitágoras que podemos reconhecer tão facilmente a identidade de suas doutrinas. A alma que tudo penetra, universal, a *Anima Mundi*, é o Nirvâna; e Buddha, como um nome genérico, é a *Mônada* antropomorfizada de Pitágoras. Quando repousa no Nirvâna, a bem-aventurança final, o Buddha é a Mônada silenciosa, que vive nas trevas e no silêncio; ele é também o Brahm sem forma, a sublime mas *incognoscível* Divindade, que penetra invisivelmente todo o universo. Quando ele se manifesta, desejando dar-se a conhecer à Humanidade sob uma forma inteligível ao nosso intelecto, quer o chamemos de *Avatâra*, ou rei Messias, ou de *permutação* do Espírito Divino, *Logos*, Christos, tudo isso é a mesma coisa. Em cada um desses casos, ele é "o Pai", que está no *Filho*, e o Filho que está "no Pai". O espírito universal obscurece o homem mortal. Entra nele e penetra todo o seu ser, faz dele um deus, que desce para o seu tabernáculo terrestre. Todo homem pode tornar-se um Buddha, diz a doutrina. E assim, através da interminável série de épocas, vemos de um tempo a outro homens que são mais ou menos bem-sucedidos em sua *união* "com Deus", como se diz, com o seu *próprio espírito*, como devemos dizer. Os budistas chamam esses homens de *Arhats*. Um Arhat é quase um Buddha, e ninguém o iguala em ciência *infusa*, nem em poderes *miraculosos*. Certos faquires demonstram essa teoria na prática, como Jacolliot comprovou.

Mesmo nas chamadas narrativas *fabulosas* de certos livros budistas, quando despojadas de seu significado alegórico, pode-se reconhecer a doutrina secreta ensinada por Pitágoras. Nos livros páli chamados *Jâtakas* são fornecidas as 550 encarnações ou metempsicoses do Buddha. Elas narram como ele apareceu em cada forma de vida animal e como animou cada ente senciente sobre a terra, do inseto infinitesimal ao pássaro, à fera e finalmente ao homem, a imagem microcósmica de Deus sobre a terra. Deve isto ser considerado *literalmente*; corresponde a uma descrição das transformações *reais* e da existência de um mesmo e único espírito individual, imortal, divino, que, cada uma por sua vez, animou toda espécie de ente senciente? Não devemos antes compreender, com os metafísicos budistas, que embora os espíritos humanos individuais sejam inumeráveis, coletivamente eles são apenas um, assim como cada gota de água extraída do oceano, metaforicamente falando, pode ter uma existência individual e ainda continuar a formar uma unidade com o restante das gotas que formam esse oceano; pois cada espírito humano é uma centelha da luz que tudo penetra? Que esse espírito divino anima a flor, a partícula de granito da encosta da montanha, o leão, o homem? Os hierofantes egípcios, como os brâmanes, e os budistas do Oriente, e alguns filósofos gregos, afirmaram originalmente que o mesmo espírito que anima as partículas de pó, permanecendo latente nelas, anima o homem, manifestando-se nele no mais elevado estado de atividade. A doutrina, também, da reabsorção gradual da *alma* humana na essência do espírito-fonte primordial era universal numa determinada época. Mas essa doutrina nunca implicou a idéia de aniquilação do *ego* espiritual mais elevado – apenas a dispersão das *formas externas* do homem, depois da sua morte terrestre, bem como durante a sua permanência na Terra. Quem está mais qualificado para nos fazer conhecer os mistérios do além-morte, tão erroneamente considerados impenetráveis, do que esses homens que, tendo conseguido pela autodisciplina e pureza de vida e de propósitos se unirem com o seu "Deus", obtiveram *alguns* vislumbres, imperfeitos todavia, da grande Verdade[78]? E esses videntes nos contam histórias estranhas sobre a *variedade* de formas assumidas pelas almas astrais desencarnadas; formas de que cada uma é um reflexo espiritual mas concreto do estado abstrato da mente e dos pensamentos do homem que viveu outrora.

Acusar a Filosofia Budista de rejeitar um Ser Supremo – Deus, e a imortalidade da alma –; acusá-la de ateísmo, em suma, pois que, de acordo com as suas doutrinas, Nirvâna significa *aniquilação*, e Svabhavat *é* NÃO *uma pessoa, mas nada*, é simplesmente um absurdo. O *Ain* do Ain-Soph judaico também significa *nihil* ou *nada*, o que não é (*quod ad nos*)[79]; mas ninguém ousou acusar os judeus de ateísmo. Em ambos os casos, o significado real do termo *nada* comporta a idéia de que Deus é *não uma coisa*, não um *ser* concreto ou visível ao qual um nome expressivo de *qualquer* objeto conhecido de nós na Terra possa ser aplicado com propriedade.

NOTAS

1. Não precisamos ir tão longe para nos assegurarmos de que muitos grandes homens acreditavam na mesma coisa. Kepler, o eminente astrônomo, admitia plenamente a idéia de que as estrelas e todos os corpos celestes, até mesmo a nossa Terra, são dotados de almas viventes e pensantes.

2. Não temos conhecimento de que uma cópia desse livro antigo figure no catálogo de qualquer biblioteca européia; mas ele é um dos *Livros de Hermes* e é referido e citado pelas obras de grande número de autores filosóficos antigos e medievais. Entre estas autoridades está o *Rosarius philosophorum*, de Arnaldo de Vila Nova; o *Tractat de lapide*, etc., de Francisco Arnolfino Lucense; o *Tractatus de transmutatione metallorum*, de Hermes Trismegisto, e, sobretudo, o tratado de Raymond Lully, *De angelis opus divinum de quinta essentia*.

3. Mercúrio.

4. "Hermes", IV, vi. [Cf. Dunlap, *Sōd, the Son of Man*, p. 50.] Espírito denota aqui a Divindade – *Pneuma*, ὁ θεός.

5. [*Our Place Among Infinities*, p. 18.]

6. [*Magia Adamica*, p. xi-xii.]

7. *A ignorância dos antigos sobre a esfericidade da Terra é afirmada sem nenhuma garantia.* Que prova temos nós desse fato? Só os letrados manifestavam essa ignorância. Já na época de Pitágoras os pagãos a ensinavam, Plutarco a atestou e Sócrates morreu por ela. Além disso, como afirmamos repetidas vezes, todo conhecimento estava concentrado nos santuários dos templos de onde ele raramente era confiado aos não-iniciados. Se os sábios e os sacerdotes da mais remota Antiguidade não estivessem a par dessa verdade astronômica, como é que eles representavam Kneph, o espírito da primeira hora, com um ovo colocado sobre os lábios, simbolizando o ovo ou o globo, ao qual ele comunica a vida por meio do seu sopro? Além disso, se, devido à dificuldade de consultar o *Livro dos números* caldeu, os nossos críticos exigissem a citação de outras autoridades, podemos remetê-los a Diógenes Laércio, que atribuiu a Maneto a honra de ter ensinado que a Terra tinha a forma de uma bola. Além disso, o mesmo autor, citando muito provavelmente do *Compendium of Natural Philosophy*, transcreve as seguintes afirmações da doutrina egípcia: "O começo é matéria, ἀρχὴν μέν εἶναι τὴν ὕλην, e a partir dela os quatro elementos se separaram. (. . .) A verdadeira forma de Deus é desconhecida; mas o mundo teve um começo e talvez seja perecível. (. . .) A Lua é eclipsada quando ela atravessa a sombra da Terra" (Diógenes Laércio, *Vidas*, "Proemium", § vii, 10-1). Além disso, atribuiu-se a Pitágoras ter ensinado que a Terra era redonda, que ela girava e era apenas um planeta como qualquer outro dos corpos celestiais. (Ver *Lives of the Ancient Philosophers*, de Fénelon.) Na mais recente tradução de Platão (*The Dialogues of Plato*, pelo Prof. Jowett), o autor, na sua introdução ao *Timeu* – não obstante "uma dúvida infeliz" que surge em conseqüência da palavra Ἰλλεσθαι, que pode ser traduzida por "circulante" ou "compactado" –, inclina-se a afirmar que Platão estava familiarizado com a rotação da Terra. A doutrina de Platão está expressa com as seguintes palavras: "A terra que é nossa ama compactada (ou *circulante*) ao redor do pólo que se estende a todo o universo". Mas, se acreditamos em Proclo e em Simplício, Aristóteles entendia que esta palavra no *Timeu* "significava circulante ou que gira" (*De coelo*, livro II, cap. XIII), e o próprio Sr. Jowett admite mais tarde que "Aristóteles atribuiu a Platão a doutrina da rotação da Terra". (Ver Introdução ao *Timeu*, §§ 1, 4.) Seria extraordinário, no mínimo, que

Platão — admirador de Pitágoras e que tivera, como iniciado, acesso às doutrinas mais secretas do grande homem de Samos — ignorasse esta verdade astronômica elementar.

8. *Wisdom of Solomon*, XI, 27.

9. [Eugênio Filaletes, *Magia Adamica*, 1650, "To the Reader".]

10. [*Ibid.*, p. 90-1 (*Coelum terrae*).]

11. [Eugênio Abel, *Orphica*, Leipzig, 1885.]

12. [*Our Place Among Infinities*, p. 10.]

13. *The Rosicrucians*, 1870, p. 204.

14. *Timeu*, 38 C, D.

15. *Our Place Among Infinities*, p. 313.

16. *Ibid.*

17. *Ibid.*, p. 313-14.

18. *Ibid.*, p. 314-15.

19. A biblioteca de um parente do escritor contém um exemplar da edição francesa dessa obra única. As profecias são feitas na velha língua francesa e são de decifração muito difícil por parte do estudioso do francês moderno. Entretanto, damos uma versão inglesa, da qual se diz ter sido tomada de um livro que está de posse de um cavalheiro do Somersetshire, Inglaterra.

20. Ver H. C. Rawlinson, "On the Birs-Nimrud, or the Great Temple of Borsippa", em *The Journal of the Royal Asiatic Society of Great Britain and Ireland*, vol. XVIII, 1861, p. 17-9.

21. *Dialogues of Plato*, vol. II, Intr. ao *Timeu*, II, § 8.

22. Viveu no século I. d.C.

23. Estobeu, *Eclogues* [Cf. Thos. Taylor, *Mystical Hymns of Orpheus*, Londres, 1787, p. 30-1; ed. 1896, p. 48.]

24. D. G. Kieser, *Archiv für den Thier-Magnetismus*, vol. IV, p. 62. Com efeito, muitos dos velhos símbolos eram meros trocadilhos sobre os nomes.

25. Ver o *Aitareya-Brâhmanam*, livro III, cap. III, 33.

26. Brahmâ também é chamado pelos brâmanes hindus de Hiranyagarbha ou a alma da *unidade*, ao passo que *Amrita* é a alma suprema, a primeira causa que fez emanar dele mesmo o Brahmâ criador.

27. [Gesnero, *Orphêos apanta*, s. v. *magnes*, p. 321.]

28. [Filostrato, *Life of Apoll. of Tyana*, Londres, 1809, III, xli.]

29. *Marbodi liber lapidum*, Göttingen, 1799.

30. *The Sun and the Earth*, conferência do Prof. Balfour Stewart, Manchester, 13 de novembro de 1872.

31. C. F. de Volney, *La loi naturelle*.

32. Voltaire, *Dictionnaire philosophique*, s. v. "Philosophie".

33. *Our Place Among Infinities*, p. 313 e segs.

34. A. Weber, *Indische Studien*, I, 290.

35. H. H. Wilson, *Rig-Veda Samhitâ*, II, p. 143.

36. M. Duncker, *Geschichte des Alterthums*, II, p. 162.

37. Ad. Wuttke, *Geschichte des Heidenthums*, etc., II, p. 262.

38. *Daniel*, VII, 9, 10.

39. *Book of Enoch*, Oxford, 1838, XIV, 10 ff.

40. Esta proposição – que será estigmatizada como *absurda*, mas que estamos preparados para demonstrar, com base na autoridade de Platão (ver a Introdução de Jowett ao *Timeu*; última página), como uma doutrina pitagórica, ao lado daquela outra que afirma que o Sol não é senão a lente através da qual a luz passa – está estranhamente corroborada nos dias atuais pelas observações do Gen. Pleasonton da Filadélfia. Este experimentador desponta audaciosamente como um revolucionador da ciência moderna e chama as forças centrípeta e centrífuga de Newton e a lei da gravitação de "falácias". Afirma intrepidamente a sua tese contra os Tyndalls e os Huxleys da moda. Estamos felizes por termos encontrado um defensor tão competente de uma das mais antigas (e até hoje tratada como a *mais absurda*) alucinações herméticas (?). (Ver o livro do Gen. Pleasonton, *The Influence of the Blue Ray of the Sunlight, and of the Blue Color of the Sky, in developing Animal and Vegetable Life*, encaminhado à Sociedade de Filadélfia para o Incentivo à Agricultura).

41. Em nenhum país foram as verdadeiras doutrinas esotéricas consignadas por escrito. O *Brahmamaya* hindu passou de uma geração para outra por tradição *oral*. A Cabala nunca foi escrita; e Moisés só a ensinou oralmente àqueles que ele escolheu. O Gnosticismo Oriental puro primitivo foi completamente corrompido e degradado pelas subseqüentes seitas diferentes. Filo, em *De sacrificiis Abeli et Caini*, § 15, afirma que há um *mistério* que *não deve ser revelado* ao iniciado. Platão cala-se sobre muitas coisas e os seus discípulos se referem constantemente a este fato. Todo aquele que estudou, mesmo que superficialmente, estes filósofos perceberá claramente ao ler os *Institutes of Manu* que todos eles beberam da mesma fonte. "Este Universo", diz Manu [cap. I, §§ 5, 6], "existiu apenas *na primeira idéia divina, ainda em germe, como se envolvido por trevas*, imperceptível, indefinível, não-descobrível pela razão, e não-descoberto *pela revelação*, como se ele estivesse totalmente mergulhado no sono; então só o próprio Poder auto-existente não-discernido (. . .) surgiu com glória não-diminuída, *expandindo a sua idéia*, ou dissipando *a escuridão*". Assim se expressa o primeiro código do Budismo. A idéia de Platão é a *vontade*, ou Logos, a divindade que se manifesta. Ela é a Luz Eterna de que procede, como uma *emanação*, a luz visível e *material*.

42. [*The Influence of the Blue Ray*, etc., p. 36 e segs.]

43. Parece que, ao descer do Monte Branco, Tyndall foi terrivelmente castigado pelo calor, embora caminhasse com a neve até os joelhos naquela ocasião. O Prof. atribuiu o seu sofrimento aos raios abrasadores do Sol, mas Pleasonton afirma que, se os raios do Sol fossem tão intensos, eles teriam derretido a neve, o que não aconteceu; ele conclui que o calor que castigou o Prof. provinha do seu próprio corpo e era devido à ação elétrica da luz solar sobre as roupas escuras de lã, que se eletrificaram positivamente com o calor do seu corpo. O Éter frio e seco do espaço planetário e a atmosfera superior da Terra tornaram-se negativamente eletrificados e, incidindo sobre o seu corpo e as suas roupas quentes, positivamente eletrificadas, desenvolveram um calor intensificado (ver *The Influence of the Blue Ray*, etc., p. 39, 40, 41, etc.).

44. [Cap. VII, § 196, etc.]

45. A mais curiosa de todas as "coincidências curiosas", para nós, é aquela que faz os nossos homens de Ciência colocarem de lado fatos suficientemente capazes de fazê-los usar esta expressão quando falam deles, em vez de se porem ao trabalho de nos fornecer uma explicação filosófica.

46. Charles Elam, M. D., *A Physician's Problems*, Londres, 1869, p. 159.

47. [Elam, *op. cit.*, p. 190-92.]

48. [*Ibid.*, p. 103.]

49. *Timeu*, 42 B.

50. *Timeu*, 90 A.

51. De acordo com a teoria do Gen. Pleasonton sobre a eletricidade positiva e negativa que subjaz a todo fenômeno psicológico, fisiológico e cósmico, o abuso de estimulantes alcoólicos transforma um homem numa mulher e *vice-versa*, por meio da troca de suas eletricidades. "Quando ocorre esta mudança na condição sua da eletricidade", diz o autor, "os seus atributos [os de um beberrão] tornam-se *femininos*; ele fica irritadiço, irracional, excitável (. . .) torna-se violento e ultrajante, e se (. . .) se encontra com a sua esposa, cuja condição normal de eletricidade é semelhante à da sua condição atual, positiva, eles se repelem um ao outro, tornam-se mutuamente injuriosos, absorvem-se em conflitos e disputas mortais, e os jornais do dia seguinte anunciam o veredito do júri de instrução sobre o caso. (. . .) Quem esperaria descobrir a causa instigadora de todos esses crimes terríveis na transpiração do criminoso? E, no entanto, a Ciência

demonstrou que a metamorfose de *um homem em uma mulher* pela alteração da condição negativa da eletricidade dele para a eletricidade *positiva* da mulher, com todos os seus atributos, é revelada pela natureza da transpiração dele, enormemente aumentada pelo uso de estimulantes alcoólicos!" (*The Influence of the Blue Ray*, p. 118-19.)

52. *Timeu*, 42 B, C, D; trad. de Jowett, 1871, vol. II, p. 535-36.

53. Littré, em *Revue des Deux Mondes*, fevereiro de 1856.

54. Ver des Mousseaux, *Les hauts phénomènes de la magie*, cap. II, p. 97.

55. [Vol. II, cap. 38.]

56. Du Potet, *La magie dévoilée*, Paris, 1875, p. 54-55, 155-56 e 161.

57. *Ibid.*, p. 213-14.

58. Du Potet, *Cours de Magnétisme*, p. 107-08.

59. *De occulta philosophia*, p. 332-58.

60. Cícero, *De natura Deorum*, livro I, cap. XVIII-XIX.

61. Éliphas Lévi, *Dogme et rituel*, etc., vol. I, cap. VI e VIII.

62. *Timeu*, 63. Tais expressões fizeram o Prof. Jowett afirmar na sua Introdução, §3, que Platão ensinou a atração de corpos similares a similares. Mas tal asserção levaria o grande filósofo a negar até mesmo um conhecimento rudimentar das leis dos pólos magnéticos.

63. Alfred Marshall Mayer, Ph. D., *The Earth as a Great Magnet*, conferência proferida no Clube Científico de Yale, a 14 de fevereiro de 1872.

64. *A Strange Story*, vol. I, cap. 31.

65. Pselo, *Graecorum opiniones de daemonibus*, em Thos. Taylor, *The Description of Greece by Pausanias*, vol. III, p. 292-93. Cf. Taylor, *Dissertation on the Eleusinian and Bachic Mysteries*, Apêndice.

66. Thos. Taylor, *Iamblichus' Life of Pythagoras*, Londres, 1818, cap. XIII, p. 40-1.

67. *Anacalypsis*, vol. I, p. 807.

68. *Iamblichus' Life of Pythagoras*, p. 296-97.

69. Bulwer-Lytton, *Zanoni*, livro IV, cap. IV.

70. *Fedro*, 249 C.

71. Esta asserção é claramente corroborada pelo próprio Platão, que diz: "Dizeis que, em meu discurso anterior, não vos expliquei suficientemente a natureza da *Primeira. Falei enigmaticamente de propósito*, pois, no caso de acontecer qualquer coisa ao tablete, por terra ou por mar, uma pessoa, *sem conhecimento prévio do assunto, não teria podido compreender o seu conteúdo*" (*Epístolas*, II, 312 E; nos *Ancient Fragments* de Cory, p. 304).

72. Josefo, *Contra Apionem*, II, §37.

73. [Jowett, *The Dialogues of Plato*, 1871, vol. II, Introdução ao *Timeu*, p. 468.]

74. Ver cap. IX, Vol. I - Tomo II, p. 19 e 20.

75. Ilusão; a matéria em sua tríplice manifestação na alma — terrena; astral ou espiritual ou o corpo; e a alma dual platônica, racional e irracional. Ver o capítulo seguinte.

76. [*An Essay of Transmigration*, etc., 1692, p. 29-30.]

77. *Perfection of Wisdom*.

78. Porfírio atribui a Plotino, seu mestre, a honra de se ter unido a "Deus" quatro vezes durante a sua vida, e reclama tê-lo conseguido por apenas duas vezes. [*Plotini vita*, ap. Ficino, cap. XXIII.]

79. ["No que nos diz respeito."]

Leia também:

A DOUTRINA SECRETA

HELENA PETROVNA BLAVATSKY

Primeira edição integral em língua portuguesa

Vol. I
COSMOGÊNESE

Vol. II
SIMBOLISMO ARCAICO UNIVERSAL

Vol. III
ANTROPOGÊNESE

Vol. IV
O SIMBOLISMO ARCAICO DAS RELIGIÕES DO MUNDO E DA CIÊNCIA

Vol. V
CIÊNCIA, RELIGIÃO E FILOSOFIA

Vol. VI
OBJETO DOS MISTÉRIOS E PRÁTICA DA FILOSOFIA OCULTA

CONSIDERADA A "OBRA MAIOR DA TEOSOFIA", CONTÉM AS IDÉIAS QUE IMPRESSIONARAM HOMENS DA ESTIRPE DE GHANDI, NEHRU, EDISON, YEATS, BERNARD SHAW, HUXLEY, OPPENHEIMER E TANTOS OUTROS.

EDITORA PENSAMENTO

Impresso por :

gráfica e editora
Tel.:11 2769-9056